AK

한권으로 끝내는

통합 경제학

01 미시경제학

최신판

허역 편저

박영사

Introduction

최신판(개정 4판)을 출간하면서
이번 개정에서 강조된 특징을 간단히 살펴보면 다음과 같습니다.

출간에 가장 큰 힘이 되어준 수험생 여러분께 감사드리며

기존 교재 작업을 할 때 많은 도움을 받았던 멋진 수험생 모두가 이번에도 역시 헤아릴 수 없이 많은 감사한 도움을 주었습니다. 필자의 의도와 달리 해석될 수 있는 부분과 오류에 대한 지적을 해 줌으로써, 이를 충실히 반영하여 보다 수험생의 입장에서 필요한 수험서가 될 수 있도록 도와 주었습니다. 이러한 도움을 준 수험생 여러분께 가장 먼저 감사를 드리고 싶습니다.

스스로 학습을 돕는 최다 문제풀이 수록

'한 권으로 끝내는 통합 경제학'이라는 모토를 그대로 실현하기 위하여 '기출문제'를 통해 앞에서 배운 내용을 바로 확인할 수 있도록 '기출문제집'을 무색하게 할 만큼 방대한 양의 문제와 자세한 해설을 수록하였습니다. 또한 기존의 Q&A와 Quiz를 강화하여 보다 확실한 이론에 대한 이해도를 높이고자 하였습니다. 이를 통해 진정한 '한권으로 끝내는 통합 경제학'의 모토를 실천하고, 문제 적응력을 함께 배양할 수 있도록 최선의 구성을 하였습니다.

알기 쉽게 풀어쓴 경제학 이야기

필자가 기존에 출간한 단행본인 『알고 보면 쉬운 경제학』의 내용을 대부분 첨가하여 강의 중 배웠던 이론에 대한 구체적인 사례를 통해 이해도를 높이고자 시도하였습니다. 친근한 이야기 형태의 글을 통해 경제학에 대한 막연한 두려움을 가볍게 없애줌으로써 경제학 초심자도 쉽게 교재를 이용할 수 있도록 시도하였습니다.

다채로운 시각자료의 활용

마지막으로 컬러 인쇄를 하여 수험생의 시각적 피곤함을 덜어주고자 노력하였습니다. 특히 그래프를 통해 이론을 이해할 때 도움이 될 수 있도록 다양한 색깔을 활용하여 시각적 효과를 높였습니다.

편리한 분권 구성

방대한 양의 경제학을 영역에 따라 분권 구성하여 편의성을 높였습니다.
아무쪼록 본 교재가 수험생 여러분에게 조금이라도 도움이 된다면 더 이상의 바람이 없을 것입니다.

본 교재가 세상의 빛을 볼 수 있도록 도움을 주신 분들께 감사의 말씀을 드리고자 합니다. 우선 소중한 출간의 기회를 주신 안종만 회장님, 안상준 대표이사님, 조성호 출판이사님께 감사함을 전합니다. 그리고 촉박한 시간과 불시에 추가되는 내용 등 여러 가지 어려운 상황 속에서도 마지막까지 편집에 온갖 정성을 쏟아준 김보라 과장님과 권형락님에게도 마음 속 깊은 곳에서부터 고마움을 전합니다. 끝으로 항상 나의 영원한 응원군인 가족 민향과 준서, 그리고 쪼꼬에게도 변함 없는 사랑을 전합니다.

2020년 어느 날 우면산 기슭 아래에서

허역

AK 경제학 여섯 가지 학습 Tip

본 교재를 통해 경제학에 대한 효과적인 공부 방법론에 대해 개략적으로 제시하고자 합니다.

하나. "경제학적 마인드를 키우자!"

경제적 선택에 있어서 항상 자원 제약이라는 조건을 잊어서는 안 되고 그것에 기초한 선택이 곧 경제학에서 요구하는 것임을 유념해야 합니다. 그것이 곧 경제학적 마인드입니다.

둘. "경제이론에 전제된 가정에 유의하자!"

경제학자는 끊임없이 모든 경제현실에 보편적으로 적용될 수 있는 경제이론을 정립하기 위한 시도를 합니다. 그러나 그것을 위해서 현실의 모든 정체변수를 고려할 수는 없습니다. 그것은 불가능하기 때문입니다. 그렇다고 그러한 시도를 포기할 수는 없습니다. 그래서 경제학자들은 단순화 작업을 통해 그 목적을 달성하고자 하는 것입니다. 그것을 위해 경제학자들이 즐겨 전제하는 조건이 그 유명한 "ceteris paribus"인 것입니다.

셋. "기본적인 미분법을 반드시 숙지하자!"

미시 경제학은 기본적으로 최적화 문제를 다루는 분야입니다. 그것은 자원 제약에 따른 필연적인 귀결입니다. 이에 따라 주어진 목표의 최적화를 묻는 것이 미시 경제학의 중심에 있게 됩니다. 그런데 그러한 최적 상태를 알기 위해 필요한 수학적 지식이 바로 미분법입니다. 총함수를 주어진 변수로 1차 미분하면 그것이 한계함수이고, 그 한계함수를 0이 되게 하는 수준에서 총함수의 최적조건을 구할 수 있게 됩니다.

다음과 같은 문제를 살펴볼까요.

문제 어떤 재화의 수량을 X라 하고 총효용이 $TU=-3X^2+120X$일 때 한계효용은?

풀이 $M=\dfrac{dTU}{dX}=-6X+120$

위 문제는 총함수와 한계함수와의 관계, 그리고 아주 아주 간단한 미분법만 알면 정답률 100%가 가능한 문제입니다. 만약 위 문제가 총효용이 극대일 때 수량을 구하는 문제로 변형된다면, 그것은 한계효용이 0일 때이므로 $X=20$이라는 답을 쉽게 구할 수 있는 것입니다.

넷. "그래프와 친해지자!"

그래프는 경제이론을 가장 간단히 보여주는 아주 훌륭한 경제학의 설명 도구입니다. 그러므로 평소에 서술되어 있는 내용을 단순히 암기하는 식으로 접근하지 말고 그래프를 통해 내용을 정리하길 바랍니다. 이러한 그래프를 통한 이해는 실제 우리에게 매우 융통성 있는 풀이법을 제시해 줍니다.

다음과 같은 문제를 살펴볼까요.

> **문제** 수요함수가 $Q=100-5P$일 때, 독점기업의 총수입이 극대인 가격수준은?
>
> **풀이** $Q=100-5P$를 변형하면 $P=20-\frac{1}{5}Q$이므로
>
> 총수입$(TR)=P\times Q=\left(20-\frac{1}{5}Q\right)\times Q=20Q-\frac{1}{5}Q^2$이 되어
>
> 한계수입$(MR)=20-\frac{2}{5}Q$

따라서 총수입이 극대가 되기 위해서는 한계수입이 0이 되어야 하므로 $Q=50$과 $P=10$을 구할 수가 있습니다. 그런데 이것은 대단히 고지식한 방법입니다.

평소에 그래프와 친한 센스를 발휘하면, 수요함수가 직선일 때 총수입이 극대가 되는 점은 수요의 가격탄력도가 1인 경우이고, 그것은 곧 중점이므로 $P=10$이라는 답을 쉽게 구할 수 있는 것입니다. 그러므로 귀찮아도 평소에 그래프를 자주 접하도록 해서 익숙해지는 것이 중요합니다.

다섯. "미시가 전제되지 않는 거시는 존재하지 않는다!"

흔히 경제학에서 미시경제와 거시경제를 별도로 생각하여 학습하려는 수험생들이 있는데, 그럴 경우 미시와 거시의 상호보완적 관계의 중요성을 간과하게 된다는 문제가 있습니다. 그런 생각이야말로 경제학 공부를 더욱 어렵게 하는 원인이 됩니다. 물론 미시와 거시가 연구범주와 방법론에서 차이가 있지만, 양자는 동전의 양면인 것입니다.

예를 들어 미시적 분석의 가장 기본인 개별수요곡선과 개별공급곡선에서 가격 축을 모두 합하면 물가라는 거시경제변수로 연결되고, 수량 축을 모두 합하면 총생산량 즉, GDP라는 거시경제변수로 연결되는 것입니다. 따라서 미시와 거시가 별개라는 생각은 멀리멀리 내다 버리는 것이 바람직합니다.

여섯. "거시경제학은 역사이다!"

극히 기술적인 미시경제학과 달리 거시경제학에는 위대한 학자들의 철학이 담겨 있습니다. 또한 당시의 시대정신이 내포되어 있습니다.

예를 들어 A. Smith의 대표적 저술의 제목은 왜 "국부론"일까요? 이유는 간단합니다. 약 250년 전의 학자들의 주된 관심사는 어떻게 하면 나라를 부자로 만들어서 국민들을 배불리 먹일 수 있을까 하는 문제였기 때문입니다. 이처럼 거시경제학을 공부할 때는 학자들이 활동했던 시대의 역사적 상황을 살펴볼 필요가 있는 것입니다. 그것이 빠른 이해를 돕는 지름길입니다.

위의 내용은경제학을 처음 대한 사람이라면, 그리고 시행착오 중에 있는 사람이라면 꼭 한 번 마음속에 새겨 두어야 할 만한 것이라고 생각합니다.

Contents

Contents

AK 통합 경제학

1425,134

AK 통합 경제학

제 1 편

경제학 일반론

제1장 경제활동과 경제문제

Theme 01 경제와 경제활동

경제학의 어원

경제학이란 개인이나 사회가 여러 가지 용도를 가지는 희소한 자원을 선택적으로 사용하여 다양한 재화와 서비스를 생산, 교환, 분배, 소비하는 과정에서 일어나는 경제현상을 연구대상으로 하는 학문이다.

경제란 한자로 경세제민(經世濟民 : 상을 다스리고 백성을 구제한다.)의 약자이고, 영어의 경제(economy)는 원래 그리스 말의 오이코노미아(oikonomia)에서 나왔다. oikonomia는 집안 관리라는 뜻이다. 번성한 집안의 '집사' 혹은 '관리인'을 뜻하는 오이코모스(oikonomos)가 하는 일이 바로 오이코노미아이다. 아무리 번창한 집안이라도 관리를 제대로 하려면 근검절약이 앞서야 할 것이다. 따라서 그리스 말에서 유래되는 경제는 '근검절약'을 뜻한다. 어원에 충실하게 설명한다면 경제는 근검절약과 경세제민이고 이것들을 연구하는 학문이 경제학이라 할 수 있다.

❶ 경제활동의 의미

1) **경제활동** : 인간의 삶을 영위하는 데 필요한 재화와 용역을 생산하고, 분배하고, 소비하는 인간의 모든 활동을 의미한다.

경제적 활동

경제 원칙에 합당한 효율적인 활동을 의미하며 최소의 비용으로 최대의 효과를 달성하려는 인간의 행동원리를 말한다.

2) 경제활동의 내용

(1) 생산활동

① 시간, 공간, 형태 등의 변화를 통하여 경제생활에 필요한 가치 있는 재화와 용역을 만들어내거나, 그 가치를 증대시키는 일을 총칭한다.

재화 생산	농업, 수산업, 광업, 공업 등 ⇒ 주로 형태의 변화
서비스 생산	보관, 운송, 교육, 진료, 변론 등 ⇒ 주로 시간과 공간의 차이 해결

② 단순히 새로운 것을 만들어내는 데 한정되지 않고 이미 만들어진 것이라고 하더라도 새로운 가치를 증가시키면 이 역시 생산활동에 포함한다.

(2) **분배활동**: 생산요소가 생산활동에 기여한 정도에 따라 소득의 일부를 생산요소 소유자에게 나누어 주는 것을 의미한다.

생산요소: 생산에 투입되는 모든 투입물(inputs)을 의미

구분	내용
토지	하천, 바다, 토지, 대기, 기온, 수력, 풍력, 지하자원, 동식물 등의 자연자원을 말하며 노동과 더불어 본원적 생산요소를 구성 ⇒ 이에 대한 대가가 지대
노동	재화나 용역을 생산할 목적으로 행해지는 인간의 정신적·육체적 활동을 총칭 ⇒ 이에 대한 대가가 임금
자본	화폐, 기계, 원료 등과 같이 인간에 의해서 창출된 생산요소를 총칭 ⇒ 이에 대한 대가가 이자 및 임대료
경영	기업가에 의한 생산요소를 결합하는 창의적 노력을 의미하며, 기업의 소유(자본가)와 경영(경영자)이 분리되고 경영의 독자적인 활동이 중요시되면서 부각 ⇒ 이에 대한 대가가 이윤

자본의 의의

전통적인 생산이론에서 자본은 실물자본인 생산재를 가리키고, 화폐자본을 가리키지 않는다. 그러나 분배이론인 생산요소이론에서 생산요소별로 각각 다룰 때 자본은 대개 화폐자본인 돈을 의미한다.

- 실물자본(생산재)·············· 자본임대료: 생산이론
- 화폐자본(돈) ················· 이자: 분배이론(생산요소이론)

(3) **소비활동**: 처분이 가능한 소득으로 재화와 용역을 구입하여 상품의 용도에 맞게 사용함으로써 욕망을 충족하는 활동을 의미한다.

A. Smith

생산의 종착점은 소비이다.

J. M. Keynes

생산의 종국적인 규제자는 소비자이다.

확인 TEST

다음 글의 밑줄 친 ㉠~㉣의 예로 가장 적절한 것은?

경제활동이란 인간의 욕망을 충족시키기 위해 필요한 재화와 서비스를 생산, 분배, ㉠ 소비하는 일련의 활동을 의미한다. 가계와 기업은 생산물 시장과 ㉡ 생산요소 시장을 통하여 이러한 문제를 해결하기 위해 필요한 것을 조달한다. 또한 시장에서 결정된 ㉢ 가격은 신호의 역할을 함으로써 가계와 기업이 합리적인 선택을 할 수 있도록 도와주며, ㉣ 정부는 가계와 기업이 합리적인 경제활동을 영위할 수 있는 외적 환경을 조성해 주기 위해 최선을 다한다.

① ㉠–택시회사의 자동차를 구입하는 행위가 이에 해당한다.
② ㉡–생산요소 시장에서 기업은 공급자의 역할을 수행한다.
③ ㉢–공평성과는 관계없이 자원을 효율적으로 배분하는 기능을 수행한다.
④ ㉣–등가교환의 원칙에 따른 재정활동을 수행한다.

해설 시장 가격은 공평성과 관계없이 희소한 자원을 효율적으로 배분하는 자원배분 기능을 수행한다.
① ㉠–택시회사는 생산 활동을 통해 이윤을 추구하는 경제주체이므로 이러한 생산 활동(운송 서비스의 제공)을 위해 필요한 자동차를 구입하는 행위는 생산을 위한 투자에 해당한다.
② ㉡–생산요소 시장에서 기업은 생산요소에 대한 수요자이다. 한편 생산물 시장에서 기업은 공급자의 역할을 수행한 다.
④ ㉣–정부는 재정활동을 통해 부등가 교환을 전제로 하는 강제교환이 가능한 경제주체이다.

정답 ③

❷ 경제활동의 주체와 객체

1) 경제활동의 주체(economic subject)

(1) **가계(소비의 주체)**: 생산활동에 참여한 대가로 얻은 소득으로 소비 활동을 담당함으로써 효용의 극대화를 추구하는 경제주체이다.

(2) **기업(생산의 주체)**: 재화와 서비스의 생산활동을 담당함으로써 이윤의 극대화를 추구하는 경제주체이다.

(3) **정부(재정의 주체)**: 가계와 기업으로부터 거두어들인 세금을 이용한 국방, 치안, 교육, 의료 등의 공공 서비스를 생산·공급함으로써 국민후생의 극대화를 추구하는 경제주체이다.

국민경제의 순환

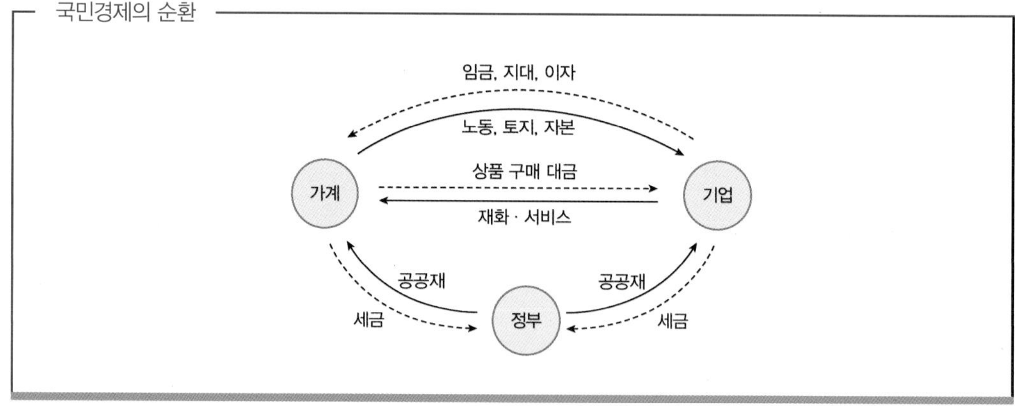

(4) **외국(무역의 주체)**: 국가 간 특화를 전제한 무역을 통한 상호 이익을 추구하는 경제주체로서 개방경제 하에서 그 중요성이 증대되고 있다.

2) 경제활동의 객체

(1) **의미**: 경제주체의 경제활동 대상이 되는 것을 말한다.

(2) **분류**

① **재화**(goods): 인간의 생활에 있어 만족을 가져다주는 유형의 물건들에 대한 총칭한다.

ㄱ. 자유재(free goods): 대가의 지불이 없이도 소비가 가능한 재화를 말한다.

⇒ 과거에는 깨끗한 물이나 공기 등을 그 예로 제시했지만 오늘날에는 환경 오염 등의 원인으로 인해 해당되는 경우가 점점 축소

> 자유재(free goods)란?
>
> ⓐ 한계효용이 0인 재화(한계효용이론), ⓑ 노동을 가하지 않고 마음대로 소비할 수 있는 재화(노동가치설), ⓒ 생산비가 0인 재화(생산비설)로서 대기 중의 공기, 햇빛처럼 경제 객체가 될 수 없는 재화를 말한다.

ㄴ. 경제재(economic goods): 반드시 대가를 지불해야만 소비가 가능한 재화를 말한다.

⇒ 오늘날 대부분의 재화는 바로 이 경제재를 의미

> 경제재(economic goods)란?
>
> 인간의 경제활동의 객체가 될 수 있는 재화로서 광의의 재화 가운데서 ⓐ 인간이 지배·관리할 수 있고, ⓑ 인간의 욕망을 충족시켜 줄 수 있으며, ⓒ 희소하기 때문에 유상적(有償的)인 행위의 대상이 되고, ⓓ 시장 거래성이 허용되는 재화로서 비경제재가 아닌 재화를 말한다.

② **용역**(service): 인간의 생활에 있어 만족을 가져다주는 일체의 인간 활동을 의미한다.

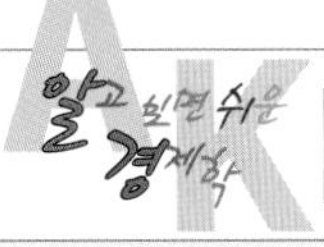

과연 합리적이며 이기적인 경제주체는 현실적인가?

"나희에게 100원짜리 100개를 주며 다음과 같은 게임을 제시해 본다. 서로 모르는 사이인 지수에게 100원 단위로 돈을 나누어 주되 만약 지수가 나희의 분배 제안을 받아들이면 두 사람은 각각 그 금액을 모두 가질 수 있지만, 받아들이지 않는다면 두 사람 모두 한 푼의 돈도 가질 수 없다. 이 게임의 결과 나희와 지수는 각각 얼마의 돈을 가질 수 있게 될까?"

전통적인 경제학은 인간이 자신의 이익에만 관심을 갖고 또한 자신의 이익을 합리적으로 선택할 수 있다는 기본가정에서 출발한다. 이를 호모 에쿠노미쿠스(homo economicus), 즉 경제인의 가정이라고 한다. 그런데 이러한 가정이 과연 현실을 정확하게 설명해줄 수 있는가에 대해서는 상당한 의문이 제기된다. 이러한 문제제기 하에 구체적인 실험적 게임 상황을 통해 그 답을 얻고자 하는 분야가 이른바 '행태 게임 이론(behavior game theory)'이고, 앞의 문제는 그중에서도 '최후 통첩 게임(ultimatum game)'이다. 최후 통첩 게임에서 밝히고자 하는 것은 과연 경제 주체들은 다른 것은 고려하지 않고 항상 자신의 이익만을 근시안적으로 추구하는지 여부이다.

앞의 문제에서 나희는 일정한 금액을 지수에게 제시하며 '싫으면 말고(take it-or-leave it)'식의 제안을 한다. 문제는 이를 지수가 거절하게 되면 두 사람 모두 한 푼의 돈도 가질 수 없다는 것이다. 그렇다면 결론은?

일단 게임에 참여한 나희와 지수 모두가 '합리적'으로 행동한다면 나희는 9,900원을 가지고, 지수에게는 100원을 주겠다는 제안을 하고 지수가 이를 받아들이는 결론에 도달할 것이다. 왜냐하면 지수가 나희의 제안을 거절하면 자신은 그나마 한 푼도 얻지 못한다는 것을 알기 때문에 차라리 100원이라도 받는 것이 자신에게 이익이 되므로 이 제안을 받아들일 것이다. 또한 이것을 나희는 합리적으로 예상하여 지수에게는 거절할 수 없는 최소한의 금액인 100원을 주고, 자신은 자신의 이익을 극대화할 수 있는 금액인 9,900원을 가지려 하기 때문이다.

그러나 과연 이러한 결론이 최선일까? 만약 나희와 지수가 서로 사이가 좋지 않다면 어떻게 될까? 지수가 이른바 '물귀신 작전'을 써서 자신에게 상대적으로 적은 돈을 제안하게 되면 이를 거절하여 자신은 물론 나희도 한 푼도 얻지 못하게 할 수도 있을 것이다. 더군다나 그 금액이 10,000원이 아닌 1억 원이라면 100원을 주겠다는 나희의 제안을 지수는 100% 거절할 것이다. 또한 지수가 아주 부자라 나희가 제안하는 금액이 웬만큼 크지 않다면 그러한 제안에는 관심도 갖지 않을 것이며, 역시 100% 거절할 것이다.

결국 전통적인 경제학에서 기본가정으로 전제하는 이기적이면서도 합리적인 경제주체를 현실에서 그대로 발견한다는 것은 상당히 어렵다고 할 수 있을 것이다. 전통적인 경제이론에서 벗어나 다양한 변수들을 심도 있게 고려하는 새로운 경제학 접근 방법을 모색해야 할 필요성을 인식해야 하는 대목이다.

Theme 02 희소성과 경제문제

❶ 경제문제의 발생

1) 경제문제 : 한정된 자원의 효율적인 활용에 대한 의사결정 문제 ⇒ 경제적 선택의 문제

2) 경제문제 발생의 원인

(1) 인간의 무한한 욕망에 비해 그 욕망을 충족시켜 줄 수 있는 자원이 부족한 것이 경제문제 발생의 원인이다. ⇒ 희소성의 원칙(law of scarcity: G. Cassel)

> **희귀성과 희소성**
>
> 북태평양 연안에서 잡히는 집게발이 하나인 바다가재는 두 개의 집게발을 가진 가재보다 개체수가 더 적은 희귀종으로 알려지고 있다. 하지만, 소비자들이 두 발 가재 요리를 더 선호하다 보니 두 발 가재는 외발 가재보다 더 희소한 자원으로 취급되고 있다.

(2) 여기서 "희소하다"라는 것은 자원의 절대량이 부족하다는 것이 아니고 인간의 욕망에 비해 상대적으로 그 존재량이 부족하다는 것을 의미한다.

> **실질적 희소성(real scarcity)과 경제적 희소성(economic scarcity)**
>
> 여름휴가 때 요트를 타고 바다로 나왔다가 풍랑을 만나 배가 난파되어 침몰하게 되었다고 하자. 승선인원은 4명인데 구명조끼가 3벌밖에 없다. 그렇다면 구명조끼를 어떤 기준에 따라 배분할 것인가? 이때 구명조끼가 부족한 것이 실질적 희소성(real scarcity)이다. 구명조끼를 얻기 위해 가장 높은 가격을 제시한 사람에게 배분한다고 해서 부족 문제가 해결될 수는 없다. 그런데 만약 '오리배 타기'를 하려고 하는데 구명조끼를 입지 않으면 배를 타지 못하게 한다면 구명조끼의 부족 문제는 가격으로 해결할 수 있다. 가장 높은 가격을 제시한 사람부터 구명조끼를 배정하면 되는 것이다. 이때의 부족이 경제적 희소성(economic scarcity)이다. 경제이론에서 말하는 부족 문제는 이러한 경제적 희소성의 문제이다.

(3) 자원의 희소성으로 인해 인간의 욕구 충족을 위해 이와 같은 한정된 자원을 어떻게 활용할 것인지의 선택의 문제, 즉 경제문제가 등장한다.

3) 기본적인 경제 문제 – P. A. Samuelson

(1) **무엇을 얼마나 생산할 것인가(What & How much to produce)?** : 생산물의 적절한 종류와 생산량의 선택을 결정하는 문제이다. ⇒ 자원 배분 문제

(2) **어떻게 생산할 것인가(How to produce)?** : 생산에 있어 적절한 생산방법과 기술의 선택에 관한 문제이다. ⇒ 무인 자동화 시스템을 갖출 것인가, 해외로 공장을 이전할 것인가 하는 등의 문제

(3) **누구를 위해 생산할 것인가(For whom to produce)?**: 생산활동에 참여한 경제주체에게 생산물을 나누어 줄 때 고려하게 되는 분배방식에 관한 선택의 문제를 의미한다.

① **분배의 일반적 기준(효율성)**: 생산활동에 기여한 정도에 따른 분배

② **분배의 사회적 기준(형평성)**: 사회정의에 따른 규범적 분배 ⇒ 최소한의 인간다운 삶 보장

(4) **언제 생산할 것인가(When to produce)?**: 석유, 석탄, 기타 광물과 같이 한번 써 버리면 재생할 수 없는 자원(exhaustible resources)의 시간적인 배분에 관심을 가지면서 그 중요성이 부각되었다. ⇒ 세대 간 자원 배분과 관련된 문제

Q&A

다음 밑줄 친 내용에 해당하는 기본적인 경제문제는?

㉠ 정유년에 전선 7척을 새로 만들기로 하였다. 그런데 여러 읍진에 있는 조선소마다 공정이 들쭉날쭉하고 목수들의 솜씨도 차이가 났기 때문에 ㉡ 조선소들을 우수영으로 통합하여 목재와 연장을 나누어 쓰도록 하였다. 전선을 완공한 날에 ㉢ 돼지 5마리를 보내 먹게 하였다.

Solution

㉠ : 무엇을 얼마나 생산할 것인가(What & How much to produce)?
㉡ : 어떻게 생산할 것인가(How to produce)?
㉢ : 누구를 위해 생산할 것인가(For whom to produce)?

2 경제문제와 합리적 선택

1) 선택의 기준

(1) **효율성(efficiency)**: 최소의 비용으로 최대의 효과를 얻는 경제원칙(economic principle) ⇒ 희소한 자원을 가장 효율적으로 배분

① **소비자의 경제원칙**: 최소 지출로 최대의 만족을 얻는 것으로 효용 극대화를 의미

② **생산자의 경제원칙**: 최소 비용으로 최대의 산출을 얻는 것으로 생산 극대화를 의미

(2) **형평성(equity)**: 경제적 선택을 할 때 공공 복리와 사회 정의의 실현을 위해 필요한 기준

① **기회 균등의 원칙**: 각 경제주체에게 생산에 참여할 기회가 균등하게 주어져야 한다는 원칙

② **필요도의 원칙**: 최소한의 삶을 영위하기 위한 최소한의 정도는 분배되어야 한다는 원칙

효율성과 형평성의 조화

저소득층 가구 학생들에게 무상교육을 실시한다고 가정해 보자. 평소에 학원조차 제대로 다니지 못하던 아이들에게 공부할 기회를 주게 되면, 이들의 능력이 계발되어 경쟁력 있는 인재로 성장할 수 있다. 그 결과 개인적으로는 소득이 증가하므로 소득분배의 형평성이 높아지고, 사회적으로는 인적자원을 보다 효율적으로 활용하므로 자원배분의 효율성이 높아질 수 있다.

2) 기회비용과 합리적 선택

(1) 기회비용(opportunity cost)

① 한 경제에서의 선택은 반드시 어떤 것을 포기함을 수반한다. ⇒ 경제적 선택의 결과로 포기되는 여러 대안의 가치 중에서 가장 경제적 가치가 큰 대안(the next best alternative)이 바로 기회비용

② 어떤 선택을 하는 경우에 선택된 것의 가치와 포기해야 하는 대안의 가치는 모두 선택 당사자만 알 수 있는 것이므로 기회비용은 주관적 개념이다. 같은 이유로 동일한 선택을 하였다 하더라도 선택 상황에 따라 기회비용의 크기는 서로 다를 수 있는 것이다.

기회비용의 주관성과 상대성

방송 : 13시 출발 예정 ΔΔ공 001편이 승객 여러분께 알려드립니다. 현재 탑승 가능 좌석보다 예약자 수가 두 명 초과하였습니다. 16시에 출발하는 002편을 이용하실 두 분께는 20만 원 상당의 마일리지를 드리겠습니다.
영희 : 제가 002편을 타겠습니다.
방송 : (잠시 후) ΔΔ항공 001편 승객 여러분께 다시 한 번 알려드립니다. 16시에 출발하는 002편 탑승을 신청하시는 한 분께는 30만 원 상당의 마일리지를 드리겠습니다.
철수 : 제가 002편을 타겠습니다.

마일리지가 20만 원이었을 때 영희가 이에 응했다는 것은 영희에게 001편의 탑승의 가치(기회비용)가 20만 원보다 작다는 것을 의미한다. 그러나 마일리지가 20만 원이었을 때 이에 응하지 않던 철수가 마일리지가 30만 원 이었을 때 응했다는 것은 철수에게 001편의 탑승의 가치(기회비용)는 20만 원보다는 크지만 30만 원보다는 작다는 것을 의미한다. 따라서 두 사람에게 기회비용은 서로 동일하지 않다.

튤립 꽃의 전설과 기회비용

옛날 한 공주가 3명으로부터 청혼을 받았다. 이웃나라 황태자는 "나와 결혼해주면 찬란한 왕관이 당신 것이 된다."고 하며, 우아한 젊은 기사는 "나와 결혼해 주면 집안에 대대로 내려오는 보검을 당신에게 주겠다."고 하며, 부유한 상인은 "나와 결혼해 주면 우리 집 금고의 황금덩이가 모두 당신 것이 될 것이다."고 하며 청혼을 했다. 청혼이 쇄도하자 공주는 누구를 선택해야 할지 몰라 고민하였다. 황태자비가 되는 것도, 우아한 젊은 기사의 부인이 되는 것도 그리고 부유하고 자유로운 상인의 아내가 되는 것도 모두 포기하기 어려운 매력이었기 때문이다. 공주가 결정을 내리지 못하는 사이에 청혼했던 세 사람은 기다리다 못해 드디어 떠나 버렸다. 이에 공주가 상심해서 병을 앓다 죽었는데, 무덤에서 피어난 꽃이 튤립이었다. 그 꽃송이는 왕관을 닮고, 꽃잎은 기사의 보검을, 그리고 뿌리는 상인의 금괴를 닮았다고 한다. 이 튤립공주의 불행은 쉽게 포기하지 못했기 때문에 발생했다.

③ 경제학에서의 비용은 모두 이러한 기회비용으로 이해된다.

기회비용의 측정

기회비용 = 이 선택을 하지 않았다면 지불할 필요가 없었던 비용
+ 이 선택을 하지 않았다면 얻을 수 있었던 경제적 이익

기회비용과 관련된 다양한 사례

1. 8,000원으로 '영화'를 볼까 아니면 '연극'을 볼까 고민하다가 '영화'를 보는 경우의 기회비용은?

⇒ 기회비용 = '연극'을 보았을 때 얻을 수 있는 만족(효용)의 크기

2. 아르바이트를 통해 시간 당 5,000원의 임금을 받고 일할 수 있는 사람이 8,000원을 주고 2시간 동안 영화를 보았을 경우의 기회비용은?

⇒ 기회비용 = 명시적 비용(영화 티켓 구입비용:8,000원) + 암묵적 비용(아르바이트를 2시간 동안 하면 받을 수 있는 임금:10,000원) = 18,000원

3. 고용 변호사인 A와 개업 변호사인 B가 각각 100만 원의 경비를 부담하고 함께 5일 동안 여행을 가기로 했다. A는 고용된 법무법인으로부터 5일간의 연가를 냈고, B는 매일 50만 원의 수입을 얻을 수 있는 자신의 변호사 사무실을 5일 동안 닫기로 했다. A와 B의 여행에 따른 기회비용은?

⇒ A : 기회비용 = 명시적 비용(여행경비 : 100만 원)
B : 기회비용 = 명시적 비용(여행경비 : 100만 원) + 암묵적 비용(5일 동안 얻을 수 있었던 수입 : 250만 원) = 350만 원

4. A는 2020년 3월 1일에 300만 원을 주고 스마트 TV를 구입하였다. TV <u>구입시점에서의 기회비용은?</u> (단, TV를 구입하지 않았다면 300만 원을 연리 5%로 은행에 예금하려 하였다.)

⇒ 기회비용 = 명시적 비용(구입시점에서의 300만 원)

⇒ 구입시점을 기준으로 비용(stock)을 묻고 있으므로, 1년 후에 발생할 이자(flow)는 구입시점에서의 비용과는 아무런 관계가 없다는 것을 주의해야 한다.

5. A는 2020년 3월 1일에 300만 원을 주고 스마트 TV를 구입하였다. 이러한 구입에 따른 <u>1년 동안의 기회비용은?</u> (단, TV를 구입하지 않았다면 300만 원을 연리 5%로 은행에 예금하려 하였다.)

⇒ 기회비용 = 명시적 비용(구입시점에서의 300만 원) + 암묵적 비용(예금을 하였을 경우 얻을 수 있었던 이자 : 15만 원) = 315만 원

⇒ 구입한 이후의 일정기간(flow) 동안을 기준으로 비용을 묻고 있으므로, <u>1년 동안</u> 발생할 이자(flow)를 포함시켜야 한다는 것을 주의해야 한다.

6. A는 2020년 3월 1일에 300만 원을 주고 스마트 TV를 구입하여 사용한 후, 2021년 3월 1일에 200만 원을 받고 B에게 <u>되팔았다.</u> A의 1년간 TV 사용에 따른 기회비용은? (단, TV를 구입하지 않았다면 300만 원을 연리 5%로 은행에 예금하려 하였다.)

⇒ 기회비용 = 1년 간 TV 사용을 위해 포기한 금액(100만 원 + 이자 15만 원) = 115만 원

7. 연봉 3,000만 원을 받고 S기업에 다니고 있는 A씨는 직장을 그만 두고, 식당을 개업하였다. <u>1년 간 식당을 운영해 본 결과,</u> 총매출이 1억 원이었고, 총지출 비용이 7,500만 원이었다. 경제학적 관점에서 볼 때 A씨가 식당을 개업하기 위해 지불한 총기회비용과 순편익은?

⇒ 총 기회비용 = 명시적 비용(식당 운영을 위해 지출한 비용 : 7,500만 원) + 암묵적 비용(식당을 개업하기 위해 그만 둔 직장을 계속 다녔다면 받을 수 있었던 연봉 : 3,000만 원) = 1억 500만 원

⇒ 식당 개업에 따른 순편익 = 식당 개업에 따른 총매출(1억 원) − 기회비용(1억 500만 원) = −500만 원

(2) 합리적 선택(rational choice)

① 기회비용을 고려하여 희생은 최소화하고 만족은 극대화시키는 선택하는 것을 말하며, 그렇게 자원을 사용하려는 의지를 경제하려는 의지(will to economize)라 한다.

② 여기서 '합리적'이란 의미는 목표 자체가 합리적이라는 것은 아니다. 그것은 어떤 목표가 주어졌을 때, 그것을 달성하는 수단이 합리적이어야 한다는 뜻이다.

세상에는 공짜가 없다는데?

다음과 같은 옛날 이야기가 있다.

"옛날 옛적에 우애가 좋았던 삼형제에게는 각각 아주 귀한 보물이 있었다. 첫째에게는 아무리 먼 곳이라도 볼 수 있는 천리경이 있었고, 둘째에게는 어디든지 갈 수 있는 나는 양탄자가 있었고, 막내인 셋째에게는 먹게 되면 어떤 병도 낫게 하는 사과가 한 개 있었다. 어느 날 첫째가 우연히 천리경을 통해 이웃 나라를 살펴보던 중 이름 모를 병을 앓고 있는 공주로 인해 시름에 빠진 그 나라의 임금님의 모습을 보게 되었다. 그런데 임금님은 공주의 병을 낫게 해주는 사람은 누구든지 공주와 결혼시켜 나라를 물려주겠다는 방을 전국 곳곳에 붙여 놓고 있었다. 그래서 삼형제는 둘째의 양탄자를 타고 이웃 나라로 건너가 임금님을 만나 공주를 낫게 해 주겠다고 했다. 임금님은 매우 기뻐하며 이를 허락하였다. 그리하여 막내가 갖고 있는 사과를 공주에 먹이니 병이 씻은 듯이 낫게 되었다. 임금님은 건강을 되찾은 공주를 보며 기쁨을 감추지 못했지만 한편으로는 삼형제 중에서 누구를 공주와 결혼시켜야 할지 고민하게 되었다. 천리안이 없었다면 공주의 병을 알지 못했을 것이고, 양탄자가 없었다면 병을 치료할 시기를 놓칠 수 있었겠고, 사과가 없으면 병을 낫게 하지 못했을 것이고… 이리하여 임금님의 고민은 깊어만 갔다."

위 경우에 경제학적 관점에서 본다면 과연 누구와 결혼시키는 것이 옳은 판단일까?

우리의 인생을 한마디로 정의하기는 어렵지만 '선택의 연속'이라 해도 지나친 말은 아닐 것이다. 그런데 이러한 선택을 하는 데 있어서 우리가 반드시 고려해야 하는 것이 자원의 희소성이다. 이러한 제약 때문에 우리는 우리가 원하는 모든 것을 할 수는 없는 것이다.

예를 들어 다음 그림을 보면 이 문제를 쉽게 이해할 수 있게 된다.

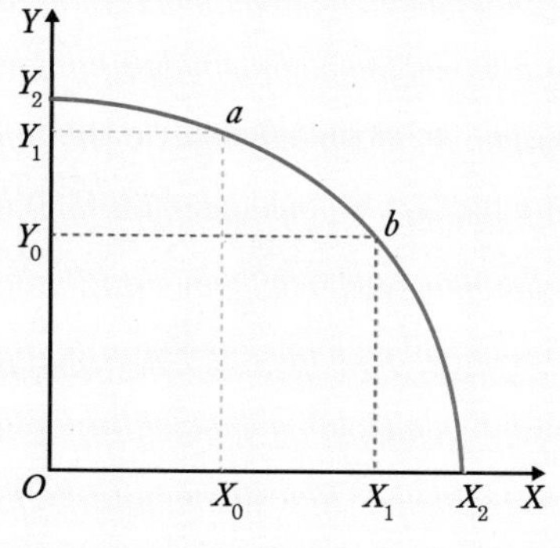

그림은 주어진 자원을 가장 효율적으로 활용하여 생산할 수 있는 X재와 Y재의 최대 생산가능량의 궤적을 의미하는 생산가능곡선이다. 예컨대 점 a에서 점 b로 생산점을 옮기면 X재의 생산량은 X_0에서 X_1으로 증가하게 된다. 그러나 이를 위해서는 반드시 Y재의 생산량을 Y_1에서 Y_0로 감소시켜야 한다. 결국 주어진 자원이 한정되어 있는 한 X재 생산을 증가시키려면 필연적으로 일정량의 Y재 생산을 희생(포기)해야 하는 것이다.

이처럼 어떤 경제적 선택을 하기 위해 포기해야 하는 최선의 대안을 '기회비용'이라고 부른다. 경제학에서는 모든 비용을 이러한 기회비용으로 이해한다.

필자는 매주 일요일이 되면 날씨가 여간 나쁘지 않은 한 꼭 집 근처에 있는 우면산이란 곳을 아침 일찍 오른다. 물론 동네 야산이기 때문에 설악산처럼 입장료를 지불하지는 않는다. 그렇다면 이 경우에는 공짜로 산을 오른 것이 아닐까?

이러한 질문에 답을 하기 위해서는 우선 경제학에서 이해하는 비용에 대한 정의가 필요하다. 만약 비용을 우리의 호주머니에서 나가는 금전적인 것으로만 이해한다면 입장료를 지불하지 않았으므로 공짜일 것이다. 그러나 앞에서 언급한 것처럼 경제학에서는 비용을 금전적인 것에만 한정하지 않고 기회비용 개념으로 이해하기 때문에 다음과 같이 판단해야 하는 것이다. 만약 필자가 우면산에 오르지 않았다면 다른 것을 할 수는 없었을까? 하다못해 산에 갔다 오는 시간만큼 그동안 부족한 잠을 더 잘 수도 있을 것이다. 따라서 일요일의 단잠을 포기하지 않으면 우면산에 오를 수는 없을 것이다. 왜냐하면 주어진 시간은 한정되어 있으므로… 결국 비록 입장료를 지불하지 않고 산에 갔다 왔지만 이를 위해 귀한 일요일 아침의 단잠을 포기했으므로 공짜가 아닌 것이다.

이렇게 기회비용을 이해한다면, 불가에서 끊임없는 수양과 참선을 통해 깨달음을 얻고자 하는 이판(理判)의 길을 포기하고 사찰의 관리업무를 맡아 처리하는 사판(事判)의 길을 선택한 스님들의 선택에도, 전문기사로서 대회에 참여하는 것이 금지된 한국기원 사무총장에 취임한 OOO 九단의 선택에도 기회비용은 엄연히 존재한다. 즉, 세상에는 공짜가 없는 것이다.

자, 이제 옛날 이야기 속에 등장한 임금님의 고민을 경제학적 관점에서 해결해 보자. 우리가 고려해야 할 핵심적인 요소는 무엇보다 공주의 병을 고치기 위한 선택을 했을 때 세 사람은 과연 무엇을 희생(포기)했는가가 아닐까? 물론 첫째와 둘째의 천리경과 나는 양탄자가 없었다면 공주의 병은 고칠 수가 없었을 것이다. 그러나 천리경과 양탄자는 그 이후에도 그들에게 남아있으니 희생의 정도는 미약하다. 하지만 셋째는 그 귀한 사과를 공주에게 먹임으로써 더 이상 수중에는 사과가 남아있지 않게 된 만큼 값진 희생을 하였다. 그렇다면 경제학적 입장에서는 사과를 희생한 막내와 공주의 결혼 결정이 합리적이 아닌가 하는 것이 필자의 생각인데 임금님의 생각은 어떨지 궁금하다.

매몰비용(sunk cost)

우리 속담에 '엎질러진 물'이라는 말이 있다. 물동이가 넘어져 물이 엎질러지면 다시는 주워 담을 수 없다는 말이다. 경제활동에서도 한 번 선택하면 되돌릴 수 없는 경우가 많다. 극장에서 영화를 관람하기 전에 안타깝게도 표를 잃어버렸다면 표 구입비용은 매몰비용이 된다. 또한 뷔페 식당에서 초밥 하나를 먹든 100개를 먹든 지불된 음식비는 역시 매몰비용이 된다. 이처럼 어떠한 경제적 선택을 하든지 회수가 불가능한 비용은 매몰비용인 것이다. 따라서 이러한 매몰비용은 경제적 선택에 있어 고려되어서는 안 되는 것이다.

甲은 영화를 관람하는 데 20,000원의 가치를 느낀다. 영화 관람권을 8,000원에 구입하였지만 영화관을 들어가기 전에 분실하였다. 이에 따라 甲은 영화 관람권을 8,000원에 다시 구입하고자 한다. 이 시점에서의 영화 관람권 재구입에 따른 기회비용과 매몰비용은 각각 얼마인가? (단, 분실된 영화 관람권의 재발급이나 환불은 불가능하다.)

⇒ 영화 관람권 재구입을 위해 8,000원을 지불해야(포기해야) 하므로 기회비용은 8,000원이다. 또한 분실한 영화 관람권은 재발급이나 환불이 불가능하므로, 분실한 영화 관람권 구입비용 8,000원은 회수 불가능한 매몰비용인 것이다.

100억 원을 갖고 있는 갑 회사는 A, B 프로젝트 중 B 프로젝트에 투자하기로 했다. 갑 회사의 결정이 합리적 선택이 되기 위한 B 프로젝트 투자 자금 200억 원에 대한 연간 예상 수익률의 최적 수준은? (단, 각 프로젝트의 기간은 1년이다.)

- A 프로젝트는 80억 원의 투자 자금이 소요되고, 연 10.0%의 수익률로 8억 원의 수익이 예상되며, 남는 돈은 연 5.0%의 금리로 예금한다.
- B 프로젝트는 200억 원의 투자 자금이 소요되고, 부족한 돈은 연 5.0%의 금리로 대출받는다.

⇒ A 프로젝트를 선택했다면 갑 회사는 9억 원의 수익을 얻을 수 있었는데(80억 원의 투자수익 8억 원+20억 원의 예금이자 1억 원), B 프로젝트를 선택했으므로 9억 원을 포기한 것이 된다. B 프로젝트 선택에 따른 추가 비용은 100억 원의 대출이자 5억 원이다. 따라서 갑 회사의 결정이 합리적 선택이 되려면 A 프로젝트의 기회비용 9억 원에 대출이자 5억을 더한 14억 원 이상의 수익을 올려야 한다. 200억 원의 투자로 14억 원 이상의 수익을 올리려면 최소한 7.0% 이상의 수익률이 되어야 한다.

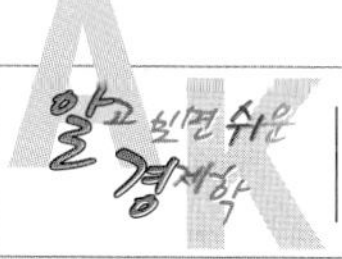

한계적 판단과 매몰비용이란?

다음과 같은 경우를 생각해 보자.

"서울의 남부터미널에서 거제도의 고현까지 가는 우등 고속버스에 좌석이 27석이 있다고 가정하자. 이때 연료비·인건비 등을 포함한 운행에 필요한 비용이 30만 원이고, 고속버스 회사 측은 이윤을 고려하여 1인당 요금을 1만 원으로 책정하였다. 그런데 출발 직전까지 빈 좌석이 10석이었다. 만약 늦게 온 어떤 승객이 5천 원을 내고 타고자 한다면 탑승시켜야 하는가?"

우리는 경제생활을 영위하는 데 있어 끊임없는 선택의 상황에 놓이게 된다. 경제학에서는 이러한 경우 우리의 선택이 합리적으로 이루어질 것을 요구한다. 여기서 '선택이 합리적'이라는 것은 어떤 목표를 추구할 때 그 목표 자체가 합리적이라는 것이 아니라, 그 목표를 달성하기 위해 필요한 수단이 합리적이라는 것이다. 이러한 합리적 선택을 하기 위해서는 이른바 '한계적 판단'이 요구된다. 한계적 판단이란 미래를 지향한다. 즉 어떤 선택을 함으로써 장래에 추가적으로 얻을 수 있는 이익(한계편익)과 추가적으로 지불해야 하는 비용(한계비용)을 고려해서 의사결정을 해야 하는 것이다.

이제 앞의 질문에 대한 답을 찾아보자. 결론부터 얘기하면 당연히 태워야 한다. 왜냐하면 이 승객이 비록 5천 원을 지불한다고 해도 그 승객을 태움으로써 드는 추가적인 (한계)비용은 거의 없기 때문이다. 버스에 한 사람 더 태웠다고 해서 버스가 무겁다고 운행을 거부하지는 않을 것이다. 결국 최선의 선택이란 선택을 하는 시점에서부터 장래를 향한 작은 변화에 따른 추가적인 이익과 추가적인 비용을 고려하면서 내려져야 한다는 것이다. 즉 한계적 판단에 의한 선택을 의미하는 것이다.

그런데 우리 속담에는 '엎질러진 물'이라는 말이 있다. 물동이가 넘어져 물이 엎질러지면 다시는 주워 담을 수 없다는 말이다. 경제활동에서도 한 번 선택하면 되돌릴 수 없는 경우가 많다. 극장에서 영화를 관람하기 전에 안타깝게도 표를 잃어버렸다면 이전의 표 구입비용은 매몰비용이 된다. 또한 뷔페 식당에서 초밥 하나를 먹든 100개를 먹든 이미 지불된 음식비는 역시 매몰비용이 된다. 이처럼 어떠한 경제적 선택을 하던지 회수가 불가능한 비용을 매몰비용(sunk cost)이라 한다. 그런데 이러한 매몰비용은 선택을 할 때 미래를 향한 개념이 아니라 과거 회귀적인 개념이다. 그러므로 이러한 매몰비용은 한계적 판단을 요구하는 합리적 선택을 위해서는 집착해서는 안 되는 것이다. 오히려 표를 잃어버렸음에도 불구하고 추가적인 표 구입비용보다 영화 관람이 주는 만족이 더 크다고 판단하면 과감히 표를 한 장 더 구입하여 영화를 관람하는 것이 합리적 선택이다.

확인 TEST

甲 국장은 다음과 같은 〈상황〉에서 10억 원의 예산을 경제학적 원리에 따라 지출하여 순편익(총편익-총비용)을 극대화하고자 한다. 〈보기〉에서 옳은 것을 모두 고르면?

[2010, 국회 8급]

〈 상 황 〉

- 신규 프로젝트인 A 프로젝트의 총비용은 10억 원이며 총편익은 25억 원이다.
- B 프로젝트에는 이미 20억 원이 투자되었으며, 프로젝트를 완성하기 위해서는 추가적으로 10억 원의 예산이 필요하다. 더 이상 예산을 투자하지 않으면 10억 원의 금액을 회수할 수 있다. 프로젝트가 완성되면 30억 원의 총편익이 발생한다.
- 모든 비용과 편익은 현재가치로 환산한 액수이며, 다른 상황은 전혀 고려하지 않는다.

〈 보 기 〉

가. 10억 원을 A 프로젝트에 투자할 때의 기회비용은 15억 원이다.
나. 추가로 10억 원을 B 프로젝트에 투자할 때의 기회비용은 25억 원이다.
다. B 프로젝트의 매몰비용은 10억 원이다.
라. 甲 국장은 B 프로젝트에 예산 10억 원을 투자한다.

① 가, 나　② 가, 다　③ 나, 다　④ 나, 라　⑤ 다, 라

해설 합리적 선택은 '한계적 판단'에 의해서 이루어진다. 여기서 '한계적 판단'은 선택을 하게 되는 '현재 시점을 기준'으로 미래를 향한 판단을 한다는 것이다. 즉 과거 회귀적 판단이 아닌 미래 지향적인 판단을 한다는 것이다. 이러한 이유로 현재 어떤 판단을 해도미래에 회수가 불가능한 비용인 이른바 '매몰비용(Sunk cost)'은 판단을 할 때 고려해서는 안 되는 것이다.

- 주어진 〈상황〉에서 A 프로젝트에 투자할 때의 총편익은 A 프로젝트에 투자할 때 얻을 수 있는 편익(=25억 원)과 A 프로젝트에 투자하게 되면 더 이상 진행하지 않게 되는 B 프로젝트에서 회수가 가능한 금액(=10억 원)의 합이다. 그 크기는 '25억 원+10억 원=35억 원'이 된다. 이러한 총편익을 얻기 위해 필요한 총비용은 10억 원이다. 따라서 A 프로젝트에 투자할 때의 순편익(=총편익−총비용)은 '25억 원'이 된다.
- 한편 B 프로젝트에 투자할 때의 총편익은 30억 원이다. 이러한 총편익을 얻기 위해 필요한 총비용은 기존에 투자된 20억 원 중에서 회수가 가능한 금액(=10억 원)과 현재 추가적으로 필요한 예산(=10억 원)의 합인 20억 원이다. 따라서 B 프로젝트에 투자할 때의 순편익(=총편익−총비용)은 '10억 원'이 된다. 여기서 기존에 투자된 금액 중에서 회수가 불가능한 10억 원은 매몰비용으로 경제적 선택을 하는 경우에 고려해서는 안 된다는 것을 주의한다(다).
- 이러한 내용을 표로 정리하면 다음과 같다.

구분	총편익	총비용	매몰비용	순편익(= 총편익 − 총비용)
A 프로젝트	25억 원 + B프로젝트에서 회수 가능한 10억 원 = 35억 원	10억 원	0원	25억 원
B 프로젝트	30억 원	20억 원	10억 원	10억 원

- 여기서 기회비용(Opportunity cost)은 어떤 선택을 위해 포기해야 하는 최상의 가치를 의미한다. 어떠한 선택이 합리적 선택이라고 평가 받기 위해서는 기회비용이 가장 작은 대안을 선택해야 한다. 그런데 A 프로젝트에 투자할 때의 기회비용은 B 프로젝트에 투자할 때 얻을 수 있는 순편익이고, 그 크기는 10억 원이다(가). 또한 B 프로젝트에 투자할 때의 기회비용은 A 프로젝트에 투자할 때 얻을 수 있는 순편익이고, 그 크기는 25억 원이다(나). 따라서 주어진 〈상황〉 하에서 甲 국장의 합리적 선택의 대안은 'A 프로젝트'가 된다(라).

정답 ③

심화 TEST

다음 글을 읽고, 합리적 의사결정은 어떤 경제 원리에 입각해야 하는지, 또 그릇된 의사결정은 어떤 경제 개념에 집착하기 때문인지를 각각 쓰시오.

[2005. 교원임용]

> 오늘날 우리는 위험(risk)와 불확실성(uncertainty)의 시대를 살아가고 있다. 이러한 시대적 상황 속에서 합리적 의사결정을 통하여 살아간다는 것은 대단히 중요하다. '영화관에 가서 영화가 재미없을 때 영화를 끝까지 보는 게 경제적일까, 아니면 중간에 나오는 게 경제적일까?', '주식투자? 아니야, 이번엔 대출을 받아 땅을 조금 사 볼까?', '집을 지금 사는 게 경제적일까? 아니면 나중에 사는 게 경제적일까?' 이러한 경우 각 경제주체들은 자신의 의사결정 과정에서 비합리적 의사결정을 함으로써 큰 손실을 입거나 그릇된 의사결정을 하고 난 후에야 후회를 하는 경우도 자주 있다.

분석하기

- 경제 원리: 효율성 ⇒ 합리적 의사결정은 기회비용을 고려하면서 비용(희생)은 최소화하고 만족(편익)은 극대화하는 선택에서 비롯된다.
- 경제 개념: 매몰비용 ⇒ 이미 지출된 비용 중 현재 시점에서 어떠한 선택을 하더라도 회수 불가능한 비용이므로 이에 집착하는 것은 비합리적 의사결정을 초래한다.

Theme 03 경제학의 구분

❶ 경제학의 세 분야와 방법론

1) 경제학의 세 분야

(1) **경제사(economic history)**: 과거의 역사적인 경제적 사실들을 분석하여 경제의 역사적 변화의 원리 내지 법칙을 연구하는 분야

(2) **경제이론(economic theory)**: 여러 가지 경제현상들 상호 간에 존재하는 보편적인 인과관계를 발견하려는 분야 ⇒ 이론 경제학

(3) **경제정책론(economic policy)**: 경제사와 경제이론으로부터 얻은 경제법칙들을 이용하여 현실 경제의 문제점들을 시정하여 보다 바람직한 경제 상태를 만들기 위해 필요한 대안을 다루는 분야

2) 경제학 방법론

(1) **경제이론의 목적**: 복잡한 경제현상을 추상화(abstraction)하고 단순화(simplification)하여 이로부터 보편적인 법칙성을 밝혀내고, 또한 그 법칙성을 이용하여 다른 경제현상을 설명하고, 경제현상의 여러 가지 변화를 예측하고자 하는 것이다.

(2) **경제이론의 구성**

① **가정(assumption) 설정**: 현실의 경제는 수많은 경제변수들이 서로 얽혀서 움직이고 있다. 이러한 모든 변수를 고려하면 너무나 복잡하여 분석이 불가능하므로 수많은 경제변수들 중에서 중요한 일부 경제변수에만 분석을 집중하기 위하여 나머지 변수들은 '일정불변이다', '존재하지 않는다', '어떤 조건이 있다'는 등의 가정으로 추상화하여 인과관계를 추론한다.

> 경제학에서 사용되는 가정
>
> 1. 자원과 생산기술에 관한 가정: 경제 내의 자원 부존량(endowment) 및 투입량과 생산량 사이의 기술적 관계를 규정하고 일정기간 동안 그 관계에 변화가 없다는 것을 전제한다.
> 2. 제도와 기구에 관한 가정: 경제체제는 어떤 것인가, 시장의 형태는 어떤 것인가 하는 것이 제도적인 가정에 속한다.
> 3. 경제주체들의 행태에 관한 가정: 경제학에서는 경제주체들이 경제적 합리주의를 냉정하게 그리고 일관성 있게 추구하는 합리적인 경제주체인 경제인(homo economicus)을 상정한다.

② **모형(model) 또는 가설(hypothesis) 설정**: 가정이 설정되면 주요 경제변수들 간 인과관계에 대한 명제가 제시되어야 하는데 제시된 이들 명제는 법칙으로 확정된 것이 아니므로 가설이라 한다. 주어진 가정으로부터 이러한 가설을 도출하는 과정을 가설 설정이라고 하는데 이것이 이론의 중심이 된다. 이러한 모형은 가정, 독립변수(설명변수), 종속변수(피설명변수)로 이루어진다.

'ceteris paribus'의 의미

이것은 '다른 조건은 모두 동일함' 또는 '다른 상황은 모두 불변함'을 의미한다. 즉, 'other things being equal'을 뜻한다. 'ceteris'와 같은 어원을 가진 단어로서 'et cetra(약자로 etc.)'는 '다른 …… 등등, 기타 등등'의 뜻으로 자주 쓰인다. 또한 'pari'는 영어로 'par'와 같으며 여기에는 'equal'이라는 뜻이 있다. 골프용어 중에서도 'par putting' 또는 'even par'라는 말이 있다.

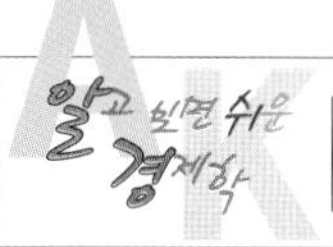

정책 예상이 빗나갈 수 있는 이유는?

"교통량 증가로 인한 도심의 심각한 교통 체증 문제를 해결하기 위해 고민하던 주무 담당관인 웅재는 경제학과에서 공부했던 '수요의 법칙'을 떠올리며 휘발유의 가격을 올리기 위해 휘발유세 인상을 실시했다. 이것은 휘발유와 보완재 관계에 있는 승용차에 대한 수요 감소를 통해 교통난 해소를 도모하기 위해서였다. 그런데 결과는 정반대로 나타났다. 휘발유 가격이 상승했음에도 불구하고 오히려 교통 체증은 심각했기 때문이다. 웅재는 매우 당황하며 생각했다. '수요의 법칙이 잘못된 것인가?'

경제학의 성격을 특징짓는 유명한 농담이 있다.

어느 날 물리학자, 화학자, 경제학자 3명이 요트 여행을 하다가 요트가 난파되어 며칠째 어떤 무인도에 표류하게 되었다. 배고픔에 지친 이들에게 한 가닥의 빛이 바닷가에서 밀려왔다. 바로 통조림이 파도에 밀려왔던 것이다. 그런데 기쁨도 잠시, 그 통조림은 요즘 유행하는 이른바 '원터치 캔'이 아니어서 통조림 따개가 있어야만 하는 것이었다. 낙담하던 물리학자와 화학자는 자신들의 전공에 맞는 방법을 찾기 시작했다. 물리학자는 통조림을 바위에 던져 운동에너지를 이용하여 통조림을 깨려고 했고, 화학자는 통조림을 가열하여 통조림을 터트려서 깨려고 시도했다. 이를 본 경제학자가 불쑥 한마디를 했다. "이 사람들아! 왜 그리 어리석나? 여기에 통조림 따개가 있다고 가정해 봐!" 물리학자와 화학자는 태평스러운 경제학자를 바라보며 어이없어 했다.

사회과학으로서의 경제학은 매우 복잡하고 다양한 경제현상을 분석의 대상으로 삼는다. 이 중 하나의 경제현상에 영향을 주는 변수는 셀 수 없이 많으며, 그 변수 중에도 직·간접적으로 영향을 주는 변수들의 수도 상당하다. 이에 따라 이 모든 변수들 모두 고려하는 보편적인 법칙을 도출하는 것은 사실상 불가능하다. 그래서 경제현상을 분석하는 데 있어서 분석대상인 경제현상에 가장 직접적이고도 밀접한 영향을 주는 변수들만 남겨놓고 나머지 변수들은 'ceteris paribus'라고 가정하여 단순화하는 것이 일반적인 모습이다.

여기서 'ceteris paribus'는 '다른 조건은 모두 동일함' 또는 '다른 상황은 모두 불변함'을 의미한다. 영어의 'other things being equal'을 뜻한다. 'ceteris'와 같은 어원을 가진 단어로서 'et cetra(약자로 etc.)는 영어 사전에서 자주 본 것처럼 '다른……등등, 기타 등등'의 뜻으로 자주 쓰인다. 또한 'pari'는 영어로 'par'와 같으며 여기에는 'equal'이라는 뜻이 있다. 골프용어 중에서도 'par putting' 또는 'even par'라는 말이 있는데, 여기서 par는 규정타수와 '같다'는 것을 의미하는 것이다.

웅재가 알고 있는 '수요의 법칙'은 '해당 상품'의 가격과 '수요량'만의 관계를 나타낸 것이며, 여기와 관련된 일체의 모든 변수를 고려하지 않는다. 그래서 웅재가 휘발유세 인상을 통해 교통량을 줄이고자 한 것은 다른 조건들, 예컨대 '소득', '대중교통요금', '소비자의 기호' 등의 조건들이 'ceteris paribus'일 것이라는 기대를 전제한 것이다. 그런데 만약 자동차 판매회사들이 한참 유행하는 '반값'으로 자동차 판매를 시도한다면 휘발유 가격의 상승에도 불구하고 자동차를 적극적으로 구매하려 할 것이고, 이에 따라 도심 교통난은 좀처럼 해결되지 않을 것이다. 또한 자동차 판매의 증가로 휘발유의 수요가 증가하여 휘발유 가격은 오히려 상승할 수 있게 되는 것이다. 또한 휘발유 가격의 상승으로 대중교통 요금이 크게 상승하면 소비자들이 차라리 자가용을 구입하려고 할 수도 있으므로 자동차의 수요가 증가할 수 있는 것이다. 결국 특정 변수들 사이의 관계만을 진제로 한 정책결정은 현실에서는 쓴 맛을 볼 가능성이 매우 높다. 이것을 보면 노벨 경제학상을 받은 경제학자들이 경제장관을 맡지 않는 이유를 대충 알 것 같다.

③ **가설 검증(test)**: 도출된 가설이 과연 사실인지 아닌지를 지금까지 얻어진 경제적 통계를 이용하여 통계학적으로 검증하는 가설 검증의 단계를 거친다. 특히 이처럼 통계학적 기법을 사용하여 경제이론을 검증하는 분야를 계량 경제학(econometrics)이라고 한다.

산양(山羊)의 이야기

영국의 유명한 어느 경제학자는 자기 자신을 "산양들이 끊임없이 돌을 떨어뜨리고 있는 알프스의 등산로를 올라가는 등산가"라고 비유했고, "산양은 특수한 발굽으로 급경사면의 암석을 밟아 부수어 밑에서 올라가는 등산가에게 돌을 떨어뜨리게 된다"고 말했다. 여기에서 산양은 상식을 가지고 경제문제를 말하는 일반대중을, 등산가는 일상생활의 상식을 사회과학의 견지에서 체계화시키는 경제학자를 말한다.

경제학에서 사용되는 학문용어는 일상용어에서 온 것이 많고 게다가 경제학이 논의하는 내용 자체도 일상생활과 직결되는 것이므로 일반대중들이 상식을 가지고 경제학자들이나 전문가들에게 도전해오는 경우가 많다. '산양의 이야기'는 일반인들이 '임금을 올려야 한다'든가 또는 '금리를 내려야 한다'든가 하는 주장을 섣불리 하는 것은 옳지 않다는 것을 은유적으로 말해 준다.

개념 플러스+ 경제이론과 현실

현실경제를 설명할 수 있는 거시경제모형을 정립해 가는 과정을 한 예를 들어 설명하고자 한다. 이러한 예를 통하여 우리는 마치 현실경제를 실험실에서 실험하듯이 머릿속으로 상상하면서 분석하는 훈련을 할 수 있다. 현실경제는 너무 복잡하므로 현실경제의 커다란 윤곽을 설명할 수 있는 간단한 모형, 즉 논리적 체계를 설정한 다음 여기서 얻어지는 논리적 결론과 현실을 비교하는 것이다. 이러한 비교 결과 모형이 현실을 설명하지 못하면 다시 수정하는 과정을 반복해 가는 훈련을 쌓는 것이 곧 바람직한 경제이론을 정립하는 과정이다.

1. 기본모형

통화공급이 증가하면 이자율이 하락한다. 이자율이 하락하면 소비도 증가하고 투자도 증가한다. 이러한 소비와 투자의 증가에 의해서 기업이 생산한 제품의 판매가 증가한다. 판매량의 증가에 따라서 기업은 생산을 늘리기 위해서 노동수요가 증가하므로 경제의 고용수준이 증가하고 실업률은 하락한다. 그러나 생산의 증가는 수요증가보다 느리게 일어나므로 조정과정에서 물가도 상승한다.

2. 분석대상

위의 기본모형을 가지고 분석하고자 하는 대상은 우리의 연말상황이다. 매년 연말이 다가오면 자금수요가 증가하게 된다. 통화당국에서는 이러한 수요증가를 예상하고 통화공급을 늘리기로 결정했다고 하자. 통화당국은 기본모형에 바탕을 두고서 통화공급의 확대로 인하여 판매와 생산이 증가되고 이에 따라 고용사정도 개선되고 소득수준도 향상될 것으로 기대하고 있다.

3. 현실

그런데 현실에서 기본모형의 결론대로 효과가 나타난 것이 아니라 다음과 같은 몇 가지 다른 경우가 나타났다고 하자.

1) 이자율이 하락하지 않고 오히려 증가했다.
2) 이자율은 하락했으나 총수요가 증가되지 않고 따라서 생산도 증가하지 않았다.
3) 물가수준만이 대폭 증가하였다.

4. 모형의 수정

현실에서 나타난 결과가 모형의 결론과 다르다면 우리는 당연히 모형의 타당성에 의문을 제기하고 모형을 수정해야 할 것이다. 이러한 과정은 예를 들면 다음과 같다.

1) 기본모형에서 통화공급이 증가하면 이자율이 하락한다는 것은 화폐에 대한 수요와 공급에 의해서 이자율이 변한다는 것을 의미하는 것이다. 그러나 실제 이자율이 하락하지 않았다면 이 이론에 문제가 있는 것은 아닌가? 아니면 통화공급보다 화폐수요가 더 크게 증가해서 이자율이 하락하지 않은 것은 아닌가? 만일 이러한 추론이 맞다면 우리는 화폐수요에 관하여 더 정밀한 분석을 해야 할 것이다.
2) 이자율이 하락했는데도 총수요가 증가하지 않았다면 이자율과 소비, 이자율과 투자에 관한 기본모형의 결론에 잘못이 있는 것은 아닌가? 만일 이러한 추론이 맞다면 우리는 소비결정이론과 투자결정이론을 더욱 엄밀하게 분석해야 될 것이다. 예를 들어 기업의 투자는 이자율수준과는 관계없이 자금의 이용가능성에 의해 결정된다고 설명할 수도 있다.
3) 물가수준이 대폭 증가된 이유는 무엇일까? 통화팽창으로 인하여 앞으로 물가수준이 상승할 것으로 모두가 예상하고 있기 때문에 이에 따라서 모든 가격이 일제히 올라버린 탓은 아닐까? 만일 이러한 추론이 맞다면 우리는 기대물가 결정에 관하여 분석을 하고 그 결과를 기본모형에 명시적으로 포함시켜야 될 것이다. 예를 들어 기대물가수준이 높아지고 이로 인하여 이자율이 오히려 더 높아졌을 가능성도 있기 때문에 이러한 분석결과를 바탕으로 하여 기본모형을 수정할 필요가 있는 것이다.

(3) 경제이론의 표현방법

① **서술적 표현 방법**: 경제 이론을 순수하게 언어를 이용하여 나타내는 방법 ⇒ 수요법칙을 표현할 때 "다른 조건이 일정할 때 가격이 하락하면 수요량이 증가한다."고 언어적으로 표현하는 것

② **수리적 표현 방법**: 경제 이론을 수리적인 방법으로 간단·명료하게 나타내는 방법
⇒ 수요 법칙을 "$Qd = f(P)$, $\frac{dQd}{dP} < 0$ (단, Qd: 수요량, P: 가격)"의 형태로 나타내는 것

③ **기하학적 표현 방법**: 경제 이론을 도형이나 그림 등을 이용하여 나타내는 방법 ⇒ 수요법칙을 오른쪽의 그래프 형태로 표현하는 것

기하학적 표현방법

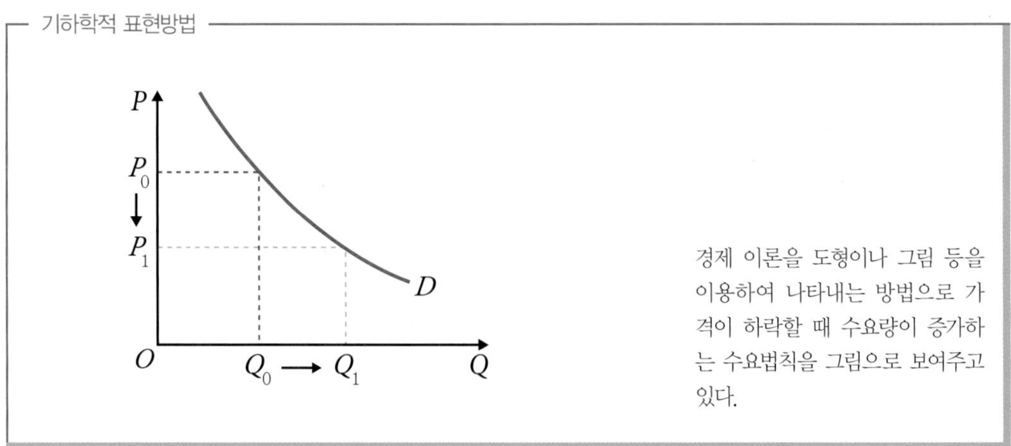

경제 이론을 도형이나 그림 등을 이용하여 나타내는 방법으로 가격이 하락할 때 수요량이 증가하는 수요법칙을 그림으로 보여주고 있다.

3) 경제이론을 이해할 때 고려해야 할 요소

(1) 유량과 저량

① **유량(플로우, flow)**: 일정 기간에 걸쳐서 측정할 때 의미있는 변수 ⇒ 수요(구매, 소비)와 공급(생산, 판매), 정부재정적자, 저축, 투자, 소득, 수출, 수입, 국제수지 등

② **저량(스톡, stock)**: 일정 시점에 측정할 때 의미있는 변수 ⇒ 통화량, 저축잔고, 재산총액, 정부부채, 인구, 자본량, 외환보유액, 외채 등

③ **양자의 관계**: 유량은 저량의 변동분을 말한다. 예를 들면 수도꼭지를 통해 얼마의 물이 흘러나왔는가 하는 것은 일정 기간 동안에 측정할 수 있는 것이므로 유량에 해당하고, 그것을 통해 욕조에 담긴 물의 양이 얼마인가 하는 것은 일정 시점에서 측정될 수 있는 것이므로 저량에 해당한다.

저량과 유량

저량 개념 중의 하나는 자산(asset)의 가치이다. 만약 2016년 1월 1일자로 1년 만기 예금 통장에 1억 원을 예치하였다면, 바로 그 날짜에서 평가한 자산의 가치는 저량의 개념이며, 2016년 한 해 동안 500만 원의 이자소득이 발생하였다면 그 소득은 유량의 개념이다.

확인 TEST

다음 설명 중에서 저량(stock) 변수와 관련된 것은?

[2003, CPA]

① 한국 식당의 하루 매상고는 500만 원이 넘는다.
② 내 컬러 프린터는 1분에 20장씩 인쇄할 수 있다.
③ 햄버거 가게 아르바이트생의 임금은 시간당 2,000원이다.
④ 박 사장은 우리 동네에서 부동산을 가장 많이 가진 사람이다.
⑤ 아빠 월급은 줄었는데도 우리 가족 씀씀이는 커져서 걱정이다.

해설 저량(stock) 변수는 일정 시점에서 측정되는 변수를 말하며, 여기에는 국부, 통화량, 국제대차, 예금 잔고 등이 해당한다. 이에 반해 유량(flow) 변수는 일정 기간 동안 측정되는 변수를 말하며, 여기에는 국민소득, 수요량, 공급량, 국제수지 등이 해당한다. ① 하루, ② 1분, ③ 1시간, ⑤ 한 달 등은 모두 일정 기간을 전제로 하는 시간의 흐름이므로 이와 관련된 변수들은 모두 유량 변수에 해당한다. ④ 박 사장이 보유하고 있는 부동산의 크기는 지금 이 순간 보유량을 의미하므로 저량 변수에 해당한다.

정답 ④

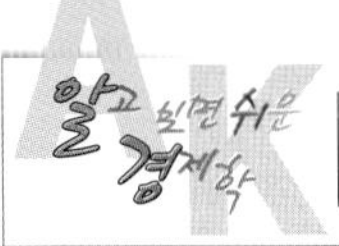

유량과 저량

"옆에 있는 학생에게 용돈이 얼마인가를 물어보았더니 그 학생 왈(曰) '30만 원입니다'라고 대답을 하였다. 그 순간 '와우! 완전 금수저인가 보다' 하는 생각이 번득 머릿속에 떠올랐다. 그런데 뭔가가 이상하다. 이런 내 생각이 과연 옳은 것인지?"

경제 이론을 이해할 때 고려해야 할 요소 중에 하나가 이른바 유량(플로우, flow)과 저량(스톡, stock)이다. 유량은 일정 기간에 걸쳐서 측정할 때 의미가 있는 경제 변수를 의미하며, 수요량이나 공급량, 소득, 소비, 저축, 투자, 수출과 수입, 국제 수지 등이 이에 속한다. 저량은 일정 시점을 전제로 측정할 때 의미가 있는 경제 변수를 의미하며, 저축 잔고, 재산의 크기, 통화량, 자본량, 인구, 외환 보유고, 대외 채권과 대외 채무 등이 이에 속한다. 예컨대 만약 2011년 1월 1일자로 연 5%의 이자율인 1년 만기 예금 통장에 1억 원을 예치하였다면, 상환일인 2012년 1월 1일자의 통장에 적혀 있는 1억 500만 원은 바로 그 날짜(일정 시점)에서 평가한 자산(asset)의 가치인 저량이고, 예치기간 1년 동안 발생한 500만 원의 이자소득이 유량인 것이다.

여기서 유량은 저량의 변동분을 말한다. 예를 들면 수도꼭지를 통해 얼마의 물이 흘러나왔는가하는 것은 일정 기간 동안에 측정할 수 있는 것이므로 유량에 해당하고, 그것을 통해 욕조에 담긴 물의 양이 얼마인가 하는 것은 일정 시점에서 측정될 수 있는 것이므로 저량에 해당하는 것이다.

자! 이제 앞의 글에 대한 평가를 해 보자. 처음에 잠시나마 '부자 집 자식'이라는 생각이 든 것은 30만 원의 크기를 하루 용돈으로 생각한 오해로부터 비롯된 것이다. 하루 용돈인지, 1주일 용돈인지, 한 달 용돈인지를 구체적으로 밝혀야 이를 듣는 사람이 앞의 얘기 속에 나타난 오해가 생기지 않게 되는 것이다. 따라서 일정 기간을 전제하는 것인지 일정 시점을 전제한 것인지에 따라 경제 변수의 의미가 달라지는 것이므로 용어를 사용할 때 조심해야 하는 것이다.

(2) 외생변수(exogeneous variable)와 내생변수(endogeneous variable)

① **외생변수**: 그 모델 안에서 결정되지 않고 모델 밖에서 결정되어 일정하게 주어지는 변수
⇒ 통화량이나 정부지출과 같은 정책변수 등이 여기에 해당한다.

② **내생변수**: 그 모델 안에서 결정되는 변수를 말하며, 외생변수의 변동에 따라서 결정
⇒ 수요량, 공급량, 국민소득, 물가, 임금 등이 여기에 해당한다.

③ **양 변수의 상호작용**: *X*재가 *Y*재에 대하여 대체재 관계에 있는 경우에 *Y*재 가격이 상승(외생변수의 변화)하면 *X*재 수요가 증가(내생변수의 변화)하게 되고, 국민소득결정에 대한 단순모형에서 수출 수요가 증가(외생변수의 변화)하면 국민소득이 증가(내생변수의 변화)하게 된다.

내생변수와 외생변수

경제학자들은 경제를 이해하기 위해 모형을 사용한다. 경제모형은 현실을 논리적으로 이해하기 위해 경제변수들 간의 관계를 단순화시킨 것이다. 모형은 두 가지 종류의 변수, 즉 내생변수(endogenous variable)와 외생변수(exogenous variable)를 포함한다. 내생변수는 모형이 설명하고자 하는 변수이며, 외생변수는 모형 밖에서 주어진 변수이다. 그리고 경제모형은 외생변수가 내생변수에 어떠한 영향을 미치는가를 분석한다. 다만 어떤 경제변수가 내생변수인지 외생변수인지는 사전적으로 확정되는 것은 아니고, 선택된 모형에 따라 달라진다. 가령 이자율이 소비에 영향을 준다는 거시경제모형을 설정하였다면, 소비는 내생변수 이자율은 외생변수가 된다. 그러나 모형에 이자율이 통화량의 영향을 받는다는 관계를 추가한다면 이자율은 외생변수가 아닌 내생변수가 된다.

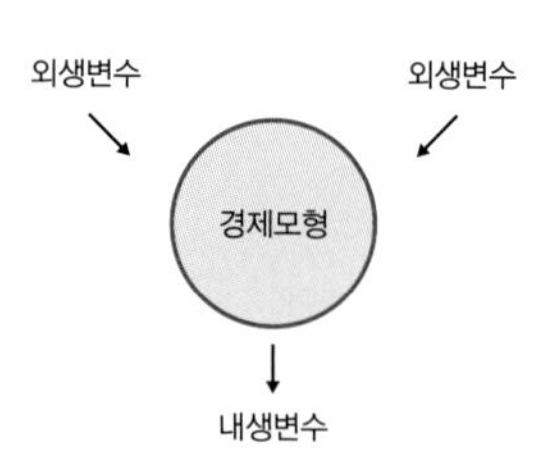

(3) 경제이론에서 범하기 쉬운 오류

① **구성의 오류(구성의 모순: fallacy of composition)**: 이미 널리 알려져 있는 일반적인 사실이나 법칙으로부터 다른 구체적인 사실이나 법칙을 끌어내는 방법을 연역법(deduction)이라 하는데, 이러한 연역법에 있을 수 있는 '부분에 대해서 옳으면 전체에 대해서도 반드시 옳다'고 분석하는 오류를 말한다.

절약의 역설

"개인이 저축을 늘리면 국민 전체의 저축도 늘어난다"고 하는 경우가 대표적인 구성의 오류에 해당한다. 왜냐하면 개인이 저축을 늘리면 이에 따라 소비가 위축되고 이는 국민소득의 감소를 가져와서 오히려 소득 감소에 따른 저축의 감소를 가져올 수 있기 때문이다.

② **인과의 오류(post hoc fallacy)**: 개별적인 사실들로부터 일반적인 원리나 법칙을 끌어내는 방법을 귀납법(induction)이라 하는데, 이러한 귀납법에서 있을 수 있는 '단지 어떤 현상 A가 다른 현상 B보다 먼저 발생하였다고 해서 A가 B의 원인이고, B가 A의 결과'라고 분석하는 오류를 말한다.

인과의 오류의 예

"통화량이 증가하면 물가가 상승한다"고 하는 경우에 발생할 수 있다. 물론 통화량이 증가하면 물가는 상승한다. 그러나 이를 확대해석해서 물가 상승의 원인이 오직 통화량의 증가에 기인한다고 해석하면 인과의 오류가 발생할 수 있다. 즉 '성급한 일반화의 오류'를 범하게 되는 것이다. 왜냐하면 정부가 조세감면과 재정지출을 확충하는 확대재정정책을 쓰는 경우에도 물가가 상승할 수 있기 때문이다. 또한 "큰 아들이 매년 추석 전날 고향집에 내려 왔기 때문에 큰 아들이 내려와야 추석이 시작된다."는 것도 인과의 오류에 해당된다.

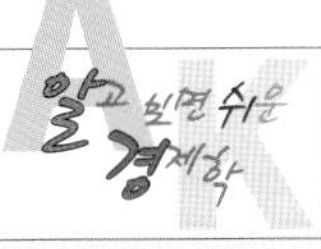

경제학에서 피해야 할 오류는 무엇일까?

"불확실한 미래의 소득을 위해 모든 경제주체들은 저축을 늘려야 한다. 또는 추석이 되면 서울에 있던 자식들이 고향에 내려왔으니, 자식들이 고향에 내려오면 이것은 곧 추석이 되었다는 것이다."라는 진술 속에 숨어있는 오류는 무엇일까?

경제 이론을 정립하는 과정 속에서 범하기 쉬운, 즉 피해야 할 오류에는 어떤 것들이 있을까? 우선 일반화된 이론이나 법칙을 도출하기 위한 방법론에는 크게 두 가지가 있다. 첫째, 이미 널리 알려져 있는 일반적인 사실이나 법칙으로부터 다른 구체적인 사실이나 법칙을 끌어내는 연역법(deduction)이 있다. 둘째, 개별적인 사실로부터 일반적인 원리나 법칙을 끌어내는 귀납법(induction)이 있다.

첫 번째의 연역법에서 흔히 범하기 쉬운 오류는 '부분에 대해서 옳으면 전체에 대해서도 반드시 옳다'고 분석하는 오류이다. 우리는 이를 구성의 오류(구성의 모순 : fallacy of composition)라고 부른다. 다음과 같은 경우를 생각해보자. 만약 우리가 죽을 때까지 안정적인 소득을 얻을 수 있다면 평소에 구차하게 허리띠를 졸라매면서까지 저축을 할 필요가 없을 것이다. 그러나 언제 어느 때 직장을 잃을지 모르는 현실 속에서 미래를 대비하는 똘똘한 사람이라면 여유가 있을 때 저축을 하는 것은 당연한 것이다. 그런데 만약 모든 사람이 저축을 늘리면, 국민 저축은 증가하지만 이에 따라 경제 전체에서 소비가 감소하여 유효 수요가 감소하므로 오히려 국민소득을 감소시켜 결과적으로 다시 저축을 감소시키게 되는 것이다. 이러한 것은 '풍년'은 농부 개인에게는 일단 바람직하지만 모든 농부가 '풍년'을 경험하게 되면 농산물의 가격이 폭락하여 오히려 농부의 소득이 감소하게 되는 이른바 '풍년 기근 현상'에서도 발견될 수 있다.

두 번째의 귀납법에서 흔히 범하기 쉬운 오류는 '단지 어떤 현상 A가 다른 현상 B보다 먼저 발생하였다고 해서 당연히 A가 B의 원인이고, B가 A의 결과'라고 분석하는 오류이다. 우리는 이를 인과의 오류(post hoc fallacy)라고 한다. 다음과 같은 경우를 생각해보자. 속담에 "까마귀 날자 배 떨어진다"라는 것이 있다. 그러나 배가 떨어질 때 주위를 둘러보아도 까마귀가 나는 모습이 반드시 보인다는 보장은 없는 것이다. 이를 경제 현상에 적용해 보면 일반적으로 통화량이 증가하면 물가가 상승하게 된다. 그러나 이를 잘못 확대해석하여 물가가 상승하는 원인이 오직 통화량의 증가에 의해서만 이루어진다고 파악하면 바로 인과의 오류가 발생할 수 있는 것이다. 이른바 '성급한 일반화의 오류'를 범하게 되는 것이다. 왜냐하면 통화량의 증가가 없어도 정부가 조세감면과 재정지출의 확대를 통한 확장적 재정적 정책을 사용하는 경우에도 물가는 상승할 수 있게 된다. 또한 "큰 아들이 매년 추석 전날 고향집에 내려왔기 때문에 큰 아들이 내려와야 추석이 시작된다."는 것도 마찬가지로 인과의 오류에 해당되는 것이다.

2 경제학의 분류

1) 실증경제학과 규범경제학

(1) 실증경제학(positive economics)

① 가치 판단이 배제된 '있는 그대로의' 실제 경제현상들(what is, what was)에 존재하는 경제법칙("……이다.")을 찾아내고, 장래 경제현상들의 변화를 예측하는 분야이다. 즉 주어진 상황의 성질이 어떠한가에 대한 분석이다.

② **예** : 총수요가 증가하면 물가가 상승한다.

③ **범주** : 경제 이론과 경제사

(2) 규범경제학(normative economics)

① 가치 판단을 전제하여 어떤 경제상태가 '바람직한' 상태(what should be)인가를 정의("……이어야 한다.")하고, 이를 기초로 실제 경제현상들을 분석하는 분야이다. 즉 주어진 상황이 어떻게 되어야만 하는가에 대한 분석이다.

② **예** : 물가수준이 너무 높으므로 세율을 높여야 한다.

③ **범주** : 경제정책론, 후생경제학

2) 미시경제학과 거시경제학

(1) 미시경제학(microeconomics)

① 가계나 기업과 같은 개별 경제주체의 개별적인 경제행위의 동기와 형태 및 그 효과를 분석함으로써 궁극적으로는 생산물과 생산요소 시장에서의 수요와 공급 및 가격의 변동을 연구하는 분야이다.

② 가격이론(price theory)

(2) 거시경제학(macroeconomics)

① 개별 경제주체가 아니라 국민경제 전체의 입장에서 국민소득, 물가, 실업 등과 같은 국민경제의 총량적·집계적인 경제변수를 주로 분석하는 분야이다.

② 국민소득이론(national income theory)

구분	미시경제학	거시경제학
자원배분	자원의 최적 배분	자원의 최대 활용
분석방법	실증적, 정태적	규범적, 동태적
균형분석	부분 균형 분석	일반 균형 분석
이론구조	가격론	국민소득결정론
중심학파	신고전학파	케인즈학파
구성의 오류	불인정	인정

❸ 경제현상 분석의 유형

1) 부분균형분석과 일반균형분석

(1) 부분균형분석(partial equilibrium analysis)

① "다른 경제 여건들은 일정하다(ceteris paribus)"는 가정 아래에서 개별 시장에서의 경제현상을 분석하는 데 주로 이용되는 분석방법이다.

② 케임브리지 학파를 중심으로 발전

③ 대표적 학자 : A. Marshall, J. M. Keynes

(2) 일반균형분석(general equilibrium analysis)

① 모든 경제주체와 시장들 사이의 상호의존관계를 함께 분석하는 방법이다.

② 로잔느 학파를 중심으로 발전

③ 대표적 학자 : L. Walras, V. Pareto, K. J. Arrow, G. Debreu

2) 정태분석과 동태분석

(1) 정태분석(정학 : static analysis) : 시간의 변화에 따른 경제변수들의 변화를 고려하지 않고, 여건이 일정불변한 일정 시점의 균형 상태를 분석한다.

(2) 동태분석(동학 : dynamic analysis, dynamics) : 시간의 변화에 따른 경제변수들의 변화를 고려하여, 여건변화 이전의 원래 균형 상태로부터 여건 변화 이후의 새로운 균형 상태로 옮겨가는 과정에 대해 분석한다.

(3) 비교정태분석(비교정학 : comparative static analysis) : 경제 여건이 변했을 때 여건 변화 이전의 원래의 균형 상태와 여건 변화 이후의 새로운 균형 상태를 비교분석한다.

Q&A

다음의 경제 분석에 대한 서술 중 틀린 것은?

① "까마귀 날자 배 떨어진다."는 것은 인과의 오류에 해당된다.
② "건전한 국민경제를 위해 골프장 건립을 규제할 수 있다."라는 것은 규범경제 분석에 속한다.
③ "대표기업의 경제적 행동으로 산업조직 전체의 고용량을 분석할 수 있다."는 것은 거시경제 분석이다.
④ "국민 모두의 부동산에 대한 이익추구가 국가 경제를 해롭게 할 수 있다."라는 것은 구성의 모순의 한 예이다.

Solution

"대표기업의 경제적 행동으로 산업조직 전체의 고용량을 분석할 수 있다."는 설명은 미시경제의 산업조직 또는 생산물시장의 분석방법에 해당한다.

답 ③

제2장 경제체제와 경제학설사

Theme 04 경제체제와 자본주의의 변천과정

❶ 경제체제와 변천

1) 경제체제

(1) **의의**: 국민경제의 기본 문제가 해결되는 사회의 제도적 양식을 말한다.

(2) **경제체제의 변천**

① **원시 공산 체제**: 사유재산제도가 인정되지 않고 생산과 소비를 공동으로 해결하는 체제

② **고대 노예 체제**: 노예가 생산의 대부분을 담당했던 체제

③ **중세 봉건 체제**: 신분상 영주에게 현물이나 노동의 형태로 지대를 납부하던 체제

④ **자본주의 체제**: 자본과 토지와 같은 생산수단이 모두 개인에게 사유되는 사유재산제도가 확립되어 있기 때문에 기업이 노동자를 고용하여 상품을 생산하는 체제

2) 경제체제의 분류

(1) **시장경제체제**

① **성립 배경**: 중세 봉건사회의 붕괴에 따른 시민사회의 형성과 산업혁명이 그 성립의 배경이다.

② **특징**

ㄱ. 각 개인이 자신의 이익을 추구할 때 시장 가격이 '보이지 않는 손'과 같은 역할을 수행하여 사회의 조화로운 발전이 가능하다는 A. Smith의 자유 방임 사상이 기초가 되었다.

ㄴ. 정부의 역할은 개개인으로 하여금 자유로운 경제 활동을 펼 수 있는 법 질서를 마련해주는 것에 한정해야 한다는 작은 정부론을 주장한다.

③ **한계**: 자본가 계층과 노동자 계층으로 구성된 새로운 사회구조가 형성됨에 따라 생산 구조의 변동과 경기 순환이 발생했고, 이로 인한 극심한 빈부격차로 사회적 갈등의 심화가 빚어졌다.

(2) **계획경제체제**

① **성립 배경**: 독점 자본가들이 이윤 극대화를 위해 노동자를 착취하고, 소득과 부의 불공정한 분배에 따른 갈등 심화라는 사회적 모순 상태에서 등장했다.

② **특징**

ㄱ. 모든 잉여 생산물은 그것을 산출해 낸 노동자의 몫이라는 잉여 가치설과 노동자의 빈곤은

자본가의 소득이 더욱 커지는 데에서 비롯된다는 착취설에 기초한다.

ㄴ. 자본과 토지의 생산수단을 개인이 아니라 국가가 소유하고 생산, 분배 및 소비가 국가의 계획에 의해서 이루어진다.

③ 한계 : 시장에 의한 경제문제 해결을 인정하지 않음으로써 자원이 비효율적으로 배분된다.

(3) 혼합경제체제

① 성립 배경 : 1929년 시작된 1930년대의 세계 대공황을 계기로 시장경제체제에 대한 반성으로 등장했다.

② 특징 : Keynes의 경제 이론

ㄱ. 시장 기구의 자동 조절 장치는 한계가 있다고 주장했다.

ㄴ. 시장의 한계를 극복하기 위해 정부의 적극적 개입이 필요하다고 주장 ⇒ 뉴딜 정책에 반영되어 대공황 극복의 결정적 역할을 했다.

재산소유 \ 조정기구	시장	중앙계획
사유	자본주의 시장경제	자본주의 통제경제
국유	사회주의 시장경제	사회주의 계획경제

❷ 자본주의 변천 과정

1) 상업자본주의 : 15세기 중엽~18세기 중엽 시기에 귀금속 보유 중시, 국가의 경제 개입, 보호무역주의를 주창했던 중앙집권적 중상주의를 말한다.

2) 산업자본주의 : 18세기 초~19세기 중엽 시기에 가치 창출의 원천을 생산 자체라고 인식하고, 시장가격 기구의 "보이지 않는 손"에 의한 경제문제 해결을 신뢰하여 자유방임주의를 주창하고 정부 개입을 반대한다는 주장이다.

3) 독점자본주의

(1) 19세기 후반~제2차 세계대전 시기에 자본주의 경제의 팽창에 따른 자본의 집중 및 집적, 독과점 산업자본과 금융자본의 결합으로 소수의 대자본이 형성되면서 성립했다.

(2) 과잉생산과 과잉자본축적의 해결책으로 해외 식민지 개척을 추진했고, 이는 군사력·경제력에 의한 대외팽창정책으로 이어져 제국주의를 탄생시켰다. 이로 인해 제1차 세계대전이 발발하게 되었으며 후에 세계 대공황의 원인이 되었다.

4) 수정자본주의

(1) 1930년대 세계 대공황에 대응하면서 등장했다.

(2) 유효수요 증대, 실업 구제 등의 정부 역할을 강조하여 혼합경제체제가 성립했다.

5) 신자유주의

등장배경	• 정부의 지나친 개입으로 효율성이 오히려 떨어지는 현상이 나타남 → 정부의 실패
정부 실패의 원인	• 집단 이기주의 (관료제) • 정부의 근시안적 규제에 따른 지나친 시장에 대한 개입 • 정부의 불완전한 지식과 정보 • 규제자의 개인적 목표나 편견 • 이익 집단의 정치적 압력 등과 같은 정치적 제약 존재 • 동기(이윤)의 부족에 따른 무사안일주의
정부 실패의 결과	• 부정부패, 정경유착 • 재정적자 발생 → 공공지출의 확대 • 시장의 효율성 저하
대책	• 공기업의 민영화, 노동 시장의 유연화, 복지 축소

자본주의 변천 과정

절대왕정		근대		20C 초반		20C 후반
상업자본주의 중상주의		산업자본주의 자유방임주의		수정자본주의 혼합경제체제		신자유주의
수출 장려 수입 규제	→	A. Smith "보이지 않는 손"	시장실패 →	J. M. Keynes "뉴딜정책"	정부실패 →	시장의 자율성 강조
		• 작은 정부 • 소극 국가 • 야경 국가		• 큰 정부 • 적극 국가 • 복지국가		• 작은 정부

확인 TEST

중상주의의 정책내용과 거리가 먼 것은?

[2012, 지방직 7급]

① 자유무역
② 수출증진
③ 수입억제
④ 식민지 개척

해설 중상주의는 15세기 중엽에서 18세기 중엽까지 상업, 특히 무역을 통해 부가 창출된다고 주장하는 중앙집권적 상업자본주의를 의미한다. 귀금속의 보유 정도를 국부의 척도로 삼았기 때문에 중금주의라고도 불린다. 이에 따라 국가를 부강하게 할 수 있는 금을 얻기 위해 수출을 장려하고 수입을 억제하는 보호무역을 주장하였다.

정답 ①

심화 TEST

다음 글은 '18세기 기계의 발명 및 기술의 혁신'과 관련된 내용이다. 이 글을 읽고 물음에 답하시오.

[2000. 교원임용]

기계의 발명과 기술의 혁신이 근대 사회 형성에 결정적인 영향을 미쳤으며, 이로 인해 인류는 과거와 크게 다른 정치·경제·사회적 환경을 맞이하게 되었다. 특히 경제적 측면에서 기존의 상업 자본주의는 ①(새로운 형태의 자본주의)로 전환되었고, 스미스(Smith, A.)는 각 개인이 자신의 이익을 추구할 때 ②('보이지 않는 손')의 인도를 받아 공익이 증진되며 사회가 조화를 이루면서 발전한다고 주장하였다. 또한 그는 ③(정부가 개인의 자유로운 경제 활동을 보장해주는 법 질서를 마련하는 일에만 힘을 쏟고, 개인의 경제 활동을 규제해서는 안 된다)고 하였다.

윗글에서 ① "새로운 형태의 자본주의"는 무엇인지 쓰고 ② "보이지 않는 손"이 가지는 경제적 의미가 무엇인지 쓰고, ③과 같은 정부의 역할에 대한 관점을 무엇이라 하는지 쓰시오.

분석하기

① : 산업자본주의 ⇒ 상업자본주의(중상주의)를 반대하고 경제활동의 자율성 보장을 주장하였다.

② : 가격기구의 자동조절 기능 ⇒ 시장에 대한 개입이 없어도 가격기구에 의한 자원의 효율적인 배분이 이루어진다.

③ : 작은정부론, 소극국가론, 야경국가론 ⇒ 정부는 경제주체들의 대내외적인 안전만 책임지고, 경제활동은 경제주체들의 자유로운 의사결정에 맡기자는 주장이다.

위대한 경제학자 : Adam Smith

1. 배경

A. Smith가 자유방임주의를 내세우기 이전의 사회는 절대왕정시대로 큰 정부시대였다. 그러나 국가가 개인의 너무 많은 것에 간섭하다보니 자유가 제한되고 사익 추구가 힘들어서 경제 발전도 어려웠다. 이러한 상황 속에서 이전의 절대주의 시대에 겪었던 것들을 생각하며 정부는 치안 등의 사소한 것들에만 관심을 기울여야 된다는 주장이 대두되었다. 그것이 바로 A. Smith의 주장이다.

2. 보이지 않는 손

A. Smith는 개인과 기업가의 자유로운 경제활동을 강조했다. Smith는 각 개인이 자신의 지위를 향상시키려는 이기심을 좇아 행동하면 '보이지 않는 손'이 작용하여 경제활동 전반이 조율되고 결과적으로 사회 전체의 이익이 증대된다고 보았다. Smith는 중상주의에 입각한 보호무역주의를 비판하고, 각 개인의 경제활동의 자유를 보장함으로써 '보이지 않는 손'에 의해 사회 전체의 질서와 조화를 유지하는 것이 경제 발전의 원동력이라고 주장했다.

〈국부론〉에서 Smith는 개인은 자신의 이익을 추구하는 과정에서 '보이지 않는 손'의 인도를 받아 의도하지 않았던 사회 전체의 이익, 즉, 공익의 증진에 기여할 수 있다고 주장한다. 개인이나 기업가가 자신의 이익을 위해 상품을 생산하려 하고 또 이렇게 해서 생산물이 늘어나면 국부도 증대된다는 것이다. 따라서 무엇보다도 개인과 기업이 자신의 이익을 추구하는 자유로운 경제활동이 보장되어야 한다.

이에 따라 Smith는 자유방임주의를 추구하였고 그에 따른 정부의 역할은 최소한으로 제한되어야 한다고 주장하였다.

그러나 한편으로 Smith는 경제활동의 자유를 무엇보다 강조하였지만 자유에도 한계가 있다는 사실을 분명하게 말했다. Smith가 표방하는 자유는 무분별한 사욕추구의 자유가 아니라 공정한 규칙이 전제된 자유이다. 이와 같은 맥락에서 Smith는 자신을 위해서만 일하고 다른 사람들을 위해서는 아무것도 하지 않는 개인이나 특정집단의 탐욕에 대해서 비판하며 이를 제한하는 법률의 필요성을 언급한다.

3. 가치론

A. Smith는 가치론에 있어서 두 가치론이 공존한다고 생각했다. 어느 한쪽으로만 치우치게 된 것이 아니라 노동가치론과 효용가치론, 각각의 가치론 전통을 인정한 것이다. 우선 Smith는 노동가치론을 계급갈등을 강조하는 전통이라는데 지적연원을 두었다. 그리고 이기적이고 탐욕적인 동기가 개인적인 대립과 갈등을 야기한다고 보았다. 그는 국가의 부(富)를 "그 사회의 모든 국민이 해마다 소비하는 생활필수품과 편의품의 양"으로 규정하고 그 부의 원천이 "국민들의 연간 노동"이라고 주장했다. 그는 "세상의 모든 부의 가치는 근본적으로 금이나 은에 의해서가 아니라 노동에 의해 결정된다."고 말하고, 어떤 상품이 가치를 지니려면 그것이 반드시 인간노동의 산물이어야 한다고 주장했다. 그는 더 나아가 "상품의 교환가치는 그것을 생산하는데 투입된 노동량에 의해 규정된다."고 했다. Smith는 상대가치 혹은 교환가치로서 가치문제를 제기한다. Smith는 사용가치와 교환가치를 설명하기 위해 '가치의 역설' 혹은 'Smith의 역설'을 제시한다.

정부 부문의 확대는 필연인가?

"한 광역 지자체는 퇴출 후보인 공무원 102명으로 구성된 이른바 '현장시정추진단' 102명 중 43%에 달하는 44명에게 직무수행을 박탈하는 직무배제 조치를 취했다. 또한 그 44명의 공무원 중 재교육 통보자를 뺀 24명은 이미 퇴출됐거나 퇴출 판정을 받았다. 공무원은 더 이상 '철밥통'이 아니며, '게으르고 능력 없는 것은 죄(罪)가 된다'는 게 현실로 증명된 셈이다. -어느 신문기사에서"

우리는 이른바 '철밥통'이란 용어를 자주 접한다. 여기서 철밥통이란 한번 국영기업에 고용되면 평생 해고될 걱정 없이 근무할 수 있는 중국의 '톄판완(鐵飯碗)'과 유사한 개념이다. 우리나라에서는 신분 보장이 이루어지는 공무원이나 공기업 직원 등을 주로 지칭한다. 우리 사회에서는 이러한 철밥통을 바라보는 두 가지 모순된 시각이 공존한다. 일반적으로는 부정적인 의미로 바라보지만 이는 다른 사람을 바라볼 때의 정서이고, 이것이 나와 관계된 것이라면 오히려 철밥통을 동경하는 이중적 시각이 존재하는 것이다. 왜냐하면 철밥통이란 용어 속에는 고소득과 안정성이라는 두 가지 요소가 담겨 있기 때문이다.

그렇다면 '철밥통' 속에 담겨진 문제점은 무엇인가? 무한 경쟁이 이루어지면 이른바 '정글의 법칙'이 적용되는 '시장'에서는 게으르고 능력 없는 것은 죄가 된다. 언제든 퇴출될 수 있다는 불안한 현실 속에서 지금도 무거운 발걸음을 직장으로 옮긴다. 그러나 우리의 '철밥통'에게는 이는 먼 나라의 모습에 불과하다. 왜냐하면 가재와 게가 함께 사이좋게 살아가는 아늑한 그들만의 리그에서 살고 있기 때문이다. 문제는 이것으로 인해 발생하는 비효율의 결과를 이른바 우리의 '혈세'로 채워야만 하기 것이다. 따라서 이러한 '혈세'의 지출에는 항상 '왜(Why)?'라는 질문을 던져야만 하며, 이에 대한 합당한 대답이 나오지 않는다면 그러한 철밥통은 당연히 깨뜨려야 하는 것이다.

여기서 생각나는 '철밥통 깨뜨리기'는 영국의 대처 수상에 의한 탄광노조를 무릎 꿇린 산업구조조정이다. 당시 영국에서는 탄광노조가 총파업을 하면 정권이 바뀐다고 할 정도였고, 실제로 1973년 총파업 직후 보수당 정권이 무너졌을 만큼 강력한 힘을 가지고 있었다. 그런데 영국 산업의 석유 의존도가 높아지면서 탄광의 적자를 엄청난 '혈세'로 메워야 했고, 그럼에도 불구하고 탄광노조는 영국의 석탄 매장량이 고갈되지 않는 한 탄광을 폐쇄할 수 없다고 버텼던 것이다. '어느 정도의 적자라야 탄광을 포기할 수 있나'라는 질문에 대해 '적자는 무한정이라도 좋다'라고 대답한 탄광 노조위원장의 말 속에 당시의 철밥통의 강도를 짐작할 수 있다. 1983년 탄광노조의 저항 시위가 불법화되었을 때, 대처 수상은 기마경찰을 보내 진압했고, 이에 항의하는 탄광노조 관련자들에게 대처 수상은 '다음엔 탱크를 보내겠다'고 대응했다. 그 후 대처 수상에게는 '철밥통'을 깬 '철의 여인'이라는 칭호가 주어졌다. 우리는 이를 통해 철밥통이 한 번 생기면 이를 깨는 것이 쉽지 않다는 것을 알게 되었다. 역설적으로 '철의 여인'의 의미를 다시 한 번 음미할 필요가 있는 것이다.

Theme 05 경제학설사

❶ 고전학파 이전의 경제이론

1) 중상주의

(1) **시대적 배경**: 15세기중엽~18세기 중엽까지 서구에서 절대왕정과 시민혁명이 이루어지던 시기에, 안으로는 근대 민족국가를 형성하고 밖으로는 민족국가 간의 경쟁이 격화되었으며 경제적으로는 자본주의의 초기 단계인 상업자본주의가 형성되던 시기에 형성되었다.

(2) **주요 주장**

① 귀금속이 곧 부이다(중금주의).

② 부는 생산이 아니라 상업, 특히 무역에서 창출한다(중상주의).

③ 국가를 부강하게 할 수 있는 귀금속, 특히 금을 해외로부터 획득하기 위해서는 수출을 증가시키고 수입을 억제하는 무역정책(보호무역주의)을 채택해야 한다.

(3) **대표적 학자**: 페티(W. Petty), 먼(T. Mun), 콜베르(J. B. Colbert)

2) 중농주의

(1) **시대적 배경**: 18세기 중엽 프랑스의 중상주의적 정책을 비판하여 프랑스의 농업을 부흥시키고 상업과 산업에 대한 국가의 간섭을 반대하는 시대적 상황 속에서 등장했다.

(2) **주요 주장**

① 공업과 상업은 부를 증진시키지 못하고 변형시키거나 이동시킬 뿐 농업만이 부를 증진시킬 수 있다.

② 상업과 산업에 대한 국가의 간섭은 재화의 자연스러운 흐름을 방해함으로써 경제의 발전을 저해하므로, 상업과 산업에 대한 국가 간섭의 철폐를 주장(자유방임의 선구)했다.

③ 세금은 비생산계층인 지주에게만 부과되어야 함(토지단일세론)

(3) **대표적 학자**: 케네(F. Quesnay), 미라보(Mirabeau), 투르고(J. Turgot)

❷ 고전학파

1) **시대적 배경**: 18세기 후반부터 19세기 중반까지 산업혁명이 진행되어 산업 자본가 계층이 중산층으로서 경제발전을 주도하고 있던 영국을 중심으로 등장했다.

2) 주요 주장

(1) 각 개인이 정의의 법칙으로 제한된 범위 내에서 자기의 경제적 이익을 추구하면 사회 전체의 이익도 증대 ⇒ 정부는 개인의 자유로운 경제활동을 제한하지 말아야 하며 따라서 정부의 간섭은 철폐되어야 한다(자유방임주의)

(2) 경제발전의 원동력은 투자이며 투자는 자본가들이 저축했던 이윤을 재투자하는 것이므로 자본가들의 이윤을 될 수록 크게 하는 것이 필요 ⇒ 지주들의 지대와 노동자들의 임금을 억제하는 것이 바람직하다.

(3) 부의 원천은 노동이며 상품의 교환가치는 그 상품생산에 투입된 노동시간에 비례(노동가치설)한다.

(4) "생산은 스스로 수요를 창출한다(Supply creates its own demand)"는 Say의 법칙을 수용 ⇒ 상품에 대한 전반적인 수요부족과 이로 인한 불황은 발생하지 않고 항상 완전고용이 달성된다.

3) 대표적 학자 : 스미스(A. Smith), 맬서스(T. Malthus), 리카도(D. Ricardo), 밀(J. S. Mill), 세이(J. B. Say)

3 역사학파

1) 시대적 배경

(1) 19세기에 영국의 공산품이 독일로 물밀듯이 들어와서 영국 공업에 비하여 뒤떨어졌던 독일의 공업이 큰 타격을 입게 되었다.

(2) 이에 따라 당시 영국에 비하여 상대적으로 정치와 경제가 후진적이었던 독일에서 자유주의에 입각하여 경제학의 보편성을 주장하는 영국의 고전학파에 대항하여 등장했다.

2) 주요 주장

(1) 자연과학과 달리 사회과학인 경제학에는 시대와 국가를 초월한 보편적인 진리란 존재하지 않으며 따라서 경제학은 역사의 발전단계에 따라 그 내용이 달라야 한다.

(2) 공업화의 초기 단계에 있는 국가에서는 유치산업을 보호하기 위하여 외국상품의 수입을 제한해야 한다.

(3) 국가가 존재하여야 개인이 존재하므로 국가가 개인보다 우선 ⇒ 개인의 이기심과 국가 이익이 상충될 때는 국가의 이익을 옹호하기 위하여 국가의 경제에 대한 개입은 불가피하다.

3) 대표적 학자 : 리스트(F. List), 로셔(W. Roscher), 힐데브란트(B. Hilderbrand), 크니스(K. G. A. Knies), 슈몰러(G. Schmoller), 바그너(A. Wagner), 브렌타노(L. Brentano), 뷔허(K. B cher)

(1) **리스트** : 원시적 미개사회 → 목축사회 → 농업사회 → 농공사회 → 농공상사회

(2) **힐데브란트** : 유통수단의 변천을 기준으로 자연경제 → 화폐경제 → 신용경제

(3) **뷔허** : 봉쇄적 가내경제 → 도시경제 → 국민경제

❹ 신고전학파

1) 시대적 배경

(1) 19세기 후반부터 노동자 계층의 빈곤, 주기적 불황의 발생 등 자본주의의 문제점들이 현저하게 나타나자 마르크스의 사회주의 경제학이 광범위하게 보급되고 노동자들의 노동운동도 확대되었다.

(2) 1848년 유럽 대륙의 대부분에서 발생한 노동자와 농민들의 무력봉기와 같은 노동운동에 대항하여 자본주의 경제를 옹호할 수 있는 새로운 경제학이 필요한 상황 속에 등장했다.

2) 주요 주장

(1) 각 경제주체가 자기의 이익을 좇아서 경제활동을 하면 사회전체의 후생도 극대가 되므로 개인과 개인 간, 개인과 사회 간, 계층과 계층 간에 이해의 대립은 없고 사회 전체적으로 항상 조화가 이루어진다(자연조화설). ⇒ 왈라스(L. Walras)의 일반균형이론

(2) 고전학파의 노동가치설을 비판하여 가치의 원천이 노동이 아니라 효용이라고 주장(효용가치설) ⇒ 가치 중에서 교환가치보다는 사용가치를 강조한다.

(3) 소비에 쓰이는 화폐 1단위의 한계효용이 모든 소비에서 균일하게 되도록 주어진 소득을 소비할 때에 개인의 효용이 극대화(한계효용이론)된다.

(4) 개인의 사회적 존재로서의 측면은 제거되고 모든 개인은 각자 독립되어 오직 자기의 이익만을 계산하여 행동하는 개체로 파악(원자론적이며 합리적인 인간관) ⇒ 개별 경제주체의 합리적 행위를 분석하는 미시경제학이 경제학의 중심이다.

3) 대표적 학자: 제본스(W. S. Jevons), 왈라스(L. Walras), 멩거(Menger), 클라크(J. B. Clark), 비저(Von Wieser), 마샬(A. Marshall)

❺ Keynes 학파

1) 시대적 배경: Keynes 경제학 이전의 대표적인 경제이론이었던 고전학파의 전통에 따른 방법으로는 설명할 수 없는 1930년대 대공황이라는 경제위기에 처하여, 이에 대한 진단 및 처방으로 등장했다.

2) 주요 주장

(1) 공황의 원인을 유효수요 부족이라고 규정 ⇒ 자유방임주의를 포기하고 정부의 적극적 개입을 통해 공황 극복이 가능하다.

(2) 명목임금의 하방경직성, 화폐환상, 불완전한 정보를 가정하고 아울러 통화정책(monetary policy)보다 재정정책(fiscal policy)을 선호한다.

3) 대표적 학자: 사무엘슨(P. Samuelson), 힉스(J. R. Hicks), 솔로우(R. Solow), 토빈(J. Tobin), 모디글리아니(F. Modigliani)

6 통화주의 학파

1) 시대적 배경

(1) 시장가격기구가 완전하지는 않지만 전반적으로 볼 때 정부의 개입보다는 효율적이라는 기본적인 사고에서 출발했다.

(2) 정부의 능력에는 한계가 있으므로 정부의 개입은 원래의 목적을 달성하기보다는 사태를 더욱 악화시킬 수 있다는 문제의식을 가지고 기존의 케인즈 학파의 주장을 비판하는 과정 속에서 대두되었다.

2) 주요 주장

(1) 인플레이션과 실업은 단기에는 역의 관계가 있지만, 장기에는 실업이 자연실업률 수준에서 결정된다.

(2) 화폐의 역할을 강조하여 재정정책보다 통화정책을 중시하였고, 경제를 안정시키기 위해서 자유재량적인 화폐공급에 반대 ⇒ 일정한 통화준칙(monetary rule)에 의해 통화를 공급해야 한다.

3) **대표적 학자**: 프리드만(M. Friedman), 브루너(K. Brunner), 멜쳐(A. Meltzer), 레이들러(D. Laidler), 케이건(P. Cagon)

7 합리적 기대가설

1) **시대적 배경**: 1970년대 중반 이후부터 나타난 스태그플레이션(Stagflation)을 해결하는 데 있어 케인즈 경제학, 통화주의 등 기존의 경제이론이 효과적인 정책대안을 제시하지 못하는 상황 속에서 등장했다.

2) 주요 주장

(1) 가격 및 임금의 신축성, 정보의 완전성, 정보비용 없음, 정책당국과 개인 간의 동등한 정보 보유 등을 기본적으로 가정하여 정책무력성의 명제(Policy ineffectiveness proposition) 를 전개한다.

(2) 인간의 합리성에 근거하여 인간의 합리적 기대를 내생변수로 도입하여 경제현상을 설명한다.

3) **대표적 학자**: 무스(J. Muth), 루카스(R. Lucas), 싸전트(T. Sargent), 웰리스(N. Wallace)

8 공급 중시 경제학

1) **시대적 배경**: 1970년대 스태그플레이션(Stagflation)과 생산성 둔화, 자원부족에 직면하여 기존의 수요측면을 중시하는 경제이론이 한계에 직면하는 상황 속에서 등장했다.

2) 주장

(1) 자본주의의 지속적인 성장을 위해서는 수요 측면보다 공급 측면을 중시 ⇒ 조세를 감면하고, 정부의 지나친 사회보장정책 등을 삼가는 등 정부 개입을 억제할 것을 주장한다.

(2) 조세감면은 단기적으로는 재정적자를 심화시키지만, 장기적으로는 생산증가로 인해 조세수입을 증가시킴으로써 재정적자가 해결될 것으로 예상한다.

(3) 경제주체의 근로의욕, 투자의욕이 경제성장의 관건이다.

3) 대표적 학자 : 펠트슈타인(M. S. Feldstein), 레퍼(A. B. Laffer)

Q&A

다음 중 서술 중 타당하지 않은 것은?

① 로잔느 학파를 창시한 왈라스는 일반균형이론을 정립하였다.
② 케인스는 세계 대공황 시기의 인플레이션을 치유하는 데 주력하였다.
③ 중상주의는 상인들의 이익을 보호하고, 고전학파는 산업자본가의 이해를 대변하였다.
④ 역사학파는 고전학파가 주장하는 경제이론들의 보편성을 비판하고 개별성을 강조하였다.
⑤ 공급중시 경제학자들은 조세감면의 효과는 총수요 증가가 아니라고 한다.

Solution

케인스는 세계대공황 시기의 대량 실업문제를 해결하기 위하여 노력하였다.

답 ②

2

AK 통합 경제학

제 2 편

미시경제학

microeconomics

제3장 소비이론

Theme 06 소비이론의 기초

❶ 소비자 행동과 소비자 이론

1) 소비자

(1) **의미**: 소비자란 상품수요와 생산요소 공급에 대한 의사결정의 주체 ⇒ 소비선택을 함에 있어서 "소비능력과 의사결정에 필요한 완전한 정보를 갖고 한정된 소득 하에서 모순이 없는 합리적인 효용극대화 행위를 한다"고 가정한다.

> 소비자 우위의 원칙
>
> 생산자가 비록 이윤을 목적으로 하여 생산하지만 고이윤은 고가격의 상품에서 실현되고 고가격은 소비 수요가 많은 상품에서 실현되므로 결국 생산자의 이윤 동기도 소비자에 의하여 지배된다는 원칙

(2) **전제**: 최적의 행동을 일관되게 하는 합리적 소비자를 전제한다.

2) 소비자 행동

(1) 인간의 욕망은 무한하지만 이러한 욕망을 이루기 위한 수단(소득)에 제약을 받는다.

(2) 소비자의 행동기준은 주어진 소득의 제약 밑에서 어떠한 방법으로 상품을 구입하고 원하는 욕망(만족)을 최대로 할 수 있느냐에 있다.

3) 소비자 이론

(1) **의미**: 주어진 소득의 제약 밑에서 어떠한 방법으로 상품들을 구입하면 소비자의 효용 또는 만족을 최대로 할 수 있느냐를 규명하는 이론이다.

(2) **소비자의 선택 행동을 관찰 ⇒ 수요곡선을 도출 ⇒ "수요의 법칙"을 정립**

❷ 효용과 소비이론

1) 효용(Utility)의 의의

(1) 의미

① 일정 기간 동안 일정량의 상품을 소비함으로써 얻을 수 있는 주관적인 만족감을 말한다.

② 만족감이란 주관적인 심리적인 감정으로 추상적인 개념 ⇒ 만족의 크기를 측정할 수 있느냐의 여부에 대해 논란의 여지가 발생한다.

(2) 논의의 편의상 만족의 크기를 숫자, 또는 순서로 나타낼 수 있다고 가정 ⇒ 기수적 방법과 서수적 방법으로 나뉜다.

2) 기수적 효용(cardinal utility)과 서수적 효용(ordinal utility)

(1) 기수적 효용

① 효용의 크기를 무게나 길이와 같이 절대적인 크기로 계량화해서 측정 ⇒ 효용의 차이에 의미를 부여한다.

② 재화의 소비로부터 얻는 만족의 크기는 독립적이며 가산성(加算性)이 인정된다.

기수적 효용의 기원

효용의 개념을 본격적으로 발전시킨 학자들은 제본스(W. Jevons), 왈라스(L. Walras) 등을 중심으로 한 1870년대의 한계효용학파였는데 이들은 효용을 상품소비에서 오는 심리적인 만족으로 간주하였다. 또한 그들은 효용의 크기를 소득이나 부, 그리고 깊이나 무게처럼 객관적으로 측정이 가능한 것으로 간주하는 기수적 효용(cardinal utility) 개념을 만족의 지표로 삼았다.

(2) 서수적 효용

① 효용의 크기를 계량화할 수는 없고 다만 효용 간의 상대적인 크기의 대소만을 비교함으로써 순서를 정할 수 있는 효용을 말한다.

② **서열성**: 모든 상품 묶음은 A>B 또는 A<B 또는 A=B로 구분이 가능하다.

③ **이행성**: A>B이고 B>C이면 A>C가 성립한다.

3) 소비이론의 전개: 소비이론은 기수적 효용함수를 전제로 하는 한계효용이론에서 서수적 효용함수를 전제로 하는 무차별곡선 이론으로, 그리고 효용함수 자체를 필요로 하지 않는 현시선호이론으로 발전했다.

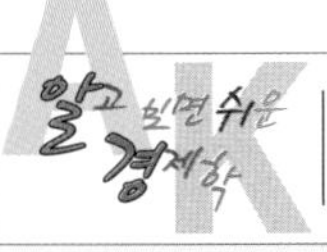

소비자는 효용의 크기를 어떻게 알 수 있는가?

"고등학생인 준서는 친구들과 서울랜드에 놀러갔다. 점심시간에 되어 배가 출출해지자 준서는 식당에서 김밥 2줄과 사이다 1캔을 구입하여 먹었다. 친구들과 재미있게 놀면서 먹어서 그런지 준서는 김밥과 사이다가 평소보다 더 맛있다고 생각되었다. 과연 준서가 느낀 맛의 크기는 얼마나 될까?"

소비자가 재화나 서비스를 소비함으로써 얻는 쾌락 또는 만족을 효용(utility)이라 한다. 소비자는 재화나 서비스를 소비함으로써 이러한 효용을 극대화하려는 경제주체이다. 그런데 소비자는 이러한 효용의 크기를 어떻게 알 수 있을까?

효용을 측정하는 방법은 다음과 같이 크게 두 가지로 나눌 수 있다. 첫째, 효용의 크기를 구체적인 숫자로 나타내는 기수적(cardinal)인 방법이다. 효용의 개념을 본격적으로 발전시킨 학자들은 제본스(W. Jevons), 왈라스(L. Walras) 등을 중심으로 한 1870년대의 한계효용학파였는데 이들은 효용을 상품소비에서 오는 심리적인 만족으로 간주하였다. 또한 그들은 효용의 크기를 소득이나 부, 그리고 길이나 무게처럼 객관적으로 측정이 가능한 것으로 간주하는 기수적 효용(cardinal utility) 개념을 만족의 지표로 삼았다. 이러한 기수적 방법에 따르면 준서가 느낀 맛, 즉 효용의 크기는 다음과 같이 나타낼 수 있다. '준서는 김밥 2줄에서 200, 사이다 1캔에서 100만큼의 효용을 얻어 총 300만큼의 효용을 얻었다.' 또는 '준서는 김밥 2줄에서 4,000원어치, 사이다 1캔에서 2,000원어치만큼의 효용을 얻었다.'

둘째, 효용의 크기를 다양한 상품 묶음(combination bundle)에서 얻는 만족도에 대한 선호에 따라 서수적(ordinal)으로 나타내는 방법이다. 이 방법은 효용의 크기를 계량화할 수는 없고 다만 효용 간의 상대적인 크기의 대소만을 비교함으로써 순서를 정할 수 있다는 전제 하에서 출발한다. 이러한 방법에 따르면 효용은 다음과 같이 나타낼 수 있다. '준서는 김밥 2줄과 사이다 1캔의 소비를 김밥 1줄과 사이다 1캔의 소비보다 더 선호한다.'

그렇다면 앞의 두 가지 표현방법 중에서 어느 것이 더욱 현실적일까? 현실에서는 소비자들이 상품을 소비할 때 얻는 효용을 기수적으로 표시하는 경우는 매우 드물다. 김밥 1줄을 먹으면서 '음! 김밥 1줄은 100만큼의 만족을 주는군!' 하면서 소비하지는 않기 때문이다. 그렇지만 '음! 나는 김밥 1줄보다는 김밥 2줄을 먹는 것이 좋아!'라고는 쉽게 말할 수 있다. 결국 효용의 크기를 나타내는 것은 기수적인 방법보다는 서수적인 방법이 현실적이라고 할 수 있다.

경제학을 위한 미분법의 기초

1. 직선의 기울기

1) 정의 : 일차함수 $y=ax+b$에서 x값의 증가량 (Δx)에 대한 y값의 증가량 (Δy)의 비율은 항상 일정하고 그 비율은 x의 계수 a와 같다. 이때, a를 일차함수 $y=ax+b$의 기울기라고 한다.

$$\text{직선의 기울기} = \frac{(y\text{ 의 증가량})}{(x\text{ 의 증가량})} = \frac{\Delta y}{\Delta x} = a$$

ex) (1) x의 증가량(Δx)이 2이고, y의 증가량(Δy)은 2이면 이때의 기울기는 1이다.

(2) x의 증가량(Δx)이 -3이고, y의 증가량(Δy)은 3이면 기울기는 -1이다.

2) 두 점이 주어졌을 때의 기울기

(1) 함수 $y=f(x)$일 때, $y=f(x)$ 위의 두 점 (x_1, y_1), (x_2, y_2)가 주어질 때의 기울기를 말한다.

$$\text{기울기} = \frac{y_2-y_1}{x_2-x_1} = \frac{\Delta y}{\Delta x} = \frac{f(x_2)-f(x_1)}{x_2-x_1}$$

(2) **평균변화율**

평균변화율

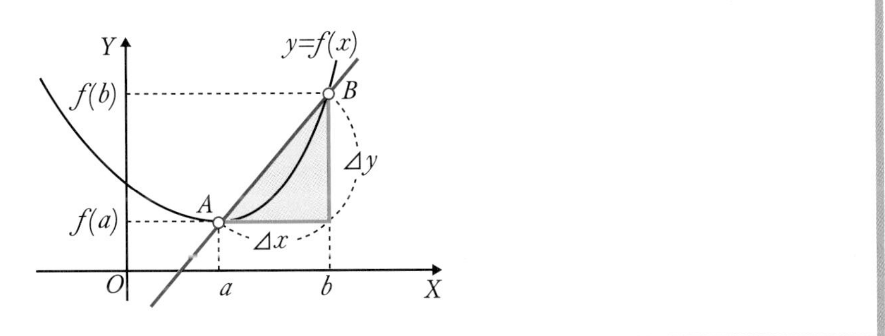

① 두 점 A(a, $f(a)$), B(b, $f(b)$)가 주어질 때, 두 점을 지나는 직선의 기울기를 의미한다.

② 함수 $y=f(x)$에서 x의 증가량 Δx에 대한 y의 증가량 Δy의 비율($\frac{\Delta y}{\Delta x}$)을 x의 값이 a에서 b까지 변할 때의 함수 $y=f(x)$의 평균변화율이라 한다.

$$\text{평균변화율} : \frac{\Delta y}{\Delta x} = \frac{f(b)-f(a)}{b-a} = \frac{f(a+\Delta x)-f(a)}{\Delta x}$$

③ 두 점 사이의 Δx가 충분히 작아지면 Δy도 충분히 작아진다. 그러면 두 점이 서로 가까워져 한 점처럼 보이게 되는데, 그때의 두 점 사이의 기울기를 한 점에서의 기울기로 보아도 된다.

2. 곡선 위의 한 점에서의 기울기(접선의 기울기)

1) **미분계수** : 평균변화율의 극한값(=접선의 기울기)을 의미한다.

$$\text{미분계수} : f'(a) = \lim_{\Delta x \to 0} \frac{\Delta y}{\Delta x} = \lim_{\Delta x \to 0} \frac{f(a+\Delta x)-f(a)}{\Delta x}$$

2) **도출** : 접선의 기울기를 간단하게 구하는 방법이 미분이다. 이때 함수를 미분했다는 표시를 y', $f'(x)$, $\frac{dy}{dx}$라고 표현한다.

(1) **미분법** : $y=x^n$를 x에 관해 미분하면 $y'=nx^{n-1}$이 된다. 즉, 지수 n을 x의 앞(계수)으로 내려 x와 곱하고, 지수에는 1을 뺀다.

ex) $y=x^3+2x^2+3$을 미분하면 $y'=3x^2+2\cdot 2x$ (∴상수항은 미분하면 0이므로)

(2) **접선의 기울기 구하기**

① 곡선 $y=f(x)$ 위의 점 $P(a,\ f(a))$에서의 접선의 기울기는 $y=f'(a)$

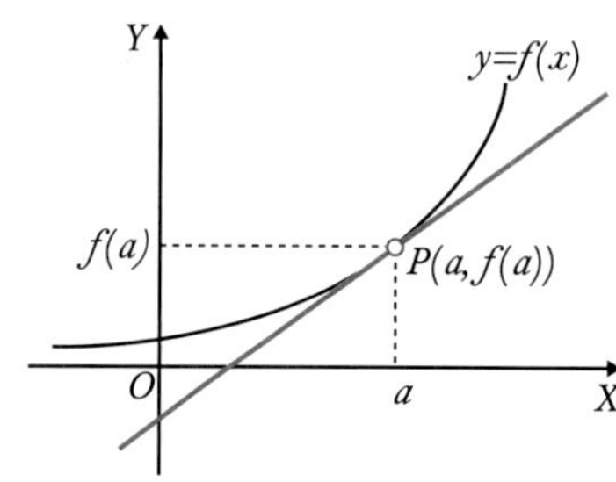

② 우선 주어진 함수를 미분한 후, 미분한 식에 구하고자 하는 x값을 대입한다.

ex) $y=3x^2+4x$ 위의 점 $x=2$에서의 기울기를 구해보면

$y'=3\times 2x+4$이고 x에 2를 대입하면 $3\times 2\times 2+4=16$이다.

3) 생산가능곡선에서의 구체적 예

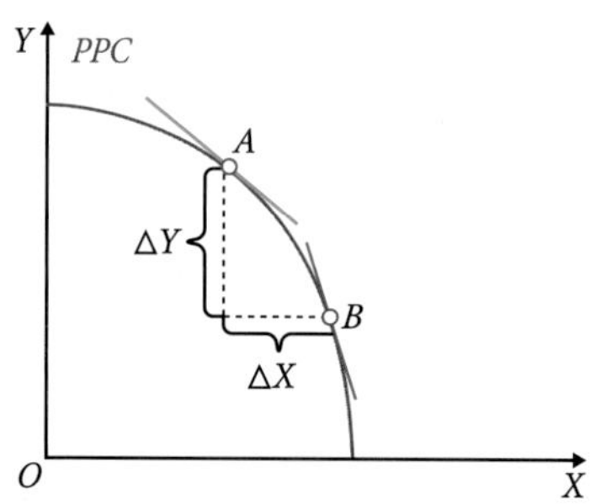

(1) A점에서의 접선의 기울기의 절댓값이 B점의 기울기의 절댓값보다 작으므로 B점에서 X재를 증가시키기 위해 감소시켜야 하는 Y재의 수량이 커짐을 의미한다. 즉 X재 한 단위를 증가시키기 위한 기회비용이 증가함을 의미한다.

- 접선의 기울기의 절댓값이 클수록 기울기는 가팔라진다. 여기서 접선의 기울기는 $MRT(=-\frac{\Delta y}{\Delta x}$: 한계변환율)를 의미한다.
  이때 '-' 부호가 붙는 이유는 x가 증가할 때, y는 감소하기 때문이다.

(2) X재의 생산량이 많아짐에 따라 기울기의 절댓값이 커지게 되고, 이것은 X재를 늘리기 위한 기회비용이 커진다는 것을 의미한다.

3. 극댓값과 극솟값

1) **극대점** : $f(x)$가 증가상태(↗)에서 감소상태(↘)로 바뀌는 점에서 함수 값은 극대가 된다. 다음 그림에서 $x=a$에서 극대이고, 극댓값은 $f(a)$이다.

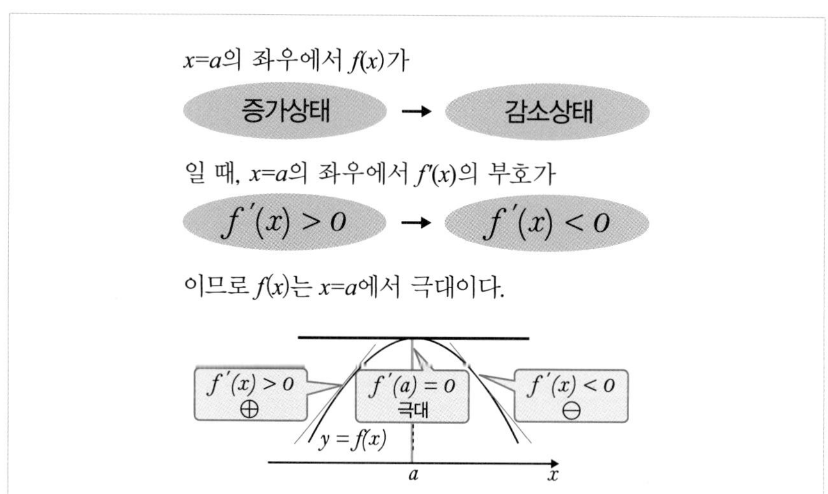

2) **극소점** : $f(x)$가 감소상태(↘)에서 증가상태(↗)로 바뀌는 점에서 함수 값은 극소가 된다. 다음 그림에서 $x=a$에서 극소이고 극솟값은 $f(a)$이다.

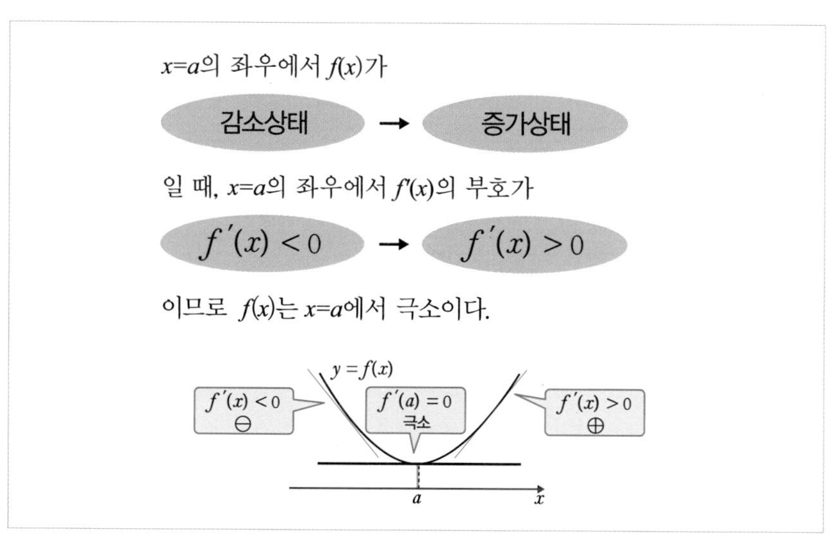

3) 결국 함수의 극댓값, 극솟값은 $f'(a)=0$인 수준에서 결정된다.

Q&A

$f(x)=x^3-6x^2+9x-1$일 때, $f(x)$의 극댓값과 극솟값을 구하시오.

Solution

일단 $f(x)$를 x에 관해 미분하면 $f'(x)=3\times x^2-2\times 6x+9=3x^2-12x+9$이다.
그 다음 $f'(x)=0$이 되는 x값을 찾으려면 $f'(x)$를 인수분해한다.
$f'(x)=3x^2-12x+9=3(x^2-4x+3)=3(x-1)(x-3)$이므로
$f'(x)=0$의 x값은 $x=1$ 또는 $x=3$이다.
다음의 $y=f'(x)$ 그래프에서 $x=1$의 왼쪽에서 ⊕(증가 ↗)이고
오른쪽에서 ⊖(감소 ↘)이므로 극댓값 ($f(1)$)을 갖고,
$x=3$의 왼쪽에서 ⊖(감소 ↘)이고 오른쪽에서 ⊕(증가 ↗)이므로
극솟값($f(3)$)을 갖는다.

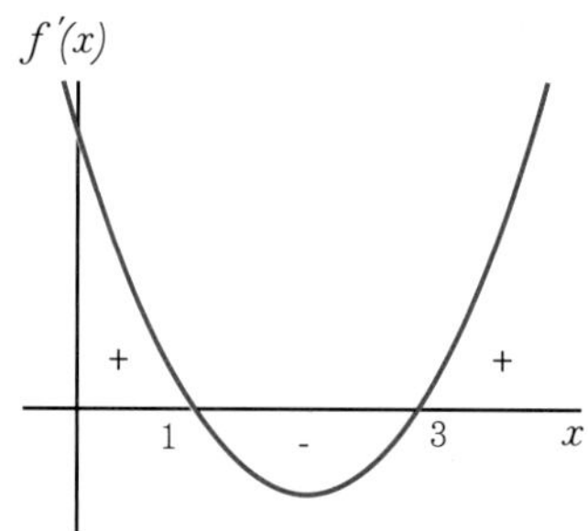

따라서 다음 그래프에서 극댓값 $f(1)=1^3-6\cdot 1^2+9\cdot 1-1=3$이고 극솟값 $f(3)=3^3-6\cdot 3^2+9\cdot 3-1=-1$인 $f(x)$ 그래프이다.

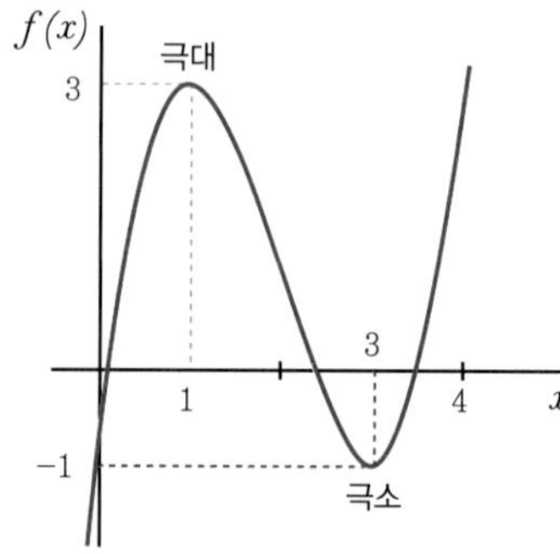

Theme 07 한계효용이론-I

❶ 효용(Utility)의 의의

1) **효용함수**: 일정 기간 동안 상품의 소비량과 그로부터 얻어지는 총효용의 관계를 수학적으로 보여주는 것을 말한다.

$TU=U(X,\ Y)$, 이때 TU: 총효용, X: X재 소비량, Y: Y재 소비량

2) **한계효용(Marginal Utility: MU)**

(1) **의미**: 어떤 상품의 소비를 한 단위 증가(감소)시켰을 때 그로 인한 총효용의 증가(감소)분을 말한다. 이때의 효용은 기수적으로 측정이 가능하다.

$$MU_x = \frac{\Delta TU}{\Delta X},\quad MU_y = \frac{\Delta TU}{\Delta Y}$$

(2) **특징**

① 한계효용은 인간의 욕망 정도에 비례한다.

② 한계효용은 재화의 존재량에 반비례한다.

③ 한계효용은 총효용 곡선상의 한 점에서 접선의 기울기이다.

④ 한계효용은 재화의 소비량이 증가함에 따라 한계효용은 체감한다.

3) **총효용(Total Utility: TU)**: 일정 기간 동안 일정량의 상품을 소비함으로써 얻을 수 있는 주관적인 만족의 총량을 말한다.

❷ 한계효용과 총효용의 관계

1) **한계효용 체감의 법칙(law of diminishing marginal utility)–Gossen의 제1법칙**

(1) 다른 상품의 소비량은 일정하게 유지하면서 한 상품의 소비량을 계속적으로 증가시키면 그 상품의 한계효용은 궁극적으로 감소하는 현상을 말한다.

(2) 한계효용이 체감한다고 하더라도 그 값이 양(+)의 값을 갖는 한 총효용은 증가 ⇒ 다만 그 증가율이 작아질 뿐이다.

2) 도해적 설명

총효용과 한계효용과의 관계

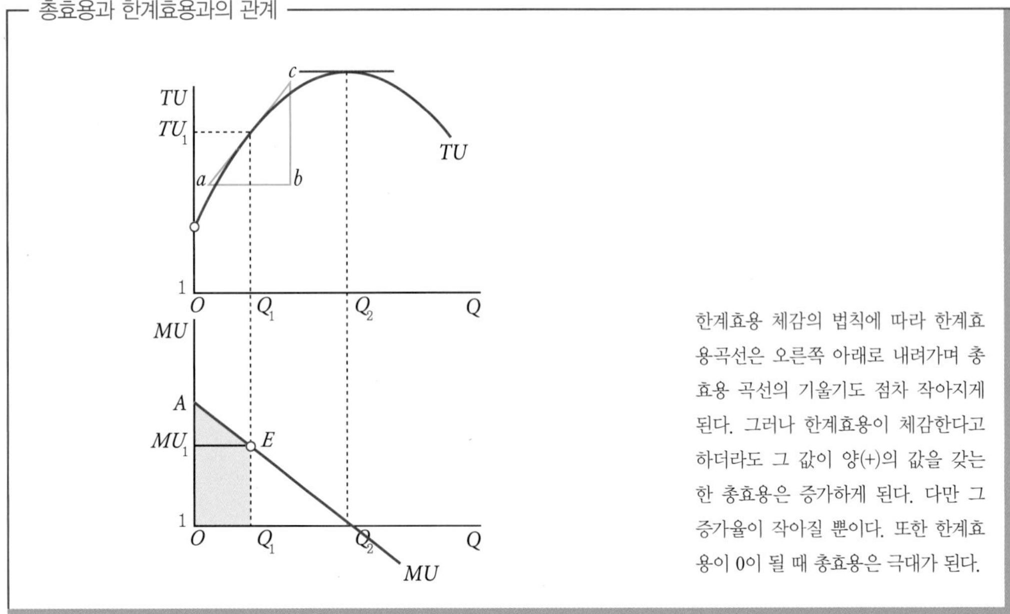

한계효용 체감의 법칙에 따라 한계효용곡선은 오른쪽 아래로 내려가며 총효용 곡선의 기울기도 점차 작아지게 된다. 그러나 한계효용이 체감한다고 하더라도 그 값이 양(+)의 값을 갖는 한 총효용은 증가하게 된다. 다만 그 증가율이 작아질 뿐이다. 또한 한계효용이 0이 될 때 총효용은 극대가 된다.

(1) 한계효용은 총효용의 미분값이므로 한계효용은 총효용 곡선의 접선의 기울기 그래프에서 소비량이 Q_1일 때의 한계효용은 Q_1에서의 총효용 곡선의 접선의 기울기 bc/ab와 같다.

(2) 한계효용을 소비량으로 적분하면 총효용 그래프에서 소비량이 Q_1일 때의 총효용은 그래프에서 색칠된 사다리꼴 $A0Q_1E$와 같다.

(3) 한계효용 체감의 법칙에 따라 한계효용곡선은 오른쪽 아래로 내려가며 총효용곡선의 기울기도 점차 작아지게 된다.

(4) 그래프에서 한계효용이 영(0)이 되는 소비량이 Q_2일 때의 총효용은 최대(포화점 : saturation point)가 되며 그때의 총효용 곡선의 기울기는 수평, 즉 영(0)이 된다.

확인 TEST

어떤 소비자가 X재에 대하여 그 소비량의 크기를 Q라고 할 때, 총효용(TU) 함수가 다음과 같다.

$$TU = 12Q - \frac{3}{2}Q^2$$

총효용을 극대화하는 X재 소비량(Q)과 이때의 총효용(TU)은 각각 얼마인가?

① $Q=3$, $TU=18$　② $Q=4$, $TU=18$
③ $Q=4$, $TU=24$　④ $Q=5$, $TU=24$

해설 효용(TU)은 한계효용(MU)이 '0'일 때 극대가 된다. 따라서 총효용(TU) 함수를 미분하여 도출한 한계효용(MU) 함수인 $MU\left(=\frac{dTU}{dQ}\right)=12-3Q=0$에서 $Q=4$일 때, 총효용은 극댓값을 갖는다. 이 $Q=4$를 총효용 함수에 대입하면 총효용 극댓값인 $TU=24$를 구할 수 있다.

정답 ③

총함수와 한계함수

총함수		한계함수
총효용	미 분	한계효용
총생산	⇨	한계생산
총비용	⇦	한계비용
총수입	적 분	한계수입
⋮		⋮

Theme 08

한계효용이론-Ⅱ

1 소비자 선택 이론

1) 의의

(1) **의미**: 소비자가 주어진 소득과 주어진 상품 가격에서 최대의 효용을 얻기 위해 여러 가지 상품을 어떻게 배합하여 소비해야 하느냐의 문제를 말한다.

(2) **대표적 학자**: Menger, Jevons, Walras

2) 소비자 선택의 조건

(1) **가정**: 한계효용이론은 모든 재화의 한계효용이 체감한다는 가정(law of diminishing marginal utility : 한계효용 체감의 법칙=Gossen의 제1법칙)을 전제로 하여 성립한다.

(2) **한계효용 균등의 법칙**(law of equimarginal utility : Gossen의 제2법칙)

① 의미 : 상품가격이 각각 다를 때, 화폐 한 단위당 한계효용(MU)이 균등하게 되도록 재화를 소비하면 극대의 총효용을 얻을 수 있다.

$$\frac{MU_1}{P_1} = \frac{MU_2}{P_2} = \cdots\cdots = \frac{MU_n}{P_n}$$

화폐소득 지출의 한계효용

1. **화폐소득 지출의 개념**: 일종의 유량(flow)개념으로 어느 일정 기간 동안 지출되는 화폐의 크기를 말한다.
2. 가정
   1) 가정 1 : Marshall은 효용의 가측성을 전제로 소비자 이론을 전개했기 때문에 그 측정을 위해 화폐소득 지출에 대한 한계효용이 일정하다는 가정을 세웠다. 이것은 소비자가 호주머니 속에 있는 화폐를 지출할 때 추가적으로 지출하는 1단위(예를 들면 100원)에서 느끼는 화폐의 한계효용은 모두 일정하다는 가정이다.
   2) 가정 2 : 소비자가 어느 한 단위의 상품에 지출하는 비중은 "무시할 수 있을 정도(negligible portion of money income)"로 중요하지 않은 상품을 분석대상으로 삼는다는 가정이다. Marshall은 이러한 가정을 세우면 총효용(TU)을 측정할 수 있다고 보았다. 또한 이러한 가정을 세움으로써 가격이 변하는 데 따른 실질 소득효과를 무시하고, 가격변화에 따른 대체효과(가격이 하락하면 그 상품에 대한 수요량이 증가하는 효과)만을 분석했다.

② 소비자의 소득제약조건(income constraint)

$$P_1Q_1+P_2Q_2+P_3Q_3+\cdots\cdots+P_nQ_n=I$$

(단, P_n: 재화의 가격, Q_n : 재화의 구입량, I : 소득)

Q&A

어느 한 개인의 효용함수가 $TU=X\cdot Y$라고 하자(X, Y는 두 재화). 그는 60의 소득을 가지고 전액을 X, Y재의 구입에 사용한다고 하자. X재의 가격은 1, Y재의 가격은 2라고 할 때 이 사람의 효용을 극대화시키기 위한 X재와 Y재의 양은?

Solution

효용함수를 X, Y재로 각각 미분하여 나타내면

$MU_X=Y \Rightarrow$ ①

$MU_Y=X \Rightarrow$ ②

따라서 한계효용균등의 법칙에 따라 $\frac{MU_X}{P_X}=\frac{MU_Y}{P_Y}$에 ①과 ②를 대입하면

$Y=X/2 \Rightarrow$ ③

그런데 상품 구입에 지출되는 비용은 소비자의 소득을 초과할 수 없으므로

$X+2Y=60 \Rightarrow$ ④

③식을 ④식에 대입하여 정리하면 $X=30$, $Y=15$

일반적으로 소비자 효용함수가 $U=X^{\alpha}Y^{\beta}$의 형태로 주어지면 효용극대화를 실현할 수 있는 X재와 Y재의 구매량은 각각, $X=\frac{\alpha M}{(\alpha+\beta)P_X}$, $Y=\frac{\beta M}{(\alpha+\beta)P_Y}$(여기서 M은 소비지출액을 의미)으로 구할 수 있다. 이에 따라 주어진 문제에서의 X재와 Y재의 구매량은 다음과 같다.

$$X=\frac{\alpha M}{(\alpha+\beta)P_X}=\frac{1\times 60}{2\times 1}=30,\ Y=\frac{\beta M}{(\alpha+\beta)P_Y}=\frac{1\times 60}{2\times 2}=15$$

확인 TEST

甲은 주어진 돈을 모두 X재와 Y재 소비에 지출하여 효용을 최대화하고 있으며, X재의 가격은 100원이고 Y재의 가격은 50원이다. 이때 X재의 마지막 1단위의 한계효용이 200이라면 Y재의 마지막 1단위의 한계효용은?

[2012, 국가직 7급]

① 50
② 100
③ 200
④ 400

해설 X재와 Y재를 동시에 소비할 때 효용을 극대화하기 위해서는 한계효용 균등의 법칙에 따라 소비해야 한다. 즉, $\frac{MU_X}{P_X}=\frac{MU_Y}{P_Y}$를 충족해야 한다. 주어진 조건을 위 식에 대입하면 $\frac{200}{100}=\frac{MU_Y}{50}$이므로 $MU_Y=100$이 된다.

정답 ②

확인 TEST

재화의 단위당 가격과 총효용이 [표]와 같을 때. 16원을 가진 사람이 합리적인 소비를 한다면 C재의 소비량은? (단, 각 재화 1단위 가격은 A재:1원, B재:2원, C재:3원이다.)

[1992, 교원임용]

재화 \ 단위	1	2	3	4	5
A재	10	19	26	30	32
B재	16	28	36	40	40
C재	15	27	36	42	45

① 2단위 ② 3단위 ③ 4단위 ④ 5단위

해설 • 주어진 표를 각 재화의 한계효용으로 나타내면 다음과 같다.

재화 \ 단위	1	2	3	4	5
A재	10	9	7	4	2
B재	16	12	8	4	0
C재	15	12	9	6	3

• 앞의 표를 다시 각 재화의 가격으로 나누어 1원어치 당 한계효용으로 나타내면 다음과 같다.

재화 \ 단위	1	2	3	4	5
A재	10	9	7	4	2
B재	8	6	4	2	0
C재	5	4	3	2	1

• 이에 따라 1원어치 당 한계효용이 높은 순서대로 16원을 모두 지출할 때까지 소비하면 된다. 따라서 A재 4단위, B재 3단위, C재 2단위를 소비할 때 가장 높은 효용을 얻을 수 있다.

정답 ①

2 한계효용이론에 따른 수요곡선이 도출

1) 수요곡선의 도출

(1) P_x=3원, P_y=2원, Q_x=6단위, Q_y=4단위, I=26원의 조건이 주어졌고 그래프에서 A점으로 나타나 있다고 가정하자. 점 A는 지금 한계효용 균등의 법칙을 만족 $\left(\frac{MU_X}{P_X}=\frac{MU_Y}{P_Y}\right)$함으로써 극대 효용에 도달해 있다.

수요곡선의 도출

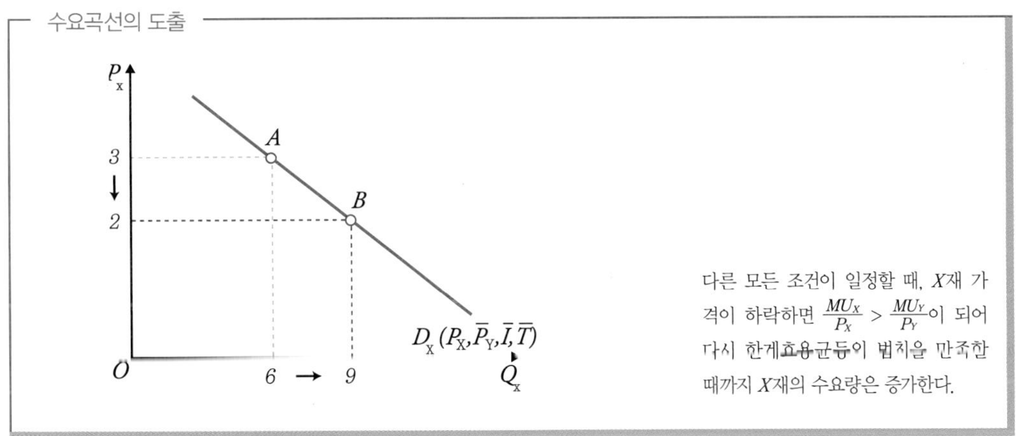

다른 모든 조건이 일정할 때, X재 가격이 하락하면 $\frac{MU_X}{P_X} > \frac{MU_Y}{P_Y}$이 되어 다시 한계효용균등이 법칙을 만족할 때까지 X재의 수요량은 증가한다.

(2) 만약 다른 조건은 일정한데 P_X가 3원에서 2원으로 하락했다고 하자. 이에 따라 소비자 균형식이 $\frac{MU_X}{P_X} > \frac{MU_Y}{P_Y}$이 되어 소비자는 Y재의 소비를 줄이고 X재의 소비를 늘이는 조정을 하게 된다.

(3) 이와 같은 조정은 MU_X가 감소하게 되어 (한계효용체감의 법칙에 따라) $\frac{MU_X}{P_X}$가 $\frac{MU_Y}{P_Y}$와 같아질 때까지 하락하게 되고 새로운 균형은 B에서 다시 이루어지게 된다.

2) 시사점

(1) 위의 내용은 X재 가격이 하락함에 따라 X재의 수요량이 증가하는 우하향의 수요곡선을 시사해 준다.

(2) 재화에 대한 어떤 소비자의 개별 수요곡선은 화폐로 표시한 이 소비자의 그 재화에 대한 개별 한계효용곡선 ⇒ 이를 수평으로 합한 시장 수요곡선은 이 재화의 한계효용을 화폐단위로 표시한 사회적 한계효용 곡선(이는 소비자 잉여를 이해하는 데 있어서 매우 중요)

3) 소비자 균형을 위한 조정과정

$\frac{MU_X}{P_X} > \frac{MU_Y}{P_Y}$ 인 경우	$\frac{MU_X}{P_X} = \frac{MU_Y}{P_Y}$ 인 경우	$\frac{MU_X}{P_X} < \frac{MU_Y}{P_Y}$ 인 경우
• X재 소비↑→ MU_X↓ • Y재 소비↓→ MU_Y↑	• 효용극대화가 충족된 균형 상태	• X재 소비↓→ MU_X↑ • Y재 소비↑→ MU_Y↓

Theme 09 한계효용이론-Ⅲ

❶ 한계효용이론과 가치의 역설

가격과 가치

1. 가격 : 화폐나 다른 재화와 교환되는 비율을 의미한다.
2. 가치 : 어떤 재화에 가격이 성립하는 이유를 의미한다.

1) Smith의 역설(Smith's Paradox=가치의 역설 : paradox of value)

(1) **의미** : 물이나 공기같이 사용가치(어떤 재화가 인간에게 만족감을 주는 능력 : 총효용)가 큰 재화의 교환가치(다른 재화를 구매할 수 있는 능력 : 가격)가 다이아몬드와 같이 사용가치가 거의 없는 재화의 교환가치보다 오히려 작은 현상 ⇒ 사용가치와 교환가치 간에 존재하는 괴리현상을 말한다.

구분	사용가치	교환가치
물	크다	작다
다이아몬드	작다	크다

(2) **한계효용학파적 설명**

한계효용의 크기에 따른 가격의 결정

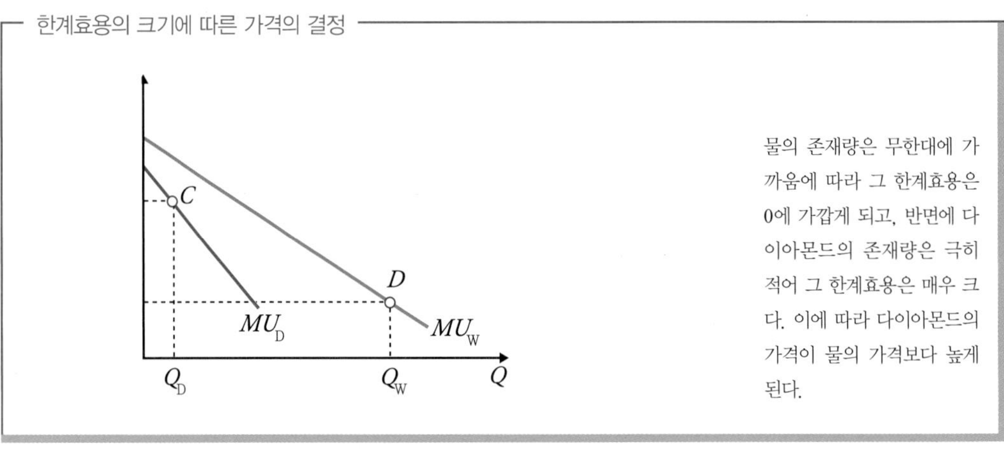

물의 존재량은 무한대에 가까움에 따라 그 한계효용은 0에 가깝게 되고, 반면에 다이아몬드의 존재량은 극히 적어 그 한계효용은 매우 크다. 이에 따라 다이아몬드의 가격이 물의 가격보다 높게 된다.

① 존재량이 같을 때, 물은 다이아몬드보다 인간생활에 더 유용하기 때문에 물의 한계효용(MU_W)은 다이아몬드의 한계효용(MU_D)보다 항상 위에 위치하게 된다.

② 한계효용이론에 따르면 재화의 가격(교환가치)은 그 재화의 총효용(사용가치)이 아니라 그 재화의 한계효용과 비례하며 재화의 한계효용은 소비량 혹은 존재량이 증가함에 따라 체감하게 된다.

③ 현실적으로, 물의 존재량(OQ_W)은 무한대에 가까움에 따라 그 한계효용은 0에 가깝게 되고, 반면에 다이아몬드의 존재량(OQ_D)은 극히 적어 그 한계효용은 매우 크다.

④ 따라서 상품가격에 영향을 미치는 것이 총효용이 아닌 한계효용인 한 다이아몬드의 가격(OP_D)이 물의 가격(OP_W)보다 비싼 것은 결코 역설적 현상이 아니라 합리적 현상인 것이다.

그래프에서의 총효용의 크기

다이아몬드의 총효용: $OBCQ_D$, 물의 총효용: $OADQ_W$

2) 수학적 유도

(1) 화폐단위로 효용을 측정한 효용함수를 $TU_X = f(Q_X)$라고 하자. 만일 소비자가 P_X의 가격으로 Q_X를 구매한다면, 그의 지출액은 $P_X \times Q_X$이다. 이때 총효용과 총지출액의 차이가 순효용(NU_X)이다.

$$NU_X = TU_X - P_X \times Q_X$$

소비자는 이러한 총효용과 총지출액의 차이인 순효용을 극대화하려고 한 것이다.

(2) 극대화의 필요조건은 위의 함수 "$NU_X = TU_X - P_X \times Q_X$"를 Q_X로 미분한 도함수가 값이 "0"이 되는 것이다.

$$\frac{dNU_X}{dQ_X} = \frac{dTU_X}{dQ_X} - \frac{d(P_X \times Q_X)}{dQ_X} = MU_X - P_X = 0 \Rightarrow MU_X = P_X$$

이에 따라 상품의 가격은 상품의 한계효용의 크기에 의해 결정되는 것이다.

(3) 앞의 결과를 그림으로 나타내면 다음과 같다.

한계효용과 가격

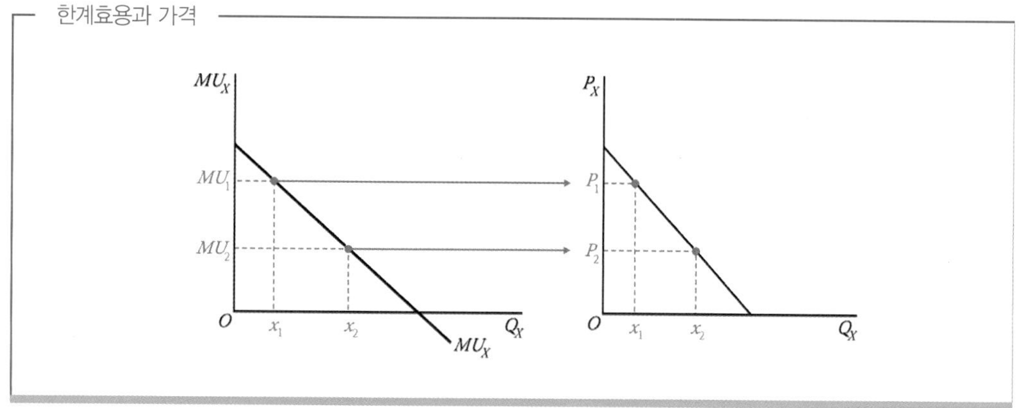

주의할 것은 MU곡선이 음(−)이 되는 부분은 수요곡선에 반영되지 않는다. 음(-)의 가격은 경제학에서는 존재할 수 없기 때문이다.

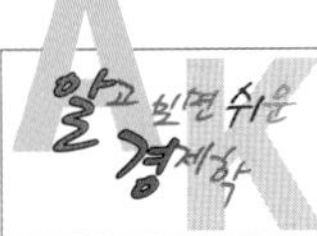

왜 다이아몬드는 물보다 비쌀까?

"우리 인간의 생존에 가장 중요한 것은 무엇일까? 그 대답은 너무도 자명하다. 이것이 없이 인간은 일주일을 넘기지 못한다고 한다. 답은 바로 '물'이다. 그런데 다이아몬드가 없으면 우리는 더 이상 살 수 없을까? 아니다! 다이아몬드는 우리의 생명과 아무런 관계가 없다. 그럼에도 다이아몬드는 매우 비싸고 물은 매우 싸다. 왜 그럴까?"

아담 스미스(Adam Smith)와 데이비드 리카도(David Ricardo)와 같은 18세기의 경제학자들은 '가치'와 '가격'을 구별해서 사용했다. 어떤 재화가 인간에게 만족감을 주는 능력(사용가치:value in use)과 다른 재화를 구매할 수 있는 능력(교환가치:value in exchange) 사이에 존재하는 괴리를 '가치의 역설(paradox of value)'이라 한다. 이와 같은 현상은 사용가치가 매우 큰 물의 교환가치가 사용가치가 그리 크지 않은 다이아몬드의 교환가치보다 오히려 작은 것에서 쉽게 발견할 수 있다. 여기서 사용가치는 총효용, 교환가치는 (상대)가격에 해당한다고 볼 수 있다.

즉 소비자에게 주는 총효용이 큼에도 불구하고 가격이 낮다는 것이 '가치의 역설'이고 이를 Smith의 역설(Smith's Paradox)이라고도 한다. 이것을 '역설적' 상황이라고 하는 것은 가격은 총효용이 크면 클수록 높아야 한다는 전제가 깔려 있는 것이다. 도대체 어디에 문제가 있는 것일까? A. Smith는 이를 설명하기 위해서 '노동가치설'을 내세운다. 이에 따르면 상품의 가격은 그것을 얻기 위해 투입한 노동의 양에 의해 결정된다. 즉, 그 당시 물을 얻기 위해서는 깨끗한 계곡물을 허리만 굽히고 한 바가지를 퍼 올리면 되지만, 다이아몬드를 캐고 이를 가공하기 위해서는 엄청난 시간과 노동이 필요하기 때문에 다이아몬드가 비싼 것이 설명될 수 있다는 것이다. 과연 그럴까? 10여 년 동안 목에서 피가 나면서까지 판소리를 배워 명창의 반열에 올랐음에도 불구하고 2-3년 동안 기획사에 의해 만들어진 아이돌 그룹의 콘서트 입장료보다 '판소리 5마당 완창' 입장료가 더 싼 것을 보면 그건 아닌 듯 싶다.

다음 경우를 상상해 보자. 신밧드가 사막을 여행하다가 그만 길을 잃고 말았다. 일주일 동안 아무것도 먹지 못한 채 사경을 헤매고 있는데 홀연 천사가 나타나서 오른손엔 물 한 컵, 왼손에는 다이아몬드 한 컵을 쥐고서 10만 원만 내면 둘 중에 하나를 주겠다고 제의했다. 신밧드는 어떤 것을 선택할까? 여기서 다이아몬드는 한 개가 아니라 한 컵이다. 그럼에도 불구하고 신밧드가 제정신이라면 당연히 물을 구입할 것이다. 이것은 동일한 수량(존재량)이라면 물이 다이아몬드보다 가격이 높다는 것을 시사해 준다. 물에 대해 먼저 가격을 지불하고자 하는 이유는 그러한 상황에서 물이 다이아몬드보다 한계효용이 높기 때문이다. 이는 상품의 가격이 총효용에 의해서 결정되는 것이 아니라 한계효용에 의해서 결정된다는 것을 보여준다.

② 한계효용이론의 의의

1) 특징

(1) 주관적 가치설에 따른 수요측면을 강조한다.

① 1870년대 이전 경제학자들의 주된 입장이었던 '한 상품의 시장가격은 생산에 투하된 노동량 또는 생산비에 의해 결정된다'는 이른바 객관적 가치설을 부정하였다.

R. Whately

"진주가 비싼 이유는 잠수부가 목숨을 걸고 바닷속으로 잠수하여 진주를 캐왔기 때문이 아니다. 오히려 진주가 비싸기 때문에 잠수부가 바닷속으로 잠수하는 것이다."

② 상품의 마지막 한 단위에서 얻는 주관적인 효용, 즉 한계효용의 크기가 상품가격을 결정한다고 주장 ⇒ 가격결정이론에 획기적인 전기를 마련함으로써 "한계혁명(marginal revolution)"이라고까지 불리게 되었다.

③ 이후 A. Marshall에 의해 시장가격은 공급 측의 생산비에 의해서 결정되는 공급곡선과 한계효용에 의해서 결정되는 수요곡선이 만나는 곳에서 결정된다는 수요·공급의 원리가 정립된다.

(2) 효용의 의미를 "크기로 측정할 수 있다"는 '기수적 효용' 개념으로 이해했다.

2) 한계

(1) 개인적·주관적·심리적 평가인 효용을 계량화할 수 있다는 '효용의 기수적 측정'이라는 경직된 가정을 사용하였다.

(2) 화폐의 한계효용이 불변이라고 가정하였으나 현실적으로 이것도 가변적이다.

(3) 이러한 가정을 완화하면서 우하향의 수요곡선을 설명하기 위해 무차별곡선이론과 현시선호이론이 등장하게 되었다.

위대한 경제학자 : Alfred Marshall

1. 배경

A. Marshall이 살았던 당시 영국은 빅토리아 시대의 호황기로 진보와 낙관주의가 넘쳐났다. 식민지 지배를 확대하여 세계대제국이 되었고, 연이은 선거법 개정으로 선거자격이 확대되었고, 1871년에는 초등교육법 발표로 보통교육이 보급되었으며, 노동조합법 제정으로 노동조합 운동이 합법적으로 인정되었다. 산업혁명이 완성된 후 임금 인상과 노동시간 단축으로 노동자들의 생활수준이 향상되었고, 비록 1870년대에 불황이 닥쳤으나 노동자들의 생활이 크게 악화되지는 않았다. 이런 시대를 반영하여 Marshall은 A. Smith와 D. Ricardo 등 고전파 경제학자들의 관심주제였던 국부의 원천이나 분배문제를 떠나 주어진 자원을 효과적으로 이용하는 문제로 관심을 돌렸다.

2. 한계이론(한계적 시야)

어떤 선택을 할 때 중요한 것은 지금 선택하려는 것의 이익(효용)이 비용보다 큰지 작은지 판단하는 것이다. 선택에서 과거는 중요한 것이 아니다. 예를 들어 기업이 몇 대의 자동차를 생산할지를 결정해야 할 때, 이를 한계이론의 관점에서 살펴보면 한 대를 더 생산함으로써 얻는 수입과 그 한 대를 더 생산하는데 드는 비용이 같아질 때까지 생산을 계속하는 것이 정답이다.

3. 수요와 공급의 법칙

Marshall에 의하면 균형가격은 소비자의 효용과 생산자의 생산비에 의해 동시에 결정된다고 보고 이를 가위의 양날에 비유하였다. 즉, 균형가격이란 소비자의 효용 또는 생산자의 생산비 중 하나의 작용에 의해 결정되는 것이 아니라, 마치 가위로 종이를 자를 때 윗날과 아래 날이 함께 종이를 자르는 것처럼, 소비자의 효용과 생산자의 생산비가 동시에 영향을 미친다고 생각하였다.

Marshall은 수요를 분석하는데 한계효용이론을 적용하였다. 여기서 한계효용이란 재화의 소비량이 한 단위 증가할 때 추가적으로 늘어나는 효용의 크기를 말한다. 이러한 한계효용분석을 토대로 Marshall은 '수요의 법칙'을 발표했다. Marshall의 수요의 법칙이란 재화의 가격이 떨어지면 수요량이 증가하고 재화의 가격이 올라가면 수요량이 감소하는 것을 말한다. 또한 Marshall은 수요가 상품의 가격에 의해서만 결정된다고 생각하지는 않았다. 수요를 결정하는 다른 이유로 Marshall은 소비자의 취향, 관습, 기호, 소비자의 소득수준, 대체할 수 있는 상품의 가격 등이 있다고 보았다.

공급 측면에서 Marshall은 고전학파의 비용가치설을 발전시켰다. 공급을 결정하는 요소로는 실질생산비가 영향을 미친다고 보았다. 이것은 생산을 위한 노동의 투입과 생산에 사용되는 자본을 축적하는데 필요한 절약 또는 기다림을 포함한 수고와 희생이라고 하였다. 이러한 생산비를 한계희생 또는 한계노고라고 정의하였다. 또한 실질적으로 지불되는 것은 화폐단위이기 때문에 이를 화폐생산비라고 하였고, 이러한 화폐생산비가 상품의 공급가격을 결정한다고 보았다. Marshall은 생산자가 공급을 늘릴 경우 비용이 체증적으로 증가한다고 보았고, 이에 따라 가로축을 상품량, 세로축을 가격이라고 할 때 공급곡선은 우상향하는 모습을 보인다고 하였다.

Marshall은 이러한 수요와 공급에 의해 가격이 결정되고 수요곡선과 공급곡선의 교차점에서 균형가격이 형성된다고 보았다. 동시에 가격이란 수요량과 공급량에도 영향을 주기 때문에 수요, 공급, 가격 등은 서로 상관관계에 놓여 있다고 보았다. 이러한 그의 균형가격이론은 오스트리아학파의 한계효용이론과 고전학파의 생산비설을 종합한 개념이라고 볼 수 있다.

Theme 10 무차별곡선 이론 - I

❶ 무차별곡선의 의의(서수적 효용 개념 전제)

1) 무차별곡선(indifference curve)의 의의

(1) 가정 : X, Y의 두 재화밖에 없다.

(2) 의미 : 두 재화의 소비량을 각각 가로축과 세로축에 놓은 좌표 상에서 어떤 개인에게 동일한 만족을 주는 두 재화 소비량의 무수한 조합(상품묶음 : combination bundle)을 연결한 곡선을 말하며 그 형태는 개인의 선호에 따라 다르게 나타난다.

(3) 대표적 학자 : Edgeworth, Pareto, Hicks, Slutsky

무차별곡선의 유래

무차별곡선은 에지워드(F. Y. Edgeworth)가 최초로 사용했고, 그 후 파레토(V. Pareto)가 이 분석방법을 다듬어서 보급시키게 되었다. 그리고 1934년 힉스(J. R. Hicks)와 알렌(R. G. D. Allen)이 무차별곡선을 가지고 서수적 효용(ordinal utility)의 소비자 이론을 전개하게 되었다.

2) 무차별지도(indifference map)

(1) 각기 상이한 효용수준을 나타내는 등고선과 같은 무수히 많은 무차별곡선들의 집합

(2) 무차별지도는 개인적인 것이며 따라서 개인마다 다르게 나타난다.

무차별곡선과 무차별지도

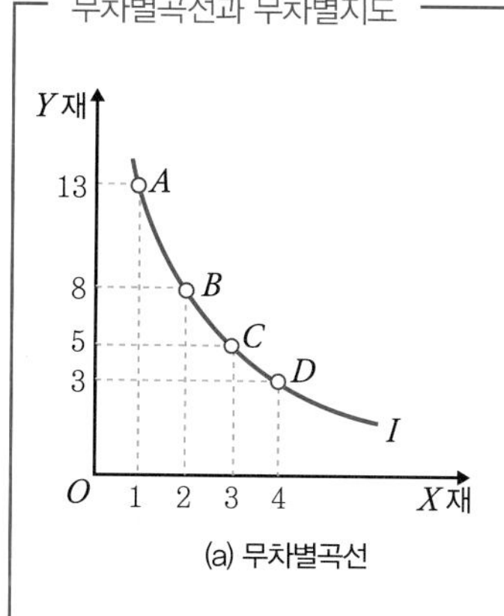

(a) 무차별곡선

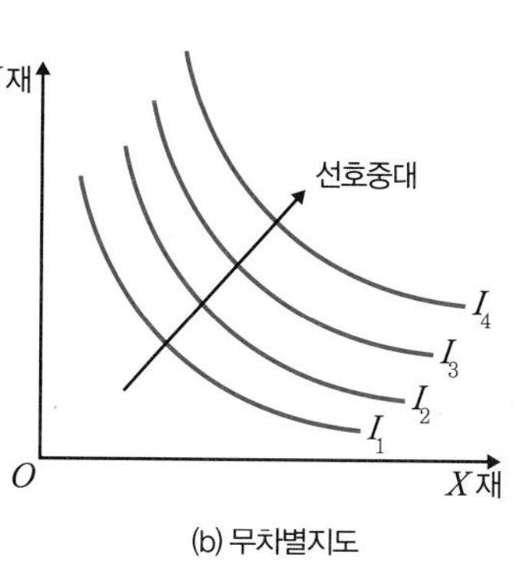

(b) 무차별지도

(a) A점, B점, C점, D점 모두는 소비자에게 동일한 만족을 가져다주는 X재와 Y재의 소비량의 배합점들이다.

(b) 각기 상이한 효용수준을 나타내는 등고선과 같은 무수히 많은 무차별곡선들의 집합으로 원점에서 멀리 떨어질수록 높은 효용수준이다.

2 무차별곡선의 특징

1) 가정

(1) **서수적 효용 가정** : 효용의 절대치는 의미가 없고 그 순서만이 의미가 있다고 전제

(2) **선호 관계의 완전 서열성(complete ordering) 가정** : 한 소비자에게 두 묶음(A와 B)의 상품 소비조합을 제시했을 때 어느 하나를 다른 하나보다도 더 선호하든지, 덜 선호하든지, 또는 무차별(in-diferrent)이든지를 구별할 수 있다. 즉, 어느 한 효용(A)은 다른 효용(B)에 비하여 크거나 (A>B), 작거나 (A<B), 같다 (A=B).

(3) **선호관계의 일관성(consistence) 가정** : 어느 한 효용(A)을 다른 한 효용(B)보다 선호한다면, 다른 시기에 어느 것이나 선택할 수 있을 경우 B를 A 대신에 선택하지 않는다.

$A>B$이면 $B>A$인 선택은 하지 않는다.

(4) **선호 관계의 완전 이행성(transitivity) 가정** : 어느 한 효용(A)이 다른 한 효용(B)보다 크고, 그 다른 한 효용(B)이 또 다른 한 효용(C)보다 크다면, 어느 한 효용(A)은 또 다른 한 효용(C)보다 크다. 즉, A>B 이고 B>C이면 A>C가 성립한다.

(5) **선호 관계의 연속성(continuity) 가정** : 효용의 크기는 불연속적이 아니라 연속적으로 변동한다. 즉, 소비량이 조금씩 변해가면서 효용도 조금씩 변해간다. 따라서 무차별곡선은 끊어지거나 꺾이지 않는다.

선호관계의 연속성에 관한 공준에 위배되는 대표적인 사례

어떤 소비자에게 쌀이 너무나도 큰 의미를 지니는 경우에 어떤 소비바구니(예컨대 그림의 점 D)에서 쌀을 약간 줄이는 대신 옷을 아무리 늘려도 이전의 효용수준보다는 떨어진다.
즉 이 소비자는 소비바구니를 평가할 때 먼저 쌀의 많고 적음에 따라서 선호의 순서를 정하고, 다음에 다른 재화를 고려한다. 이 경우 선호가 연속적이 아니다. 그림과 같이 $A \rightarrow B \rightarrow C$로 이동함에 따라 점 C에 이르기 직전까지는 점 D보다 못한데 점 C에 이르면 점 D보다 더 낫게 된다.

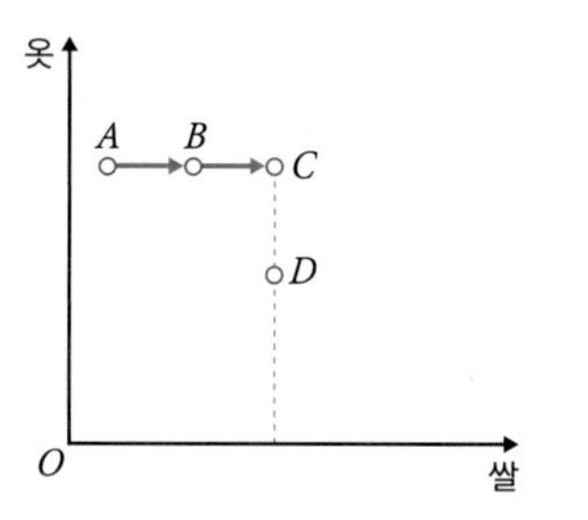

(6) **선호관계의 강단조성(strong monotonicity) 가정** : 상품묶음을 비교할 때 다른 모든 재화의 수량이 동일하고 어느 한 재화의 수량에 차이가 있다면, 소비자는 해당 재화가 많은 상품묶음을 더욱 선호한다는 것이다.

(7) **선호관계의 강볼록성(strict convexity)** : 임의의 두 상품묶음 A와 B가 있고 이들을 가중평균한 또 다른 상품묶음 C가 있다고 할 때, 소비자는 C를 A나 B보다 선호한다는 것이다.

무차별곡선의 볼록성

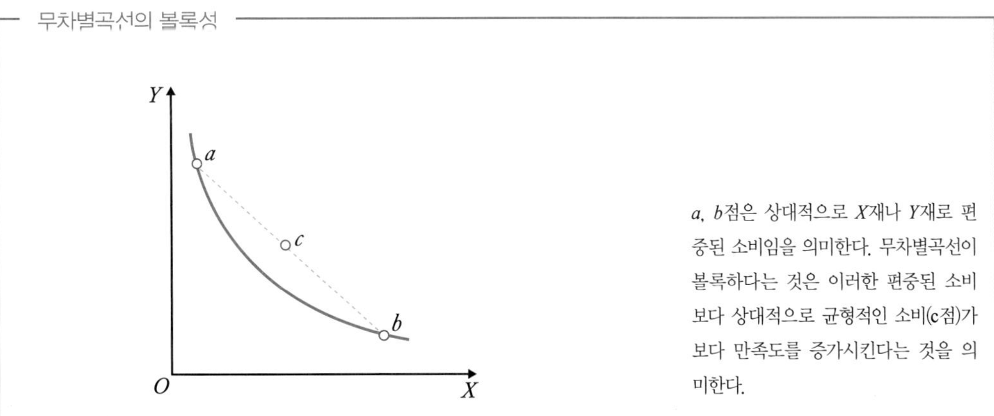

a, *b*점은 상대적으로 *X*재나 *Y*재로 편중된 소비임을 의미한다. 무차별곡선이 볼록하다는 것은 이러한 편중된 소비보다 상대적으로 균형적인 소비(*c*점)가 보다 만족도를 증가시킨다는 것을 의미한다.

확인 TEST

사과와 배에 대한 어느 소비자의 선호체계는 단조적이며(monotonic) 강볼록이다(strictly convex). 이 소비자는 (사과 3개, 배 5개)와 (사과 5개, 배 3개) 사이에서 아무런 차이를 느끼지 못한다고 한다. 다음 중 항상 옳은 것은?

[2003, 행시]

① 이 소비자는 (사과 4개, 배 4개)와 (사과 3개, 배 5개) 사이에서 아무런 차이를 느끼지 못한다고 한다.
② 이 소비자는 (사과 4개, 배 4개)를 (사과 3개, 배 5개)보다 더 선호한다.
③ 이 소비자는 (사과 3개, 배 5개)를 (사과 4개, 배 4개)보다 더 선호한다.
④ 이 소비자는 (사과 4개, 배 4개)를 (사과 3개, 배 6개)보다 더 선호한다.
⑤ 이 소비자는 (사과 3개, 배 6개)를 (사과 4개, 배 4개)보다 더 선호한다.

해설 ▼ 소비자의 선호체계가 '단조적'이라는 것은 한 재화의 소비량이 같을 때 다른 재화의 소비량이 많아지면 더 큰 효용을 얻게 되어 무차별곡선이 원점에서 멀어질수록 더 큰 효용을 얻게 된다는 것을 설명할 수 있는 특성이다. 또한 선호체계가 '강볼록'이라는 것은 한계대체율이 체감한다는 것을 설명할 수 있는 특성이다. 따라서 이 소비자의 무차별곡선은 원점에 대해 볼록하고 원점에서 멀리 떨어진 무차별곡선이 더 높은 효용수준을 만족시키게 된다.

이것을 그림으로 설명해 보면 다음과 같다. 소비자가 A점(사과 3개, 배 5개)과 B점(사과 5개, 배 3개) 사이에서 아무런 차이를 느끼지 못한다고 했으므로 이때의 무차별곡선은 두 점을 지나면서 원점에 대해 볼록한 모습을 갖게 된다. 그런데 C점(사과 4개, 배 4개)은 이러한 무차별곡선 바깥에 위치하고 있으므로 A점이나 B점에 비해 소비자에게 더 높은 효용을 주는 수준이 된다. 그리고 D점(사과 3개, 배 6개)은 주어진 조건으로는 C점보다 더 높은 수준의 효용을 만족시켜주는지 알 수 없다.

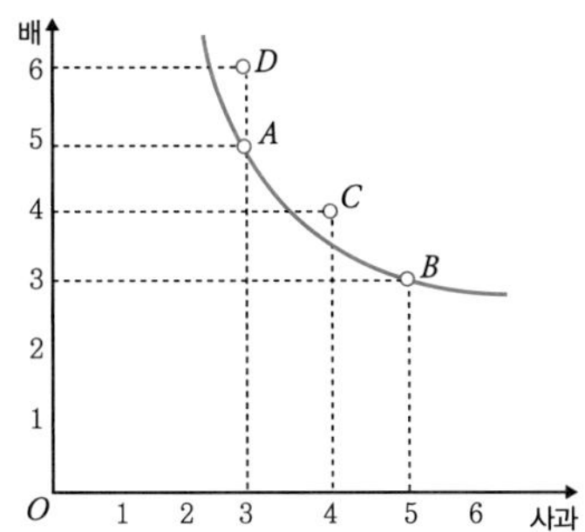

정답 ▼ ②

(8) **욕망의 불포화성(non-saturation) 가정**: 한정된 소득으로 말미암아 아무리 소비를 늘려도 욕망의 포화 정도에는 이르지 못한다. 이에 따라 소비자들은 소비량이 아무리 많아도 포화상태에 도달하지 않기 때문에 더 많은 상품을 원하게 된다.

2) 성질

(1) 원점에서 멀리 떨어진 무차별곡선일수록 높은 만족 수준을 갖는다. ⇒ 다다익선(多多益善 : the more, the better)

(2) 무차별곡선은 우하향이다. ⇒ 정도의 차이는 있지만 두 재화 상호 간의 대체 관계 존재

(3) 무차별 곡선은 서로 교차하지 않는다. 만일 교차한다면 그 교차점은 동일한 소비 수준임에도 불구하고 두 개의 상이한 만족수준을 갖는다는 모순이 발생하기 때문이다. 단, 이것은 동일한 소비자의 무차별곡선인 경우이고, 상이한 선호체계를 갖는 서로 다른 소비자들의 무차별곡선은 교차할 수 있다.

> **소비자의 선호 체계와 무차별곡선**
>
> 무차별 곡선은 개인의 선호 체계에 따라 그 형태가 다르게 나타난다. 예를 들면 그림에서 소비자 *A*는 *X*재를 *ab*만큼 더 소비하기 위해서 *Y*재를 *ad*만큼 포기할 용의가 있는 반면에 소비자 *B*는 *X*재를 *ab*만큼 더 소비하기 위해서 *Y*재를 *ac*만큼만 포기할 용의가 있다. 이것은 소비자 A가 소비자 B에 비하여 상대적으로 *X*재를 더 선호한다는 것을 보여주며, 이에 따라 후술하는 한계대체율에 있어 $MRS_A > MRS_B$가 성립한다는 것을 의미한다. 이는 또한 어떤 이유로 인해서 개인의 *X*재에 대한 선호가 커지게 되면 무차별 곡선의 형태가 I_B에서 I_A로 변할 수 있다는 것을 의미하기도 한다.
>
> 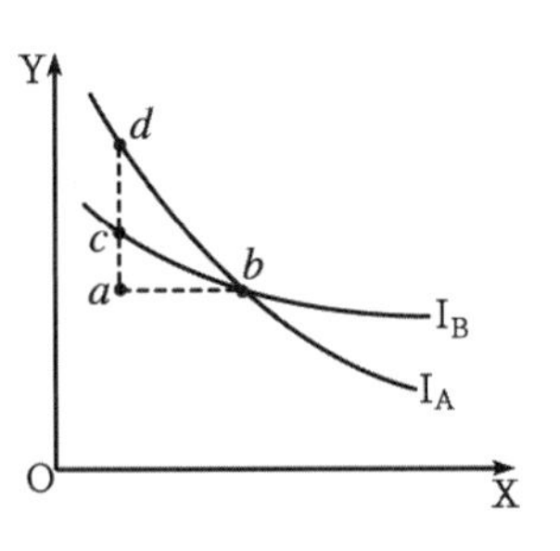
>

(4) 무차별 곡선의 접선의 기울기는 *X*, *Y* 두 재화 간의 한계대체율(MRS_{XY}=Marginal Rate of Substitution)이며, 그 크기는 체감한다. 여기서 재에 대한 재의 한계대체율은 동일한 만족을 유지하면서 *X*재 1단위를 더 소비하기 위한 대가로 포기하려고 하는 *Y*재의 수량$\left(=\dfrac{\Delta Y}{\Delta X}\right)$을 의미하며, 이것이 체감한다는 것은 *Y*재를 *X*재로 대체하기가 점점 더 어려워진다는 것을 의미한다.

> **한계 대체율(marginal rate of substitution)의 도출**
>
> $\Delta TU = \Delta X \times MU_X + \Delta Y \times MU_Y$ 식에서 '$\Delta TU = 0$'이 성립할 때 한계대체율(MRS_{XY})은 정의된다. 이에 따라 $\Delta X \times MU_X + \Delta Y \times MU_Y = 0$을 정리하면 다음 결과를 도출할 수 있다.
>
> $$MRS_{XY} = -\frac{\Delta Y}{\Delta X} = \frac{MU_X}{MU_Y}$$

확인 TEST

소비자 민주의 효용함수가 다음과 같다.

$$U(X,\ Y) = X^{\alpha} \times Y^{\beta} (\alpha + \beta = 1)$$

$X=2$, $Y=4$일 때 민주의 한계대체율(MRS_{XY})은 4라고 알려져 있다. α의 크기를 구하면?

① 1　　② $\frac{1}{2}$　　③ $\frac{2}{3}$　　④ $\frac{3}{4}$

해설 주어진 효용함수는 다음과 같이 나타낼 수 있다.

$U(X,\ Y) = X^{\alpha} \times Y^{1-\alpha}$ ($\because\ \alpha+\beta=1$에서 $\beta = 1-\alpha$)

따라서 한계대체율(MRS_{XY})을 다음과 같이 도출할 수 있다.

- $MRS_{XY} = \dfrac{MU_X}{MU_Y} = \dfrac{\alpha \times X^{\alpha-1} \times Y^{1-\alpha}}{(1-\alpha) \times X^{\alpha} \times Y^{-\alpha}} = \dfrac{\alpha \times Y}{(1-\alpha) \times X}$ ($\because\ \beta = 1-\alpha$)
- $\dfrac{\alpha \times 4}{(1-\alpha) \times 2} = 4 \Rightarrow \alpha = 2(1-\alpha) \Rightarrow 3\alpha = 2 \Rightarrow \alpha = \dfrac{2}{3}$

 ③

(5) 무차별곡선은 원점에 대해 볼록(convex toward origin)하다. ⇒ 동일한 효용 수준을 유지하면서 한 상품을 다른 상품으로 대체해 나갈 때 두 상품 사이의 대체비율인 한계대체율이 체감하기 때문이다.

개념 플러스+ 한계대체율(marginal rate of substitution)

1. 한계대체율(MRS_{XY} = 무차별곡선의 기울기)

Y재에 대한 X재의 한계대체율은 동일한 만족을 유지하면서 X재 1단위를 더 소비하기 위한 대가로 포기하려고 하는 Y재의 수량 {$= -\frac{\Delta Y}{\Delta X}$}을 의미한다. 한계지불성향(marginal willingness to pay)이라고도 한다.

$$MRS_{XY} = -\frac{\Delta Y}{\Delta X} = \frac{MU_X}{MU_Y}$$

2. 한계효용(MU)체감의 법칙과 한계대체율(MRS) 체감의 법칙의 비교

MU 체감의 법칙	MRS 체감의 법칙
① 다른 재화의 소비량을 일정하게 두고 한 가지 재화 소비량을 증가시킬 때 나타나는 현상 ② 대부분의 재화 소비에서 나타남 ③ 총효용곡선의 접선의 기울기로 측정됨	① 두 가지 재화의 대체적 소비관계에서 나타나는 현상 ② 두 재화의 보완적 소비에서 나타나지 않음 ③ 무차별곡선의 접선의 기울기로 측정됨

사례 연구 한계효용과 한계대체율

◈ 효용함수가 다음과 같이 주어져 있다.

$$U=X^2Y^2$$

한계효용(MU)이 체증하는 것과 한계대체율(MRS_{XY})이 체감하는 것은 양립할 수 있는가?

⇒ 한계효용(MU)은 다른 재화 소비량이 고정된 상태에서 한 재화만의 소비를 증가시키는 경우 정의되는 개념이다. 이제 주어진 효용함수를 전제로 각 재화의 한계효용(MU)을 구하여 체증여부를 검토해보면 다음과 같다.

- $MU_X=\frac{dU}{dX}=2XY^2$ ⇒ Y재 소비량을 고정시킨 상태에서 X재 소비량을 증가시키면 X재 의 한계효용(MU_X)은 계속 체증한다.
- $MU_Y=\frac{dU}{dY}=2X^2Y$ ⇒ X재 소비량을 고정시킨 상태에서 Y재 소비량을 증가시키면 Y재 의 한계효용(MU_Y)은 계속 체증한다.

- 한편 한계대체율(MRS_{XY})은 다음과 같이 도출된다.

$$MRS_{XY}=\frac{MU_X}{MU_Y}=\frac{2XY^2}{2X^2Y}=\frac{Y}{X}$$

- 그런데 한계대체율(MRS_{XY})은 무차별곡선을 따라 X재 소비량은 증가하고, Y재 소비량은 감소할 때 정의되는 개념이다. 따라서 한계대체율(MRS_{XY})은 지속적을 체감하는 모습을 보인다.
- 결국 한계효용(MU)의 체증과 한계대체율(MRS_{XY})의 체감은 특정한 효용함수를 전제로 서로 양립할 수 있음을 보여 준다.

Q&A

다음 표에서 $A \Rightarrow B \Rightarrow C \Rightarrow D$로 이동함에 따라 Y재에 대한 X재의 한계대체율은 어떻게 변하는가?

조합 \ 재화	A	B	C	D
X재	1	2	3	4
Y재	13	8	5	3

Y재에 대한 X재의 한계대체율은 동일한 만족을 유지하면서 X재 1단위를 더 소비하기 위한 대가로 포기하려고 하는 Y재의 수량으로 위 표에서는 X재의 소비를 한 단위씩 늘림에 따라 Y재는 5(A ⇒ B), 3(B ⇒ C), 2(C ⇒ D)로 작아져서 한계대체율이 체감하게 된다.

Q&A

소비자 준서의 효용함수가 $U = X^2Y$로 주어졌다고 가정하자. 준서가 $X = 3$, $Y = 2$를 소비한다면 이때 한계대체율(MRS_{XY})은 얼마인가?

Solution

$MRS_{XY} = -\frac{\Delta Y}{\Delta X} = \frac{MU_X}{MU_Y}$이고, $MU_X = 2XY$, $MU_Y = X^2$이므로 $MRS_{XY} = \frac{2XY}{X^2} = \frac{12}{9} = \frac{4}{3}$가 된다.

사례 연구 효용함수와 한계대체율

◈ 진수와 성찬의 효용함수가 다음과 같다.

- $U_{진수} = (X+Y)^2$
- $U_{성찬} = X+Y$

이를 기초로 두 사람의 한계대체율(MRS_{XY})을 구해보면 다음과 같다.

- $MRS_{XY}{}^{진수} = \frac{MU_X}{MU_Y} = \frac{2(X+Y)}{2(X+Y)} = 1$
- $MRS_{XY}{}^{성찬} = \frac{MU_X}{MU_Y} = \frac{1}{1} = 1$

이를 통해 두 사람의 효용함수는 모두 기울기 절대치가 '1'인 선형함수임을 알 수 있다. 또한 두 사람의 서수적 선호 순위가 동일하다는 것도 알 수 있다. 이것은 진수가 소비 묶음 A를 소비 묶음 B보다 더 선호한다면, 성찬 역시 B보다 A를 더 선호한다는 의미이다.

한편 두 사람에게 'U=4'인 경우의 효용함수를 그래프로 그리면 다음과 같다.

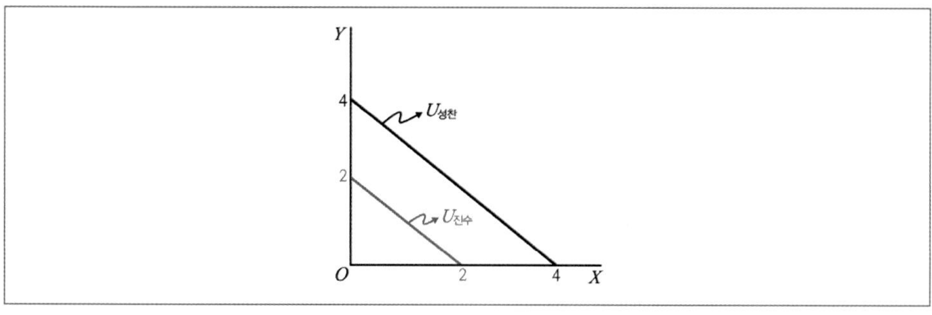

(6) 무차별곡선의 곡률은 재화의 성질을 나타낸다. ⇒ 곡률이 클수록 보완재, 작을수록 대체재 관계가 존재

③ 특수한 경우의 무차별곡선

1) X, Y재가 완전대체재인 경우(100원짜리 주화와 500원짜리 주화)

완전대체재

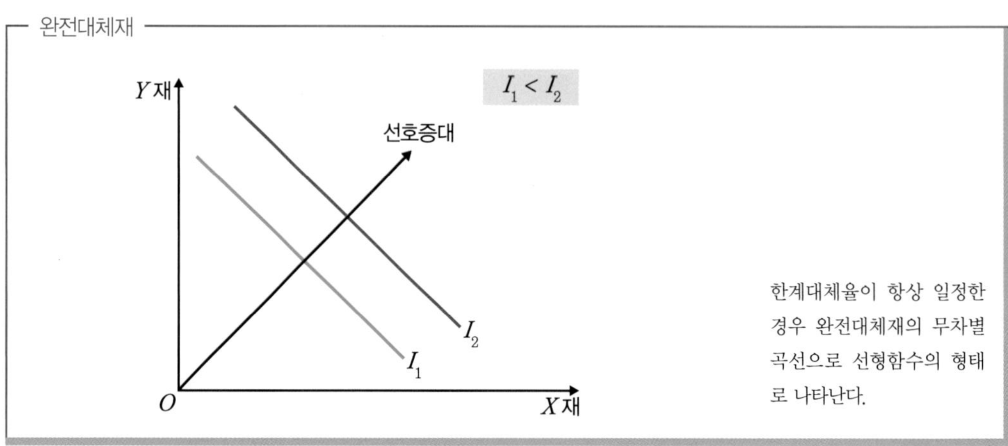

한계대체율이 항상 일정한 경우 완전대체재의 무차별곡선으로 선형함수의 형태로 나타난다.

(1) 효용함수가 $U=aX+bY$로 나타나며, 한계대체율(MRS)이 $-\dfrac{a}{b}$로 일정하다.

(2) 소비자 균형은 한 재화만 소비하는 경우에 이루어지게 되는 구석해(corner solution)가 존재하게 되어 통상의 소비자 행동 분석에서 제외된다.

2) X, Y재가 완전보완재인 경우(예 : 왼쪽과 오른쪽 신발의 경우)

완전보완재

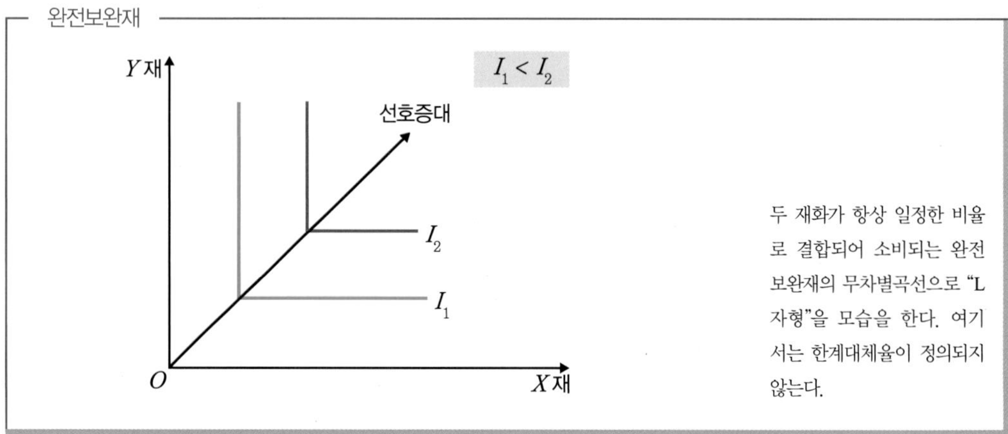

두 재화가 항상 일정한 비율로 결합되어 소비되는 완전보완재의 무차별곡선으로 "L자형"을 모습을 한다. 여기서는 한계대체율이 정의되지 않는다.

(1) 효용함수가 $U=\min\left(\dfrac{X}{a}, \dfrac{Y}{b}\right)$($a$, b : 상수)로, 한계대체율은 0 또는 ∞가 된다. 엄밀히 말하면 재화 사이에 대체가 불가능하므로 한계대체율 자체가 정의되지 않는다.

$U = min\left\{\frac{X}{a}, \frac{Y}{b}\right\}$의 의미

1. a가 2이고 b가 3이라고 가정하자.
2. X재를 8 단위 소비하고, Y재를 15단위 소비한다고 하면, $\frac{8}{2} = 4 < \frac{15}{3} = 5$가 된다.
3. 이에 따라 U=4가 된다.

(2) 재화 간에 대체가 이루어지지 않으므로 무차별곡선 분석이 무너지게 된다.

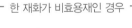

확인 TEST

X재와 Y재를 소비하는 소비자 A의 효용함수가 $U(X, Y)=min[3X, 5Y]$이다. 두 재화 사이의 관계와 Y재의 가격은? (단, X재 가격은 8원이고, 소비자 A의 소득은 200원, 소비자 A의 효용을 극대화하는 X재 소비량은 10단위이다.)

[2015, 국가직 7급]

① 완전보완재, 12원
② 완전보완재, 20원
③ 완전대체재, 12원
④ 완전대체재, 20원

해설 주어진 효용함수는 X재와 Y재가 항상 5:3으로 결합되면서 소비가 이루어지는 완전보완재임을 보여준다. 이때 주어진 소득을 가지고 효용을 극대화하는 소비를 하면 $U=3X=5Y$가 성립한다. X재의 소비량이 10단위이므로 효용(U)은 30이며, 이때 X재를 구입하기 위해 지출한 금액은 80원(=10×8원)이다. 따라서 Y재를 구입하기 위해 지출한 금액은 120원(=200원−80원)이 된다. 효용이 30이므로 Y재 소비량은 6단위이므로 Y재 가격은 20원이 된다.

정답 ②

3) 두 재화 중 하나가 부(負)의 효용을 갖는 비효용재인 경우 : 쓰레기의 경우

한 재화가 비효용재인 경우

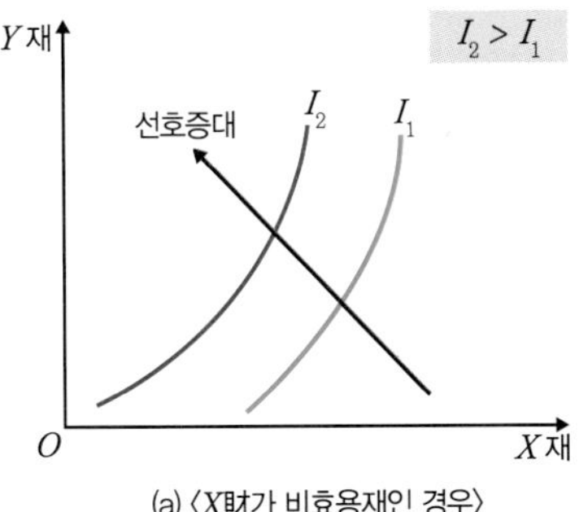

(a) 〈X財가 비효용재인 경우〉

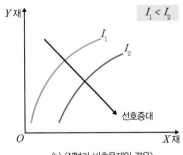

$I_1 < I_2$
Y재
I_1
I_2
선호증대
O
X재

(b) 〈Y財가 비효용재인 경우〉

(a) X재가 비효용재인 경우로서 무차별곡선이 좌상방으로 이동할수록 소비자에게 더 큰 효용을 가져다준다.
(b) Y재가 비효용재인 경우로서 무차별곡선이 우하방으로 이동할수록 소비자에게 더 큰 효용을 가져다준다.

4) 두 재화 중 하나가 영(0)의 효용을 갖는 무차별 재화인 경우

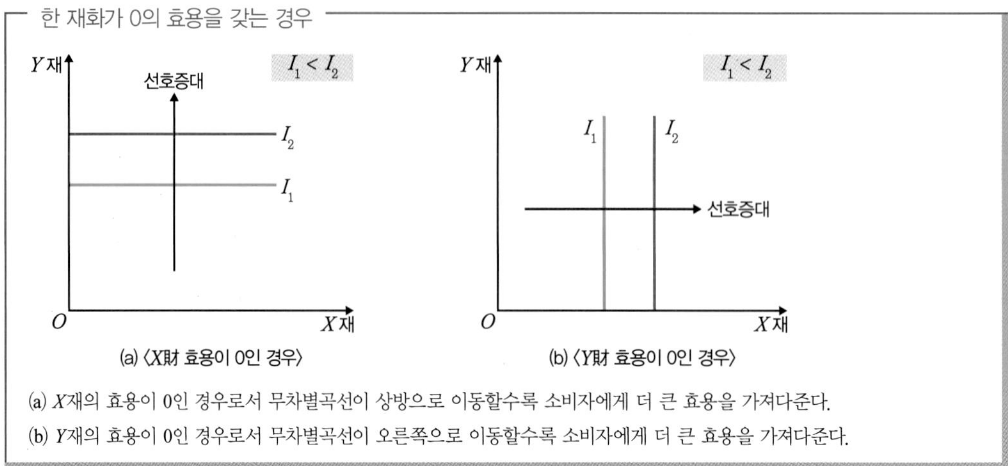

(a) 〈X財 효용이 0인 경우〉

(b) 〈Y財 효용이 0인 경우〉

(a) X재의 효용이 0인 경우로서 무차별곡선이 상방으로 이동할수록 소비자에게 더 큰 효용을 가져다준다.

(b) Y재의 효용이 0인 경우로서 무차별곡선이 오른쪽으로 이동할수록 소비자에게 더 큰 효용을 가져다준다.

5) 종합

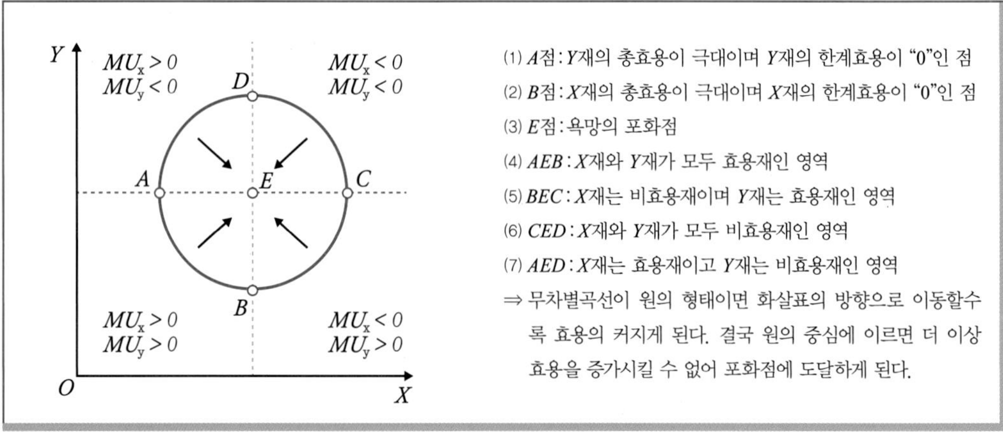

(1) A점 : Y재의 총효용이 극대이며 Y재의 한계효용이 "0"인 점

(2) B점 : X재의 총효용이 극대이며 X재의 한계효용이 "0"인 점

(3) E점 : 욕망의 포화점

(4) AEB : X재와 Y재가 모두 효용재인 영역

(5) BEC : X재는 비효용재이며 Y재는 효용재인 영역

(6) CED : X재와 Y재가 모두 비효용재인 영역

(7) AED : X재는 효용재이고 Y재는 비효용재인 영역

⇒ 무차별곡선이 원의 형태이면 화살표의 방향으로 이동할수록 효용의 커지게 된다. 결국 원의 중심에 이르면 더 이상 효용을 증가시킬 수 없어 포화점에 도달하게 된다.

Theme 11 무차별곡선 이론-Ⅱ

① 예산선(Budget Line)의 의의

1) 개념 : 주어진 소득으로 주어진 가격에서 구입할 수 있는 X재와 Y재의 구입량들의 배합을 연결한 직선
⇒ 가격선(price line)이라고도 한다.

X재	0	1	2	3	4	5	6	7	8	9	10
Y재	20	18	16	14	12	10	8	6	4	2	0

(단, 소득(I)=1,000원, P_X=100원, P_Y=50원)

2) 예산제약식과 예산선

(1) X와 Y를 두 재화의 소비량(=구매량), Px와 Py를 두 재화의 가격, I를 가처분 소득이라 할 때 다음의 예산제약식이 성립한다.

$$I=P_X \cdot X+P_Y \cdot Y \text{ 또는 } Y=-\frac{P_X}{P_Y} \cdot X+\frac{I}{P_Y}$$

(2) 위 식을 오른쪽 그림처럼 X와 Y를 두 축으로 하는 좌표상에 그린 직선을 가격선이라 한다.

예산선과 구입가능영역

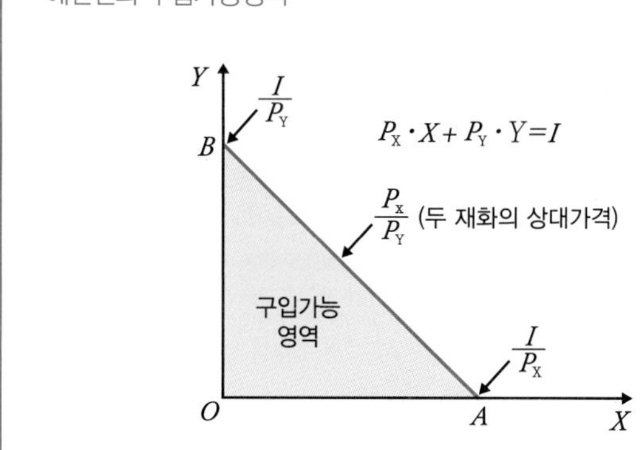

예산선이란 주어진 소득과 가격 하에서 구입할 수 있는 X재와 Y재의 최대 구입량들의 배합을 연결한 직선으로 이러한 예산선과 각 축으로 이루어진 삼각형의 영역이 소비자가 구입 가능한 영역이 된다.

예외적인 경우의 예산선

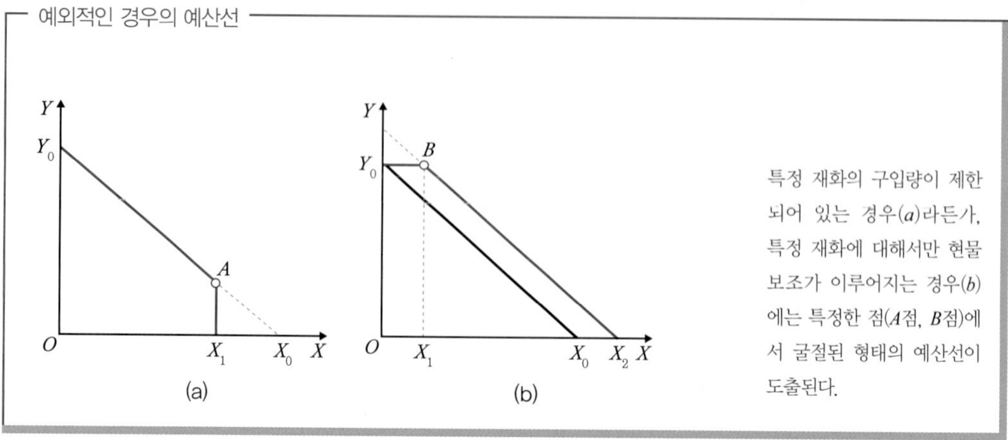

특정 재화의 구입량이 제한되어 있는 경우(*a*)라든가, 특정 재화에 대해서만 현물보조가 이루어지는 경우(*b*)에는 특정한 점(*A*점, *B*점)에서 굴절된 형태의 예산선이 도출된다.

3) 가격선의 기울기

(1) 위 그래프에서 예산선(*AB*) 기울기의 절대값(P_X / P_Y)은 두 상품의 "가격비(price ratio)", 또는 "상대가격(relative price)" ⇒ 시장에서 *X*재 한 단위와 교환되는 *Y*재의 수량을 의미한다.

절대가격과 상대가격

1. 절대가격 : 재화와 화폐와의 교환비율을 말한다.
2. 상대가격 : 재화와 다른 재화와의 교환비율을 말한다.

절대가격과 상대가격

화폐가 사용되지 않는 경제에서도 과연 가격이라는 개념이 존재할까? 아마도 이에 대한 대답으로 우선 떠오르는 대답은 '아니오'일 것이다. 그런데 이러한 대답은 당연히 상품의 가격표에 100원짜리, 1,000원짜리 등등처럼 나타내왔던 관례에 길들여져 있던 것에 기인한다. 화폐가 사용되지 않는다면 이와 같이 표현할 수 없기 때문에 쉽게 이러한 답이 나올 수 있는 것이다. 그러나 이것은 올바른 답이 아니다.

가격이란 어떤 상품의 가치를 외부에 표현하는 방법으로 이해할 수 있다. 예컨대 수박 1통은 10,000원, 참외 1개는 2,000원 하는 식으로 나타낼 수 있다. 이처럼 한 상품이 화폐와 교환되는 비율로 나타내는 가격을 우리는 '절대가격'이라고 부른다. 대부분의 가격은 이와 같은 절대가격으로 나타내어진다. 그런데 만약 상품 사이에 직접적인 교환이 가능하다면 이것을 어떻게도 표현할 수 있을까? 당연히 수박 1통이 10,000원이고, 참외 1개가 2,000원이므로 수박 1통은 참외 5개의 가치가 있고, 반대로 참외 1개는 수박 1/5통의 가치가 있어 이와 같은 비율로 교환될 것이다. 이처럼 한 상품이 다른 상품과 교환되는 수량으로도 상품의 가격을 나타낼 수 있다. 이와 같은 가격을 우리는 '상대가격'이라고 부른다.

경제학을 공부할 때에는 절대가격 개념보다도 상대가격 개념이 더 유용하게 사용된다. 이것은 수많은 가격을 일반화할 때에는 절대가격보다는 상대가격이 더 용이할 수 있기 때문이다. 따라서 경제학을 보다 쉽게 공부하기 위해서는 상대가격의 의미를 정확히 이해하는 것이 무엇보다 중요하다.

(2) 한계대체율(*MRS*)이 "주관적" 교환비율임에 반해, 예산선의 기울기, 즉 상대가격 P_X / P_Y는 "객관적" 교환비율을 나타낸다.

❷ 가격선의 이동

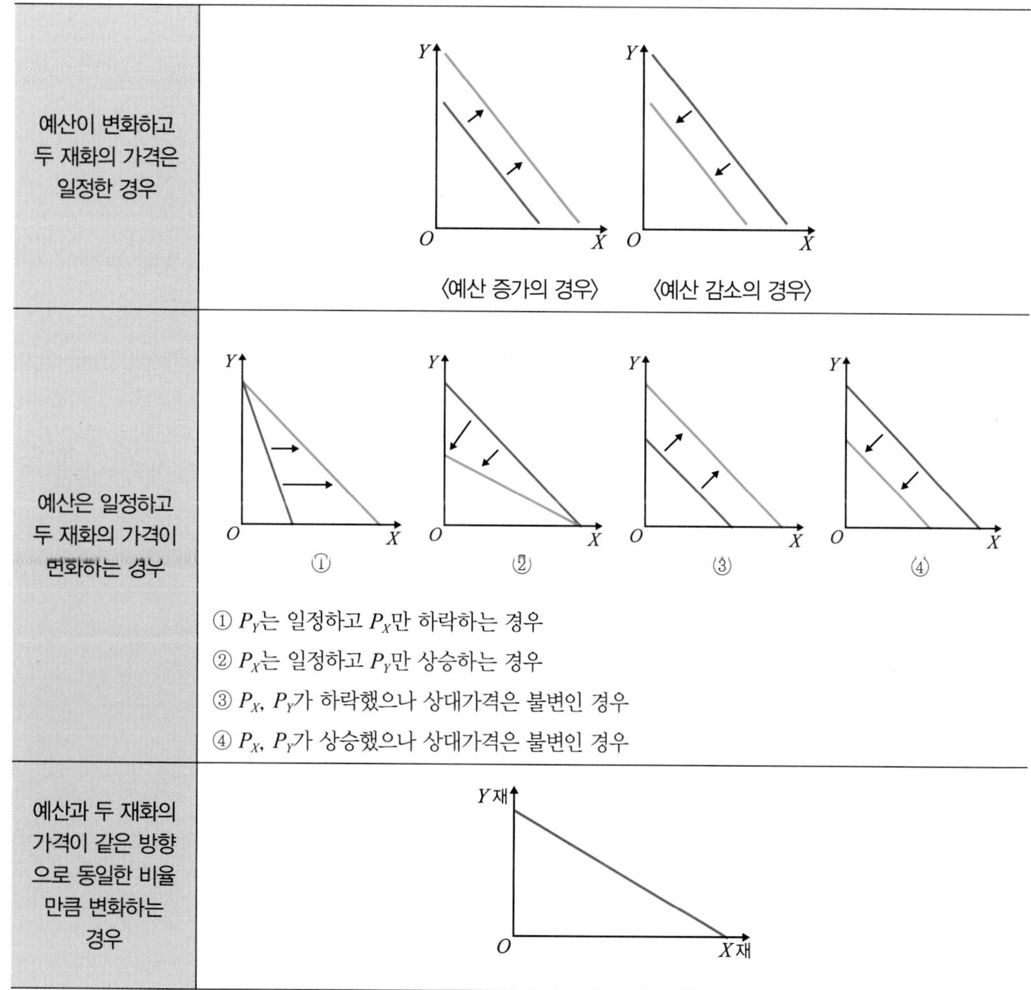

구분	내용
예산이 변화하고 두 재화의 가격은 일정한 경우	〈예산 증가의 경우〉 〈예산 감소의 경우〉
예산은 일정하고 두 재화의 가격이 변화하는 경우	① P_Y는 일정하고 P_X만 하락하는 경우 ② P_X는 일정하고 P_Y만 상승하는 경우 ③ P_X, P_Y가 하락했으나 상대가격은 불변인 경우 ④ P_X, P_Y가 상승했으나 상대가격은 불변인 경우
예산과 두 재화의 가격이 같은 방향으로 동일한 비율만큼 변화하는 경우	

확인 TEST

소비자의 명목소득이 10%만큼 증가하고, 재화 X의 가격이 12%, 재화 Y의 가격이 14%만큼 상승하면 예산선은 (________). 다음 중 공란 (________)에 들어갈 내용으로 가장 올바른 것은?

① 안쪽으로 이동하고 기울기가 가팔라진다.
② 바깥으로 이동하고 기울기가 가팔라진다.
③ 안쪽으로 이동하고 기울기가 완만해진다.
④ 바깥으로 이동하고 기울기가 완만해진다.

해설

- 예산선이 $I=P_X\times X+P_Y\times Y$로 주어지면 $Y=-\frac{P_X}{P_Y}\times X+\frac{I}{P_Y}$의 형태로 나타낼 수 있으며, 이때의 실질소득은 예산선의 각각의 절편인 $\frac{I}{P_X}$ 또는 $\frac{I}{P_Y}$로 도출할 수 있다.
- 그런데 명목소득(I)의 증가율(10%)보다 두 재화 X재와 Y재의 가격 상승률이 각각 12%, 14%로 더 크므로, 실질소득은 이전에 비해 오히려 감소하게 된다. 이러한 실질소득의 감소는 예산선의 절편을 안쪽으로 이동시킨다.
- 또한 두 재화의 가격 변화율이 서로 다르므로 예산선의 기울기에 해당하는 상대가격$\left(\frac{P_X}{P_Y}\right)$이 변하게 된다. 주어진 문제에서는 X재 가격의 변화율이 Y재 가격의 변화율보다 작으므로 이전보다 상대가격이 작아져서 예산선의 기울기는 이전보다 완만해진다.
- 만약 두 재화 가격의 변화율이 동일하면 상대가격 역시 변화가 없어 예산선의 기울기는 이전과 동일해진다.

정답 ③

Theme 12 무차별곡선 이론-Ⅲ

❶ 소비자 균형의 의의

1) **개념**:주어진 소득과 주어진 재화의 시장 가격 하에서 소비자에게 극대 만족을 주는 상태를 말한다.

2) **도해적 설명(일반적인 경우)**

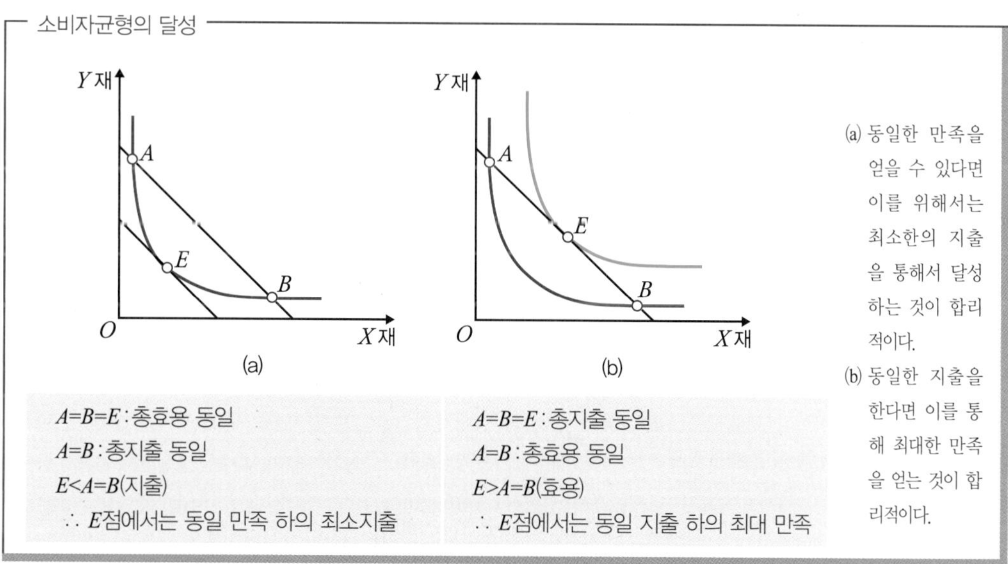

소비자균형의 달성
Y재
A
E
B
O
X재
(a)
Y재
A
E
B
O
X재
(b)
A=B=E:총효용 동일
A=B:총지출 동일
E<A=B(지출)
∴ E점에서는 동일 만족 하의 최소지출
A=B=E:총지출 동일
A=B:총효용 동일
E>A=B(효용)
∴ E점에서는 동일 지출 하의 최대 만족
ⓐ 동일한 만족을 얻을 수 있다면 이를 위해서는 최소한의 지출을 통해서 달성하는 것이 합리적이다.
ⓑ 동일한 지출을 한다면 이를 통해 최대한 만족을 얻는 것이 합리적이다.

(1) 무차별곡선과 예산선이 접하는 점에서 소비자 균형이 이루어진다.

(2) 소비자의 주관적 만족 수준을 의미하는 무차별곡선의 기울기(한계대체율)와 시장에서의 객관적 현실조건을 의미하는 예산선의 기울기(상대가격)가 일치하는 수준에서 균형이 이루어진다.

$$\left(MRS_{XY} = \frac{P_X}{P_Y}\right)$$

(3) 만약 현재의 소비점이 A라면 $MRS_{XY} > \frac{P_X}{P_Y}$가 성립되어 주관적 교환비율이 객관적 교환비율보다 커진다. 이에 따라 합리적 소비자는 X재 소비량을 늘리고, Y재 소비량을 줄인다.

한계효용이론과 무차별곡선 이론의 비교

이 두 가지 이론은 결코 서로 배타적인 것이 아니며, 다같이 소비자 행동을 설명하는 유용한 접근방법이다. 왜냐하면 두 이론들은 서로 통할 수 있기 때문이다. 즉, Y재로 표시한 X재의 한계대체율은 Y재의 한계효용에 대한 X재의 한계효용의 비율과 같다.

$$MRS_{XY} = -\frac{\Delta Y}{\Delta X} = \frac{MU_X}{MU_Y}$$

또한 무차별곡선에 있어서의 소비자의 균형조건은 바로 한계효용이론에 있어 소비자의 균형조건인 한계효용 균등의 법칙과 상응한다. 그러므로 무차별곡선 이론에 있어서의 소비의 균형조건은 한계효용이론에 있어서의 소비자의 균형조건과 형태만 다를 뿐 본질적으로 일치한다.

사례 연구 소비자 균형

◈ 소비자 소영은 다음과 같은 조건 하에서 극대효용을 달성하고자 한다.

$$U(F,\ C) = F \times C + F,\ P_F = 100,\ P_C = 200,\ I = 2{,}200,$$

소영이 효용극대화를 달성하기 위한 F와 C의 소비량은?

효용극대화는 한계대체율($MRS_{FC} = \frac{MU_F}{MU_C}$)과 상대가격($\frac{P_F}{P_C}$)가 일치하는 수준에서 달성된다. 따라서 다음 식이 성립해야 한다.

$$\left(\frac{MU_F}{MU_C} = \frac{C+1}{F}\right) = \left(\frac{P_F}{P_C} = \frac{100}{200}\right) \Rightarrow F = 2C+1 \cdots\cdots\cdots\cdots\cdots\cdots ①$$

한편 이러한 결과는 예산제약을 만족시켜야 한다. 주어진 조건에 따른 예산제약식은 다음과 같다.

$$I = P_F \times F + P_C \times C \Rightarrow 2{,}200 = 100 \times F + 200 \times C \cdots\cdots\cdots\cdots\cdots\cdots ②$$

①식을 ②식에 대입하여 풀면 '$F = 11.5$, $C = 5.25$'라는 결과를 얻을 수 있다.

확인 TEST

효용함수가 $U(X, Y)=\sqrt{XY}$인 소비자의 소비 선택에 대한 설명으로 옳은 것을 〈보기〉에서 모두 고르면?

[2017, 국회 8급]

〈 보 기 〉

㉠ 전체 소득에서 X재에 대한 지출이 차지하는 비율은 항상 일정하다.
㉡ X재 가격변화는 Y재 소비에 영향을 주지 않는다.
㉢ X재는 정상재이다.
㉣ Y재는 수요의 법칙을 따른다.

① ㉠, ㉡
② ㉡, ㉢
③ ㉠, ㉢, ㉣
④ ㉡, ㉢, ㉣
⑤ ㉠, ㉡, ㉢, ㉣

해설

- 효용함수가 '$U=X^{\alpha}\times Y^{\beta}$ $(\alpha+\beta=1)$'인 경우, 전체 소비지출액에서 X재에 대한 소비지출액이 차지하는 비중은 α, Y재에 대한 소비지출액이 차지하는 비중은 β로 일정한 값을 갖는다.
- 주어진 효용함수가 '$U(X, Y)=\sqrt{XY}=X^{0.5}\times Y^{0.5}$'이므로 $\alpha=0.5$, $\beta=0.5$가 된다. 따라서 전체 소비지출액에서 X재와 Y재에 대한 소비지출액은 각각 0.5, 즉 50%로 일정한 값을 갖게 된다(㉠).
- 주어진 조건 아래에서 소비자 균형점에서의 X재와 Y재의 소비량을 구하면 다음과 같다.

- $X=\dfrac{\alpha\times I}{(\alpha+\beta)\times P_X}=\dfrac{I}{2\times P_X}$
- $Y=\dfrac{\beta\times I}{(\alpha+\beta)\times P_Y}=\dfrac{I}{2\times P_Y}$

단, I는 소득, P_X는 X재의 가격, P_Y는 Y재의 가격이다.

- 앞의 식에서 Y재의 소비량에 영향을 미치는 것은 소득(I), Y재의 가격(P_Y)이므로, X재 가격의 변화는 Y재 소비와 무관함을 알 수 있다(㉡).
- X재의 소비량과 소득(I) 사이에는 정(+)의 관계가 성립하고 있으므로, X재는 정상재임을 알 수 있다(㉢).
- Y재 소비량과 Y재 가격(P_Y) 사이에는 역(−)의 관계가 성립하고 있으므로, Y재는 수요법칙을 따르고 있음을 알 수 있다(㉣).

정답 ⑤

개념 플러스+ 구석해(corner solution)

1. 무차별곡선이 X축 또는 Y축과 만나는 경우 또는 한계대체율이 체증하거나 일정한 경우에는 무차별곡선이 원점에 대해서 오목(체증하는 경우)하거나 직선(일정한 경우)의 형태를 띤다.
2. 이러한 경우에는 대개 X재 또는 Y재 하나만 특화해서 소비하게 된다.

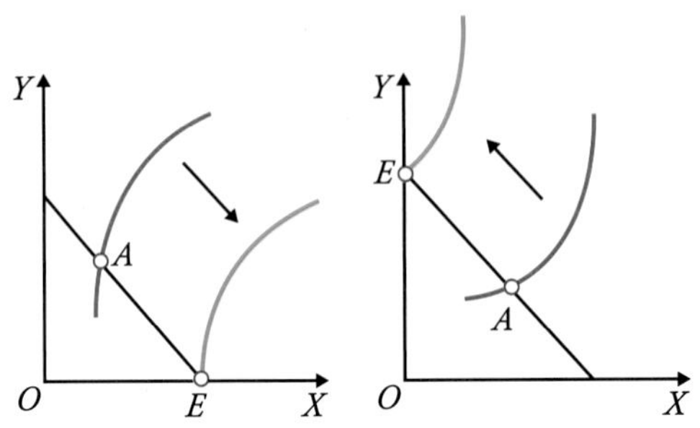

3. 단, 무차별곡선이 직선이고, 기울기가 가격선과 동일한 경우에는 소비자 균형점이 무수히 많이 존재한다.
4. 소비자 균형점이 X축 또는 Y축에 놓이므로 이를 구석해라고 하고, 이 경우에도 예산제약 조건은 충족된다.

Quiz

영석이의 효용함수가 $U(X, Y) = X^3 \times Y$로 나타난다고 가정하자. X재의 가격을 P_X, Y재의 가격을 P_Y, 영석이의 소득을 M이라 할 때, 다음 중 영석이의 X재에 대한 수요를 도출하면?

⇒ 주어진 효용함수가 $U(X,\ Y) = A \times X^{\alpha} \times Y^{\beta}$의 형태로 주어지면, 이때 X재와 Y의 수요함수는 각각 $X = \dfrac{\alpha M}{(\alpha + \beta) P_X}$, $Y = \dfrac{\beta M}{(\alpha + \beta) P_Y}$으로 도출된다.

따라서, α=3, β=1이므로 이를 $X = \dfrac{\alpha M}{(\alpha + \beta) P_X}$식에 대입하면,

$X = \dfrac{3 \times M}{4 \times P_X} = \dfrac{0.75 \times M}{P_X}$을 도출할 수 있다.

사례 연구 예산선과 합리적 소비선택

◈ 취업 준비생 민주의 월 용돈은 100,000원이다. 민주는 이번에 새롭게 출시된 휴대전화를 구입하고 통신사에 신규 가입을 위해 각 통신사들이 제시한 요금체계를 분석하고 있다. 각 통신사들이 제시한 요금체계는 다음과 같다.

- S 통신사 : 월 기본료는 없으며, 1분당 50원의 통화료를 지불해야 한다.
- K 통신사 : 월 기본료는 20,000원이며, 1분당 20원의 통화료를 지불해야 한다.

1. 각 통신사들의 요금체계를 전제로 민주의 예산선을 그리면?

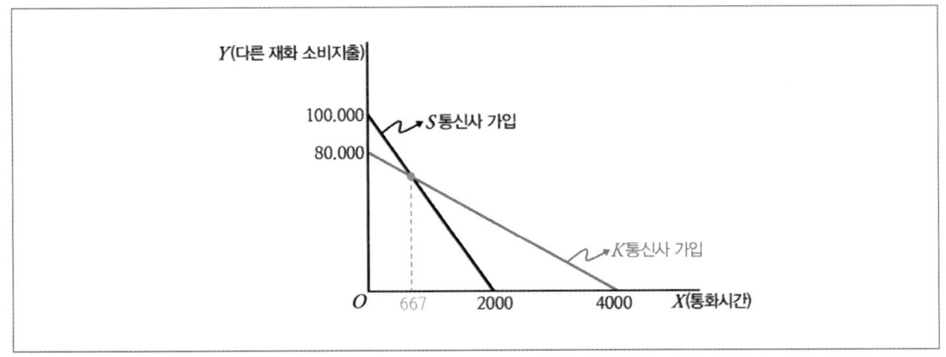

따라서 S통신사에 가입을 하는 경우 민주의 예산선은 '$Y=100,000-50X$', K통신사에 가입하는 경우 민주의 예산선은 '$Y=80,000-20X$'가 된다. 또한 두 예산선은 '$X≒667$'에서 서로 교차하게 된다.

2. 민주는 어느 통신사를 선택하는 것이 합리적인가? 이때 기준으로 삼아야 할 것은 무엇인가?

⇒ 민주의 통신사 선택의 기준은 통화시간이다. 만약 민주의 월 통화시간이 '667분보다 짧다면' S통신사를 선택하고, 월 통화시간이 '667분보다 길다면' K통신사를 선택하는 것이 보다 높은 효용에 도달할 수 있는 방법이다.

이것을 그림으로 그리면 다음과 같다.

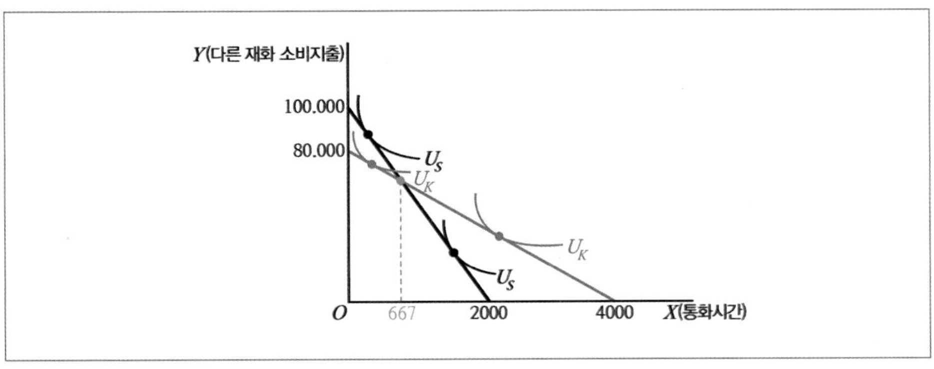

3) 특수한 무차별곡선과 소비자 균형

(1) **두 재화가 완전대체재인 경우**: 무차별곡선이 직선인 경우 소비자 균형은 다음과 같은 세 가지 형태로 나타난다.

① $MRS_{XY} > \frac{P_X}{P_Y}$ 인 경우: 오직 X재(X_0)만을 소비하는 균형(=구석해)이 성립한다.

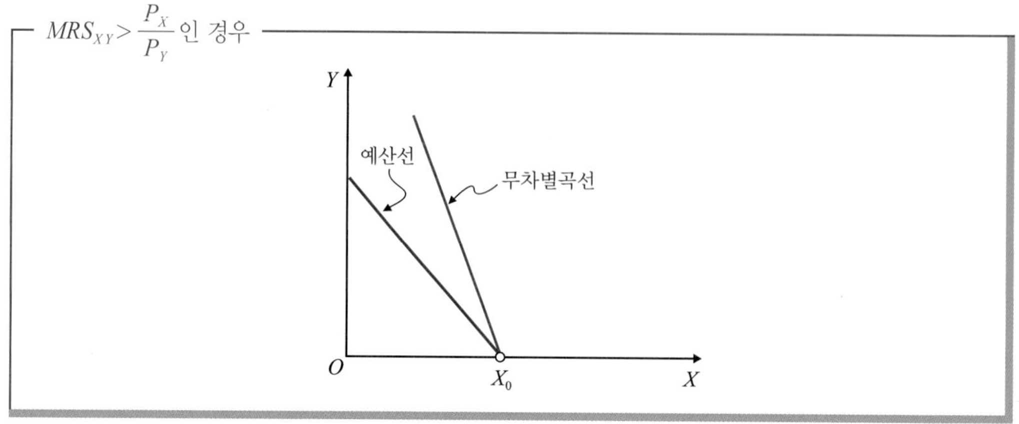

② $MRS_{XY} = \frac{P_X}{P_Y}$ 인 경우 : 예산선 상의 모든 점에서 소비자 균형이 달성된다.

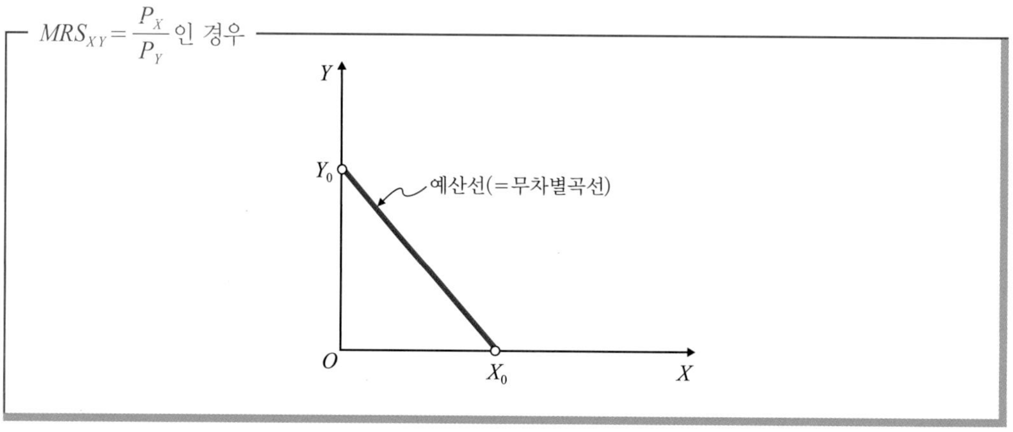

③ $MRS_{XY} < \frac{P_X}{P_Y}$ 인 경우 : 오직 Y재(Y_0)만을 소비하는 균형(=구석해)이 성립한다.

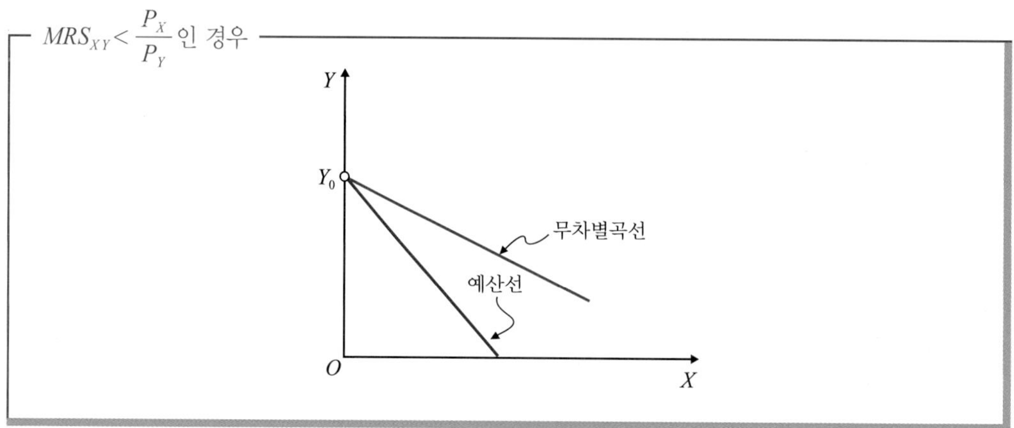

구석해(corner solution)의 또 다른 예

무차별곡선이 원점에 대해 볼록한 경우 최적소비는 무차별곡선의 접선 기울기인 한계대체율과 예산선의 기울기인 상대가격이 같아지는 수준에서 이루어진다. 이것은 무차별곡선과 예산선이 접한다는 것을 의미한다. 이 경우 효용극대화는 예산선 상의 한 점에서 달성되는 내부해(inner solution)가 존재하게 한다.

그런데 무차별곡선이 원점에 대해 볼록하지 않은 경우, 예컨대 무차별곡선이 X축 또는 Y축과 만나거나, 또는 무차별곡선이 직선이거나 원점에 대해 오목한 경우에는 이러한 조건이 성립하지 않는다. 이 경우 효용극대화는 예산선의 절편인 한 점에서 달성되는 구석해(corner solution)가 존재하게 된다.

예컨대 다음 그림은 무차별곡선이 원점에 대해 오목하여 한계대체율이 체증하는 경우 소비자 균형점이 존재하는 것을 보여 준다. 단, X와 Y는 모두 재화(goods)인 경우를 가정한다.

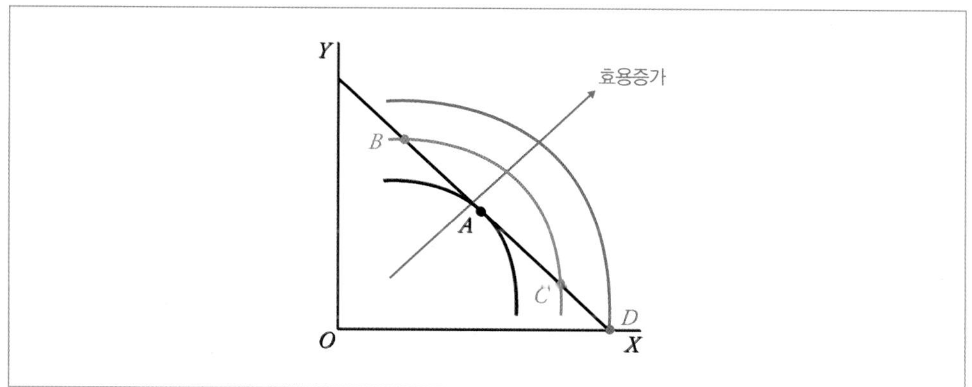

그림의 A점에서는 무차별곡선과 예산선이 접하고 있다. 그러나 이 점은 효용극대화 점이 될 수 없다. 왜냐하면 X와 Y가 모두 재화(goods)이고, 이에 따라 B점이나 C점과 같이 무차별곡선이 원점에서 보다 멀어지면서 예산선과 만나는 수준에서 효용은 더욱 커지기 때문이다. 결국 D점에서 효용은 극대화되는 구석해가 성립하며, 이 점에서는 무차별곡선과 예산선이 '접하지 않고 단지 만난다'는 것에 주의해야 한다.

확인 TEST

표는 상품 '가'와 '나'에 대한 갑의 한 무차별 곡선과 상품 '다'와 '라'에 대한 을의 한 무차별 곡선 위에 있는 일부 상품 묶음을 나타낸 것이다. 이에 대한 분석으로 옳지 않은 것은? [2012, 교원임용]

〈갑〉 (단위 : 개)

상품묶음	상품 '가'	상품 '나'
A	2	14
B	3	8
C	6	4
D	7	3

〈을〉 (단위 : 개)

상품묶음	상품 '다'	상품 '라'
a	3	0
b	2	1
c	1	2
d	0	3

① 갑이 상품 '가'와 '나'를 각각 3개, 9개 소비한다면 효용은 A에서보다 증가한다.
② 갑에게 B와 C의 상품 묶음이 주는 효용이 동일하다.
③ 갑은 상품 '가' 한 단위를 포기하는 대가로 D에서보다 B에서 상품 '나'를 더 많이 요구할 것이다.
④ 을에게 상품 '다'와 '라'는 완전 대체재이다.
⑤ 을의 예산선과 무차별 곡선이 일치할 경우 그의 최적 선택점은 1개이다.

해설 ① 주어진 표는 모두 동일한 무차별곡선 상의 두 상품의 묶음을 나타낸다. 따라서 소비자들은 모든 점에서 동일한 효용을 얻게 되어 상품 묶음 A와 B는 갑에게 서로 동일한 효용을 준다. 한편 한 상품의 소비량이 불변인 경우, 다른 상품의 소비량이 증가하면 소비자가 얻는 효용은 이전에 비해 증가하게 된다(∵ 강단조성의 가정). 따라서 이러한 강단조성의 가정에 의해 갑이 상품 '가'와 '나'를 각각 3개, 9개 소비한다면, 효용은 상품묶음 B보다 증가하며 상품묶음 B와 동일한 효용 수준인 A보나도 증가하게 된다.

② B와 C의 상품 묶음은 동일한 무차별곡선 상에 존재하므로 두 묶음이 주는 효용이 동일하다.

③ D에서 갑은 상품 '나'를 한 단위 증가(3 → 4)할 때 상품 '가' 한 단위를 포기(7 → 6)해도 동일한 만족을 유지할 수 있지만, B에서는 상품 '나'를 6단위만큼 증가(8 → 14)해야 상품 '가' 한 단위를 포기(3 → 2)해도 동일한 만족이 유지될 수 있게 된다.

④ 상품 '라'를 한 단위 씩 증가시킬 때, 동일한 만족을 유지하기 위해 필요한 상품 '다'의 감소분 역시 항상 한 단위씩으로 일정한 값을 갖는다. 즉 한계대체율이 '1'이다. 따라서 을에게 상품 '다'와 '라'는 완전 대체재이다.

⑤ 을에게 상품 '다'와 '라'는 완전대체재이다. 따라서 을의 예산선과 무차별 곡선이 일치할 경우, 예산선의 모든 점에서 소비자 균형이 달성될 수 있다. 즉 을의 최적 선택점은 무수히 많게 된다.

정답 ⑤

(2) 두 재화가 완전보완재인 경우

완전보완재인 경우

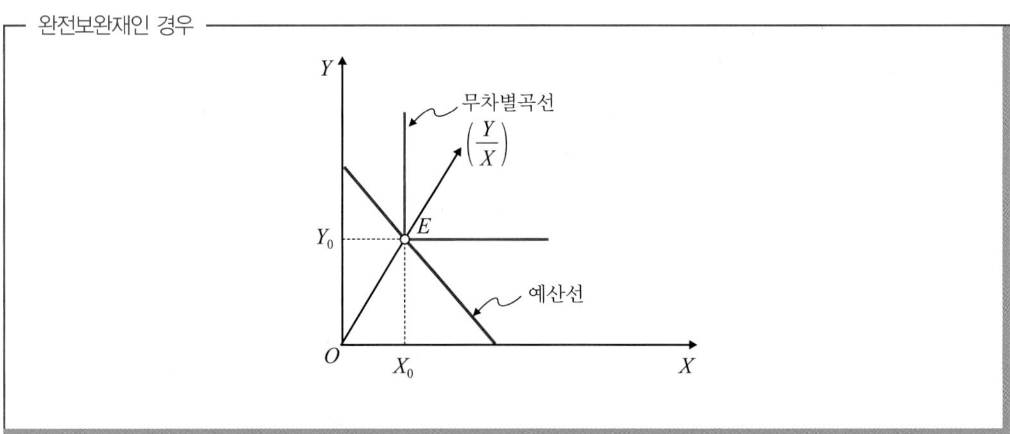

① 두 재화가 완전보완재인 경우 무차별 곡선은 "L자형의 모습을 보인다.

② 소비자 균형은 예산선과 무차별 곡선이 접하는 점(E)에서 달성된다.

③ 소비자 균형이 달성될 때, 두 재화 X와 Y의 결합비율$\left(\frac{Y}{X}\right)$은 항상 $\left(\frac{Y_0}{X_0}\right)$로 일정한 값을 갖는다.

확인 TEST

소득이 고정된 슬비의 효용함수가 $U(X_1, X_2)=2X_1+3X_2$일 때, 슬비의 재화 X_1에 대한 수요곡선의 모양으로 가장 알맞은 것은?

[2008, 국회 8급]

①
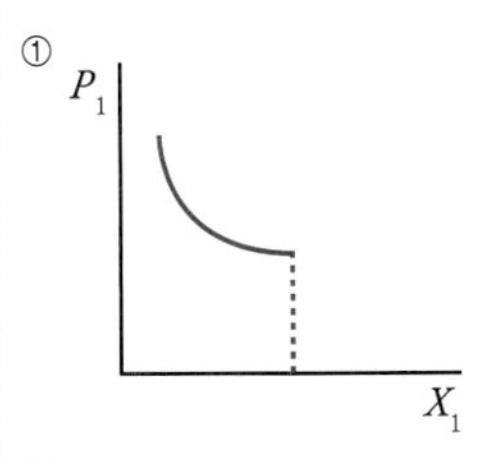

②
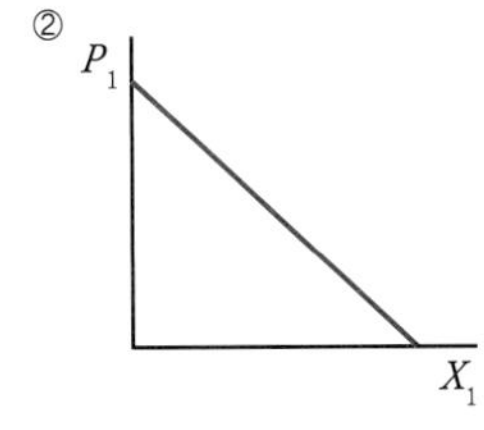

③
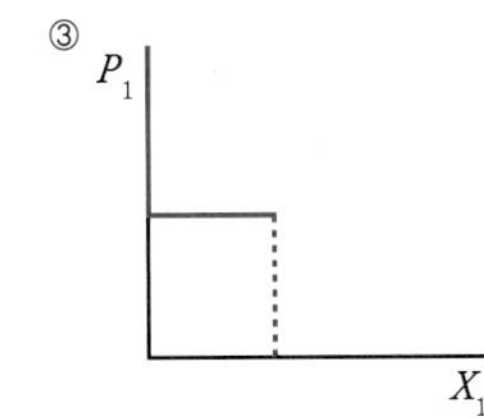

④
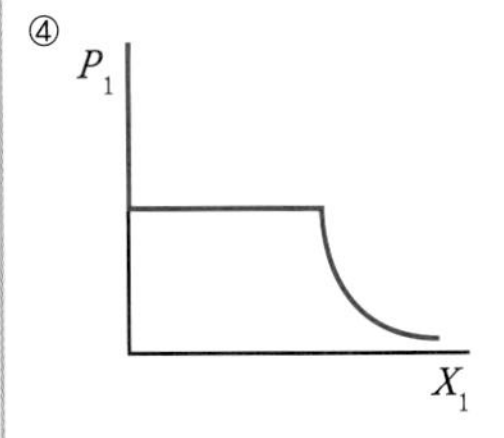

⑤
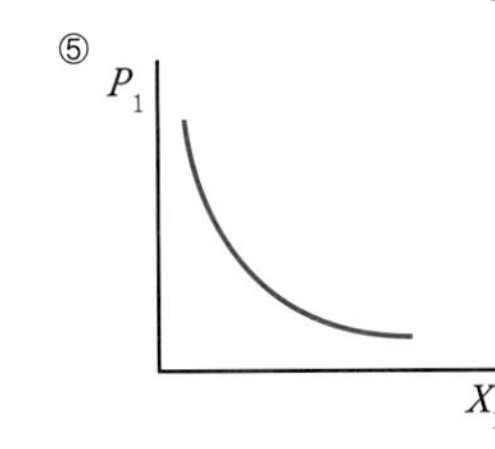

해설 효용함수가 1차 선형함수로 주어져 있으므로 재화 X_1과 X_2는 완전대체재 관계에 있으며, 이때 효용함수의 기울기인 한계대체율은 $MRS_{X_1X_2}=-\dfrac{2}{3}$이다.

이에 따라

i) $\dfrac{P_1}{P_2}>MRS_{X_1X_2}$가 성립하면 오직 X_2만 소비하게 되어 X_1의 소비량은 항상 0이 되고,

ii) $\dfrac{P_1}{P_2}=MRS_{X_1X_2}$가 성립하면 예산선 상의 모든 점에서 X_1의 소비가 가능하게 되고,

iii) $\dfrac{P_1}{P_2}<MRS_{X_1X_2}$가 성립하게 되면 오직 X_1만 소비하게 되어 X_2의 소비량은 항상 0이 된다.

결국 X_1의 가격이 $\dfrac{P_1}{P_2}=MRS_{X_1X_2}$를 성립시킬 수 없을 만큼 높은 수준$\left(\dfrac{P_1}{P_2}>MRS_{X_1X_2}\right)$이면 X_1의 소비량은 항상 0이 되고, X_1의 가격이 $\dfrac{P_1}{P_2}=MRS_{X_1X_2}$를 성립시키는 일정한 수준이면 X_1의 모든 수량이 소비가 가능하게 되고, X_1의 가격이 $\dfrac{P_1}{P_2}=MRS_{X_1X_2}$를 성립시킬 수 없을 만큼 낮은 수준$\left(\dfrac{P_1}{P_2}<MRS_{X_1X_2}\right)$이면 오직 X_1만 소비하게 되어, X_1의 가격이 하락함에 따라 X_1만의 소비량을 증가시키게 된다.

정답 ④

❷ 소득-소비 곡선(Income-Consumption Curve : ICC)과 엥겔곡선

1) 의미

(1) 소득효과와 소득-소비 곡선(*ICC*)

① 소득효과(income effect) : (실질)소득이 변함에 따라 예산선이 평행이동하여 각 상품의 소비량이 변하게 되는 효과를 말한다.

② 소비재의 가격은 불변이고, 소득만이 변화하여 가격선(=예산선)이 평행이동할 때, 각 소득에서의 소비자 균형점을 연결한 궤적[그림 (a)]을 의미한다.

③ 소득이 '0'일 때 두 상품의 소비량도 '0'이 되므로 *ICC*곡선은 반드시 원점에서 출발한다.

(2) 엥겔곡선(Engel curve) : 소득-소비 곡선(*ICC*)을 바탕으로 소득과 소비와의 관계를 나타내는 곡선[그림 (b)]을 말한다.

(3) 소득이 I_1, I_2, I_3로 증가함에 따라 소비자 균형점에서의 X재의 소비량은 X_1, X_2, X_3 로 증가하게 되는데 이를 소득과 소비량 공간으로 옮기면 엥겔곡선을 얻을 수 있다.

소득-소비곡선과 엥겔곡선

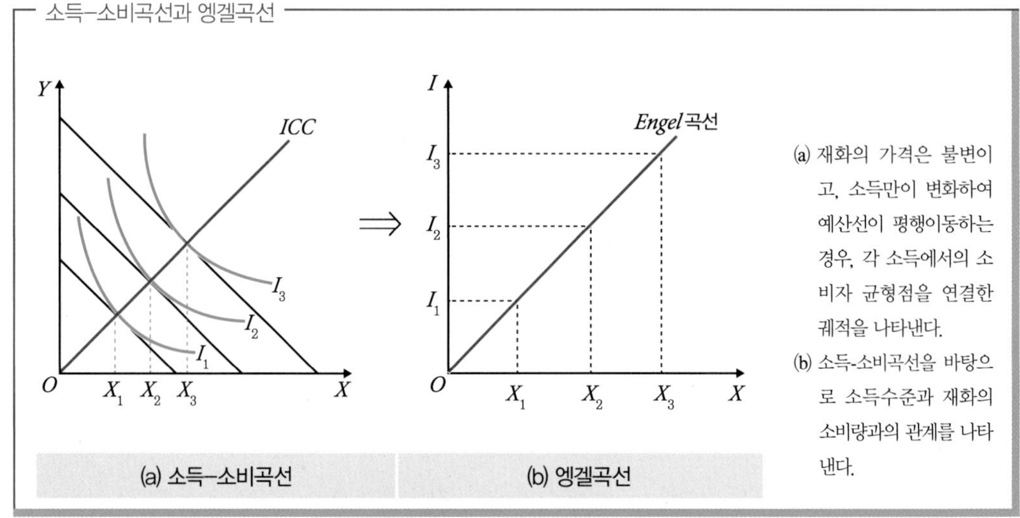
Y
ICC
I3
I2
I1
O
X1 X2 X3
X
I
Engel곡선
I3
I2
I1
O
X1
X2
X3
X
⇒
(a) 재화의 가격은 불변이고, 소득만이 변화하여 예산선이 평행이동하는 경우, 각 소득에서의 소비자 균형점을 연결한 궤적을 나타낸다.
(b) 소득-소비곡선을 바탕으로 소득수준과 재화의 소비량과의 관계를 나타낸다.

(a) 소득-소비곡선 (b) 엥겔곡선

엥겔법칙(Engel's law)

소득이 증가함에 따라 소득에서 차지하는 음식물에 대한 지출비율이 감소한다는 것을 말한다.

슈바베의 법칙(Schwabe's law)

소득이 증가함에 따라 주거비에 대한 절대지출액은 증가하지만 상대적 지출액, 즉 지출비율은 감소한다는 것을 말한다.

2) 소득-소비 곡선과 엥겔곡선의 여러 가지 형태

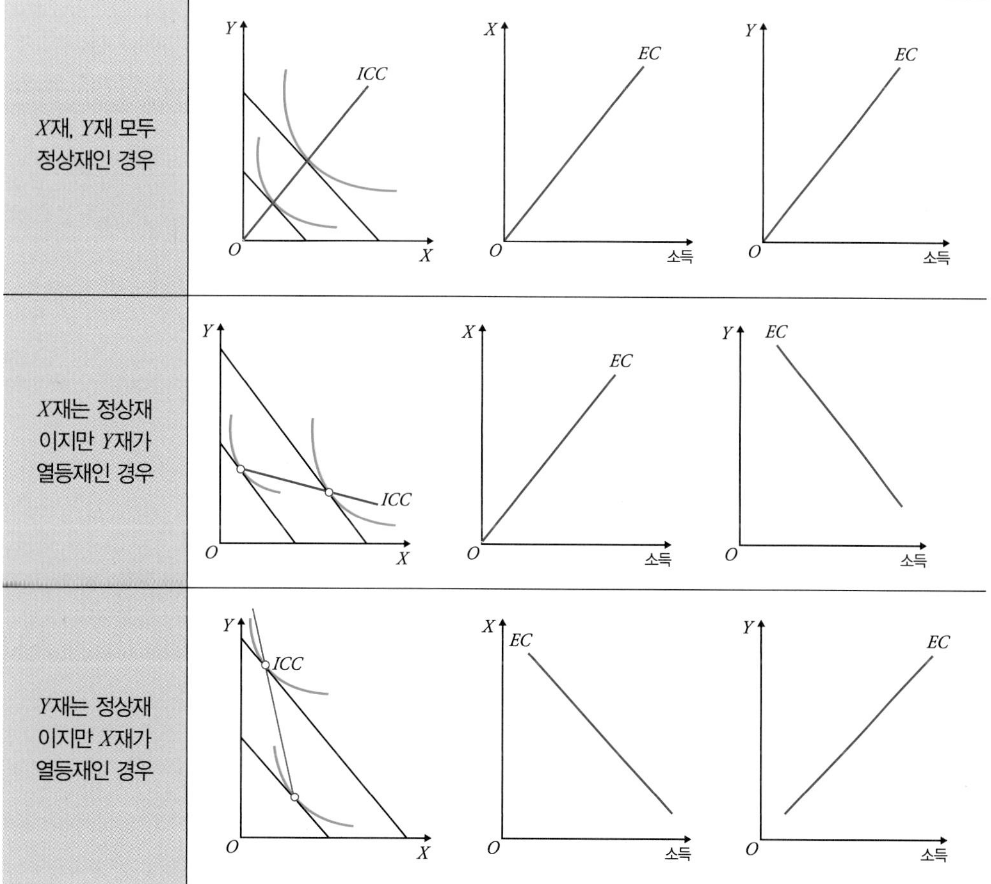

상대적인 정상재와 열등재의 의미

정상재 또는 열등재는 절대적인 개념이 아니다. 즉 동일 재화라 하더라도 소득수준에 따라, 어느 소득수준에서는 정상재인 재화가 소득수준이 변함에 따라 열등재로 바뀔 수도 있다. 또한 동일한 재화라도 소비자에 따라 정상재와 열등재 여부가 다르게 나타날 수도 있다. 따라서 '컴퓨터는 정상재이다'와 같은 절대적인 의미가 가미된 표현은 엄격한 의미에서 정확한 것이 아니다. 다만 관습적으로 이와 같은 표현을 쓰는 경우가 종종 있는데 이는 대부분 소비자에게, 또한 대부분의 소득수준에 있어서 적용된다는 의미이다.

완전대체재의 소득-소비 곡선(ICC)과 엥겔곡선(EC)

- '$MRS_{XY} > \frac{P_X}{P_Y}$'인 경우 : ICC는 X축과 일치하고, EC는 원점으로부터 직선으로 그려진다. 이때 EC는 $X = \frac{1}{P_X} \times I$가 되고, 기울기는 $\frac{1}{P_X}$가 된다.
- '$MRS_{XY} < \frac{P_X}{P_Y}$'인 경우 : ICC는 Y축과 일치하고, EC는 원점으로부터 직선으로 그려진다. 이때 EC는 $Y = \frac{1}{P_Y} \times I$가 되고, 기울기는 $\frac{1}{P_Y}$가 된다.
- X재가 무효용재(중립재)인 경우에도 완전대체재의 경우와 동일하다.

효용함수가 $U=\min[\frac{X}{\alpha}, \frac{Y}{\beta}]$인 완전보완재의 소득-소비 곡선($ICC$)과 엥겔곡선($EC$)

- ICC는 'L자형' 무차별곡선의 직각점과 예산선이 접하는 점들을 연결한 직선이고, 이때 기울기는 $\frac{\beta}{\alpha}$이다.
- X재의 EC는기울기가 $\frac{\alpha}{(\alpha\times P_X+\beta\times P_Y)}$인 직선이고, Y재의 엥겔곡선은 기울기가 $\frac{\beta}{(\alpha\times P_X+\beta\times P_Y)}$인 직선이다.

확인 TEST

효용함수가 $U(X, Y)=X+Y$인 소비자가 있다. $P_X=2$, $P_Y=3$일 때, 이 소비자의 소득-소비곡선(income-consumption curve)을 바르게 나타낸 식은?

[2017, 국가직 7급]

① $X=0$
② $Y=0$
③ $Y=\frac{2}{3}X$
④ $Y=\frac{3}{2}X$

해설 • 효용함수가 선형함수(=직선)로 주어지면 소비자 균형은 한계대체율(MRS_{XY})과 상대가격$\left(\frac{P_X}{P_Y}\right)$의 크기에 따라 다음과 같이 결정된다.

- $MRS_{XY}>\frac{P_X}{P_Y}$: 오직 X재만 소비하는 구석해 존재
- $MRS_{XY}=\frac{P_X}{P_Y}$: 예산선 상의 모든 점이 소비자 균형점
- $MRS_{XY}<\frac{P_X}{P_Y}$: 오직 Y재만 소비하는 구석해 존재

여기서 MRS_{XY}와 $\frac{P_X}{P_Y}$는 모두 절대치이다.

- 주어진 효용함수에서 '$MRS_{XY}=1$', 각 재화의 가격에서 '$\frac{P_X}{P_Y}=\frac{2}{3}$'이므로 '$MRS_{XY}>\frac{P_X}{P_Y}$'가 성립하여, 오직 X재만 소비하는 구석해가 존재하게 된다.
- 소득소득-소비소비곡선(ICC)은 소비자의 소득이 변화할 때 소비자 균형점의 궤적을 의미한다. 그런데 소득이 변화한다고 하더라도 두 재화의 가격이 변화하지 않는 한 두 재화의 상대가격은 불변이다. 따라서 소비자 균형은 여전히 X재만 소비하는 점에서 이루어진다. 결국 소득-소비곡선은 X축과 겹치게 되고, 모든 점에서 '$Y=0$'이 성립하게 된다.

정답 ②

3 가격-소비 곡선(Price-Consumption Curve : PCC)과 수요곡선

1) 의미

(1) 가격효과와 가격-소비 곡선(PCC)

① 가격효과(price effect) : 다른 조건이 일정하고, 한 상품의 (상대)가격이 변할 때, 그 상품에 대한 균형소비량이 변하는 효과

② 소득과 다른 재화의 가격이 일정한 상태에서 당해 재화의 가격변동에 따른 소비자 균형점의 궤적을 의미[그림 (a)]

(2) 수요곡선(demand curve) : 가격-소비 곡선을 이용해서 가격과 수요량 공간으로 옮겨서 도출한다[그림 (b)].

2) 도해적 설명

가격-소비곡선과 수요곡선

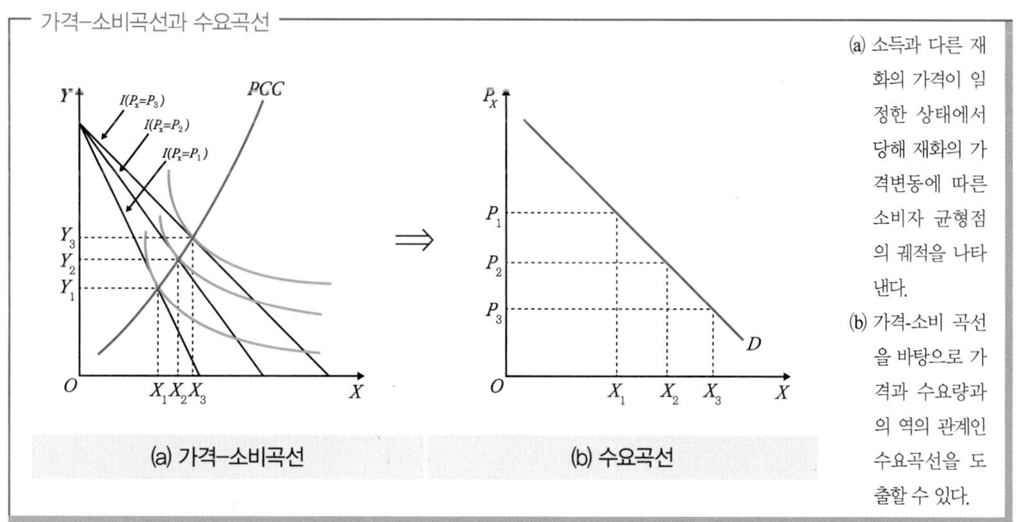

(a) 가격-소비곡선

(b) 수요곡선

ⓐ 소득과 다른 재화의 가격이 일정한 상태에서 당해 재화의 가격변동에 따른 소비자 균형점의 궤적을 나타낸다.

ⓑ 가격-소비 곡선을 바탕으로 가격과 수요량과의 역의 관계인 수요곡선을 도출할 수 있다.

(1) 그림 ⓐ에서 소득과 Y재의 가격이 변화가 없을 때 X재의 가격만이 P_1, P_2, P_3로 하락함에 따라 소비자 균형점에서의 X재의 소비량은 X_1, X_2, X_3로 증가하게 된다. 이를 X재 가격과 수요량 공간에 옮기면 수요곡선을 도출할 수 있다.

(2) 한편 PCC가 우상향하면 X재 가격 하락에 따라 X재는 물론 Y재의 소비량도 증가하므로 두 재화 사이에는 보완재 관계가 성립한다. 반면에 PCC가 우하향하면 X재 가격 하락에 따라 X재 소비량은 증가하지만, Y재 소비량은 감소하므로 두 재화 사이에는 대체재 관계가 성립한다.

다양한 PCC와 두 재화의 관계

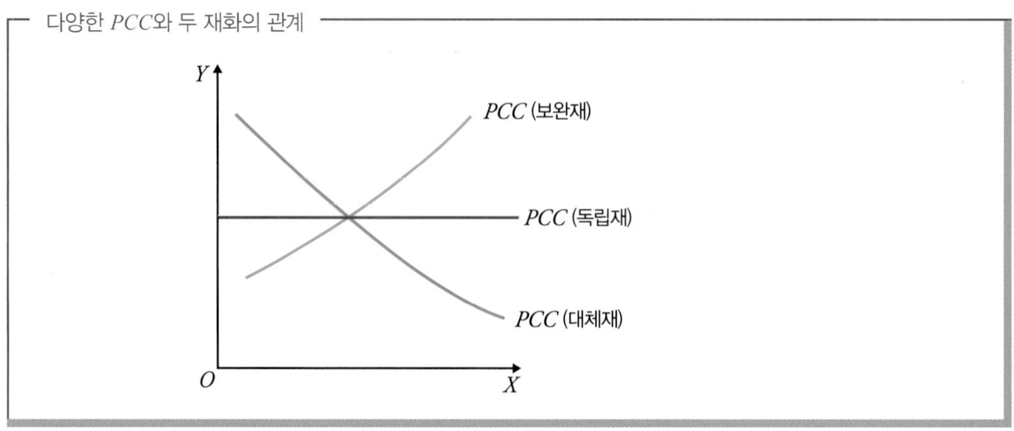

사례 연구 $E_P=0$**인 상품의** PCC

◈ 한 재화에 대한 수요의 가격탄력성이 완전비탄력적인 경우, 가격-소비곡선(PCC)과 수요곡선의 모습은?

재화에 대한 수요의 가격탄력성이 완전비탄력적인 경우, 예컨대 재화의 가격이 하락한다고 하더라도 그 재화의 소비량에는 전혀 변화가 없게 된다. 이에 따라 가격-소비곡선은 현재의 소비량 수준에서 수직의 모습을 보이며 수요곡선 역시 수직의 모습을 보인다.

이것을 그림으로 나타내면 다음과 같다.

예컨대 가격이 P_1에서 P_2로 하락하는 경우 예산선은 바깥쪽으로 회전하게 되고, 이에 따라 소비자 균형점은 A점에서 B점으로 이동한다(왼쪽 그림). 이때 A점은 a점에 대응되고 B점은 b점에 대응된다(오른쪽 그림). 결국 수요의 가격탄력성이 완전비탄력적인 경우의 가격-소비곡선(PCC)은 수직선이 되고(왼쪽 그림), 수요곡선은 역시 수직선이 된다(오른쪽 그림).

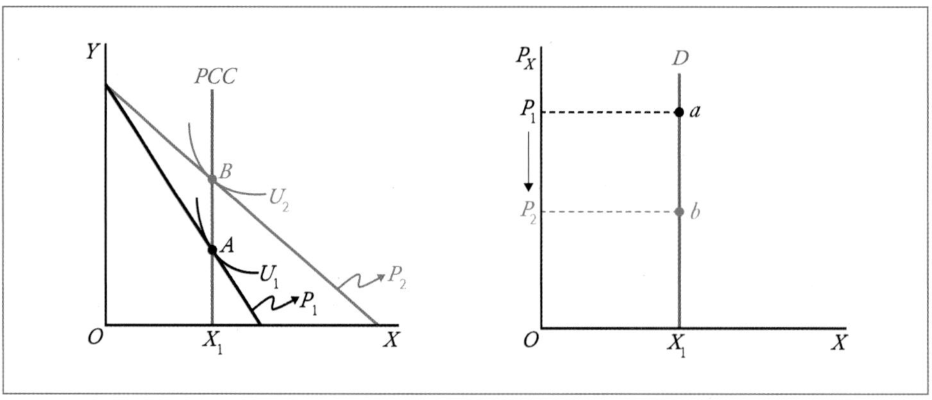

확인 TEST

진수와 성찬의 초콜릿(X)에 대한 가격－소비 곡선(PCC)이 아래 그림과 같이 주어져 있다. 두 사람의 초콜릿에 대한 각각의 수요곡선의 형태는?

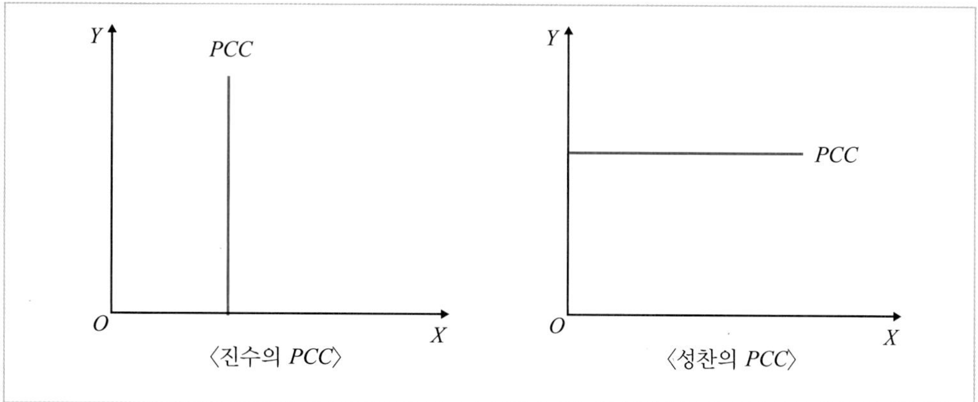

	진수	성찬
①	수평	수직
②	수직	직각쌍곡선
③	수직	수평
④	직각쌍곡선	수평

해설 가격－소비 곡선이 수직이면 X재의 가격이 변동하여도 X재의 소비량은 일정하므로 X재의 수요곡선은 수직의 모습을 보인다.

- 가격－소비 곡선이 수평이면 X재의 가격이 변동하여도 Y재 소비량은 일정하므로 Y재에 대한 소비지출액은 일정하 고, 이에 따라 X재에 대한 소비지출액도 일정($P_X \times X = \alpha$(일정))하게 된다. 결국 '$P_X = \frac{\alpha(일정)}{X}$'와 같은 유리함수가 되어 이를 그림으로 나타내면 X재의 수요곡선은 직각쌍곡선의 형태를 갖게 된다.

정답 ②

사례 연구 완전보완재와 수요함수

◈ 치킨(C)과 맥주(B)에 대한 주경(酒鯨) 씨의 효용함수는 다음과 같다.

$$U(C,\ B) = \min[C,\ 5B]$$

주경 씨의 월 소득은 I이고, 소득 모두는 치킨과 맥주를 소비하는데 사용된다. 한편 치킨과 맥주의 가격은 각각 P_C, P_B로 나타낸다. 주경 씨의 맥주에 대한 수요함수를 도출하면?

⇒ 주경 씨의 효용함수에서 치킨과 맥주는 완전보완재임을 알 수 있다. 따라서 주경 씨가 효용극대화에 도달하기 위해서는 항상 다음과 같은 관계를 유지하면서 소비를 해야 한다.

$$C=5B \cdots\cdots ①$$

또한 이러한 소비는 다음과 같은 주경 씨의 예산제약식을 충족해야 한다.

$$I=P_C\times C+P_B\times B \cdots\cdots ②$$

이제 ① 식을 ② 식에 대입하여 정리하면 다음과 같은 주경 씨의 맥주에 대한 수요함수가 도출된다.

$$I=P_C\times 5B+P_B\times B \Rightarrow B(5P_C+P_B)=I \Rightarrow \frac{I}{5P_C+P_B}$$

이 식에 따르면 소득(I)이 증가하거나, 치킨가격(P_C), 또는 맥주가격(P_B)이 하락하게 되면 맥주 소비량이 증가한다는 것을 확인할 수 있다.

Theme 13 무차별곡선 이론과 가격효과

❶ 가격효과의 의의

1) 개념

(1) 가격효과(Price Effect)

① 다른 조건이 일정하다는 가정 하에서 한 상품가격의 하락으로 인하여 그 상품의 소비량에 변화가 생기는 현상을 말하며, 이것은 대체효과와 소득효과로 이루어진다.

가격효과 = 대체효과 + 소득효과

② 가격효과로 인하여 발생하는 소비자 균형점들의 이동을 연결한 궤적이 가격-소비 곡선(PCC)이다.

(2) 대체효과(Sudstitution Effect)

① 다른 조건이 일정하다는 가정 하에서 한 상품가격의 하락으로 상대가격이 변하여 상대적으로 싸진 재화를 더 많이 소비하고, 상대적으로 비싸진 재화를 더 적게 소비하게 되는 현상을 말한다.

P_X ↓ ⇒ X재의 상대가격 ↓, Y재의 상대가격 ↑, X재 수요량 ↑, Y재 수요량 ↓

> 욕망의 대체성이란?
>
> 한 가지의 재화나 용역에 대한 욕망이 다른 재화나 용역에 대한 욕망으로 변화하는 것을 말한다. 이는 곧 재화의 성질과 욕망의 성질 사이의 상호 대체성으로 인해 빚어진 인간의 이질적인 욕망에 따른 경제행위의 갈등성을 의미하는데, 이를 통해 우리들의 선택행위에 있어서 이른바 '대체효과'라는 또 하나의 욕망충족의 원리를 제공하여 준다.

② 대체효과는 동일한 무차별곡선상에서 상대가격이 싸진 상품을 보다 많이 소비하여 소비지출액을 줄이고자 하는 목적으로 이루어지는 소비자 균형점의 이동이며 이때 성질의 부호는 항상 부(-) ⇒ (상대)가격이 하락하면 소비량은 증가하고 (상대)가격이 상승하면 소비량은 감소한다.

(3) 소득효과(Income Effect)

① 다른 조건이 일정하다는 가정 하에서 한 상품가격의 하락으로 인한 실질소득의 증가로 수요량에 변화가 생기는 현상 ⇒ 소비자의 실질소득의 변화에 따라 가격선이 동일한 기울기로 평행이동하게 되고, 이에 따라 소비자 균형점이 이동하게 되는 효과가 나타난다.

$P_X\downarrow \Rightarrow$ 실질소득$\uparrow$ $\Rightarrow X$재 소비량(정상재)$\uparrow$ or X재 소비량(열등재) $\downarrow$

② 소득효과로 인하여 발생하는 소비자 균형점의 이동, 즉 최적 소비점들의 이동을 연결한 궤적이 소득-소비 곡선(ICC)이다.

확인 TEST

주어진 소득으로 밥과 김치만을 소비하는 소비자가 있다. 동일한 소득에서 김치가격이 하락할 경우 나타날 현상에 대한 설명으로 가장 옳은 것은? (단, 밥은 열등재라고 가정한다.)

[2019, 서울시 7급]

① 밥의 소비량 감소
② 김치의 소비량 감소
③ 밥의 소비량 변화 없음
④ 김치의 소비량 변화 없음

해설 문제 조건에서 김치의 열등재 여부에 관한 언급이 없으므로 김치는 정상재라고 전제하고 접근한다. 김치가격의 하락으로 나타나는 김치와 밥의 가격효과(=대체효과+소득효과)를 정리하면 다음 표와 같다.

	대체효과	소득효과	가격효과
김치가격 하락	김치 상대가격 하락 ⇒ 김치 소비량 증가	실질소득 증가 ⇒ 김치 소비량 증가 (∵ 김치는 정상재)	김치 소비량 반드시 증가
	밥 상대가격 상승 ⇒ 밥 소비량 감소	실질소득 증가 ⇒ 밥 소비량 감소 (∵ 밥은 열등재)	밥 소비량 반드시 감소

정답 ①

심화 TEST

철수와 영희는 이자율 정책이 소비지출에 미치는 영향을 탐구하려고 한다. 다음의 대화를 읽고 ㉠, ㉡과 관련된 경제학 용어를 쓰시오.

[2007, 교원임용]

> 철수 : 이자율이 올라가면 소비지출이 증가할까, 감소할까?
> 영희 : ㉠ 이자율이 오르면 내가 현재 소비하지 않고 저축하는 것이 미래에 더 많이 소비할 수 있게 하지. 그러면 현재의 소비가 줄어들 거야.
> 철수 : 아니야. ㉡ 이자율이 오르면 나의 저축으로 인한 이자수입이 증가할 거야. 그러면 그 수입증가로 소비가 늘어날 거야.

• ㉠ :

• ㉡ :

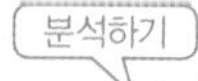
분석하기

- ㉠ : 대체효과(☞ 이자율은 현재소비에 따른 기회비용 즉 상대가격이다. 따라서 이자율이 상승하게 되면 현재소비의 상대가격이 상승하여 현재소비가 감소하고, 미래소비(=저축)가 증가하는 소비선택의 변화가 나타난다.)
- ㉡ : 소득효과(☞ 이자율이 상승하면 저축자(=대부자)는 이자수입의 증가로 실질소득이 증가하게 된다. 이에 따라 현재소비와 미래소비 모두 이전에 비해 증가하게 된다. 물론 이것은 현재소비와 미래소비는 모두 정상재라고 가정하는 경우이다.)

2) 도해적 설명(X재가 정상재인 경우)

(1) 최초의 소비자 균형은 그래프의 E_0점에서 이루어진다고 가정한다.

대체효과와 소득효과

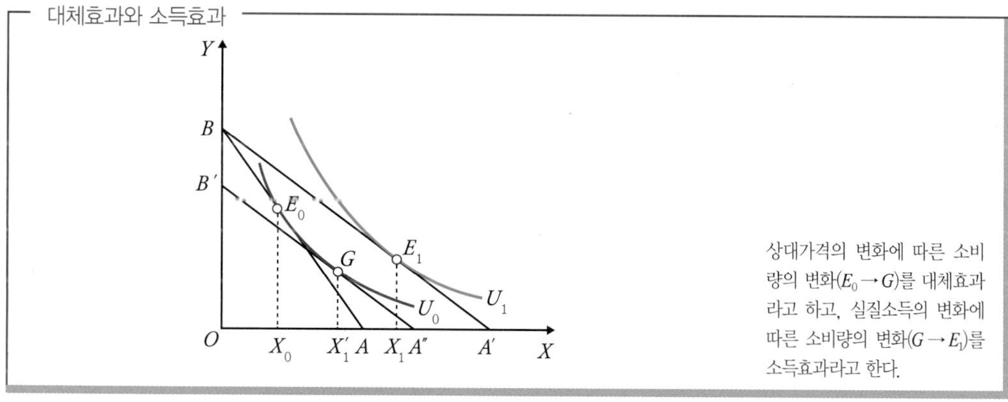
Y
B
B′
E0
G
E1
U1
U0
O
X0
X′1 A
X1 A″
A′
X
상대가격의 변화에 따른 소비량의 변화(E0 → G)를 대체효과라고 하고, 실질소득의 변화에 따른 소비량의 변화(G → E1)를 소득효과라고 한다.

(2) 만약 소득과 Y재 가격은 불변인데 X재 가격만이 하락하여 예산선이 AB에서 $A'B_1$로 이동하면 균형점도 E_0에서 E_1으로 이동하게 된다. 이에 따라 X재의 소비량은 X_0X_1만큼 증가하게 된다(⇒ 가격 효과).

(3) 이러한 가격효과를 대체효과와 소득효과로 분리하기 위해 새로운 예산선(A″B′)을 기존의 무차별곡선과 접하게 되는 G점까지 이동시켜 실질소득변화에 따른 소득효과를 제거하면 X재 수요량은 $X_0 \rightarrow X'_1$ 만큼만 증가하게 된다. 이처럼 E_0에서 G로의 이동 또는 증가한 $X_0X'_1$의 X재 수요량을 가격 하락에 의한 "대체효과"라 한다.

(4) X재 가격하락은 실질 소득의 증가와 동일한 효과를 초래하였으므로 X재 수요량은 $X'_1 \rightarrow X_1$으로 증가하게 된다. 이처럼 G에서 E_1으로의 이동 또는 증가한 $X_1'X_1$의 X재 수요량을 가격 하락에 의해 발생한 실질소득의 증가에서 기인한 소득효과라 한다.

3) 재화 종류에 따른 가격효과

다른 조건이 일정할 때 가격하락에 따른 수요량의 변화는 재화에 따라 다르게 나타난다.

상품	대체효과	소득효과	가격효과
정상재	−	−	−
열등재	−	+	−
Giffen재	−	+	+

"+": 가격과 수요량의 변동방향이 같은 것을 뜻함
"−": 가격과 수요량의 변동방향이 다른 것을 뜻함

4) 기펜(Giffen)재

(1) 의미 : 당해 재화의 가격이 하락하였을 때 소비가 오히려 감소하고, 반대로 가격이 상승하였을 때 소비가 오히려 증가하여 일반적인 "수요의 법칙"과 상반된 결과가 발생하는 특수한 재화를 말한다.

① 열등재 중에서도 소득효과가 대체효과를 압도하는 재화만이 기펜재가 될 수 있다.

② 기펜재는 모두 열등재라고 할 수 있으나, 반대로 열등재라고 해서 모두 기펜재라고 할 수는 없다.

(2) 기펜재의 특징

① 당해 재화의 가격변화가 실질소득의 변화를 통해 엄청난 소득효과를 초래한다.

② 약간의 실질소득의 증가에도 소비가 기피되는 심각한 열등재이다.

(3) 기펜재인 X재의 소득-소비곡선과 엥겔곡선, 가격-소비곡선과 수요곡선의 형태(단, Y재는 보통재)

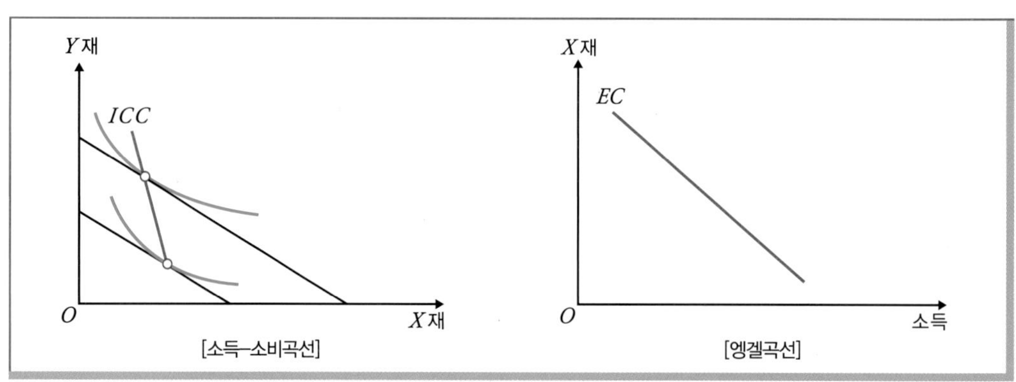

[소득–소비곡선] [엥겔곡선]

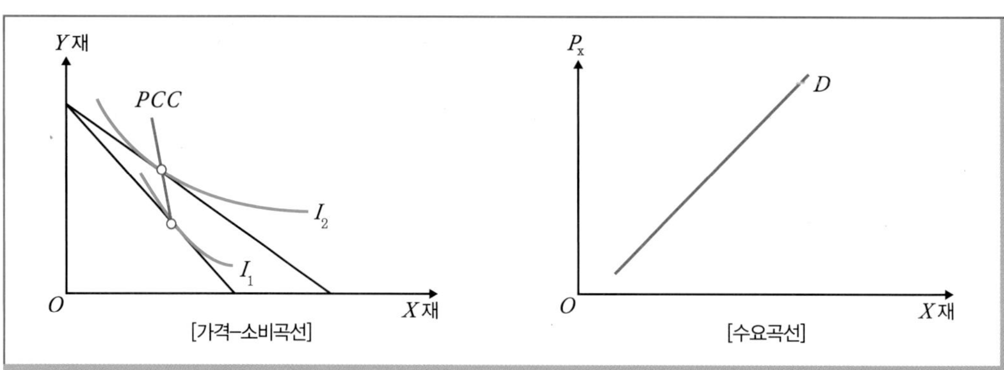

[가격–소비곡선] [수요곡선]

사례 연구 가격효과의 분석

◈ 식품(F)과 의류(C) 만을 소비하는 소비자 민주의 효용함수가 다음과 같다.

$$U(F,\ C)=F\times C+F$$

한편 효용극대화를 추구하는 민주의 소득은 200이며, 식품가격(P_F)은 10, 의류가격(P_C)은 40이다.

1. 식품가격(P_F)이 10일 때 민주가 누릴 수 있는 효용의 크기는?

⇒ 소비자 균형은 다음 조건이 충족될 때 달성된다.

$$MRS_{FC}=\left(\frac{MU_F}{MU_C}\right)=\frac{P_F}{P_C} \Rightarrow \frac{C+1}{F}=\frac{10}{40} \Rightarrow F=4C+4 \cdots\cdots ①$$

한편 민주의 예산제약식은 다음과 같다.

$$I=P_F\times F+P_C\times C \Rightarrow 200=10F+40C \Rightarrow F=20-4C \cdots\cdots ②$$

① 식과 ② 식을 연립해 풀면 '$C=2$', '$F=12$'가 도출된다. 이 결과를 민주의 효용함수에 대입하면 '$U=36$'을 구할 수 있다.

2. 식품가격(P_F)이 10에서 40으로 상승한 경우, 민주가 누릴 수 있는 효용의 크기는?

⇒ 식품가격(P_F)이 상승하게 되면 민주의 효용함수에는 변화가 없지만, 소비자 균형 조건과 예산제약식에는 다음과 같은 변화가 생긴다.

$$MRS_{FC}=\left(\frac{MU_F}{MU_C}\right)=\frac{P_F}{P_C} \Rightarrow \frac{C+1}{F}=\frac{40}{40} \Rightarrow F=C+1 \cdots\cdots ③$$

$$I=P_F\times F+P_C\times C \Rightarrow 200=40F+40C \Rightarrow F=5-C \cdots\cdots ④$$

이에 따라 ③ 식과 ④ 식을 연립해서 풀면 '$C=2$', '$F=3$'이 도출된다. 이 결과를 민주의 효용함수에 대입하면 '$U=9$'를 구할 수 있다. 이러한 결과는 식품가격(P_F)의 상승으로 나타난 '가격효과'이고, 이러한 가격효과에 따라 민주의 효용은 '27'만큼 감소했다는 것을 보여 준다.

3. 식품가격(P_F)이 10에서 40으로 상승한 경우, 대체효과에 따른 식품 소비량의 변화 크기는?

⇒ 대체효과는 두 재화의 상대가격$\left(\frac{P_F}{P_C}\right)$의 변화로 인한 효과만을 의미한다. 즉, 식품가격(P_F)의 상승으로 변화된 가격체계 하에서 '기존의 효용을' 누리기 위해 필요한 소비량의 변화를 의미한다. 이에 따라 기존의 효용인 '$U=36$'만큼을 누리기 위해 필요한 두 재화의 소비량을 구하면 된다. 이를 위해 다음과 같은 조건을 충족해야 한다.

$$36=F\times C+F \cdots\cdots ⑤$$

이제 ③ 식과 ⑤식을 연립해서 풀면 다음과 같은 결론을 도출할 수 있다.

$$36=(C+1)\times C+(C+1) \Rightarrow 36=(C+1)\times(C+1) \Rightarrow 36=(C+1)^2$$

이를 통해 '$C=5$', '$F=6$'를 구할 수 있다. 결국 식품가격(P_F)의 상승으로 인한 대체효과로 식품 소비량은 '6'만큼 감소하게 된다.

4. 식품가격(P_F)이 10에서 40으로 상승한 경우, 소득효과에 따른 식품 소비량의 변화 크기는?

⇒ 소득효과는 실질소득의 변화로 인한 효과만을 의미한다. 즉, 식품가격(P_F)의 상승으로 변화된 실질소득 하에서 '새로운 효용을' 누리기 위해 필요한 소비량의 변화를 의미한다. 이에 따라 새로운 효용인 '$U=9$'만큼을 누리기 위해 필요한 두 재화의 소비량을 구하면 된다. 이를 위해 다음과 같은 조건을 충족해야 한다.

$$9=F\times C+F \cdots\cdots ⑥$$

이제 ③ 식과 ⑥식을 연립해서 풀면 다음과 같은 결론을 도출할 수 있다.

$$9=(C+1)\times C+(C+1) \Rightarrow 9=(C+1)\times(C+1) \Rightarrow 9=(C+1)^2$$

이를 통해 '$C=2$', '$F=3$'를 구할 수 있다. 결국 식품가격(P_F)의 상승으로 인한 소득효과로 식품 소비량은 '3'만큼 감소하게 된다.

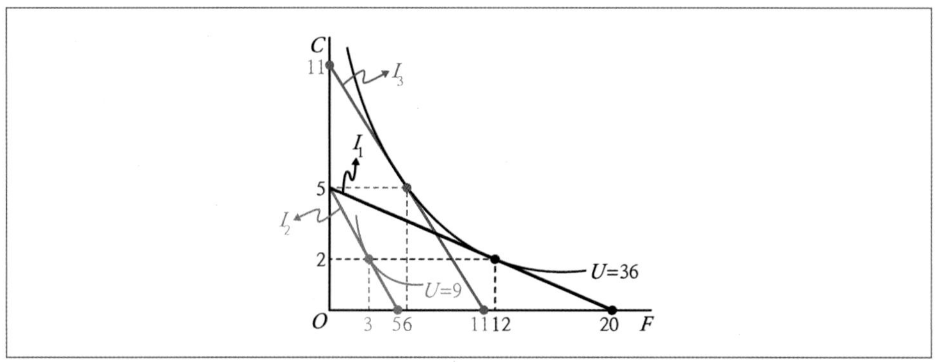

5) 특수한 효용함수인 경우의 가격효과

(1) 두 재화가 완전대체재인 경우-선형 효용함수

완전대체재와 가격효과

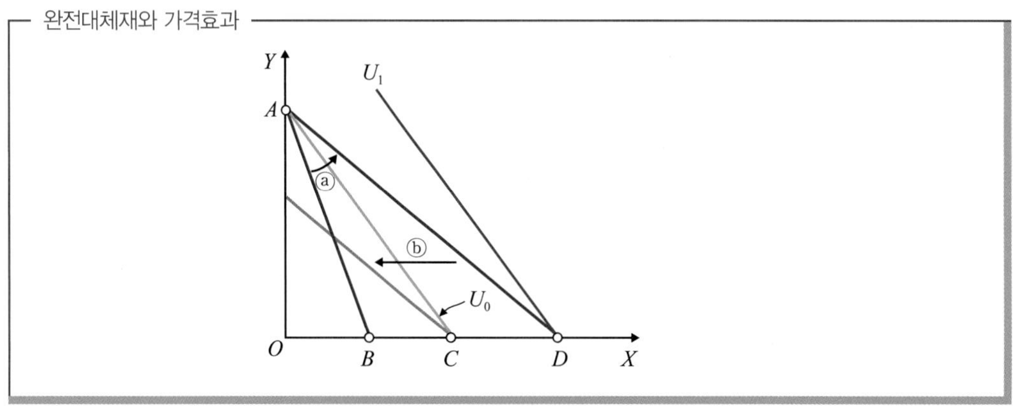

① 현재 '한계대체율(MRS_{XY}) < 상대가격$\left(\frac{P_X}{P_Y}\right)$'가 성립하여 최초의 소비자 균형은 기존 가격체계의 예산선 AB와 무차별곡선 U_0가 그래프의 A점에서 구석해가 이루어지고 있다. 이때 두 재화의 소비량 조합은 $(X, Y) = (0, A)$이다.

② 만약 소득과 Y재 가격은 불변인데 X재 가격만이 하락하여 예산선이 AB에서 AD로 이동(ⓐ)하면 '한계대체율(MRS_{XY}) > 상대가격$\left(\frac{P_X}{P_Y}\right)$'이 성립하게 된다. 이에 따라 새로운 균형은 새로운 가격체계의 예산선 AD와 이전에 비해 높은 수준의 효용인 무차별곡선 U_1이 만나는 D점에서 구석해가 이루어지게 된다. 이때 두 재화의 소비량 조합은 $(X, Y) = (D, 0)$이 되어, X재 소비량은 OD만큼 증가하게 된다(⇒ 가격효과).

③ 이러한 가격효과를 대체효과와 소득효과로 분리하기 위해 새로운 예산선을 기존의 무차별곡선과 만나게 되는 C점까지 평행이동(ⓑ)시켜 실질소득변화에 따른 소득효과를 제거하면 X재 수요량은 $O \rightarrow C$로 증가하게 된다. 이처럼 A에서 C로의 이동 또는 OC만큼 증가한 X재 수요량을 X재 가격 하락에 의한 '대체효과'라 한다.

④ 한편 X재 가격하락은 실질 소득의 증가와 동일한 효과를 가져와 X재 수요량은 $C \rightarrow D$로 증가하게 된다. 이처럼 C에서 D로의 이동 또는 CD만큼 증가한 X재 수요량을 X재 가격하락에 의해 발생한 실질소득의 증가에서 기인한 '소득효과'라 한다.

대체효과	소득효과	가격효과
$O \rightarrow C$	$C \rightarrow D$	$O \rightarrow D$

완전대체재의 소득-소비 곡선(ICC)

앞의 그림에서 실질소득 변화 이전과 이후의 소비자 균형점인 C점과 D점을 연결한 것이 완전대체재의 ICC이다. 따라서 완전대체재의 ICC는 원점에서 출발해서 X축과 겹치는 직선임을 기억해 둔다.

확인 TEST

어느 소비자에게 X재와 Y재는 완전대체재이며 X재 2개를 늘리는 대신 Y재 1개를 줄이더라도 동일한 효용을 얻는다. X재의 시장가격은 2만 원이고 Y재의 시장가격은 6만 원이다. 소비자가 X재와 Y재에 쓰는 예산은 총 60만 원이다. 이 소비자가 주어진 예산에서 효용을 극대화할 때 소비하는 X재와 Y재의 양은?

[2019, 서울시 공개채용 7급]

	X재(개)	Y재(개)
①	0	10
②	15	5
③	24	2
④	30	0

해설 주어진 조건에 따른 소비자의 한계대체율(MRS_{XY})과 상대가격$\left(\frac{P_X}{P_Y}\right)$은 다음과 같다.

- $MRS_{XY} = -\frac{\Delta Y}{\Delta X} = -\frac{-1}{+2} = \frac{1}{2}$
- $\frac{P_X}{P_Y} = \frac{2}{6} = \frac{1}{3}$

- 소비자에게 두 재화는 완전대체재이고, '$MRS_{XY} > \frac{P_X}{P_Y}$'이므로 이 소비자는 오직 X재만 소비하게 되는 구석해를 선택하게 된다.
- 예산제약식을 통해 다음과 같이 X재 소비량을 구할 수 있다.

$$P_X \times X + P_Y \times Y = I \Rightarrow 2 \times X + 6 \times Y = 60 \Rightarrow 2 \times X = 60 (\because Y = 0) \Rightarrow X = 30$$

정답 ④

심화 TEST

다음 글에서 괄호 안의 ㉠과 ㉡에 들어갈 숫자를 순서대로 쓰시오.

[2019, 교원임용]

소비자 갑은 두 재화 A와 B만을 소비하여 효용을 얻고 있으며, A재 2단위는 B재 3단위와 완전히 대체될 수 있다. 갑의 소득은 12원, A재 가격은 2원, B재의 가격은 1원이다. 만약 A재의 가격이 1원으로 하락한다면 효용을 극대화하는 A재의 소비량은 (㉠)단위 만큼 늘어나고, 이 중에서 대체효과는 (㉡) 단위이다.

분석하기

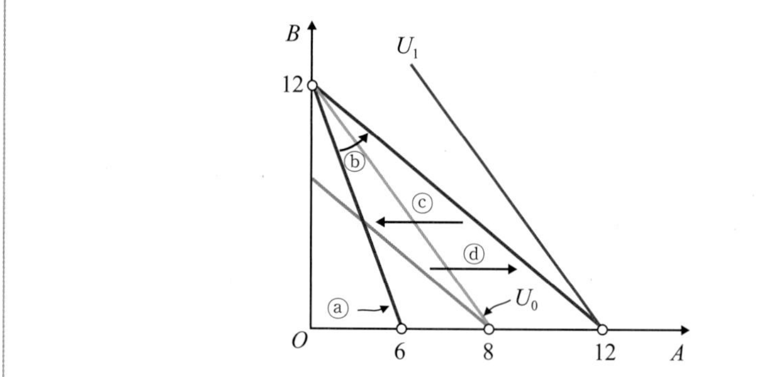

- A재 2단위는 B재 3단위와 완전히 대체 ⇒ 소비자 갑의 효용함수(=무차별곡선)는 A재와 B재의 한계대체율(MRS_{AB})이 '$\frac{3}{2}$'인 선형함수임을 의미한다. 이에 따라 효용함수는 기울기가 '$\frac{3}{2}$'인 우하향하는 모습을 보인다(그림에서 U_0).

- 갑의 소득은 12원, A재 가격은 2원, B재의 가격은 1원 → 소비자 갑의 예산선은 다음과 같다.

$$I = P_A \times A + P_B \times B \;\Rightarrow\; B = \frac{I}{P_B} - \frac{P_A}{P_B} \times A \;\Rightarrow\; B = 12 - 2A$$

(여기서 I는 소득, P_A와 P_B는 각각 A재와 B재의 가격, A와 B는 A재와 B재의 수량이다.)

이에 따라 소비자 갑의 예산선은 기울기(=상대가격)가 '2'인 우하향하는 직선의 모습을 보인다(그림에서 ⓐ).
- 소비자 갑의 효용함수가 선형함수이고, '$MRS_{AB}\left(=\frac{3}{2}\right)$<상대가격(=2)'인 관계가 성립하므로 오직 B재 12단위만 소비하는 '구석해'가 성립하게 된다.
- 만약 A재의 가격이 1원으로 하락한다면, 새로운 예산선은 그림에서 ⓑ와 같이 바깥으로 회전이동을 하게 된다. 이때 예산선의 기울기는 '1'이 되어 '$MRS_{AB}\left(=\frac{3}{2}\right)$>상대가격(=1)'인 관계가 성립하므로, 이번에는 이전에 비해 효용이 증가한 무차별곡선인 U_1하에서 오직 A재 12단위만 소비하는 '구석해'가 성립하게 된다.
- 이제 A재 가격 하락에 따른 대체효과를 구하기 위해서 '보상 변화'를 분석해야 한다. 여기서 '보상변화'란 상대가격이 '1'인 새로운 가격체계 하에서 이전의 효용수준을 유지하기 위해 필요한 실질소득의 변화를 의미한다. 이를 구하기 위해서는 A재 가격 하락에 따른 새로운 예산선을 평행이동시켜 기존의 효용을 누릴 수 있는 균형점을 찾아야 한다. 이것이 그림에서 ⓒ의 변화이다. 이에 따라 기존의 상대가격(=2) 하에서 소비량이 0단위였던 A재 소비량이 8단위로 증가하게 된다. 이 크기가 A재 가격 하락에 따른 대체효과의 크기이다.
- 한편 A재 가격 하락에 따른 소득효과를 구하기 위해서 실질소득의 변화에 따른 A재 소비량의 변화를 분석해야 한다. 새로운 가격 체계 하에서의 실질소득이 증가하면, 예산선은 ⓓ와 같이 바깥으로 평행이동하게 되고, 이에 따라 새로운 균형점에서의 A재 소비량은 12단위가 되고, 이중에서 대체효과의 크기인 8단위를 뺀 나머지 4단위가 소득효과가 된다.

정답 ㉠:12, ㉡:8

(2) 두 재화가 완전보완재인 경우 – 'L'자형 효용함수

완전보완재와 가격효과

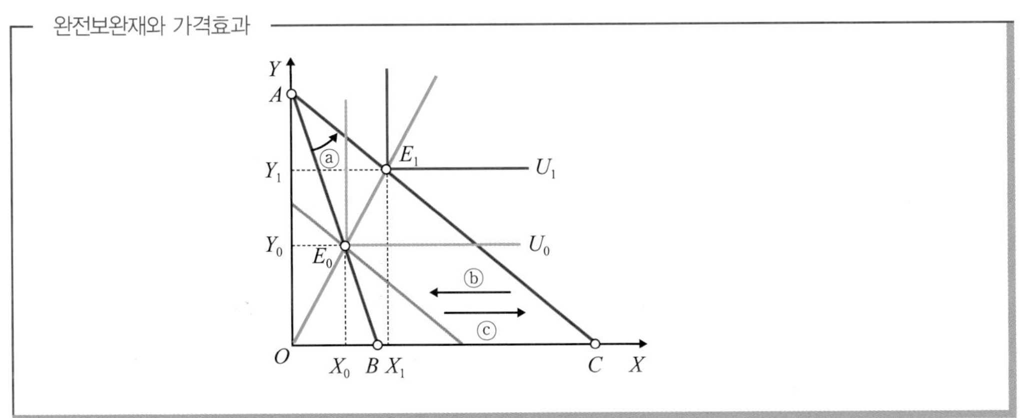

① 최초의 소비자 균형은 그래프의 E_0점에서 이루어진다고 가정한다. 이때 두 재화의 소비량 조합은 $(X, Y)=(X_0, Y_0)$이다.

② 만약 소득과 Y재 가격은 불변인데 X재 가격만이 하락하여 예산선이 AB에서 AC로 회전이동(ⓐ)하면 새로운 균형은 새로운 가격체계의 예산선 AC와 이전에 비해 높은 수준의 효용인 무차별곡선 U_1이 만나는 E_1점에서 이루어지게 된다. 이때 두 재화의 소비량 조합은 $(X, Y)=(X_1, Y_1)$이 되어, X재 소비량은 X_0X_1만큼 증가하게 된다(⇒ 가격효과).

③ 이러한 가격효과를 대체효과와 소득효과로 분리하기 위해 새로운 예산선을 기존의 무차별 곡선과 만나게 되는 E_0점까지 평행이동(ⓑ)시켜 실질소득변화에 따른 소득효과를 제거하면 X재 수요량은 최초 균형점 수준의 소비량과 동일해진다. 이에 따라 대체효과는 나타나지 않게 된다. 두 재화가 완전보완재이기 때문에 상대가격이 변화한다고 하더라도 두 재화 사이에는 대체과 전혀 이루어지지 않기 때문이다.

④ 한편 X재 가격하락은 실질 소득의 증가(ⓒ)와 동일한 효과를 초래하였으므로 X재 수요량은 X_0X_1만큼 증가하게 된다. 이와 같이 X_0X_1만큼 증가한 X재 수요량을 가격 하락에 의해 발생한 실질소득의 증가에서 기인한 '소득효과'라 한다.

대체효과	소득효과	가격효과
O	$X_0 \rightarrow X_1$	$X_0 \rightarrow X_1$

완전보완재의 가격-소비 곡선(PCC)과 소득-소비 곡선(ICC)

앞의 그림에서 X재 가격 변화 이전과 이후의 소비자 균형점 또는 실질소득 변화 이전과 이후의 소비자 균형점인 E_0점과 E_1점을 연결한 것이 완전보완재의 PCC이면서 ICC이다. 이러한 PCC와 ICC의 기울기는 '$\frac{OY_0}{OX_0} = \frac{OY_1}{OX_1}$'으로 일정한 값을 갖는다. 이 크기가 곧 두 재화의 결합비율$\left(\frac{Y}{X}\right)$이다. 따라서 완전보완재의 PCC와 ICC는 원점을 지나는 직선임을 기억해 둔다.

확인 TEST

소비자이론에 관한 다음 설명 중 옳지 않은 것은?

[2015, 국회 8급]

① 무차별곡선이 L자형이면 가격효과와 소득효과는 동일하다.
② 기펜재는 열등재이지만 모든 열등재가 기펜재는 아니다.
③ 재화의 가격이 변하더라도 무차별곡선 지도는 변하지 않는다.
④ 열등재의 가격이 하락할 때 수요량이 늘어난다면 이는 대체효과가 소득효과보다 작기 때문이다.
⑤ 소득-소비 곡선(ICC)이 우상향하는 직선이면 두 재화 모두 정상재이다.

해설 열등재의 가격이 하락할 때 수요량이 늘어난다는 것은 '수요의 법칙'이 작용하고 있다는 의미이다. 이것은 (상대)가격의 하락으로 열등재의 수요량을 증가시키는 대체효과가 가격하락에 따른 실질소득의 증가로 열등재의 수요량을 감소시키는 소득효과보다 더 크다는 것을 의미한다.

정답 ④

② 소득-여가 선택에 의한 노동 공급 곡선(일반적인 경우)

1) **가정**: 노동 시간을 N, 여가 시간을 L, 시간당 임금을 w_0라 하자.

예산선

$$M = N \times W_0 = (24 - L) \times W_0$$

2) 도해적 설명

노동공급곡선의 도출

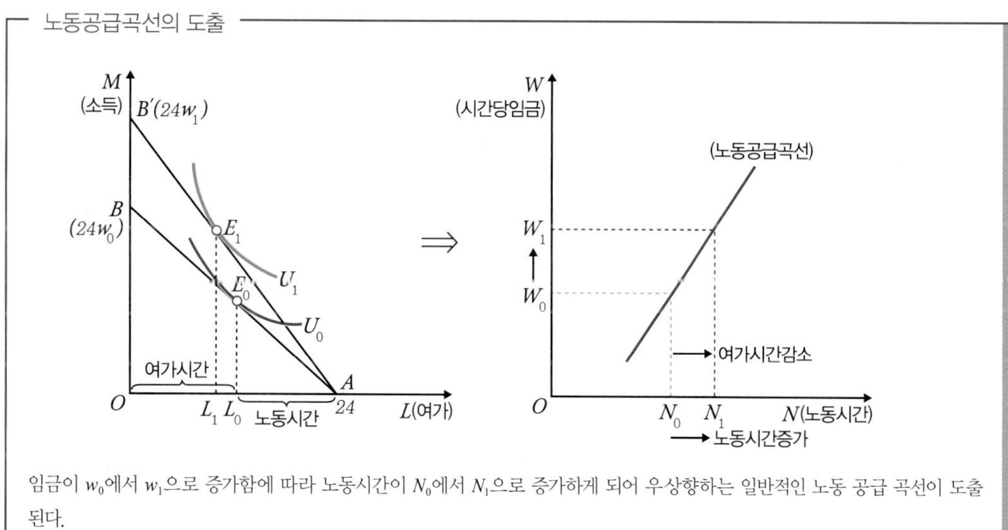

임금이 w_0에서 w_1으로 증가함에 따라 노동시간이 N_0에서 N_1으로 증가하게 되어 우상향하는 일반적인 노동 공급 곡선이 도출된다.

(1) 예산선이 AB일 때, 최대 효용을 얻기 위해 선택된 소비자 균형점이 E_0가 되어, 여가가 L_0가 되므로 노동시간은 $(24-L_o)$가 되고 이때 소비자의 효용은 U_o가 된다.

(2) 이때 임금이 w_1으로 상승하게 되면 총소득 $M=N\times w_1=(24-L_o)\times w_1$으로 되어 예산선이 AB'로 회전이동하여 균형점이 E_0에서 E_1으로 이동하여 여가가 L_1으로 감소하고 노동시간은 $(24-L_1)$으로 증가하여 효용이 U_1으로 증가하게 된다.

(3) 결국 임금이 w_0에서 w_1으로 증가함에 따라 노동시간이 N_0에서 N_1으로 증가하게 되어 우상향하는 일반적인 노동 공급 곡선이 도출된다.

3) 후방 굴절 노동 공급 곡선

(1) 임금 상승에 따른 대체효과와 소득효과

① **대체효과**: 임금이 상승하게 되면 이에 따라여가의 상대가격이 상승하게 되고 이는 여가의 소비 감소를 초래 ⇒ 노동 공급 증가

② **소득효과**: 임금의 상승은 곧 실질소득의 상승 ⇒ 여가는 일반적으로 정상재의 성격을 가지므로 여가의 소비는 증가 ⇒ 노동 공급 감소

③ 임금 상승에 따른 노동공급의 증가여부는 결국 대체효과와 소득효과의 상대적 크기에 달려 있다.

(2) 도해적 설명

후방굴절 노동공급 곡선 도출

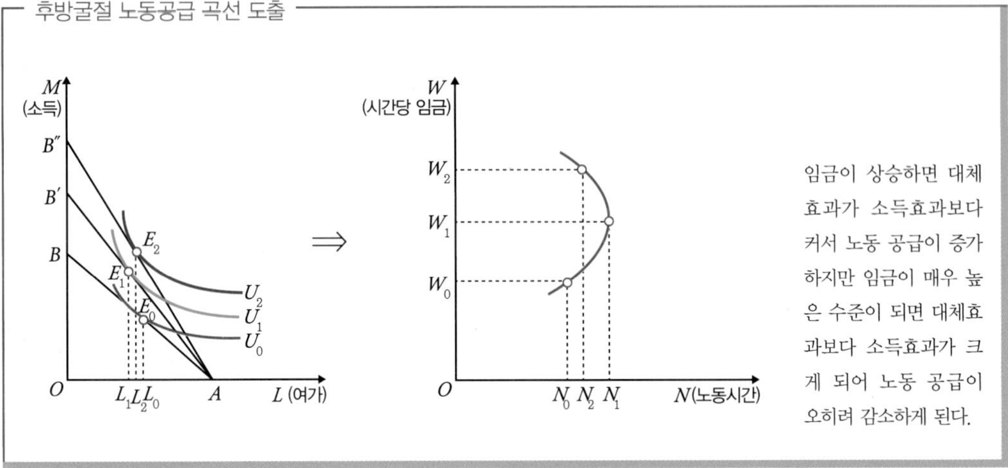
M
(소득)
B''
B'
B
E2
E1
E0
U2
U1
U0
O
L1 L2 L0
A
L (여가)
⇒
W
(시간당 임금)
W2
W1
W0
O
N0 N2 N1
N(노동시간)
임금이 상승하면 대체효과가 소득효과보다 커서 노동 공급이 증가하지만 임금이 매우 높은 수준이 되면 대체효과보다 소득효과가 크게 되어 노동 공급이 오히려 감소하게 된다.

① 처음에는 임금이 상승($w_0 \rightarrow w_1$)하면 대체효과가 소득효과보다 커서 노동 공급이 증가하지만 임금이 매우 높은 수준(w_2)이 되면 오히려 대체효과보다 소득효과가 크게되어 노동 공급이 오히려 감소하게 된다.

② 임금이 w_1에서 w_2로 상승하게 되면 총소득이 $M=N\times w_2=(24-L)\times w_2$로 되어 예산선이 AB로 회전이동하게 되어균형점이 E_1에서 E_2로 이동하게 된다. 이에 따라 노동이 L_1에서 L_2로 감소하고 효용은 U_1에서 U_2로 증가하게 되는 것이다.

③ 따라서 만일 기업이 더 많은 시간의 노동을 원한다면 개인에게 여가시간을 줄이려는 동기를 부여하기 위하여 정상임금률보다 더 높은 초과시간 임금률을 지급해야 할 필요성을 시사해 준다.

대체효과와 소득효과의 크기에 따른 노동공급곡선

a. 임금 상승 → 대체효과 > 소득효과 → 노동 공급곡선 우상향

b. 임금 상승 → 대체효과 < 소득효과 → 노동 공급곡선 후방굴절

4) 효용극대화 모형에 기초한 노동공급모형의 한계

(1) 효용극대화 모형에서는 임금률의 변화에 따라 노동자들이 자신의 노동시간을 재량적으로 조절할 수 있다는 것을 전제로 한다.

(2) 현실에서의 노동시간은 일정 기간 동안 효력을 갖는 노동공급 계약에 의해 고정되어 있는 것이 일반적이다.

확인 TEST

임금 수준과 노동공급량에 대한 설명으로 가장 적절한 것은? [2013, 서울시 7급]

① 임금이 상승하면 시장의 노동공급량은 항상 감소한다.
② 임금 수준이 상승하고 근로시간은 줄었다면, 노동공급 곡선은 항상 음(−)의 기울기를 갖는다.
③ 임금의 상승은 재화와 여가 모두의 소비를 늘리는 대체효과를 갖는다.
④ 임금의 상승은 재화의 소비를 줄이고 여가의 소비를 늘리는 소득효과를 갖는다.
⑤ 임금이 상승할 때 개인의 노동공급량은 대체효과와 소득효과의 크기에 따라 증가 또는 감소한다.

해설 임금이 상승하면 여가의 상대가격이 상승하여 여가의 소비를 줄이고 노동 공급을 증가시키는 대체효과와 실질소득이 증가하여 여가(정상재)의 소비를 늘이고 노동 공급을 감소시키는 소득효과가 나타난다. 이에 따라 임금의 상승으로 인한 노동 공급의 증감 여부는 대체효과와 소득효과의 상대적 크기에 따라 달라진다. 만약 임금 수준이 상승하고 이로 인해 근로시간이 줄어들면 이때의 노동공급 곡선은 우상향하다가 좌상향하는 후방굴절의 모습의 보인다. 주의할 것은 임금 상승으로 소득효과가 대체효과 보다 커져 여가의 소비를 늘리고 노동공급을 감소시킨다고 하더라도 총소득은 증가할 수 있으므로 이에 따라 재화의 소비가 감소한다고 볼 수 없다는 점이다.

정답 ⑤

확인 TEST

다음은 가격효과에 관한 글이다. 이에 부합하는 판단으로 옳은 것을 〈보기〉에서 고른 것은? [2011, 교원임용 1차]

재화의 가격이 변화할 때 그 재화의 수요량이 변화하는 가격효과는 다른 재화에 대한 상대가격이 싸지거나 비싸져서 그 재화의 수요량이 늘거나 줄어드는 대체효과와 가격 변화가 실질소득의 변화를 야기해서 이로 인해 수요량이 변화하는 소득효과의 합으로 구성된다.

〈 보 기 〉

ㄱ. 과거 아일랜드의 감자 흉년으로 발생한 기펜재(Giffen goods) 현상은 그 재화의 가격이 상승할 때만 발생할 수 있다.
ㄴ. 복권이 당첨된 경우의 노동 공급 변화를 해석하는 소득−여가 분석에서 대체효과는 0이다.
ㄷ. 소비자의 소득이 증가할 때 재화에 대한 수요가 감소하지 않는다면, 재화의 가격이 상승할 때 그 재화에 대한 수요량은 반드시 감소한다.
ㄹ. 열등재인 경우에는 수요의 법칙이 성립할 수 없다.

① ㄱ, ㄴ ② ㄱ, ㄷ ③ ㄴ, ㄷ ④ ㄴ, ㄹ

해설
- 한 재화가 가격이 하락할 때 수요량이 감소한다면 그 재화 역시 기펜재가 된다(ㄱ).
- 복권이 당첨된 경우에는 여가의 상대가격의 변화가 없이 실질소득만이 증가한 경우이므로 대체효과는 '0'이 된다 (ㄴ).
- 소비자의 소득이 증가할 때 재화에 대한 수요가 감소하지 않는다면, 그 재화는 열등재가 아니므로 또한 기펜재도 아니다. 따라서 항상 수요의 법칙이 성립하게 되므로 재화의 가격이 상승할 때 수요량은 반드시 감소한다(ㄷ).
- 열등재인 경우에도 기펜재가 아닌 일반적인 열등재는 가격효과의 성질의 부호가 (−)이 되어 수요의 법칙이 성립하게 된다(ㄹ).

정답 ③

Theme 14 무차별곡선 이론과 보상수요곡선

1 보상의 의의

1) 통상수요곡선과 보상수요곡선

(1) 통상수요곡선(Ordinary Demand Curve)

① 명목소득이 일정한 경우 가격 변화에 따른 수요량 변화를 나타내는 수요곡선(A. Marshall)을 말한다.

② 통상수요곡선은 가격-소비곡선(*PCC*)에서 도출되므로 대체효과와 소득효과가 모두 포함된다. 따라서 통상수요곡선을 따라서 내려갈수록(올라갈수록) 실질소득과 효용이 증가(감소)한다.

(2) 보상수요곡선(Compensated Demand Curve)

① 실질소득이 일정한 경우 가격 변화에 따른 수요량 변화를 나타내는 수요곡선을 말한다.

② 통상수요곡선에서 소득효과를 제외한 대체효과만을 포함한다.

2) 보상방법

(1) 보상(Compensation)의 의미: 재화의 가격이 변화할 때 변화된 실질소득을 재화의 가격이 변화되기 전의 실질소득과 같게 하여주는 것을 말한다. 즉, 재화 가격의 변화가 있을 때 소비자에게 최초의 만족도를 누릴 수 있도록 해주는 것을 말한다.

(2) 힉스(J. R. Hicks)의 보상

① 보상의 의미를 재화의 가격이 변화된 후에도 가격이 변화하기 전의 최초의 효용수준을 계속해서 유지할 수 있도록 하는 것으로 이해하고, 이를 위해 원래의 소비자의 무차별곡선의 모양을 전제해야 한다는 것이다.

② 이는 힉스가 실질소득의 의미를 효용, 즉 무차별곡선의 '높이'를 가지고 정의하고 있다는 것을 말해준다.

(3) 슬러츠키(E. Slutsky)의 보상

① 힉스의 효용은 소비자의 주관적 판단으로만 측정할 수 있으므로 객관적 기준이 될 수 없다. 따라서 보상의 의미를 재화의 가격이 변화된 후에도 가격이 변화하기 전의 최초의 구매수준을 계속해서 유지할 수 있도록 하는 것으로 이해하고, 실질소득의 의미를 구매력(Purchasing Power)으로 파악한다.

② 이에 따라 힉스의 대체효과는 원래의 무차별곡선의 모양을 알아야 하지만, 슬러츠키의 경우에는 원래의 무차별곡선의 모양을 모르더라도 대체효과를 가려낼 수 있게 된다.

❷ 도해적 설명

1) 도출

보상수요곡선의 도출

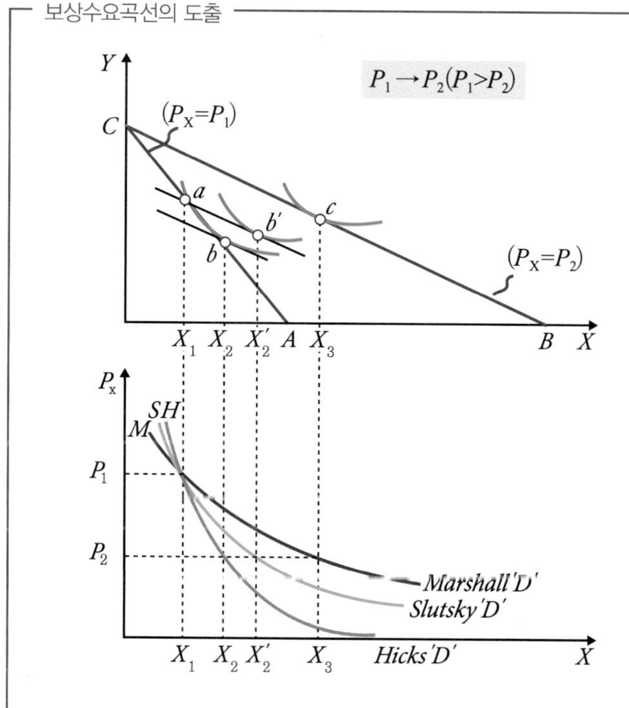

힉스(J. R. Hicks)는 보상의 의미를 재화의 가격이 변화된 후에도 가격이 변화하기 전의 최초의 효용수준을 계속해서 유지할 수 있도록 최초의 무차별곡선을 중심으로 이해하고, 슬러츠키(E. Slutsky)는 보상의 의미를 재화의 가격이 변화된 후에도 가격이 변화하기 전의 최초의 구매수준을 계속해서 유지할 수 있도록 구매력을 중심으로 이해한다.

① 가격이 하락($P_1 \rightarrow P_2$)하여 가격선이 *CA*에서 *CB*로 이동했다고 가정한다.

② 균형점이 *a*에서 *c*로 이동하는 것을 가격효과라고 한다.

③ 여기서 힉스(J. R. Hicks)의 보상이 이루어지면 대체효과는 *a*에서 *b*까지로 *X*재 구입량이 X_1에서 X_2로 증가하는 것으로 측정된다.

④ 만약 슬러츠키(E. Slutsky)의 보상이 이루어지면 대체효과는 *a*에서 *b'*까지로 *X*재 구입량이 X_1에서 X_2'로 증가하는 것으로 측정된다.

*b'*가 *b*보다 오른쪽에 위치하는 이유

슬러츠키의 보상이 이루어지면 힉스의 보상의 경우보다 실질소득 감소의 크기가 작게 나타난다. 이는 곧 슬러츠키의 경우에는 힉스의 경우보다 대체효과가 크게 나타나고 소득효과가 작게 나타난다는 것을 의미한다. 이에 따라 *b'*가 *b*보다 오른쪽에 위치하게 되는 것이다.

⑤ 따라서 대체효과만으로 도출되는 보상수요곡선은 Slutsky의 보상수요곡선이 Hicks의 보상수요곡선보다 완만한 모습을 갖게 된다.

2) 보상수요곡선의 특징

(1) 보상수요곡선은 재화의 종류에 관계없이 우하향이다.

(2) 보상수요곡선은 대체효과에 의해서만 도출된다.

(3) 보상수요곡선은 대체효과의 부호와 기울기의 부호가 일치한다.

(4) 가격 하락 시 기울기의 크기는 Hicks > Slutsky > Marshall의 순서이다.

보상변화와 대등변화

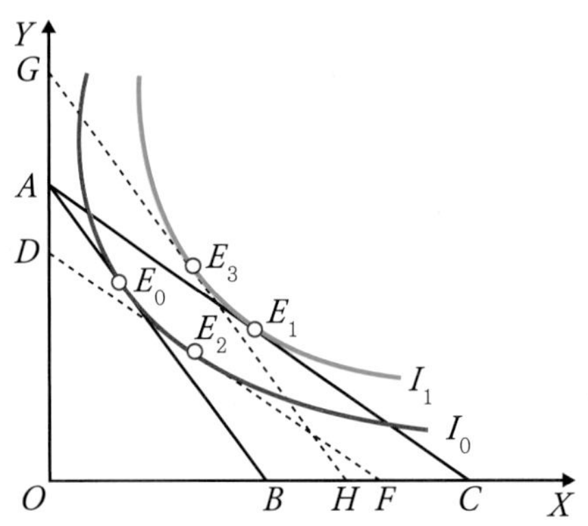

1. 보상변화 : 소비자의 효용을 가격 변화가 일어나기 이전의 효용 수준으로 되돌려 놓기 위해 필요한 소득의 변화를 의미한다. ⇒ 가격 변화로 인한 후생상의 변화

1) X재 가격의 하락으로 예산선이 AB에서 AC로 회전이동하고 이에 따라 소비자의 효용극대화 수준이 무차별곡선 I_1의 E_1으로 이동하여 이전에 비해 효용수준이 높아진다.
2) 가격 변화 전의 효용수준으로 되돌리기 위해 예산선을 DF로 이동시켜야 한다. 이에 따라 기존의 무차별곡선 I_0의 E_2수준에서 새로운 균형에 도달하게 된다.
3) 이처럼 가격 변화가 일어나기 이전의 효용수준으로 되돌려 놓기 위해 필요한 소득은 AD(또는 FC)만큼이다. 이 크기가 곧 소득의 보상변화이다.

2. 대등변화(Equivalent Variation) : 상품의 가격이 하락하지 않아도, 가격이 하락할 때와 동일한 효용을 얻을 수 있기 위해 필요한 소득의 크기가 얼마인가 하는 문제이다.

1) X재 가격이 하락하지 않은 상태에서 효용을 X재 가격이 하락할 경우의 효용 수준(무차별 곡선 I_1)으로 높이기 위해서는 원래의 예산선 AB를 새로운 예산선 GH로 이동시켜야 한다.
2) 이에 따라 소비자 균형은 E_3에서 이루어지게 되어 무차별곡선 I_1수준과 동일한 효용을 누릴 수 있게 된다.
3) 이처럼 상품의 가격이 하락하지 않아도 가격이 하락할 때와 동일한 효용을 얻기 위해 필요한 소득은 AG(또는 BH)만큼이다. 이 크기가 곧 소득의 대등변화이다.

사례 연구 **보상변화와 대등변화**

1. 보상변화의 크기 : 대학 구내식당에서 음식 가격을 10% 인상하려고 한다고 한다. 이에 대해 학생들의 심한반발이 일자 학교 당국에서는 원래 계획대로 음식 가격을 인상하고, 그 대신 학생들이 이미 낸 등록금의 일부분을 되돌려주는 방법으로 문제를 해결하려고 한다. 이 경우에 학교 당국은 학생들에게 정확히 얼마만큼의 등록금을 되돌려 주어야 하는가?

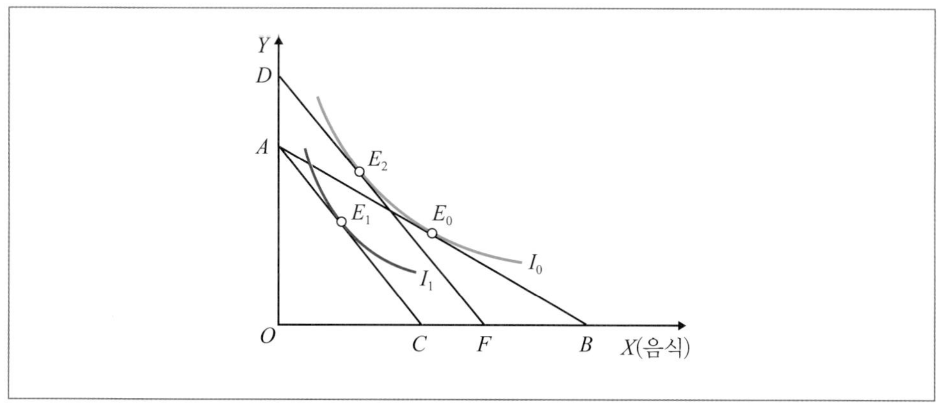

1) 학생들이 음식 가격 인상 전에 선택한 균형점은 무차별 곡선 I_0상의 E_0이다.
2) 음식 가격이 인상되면 예산선은 AB에서 AC로 회전이동하게 된다. 이에 따라 새로운 균형점은 무차별 곡선 I_1상의 E_1이 된다.
3) 이때 학생들이 원래의 효용 수준인 무차별 곡선 I_0만큼을 누리기 위해서는 예산선이 DF로 평행이동해야 하며 새로운 균형점은 E_2에서 달성된다. 이때 AD만큼이 소득의 보상변화이다.

2. 대등변화의 크기 : 음식 가격의 인상이 필연적으로 생각한 학교 당국은 방법을 달리하여 학생들에게 음식 가격을 10% 인상하는 대신, 등록금을 더 내게 하는 방안을 제시하려고 한다. 이러한 경우에 학생들은 어느 정도의 등록금 인상을 받아들이겠는가?

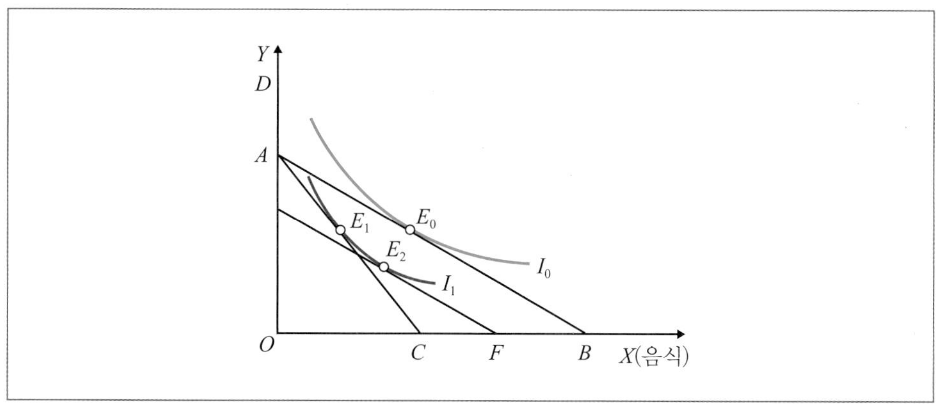

1) 만약 음식 가격이 인상되면 예산선은 AB에서 AC로 회전이동하게 된다. 이에 따라 새로운 균형점은 무차별 곡선 I_1상의 E_1이 된다.
2) 등록금이 AD만큼 오르면 예산선은 AB에서 DF로 평행이동하게 된다. 이것은 등록금이 오른 만큼 실질소득이감소했기 때문이다. 그 결과 학생들은 음식 가격이 인상된 경우의 효용 수준과 동일한 수준의 효용을 누릴 수 있게 되고, 이때의 균형점은 I_1상의 E_2가 된다.
3) 결과적으로 음식 가격 인상 후에 학생들이 누릴 수 있는 효용은 음식 가격을 올리지 않고 등록금을 DF만큼 올리는 경우와 같아진다. 결국 학생들은 더 내야 할 등록금이 AD보다 작다면 학교 측의 제안을 받아들일 수 있는 것이다. 이때의 AD만큼이 소득의 대등변화이다.

심화 TEST

X재의 가격이 40, Y재의 가격이 10일 때, 소득이 1,600인 소비자 민주의 효용함수는 $U=X\times Y$로 알려져 있다. 그런데 외국으로부터 X재에 대한 수입의 증가로 국내 시장에서 X재의 가격이 40에서 10으로 하락하였다. 이러한 X재 가격 하락으로 인한 가격효과, 보상변화, 대등변화는? (단, Y재 가격과 민주의 소득은 불변이다.)

가격효과

무효용함수가 지수함수($\Rightarrow U(X,\ Y)=A\times X^{\alpha}\times Y^{\beta}$)인 경우의 X재와 Y재의 최적 소비량(단, I는 소득)은 각각 다음과 같다.

$$X=\frac{\alpha\times I}{(\alpha+\beta)\times P_X},\quad Y=\frac{\beta\times I}{(\alpha+\beta)\times P_Y}$$

앞의 식을 이용하여 X재 가격이 하락하기 전의 X재와 Y재의 최적 소비량(E)을 구하면 다음과 같다.

$$X=\frac{\alpha\times I}{(\alpha+\beta)\times P_X}=\frac{1\times 1,600}{2\times 40}=20,\quad Y=\frac{\beta\times I}{(\alpha+\beta)\times P_Y}=\frac{1\times 1,600}{2\times 10}=80$$

이에 따라 X재 가격 하락 전의 소비자 민주의 효용수준은 1,600이다.
이제 X재 가격 하락 후의 최적 소비량(E_1)을 구하면 가격효과($E\Rightarrow E_1$)에 따른 두 재화의 소비량을 구할 수 있다.

$$X=\frac{\alpha\times I}{(\alpha+\beta)\times P_X}=\frac{1\times 1,600}{2\times 10}=80,\quad Y=\frac{\beta\times I}{(\alpha+\beta)\times P_Y}=\frac{1\times 1,600}{2\times 10}=80$$

이에 따라 X재 소비량은 60만큼 증가하고, Y재 소비량은 불변이다.

보상변화

보상변화는 가격 변화 후의 가격 조건으로 기존의 효용수준을 얻기 위해 필요한 소득의 변화를 의미한다. 기존의 효용함수와 새로운 가격 수준에 따른 소비자 균형 조건은 다음과 같다.

$$MRS_{XY}\left(\frac{MU_X}{MU_Y}=\frac{Y}{X}\right)=\frac{P_X}{P_Y}\left(=\frac{10}{10}\right)$$

이에 따라 균형수준(E_2)에서 $X=Y$가 성립한다. 기존의 효용함수에서 효용수준이 $U=X\times Y=1,600$이었으므로 $X=40$, $Y=40$을 도출할 수 있다. 결과적으로 기존의 소비량에 비해 X재는 20만큼 증가하고, Y재는 40만큼 감소하게 된다. 이러한 소비를 위해 필요한 소득은 $10\times 40+10\times 40=800$이면 된다. 따라서 보상변화를 위해 필요한 소득은 기존의 1,600에서 800만큼 감소하게 되고, 이러한 소비가 이루어지는 것을 대체효과($E\Rightarrow E_2$)라고 한다.

또한 소득효과($E_2\Rightarrow E_1$)는 가격효과($E\Rightarrow E_1$)에서 대체효과($E\Rightarrow E_2$)를 차감한 크기이므로 X재는 40만큼 증가하고, Y재도 40만큼 증가하게 된다. 이러한 결과들을 그림으로 나타내면 다음과 같다.

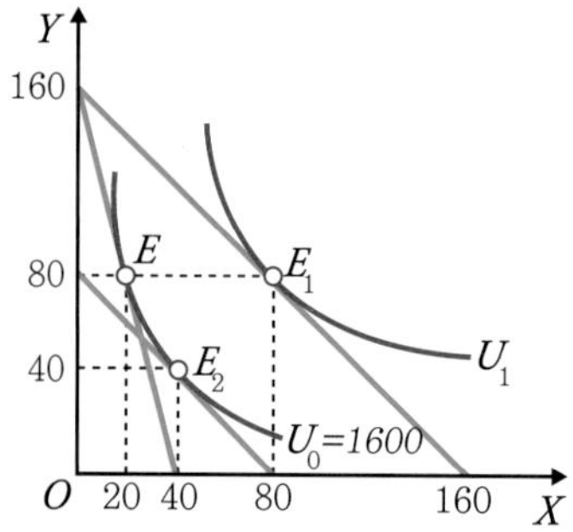

대능변화

대등변화는 기존의 가격 수준으로 가격 변화 이후의 효용을 얻기 위해 필요한 소득의 크기를 의미한다. X재 가격이 40에서 10으로 하락한 후에 소비자 균형(E_1)에서의 X재와 Y재의 소비량(E_1)은 각각 80이므로 이때의 효용수준은 $U=X\times Y=6{,}400$ 이 된다. 또한 이때 소비자 균형 조건에 따라

$$MRS_{XY}\left(\frac{MU_X}{MU_Y}=\frac{Y}{X}\right)=\frac{P_X}{P_Y}\left(=\frac{40}{10}\right)$$

식이 성립하므로 $Y=4X$가 성립한다. 이를 $U=X\times Y=6{,}400$ 에 대입하면 새로운 균형점(E_2)에서 $X=40$, $Y=160$을 구할 수 있다. 이때 필요한 예산은 $40\times40+10\times160=3{,}200$이므로 기존의 예산인 1,600에 비해 1,600만큼이 더 필요하다. 이러한 결과를 그림으로 나타내면 다음과 같다.

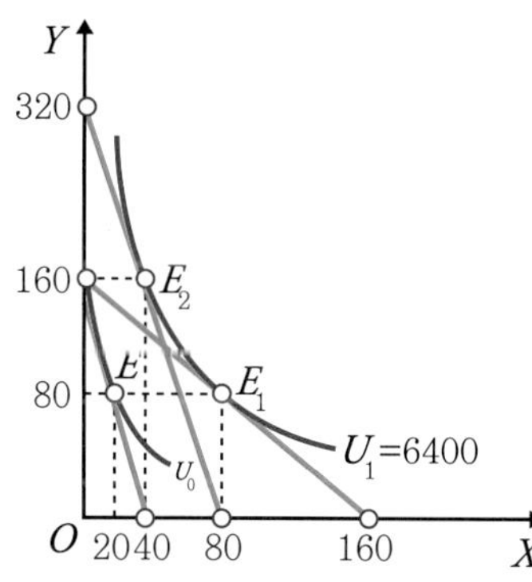

심화 TEST

㉠과 ㉡에 나타난 개념에 해당하는 부분을 그래프상의 기호로 표시하고, 철수가 동호가 '㉡제의를 받아들일 때의 헬스 이용 빈도'와 '공짜로 회원 대우를 받을 때의 이용 빈도'를 그래프상의 구간을 기호로 쓰시오.

[2008. 교원임용]

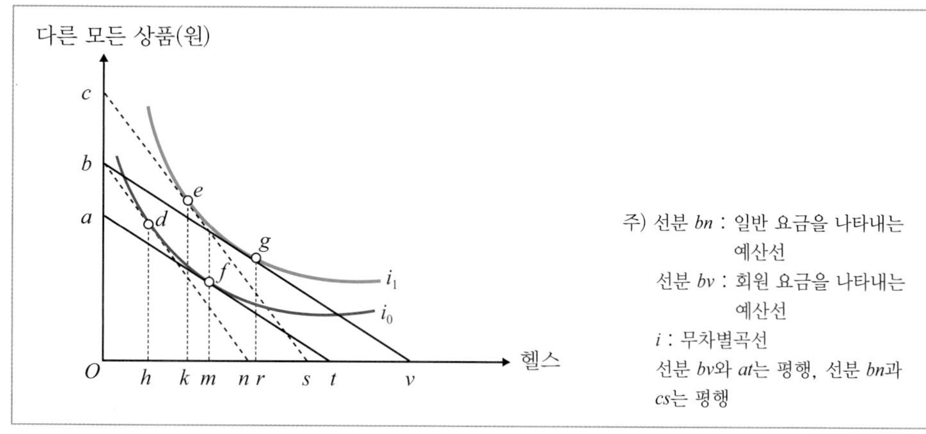

철수는 친구인 동호가 대규모 헬스장을 개업했다는 말을 듣고 찾아갔다. 동호의 헬스장은 가입비를 납부한 회원에게는 회원 요금을, 회원이 아닌 사람에게는 그보다 비싼 일반 요금을 받고 있었다.
철수 : 동호야. 개업을 축하한다. 그런데 회원 가입비는 얼마냐? 그리고 회원 요금은 얼마나 받니?
동호 : 회원 가입비는 백만 원인데, 회원은 일반 요금의 3분의 1만 내면 돼. 왜, 너도 회원 가입하게?
철수 : 가입비가 좀 비싸다. 나한테는 싸게 해줄 수 없니?
동호 : 그래? ㉠ 그럼 네가 회원 가입비로 최대 얼마까지 낼 용의가 있는지 정직하게 말해 봐.
철수 : 그걸 말하자니 좀 그렇다. 나한테는 회원 가입비 없이 그냥 회원 요금만 받으면 안 되겠니?
동호 : 그래도 그렇지. 회원도 아니면서 회원 요금을 내면 직원들이 뭐라 그러겠어? 대신 ㉡ 내가너한테 얼마를 보조해 줄 테니까, 헬스장에 와서는 그냥 일반 요금 내고 이용해라. 얼마면 회원 대우해주는 셈이 되겠니?

- ㉠ :
- ㉡ :
- ㉡ 제의를 받아들일 때의 이용 빈도 :
- 공짜로 회원 대우를 받을 때의 이용 빈도 :

분석하기

- ㉠ : *ab*
  ☞ 철수는 기존의 효용수준인 i_0와 회원들이 누리는 효용수준인 i_1의 차이보다 가입비가 크지 않아야 가입할 것이다. 그런데 i_0를 누리기 위해서는 *Oa*만큼의 예산이 필요하고, i_1을 누리기 위해서는 *Ob*만큼의 예산이 필요하다. 따라서 철수가 낼 용의가 있는 최대 금액은 두 예산의 차이인 *ab*가된다.
- ㉡ : *bc*
  ☞ 회원이 되지 않으면서도 회원들이 누리는 효용 수준과 동일한 효용을 얻기 위해서는 철수의 예산선이 *bn*에서 *cs*까지 평행이동을 해야 한다. 따라서 *bc*만큼의 금액 지원이 필요하다.
  ⇒ 대등변화
- ㉡ 제의를 받아들일 때의 이용 빈도 : *Ok*
  ☞ 철수가 동호의 제의를 받아들이면 *cs*의 예산으로 무차별곡선 i_1과 접하는 *e*점 수준에서 소비를 하게 된다.
- 공짜로 회원 대우를 받을 때의 이용 빈도 : *Or*
  ☞ 공짜로 회원 대우를 받는다는 것은 헬스장에 대한 가격할인을 받은 경우와 동일한 효과가 발생한다. 이에 따라 철수는 *bv*의 예산선과 무차별곡선 i_1과 접하는 *g*점 수준에서 소비를 하게 된다.

Theme 15 현시선호이론

1 현시선호이론의 기초

1) 현시선호이론(theory of revealed preference)의 의의

(1) 한계효용이론과 무차별곡선이론은 모두 효용이라는, 주관적이며 심리적이어서 현실적으로는 확인할 수 없는 현상을 이론의 기초로 삼았다.

(2) 현시선호이론은 효용의 가측성이나 무차별곡선을 전제로 하지 않는, 즉 현실적으로 확인할 수 없는 효용이라는 개념을 이용하지 않고 현실적으로 관찰 가능한 예산선과 선택된 소비점을 통해 나타난 "현시된 선호(revealed preference)"에 기초하여 수요법칙과 수요곡선을 도출하고자 한다.

현시선호이론의 특징

현시선호이론은 예산선만 가지고 전개한다는 점에서 무차별곡선이론보다 더 일반적인 이론이다. 여기서 더 일반적이란 상대적으로 제약이 덜한 가정을 가지고 전재된 이론이란 의미이다. 무차별곡선이론이 기수적 효용분석을 하는 효용함수이론보다 더 일반적인 이론이라는 사실을 기억한다면, 우리는 소비자 이론 중에서 현시선호이론이 가장 완화된 가정에서 출발하는 일반적 이론이라는 것을 알게 될 것이다.

(3) 소비자의 주관적 선호관계를 전부 알 필요는 없고, 단지 필요로 하는 것은 특정한 상품묶음이 선택됨으로써 현시된 선호관계뿐이다.

Q&A

다음 중 현시선호이론에서 필요한 것은?

㉠ 서수적 효용 ㉡ 예산 ㉢ 상품가격
㉣ 상품소비량 ㉤ 무차별곡선

Solution

현시선호이론은 효용의 불가측성의 가정에서 출발하므로 효용에 관계되는 용어는 필요 없고, 가격선에 관계되는 용어만 필요하다. 즉, 예산이라든가 두 재화의 가격과 귀납적인 수요량 등이 필요하다.

답 ㉡, ㉢, ㉣

2) 개념

현시선호의 의미

> 어떤 상점의 종업원이 상점에 들어온 고객의 용모만을 보고 그 고객이 어떤 상품조합을 선택할 것인지를 알 수는 없다. 그러나 그 고객이 특정상품을 선택하면 고객이 어떤 상품조합을 선호하는지가 겉으로 드러난다. 이 때는 "고객의 선호구조가 현시되었다(revealed)."고 말할 수 있다. 따라서 현시된 선호(Revealed Preference)라는 말은 결국 소비자가 어느 한 상품조합을 구입했다는 말과 같은 것이다.

(1) 직접현시선호와 간접현시선호

직접현시선호와 간접현시선호

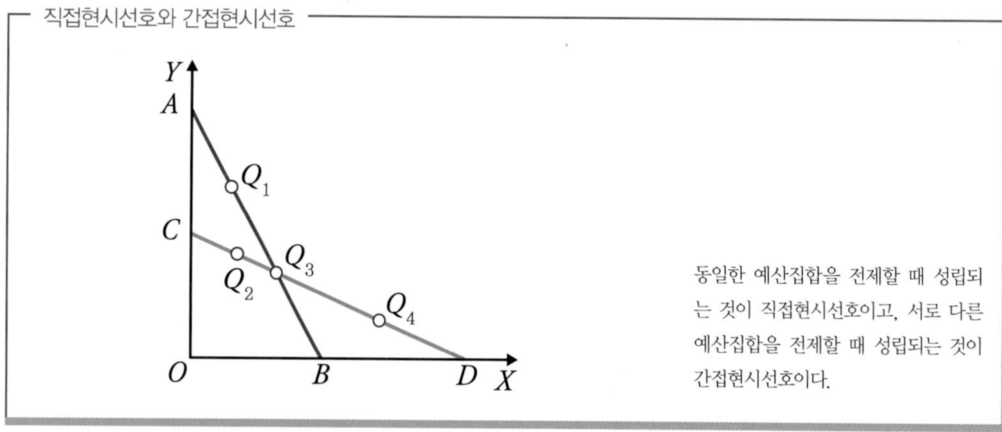
Y
A
Q_1
C
Q_3
Q_2
Q_4
O
B
D
X
동일한 예산집합을 전제할 때 성립되는 것이 직접현시선호이고, 서로 다른 예산집합을 전제할 때 성립되는 것이 간접현시선호이다.

① **직접현시선호**: 가격선이 AB인 경우에 AOB를 예산집합 또는 선택가능영역이라 하는데, 소비자가 Q_1을 선택하였다면 Q_1이 Q_2나 Q_3보다 직접적으로 현시선호되었다고 한다)(Q_1 is directly revealed preferred to Q_2 and Q_3).

② **간접현시선호**: 가격선이 AB인 경우에 Q_1이 Q_2나 Q_3보다 직접적으로 현시선호되었고, 가격선이 CD인 경우에 Q_3가 Q_2나 Q_4보다 직접적으로 현시선호되었다면 Q_1이 Q_4보다 간접적으로 현시선호되었다고 한다(Q_1 is indirectly revealed preferred to Q_4).

(2) 현시선호의 공준(공리)

① **약공리**(Weak Axiom of Revealed Preference : WARP): 주어진 예산집합 안에 있는 두 개의 상품조합을 직접 비교하여 소비자가 어느 한 상품조합을 선택한, 즉 직접현시선호로부터 도출된 소비자 선택의 일관성(consistency)을 의미 ⇒ 재화의 여러 배합 중에서 A배합을 선택했다면 A배합이 있는 곳에서는 절대로 다른 배합을 선택하지 않는 소비자의 무모순 행동의 공리를 말한다.

> • Q_1이 Q_3보다 현시선호되었다면, Q_3는 Q_1보다 선호될 수 없다.
> • Q_3가 Q_4보다 현시선호되었다면, Q_4는 Q_3보다 선호될 수 없다.

약공리 충족구간

예산선이 AB에서 CD로 변했을 때 구입점이 Q_0에서 Q_1, Q_2로 이동할 때 약공리 충족 여부를 살펴보자.

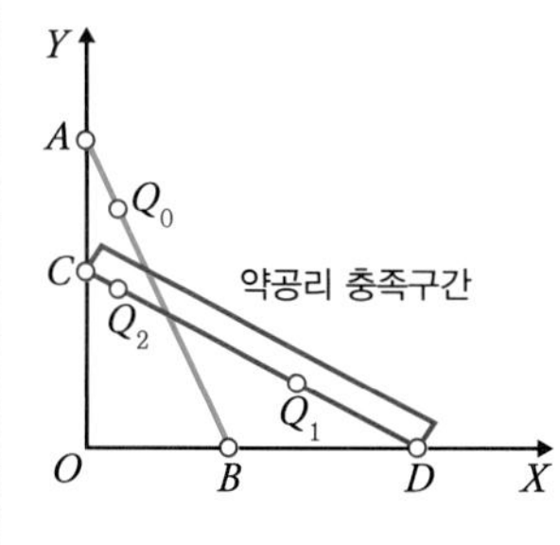

• 최초의 구입점 Q_0가 선택 불가능할 경우 : Q_0는 새로운 예산선 CD에서 선택 불가능하므로 어느 점에서도 약공리를 충족한다.

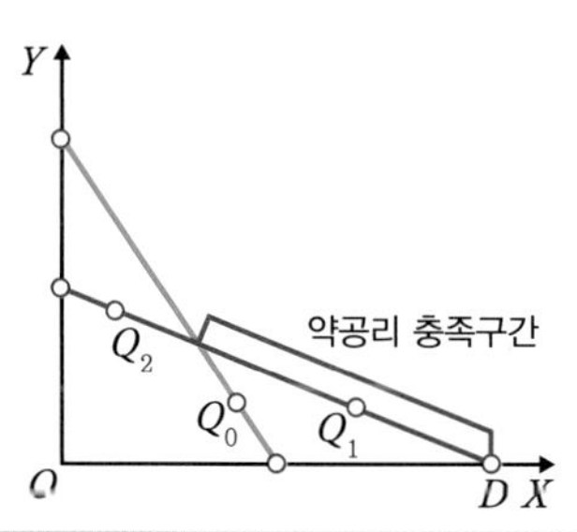

• 최초의 구입점 Q_0가 선택 가능할 경우 : Q_0는 새로운 예산선 CD에서도 선택 가능하고 이때 Q_1을 선택하면 이전의 예산 하에 선택할 수 없었던 구입점이므로 약공리를 충족시켜 주지만, Q_2는 이전의 예산 하에서도 선택할 수 있었으나 선택하지 않은 점이므로 약공리에 위배된다.

Quiz 1

다음 글의 밑줄 친 부분을 충족하기 위한 선택 대안으로 적절한 것을 〈보기〉에서 모두 고르면?

합리적인 소비자인 효선은 매주 커피와 아이스크림을 간식으로 사 먹는다. 지난 주 커피 가격은 2,000원, 아이스크림의 가격은 4,000원이었고, 이에 따라 커피를 4잔, 아이스크림을 4개를 사 먹었다. 그런데 이번 주 들어 커피 가격은 4,000원으로 올랐고, 아이스크림은 오히려 2,000원으로 내렸다. 효선은 합리적인 소비를 계속하기 위해 어떻게 간식을 구입할지 고민하고 있다. 한편 효선은 매주 간식을 위한 용돈으로 24,000원을 남기지 않고 사용한다.

〈 보 기 〉

가. 커피 5잔, 아이스크림 2개를 각각 소비한다.
나. 커피 4잔, 아이스크림 4개를 각각 소비한다.
다. 커피 1잔, 아이스크림 10개를 각각 소비한다.

① 나, 다 ② 가, 나 ③ 다 ④ 가

⇒ 주어진 조건 아래의 최초의 예산선 A에서 효선은 E점에서 커피 4잔과 아이스크림 4개를 사 먹었다.

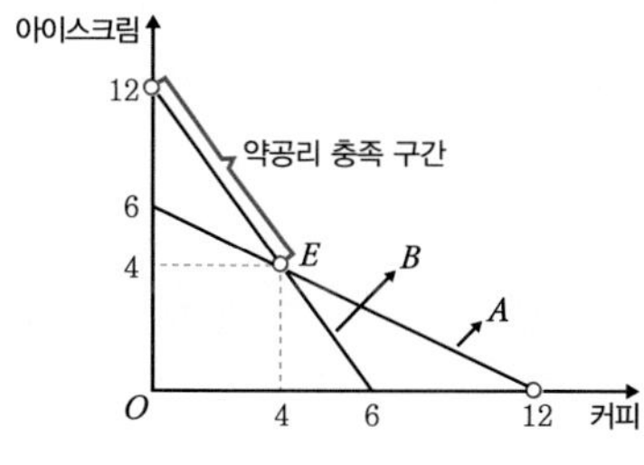

용돈의 변화 없이 커피 가격 상승과 아이스크림 가격 하락으로 새로운 예산선 B는 보다 가파른 기울기를 갖는 형태로 변한다. 그러나 그러한 경우에도 최초 선택점 E점은 계속 선택할 수 있다. 그런데 새로운 예산선 B 아래에서 커피를 4잔보다 많이 소비하는 경우는 이전에는 선택되지 않았던 점을 선택하는 것이기 때문에 약공리를 위반하게 된다. 따라서 약공리를 충족하면서 소비할 수 있는 범위는 새로운 예산선 B 아래에서 커피를 4잔 이하로 소비하는 경우가 된다. 따라서 정답은 ①이 된다.

다음 글에 관한 설명으로 옳은 것을 〈보기〉에서 모두 고르면?

합리적인 소비자인 성택은 매주 24,000원의 용돈을 커피와 아이스크림 간식을 사 먹기 위해 남기지 않고 사용한다. 지난 주 커피 가격은 2,000원, 아이스크림의 가격은 4,000원이었고, 이에 따라 커피를 4잔, 아이스크림을 4개를 사 먹었다. 그런데 이번 주 들어 아이스크림의 가격은 변동이 없었으나, 커피 가격은 두 배로 올랐다. 이를 알게 된 성택의 어머니는 성택이가 계속해서 커피 4잔과 아이스크림 4개의 간식을 구입할 수 있도록 용돈을 올려 주었다. 성택은 합리적인 소비를 계속하기 위해 어떻게 간식을 구입할지 고민하고 있다.

〈 보 기 〉

가. 성택의 용돈은 12,000원이 인상되었다.
나. 성택은 어떠한 경우에도 커피를 4잔보다 더 마시지 않는다.
다. 성택은 아이스크림만 8개를 사 먹을 수 있다.

① 가, 나 ② 가, 다 ③ 나, 다 ④ 가

⇒ 주어진 조건 아래의 최초의 예산선 A에서 성택은 E점에서 커피 4잔과 아이스크림 4개를 사 먹었다.

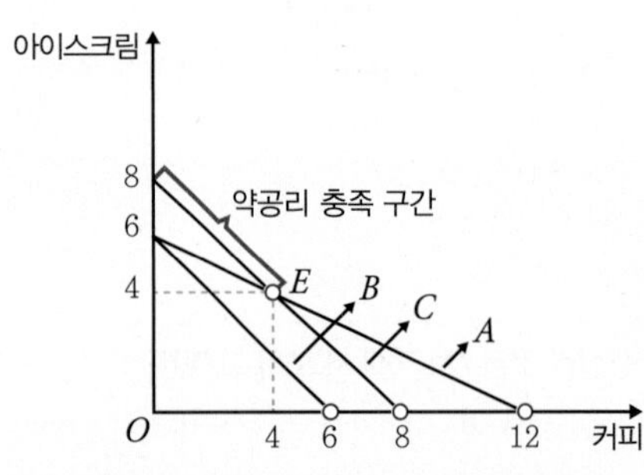

그런데 다른 조건의 변화 없이 커피 가격만 두 배로 올랐기 때문에 성택의 새로운 예산선 B로 변하게 되어 최초의 선택점 E는 더 이상 선택될 수 없게 되었다. 그런데 어머니께서 성택으로 하여금 계속해서 이전의 선택점 E를 구입할 수 있도록 용돈을 올려 주었다. 이를 위해서는 용돈이 32,000원(커피 가격 4,000원×4잔 + 아이스크림 가격 4,000원×4개)이 필요하다. 따라서 어머니는 성택에게 8,000원만큼 용돈을 올려준 것이다. 이것은 성택의 실질소득의 증가를 가져와서 예산선 C는 다시 바깥으로 평행이동을 하면서 E점을 지나게 해 준다. 그런데 예산선 C에서 커피를 4잔보다 많이 소비하는 경우는 최초에 E점을 선택했을 때 선택되지 않은 대안이었으므로 이를 지금 선택하는 것은 약공리를 위반하게 되는 것이다. 따라서 성택은 새로운 예산선 C 아래에서 반드시 4잔 이하의 커피를 마시게 될 것이다. 따라서 정답은 ③이 된다.

확인 TEST

철수는 용돈으로 X, Y만 소비한다. 용돈이 100원이고 X, Y의 가격이 각각 1원일 때 철수는 $(X, Y)=(50, 50)$을 소비했다. 그런데 X의 가격은 그대로인데 Y의 가격이 두 배로 오르자 어머니가 원래 소비하던 상품묶음을 구매할 수 있는 수준으로 용돈을 인상해 주었다. 다음 중 옳지 않은 것은?

[2011, 국회 8급]

① X의 기회비용이 전보다 감소하였다.
② 철수의 용돈은 50원만큼 인상되었다.
③ 철수의 효용은 변화 전의 효용 이상이다.
④ 새로운 예산집합의 면적은 이전보다 크다.
⑤ 철수는 Y를 50개보다 많이 구매할 것이다.

해설 주어진 조건을 그림으로 나타내면 다음과 같다. 최초의 예산선은 I_0이고 이때 철수는 A점에서 소비하고 있었다. 그런데 X재 가격과 용돈이 그대로일 때 Y재 가격만이 두 배(1원 ⇒ 2원)로 오르면 예산선은 I_1으로 회전이동을 하게 된다. 이에 따라 X재의 기회비용은 'Y재 1단위 ⇒ Y재 0.5단위'로 작아진다(①). 그런데 어머니가 철수의 원래 소비점인 A를 계속해서 소비할 수 있도록 용돈을 올려주었다는 것은 A점을 지나갈 수 있도록 예산선을 I_2로 평행이동을 시켜준 것과 동일한 의미이다. 이때 계속해서 A점을 소비하기 위해 필요한 용돈은 X재가 1원이고, Y재가 2원이므로 $1\times50+2\times50=150$원이다. 따라서 철수의 용돈은 50원이 인상된 것이다(②). 한편 이와 같은 예산선의 변화로 이전의 예산집합에 비해 α만큼 작아지고 β만큼 커졌으므로 새로운 예산집합의 면적은 이전에 비해 커지게($\because \alpha<\beta$) 된다(④). 이에 따라 철수의 효용은 변화 이전에 비해 커진다(③). 반면에 철수가 Y재를 50개보다 더 많이 구매하는 선택은 현시선호이론에 따른 약공리를 위반하게 되므로 선택되어서는 안 된다(⑤).

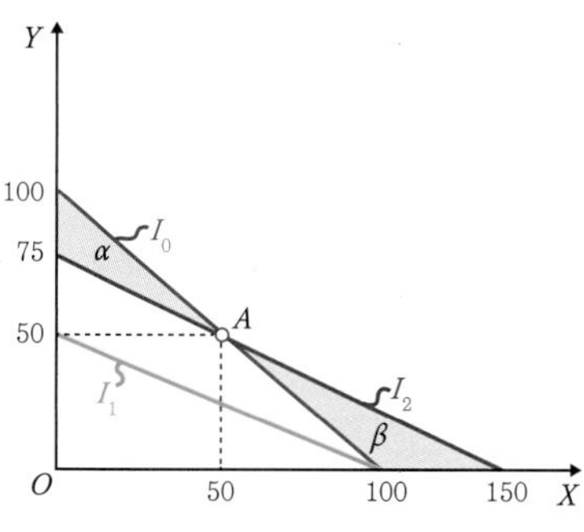

정답 ⑤

② **강공리**(Strong Axiom of Revealed Preference : SARP) : 상이한 예산집합에 속한 두 개의 상품조합을 간접비교하여 소비자가 어느 한 상품조합을 선택한, 즉 간접현시선호로부터 도출된 소비자 선택의 일관성을 의미 A배합을 B배합보다 선호하고 B배합을 C배합보다 선호한다면 A배합을 C배합보다 선호해야 한다는 추이율의 공준을 말한다.

③ **결론** : 강공리가 성립하면 약공리는 성립하지만 그 역은 성립하지 않는다.

현시선호의 강공리와 약공리

만약 a_1이 a_2보다, a_2는 a_3보다, 계속적으로 a_{n-1}은 a_n보다 현시선호되었다면, a_n은 a_1보다 현시선호될 수 없다($n \geq 2$). 이에 따라 n=2일 경우 강공리는 약공리와 일치하게 된다. 즉 강공리를 만족하면 약공리는 자동적으로 성립하게 되는 것이다.

확인 TEST

현시선호이론에 대한 설명으로 옳은 것을 〈보기〉에서 모두 고르면?

[2018. 국회 8급]

〈 보 기 〉

ㄱ. 소비자의 선호체계에 이행성이 있다는 것을 전제로 한다.

ㄴ. 어떤 소비자의 선택행위가 현시선호이론의 공리를 만족시킨다면, 이 소비자의 무차별 곡선은 우하향하게 된다.

ㄷ. $P_0Q_0 \geq P_0Q_1$일 때, 상품묶음 Q_0가 선택되었다면, Q_0가 Q_1보다 현시선호되었다고 말한다(단, P_0는 가격벡터를 나타낸다).

ㄹ. 강공리가 만족된다면 언제나 약공리는 만족된다.

① ㄱ, ㄴ ② ㄴ, ㄷ ③ ㄴ, ㄹ ④ ㄱ, ㄴ, ㄷ ⑤ ㄴ, ㄷ, ㄹ

해설 • 현시선호이론은 소비자의 주관적인 선택을 전제로 하는 무차별곡선에 대한 고려 없이 소비자의 선택행위를 객관적으로 관찰하여 소비자 행동을 분석하는 이론이다. 오히려 반대로 현시선호이론의 공리를 만족시키는 것을 전제로 무차별곡선이 도출된다(ㄴ).

• 소비자 선호체계의 이행성은 무차별곡선 이론에서 전제하고 있는 특성이다. 이로 인해 동일한 소비자의 무차별곡선은 서로 교차할 수 없다는 성질이 도출된다(ㄱ).

• $P_0Q_0 \geq P_0Q_1$일 때, 상품묶음 Q_0가 선택되었다는 것은 동일한 가격체계 P_0하에서는 상품묶음 Q_1도 선택 가능하다는 의미이다. 그럼에도 불구하고 굳이 Q_0를 선택했다는 것은 Q_0가 Q_1보다 직접 현시 선호되었다는 의미이기도 하다(ㄷ).

• 현시선호이론에서 강공리가 만족되면 약공리는 당연히 만족된다(ㄹ). 다만 그 역은 성립하지 않음을 주의한다.

정답 ⑤

❷ 가격효과와 수요곡선 도출의 도해적 설명

가격효과와 수요곡선 도출

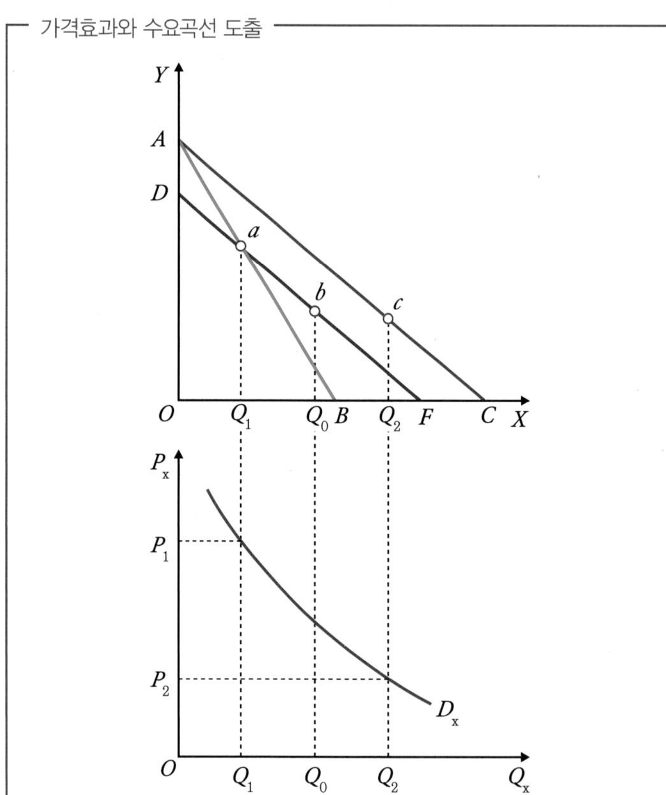

상대가격의 변화에 따른 소비량의 변화(a → b)를 대체효과라라고 하고, 실질소득의 변화에 따른 소비량의 변화(b → c)를 소득효과라라고 한다. 이를 바탕으로 가격의 하락에 의한 최종소비량의 변화(a → c)를 가격-수량 공간으로 옮기면 우하향의 수요곡선을 도출할 수 있다.

1) **대체효과**: 현재 점 a를 현시선호하고 있다고 가정

(1) 만일 X재의 가격이 하락하였다면, 예컨대 예산선은 위 그래프의 AB에서 AC로 이동할 것이다. 이때 원래의 소비점 a를 지나며 새로운 가격선과 평행한 예산선 DF를 그릴 수 있다.

(2) 만일 이 DF선 위에서 선택을 할 때 현시선호의 약공리를 가정하면 DF선상의 점들 중 a의 왼쪽에 있는 선분 Da선상의 점은 선택되지 않으므로 a의 오른쪽에 있는 선분 aF선상의 한 점, 예컨대 b 점을 선택할 것이다.

(3) 이와 같이 점 a에서 b로의 소비자 균형점의 이동을 대체효과라고 할 수 있다.

2) **소득효과**

(1) 예산선이 직선 DF에서 AC로 이동하는 것은 X재 가격의 하락으로 인한 이 소비자의 실질소득의 증가이다.

(2) 실질소득의 증가로 인하여 소비자 균형점이 b에서 AC 선상의 한 점 예컨대 위 그래프의 c로 이동하는 것이 소득효과이다.

(3) 여기서 X재가 정상재이면 c는 b의 오른쪽에 있게 되며, 열등재라면 왼쪽에 있게 된다.

3) **가격효과**

(1) 가격효과는 대체효과와 소득효과의 합으로 이루어지는데 재화의 성질이 정상재인 경우는 물론 소비를 증가시키는 대체효과보다 소비를 감소시키는 소득효과가 작은 일반적인 열등재인 경우에도 새로운 균형점 c는 가격이 하락하기 이전의 균형점 a보다 오른쪽에 있게 되므로 가격의 하락은 소비를 증가시키게 된다.

(2) 만일 X재가 기펜재이면 소득효과가 대체효과를 압도하여 최종소비자 균형점 c는 a의 왼쪽에 있게 되어 가격하락이 오히려 소비를 감소시킨다.

(3) 따라서 효용이라는 개념을 이용하지 않은 현시선호의 개념만으로도 기펜재가 아닌 한, 정상재와 열등재의 경우 가격이 하락할 때 수요량이 증가하는 수요법칙을 설명할 수 있다.

4) **수요곡선의 도출**: 위 그래프에서 가격이 P_1인 경우의 소비자 균형점 a수준에서의 소비량인 Q_1과의 배합점과 가격이 P_2로 하락한 경우의 최종 소비자 균형점 c수준에서의 소비량인 Q_2와의 배합점을 가격-수량 공간으로 옮기면 우하향의 수요곡선을 도출할 수 있다.

③ 결론

1) 효용의 개념을 이용하지 않고 수요곡선을 직접적으로 도출하였다.

2) 기존의 이론보다도 적은 공준으로 무차별곡선을 증명할 수 있다.

무차별곡선의 도출

1. 소비자가 현재 E점의 상품 묶음을 선호한다고 가정하자.

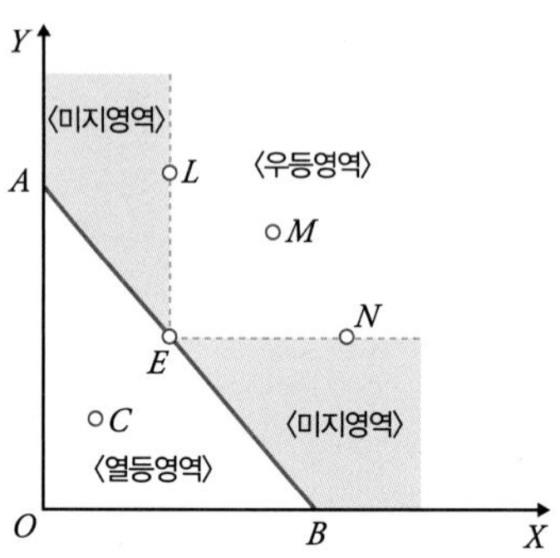

2. E점은 A, B, C점들보다 우월하지만, L, M, N점들보다는 열등하다.
3. 결국 E점과 무차별한 점들이 존재한다면 그곳은 빗금 친 부분일 것이다. 이에 따라 E점을 지나 두 영역을 연결하는 무차별곡선을 도출할 수 있다.

Theme 16 보조제도의 경제적 효과

① 보조제도

1) **보조(subsidy, transfer)의 의의**: 소비자의 생활수준이 열악할 때 이를 개선시키는 것을 말한다.

2) **보조의 목적**: 저소득층에 대한 소득재분배 정책으로서 여러 가지 유형의 생계보조를 통해서 그들의 생활수준을 향상시키는 것을 목적으로 한다.

3) **보조정책에 대한 효과판단의 기준**

(1) 보조정책을 통해서 소비자의 효용이 얼마나 증가했는가?

(2) 보조정책을 통해서 재화의 소비량이 얼마나 증가했는가?

② 현금보조와 현물보조

1) **현금보조(cash transfer)**

(1) **의미**: 일반적인 의미는 정부가 저소득층에게 생활수준의 향상을 위하여 현금을 생활보조금으로 지급하는 것을 말한다.

(2) 현금보조가 이루어지면 그 금액만큼 예산선이 바깥쪽으로 평행이동 ⇒ 소비가능영역이 확대

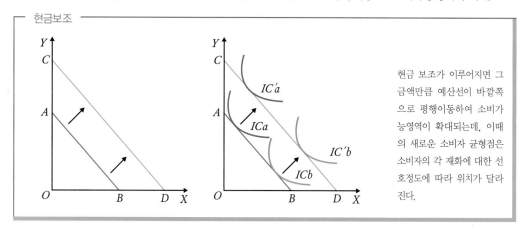

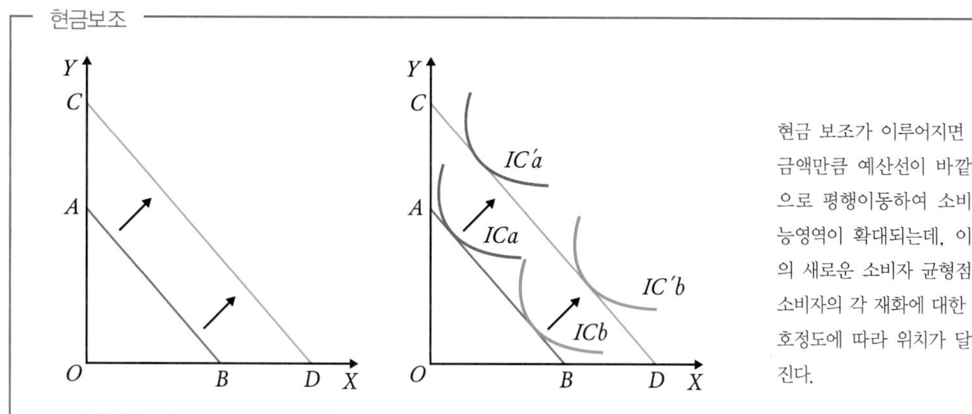
현금보조
Y
C
A
O
B
D
X
Y
C
A
O
B
D
X
IC′a
ICa
IC′b
ICb
현금 보조가 이루어지면 그 금액만큼 예산선이 바깥쪽으로 평행이동하여 소비가능영역이 확대되는데, 이때의 새로운 소비자 균형점은 소비자의 각 재화에 대한 선호정도에 따라 위치가 달라진다.

사례 연구 **현금보조의 효과**

자영업으로 택배업에 종사하고 있는 동현(D. H. Lee) 씨는 연일 계속되는 휘발유 가격의 고공행진으로 어려움에 처해 있다. 이러한 택배업자들의 어려움을 간파한 정부당국은 휘발유 가격 상승으로 택배업자들의 휘발유 소비량 감소분을 보존해 주기 위해 일정한 금액을 보조해주기로 결정했다. 이러한 정부의 보조금 덕분에 동현 씨의 휘발유 소비량은 휘발유 가격이 상승하기 이전 수준만큼은 구입할 수 있게 되었다. 그렇다면 이러한 정부의 보조금 정책은 동현 씨의 효용을 증가시킬 수 있는가? 아니면 현상 유지에 그치는가?

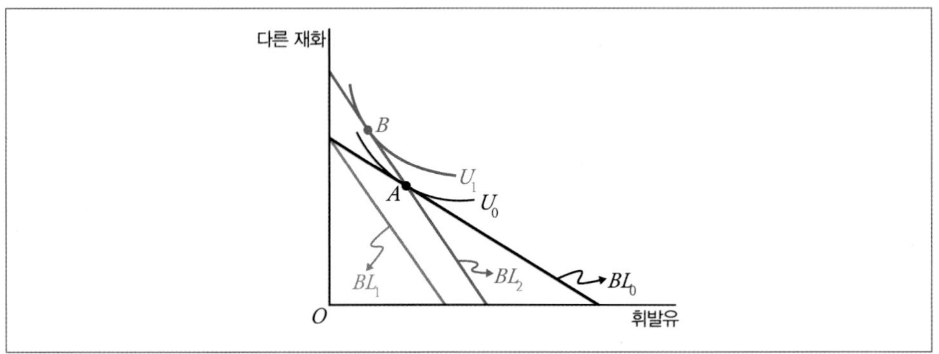

- 그림에서 동현 씨의 기존의 예산선은 BL_0이고, 현재 소비자 균형은 A점에서 이루어지고 있다. 이때 동현 씨가 누릴 수 있는 효용수준은 U_0이다. 이제 휘발유 가격의 상승은 동현 씨의 예산선을 BL_1으로 안쪽으로 이동시켜, 기존의 소비점인 A점은 더 이상 선택할 수 없게 된다.
- 그런데 정부가 동현 씨의 휘발유 소비량이 최소한 이전과 동일해질 수 있는 금액을 보조하기로 하면, 동현 씨의 예산선 BL_1은 기존의 소비점이었던 A점을 지나 평행이동하여 BL_2가 된다. 이에 따라 동현 씨는 정부의 보조금 지급 후의 새로운 예산선 상의 B점을 선택할 수 있게 됨으로써 최초 효용 수준인 U_0에 비해 높은 수준인 U_1의 효용을 달성할 수 있게 된다.

2) 현물보조(in-kind transfer)

(1) 일반적인 의미는 정부가 저소득계층을 위하여 쌀과 같은 현물의 지급을 통하여 생활수준의 향상을 추구하는 것을 말한다.

(2) 현물보조가 이루어지면 그 수량의 금액만큼 예산선이 우측으로 수평이동 ⇒ 소비가능영역이 확대

현물보조

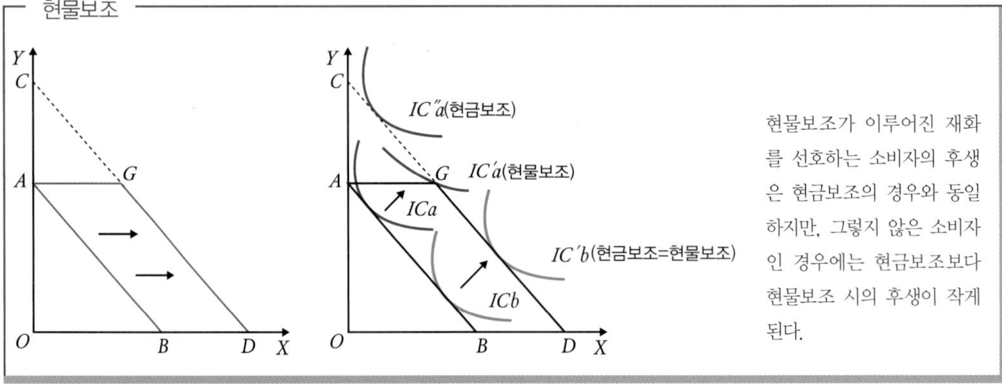

현물보조가 이루어진 재화를 선호하는 소비자의 후생은 현금보조의 경우와 동일하지만, 그렇지 않은 소비자인 경우에는 현금보조보다 현물보조 시의 후생이 작게 된다.

3) 현금보조와 현물보조의 효과

(1) 현물보조는 현금보조에 비해 예산선 영역이 ΔACG만큼 축소

(2) 두 보조의 효과차이는 두 재화의 선호 정도로 나타나는 무차별곡선의 위치와 형태에 따라 달라진다.

(3) 소비자 후생 측면에서는 현금보조가 현물보조보다 상대적으로 우월하다.

(4) 정책 당국이 그럼에도 불구하고 현물보조를 사용한다면 이것은 정책당국이 의도적으로 Y재 소비를 억제하고 X재 소비를 장려하고자 하는 정책적 목적이 있다는 것을 엿볼 수 있다. 만약 Y재가 담배이고 X재가 쌀이라면 그 의도가 명확해질 것이다.

확인 TEST

매년 40만 원을 정부로부터 지원받는 한 저소득층 가구에서 매년 100kg의 쌀을 소비하고 있었다. 그런데 정부가 현금 대신 매년 200kg의 쌀을 지원하기로 했다. 쌀의 시장가격은 kg당 2,000원이어서 지원되는 쌀의 가치는 40만 원이다. 쌀의 재판매가 금지되어 있다고 할 때, 다음 설명 중 옳지 않은 것은? (단, 이 가구의 무차별곡선은 원점에 대해 볼록하다.) [2016, 지방직 7급]

① 이 가구는 새로 도입된 현물급여보다 기존의 현금급여를 선호할 것이다.
② 현물급여를 받은 후 이 가구의 예산집합 면적은 현금급여의 경우와 차이가 없다.
③ 이 가구는 새로운 제도 하에서 쌀 소비량을 늘릴 가능성이 크다.
④ 만약 쌀을 kg당 1,500원에 팔 수 있는 재판매 시장이 존재하면, 이 가구는 그 시장을 활용할 수도 있다.

해설 • 현금보조에서 특정재화(쌀)에 대한 현물보조로 변할 때 예산선의 변화는 다음 그림과 같이 나타난다.

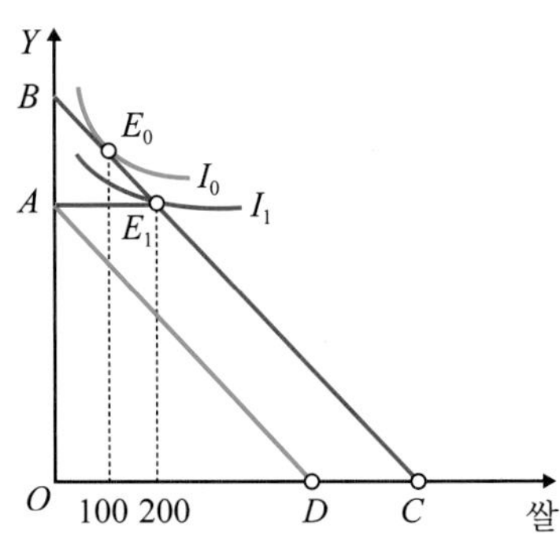

• 그림에 나타난 것처럼 현금보조 대신에 쌀에 대한 현물보조가 이루어지면 '예산선 AD'는 '예산선 BC'로 이동하는 대신 '예산선 AE_1C'로 이동하게 된다. 이에 따라 예산집합의 면적은 삼각형 OBC에서 사다리꼴 OAE_1C로 변하게 되어, 결과적으로 삼각형 ABE_1만큼 작아진다. 예산집합 면적이 감소한다는 것은 이 가구의 소비선택 범위가 감소하게 된다는 것을 의미한다.

• 한편 기존의 시장에서의 쌀 가치에 해당하는 40만 원을 현금으로 보조받았음에도 불구하고, 이 가구의 소비량이 20만 원어치만큼의 100kg만 소비했으므로, 보조금의 절반으로 다른 재화소비에 지출하는 것을 선택했다는 것을 알 수 있다.

• 그런데 쌀의 재판매가 금지되어 있으므로 이 가구는 보조받은 모든 쌀을 그대로 소비할 수밖에 없고, 이에 따라 쌀 소비량은 100kg에서 200kg으로 증가하게 된다(③). 따라서 이러한 결과는 이 가구가 선호하는 것이 현물보조보다는 현금보조라는 것을 알 수 있다(①).

• 다만 쌀을 재판매할 수 있는 시장이 존재한다면 보조받은 쌀 중의 일부를 판매하여, 다른 재화 소비를 증가시킬 수도 있다(④).

정답 ②

③ 현금보조와 가격보조

1) 가격보조(price subsidy)

(1) 특정 재화를 구입할 때 그 재화의 가격을 할인해 주는 보조를 말한다.

(2) 가격 보조는 재화의 가격이 하락한 효과와 같으므로 예산선은 바깥쪽으로 회전이동한다.

(3) 일반적으로 현금보조 때의 효용(U_2)이 가격보조 때의 효용(U_1)보다 크다.

가격보조

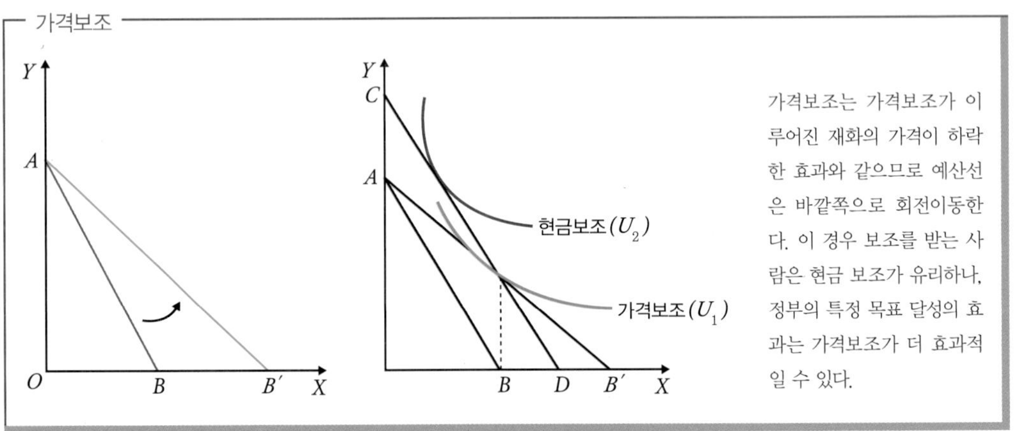

가격보조는 가격보조가 이루어진 재화의 가격이 하락한 효과와 같으므로 예산선은 바깥쪽으로 회전이동한다. 이 경우 보조를 받는 사람은 현금 보조가 유리하나, 정부의 특정 목표 달성의 효과는 가격보조가 더 효과적일 수 있다.

사례 연구 가격보조의 효과

◈ 병태의 한 달 용돈은 500,000원이다. 병태는 용돈으로 '몸짱 피트니스 센터'에서 1회당 20,000원인 PT 프로그램을 수강하고 있다. 그런데 '몸짱 피트니스 센터'에서는 PT 수강 횟수가 10회를 초과하는 경우에는 수강료를 50% 할인하는 특별 이벤트를 진행하고 있다.

1. 병태의 예산선을 그리면?

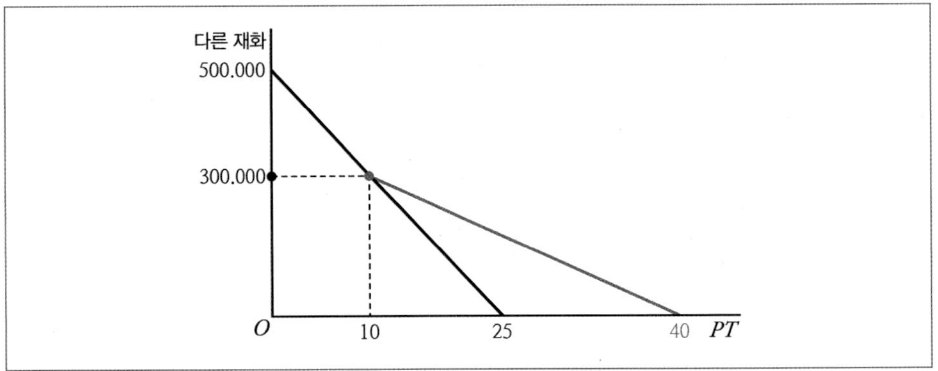

그림에서 보는 바와 같이 병태의 예산선은 PT 수강 횟수가 10회를 초과하는 순간부터 꺾이는 모습을 보인다.

2. 병태가 PT에 별관심이 없어 PT 수강을 5회만 하고 있는 경우 '몸짱 피트니스 센터'의 특별 이벤트는 병태의 효용을 높일 수 있는가?

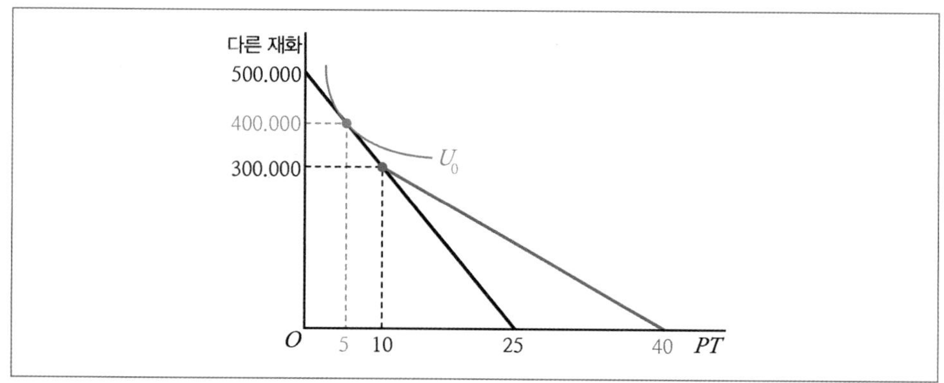

그림에서 보는 바와 같이 병태의 PT 수강 횟수가 5회에 그치기 때문에 '몸짱 피트니스 센터'의 특별 이벤트가 적용되지 않는 예산선의 한 점에서 접한다. 이것은 병태의 효용을 높일 수 없다는 것을 의미한다.

3. 병태가 PT에 관심이 많아 PT 수강을 18회를 하고 있는 경우 '몸짱 피트니스 센터'의 특별 이벤트는 병태의 효용을 높일 수 있는가?

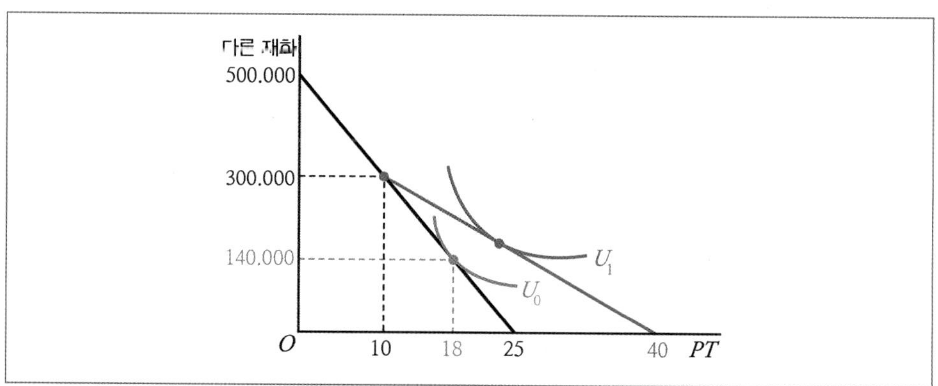

그림에서 보는 바와 같이 병태의 PT 수강 횟수가 18회이기 때문에 병태의 새로운 무차별곡선은 '몸짱 피트니스 센터'의 특별 이벤트가 적용되는 예산선의 한 점으로 이동할 수 있다. 이것은 병태의 효용을 높일 수 있다는 것을 의미한다.

2) 현금보조와 가격보조의 효과

(1) 두 보조의 효과 차이는 두 재화의 선호 정도로 나타나는 무차별곡선의 위치와 형태에 따라 다르게 나타나게 된다.

(2) 보조를 받는 사람은 현금보조가 유리하나, 정부의 특정 목표 달성의 효과는 가격보조가 더 효과적일 수 있다.

가격보조와 동일한 예산을 현금으로 보조하는 경우

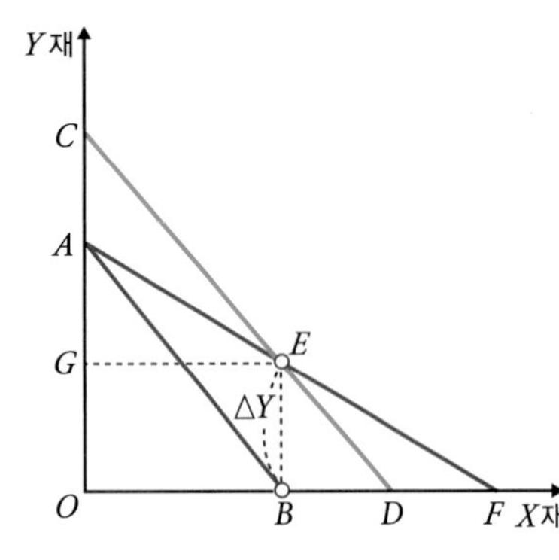

가격선이 AB일 때 X재에 가격보조를 하면 X재의 가격이 하락하므로 가격선이 AF로 회전이동을 하게 된다. 소비자가 가격보조 이전에 X재를 E점에서 OB만큼 소비한다면 Y재 소비량을 AO만큼 줄여야 하지만, 가격보조 이후에는 X재 가격이 낮아져서 Y재 소비량을 AG만큼만 줄이면 된다. 따라서 $GO(=EB)$는 가격보조액과 같다.

이제 가격보조와 동일한 예산을 현금으로 보조한다고 하자. 현금보조 이전에 X재를 OB만큼 소비한다면 현금보조 이후에는 Y재를 $EB(\Delta Y)$만큼 더 소비할 수 있으므로 가격선은 AB에서 E점을 통과하는 CD로 이동하게 된다.

확인 TEST

A시의 70세 이상 노인들에 대한 다음 설명 중 옳은 것은?

[2014. 국회 8급]

〈 보 기 〉

A시의 시민은 대중교통(X재)과 그 밖의 재화(Y재)를 소비하여 효용을 얻는다. 현재 A시의 70세 이상 노인은 X재를 반값에 이용하고 있다. 이제 A시에서 70세 이상 노인에게 X재 요금을 할인해 주지 않는 대신, 이전에 할인받던 만큼을 현금으로 지원해 주기로 했다(이하 현금지원정책).

① 현금지원정책 시 예산선의 기울기가 대중교통요금 할인 시 예산선의 기울기와 같다.
② X재 소비가 현금지원정책 실시 전에 비해 증가한다.
③ Y재 소비가 현금지원정책 실시 전에 비해 감소한다.
④ 소득으로 구매할 수 있는 X재의 최대량이 현금지원정책 실시 이전보다 증가한다.
⑤ 효용이 현금지원정책 실시 전에 비해 감소하지 않는다.

해설 주어진 문제는 X재에 대한 가격보조에서 현금보조로 바꾼 경우에 대해 묻고 있다. 처음의 소비점을 E점이라고 가정할 때, 이러한 변화를 그림으로 나타내면 다음과 같다. 그림에서 기존의 예산선은 직선 AB, X재에 대해 가격보조를 했을 때의 예산선은 직선 AF, 현금보조로 바꾼 경우의 예산선은 직선 CD가 된다. 따라서 현금지원정책 시 예산선의 기울기가 대중교통요금 할인 시 예산선의 기울기보다 가파르다(①). 이제 새로운 예산선인 직선 CD 위에서 소비는 E점의 좌상방에서 이루어진다. 이에 따라 현금지원정책 실시 전에 비해 X재 소비는 감소하고, Y재 소비는 증가하게 된다(②, ③, ④). 새로운 소비점에서의 효용은 이전과 동일하거나 이전에 비해 효용이 증가하게 된다(⑤).

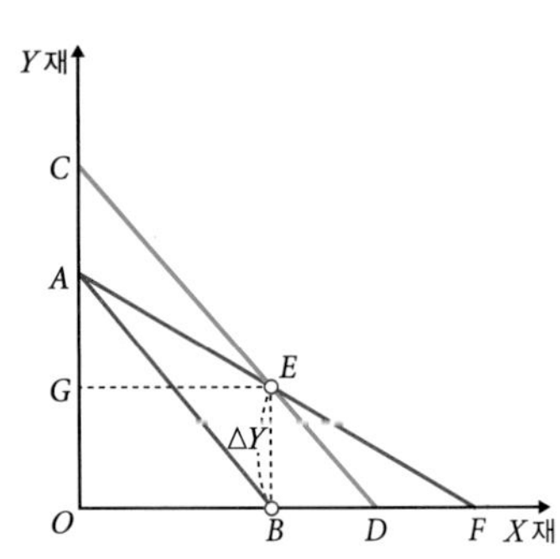

정답 ⑤

④ 세 가지 보조의 상호비교

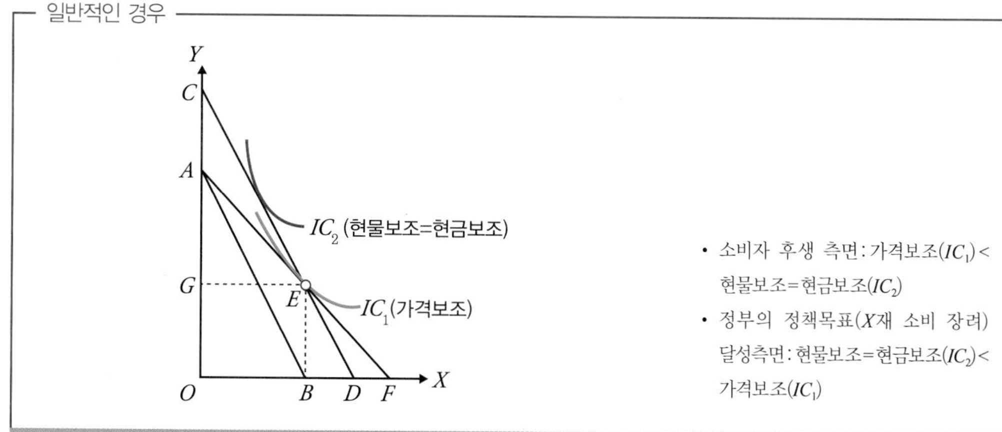

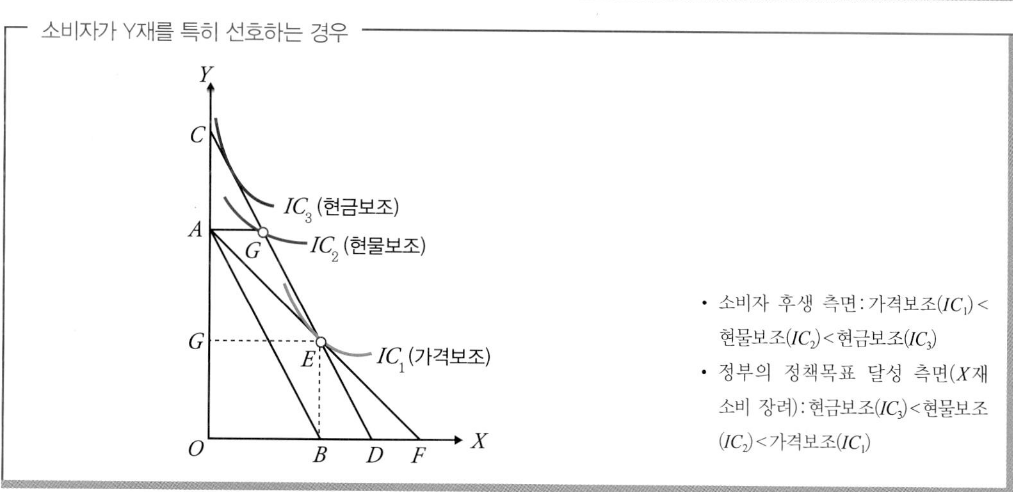

주의

가격보조 후 동일한 크기의 현금보조를 한 경우에 *ED*구간에서 소비가 이루어지지 않고 *CE*구간에서 소비가 이루어지는 이유는 다음과 같다. 가격보조가 있을 때 *ED*구간도 선택할 수 있었음에도 불구하고 *E*점을 선택한 것은 *ED*구간의 어떤 점보다도 *E*점을 선호한다는 것이다. 그런데 그 후 현금보조가 이루어지고 이때 *ED*구간 중 한 점을 선택하는 것은 현시선호이론에서의 약공리를 위반하게 되는 선택이므로 허용되지 않는 것이다.

조세 부과에 따른 효용과 소비량의 변화

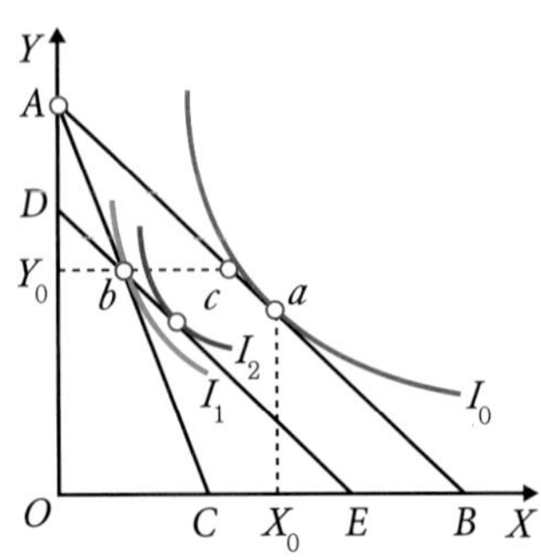

X재에 t%의 물품세를 부과하면 이는 곧 X재의 상대가격의 상승과 동일한 효과가 나타나므로 가격선 AB는 AC로 회전이동을 하게 된다. 이에 따라 새로운 소비자 균형점은 a에서 b로 이동하게 된다. 이때 대체효과에 따라 상대가격이 상승한 X재의 소비는 이전보다 감소하게 되고 상대가격이 하락한 Y재 소비는 증가하게 된다. 이에 따라 소비자의 효용의 크기는 I_0에서 I_1으로 감소하게 된다.

이때 물품세와 동일한 크기의 소득세를 부과한다고 하자. 이는 실질소득의 감소를 가져와 가격선은 bc만큼 안쪽으로 평행이동을 하게 되어 새로운 가격선 DE가 된다. 이에 따라 소비자는 가격선 중에서 bE 구간에서 새로운 균형을 찾게 된다. 왜냐하면 Db구간를 선택하면 약공리를 위반하기 때문이다. 이제 새로운 균형점은 bE 구간의 한 점인 d가 되어 소비자는 I_2의 효용을 누리게 된다.

이제 물품세와 소득세 부과에 따른 효과를 비교해 보면 효용수준은 상대적으로 소득세를 부과할 때 높고, X재 소비억제의 효과는 물품세를 부과할 때 크게 나타나게 된다.

Theme 17 소비자 선택이론의 가정과 불확실성하의 현실

① 가정과 현실

1) 전통적 소비자 이론에서 전제된 가정

(1) 위험(risk)이나 불확실성(uncertainty)이 전혀 상존하지 않는, 확실성의 경제 환경을 묵시적으로 가정하여 소비자의 최적 선택을 분석한다.

> 위험(risk)과 불확실성(uncertainty)
>
> 이론적으로 엄격히 설명하면 위험은 소비행위의 예상치 않은 결과에 관한 확률분포를 알고 있는 경우를 그리고 불확실성은 확률분포조차도 모르는 상태를 의미한다. 그러나 우리는 이를 구분하지 않고 두 경우 모두 그 확률분포를 알고 있는 것으로 가정하기로 한다.

(2) 소비자들이 다양한 상품들을 구매할 때 그 상품의 가격이나 품질 등 상품에 관한 충분한 정보를 갖고 있어 소비로부터 얻게 되는 만족수준(효용)에 관하여 정확히 알고 있는 것으로 가정한다.

2) 경제 현실

(1) 현실의 세계에서 상품을 소비하는 경우 그 상품의 가격이나 품질 등에 관하여 충분한 정보를 갖지 못하거나 정보를 얻는 데 비용이 소요되어 소비행위에 위험이나 불확실성이 수반됨으로써 효용이나 후생이 하락하는 경우가 일반적이다.

(2) 복권, 보험, 주식 등의 경우에 상품 그 자체의 속성상 소비결과를 확실히 보장할 수 없는 경우가 이에 해당한다.

② 쌍트 페테르부르크의 역설(St. Petersburg's paradox)

1) 의의

(1) **의미**: 위험과 불확실성이 소비자의 의사결정에 어떠한 영향을 미치는가를 설명하기 위하여 18세기의 수학자 베르누이(D. Bernoulli)가 분석한 쌍트 페테르부르크의 한 도박장과 관련된 것을 말한다.

(2) 내용

① 10,000루불의 입장료를 지불하면 동전을 던져서 n번째만에 처음으로 앞면이 나오면 2^n루불의 상금을 지급하는 도박에 참여할 수 있다.

② n번째 앞면이 나오기 위해서는 (n-1)번째까지 계속해서 뒷면이 나와야 하는데 이 확률 (p_{n-1})은 $1/2^{(n-1)}$이고, 마지막 n번째 앞면이 나올 확률 (p_n)은 $1/2^n$이다.

③ 이상의 도박에서 얻을 수 있는 기대소득(expected income)을 구해보면 무한대(∞)가 된다.

$$기대소득(E) = E(X) = \sum_{i=1}^{\infty} p_i \times X_i = \sum_{i=1}^{\infty} \frac{1}{2^i} \times 2^i = 1 + 1 + 1 + \cdots = \infty$$

④ 기대소득이 무한대임에도 불구하고 기대소득에 비하면 아주 하찮은 액수인 10,000루블의 입장료를 지불하고 도박에 참여를 원하는 사람은 아무도 없었다.

이유

위 예에서 13번째에 처음으로 앞면이 나올 때 도박에서 얻는 금액은 8,192루블이며, 14번째에 처음으로 앞면이 나올 때 얻는 금액은 16,384루블이 된다. 그러므로 이 도박에서 참가비 이상의 금액을 얻어내기 위해서는 14번째 이후에 앞면이 처음으로 나와야 하는데 13번째 이전에 앞면이 나올 확률이 $1-\frac{1}{8192}$로서 거의 1에 가깝다. 당연히 14번째에서 앞면이 나올 확률은 $\frac{1}{8192}$로 거의 0에 가깝다.

이에 따라 순기대소득은 무한대이지만 참가비조차 보상받지 못할 위험이 너무나 크기 때문에 아무도 이 도박에 응하지 않은 것이다.

2) 역설에 대한 베르누이의 해명

(1) 상금이 증가함에 따라 단위당 심리적인 만족도(가치)는 감소하며, 도박의 참가 여부는 상금의 화폐가치에 의하여 결정되는 것이 아니라, 심리적 만족도에 의하여 결정된다.

(2) 도박에 따른 심리적 만족도는 무한대로 나타나는 화폐적 가치에 훨씬 미치지 못하기 때문에 아무도 그 도박에 참여하지 않게 된다.

3) 해명의 의의

(1) 상금규모가 증가함에 따라 상금 단위당 심리적 만족도가 줄어든다는 베르누이의 설명은 곧 상금이 증가함에 따라 추가상금에 대한 한계효용이 체감함을 의미한다. 즉, 소득의 한계효용이 체감함을 의미하는 것이다.

(2) 베르누이의 해명은 불확실성 하의 소비자의 의사결정이 기대소득(expected income)에 의하지 않고 기대효용(expected utility)에 의존함을 시사하는 것이다. 즉, 기대소득의 크기로써만 행위의 소망스러운 정도를 판정하게 되면 위험이 소비자의 의사결정에 미치는 영향을 설명하지 못하게 된다.

(3) 베르누이에 의해 그 단초가 제공된 불확실성 하의 의사결정에 관한 최초의 현대적 분석은 1940년대에 들어와 폰 노이만(J. von Neumann)과 몰겐스턴(O. Morgenstern)의 기대효용가설(expected utility hypothesis)에서 출발하였다.

폰 노이만-몰겐스턴의 기대효용함수

소비자 A가 우산을 제조하는 회사의 주식과 선글라스를 제조하는 회사의 주식을 구입한다고 가정하자. 한 주당 500원씩인 이들 주식 구입의 결과는 여름 날씨에 따라 그 희비가 엇갈릴 것이다. 예컨대 여름에 맑은 날이 계속되고 그 자외선의 강도가 강하다면 선글라스 수요가 많을 것이고 이에 따라 그 주가는 상승하는 반면에 우산제조회사의 주가는 하락할 것이다. 반면에 장마가 계속된다면 주가변동은 반대로 나타날 것이다. A의 주식 구입에 따른 만족의 정도는 여름 날씨가 계속 맑을 것인가 아니면 장마가 계속될 것인가의 가능성(확률)에 큰 영향을 받을 것이다.

만약 X_1과 X_2를 각각 선글라스와 우산 제조회사 주식구입으로 여름에 예상되는 주식가격이라 하고, p_1과 p_2를 각각 여름 날씨가 맑을 경우와 장마가 계속될 확률이라면 이들 주식구입으로 기대되는 효용은 다음의 기대효용함수로 표시된다.

$$\text{기대효용} = E[U(X)] = \sum_{i=1}^{2} p_i U(X_i) = p_1 U(X_1) + p_2 U(X_2)$$

Theme 18 기대효용가설

❶ 기대소득과 기대효용

1) 기대소득(Expected Value : 기대치)

(1) 불확실한 상황에서 예상되는 금액(소득)의 크기

(2) 어떤 사건이 일어날 확률에다 그 사건이 일어났을 때 받게 되는 금액을 곱하여 구한다.

$$\text{기대효용}(EU) = \sum_{i=1}^{n} p_i U(X_i)$$

확인 TEST

갑돌이와 갑순이는 서로 이웃하며 농장을 경영하고 있다. 각 농장은 연수익은 작황이 나쁜 해에는 200만 원, 좋은 해에는 1,800만 원으로 예상치 못하게 변동하며 좋은 해와 나쁜 해의 확률은 각각 50%씩이다. 갑돌이는 갑순이보다 위험회피적이어서 불확실한 수익보다는 600만 원의 수익을 선호한다. 갑순이는 갑돌이에게 연 600만 원의 수익을 보장하기로 하고 대신 두 농장의 총수익을 가져가기로 제안할 때 갑순이가 예상하는 ㉠ 최저수익, ㉡ 최대수익, ㉢ 연평균수익은 각각 얼마인가?

[2009, 국가직 7급]

	㉠	㉡	㉢
①	400만 원	3,600만 원	1,000만 원
②	400만 원	3,000만 원	1,400만 원
③	−200만 원	3,000만 원	1,000만 원
④	−200만 원	3,000만 원	1,400만 원

해설 주어진 확률에 따른 각각의 수익은 다음과 같다.

- 최저수익 : 두 농장의 작황이 동시에 나쁜 해의 연수익은 각각 200만 원이므로 총수익은 연 400만 원이다. 그런데 갑순이가 갑돌이에게 보장한 연수익이 600만 원이므로 갑순이의 최저수익은 -200만 원이 된다.
- 최대수익 : 두 농장의 작황이 동시에 좋은 해의 연수익은 각각 1,800만 원이므로 총수익은 연 3,600만 원이다. 그런데 갑순이가 갑돌이에게 보장한 연수익이 600만원이므로 갑순이의 최대수익은 3,000만 원이 된다.
- 연평균수익 : $\frac{1}{2} \times \text{최저수익} + \frac{1}{2} \times \text{최대수익} = \frac{1}{2} \times (-200) + \frac{1}{2} \times 3,000 = 1,400(\text{만원})$

정답 ④

2) 기대효용(expected utility : 효용의 기대치)

(1) 불확실한 상황에서 얻을 것으로 예상되는 효용에 대한 기대치

효용(U)과 기대효용(EU)

효용은 확실한 소득을 상품소비에 지출해서 얻는 만족을 말한다. 지금 지갑 속에 있는 5,000원으로 맥주를 한 잔 마실 때 얻게 되는 만족이 이에 해당한다. 반면에 기대효용은 불확실한 기대소득을 통한 만족을 말한다. 예컨대 지금 지갑 속에 있는 5,000원으로 로또복권을 구입한 사람이 복권이 당첨되면 세계 일주를 꿈꾼다면 이때 얻게 될 만족이 곧 기대효용인 것이다.

(2) 어떤 사건이 일어날 확률에다 그 사건이 일어났을 때 얻게 되는 효용을 곱하여 구한다.

$$\text{기대효용}(EU) = \sum_{i=1}^{n} p_i U(X_i)$$

확인 TEST

甲의 효용함수는 $u(x)=\sqrt{x}$로 표현된다. 甲은 현재 소득이 0원이며, $\frac{1}{3}$의 당첨 확률로 상금 100원을 받는 복권을 갖고 있다. 상금의 일부를 포기하는 대신에 당첨될 확률을 $\frac{2}{3}$로 높일 수 있을 때, 甲이 포기할 용의가 있는 최대 금액은? (단, x는 원으로 표시된 소득이다.) [2018, 국가직 7급]

① $\frac{100}{3}$원 ② 50원 ③ $\frac{200}{3}$원 ④ 75원

해설
- $\frac{1}{3}$의 당첨 확률로 상금 100원을 받는 복권의 기대효용(EU_1)은 다음과 같다.

$$EU_1 = \frac{1}{3} \times \sqrt{100} + \frac{2}{3} \times \sqrt{0} = \frac{\sqrt{100}}{3}$$

- 상금 100원에서 일부(A)를 포기하는 대신에 당첨될 확률이 $\frac{2}{3}$인 경우의 기대효용(EU_2)은 다음과 같다.

$$EU_2 = \frac{2}{3} \times \sqrt{100-A} + \frac{1}{3} \times \sqrt{0} = \frac{2\sqrt{100-A}}{3}$$

이에 따라 만약 $\frac{1}{3}$의 확률로 받을 수 있는 상금 100원의 일부(A)를 포기하는 대신에, 당첨될 확률을 $\frac{2}{3}$로 높여도 기대효용이 '최소한 작지만 않다면(=같거나 크다면)', 甲은 이를 위해 상금의 일정부분(A)을 포기할 수 있다. 이것은 '$EU_1 \leq EU_2$' 조건을 만족할 때, 가능해진다.
- 앞에서 도출한 각각의 기대효용을 이용하여 '$EU_1 \leq EU_2$' 조건을 만족하는 A의 범위를 구하면 다음과 같다.

$$EU_1 \leq EU_2 \Rightarrow \frac{\sqrt{100}}{3} \leq \frac{2\sqrt{100-A}}{3} \Rightarrow 100 \leq 4(100-A) \Rightarrow 25 \leq 100-A \Rightarrow \therefore A \leq 75$$

결국 甲이 포기할 수 있는 상금(A)의 최대치는 75(원)이 된다.
- 만약 A값이 75원보다 크다면 '$EU_1 > EU_2$'가 되어 기존의 복권을 그대로 유지하는 것이 유리해지므로, 당첨확률을 $\frac{2}{3}$로 높이려 하지 않을 것이다.

정답 ④

❷ 위험에 대한 태도

1) 구분의 기준

(1) 위험(risk)의 의미

① 위험이란 발생 가능한 모든 사건이 가져올 각각의 상금(소득)의 분산(또는 표준편차) ⇒ 소득의 변동 정도

② 위험에 대한 태도는 크게 위험 기피적 태도, 위험 애호적 태도, 위험 중립적 태도의 세 가지로 나눈다. 이렇게 구분하는 기준은 '공정한 도박'에 대한 태도이다.

(2) 공정한 도박(fair gamble)

① 기대소득에서 비용(가격)을 뺀 것을 순기대소득이라 한다.

순기대소득 = 기대소득 − 비용(가격)

② 위험한 기회에 참여해 얻을 수 있는 순기대소득이 0인 경우, 즉 기대소득과 비용이 같은 경우를 공정한 도박이라 한다. 이때 순기대소득이 양인 기회를 유리한 도박, 음인 기회를 불리한 도박이라 한다.

도박의 분류

당첨될 확률이 0.1이고 상금이 100만 원인 복권의 기대소득은 낙첨될 확률이 0.9이므로

기대소득 = 0.1 × 100만 원+0.9 × 0=10만 원

이 된다. 따라서 이 복권가격이 10만 원이면 공정한 도박이 된다.
그러나 이 경우에 복권가격이 10만 원보다 싸면 유리한 도박이고, 10만 원보다 비싸면 불리한 도박이 된다.

2) 위험에 대한 태도 유형

(1) 위험 기피적(Risk Averse) 태도

① 공정한 도박의 기회가 주어져도 참여하지 않는 사람은 위험 기피적이다.

② 위험 기피자는 불확실성 기피자이므로 불확실성이 없는 소득을 선호 ⇒ 유리한 도박에만 참여하기 때문에 불확실성을 줄이기 위해 보험에 가입

(2) 위험 애호적(Risk Loving) 태도

① 공정한 도박의 기회가 주어지면 반드시 참여하는 사람은 위험 애호적이다.

② 위험 애호자는 불확실성 애호자이므로 불확실성이 있는 소득을 선호 ⇒ 공정한 도박을 즐기는 것은 물론 불리한 도박에도 참여

(3) 위험 중립적(Risk Neutral) 태도

① 공정한 도박에 참여하든, 안하든 무차별한 사람은 위험 중립적이다.

② 위험 중립자는 공정한 도박에 참여할 수도 있고 안 할 수도 있다.

복권과 보험의 동시적 존재

위험기피적인 사람은 보험에 가입할 가능성은 있으나 복권을 사거나 도박을 하지 않는다. 반면 위험애호적인 사람은 결코 보험에 가입하지 않을 것이다. 그러나 현실적으로 보험에 가입한 많은 사람들이 동시에 복권이나 적은 액수의 도박을 즐기고 있다. 이러한 현실을 기대효용 개념으로 어떻게 설명할 수 있을까?

한 가지 가능한 설명은 사람들은 보통 위험기피적이지만 도박이 오락으로서의 즐거움을 주기 때문에 도박을 한다는 것이다. 또 다른 설명은 M. Friedman과 L. J. Savage에 의해 제시되었다. 사람들은 적은 금액이 걸려 있을 때는 위험애호적이지만, 큰 액수에 대해서는 위험기피적이라는 설명이다. 즉, 동일한 사람이라도 소득수준의 변화에 따라 위험에 대한 태도가 변한다는 것이다. 이러한 사람들의 효용함수는 처음에는 밑으로 볼록하다가 원점에서 멀어짐에 따라 오목하게 되는 형태를 갖게 되며, 이를 Friedman-Savage 가설이라고 한다.

Theme 19 보험시장과 소비자

❶ 소비자의 효용함수

1) 가정

(1) 소비자 A의 재산이 W인데 화재가 발생하면 대부분 손실(L)되고 $(W-L)$ 만큼 남는다고 가정하자. 이때 기대소득은 다음과 같이 계산한다.

$$\text{기대소득}(EW)=p(W-L)+(1-p)W$$
(p: 화재발생확률, W: 사고 전 재산, L: 화재로 인한 손실)

이때 화재발생 이전 A의 재산이 900이고, 화재발생 시 손실액이 800이라 가정하자. 이에 따라 기대소득은 다음과 같다.

화재 발생 확률 (화재 미발생 확률)	$p(W-L)+(1-p)W$	기대 소득 (EW)
0%(100%)	0.0×100+1.0×900=0+900	900
10%(90%)	0.1×100+0.9×900=10+810	820
20%(80%)	0.2×100+0.8×900=20+720	740
30%(70%)	0.3×100+0.7×900=30+630	660
……	……	……
90%(10%)	0.9×100+0.1×900=90+90	180
100%(0%)	1.0×100+0.0×900=100+0	100

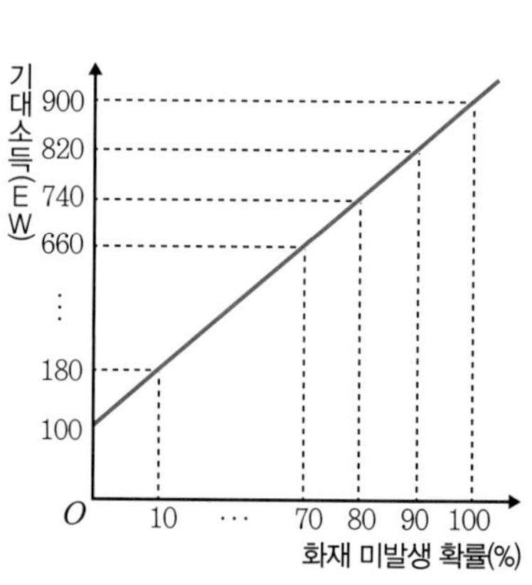

위 표를 그래프로 그리면 우상향하는 직선으로 나타난다.

(2) 소비자 A의 효용함수가 $U=\sqrt{W}$라고 하면 기대효용함수는 다음과 같이 계산된다.

$$\text{기대효용}(EU)=p\times U(W-L)+(1-p)\times U(W)$$

이에 따라 기대효용은 다음과 같다.

화재 발생 확률 (화재 미발생 확률)	$p \times U(W-L)+(1-p) \times U(W)$	기대 효용 (EU)
0%(100%)	$0.0\times\sqrt{100}+1.0\times\sqrt{900}=0+30$	30
10%(90%)	$0.1\times\sqrt{100}+0.9\times\sqrt{900}=1+27$	28
20%(80%)	$0.2\times\sqrt{100}+0.8\times\sqrt{900}=2+24$	26
30%(70%)	$0.3\times\sqrt{100}+0.7\times\sqrt{900}=3+21$	24
……	……	……
90%(10%)	$0.9\times\sqrt{100}+0.1\times\sqrt{900}=9+3$	12
100%(0%)	$1.0\times\sqrt{100}+0.0\times\sqrt{900}=10+0$	10

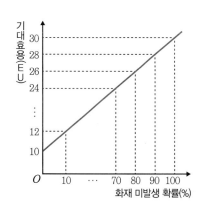

위 표를 그래프로 그리면 우상향하는 직선으로 나타난다.

2) 보험가입여부

(1) 위험 기피자의 경우

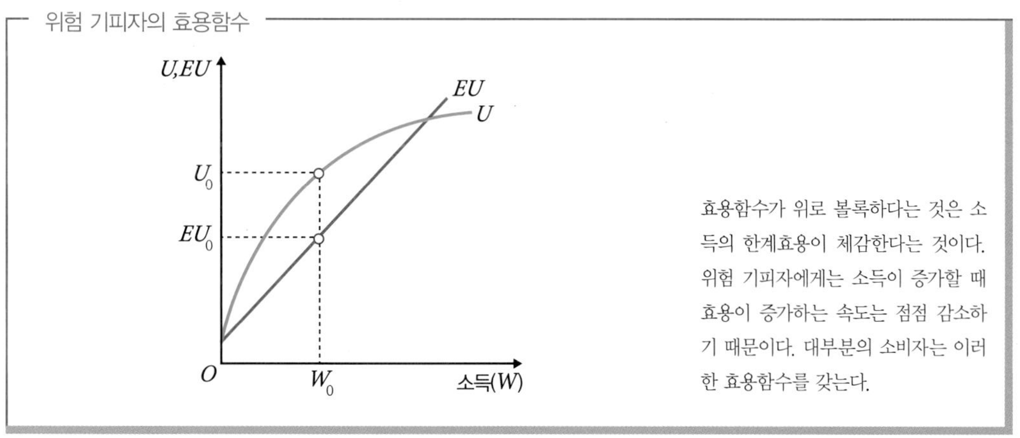
위험 기피자의 효용함수
U,EU
EU
U
U_0
EU_0
O
W_0
소득(W)
효용함수가 위로 볼록하다는 것은 소득의 한계효용이 체감한다는 것이다. 위험 기피자에게는 소득이 증가할 때 효용이 증가하는 속도는 점점 감소하기 때문이다. 대부분의 소비자는 이러한 효용함수를 갖는다.

① 위로 볼록한 효용곡선은 소득의 한계효용이 체감한다는 것이다. 위험 기피자에게는 소득이 증가할 때 효용이 증가하는 속도는 점점 감소하기 때문이다. 대부분의 소비자는 이러한 효용함수를 갖는다.

② 언제 화재가 발생하게 될지 모르는 불확실한 상황을 혐오하고 확실한 것을 선호하는 위험 기피자는 화재보험에 가입하지 않은 상황에서 기대되는 효용(EU)보다 보험회사에서 확실하게 보장해주는 효용(U)을 더 크게 생각하므로 보험에 가입한다.

(2) 위험 애호자의 경우

위험 애호자의 효용함수

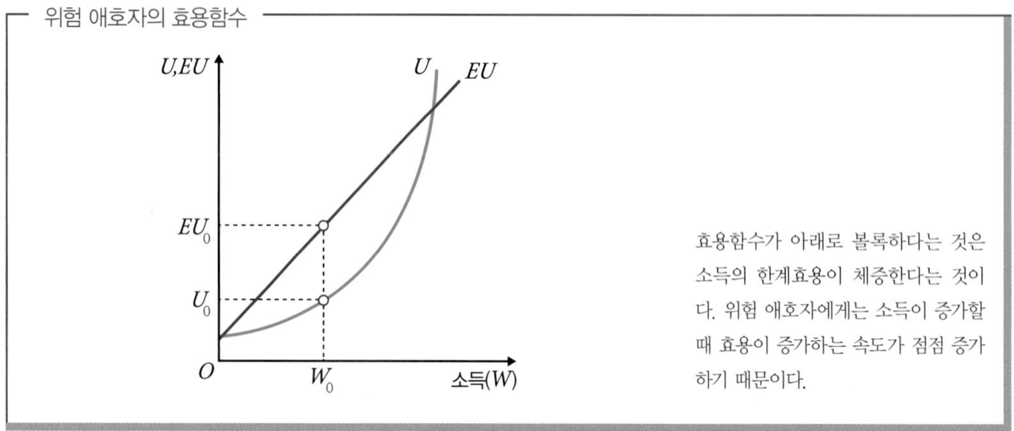
U,EU
U
EU
EU_0
U_0
O
W_0
소득(W)
효용함수가 아래로 볼록하다는 것은 소득의 한계효용이 체증한다는 것이다. 위험 애호자에게는 소득이 증가할 때 효용이 증가하는 속도가 점점 증가하기 때문이다.

① 아래로 볼록한 효용곡선은 소득의 한계효용이 체증한다는 것이다. 위험 애호자에게는 소득이 증가할 때 효용이 증가하는 속도가 점점 증가하기 때문이다.

② 위험을 선호하고 확실한 것을 마다하는 위험 애호자는 보험료를 통해서 얻는 확실한 효용을 그리 대수롭지 않게 여길 것이다. 따라서 매달 꼬박꼬박 보험료를 내는 것보다는 화재가 발생하면 차라리 자기부담으로 해결하는 것이 더 낫다고 생각하므로 보험에 가입하지 않는다.

(3) 위험 중립자의 경우

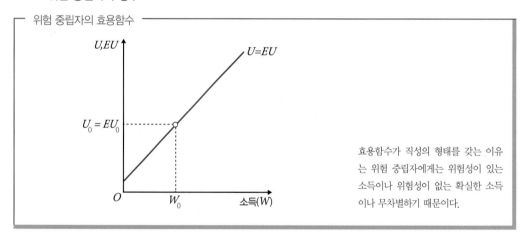

위험 중립자의 효용함수

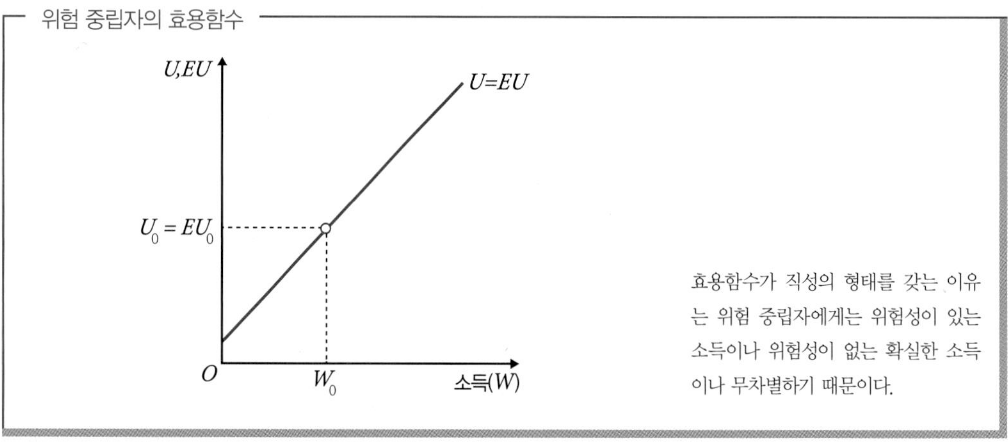
U,EU
U=EU
$U_0 = EU_0$
O
W_0
소득(W)
효용함수가 직성의 형태를 갖는 이유는 위험 중립자에게는 위험성이 있는 소득이나 위험성이 없는 확실한 소득이나 무차별하기 때문이다.

① 위험 중립자는 위험성이 있는 소득이나 없는 소득에 차이를 두지 않으므로 효용곡선은 직선으로 그려진다.

② 화재가 발생하면 보험회사에서 보상해 주는 것과 자기가 부담하는 것을 동일하게 간주하므로 보험가입 여부는 불분명하다.

2 보험시장과 기대효용

1) 개념 정리

(1) **보험료(Insurance Premium)**: 보험에 가입하면서 보험회사에 납입하는 금액

(2) **공정보험료**: 기대손실액(사고발생확률×사고발생시 손실액) 만큼 납입하는 금액

(3) **보험금(Cage)**: 사고가 발생했을 때 보험회사로부터 받게 되는 금액

(4) **완전한 보험**: 미래의 위험을 완전히 제거하도록 해 주는 보험

(5) **최대보험료**: 소비자가 손실액 전부를 보상해주는 확실한 효용을 보장받기 위해서 기꺼이 부담하는 보험료(위험프리미엄+공정한 보험료)

2) 확실성등가와 위험프리미엄

(1) **확실성등가(Certainty Equivalent : CE)**: 위험한 기회로부터 예상되는 기대효용과 동일한 수준의 효용을 주는 확실한 소득을 말한다.

$\sqrt{CE}=EU$에서 확실성등가$(CE)=EU^2$ (단, 효용함수는 $U=\sqrt{W}$ 이다.)

확실성 등가

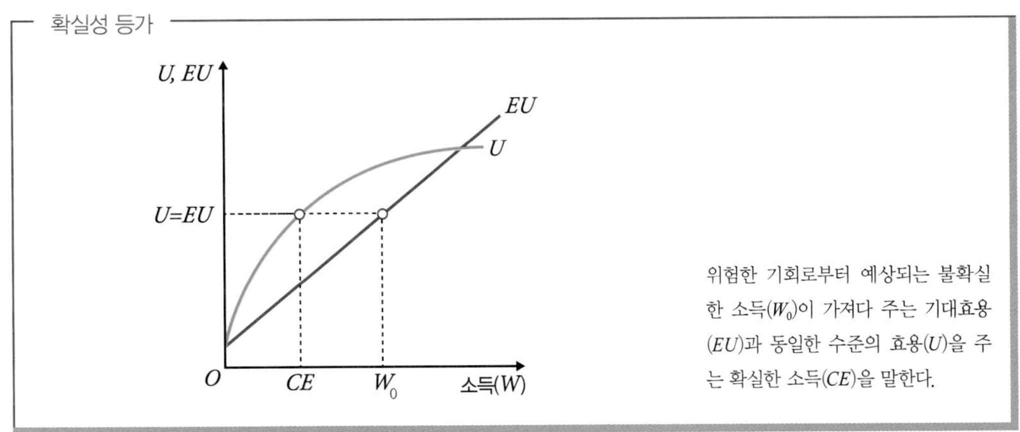

위험한 기회로부터 예상되는 불확실한 소득(W_0)이 가져다 주는 기대효용(EU)과 동일한 수준의 효용(U)을 주는 확실한 소득(CE)을 말한다.

(2) **위험프리미엄(Risk Premium : RP)**: 위험을 회피하기 위하여 지불할 용의가 있는 금액을 말하며 기대소득과 확실성등가의 차이로 측정한다. 예를 들면 기대소득이 10,000원인 복권을 갖고 있는 위험기피자가 당첨되지 않을 수 있는 위험을 회피하기 위해 9,000원의 확실한 현금을 받고 판매하고자 할 때, 1,000원만큼은 지불할 용의(포기할 용의)가 있는 것이다. 이때의 1,000원이 위험프리미엄인 것이다.

위험프리미엄=기대소득(기대치)−확실성등가

위험프리미엄

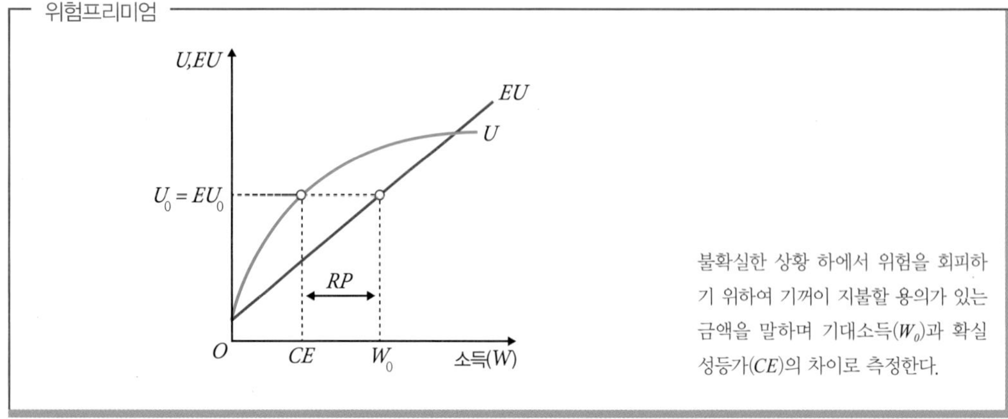

불확실한 상황 하에서 위험을 회피하기 위하여 기꺼이 지불할 용의가 있는 금액을 말하며 기대소득(W_0)과 확실성등가(CE)의 차이로 측정한다.

개념 플러스+ 보험료 산정

1. 가정

위험 기피자 A의 효용함수가 $U=\sqrt{W}$ (W : 재산)이고 화재발생과 관련된 내용을 다음과 같다고 가정하자.

구분	화재 발생의 경우	화재 미발생의 경우
확률	0.4	0.6
재산	25만 원	100만 원

2. 보험에 가입하지 않을 경우의 효과

① 기대소득$(EW)=p(W-L)+(1-p)W = 0.4 \times 25+0.6 \times 100=10+60=70$(만 원)

② 기대효용$(EU)=p \times U(W-L)+(1-p) \times U(W) = 0.4 \times \sqrt{25} +0.6 \times \sqrt{100} =2+6=8$

3. 보험에 가입할 경우의 효과

① 확실성등가 : 기대효용과 동일한 효용을 가져다주는 확실한 소득을 말한다. 이것은 기대효용의 제곱의 크기와 동일하다. 보험에 가입하지 않을 경우, 즉 위험으로부터 예상되는 기대효용이 8이므로 이것과 동일한 수준의 효용을 주는 확실한 재산의 값인 확실성등가(CE)는 $\sqrt{CE}=8$을 만족시키는 64만 원이 된다.

② 위험프리미엄 : 불확실한 상황에서 벗어나기 위해 기꺼이 지불할 용의가 있는 대가를 말한다. 이것은 기대소득에서 확실성등가를 차감해서 계산된다. 확실성등가가 64만 원이므로 위험프리미엄은 기대소득에서 확실성등가를 제외한 6만 원이 된다.

위험프리미엄 = 기대소득 − 확실성등가 = 70 − 64 = 6(만 원)

③ 공정한 보험료 : 기대손실액(화재발생확률×화재 시 손실액)과 동일한 크기의 보험료를 의미한다.

공정한 보험료 = 기대손실액 = 화재발생확률 × 화재 시 손실액 = 0.4×75 = 30(만 원)

④ 최대보험료 : 소비자가 손실액 전부를 보상해주는 확실한 효용을 보장받기 위해서 기꺼이 부담하는 보험료를 말하므로 36만 원이 된다.

최대보험료 = 위험프리미엄 + 공정한 보험료 = 6 + 30 = 36(만 원)

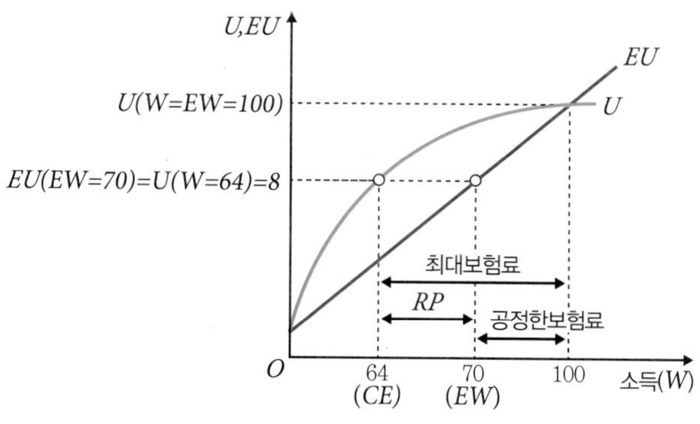

I. 경제학 일반론
II. 미시경제학
III. 거시경제학
IV. 국제경제학

확인 TEST

A는 현재 시가로 1,600만 원인 귀금속을 보유하고 있는데, 이를 도난당할 확률이 0.4라고 한다. A의 효용함수 $U=2\sqrt{W}$는 (W는 보유자산의 화폐가치)이며, 보험에 가입할 경우 도난당한 귀금속을 현재 시가로 전액 보상해준다고 한다. 보험 가입 전 A의 기대효용과 A가 보험에 가입할 경우 지불할 용의가 있는 최대 보험료는?

[2019 서울시 공개 경쟁 7급]

	기대효용	최대보험료
①	36	1,276만 원
②	48	1,024만 원
③	36	1,024만 원
④	48	1,276만 원

해설

• 기대효용은 다음과 같이 도출된다.

$$EU=0.6\times2\sqrt{16{,}000{,}000}+0.4\times2\sqrt{0}=0.6\times2\times4{,}000=4{,}800$$

• 확실성 등가(CE)는 기대효용(EU)과 동일한 효용(U)을 주는 확실한 소득(W)의 크기를 의미한다. 따라서 확실성 등가는 다음과 같이 도출할 수 있다.

$$EU=U \Rightarrow 4{,}800=2\sqrt{W} \Rightarrow 2{,}400=\sqrt{W} \Rightarrow W=5{,}760{,}000$$
$$\because\ CE=5{,}760{,}000$$

• 최대보험료(공정한 보험료+위험프리미엄)는 보험사고가 발생하지 않은 경우의 최대 재산에서 확실성 등가(CE)를 차감한 값으로도 계산된다. 따라서 최대보험료는 다음과 같이 도출할 수 있다.

$$\text{최대보험료}=\text{최초재산}-\text{확실성 등가}=16{,}000{,}000-5{,}760{,}000=10{,}240{,}000(\text{원})$$

• 그런데 문제에서 기대효용을 48로 한 것은 4,800의 잘못이다. 아마도 기대효용을 계산할 때 보유자산의 단위인 '만 원'을 고려하지 않고 그냥 1,600을 대입해서 푼 것으로 보인다. '만 원'이 $\sqrt{\ }$에 들어가면 나올 때는 100원이 된다.

정답 ②

제4장 생산이론

Theme 20 생산의 기초 개념

❶ 생산

1) 생산의 의의

(1) **의미**: 인간의 다양한 욕구를 만족시키기 위해 시간, 공간, 형태 등의 변화를 통하여 재화나 용역이 갖는 새로운 가치를 창출해 내는 사회적 효용의 증대 행위 ⇒ 투입물을 산출물로 변형시키는 과정을 말한다.

(2) **생산의 예**

① 자연에 노동력을 투입하여 물자를 획득하는 행위

② 재화의 저장을 통하여 시간적 이동에 의한 효용을 증대하는 행위

③ 공간적 이동에 의해 사회적 효용을 증대시키는 행위

④ 원재료를 변형 또는 가공하여 인간의 효용을 증대시키는 행위

⑤ 개인과 개인 사이의 교환을 통해 효용을 증대시키는 행위

⑥ 강의, 변론, 진료 등의 용역을 창출해 내는 행위

2) 생산의 종류

(1) **재생산의 분류(K. Marx) 방법을 기준**: 매년 동일 규모로 행해지는 생산인 단순 재생산과 신투자에 따라 매년 규모가 확대되어 가는 확대 재생산, 그리고 재투자가 제대로 이루어지지 않음으로써 매년 규모가 축소되는 축소 재생산 등이 있다.

(2) **생산재 사용을 기준**

① 소비재를 직접 생산하는 경우와 생산재를 먼저 생산하고 그것을 통해 소비재를 생산하는 우회생산 등이 있다.

② 특히 우회생산은 자본집약도의 제고와 분업을 통하여 생산성의 향상을 가져올 수 있다.

❷ 생산요소

1) 생산요소의 의미 : 생산에 투입되는 모든 투입물(inputs)을 의미한다.

2) 생산요소의 종류

(1) 토지, 하천, 바다, 대기, 기온, 수력, 풍력, 지하자원, 동식물 등의 자연자원을 말하며 노동과 더불어 본원적 생산요소를 구성 ⇒ 이에 대한 대가가 지대이다.

(2) **노동** : 재화나 용역을 생산할 목적으로 행해지는 인간의 정신적·육체적 활동을 총칭 ⇒ 이에 대한 대가가 임금이다.

(3) **자본** : 기계, 원료 등과 같이 인간에 의해서 창출된 생산요소를 총칭 ⇒ 이에 대한 대가가 이자이다.

자본의 의의

전통적인 생산이론에서 자본은 실물자본인 생산재를 가리키고, 화폐자본을 가리키지 않는다. 그러나 분배이론인 생산요소이론에서 생산요소별로 각각 다룰 때 자본은 대개 화폐자본인 돈을 의미한다.

- 실물자본(생산재)·············· 자본임대료 : 생산이론
- 화폐자본(돈) ················· 이자 : 분배이론(생산요소이론)

확인 TEST

다음 중에서 철도나 항만과 같은 사회간접자본의 특성이 아닌 것은?

① 회임기간이 길다.
② 투자규모가 크다.
③ 효과의 측정이 용이하다.
④ 사회일반을 대상으로 한다.

해설 철도, 항만, 고속도로와 같은 사회간접자본은 제 1, 2차, 3차의 생산적 활동을 함에 있어서 불가결한 조건이 되는 기본적인 서비스를 포함하는 것으로 정의된다. 특징은 첫째, 회임기간이 길다. 여기서 회임기간이 길다는 것은 사회간접자본을 형성을 통해 기대하는 투자의 결과가 나타날 때까지 상당한 시간이 소요된다는 것이다. 둘째, 규모가 크다. 이에 따라 초기에 막대한 투자비용이 필요하다. 셋째, 사회간접자본에 대한 투자 효과가 특정인이 아닌 경제주체 모두에게 나타나는 공공재적 성격을 갖게 된다. 이러한 공공재적인 성격으로 그 효과를 객관적으로 측정하는 것이 쉽지 않게 된다.

정답 ③

(4) **경영** : 기업가에 의한 생산요소를 결합하는 창의적 노력을 의미하며, 기업의 소유(자본가)와 경영(경영자)이 분리되고 경영의 독자적인 활동이 중요시되면서 부각되었다. ⇒ 이에 대한 대가가 이윤이다.

3 생산의 주체-기업

1) 기업의 의미

(1) 이윤 극대화를 목적으로 생산요소를 결합하여 재화나 용역의 생산을 주도하는 조직체

(2) 기업은 생산물시장에서는 생산물의 공급자이며 생산요소시장에서는 생산요소의 수요자로서의 기능을 수행한다.

2) 종류

(1) 공기업: 정부에 의해 운영되는 기업으로 주로 공익 실현을 위한 공공재를 생산한다.

(2) 사기업

① 개인기업(proprietorship): 개인이 기업을 소유, 경영하고 이에 따라서 기업경영에 단독으로 무한책임을 지는 기업 ⇒ 여기서 무한책임이란 기업이 금전적 변제를 해야 할 경우 그 변제의 한도에 기업 소유주의 모든 재산이 포함되는 것을 말한다.

② 회사기업

a. 합명회사(partnership): 2인 이상이 공동으로 회사를 소유하고 경영하며 회사의 채무에 대하여 무한책임을 지는 회사형태

b. 합자회사(limited partnership): 유한, 무한책임사원으로 구성된 인적회사

c. 유한회사(limited company): 유한책임사원으로만 구성된 물적회사

d. 주식회사(corporation): 기업이 법률상 인격을 가진 법인으로서 주식을 발행하여 자본을 모으며, 주식 소유자인 주주들이 선임한 이사회가 임명한 경영진이 회사를 경영하여 회사의 소유와 경영이 분리되며, 회사의 소유자인 주주들은 무한책임이 아니라 출자한 자본금만큼만 유한책임을 지는 현대의 가장 보편적인 물적회사 형태이다.

4 생산 기간

1) 정의: 일반적인 역사적 기간이 아닌 기업가가 생각하는 계획 기간(A. Marshall)

2) 분류

(1) 단기(Short-Run Period)

① 최단기: 모든 생산요소가 불변이어서 생산량은 불변이고 재고량만 변화한다.

② 단기: 고정요소가 존재하여 생산규모(자본)가 불변인 기간을 의미 ⇒ 생산량의 변화는 가변요소(노동)의 변화를 통해서만 이루어진다.

(2) 장기(Long Run Period)

① 장기: 모든 생산요소가 가변요소이기 때문에 생산량의 변화가 생산 규모의 변동을 통해서 이

루어지는 기간을 말한다. 이는 곧 새로이 공장을 짓는 것은 물론이고 기존의 공장을 폐쇄하는 것도 포함 ⇒ 단, 기술은 불변이다.

② **최장기**: 생산 규모(자본)는 물론이고 생산기술이나 경영 능력까지도 변화할 수 있는 기간 ⇒ 기술혁신은 이 기간에서 의미있게 이루어지게 된다.

단기와 장기에서의 '최적'의 의미

집에서 밥을 할 때 솥이 하나뿐이라면 관심은 밥을 몇 인분을 할지를 선택하는 것이다. 그런데 크고 작은 솥이 여러 개가 있다면 몇 인분의 밥이냐에 따라 가장 적당한 크기의 솥을 선택하게 될 것이다. 즉 단기생산의 경우에는 가장 적당한 생산량을 선택하고, 장기생산의 경우에는 가장 적당한 생산 규모(공장크기)를 선택하는 것이다. 이처럼 단기와 장기에 있어서 '적'의 의미는 비용을 극소화하기에 가장 적당하다는 의미와 같은 것이다.

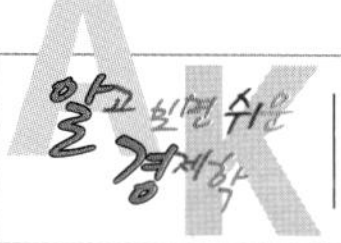

단기와 장기

"영국의 경제학자 맬서스(Thomas R. Malthus)는 그의 저서 『인구론(人口論)』(1798)에서 식량은 산술급수적으로 늘어나는 데 반하여, 인구는 기하급수적으로 늘어나기 때문에, 이에 따라 인류는 필연적으로 심각한 식량 문제에 직면한다고 주장했다. 이러한 맬서스의 주장 속에 담겨진 오류는 무엇인가?"

생산함수와 관련하여 경제학은 기간을 단기와 장기로 구분한다. 그런데 이러한 생산 기간은 마샬이(A. Marshall) 지적한 것처럼 일반적인 역사적 기간이 아닌 기업가가 생각하는 기간을 의미한다. 즉 단지 역사적 기간인 1년을 두고 단기다, 장기다라고 할 수 없다는 의미이다.

단기(short-run period)는 주어진 기간 동안 그 크기를 쉽게 조정할 수 없는 고정 생산요소가 존재하여 생산 규모(자본)가 불변인 기간을 의미하며, 이때 생산량의 변화는 오직 가변요소(노동)의 변화를 통해서만 이루어진다. 예를 들어 일정한 면적의 논에서 벼농사를 지으려면 경운기, 트랙터 등의 여러 가지 기계장비가 필요하다. 그러나 이러한 기계장비가 투입되더라도 농부가 땀 흘려 일하지 않으면 농사를 짓지 못한다. 따라서 이러한 경우 쌀 생산량을 늘리기 위해서는 기계를 더 많이 투입하는 것보다는 노동량을 늘리는 것이 필요하다. 즉 단기에는 자본 투입량이 일정한 상태에서 노동 투입량이 늘어남에 따라 생산량이 증가하게 되는 것이다. 다만 일정한 수준을 지나게 되면 노동 투입량에 따른 생산량의 증가 정도가 둔화되는데 이를 수확체감의 법칙(law of diminishing returns)이라고 한다.

장기(long run period)는 자본을 포함한 모든 생산요소가 가변요소이기 때문에 생산량의 변화가 생산 규모의 변동을 통해서 이루어지는 기간을 말한다. 이것은 새로이 공장을 짓는 것은 물론이고 기존의 공장을 폐쇄하는 것도 포함한다. 한편 생산 규모(자본)는 물론이고 생산기술이나 경영 능력까지도 변화할 수 있는 기간을 최장기라 하여 넓은 의미의 장기에 포함시킨다.

맬서스의 주장의 가장 큰 문제는 '인구론' 발표 이후에 나타난 농업과 공업의 혁명적인 기술 진보를 예측하지 못했다는 것이다. 즉 기술 혁신의 변화를 전제하는 장기적인 안목이 부족했다는 것이다. 기술 혁신은 동일한 노동 투입량으로도 이전보다 훨씬 높은 생산량의 증가를 가져와 단기적인 수확체감의 법칙을 압도한다. 그런데 맬서스는 이를 간과하고 수확체감의 법칙을 전제로 하는 단기적인 분석만을 했기 때문에 아직까지는 그 예측이 빗나갈 수 밖에 없게 된 것이다.

Theme 21 생산함수의 기초

❶ 생산함수의 의의

1) **생산함수의 의미**: 주어진 생산기술로서 생산요소들을 가장 효율적으로 사용할 때의 생산요소 투입량과 생산량 간의 기술적 관계를 수학적 함수형태로 표시한 것을 말한다.

2) **생산함수의형태**: 각 생산요소를 X_1, X_2, X_3, ⋯, X_n이라고 하고 생산량을 Q라고 하면 생산함수의 일반적 형태는 다음과 같다.

$$Q=f(X_1, X_2, X_2, \cdots, X_n)$$

A. Marshall의 장·단기 생산함수

단기	단기생산함수	고정요소, 가변요소 존재	$Q = f(L, \overline{K}, \cdots)$
장기	장기생산함수	모두 가변요소	$Q = f(L, K, \cdots)$

❷ 생산성(생산력)

1) **생산성(productivity)의 의미**: 생산과정에 있어서 생산요소가 산출량에 기여한 정도

2) **생산성의 종류**

(1) **총생산성**(Total Product:TP): 전체 생산요소의 생산량의 합계 ⇒ 한계생산성의 누적적 합

(2) **한계 생산성**(marginal product, MP)

① 생산요소 한 단위를 추가적으로 투입함으로써 얻어지는 생산량의 증가분을 말한다.

$$\frac{\Delta Q}{\Delta L} = MP_L, \quad \frac{\Delta Q}{\Delta K} = MP_K$$

② 단기 생산함수의 한 점에서의 접선의 기울기로 측정된다.

(3) 평균 생산성(average product, AP)

① 생산요소 한 단위당의 생산량을 말한다.

$$\frac{Q}{L}=AP_L,\quad \frac{Q}{K}=AP_K$$

② 원점에서부터 단기 생산함수의 한 점까지의 직선의 기울기로 측정된다.

Q&A

A 기업의 생산함수가 $Q = 5L^{\frac{1}{2}}K^{\frac{1}{2}}$이고, 자본이 36단위로 주어져 있다. 만약 노동이 4단위라고 할 때 TP_L, MP_L, AP_L은 각각 얼마인가?

Solution

1) $TP_L = 5 \cdot 4^{\frac{1}{2}} \cdot 36^{\frac{1}{2}} = 5 \cdot 2 \cdot 6 = 60$

2) $MP_L = \dfrac{\Delta Q}{\Delta L} = \dfrac{1}{2} \cdot 5 \cdot L^{-\frac{1}{2}} \cdot K^{\frac{1}{2}} = \dfrac{5}{2} \cdot \dfrac{K^{\frac{1}{2}}}{L^{\frac{1}{2}}}$

$= \dfrac{5}{2} \cdot \sqrt{\dfrac{K}{L}} = \dfrac{5}{2} \cdot \sqrt{\dfrac{36}{4}} = \dfrac{5}{2}\sqrt{9}$

$= \dfrac{5}{2} \cdot 3 = \dfrac{15}{2}$

3) $AP_L = \dfrac{Q}{L} = \dfrac{5L^{\frac{1}{2}}K^{\frac{1}{2}}}{L} = 5 \cdot \dfrac{K^{\frac{1}{2}}}{L^{\frac{1}{2}}} = 5 \cdot \sqrt{\dfrac{K}{L}}$

$= 5 \cdot \sqrt{\dfrac{36}{4}} = 5 \cdot \sqrt{9} = 5 \cdot 3 = 15$

확인 TEST

자국과 외국은 두 국가 모두 한 가지 재화만을 생산하며, 노동 투입량과 노동의 한계생산량의 관계는 다음 표와 같다. 자국과 외국의 현재 노동 부존량은 각각 11과 3이고 모두 생산에 투입된다. 국가 간 노동이동이 자유로워지면 세계 총생산량의 변화는? [2014, 국가직 7급]

노동 투입량(명)	1	2	3	4	5	6	7	8	9	10	11
노동의 한계생산량(개)	20	19	18	17	16	15	14	13	12	11	10

① 4개 증가 ② 8개 증가
③ 12개 증가 ④ 16개 증가

해설 외국의 노동 부존량이 3 ⇒ 4 ⇒ 5 ⇒ 6 ⇒ 7로 4명이 증가함에 따라 총생산량은 (17 + 16 + 15 + 14 = 62)만큼 증가한다. 반면에 자국의 노동 부존량이 11 ⇒ 10 ⇒ 9 ⇒ 8 ⇒ 7로 4명 감소함에 따라 총생산량은 (10 + 11 + 12 + 13 = 46)만큼 감소한다. 따라서 외국의 노동이 자국으로 4명만큼 이동하여 자국과 외국에서 모두 7명씩 투입되면 세계 총생산량은 16만큼 증가하게 된다.

정답 ④

Theme 22 단기생산함수

❶ 단기생산함수의 의의

1) 단기생산함수의 의미 : 고정 생산요소(자본)가 존재하는 단기에서, 생산량과 가변생산요소(노동) 간의 기술적 관계를 나타내는 생산함수를 말한다.

단기에 있어서의 생산량 증대방법

석탄을 캐려면 곡괭이, 삽, 다이너마이트, 화차 등의 여러 가지 기계장비가 있어야 한다. 그러나 기계장비가 투입되더라도 광부가 땀 흘려 일하지 않으면 석탄을 캐내지 못한다. 따라서 이때에는 석탄을 많이 캐내기 위해서 기계를 더 많이 투입하는 것보다는 고용량을 늘리는 것이 필요하다. 즉 자본투입이 일정한 상태에서 노동투입량이 늘어남에 따라 생산량이 증가하게 되는 것이다.

2) 고정생산요소와 가변생산요소

(1) **고정생산요소**(fixed factor of production) : 생산량의 변화와 상관없이 투입량이 고정된 생산요소로 일반적으로 단기에서 자본설비는 고정생산요소가 된다.

(2) **가변생산요소**(variable factor of production) : 생산량의 변화에 따라 함께 투입량이 변하는 생산요소로 원료나 노동과 같은 것이 이에 해당한다.

고정요소와 가변요소

생산요소는 실로 다양하게 분류할 수 있다. 그런데 많은 문헌에서 노동과 자본의 두 가지 생산요소만을 다루는 것은 ⅰ) 그림으로 설명이 가능하며, ⅱ) 장기와 단기를 구분하기 위한 가장 간단한 도구이기 때문이다. 즉 노동이라는 생산요소는 말 그대로 노동을 표현하기도 하지만 더욱 중요한 것은 가변요소를 표현하는 수단이라고 이해하는 것이 더 타당하다. 마찬가지로 자본은 고정요소를 총체적으로 표현하는 대리변수라고 간주할 수 있다. 여기서 가변요소는 비교적 단기간에 투입요소의 양을 조절할 수 있는 생산요소를 일컫는다. 가변요소와 고정요소라는 정의 자체가 장기와 단기를 구별하기 위한 필요성에서 나왔다는 점에 유의해야 할 것이다.

❷ 생산의 3단계

1) 생산의 3단계의 의의

(1) 단기에서 생산의 3단계는 다음 그래프와 같이 구분된다.

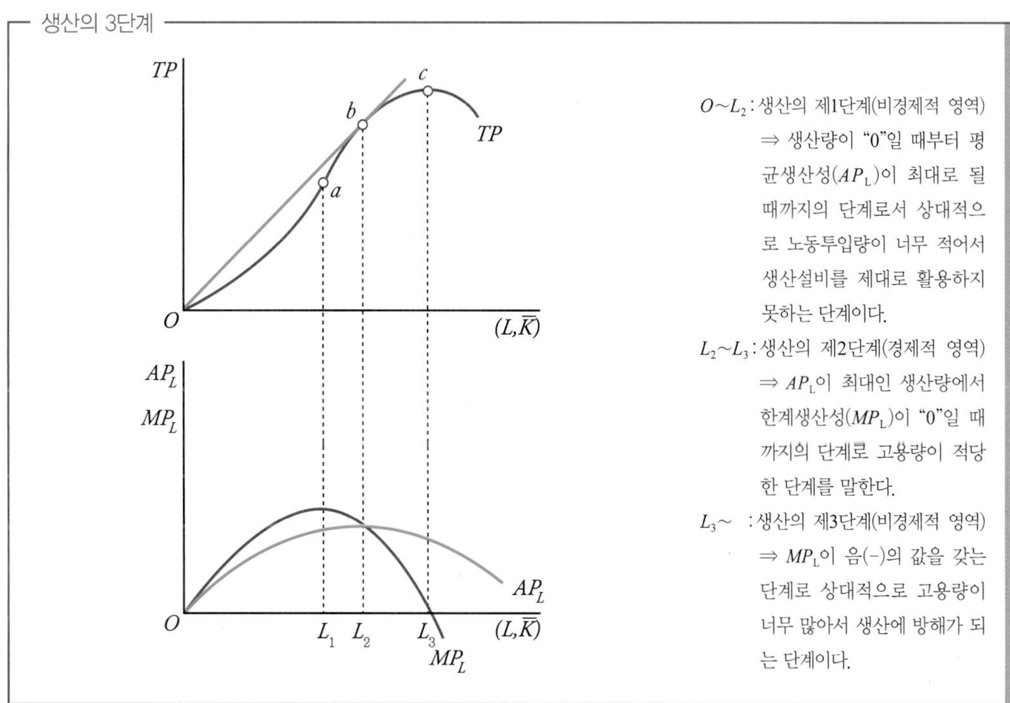
생산의 3단계
TP
c
b
a
TP
O
(L,K̄)
AP_L
MP_L
AP_L
O
L_1 L_2 L_3
(L,K̄)
MP_L
O~L₂ : 생산의 제1단계(비경제적 영역)
⇒ 생산량이 "0"일 때부터 평균생산성(AP_L)이 최대로 될 때까지의 단계로서 상대적으로 노동투입량이 너무 적어서 생산설비를 제대로 활용하지 못하는 단계이다.
L₂~L₃ : 생산의 제2단계(경제적 영역)
⇒ AP_L이 최대인 생산량에서 한계생산성(MP_L)이 "0"일 때까지의 단계로 고용량이 적당한 단계를 말한다.
L₃~ : 생산의 제3단계(비경제적 영역)
⇒ MP_L이 음(−)의 값을 갖는 단계로 상대적으로 고용량이 너무 많아서 생산에 방해가 되는 단계이다.

(2) 특히 단기의 생산이론에서 기업의 균형이 존재하여 공급곡선이 도출되는 영역은 이른바 "수확 체감의 법칙(law of diminishing returns)"이 작용하는 제2단계이며 이를 경제적 영역이라고도 한다.

2) 각 단계별 내용

(1) 생산의 1단계

① 생산량이 "0"일 때부터 평균생산성(AP_L)이 최대로 될 때까지의 단계로서 상대적으로 노동 투입량이 너무 적어서 생산설비를 제대로 활용하지 못하는 단계이다.

② a점에서 추가적으로 1단위의 노동을 투입하면 이때 총생산함수의 접선의 기울기가 가장 크게 되고 이에 따라 노동의 한계생산성(MP_L)은 최대가 된다.

③ b점은 원점으로부터 그은 직선이 총생산함수와 접하는 점으로서 평균생산성(AP_L)이 가장 크며, 또한 한계생산성과 평균생산성이 일치하게 된다.

(2) 생산의 2단계

① AP_L이 최대인 생산량에서 한계생산성(MP_L)이 "0"일 때까지의 단계로 고용량이 적당한 단계를 말한다.

② 노동을 계속해서 추가적으로 투입하면 총생산량(TP)은 증가하지만 노동의 한계생산성(MP_L)이 하락함에 따라 그 증가율은 체감하게 된다.

③ c점에서 노동의 한계생산성(MP_L)은 "0"이 되고 총생산량(TP)은 최대가 된다.

(3) 생산의 3단계

① MP_L이 음(−)의 값을 갖는 단계로 상대적으로 고용량이 너무 많아서 생산에 방해가 되는 단계이다.

② 노동을 추가적으로 투입하면 총생산량은 오히려 감소하게 된다.

(4) 결론

① 만약 MP_L이 AP_L보다 크면 AP_L은 증가하게 된다($MP_L > AP_L \Rightarrow AP_L\uparrow$).

② 만약 MP_L이 AP_L보다 작으면 AP_L은 감소하게 된다($MP_L < AP_L \Rightarrow AP_L\downarrow$).

③ 만약 MP_L이 AP_L과 같으면 AP_L는 증가도 감소도 하지 않는 정지 상태에 있게 된다. 이때 AP_L은 최대가 된다($MP_L = AP_L \Rightarrow AP_L$은 최대).

3) 평균생산성과 한계생산성과의 관계

(1) AP_L곡선이 상승할 때는 MP_L곡선은 AP_L곡선 위에 있고, AP_L곡선이 하강할 때는 MP_L곡선은 AP_L곡선 아래에 위치 ⇒ AP_L곡선의 극대점에서 MP_L곡선과 AP_L곡선은 교차한다.

> 평균과 한계와의 관계
>
> 한계가 평균보다 크면 평균이 증가하고 한계가 평균보다 작으면 평균이 작아지는 것은 항상 성립하는 명제이다. 예컨대 학급의 평균키가 170㎝인데 이보다 큰 171㎝의 새로운 학생이 전학을 오면 평균은 170㎝보다 커지고 반대로 170㎝보다 작은 학생이 전학을 오면 평균은 170㎝보다 작게 되는 것이다.

(2) TP곡선이 상승할 때는 MP_L은 양(+)의 값으로 체증하다가 체감하고, TP곡선이 하락할 때는 MP_L은 음(−)의 값을 갖는다.

⇒ TP의 극대점에서 MP_L은 "0"이다.

4) 수확 체감의 법칙(law of diminishing returns)

(1) **의미**: 주어진 자본량(K) 수준에서 노동(L)을 계속 증가시킬 때 처음에는 노동의 한계생산물이 증가할 수도 있지만 결국 어느 수준을 넘으면 노동의 한계생산물(MP_L)이 감소한다는 것을 말한다.

(2) **특징**: 수확 체감의 법칙은 몇 개의 생산요소 가운데 나머지는 일정하게 고정하고, 특정 생산요소 특히 노동만의 투입을 증가시킬 수 있는 단기에서 나타나는 현상이다.

> 가변비례의 법칙(law of variable proportion)
>
> 일반적으로 수확 체감의 법칙 또는 한계생산물 체감의 법칙이라고 하지만 엄밀하게 말하면 '궁극적'이란 수식이 필요하다. 왜냐하면 생산의 제1단계에서는 수확 체증의 법칙이 작용되고 있기도 하기 때문이다.
>
> 가변비례의 법칙이란 처음에는 수확 체증의 법칙이 성립하고 나중에는 수확 체감의 법칙이 성립하는 등 생산요소의 비율이 변함에 따라 한계생산물이 변한다는 것을 말한다.

개념 플러스+ AP_L 및 MP_L과 MP_K

시장이 완전경쟁 상태에 있으면 오일러의 정리(Euler's theorem) 다음의 등식들이 성립한다.

1) 총생산량(TP)=노동에 의한 생산량(Q_L) + 자본에 의한 생산량(Q_K)

2) 노동에 의한 생산량(Q_L) = $MP_L \times L$

3) 자본에 의한 생산량(Q_K) = $MP_K \times K$

위의 등식들에 의해 다음 등식이 도출된다.

$$TP = MP_L \times L + MP_K \times K$$

위 식의 양변을 L로 나누면 다음 등식을 얻을 수 있다.

$$\frac{TP}{L} = MP_L + MP_K \times \frac{K}{L}$$

위 식에서 $\frac{TP}{L}$ 는 AP_L과 같으므로 MP_L을 좌변으로 이항하여 정리하면 다음 등식이 성립한다.

$$AP_L - MP_L = MP_K \times \frac{K}{L}$$

이때 요소투입량인 L과 K의 값은 항상 (+)이므로 $\frac{K}{L}$ 이 값도 항상 (+)의 값을 갖는다.

결국 AP_L 및 MP_L 과 MP_K 와의 관계는 다음과 같이 성립한다.

1. $AP_L = MP_L$ 이면 $MP_K = 0$
2. $AP_L < MP_L$ 이면 $MP_K < 0$
3. $AP_L > MP_L$ 이면 $MP_K > 0$

확인 TEST

수확체감의 법칙이 작용하고 있을 때 가변생산요소의 투입이 한 단위 더 증가하면?

[2002, 감정평가사]

① 총생산물은 반드시 감소한다.
② 한계생산물이 마이너스가 된다.
③ 한계생산물은 반드시 감소하지만 총생산물과 평균생산물은 반드시 증가한다.
④ 평균생산물은 반드시 감소하지만 총생산물은 증가할 수도 있고 감소할 수도 있다.
⑤ 한계생산물은 반드시 감소하지만 총생산물과 평균생산물은 증가할 수도 있고 감소할 수도 있다.

해설

- 자본을 고정생산요소, 노동을 가변생산요소라 할 때, 자본투입량이 고정되고 노동투입량만 변화시키는 단기에서 노동의 평균생산물(AP_L)과 노동의 한계생산물(MP_L)의 관계를 그림으로 나타내면 다음과 같다.

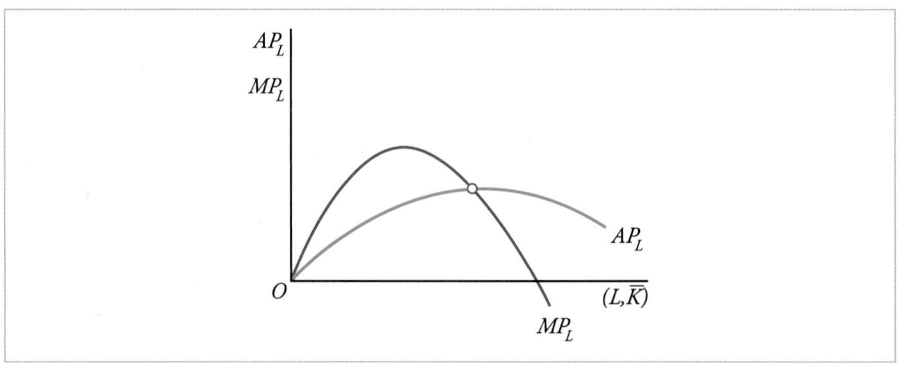

- 여기서 수확체감의 법칙이란 노동투입량이 증가할 때 한계생산의 크기가 지속적으로 감소하는 현상을 의미한다.

① 총생산량은 한계생산이 0이 될 때까지는 완만하게 증가하고, 한계생산이 음(−)의 값을 갖게 되면 이때부터 비로소 총생산량은 감소하게 된다. 따라서 증가할 수도 있고 감소할 수도 있다.
② 한계생산물이 양(+)의 값에서 음(−)의 값으로 바뀌므로 (+)일 수도 있고 (−)일 수도 있다.
③ 한계생산물은 반드시 감소한다. 그러나 총생산물과 평균생산물은 증가하다가 감소하게 된다. 따라서 증가할 수도 있고 감소할 수도 있다.
④ 평균생산물과 총생산물은 증가하다가 감소하게 된다. 따라서 증가할 수도 있고 감소할 수도 있다.

정답 ⑤

Theme 23 장기생산함수

❶ 장기생산함수의 의의

1) **의미**: 모든 생산요소의 투입량이 변화할 수 있는 생산 기간에서의 생산함수를 말한다.

$$Q = f(L, K)$$

여기서 Q는 생산량, L은 노동 투입량, K는 자본 투입량

2) **등량곡선(isoquant curve)**

(1) **의미**: 동일한 양의 생산물을 생산할 수 있는, 노동과 자본의 두 생산요소의 무수한 결합의 궤적(등생산량 곡선) ⇒ 소비자 선택이론에서의 무차별곡선에 대응하는 개념이다.

생산요소 배합	A	B	C	D
노동(L)	1	2	3	6
자본(K)	6	3	2	1

(2) **등량곡선의 특징**

① 원점에서 멀면 멀수록 등량곡선이 표시하는 생산량은 많게 된다. 여기서의 수량은 기수적 수량이다.

등량곡선

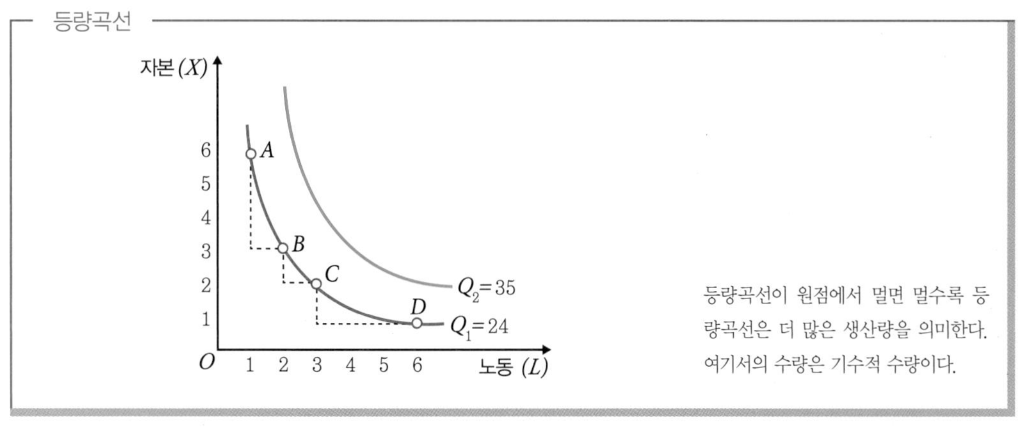

등량곡선이 원점에서 멀면 멀수록 등량곡선은 더 많은 생산량을 의미한다. 여기서의 수량은 기수적 수량이다.

② 등량곡선은 서로 교차할 수 없다.

③ 등량곡선은 우하향 ⇒ 두 재화의 연속적 대체가 가능하다는 것을 의미 ⇒ 이러한 의미에서 '신고전학파 생산함수'라고도 한다.

④ 등량곡선은 원점에 대하여 볼록한 형태 ⇒ 왜냐하면 기술적 한계대체율이 체감하기 때문이다.

(3) 기술적 한계대체율(Marginal Rate of Technical Substitution: MRTS)

① 의미 : 동일한 생산수준을 유지하면서 노동을 추가로 한 단위 더 투입할 때 포기해야 되는 자본량을 말한다.

$$MRTS_{LK} = -\frac{\Delta K}{\Delta L} = \frac{MP_L}{MP_K}$$

② 기술적 한계대체율은 등량곡선의 접선의 기울기을 의미한다.

③ 기술적 한계대체율은 어느 한 생산요소를 다른 생산요소로 대체하는 것이 점점 더 어려워지기 때문에 체감하게 된다. ⇒ 등량곡선이 원점에 대해서 볼록한 형태를 갖는 이유가 이 때문이다.

Q&A

A기업의 생산함수가 $Q = 10L^{0.5}K^{0.5}$으로 주어져 있다고 하자. $L = 3$, $K = 15$일 때의 기술적 한계대체율($MRTS_{LK}$)은 얼마인가?

Solution

주어진 생산함수를 L과 K로 각각 미분하면 MP_L과 MP_K를 구할 수 있다.

1) $MP_L = 5L^{-0.5}K^{0.5}$

2) $MP_K = 5L^{0.5}K^{-0.5}$

$MRTS_{LK} = -\frac{\Delta K}{\Delta L} = \frac{MP_L}{MP_K}$ 이므로 $MRTS_{LK} = \frac{5L^{-0.5}K^{0.5}}{5L^{0.5}K^{-0.5}} = \frac{K}{L} = 5$가 된다.

확인 TEST

한계기술대체율($MRTS_{LK}$)이 체감한다는 것은?

① 기술이 노동과 자본을 대체하는 것이 점점 어려워진다는 것을 의미한다.
② 기술이 노동과 자본을 대체하는 것이 점점 쉬워진다는 것을 의미한다.
③ 임금이 자본 임대료보다 높음을 의미한다.
④ 자본 임대료가 임금보다 높음을 의미한다.

해설
- 한계기술대체율 체감의 법칙은 생산과정에서 생산요소 사이에 대체성이 불완전하여, 갈수록 대체가 어려워진다는 것을 의미한다.
- 예컨대 한계기술대체율$\left(MRTS_{LK} = -\frac{\Delta K}{\Delta L}\right)$이 '3 → 2 → 1' 로 체감하게 되면, 그 역수인 '$-\frac{\Delta K}{\Delta L}$'은 '$\frac{1}{3}$ → $\frac{1}{2}$ → 1'로 체증한다는 것을 의미한다. 이것은 곧 동일한 자본량을 대체하기 위해 필요한 노동량이 더 많이 필요하다는 것을 의미한다.

정답 ①

사례 연구 한계생산과 기술적 한계대체율

◈ 생산함수가 다음과 같이 주어져 있다.

$$Q=L^2K^2$$

한계생산(MP)이 체증하는 것과 기술적 한계대체율($MRTS_{LK}$)이 체감하는 것은 양립할 수 있는가?

⇒ 한계생산(MP)은 다른 생산요소 투입량이 고정된 상태에서 한 생산요소만의 투입을 증가시키는 경우 정의되는 개념이다. 이제 주어진 생산함수를 전제로 각 생산요소의 한계생산(MP)을 구하여 체증여부를 검토해보면 다음과 같다.

- $MP_L=\dfrac{dQ}{dL}=2LK^2$ ⇒ 자본(K) 투입량을 고정시킨 상태에서 노동(L) 투입을 증가시키면 노동의 한계생산(MP_L)은 계속 체증한다.
- $MP_K=\dfrac{dQ}{dK}=2L^2K$ ⇒ 노동(L) 투입량을 고정시킨 상태에서 자본(K) 투입을 증가시키면 자본의 한계생산(MP_K)은 계속 체증한다.

- 한편 기술적 한계대체율($MRTS_{LK}$)은 다음과 같이 도출된다.

$$MRTS_{LK}=\frac{MP_L}{MP_K}=\frac{2LK^2}{2L^2K}=\frac{K}{L}$$

- 그런데 기술적 한계대체율($MRTS_{LK}$)은 등량곡선을 따라 노동(L)투입은 증가하고, 자본(K)투입은 감소할 때 정의되는 개념이다. 따라서 기술적 한계대체율($MRTS_{LK}$)은 지속적을 체감하는 모습을 보인다.
- 결국 한계생산(MP)의 체증과 기술적 한계대체율($MRTS_{LK}$)의 체감은 특정한 생산함수를 전제로 서로 양립할 수 있음을 보여 준다.

② 특수한 형태의 등량곡선

1) 레온티에프 생산함수(Leontief production function)

(1) **의미**: 어떤 생산량을 생산하는 데 생산요소 간에 대체가 전혀 이루어지지 않고 생산요소의 결합비율이 항상 고정되어 있는 생산함수 ⇒ 고정투입비율(fixed input ratio) 생산함수

(2) **생산함수 형태**

$$Q=\min\left[\frac{L}{\alpha},\frac{K}{\beta}\right]$$ 여기서 α와 β는상수이다.

(3) 그래프

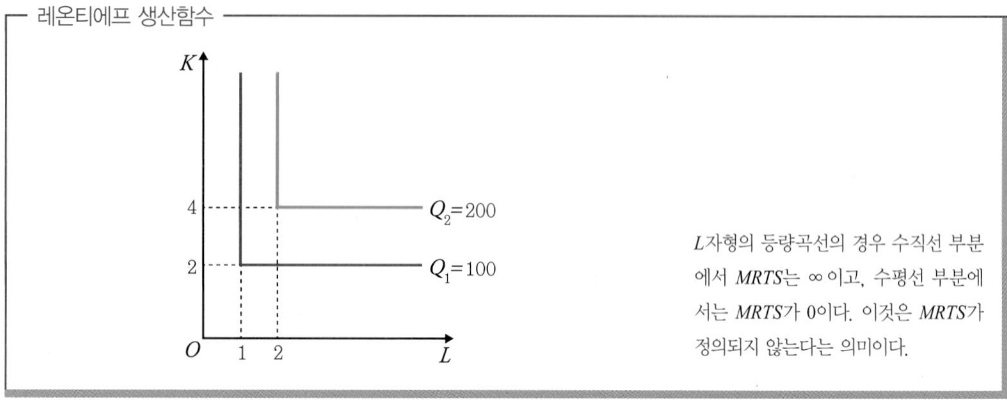

*L*자형 등량곡선의 경우 수직선 부분에서 *MRTS*는 ∞이고, 수평선 부분에서는 *MRTS*가 0이다. 엄밀히 말하면 노동(*L*)과 자본(*K*)의 대체가 불가능하므로 *MRTS*는 정의되지 않는다.

2) 요소 간 완전대체의 생산함수

(1) 의미 : 어떤 생산량을 생산하는 데 생산요소 간에 대체가 완전한 생산함수이다.

(2) 생산함수 형태

$$Q = \alpha L + \beta K$$

여기서 α와 β는 상수이다.

(3) 그래프

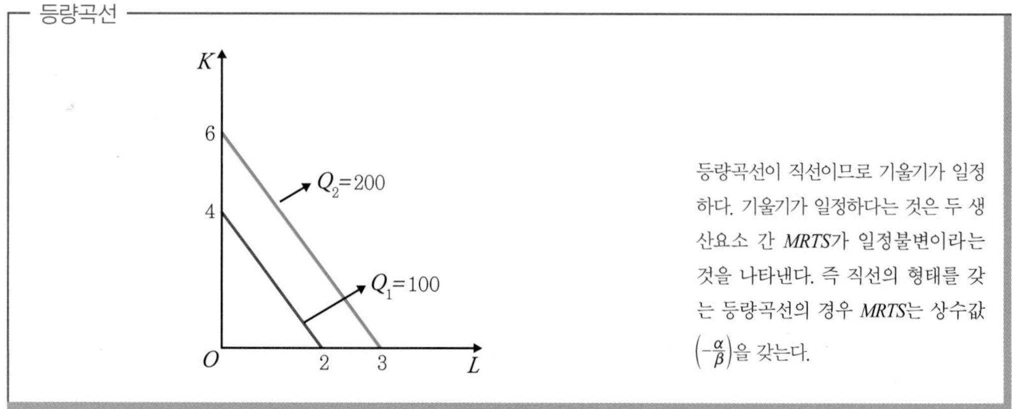

등량곡선
K
6
4
O
2
3
L
Q_2=200
Q_1=100
등량곡선이 직선이므로 기울기가 일정하다. 기울기가 일정하다는 것은 두 생산요소 간 MRTS가 일정불변이라는 것을 나타낸다. 즉 직선의 형태를 갖는 등량곡선의 경우 MRTS는 상수값 $\left(-\frac{\alpha}{\beta}\right)$을 갖는다.

Theme 24 등비용선

❶ 등비용선(iso-cost line)의 의의

1) 개념

(1) 노동과 자본만이 생산요소라고 하면 장기에서는 자본도 노동처럼 생산량에 따라 투입량을 조정할 수 있다.

(2) 이러한 장기에서 일정한 총비용(TC)을 가지고 주어진 자본(K)의 가격(r)과 노동(L)의 가격(w) 아래에서 구입할 수 있는 자본과 노동의 무수한 배합점들을 연결한 직선을 등비용선이라고 한다.

2) 기본방정식

$$TC_0 = wL + rK$$

3) 도해적 설명

등비용선

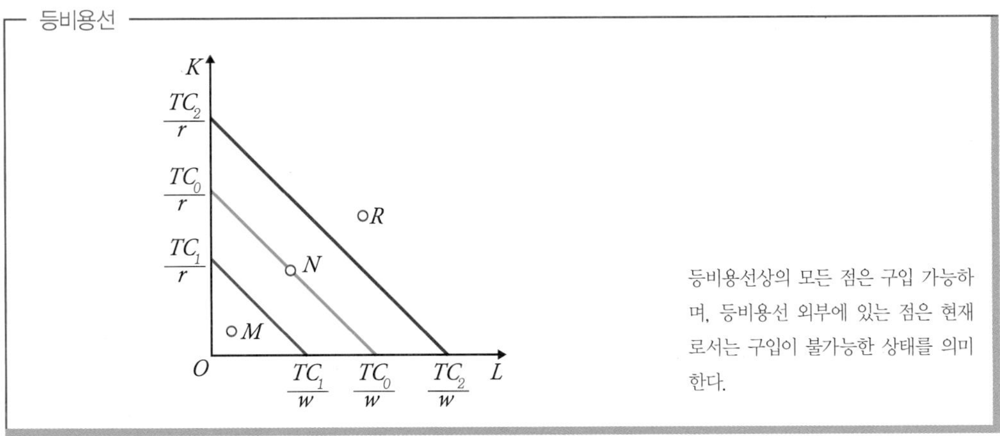

등비용선상의 모든 점은 구입 가능하며, 등비용선 외부에 있는 점은 현재로서는 구입이 불가능한 상태를 의미한다.

① R: TC_2의 비용을 초과하여 실현 불가능하다.

② M: 총비용이 TC_1보다 작은 점을 의미한다.

③ N: TC_0를 모두 지출하는 생산요소의 배합을 의미한다.

② 등비용선의 이동

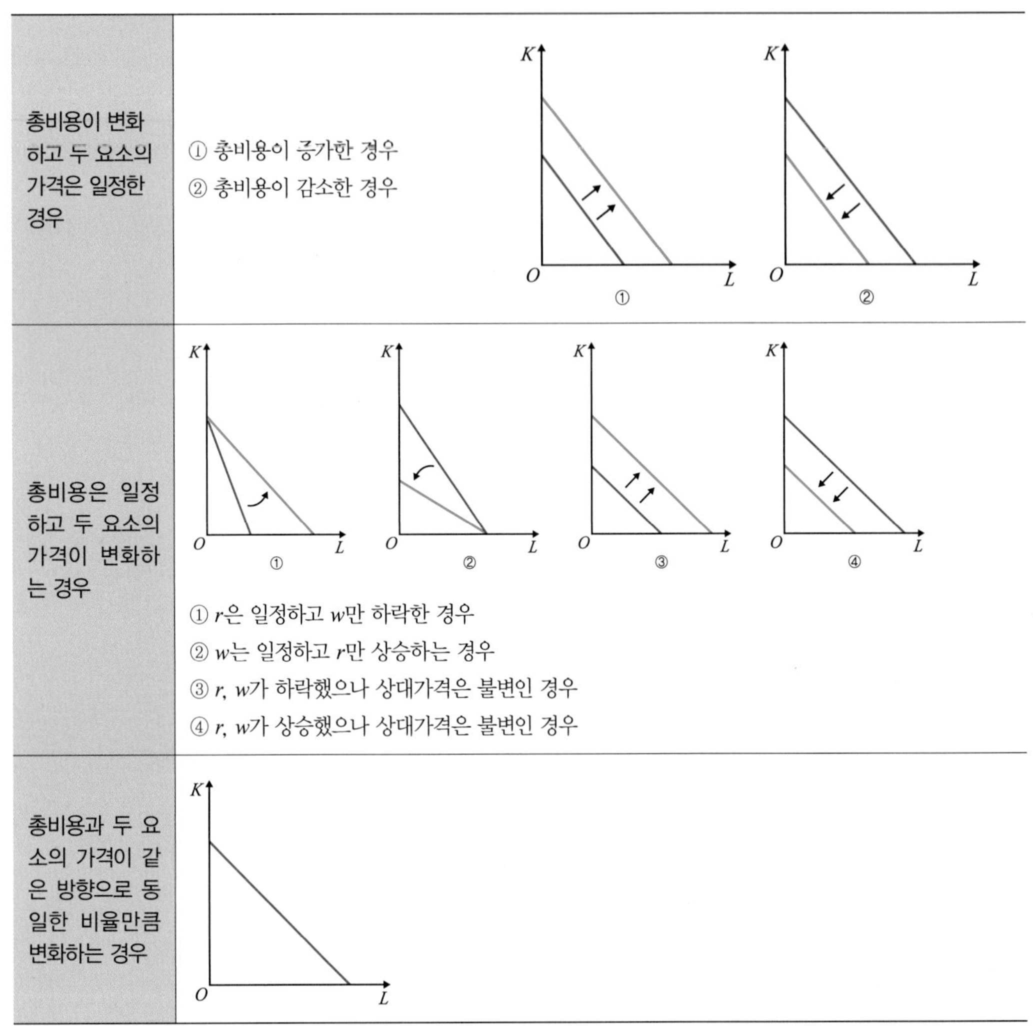

구분	내용
총비용이 변화하고 두 요소의 가격은 일정한 경우	① 총비용이 증가한 경우 ② 총비용이 감소한 경우
총비용은 일정하고 두 요소의 가격이 변화하는 경우	① r은 일정하고 w만 하락한 경우 ② w는 일정하고 r만 상승하는 경우 ③ r, w가 하락했으나 상대가격은 불변인 경우 ④ r, w가 상승했으나 상대가격은 불변인 경우
총비용과 두 요소의 가격이 같은 방향으로 동일한 비율만큼 변화하는 경우	

Theme 25 생산자 균형

❶ 생산자 균형의 의의

1) **의미** : 노동과 자본의 투입량이 모두 변하는 장기에서, 생산요소의 가격(임금과 이자)이 고정되었을 때 주어진 총비용으로 최대한의 생산량을 얻을 수 있는 상태를 말한다.

2) **도해적 설명**

생산자 균형의 달성

(a) 동일한 생산량을 최소의 비용으로 생산(E_1)	(b) 동일한 비용으로 최대의 생산량을 생산(E_1)

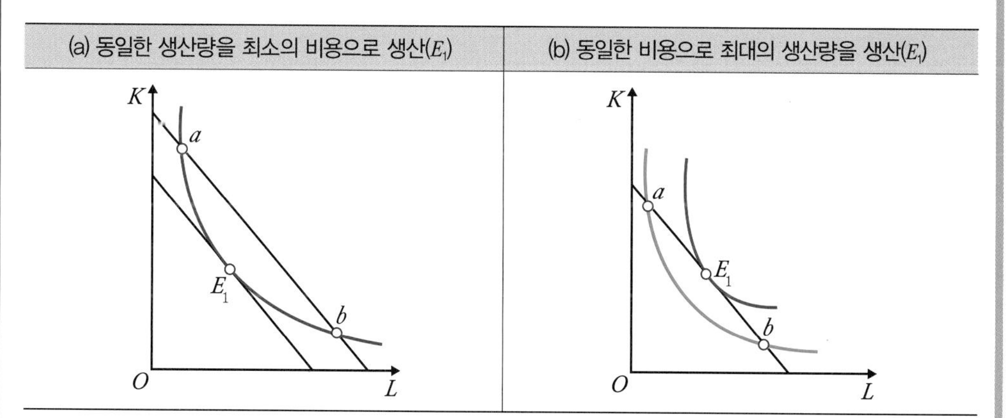

ⓐ 동일한 생산량을 얻을 수 있다면 이를 위해서는 최소의 비용을 통해서 달성하는 것이 합리적이다.
ⓑ 동일한 비용을 지출 한다면 이를 통해 최대한 생산량을 얻는 것이 합리적이다.

a	E_1	b
$\frac{MP_L}{MP_K} > \frac{w}{r}$	$\frac{MP_L}{MP_K} = \frac{w}{r}$	$\frac{MP_L}{MP_K} < \frac{w}{r}$
$\frac{MP_L}{w} > \frac{MP_K}{r}$이므로 비용 1단위당 노동의 기여도가 상대적으로 더 크다 ⇨ 노동 추가 고용	균형 (노동과 자본의 상대적 기여도 동일)	$\frac{MP_L}{w} < \frac{MP_K}{r}$이므로 비용 1단위당 자본의 기여도가 상대적으로 더 크다 ⇨ 자본 추가 고용

(1) 등량곡선과 등비용선이 접하는 수준에서 균형을 이룬다.

(2) 등량곡선의 기울기인 기술적 한계대체율($MRTS_{LK}$)과 등비용선의 기울기인 요소 간 상대가격(w/r)이 일치하는 수준에서 균형을 이룬다.

$$MRTS_{LK} = \frac{w}{r} = \frac{MP_L}{MP_K}$$

Q&A

이윤극대화를 추구하는 어느 기업은 두 생산요소 K와 L을 고용하여 생산활동을 하고 있다. K와 L의 단위가격은 각각 5만 원과 6만 원이며, 현재 생산요소 L의 한계생산성을 생산요소 K의 한계생산성으로 나눈 비율은 1이라고 한다. 이 기업은 어떻게 행동해야 하는가?

Solution

생산자 균형은 $\left(MRTS_{LK} = \frac{\omega}{\gamma}\right)$이다. 한계기술대체율 $\left(MRTS_{LK} = \frac{MP_L}{MP_K} = 1\right)$이 생산요소의 상대가격$\left(\frac{P_L}{P_K} = \frac{6}{5} = 1.2\right)$보다 작기 때문에 자본의 투입을 증가시키고 노동의 투입을 감소시키는 경우 생산이 증가할 수 있다.

사례 연구 비용극소화

◈ 휴대폰 제조 기업의 생산함수가 다음과 같이 알려져 있다.

$$Q = LK$$

노동의 단위 당 가격($P_L = w$)은 100이고, 자본의 단위 당 가격($P_K = r$)은 200이다. 휴대폰 200대를 생산할 때 비용극소화를 달성하기 위해 필요한 노동과 자본 투입량을 구하면?

⇒ 비용극소화는 생산자 균형은 다음 조건하에서 달성된다.

$$MRTS_{LK} = \frac{P_L(=w)}{P_K(=r)} \Rightarrow \frac{MP_L}{MP_K}\left(=\frac{K}{L}\right) \Rightarrow \frac{100}{200}\left(=\frac{1}{2}\right) \Rightarrow L = 2K$$

이 결과를 휴대폰 200대를 생산하는 경우의 생산함수에 대입하면 다음과 같은 결과가 도출된다.

$$Q = LK \Rightarrow Q = 2K^2 \Rightarrow 200 = 2K^2 \Rightarrow 10 = K$$

이에 따라 '$L = 20$'이 된다.
한편 생산함수가 콥-더글라스 생산함수 형태로 주어지면, 다음 공식을 통해서 보다 간단하게 도출할 수도 있다.

- $Q = AL^{\alpha}K^{\beta}$
- $L = Q^{\frac{1}{\alpha+\beta}} \times \left(\frac{r}{w} \times \frac{\alpha}{\beta}\right)^{\frac{\beta}{\alpha+\beta}} \Rightarrow L = Q^{\frac{1}{2}}\left(\frac{r}{w} \times \frac{1}{1}\right)^{\frac{1}{2}} \Rightarrow L = 200^{\frac{1}{2}}\left(\frac{200}{100}\right)^{\frac{1}{2}} \Rightarrow L = (400)^{\frac{1}{2}} = 20$
- $K = Q^{\frac{1}{\alpha+\beta}} \times \left(\frac{w}{r} \times \frac{\beta}{\alpha}\right)^{\frac{\alpha}{\alpha+\beta}} \Rightarrow K = Q^{\frac{1}{2}}\left(\frac{w}{r} \times \frac{1}{1}\right)^{\frac{1}{2}} \Rightarrow L = 200^{\frac{1}{2}}\left(\frac{100}{200}\right)^{\frac{1}{2}} \Rightarrow K = (100)^{\frac{1}{2}} = 10$

참고로 이 경우 극소화된 생산비는 다음과 같다.

$$TC = P_L \times L + P_K \times K \Rightarrow TC = 100 \times 20 + 200 \times 10 = 4,000$$

사례 연구 비용극소화

◈ 휴대폰 제조 기업의 생산함수가 다음과 같이 알려져 있다.

$$Q=10L^{\frac{1}{2}}K^{\frac{1}{2}}$$

단기에 휴대폰을 생산할 때, 비용극소화를 달성하기 위해 필요한 노동투입량을 구하면?

⇒ 생산함수가 다음과 같이 주어져 있다.

$$Q=AL^{\alpha}K^{\beta}$$

단기를 전제하고 있으므로 자본량을 $\overline{K}$로 주어진 상태에서 필요한 노동투입량을 구하면 된다. 정리하면 다음과 같다.

$$Q=AL^{\alpha}K^{\beta} \Rightarrow L^{\alpha}=\frac{Q}{AK^{\beta}} \Rightarrow L=\frac{Q^{\frac{1}{\alpha}}}{A^{\frac{1}{\alpha}}K^{\frac{\beta}{\alpha}}}$$

이제 주어진 조건들을 앞의 공식에 대입하여 필요한 노동량을 도출하면 다음과 같다.

$$L=\frac{Q^2}{10^2K}=\frac{Q^2}{100\overline{K}}$$

또는

$$Q=10L^{\frac{1}{2}}K^{\frac{1}{2}} \Rightarrow L^{\frac{1}{2}}=\frac{Q}{10K^{\frac{1}{2}}} \Rightarrow L=\frac{Q^2}{100\overline{K}}$$

확인 TEST

어느 기업의 생산함수는 $Q=2LK$이다. 단위당 임금과 단위당 자본비용이 각각 2원 및 3원으로 주어져 있다. 이 기업의 총 사업 자금이 60원으로 주어졌을 때, 노동의 최적 투입량은? (단, Q는 생산량, L은 노동투입량, K는 자본투입량이며, 두 투입요소 모두 가변투입요소이다.)

[2016, 국가직 7급]

① $L=10$
② $L=15$
③ $L=20$
④ $L=25$

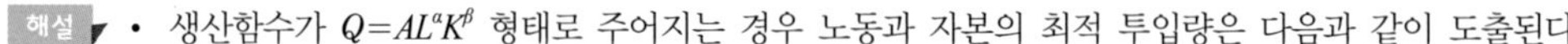

해설 • 생산함수가 $Q=AL^{\alpha}K^{\beta}$ 형태로 주어지는 경우 노동과 자본의 최적 투입량은 다음과 같이 도출된다.

- $L=\dfrac{\alpha\times TC}{(\alpha+\beta)\times P_L}=\dfrac{1\times 60}{(1+1)\times 2}=\dfrac{60}{4}=15$
- $K=\dfrac{\beta\times TC}{(\alpha+\beta)\times P_K}=\dfrac{1\times 60}{(1+1)\times 3}=\dfrac{60}{6}=10$

• 앞의 도출 방법은 소비자 선택이론에서 효용함수가 지수함수 형태로 주어진 경우에 최적 소비량을 구하는 방법과 동일하다.

정답 ②

2 특수한 등량곡선과 생산자 균형

1) 선형 생산함수 : 등량곡선이 직선인 경우 생산자 균형은 다음과 같은 세 가지 형태로 나타난다.

(1) $MRTS_{LK}>\dfrac{P_L}{P_K}$인 경우: 오직 L만을 투입하여 생산하는 균형(=구석해)이 성립한다.

$MRTS_{LK}>\dfrac{P_L}{P_K}$ 인 경우

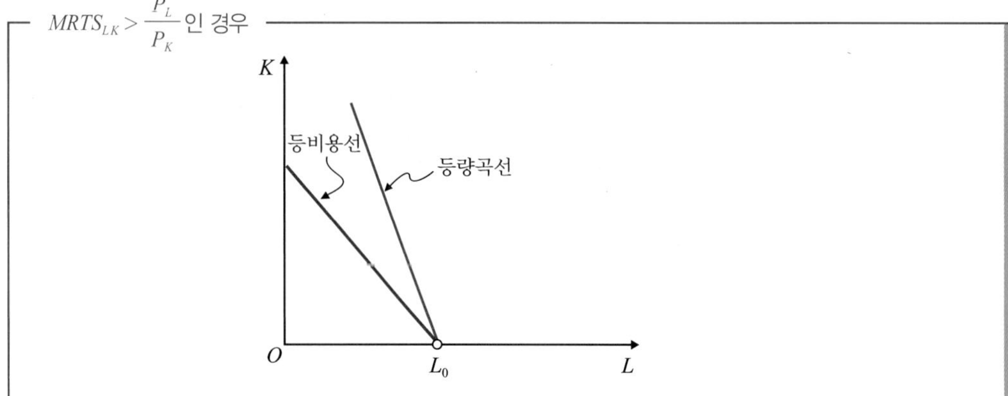

(2) $MRTS_{LK} = \frac{P_L}{P_K}$ **인 경우**: 등비용선 상의 모든 점에서 생산자 균형이 달성된다.

$MRTS_{LK} = \frac{P_L}{P_K}$ 인 경우

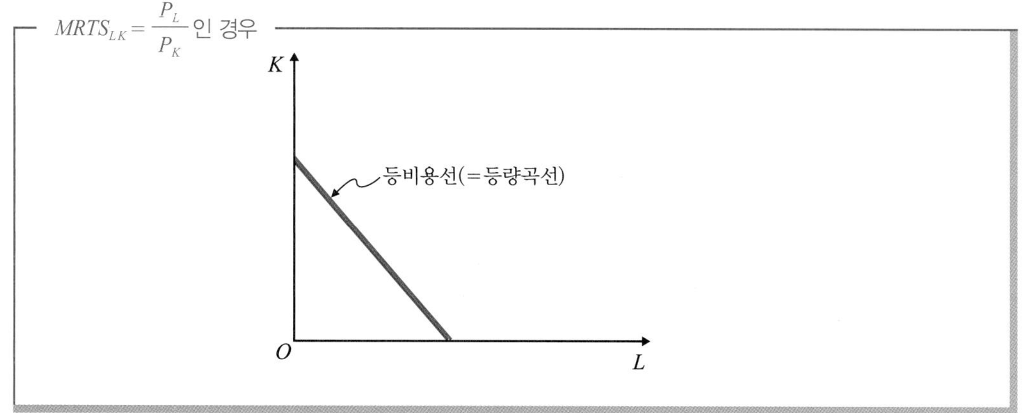

(3) $MRTS_{LK} < \frac{P_L}{P_K}$ **인 경우**: 오직 K만을 투입하여 생산하는 균형(=구석해)이 성립한다.

$MRTS_{LK} < \frac{P_L}{P_K}$ 인 경우

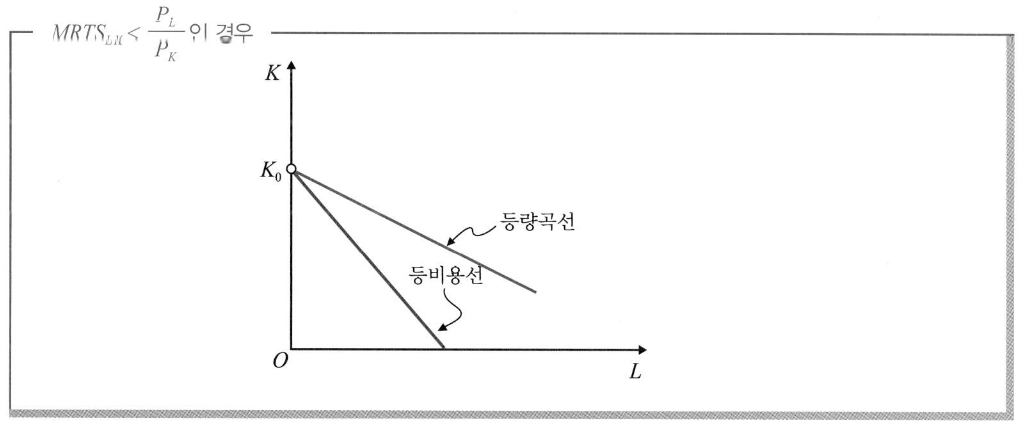

2) **두 생산요소가 완전보완관계인 경우**: 등량곡선이 L자형의 레온티에프 생산함수인 경우 생산자 균형은 다음과 같이 성립한다.

레온티에프 생산함수인 경우

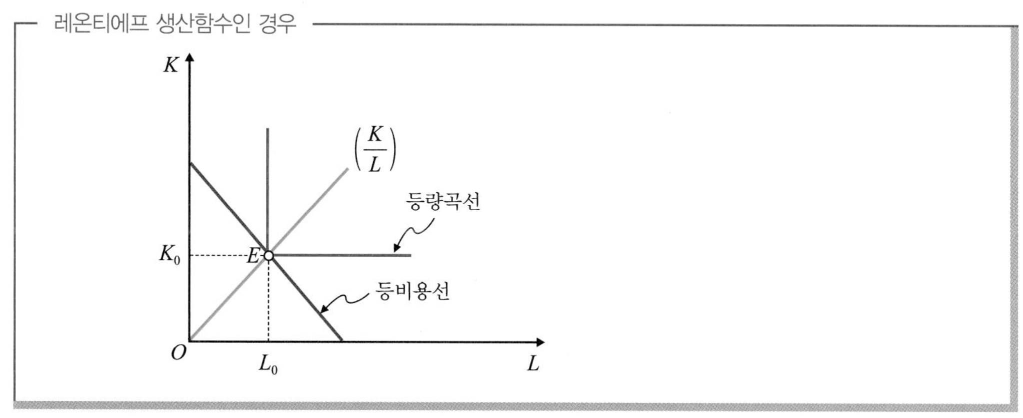

① 두 생산요소가 완전보완관계인 경우 등량곡선은 'L'자형의 모습을 보인다.
② 생산자 균형은 등비용선과 등량곡선이 접하는 점 (E)에서 달성된다.
③ 생산자 균형이 달성될 때, 두 생산요소 L과 K의 결합비율$\left(\frac{K}{L}\right)$은 항상 일정한 값 $\left(\frac{K_0}{L_0}\right)$을 갖는다.

3 기술적 효율과 경제적 효율

1) 기술적 효율(technical efficiency)

(1) 투입된 일정한 양의 생산요소들로부터 주어진 기술을 사용하여 최대의 생산량을 산출하는 것을 말한다.

(2) 등량곡선 위의 모든 점들은 기술적 효율이 있는 생산방법들이다. 즉 주어진 기술수준에서 기술적 효율을 만족하는 생산방법은 무수히 많이 존재한다.

(3) 기술적 효율은 기술적 측면만 고려하므로 비용과 가격은 전혀 고려하지 않는다.

2) 경제적 효율(economic efficiency): 기술적 효율이 있으면서도 비용을 최소로 하는 것을 말한다.

3) 양자의 관계

(1) 기술적 효율은 경제적 효율의 필요조건이고, 경제적 효율은 기술적 효율의 충분조건이다.

(2) 어떤 등량곡선상의 모든 점은 기술적 효율이 있으나 경제적 효율이 있는 점은 등비용선과 접하는 생산자 균형점뿐이다.

사례 연구 **생산요소 수요곡선 도출**

◈ 휴대폰 제조 기업의 생산함수가 다음과 같이 알려져 있다.

$$Q = L + K$$

노동의 단위당 가격($P_L = w$)은 100이라고 할 때, 휴대폰 200대를 생산하기 위한 자본(K)에 대한 수요곡선을 도출하여 그리면?

⇒ 주어진 생산함수에 따르면 노동(L)과 자본(K) 사이에는 완전대체 관계가 성립하고 있다. 따라서 기술적 한계대체율$\left(MRTS_{LK} = \frac{MP_L}{MP_K} = 1\right)$과 요소상대가격$\left(\frac{P_L}{P_K}\left(= \frac{w}{r} = \frac{100}{P_K}\right)\right)$과의 관계에 따라 다음 내용이 도출된다.

- $P_K(=r)>100 \Rightarrow 1>\frac{100}{P_K} \Rightarrow$ 오직 200단위의 노동(L)만을 투입해서 '$Q=200$'을 생산하게 되는 구석해가 성립한다(ⓐ). 따라서 이 경우의 자본(K) 투입량은 0이 된다.
- $P_K(=r)=100 \Rightarrow 1=\frac{100}{P_K} \Rightarrow$ 등비용선 상의 모든 점에서 생산자 균형점 존재한다. 이에 따라 자본(K) 투입량은 구간 모두가 가능해진다(ⓑ).
- $P_K(=r)\leq 100 \Rightarrow 1<\frac{100}{P_K} \Rightarrow$ 오직 200단위의 자본(K)만을 투입해서 '$Q=200$'을 생산하게 되는 구석해 존재가 성립한다(ⓒ)

이 결과를 그림으로 나타내면 다음과 같다.

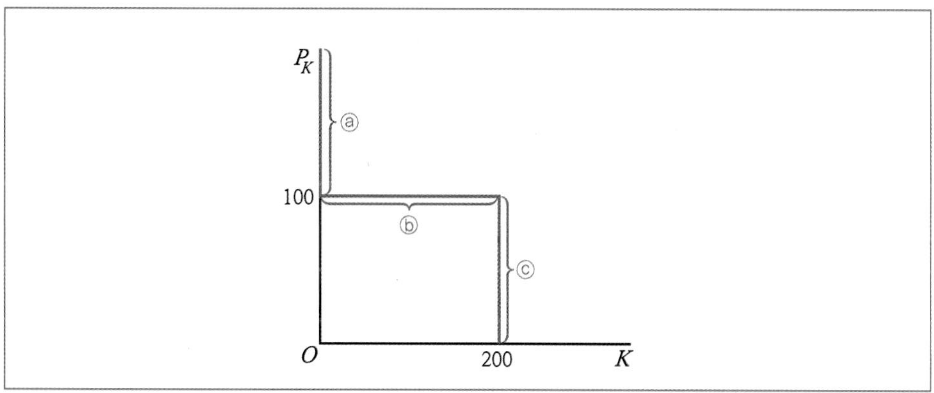

Theme 26 확장경로와 분계선

① 의의

1) **등사곡선(Iso-cline)**: 무수한 등량곡선상에서 기술적 한계대체율($MRTS$)의 크기가 같은 점들을 연결시킨 궤적을 말한다.

2) **분계선**: $MRTS_{LK} = 0$이 되는 점 $MRTS_{LK} = \infty$들의 궤적인 OS곡선과 $MRTS_{LK}$가 무한대로 되는 점($MRTS_{KL} = 0$)들의 궤적인 OR곡선으로 일종의 등사곡선이다.

분계선의 의미

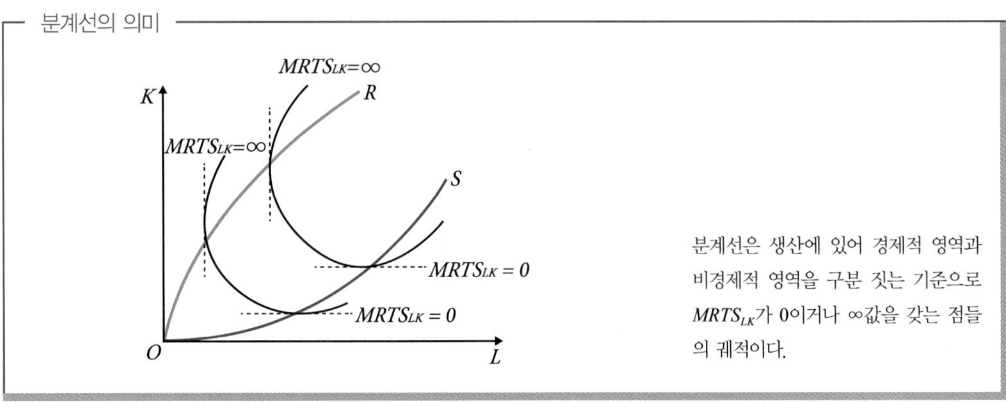

분계선은 생산에 있어 경제적 영역과 비경제적 영역을 구분 짓는 기준으로 $MRTS_{LK}$가 0이거나 ∞값을 갖는 점들의 궤적이다.

3) **확장경로**: 지출비용이 증가함에 따라 변화하는 생산자 균형점들의 궤적으로 일종의 등사곡선 ⇒ 이는 생산요소의 가격이 일정한 경우에 지출비용이 변화함에 따라 생산요소의 투입비율이 어떻게 변화하는가를 나타낸다.

확장경로의 의미

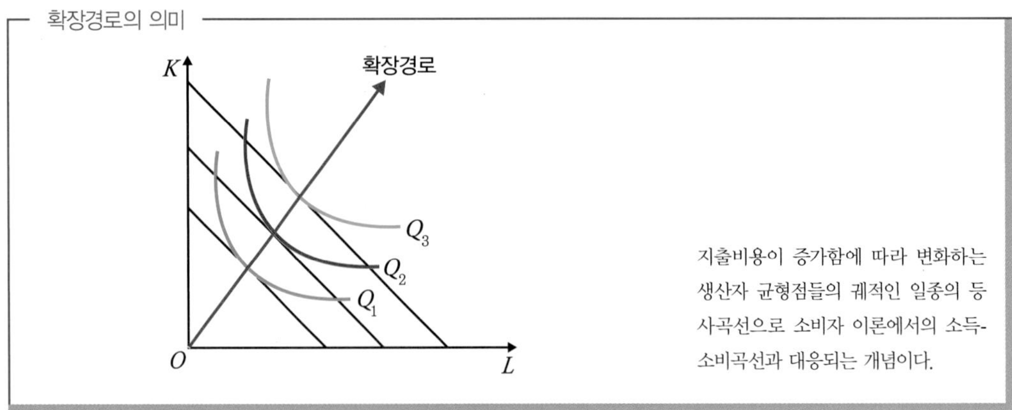

지출비용이 증가함에 따라 변화하는 생산자 균형점들의 궤적인 일종의 등사곡선으로 소비자 이론에서의 소득-소비곡선과 대응되는 개념이다.

❷ 확장경로상의 점들의 경제적 의미

1) 확장경로상의 모든 점들은 $MRTS_{LK} = \dfrac{MP_L}{MP_K} = \dfrac{P_L}{P_K}$을 만족시키는 점들로서 한계생산물 균등화원리(Principle of equi-marginal product)인 $\dfrac{MP_L}{P_L} = \dfrac{MP_K}{P_K}$이 성립한다.

2) 확장경로상의 모든 점들은 일정한 비용으로 생산의 극대화를 달성할 수 있는 점들이다.

3) 확장경로상의 모든 점들은 일정한 생산량을 가장 적은 비용으로 생산할 수 있는 비용 극소화의 목표를 달성할 수 있는 점들이다.

❸ 분계선이 갖는 경제적 의미

1) 분계선은 기업 활동의 합리적 범위와 관련하여 매우 중요한 의미를 갖는다.

2) 두 분계선 사이에 존재하는 모든 점들은 어느 생산요소의 한계생산물도 부(負)의 값이 되지 않게 하는 요소 투입점들인 데 반해 분계선 밖의 점들은 어느 한 생산요소의 한계생산물이 부(負)의 값을 갖게 되는 비효율적인 요소 투입점을 의미 → 분계선은 생산에 있어 경제적 영역과 비경제적 영역으로 나누는 기준이 된다.

3) 합리적인 기업의 생산활동 범위는 현실적으로 두 분계선 사이, 즉 경제적 영역의 요소 투입점들에 의해 이루어지게 된다.

무차별곡선이론과 등량곡선이론

구분	무차별곡선 이론	등량곡선 이론
경제주체	가계(소비자)	기업(생산자)
목표	소비자균형점에서의 효용극대화	생산자균형점에서의 비용극소화
선택의 대상	상품(X재, Y재)	생산요소(노동, 자본)
제약조건	가격선(예산선)	등비용선
선택기준	소비자의 주관적 선호구조	생산자의 생산기술
함수	$U = f(X, Y)$	$Q = f(L, K)$
측정방법	효용의 서수적 측정	생산량의 기수적 측정
기울기	한계대체율(MRS) 체감	기술적 한계대체율($MRTS$) 체감
균형조건	$-\dfrac{\Delta Y}{\Delta X} = \dfrac{P_X}{P_Y}$	$-\dfrac{\Delta K}{\Delta L} = \dfrac{P_L}{P_K} = \dfrac{w}{r}$
균형점의 확장	소득 – 소비 곡선	확장선

Theme 27 여러 가지의 생산함수

❶ 콥-더글라스 생산함수(Cobb-Douglas production function)

1) 기본식

$$Q = AL^{\alpha}K^{\beta}\ (\alpha + \beta = 1)$$

여기서, A, α 및 β는 생산기술에 의하여 결정되는 상수이며, A는 기술의 효율성, Q는 생산량, K는 자본 투입량, L은 노동 투입량이다.

2) 특성

(1) 가장 대표적인 1차 동차 생산함수이다.

증명

$C-D$ 생산함수 $Q = AL^{\alpha}K^{\beta}\ (\alpha+\beta=1)$에 L과 K 대신에 tL과 tK를 대입했을 때 Q 대신에 $t^{1}Q$가 생산되는가를 보이면 된다.

$A(tL)^{\alpha}(tK)^{\beta} = t^{\alpha}t^{\beta}AL^{\alpha}K^{\beta} = t^{\alpha+\beta}AL^{\alpha}K^{\beta}$ 가 성립한다.

이 때 $a+\beta=1$이므로 $t^{\alpha+\beta}AL^{\alpha}K^{\beta} = tAL^{\alpha}K^{\beta} = t^{1}Q$

1차 동차 생산함수와 한계생산물

1. 생산요소가 하나인 경우

   $Q=5L$에서 $\dfrac{dQ}{dL}=5$, 따라서 한계생산물은 일정하다.

2. 생산요소가 둘인 경우

   1) 요소 간 대체성이 완전한 경우

   $Q=5L+2K$에서 $\dfrac{dQ}{dL}=5$, $\dfrac{dQ}{dK}=2$, 따라서 한계생산물은 일정하다.

   2) 요소 간 대체성이 전혀 없는 경우

   $Q=\min[\dfrac{L}{5}, \dfrac{K}{2}]$에서 $\dfrac{dQ}{dL}=0$, $\dfrac{dQ}{dK}=0$, 따라서 한계생산물은 0이다.

Q&A

노동을 L단위, 자본을 K단위만큼 투입하여 자동차 부품을 생산하는 어떤 기업의 생산함수는 $Q = aL^bK^c$와 같으며, 다음의 두 조건 (A)와 (B)를 만족한다. 다음의 조건들과 합치되는 상수 (a, b, c)의 값은?

> (A) 이 생산함수는 1차 동차 함수이다.
> (B) (L = 1, K = 1)에서 노동의 한계생산성은 1/6, 자본의 한계생산성은 1/3이다.

Solution

1차 동차 함수이므로 $b + c = 1$ ……①

$MP_L = abL^{b-1}K^C$, $MP_K = acL^bK^{c-1}$

$L = 1$, $K = 1$이므로 $MP_L = ab$……②, $MP_K = ac$……③

①, ②, ③을 연립해서 풀면 $a = \frac{1}{2}$, $b = \frac{1}{3}$, $c = \frac{2}{3}$

(2) 단기적으로는 수확체감의 법칙이 나타난다.

> 증명
>
> 자본이 일정하고, 노동량을 t배 증가시킬 때 생산량은 t배보다 적게 증가함을 보이면 된다.
> L 대신에 tL를 대입하면 $A(tL)^\alpha K^\beta = t^\alpha AL^\alpha K^\beta = t^\alpha Q$가 성립한다.
> 그런데 $\alpha+\beta=1$에서 $\alpha < 1$ 이므로 $t^\alpha Q < tQ$가 된다.

(3) 장기적으로 규모에 따른 수익이 불변한다.

> 증명
>
> $Q = AL^\alpha K^{1-\alpha}$에서 $A(kL)^\alpha(kK)^{1-\alpha} = AkL^\alpha K^{1-\alpha} = kQ$

Q&A

다음의 생산함수 중 규모에 따른 수익이 불변인 것은?

> ㉠ $Y = K + 4N$ ㉡ $Y = K^{0.5}N^{0.5}$ ㉢ $Y = K^2N^3$
> (Y = 생산량, K = 자본 투입량, N = 노동 투입량)

Solution

규모에 따른 수익 불변은 1차 동차 생산함수의 경우이다. 1차 동차 생산함수는 생산요소를 k배 증가시키는 경우 산출량도 k배 증가한다. ㉢은 5차 동차 생산함수이며 규모에 따른 수익이 체증하는 경우이다.

㉠ $kK + 4kN = k(k+4N) = kY$

㉡ $(kK)^{0.5}(kN)^{0.5} = k^{0.5} \cdot k^{0.5}K^{0.5}N^{0.5} = k \cdot Y$

㉢ $(kK)^2 \cdot (kN)^3 = k^2 \cdot k^3 \cdot K^2 \cdot N^3 = k^5Y$

(4) 시장형태가 완전경쟁시장인 경우 오일러의 정리(Euler's Theorem)가 성립한다.

① **오일러의 정리**(Euler's Theorem)

$$Q = MP_L \cdot L + MP_K \cdot K = \frac{dQ}{dL} \cdot L + \frac{dQ}{dK} \cdot K$$

② **오일러의 정리의 내용**: 오일러의 정리는 각 생산요소에게 각 생산요소의 한계생산성에 따라 지불하면 총 요소소득은 총생산량과 일치함을 말한다. 이에 따라 기업의 초과이윤은 0이다. 즉 기업은 정상이윤만 지급받는다.

(5) $MRTS_{LK}$는 자본(K) − 노동(L) 비율로 나타낼 수 있다.

$$MRTS_{LK} = \frac{MP_L}{MP_K} = \frac{\alpha AL^{\alpha-1}K^{\beta}}{\beta AL^{\alpha}K^{\beta-1}} = \frac{\alpha K}{\beta L}$$

따라서 자본(K)과 노동(L)이 동일하게 t배 증가해도 $MRTS_{LK}$는 일정하다.

3) 생산의 요소탄력성

(1) **의미**

① 생산요소 투입량의 변화에 따라 산출량이 변화하는 정도를 측정하는 개념이다.

② 위 식에서 α는 생산의 노동탄력성을 의미하고, β는 생산의 자본탄력성을 의미한다.

- 생산의 노동탄력성 $= \dfrac{dQ/Q}{dL/L} = \alpha$
- 생산의 자본탄력성 $= \dfrac{dQ/Q}{dK/K} = \beta$

③ 예컨대 L만을 k배로 증가시키면 생산량은 αk배로 증가하고, K를 k배로 증가시키면 생산량은 βk배로 증가하게 되는 것이다.

소득 분배율

- 두 생산요소의 한계생산력에 따라 임금과 이자율이 결정되면 α는 노동의 분배율을, $\beta(=1-a)$는 자본의 분배율을 나타낸다.

- $w = MP_L = \dfrac{dQ}{dL} = A\alpha L^{\alpha-1}K^{\beta} \Rightarrow \dfrac{wL}{Q} = \alpha AL^{\alpha}K^{\beta}/Q = \alpha Q/Q = \alpha$
- $r = MP_K = \dfrac{dQ}{dK} = A\beta L^{\alpha}K^{\beta-1} \Rightarrow \dfrac{rK}{Q} = \beta AL^{\alpha}K^{\beta}/Q = \beta Q/Q = \beta$

- 노동소득분배율 : α
- 자본소득분배율 : β

(2) 내용 설명

① 예컨대 $Q = AL^{0.6}K^{0.7}$일 때, L만을 50% 증가시키면 Q는 30%(=50% × 0.6) 증가하고, K만을 50% 증가시키면 Q는 35%(=50% × 0.7) 증가한다.

② 만일 L과 K를 모두 k배로 증가시키면 $(\alpha + \beta) \cdot k$배만큼 Q가 증가한다.

k차 동차 생산함수

생산함수 $Q = F(L, K)$에서 노동과 자본을 각각 임의의 양수인 t배로 증가시킬 때, $t^kQ = F(tL, tK)$가 되면 이 생산함수를 k차 동차 생산함수라고 한다.

(3) 규모의 경제(economies of scale)와의 관계

① **규모의 경제(= 규모에 따른 수익증가)**: $\alpha + \beta > 1$인 경우 ⇒ 두 생산요소를 모두 k배로 증가시키면 $(\alpha + \beta)k$배로 생산량이 증가하는데, $\alpha + \beta > 1$이므로 생산량은 k배 이상으로 증가하게 된다.

② **규모에 따른 수익 불변**: $\alpha+\beta=1$인 경우 ⇒ 두 생산요소의 투입이 k배로 증가하면 생산량도 k배로 증가한다.

③ **규모의 불경제(= 규모에 따른 수익체감)**: $\alpha + \beta < 1$인 경우 ⇒ 두 생산요소의 투입량을 k배로 증가시키면 생산량은 k배 미만으로밖에는 증가하지 않는다.

확인 TEST

$Y=AK^{0.3}L^{0.7}$인 콥-더글러스 생산함수에 대한 설명으로 옳은 것을 모두 고르면? (Y는 생산량, K는 자본량, L은 노동량) [2011, 국회 8급]

㉠ 자본가에게는 전체 소득의 30%, 노동자에게는 전체 소득의 70%가 분배된다.
㉡ 만약 이민으로 노동력만 10% 증가하였다면 총생산량과 자본의 임대가격은 상승하나 실질임금은 하락한다.
㉢ 만약 노동력과 자본 모두가 10%씩 증가하였다면 총생산량, 자본의 임대가격, 실질임금 모두 10%씩 증가한다.
㉣ A는 기술수준을 나타내는 매개변수로 A가 상승하면 총생산량은 증가하나 자본의 임대가격과 실질임금은 변화하지 않는다.

총효용을 극대화하는 X재 소비량(Q)과 이때의 총효용(TU)은 각각 얼마인가?

① ㉠, ㉢, ㉣ ② ㉠, ㉡
③ ㉠, ㉡, ㉣ ④ ㉠, ㉡, ㉢
⑤ ㉠, ㉢

해설
- 주어진 생산함수는 자본소득 분배율이 0.3, 노동소득 분배율이 0.7인 1차 동차 생산함수이다(㉠).
- 1차 동차 생산함수인 콥-더글러스 생산함수는 노동력과 자본 모두가 10%씩 증가하면 총생산량도 10%만큼 증가하게 된다(㉢).
- 자본과 노동의 한계생산은 각각 다음과 같이 도출되며, 자본과 노동력 모두가 10%씩 증가한다고 하더라도 자본과 노동의 한계생산은 불변이 된다.

- $MP_K = \dfrac{dY}{dK} = 0.3AK^{-0.7}L^{0.7} = 0.3A\left(\dfrac{L}{K}\right)^{0.7} \Rightarrow 0.3A\left(\dfrac{1.1L}{1.1K}\right)^{0.7} = 0.3A\left(\dfrac{L}{K}\right)^{0.7} \Rightarrow$ 불변
- $MP_L = \dfrac{dY}{dL} = 0.3AK^{0.3}L^{-0.3} = 0.7A\left(\dfrac{K}{L}\right)^{0.3} \Rightarrow 0.7A\left(\dfrac{1.1K}{1.1L}\right)^{0.3} = 0.7A\left(\dfrac{K}{L}\right)^{0.3} \Rightarrow$ 불변

그런데 자본의 임대가격은 자본의 한계생산과 실질임금은 노동의 한계생산과 일치하는 수준에서 결정된다. 이에 따라 자본과 노동력 모두가 10%씩 증가한다고 하더라도 자본의 임대 가격과 실질 임금도 불변이다(ⓒ).

- 만약 이민으로 노동력만 10% 증가하였다면 자본의 한계생산은 증가하게 되어 총생산량과 자본의 임대가격은 상승하나, 노동력만의 증가가 노동의 한계생산을 감소시켜 실질임금을 하락시킨다(ⓛ).
- 기술수준을 의미하는 A의 상승은 자본과 노동의 한계생산을 모두 상승시켜 총생산량은 물론이고 자본의 임대가격과 실질임금 모두를 증가시킨다(ⓡ).

정답 ②

❷ 선형 생산함수

1) 의미 : 생산요소 간에 완전한 대체관계가 있어 요소 간 대체탄력성이 '∞'인 생산함수

2) 기본방정식

$Q = aL + bK$ (단, 여기서 a와 b는 상수)

3) 특징

(1) 생산요소 간의 대체가 완전하다.

(2) 산출량은 두 생산요소 투입량에 따라 결정된다.

(3) 등량곡선은 우하향하는 직선이다.

확인 TEST

A기업의 생산함수는 $Y=\sqrt{K+L}$이다. 이 생산함수에 대한 설명으로 옳은 것은?

[2015. 지방직]

① 규모에 대한 수확불변을 나타낸다.
② 자본과 노동은 완전보완재이다.
③ 이윤 극대화를 위해 자본과 노동 중 하나만 사용해도 된다.
④ 등량곡선(iso-quant curve)은 원점에 대해 볼록하다.

해설 주어진 생산함수는 다음과 같이 나타낼 수 있다.

$$Y=\sqrt{K+L} \Rightarrow Y^2=K+L \Rightarrow W=K+L$$

이 결과 주어진 생산함수는 노동과 자본의 완전대체가 이루어지는 우하향의 선형함수가 된다.
이에 따라 자본과 노동의 가격에 따라 노동과 자본 중 하나만 투입해서 생산이 이루어질 수 있게 된다.
한편 노동과 자본을 동일하게 t배 만큼 증가시키면 생산량은 그보다 작은 $\sqrt{t}$배만큼만 증가하게 되어 규모에 대한 수확체감의 모습을 보이게 된다. 이것의 도출과정은 다음과 같다.

$$\sqrt{tK+tL}=\sqrt{t(K+L)}=\sqrt{t}\sqrt{K+L}=\sqrt{t}\,Y$$

정답 ③

❷ 고정요소투입비율 생산함수

1) 의미 : 생산요소 간에 완전한 보완관계가 있어 요소 간 투입비율이 일정한 생산함수, 즉 요소 간의 대체탄력성이 "0"인 생산함수

2) 기본방정식

$$Q=min[\frac{L}{a},\ \frac{K}{b}]$$

(단, 여기서 a는 노동계수, b는 자본계수를 의미한다.)

(1) a=2이고, b=3이라고 가정하자.

(2) 노동을 10($L=10$)만큼 투입하고, 자본을 12($K=12$)만큼 투입하면 생산량은

$Q=\min[\frac{10}{2},\ \frac{12}{3}]=4$만큼 생산된다. $\{\because \frac{10}{2}=5>\frac{12}{3}=4\}$

3) 특징

(1) 생산요소 간의 대체가 불가능하다.

(2) 산출량은 두 생산요소 중 적은 투입량에 따라 결정된다.

(3) 자본-노동 투입비율이 일정하다.

(4) 등량곡선은 L자형이다.

확인 TEST

총 노동량과 총 자본량이 각각 12단위인 경제를 가정하자. 완전 보완관계인 노동 1단위와 자본 2단위를 투입하여 X재 한 개를 생산하며, 완전 대체관계인 노동 1단위 혹은 자본 1단위를 투입하여 Y재 한 개를 생산한다. 이 경우 X재 생산량이 6일 때, 생산의 파레토 최적 달성을 위한 Y재 생산량은? [2017, 국가직 7급]

① 8
② 6
③ 4
④ 3

해설
- X재는 완전 보완관계인 노동 1단위와 자본 2단위를 투입해서 생산되므로 X재 생산함수는 다음과 같은 'Leontief 생산함수' 형식으로 나타낼 수 있다.

$$Q_X = \min\left[\frac{L}{1},\ \frac{K}{2}\right]$$

- 노동과 자본이 완전보완 관계에 있어 항상 '1:2'의 비율로 결합되어 생산과정에 투입되는 경우 X재를 최적으로 생산하기 위한 조건은 다음과 같다.

$$Q_X = \frac{L}{1} = \frac{K}{2}$$

- 문제에서 주어진 X재 생산량이 6이므로 X재 최적 생산을 위해 필요한 노동과 자본 투입량은 다음과 같이 도출된다.

$$6 = \frac{L}{1} = \frac{K}{2} \Rightarrow L = 6,\ K = 12$$

- 경제 전체의 생산요소가 '$L=12$' 단위와 '$K=12$' 단위였으므로, 이제 Y재 생산에 투입할 수 있는 생산요소는 남아 있는 '$L=6$' 단위뿐이다.
- Y재는 완전대체관계인 노동 1단위 혹은 자본 1단위를 투입해서 생산되므로 Y재 생산함수는 다음과 같이 '선형 생산함수' 형태로 나타낼 수 있다.

$$Q_Y = L + K$$

- 이제 남은 생산요소인 '$L=6$' 단위와 '$K=0$' 단위를 앞의 생산함수에 대입하면 Y재 생산량은 '$Q_Y = 6+0 = 6$'이 된다.

정답 ②

Theme 28 대체탄력성

❶ 대체탄력성(elasticity of substitution)의 의의

1) 의미

(1) 요소 간 가격비가 달라지면 생산자 균형점이 달라지게 되어 생산요소의 투입비율이 달라지게 된다.

(2) 이때 한 생산요소가 다른 생산요소로 대체되는 과정에서, 생산 기술상 그 대체가 얼마나 민감하게 일어날 수 있는지를 나타낸다.

(3) 힉스(J. R. Hicks)가 처음 사용한 개념

2) 공식

$$\sigma = \frac{\Delta\left(\frac{K}{L}\right)/\left(\frac{K}{L}\right)}{\Delta MRTS/MRTS} = \frac{\Delta\left(\frac{K}{L}\right)}{\Delta MRTS} \times \frac{MRTS}{K/L}$$

(단, $MRTS$: 기술적 한계대체율, $\frac{K}{L}$: 요소 사용 비율)

3) 특징

(1) 대체탄력성이 크다는 것은 기술적으로 두 요소의 대체가능한 정도(한 요소가 부족할 경우 다른 요소를 대신 쓸 수 있는 가능성)가 크다는 것을 의미한다.

(2) 등량곡선이 원점에 대하여 볼록한 정도(convexity)가 크면 클수록 요소 간 대체 가능한 정도가 작고 이에 따라 대체탄력성 또한 작은 생산함수를 반영하게 된다.

(3) 대체탄력성이 크면 클수록 상대가격이 변할 때 요소 간의 사용 비율이 매우 민감하게 변화하게 된다. 이에 따라 대체 탄력성이 매우 클 때 임금이 상승하면 생산자는 노동을 자본으로 매우 많이 대체하게 된다.

4) 도해적 설명(생산자 균형점이 a점으로부터 b점으로 변할 때)

대체탄력성의 측정

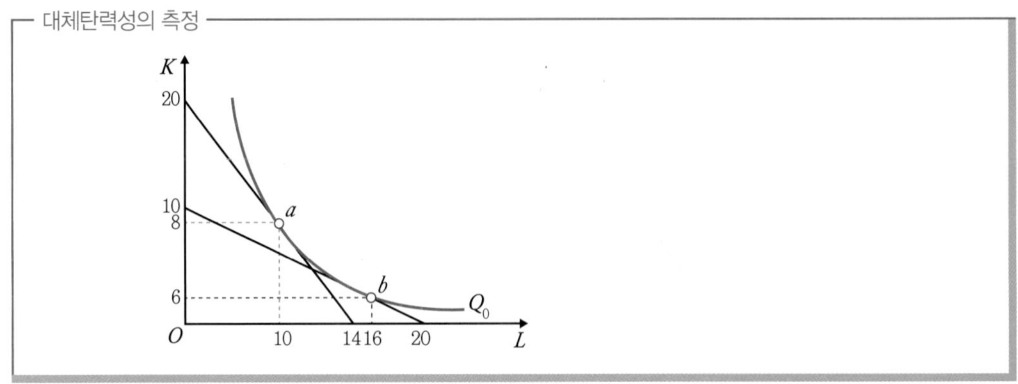

(1) a점에서 $MRTS = \frac{20}{14}$, $\frac{K}{L} = \frac{8}{10}$이 되고, b점에서 $MRTS = \frac{10}{20}$, $\frac{K}{L} = \frac{6}{16}$이라고 가정하자.

(2) 이때 요소 간 가격비가 변화하여 생산자 균형점이 a점으로부터 b점으로 변하게 되면

$\Delta MRTS = \frac{10}{20} - \frac{20}{14} = -\frac{13}{14}$, $\Delta(\frac{K}{L}) = \frac{6}{16} - \frac{8}{10} = -\frac{17}{40}$ 이 된다.

(3) 이에 따라 대체탄력성은 $\sigma = \dfrac{\Delta\left(\frac{K}{L}\right)/\left(\frac{K}{L}\right)}{\Delta MRTS/MRTS} = \dfrac{\left(-\frac{17}{40}\right)/\left(\frac{8}{10}\right)}{\left(-\frac{13}{14}\right)/\left(\frac{20}{14}\right)} \fallingdotseq 0.82$ 의 값을 갖게 된다.

2 대체탄력성과 요소 간 사용 비율과의 관계

1) 생산자 균형점에서는 항상 $MRTS = \omega/\gamma$이므로

$$\sigma = \frac{\Delta\left(\frac{K}{L}\right)/\left(\frac{K}{L}\right)}{\Delta MRTS/MRTS} = \frac{\Delta\left(\frac{K}{L}\right)/\left(\frac{K}{L}\right)}{\Delta\left(\frac{\omega}{\gamma}\right)/\left(\frac{\omega}{\gamma}\right)} = \frac{\Delta\left(\frac{K}{L}\right)}{\Delta\left(\frac{\omega}{\gamma}\right)} \times \frac{\frac{\omega}{\gamma}}{\frac{K}{L}}$$

(단, ω : 노동의 가격, γ : 자본의 가격)

2) 대체탄력성 공식은 요소 간의 가격 비율이 변할 때, 요소 간의 사용비율이 얼마나 민감하게 변하는지를 보여준다.

3) 대체탄력성이 크면 클수록 상대가격이 변할 때 요소 간의 사용 비율이 매우 민감하게 변화 ⇒ 대체탄력성이 매우 클 때 임금이 상승하면 생산자는 노동을 자본으로 매우 많이 대체하게 된다.

3 대체탄력성 불변(Constant Elasticity of Substitution : CES) 생산 함수

1) 의의

① 자본-노동투입비율이 변화해도 요소 간의 대체탄력성이 일정한 생산함수를 말한다.

② *CES* 생산함수(Constant Elasticity of Substitution), 또는 *ACVS* 생산함수라고 하는데, 이는 콥-더글라스 생산함수보다 더 일반적인 1차 동차 생산함수이다.

③ *CES* 생산함수는 대체탄력도가 고정된 생산방식에는 모두 적용될 수 있지만 1차 동차 생산이므로 규모의 경제를 설명하지 못하는 단점이 있다.

2) 기본방정식

$$Q = A[\sigma L^{-\rho} + (1-\sigma) K^{-\rho}]^{-1/\rho}$$

(단, 여기서 $A > 0$: 능률 Parameter, σ : 분배 Parameter , ρ : 대체 Parameter인 상수이다.)

3) 특징

(1) 1차 동차 생산함수로 규모에 대한 보수는 불변

(2) 생산함수의 일반형으로 Cobb-Douglas 생산함수나 Leontief 생산함수는 *CES* 생산함수의 특수형

(3) 오일러의 정리(Euler's theorem)가 성립

(4) 요소 간의 대체 탄력성(σ)이 항상 일정

요소 간의 대체 탄력성: $\sigma = \dfrac{1}{1+\rho}$

4) CES 생산함수와 다른 생산함수

(1) ρ=0인 경우 : 요소 간의 대체탄력성(σ)이 1인 콥-더글라스 생산함수 ⇒ 콥-더글라스 생산함수는 *CES* 생산함수의 특수한 경우이다.

(2) ρ=∞인 경우 : 요소 간의 대체탄력성(σ)이 0인 레온티에프 생산함수(=고정요소투입비율 생산함수)가 된다.

(3) $\rho \rightarrow -1$인 경우 : 요소 간의 대체탄력성(σ)이 ∞인 선형 생산함수가 된다.

5) 특수한 CES 생산함수

구분	ρ = 0	ρ = ∞	ρ = −1
등량곡선의 형태	K, O, L	K, K_0, O, L_0, L	K, $-\frac{a}{b}$, O, L
생산함수	$Q = AL^{\alpha}K^{\beta}$ Cobb-Douglas 생산함수	$Q = \min\left(\frac{L}{a}, \frac{K}{b}\right)$ 고정계수(레온티에프) 생산함수	$Q = aL + bK$ $a, b > 0$ 선형(완전대체) 생산함수
요소대체탄력성	σ = 1	σ = 0	σ = ∞

확인 TEST

생산함수가 $Q=L^2K^2$으로 주어져 있다. 이 생산함수에 대한 설명으로 옳은 것만을 모두 고른 것은? (단, Q는 생산량, L은 노동량, K는 자본량이다.) [2017. 추가채용 국가직 7급]

ㄱ. 2차 동차함수이다.
ㄴ. 규모에 따른 수확체증이 있다.
ㄷ. 주어진 생산량을 최소비용으로 생산하는 균형점에서 생산요소 간 대체탄력성은 1이다.

① ㄱ
② ㄴ
③ ㄱ, ㄷ
④ ㄴ, ㄷ

해설
- 주어진 생산함수는 콥−더글라스 생산함수이다. 이 함수의 기본형은 다음과 같다.

$$Q=AL^{\alpha}K^{\beta}$$

(Q는 생산량, A는 기술수준, L은 노동량, K는 자본량이다.)

- 콥−더글라스 생산함수는 $(\alpha+\beta)$차 동차 생산함수이다. 따라서 주어진 생산함수는 4차 동차 생산함수가 된다(ㄱ).
- '$(\alpha+\beta)>1$'이 성립하면 규모에 대한 수확체증이 성립한다(ㄴ).
- 생산요소 간 상대가격이 달라지면 생산자 균형점이 달라져 생산요소의 투입비율도 달라진다. 이때 한 생산요소가 다른 생산요소로 얼마나 민감하게 대체되는지의 정도를 측정하는 것이 대체탄력성(σ)이라고 하는데, 콥−더글라스 생산함수는 대체탄력성이 항상 '1'인 *CES* 생산함수의 하나이다(ㄷ).

정답 ④

Theme 29

규모에 대한 보수와 기술 진보

1 규모에 대한 보수

1) 의미 : 장기에 있어 모든 생산요소의 투입량이 같은 비율로 변화할 때의 산출량 변화의 정도

2) 유형 : 생산함수가 $Q = A \times L^{\alpha} \times K^{\beta}$인 경우에 규모에 대한 보수의 세 가지 유형

(1) 규모에 대한 보수 불변(Constant Returns to Scale : CRS)

① 생산함수에서 $\alpha + \beta = 1$인 경우 : 모든 생산요소의 투입량을 같은 비율로 증가시켰을 때 산출량도 같은 비율로 증가하는 것을 말한다.

② 도해적 설명

규모에 대한 보수 불변

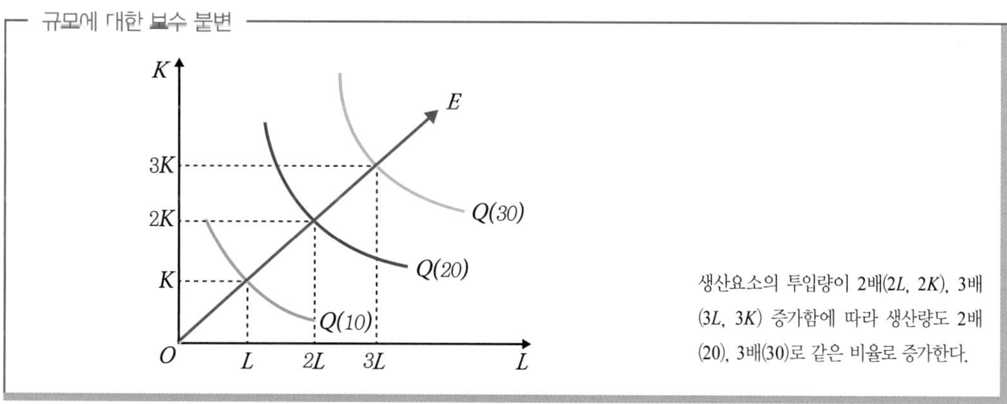
K
E
3K
2K
K
Q(30)
Q(20)
Q(10)
O
L
2L
3L
L
생산요소의 투입량이 2배(2L, 2K), 3배(3L, 3K) 증가함에 따라 생산량도 2배(20), 3배(30)로 같은 비율로 증가한다.

(2) 규모에 대한 보수 체증(Increasing Returns to Scale : IRS)

① 생산함수에서 $\alpha + \beta > 1$인 경우 : 모든 생산요소의 투입량을 같은 비율로 증가시켰을 때 산출량이 그 비율 이상으로 증가하는 것을 말한다.

② 그래프

규모에 대한 보수 체증

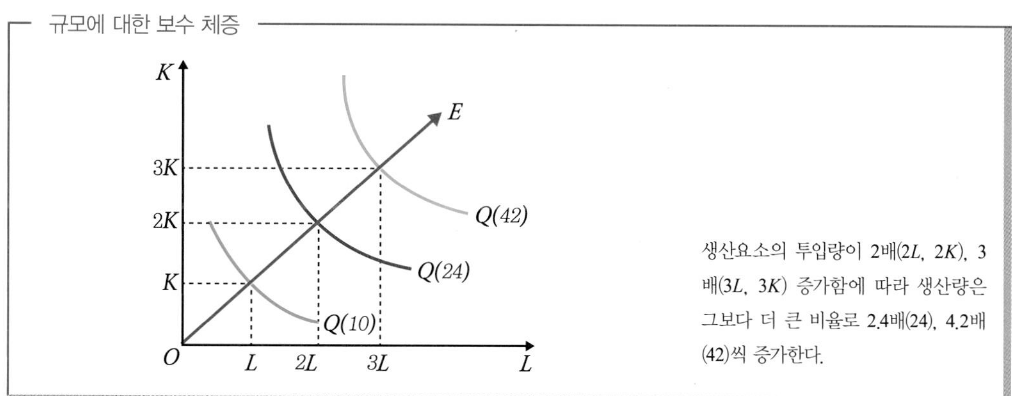
K
E
3K
2K
K
Q(42)
Q(24)
Q(10)
O
L
2L
3L
L
생산요소의 투입량이 2배(2L, 2K), 3배(3L, 3K) 증가함에 따라 생산량은 그보다 더 큰 비율로 2.4배(24), 4.2배(42)씩 증가한다.

규모에 대한 보수 체증(규모의 경제)의 원인

1. 분업에 따른 전문화 : 생산규모가 커지면 각각의 노동자가 특수 분야의 작업에만 전적으로 종사할 수 있게 되어 작업의 반복에 의해 숙련도를 높이고 이것이 작업의 효율성을 증대시킨다.
2. 경영상의 효율성 : 탁월한 경영자는 몇 명의 노동자보다 수백 명의 직원들을 더 효율적으로 활용, 관리할 수 있다.
3. 금전상의 이득 : 생산규모가 커져서 생산요소를 대량으로 구입하는 경우에는 대개 대량구매할인(volume discount)을 받을 수 있다. 따라서 생산규모가 커짐에 따라 생산기술이나 경영과는 무관한 금전상의 이득을 볼 수 있다.

(3) 규모에 대한 보수 체감(Decreasing Returns to Scale : DRS)

① 생산함수에서 $\alpha + \beta < 1$인 경우 : 모든 생산요소의 투입량을 같은 비율로 증가시켰을 때 그 산출량이 그 비율 이하로 증가하는 것을 말한다.

② 그래프

규모에 대한 보수 체감

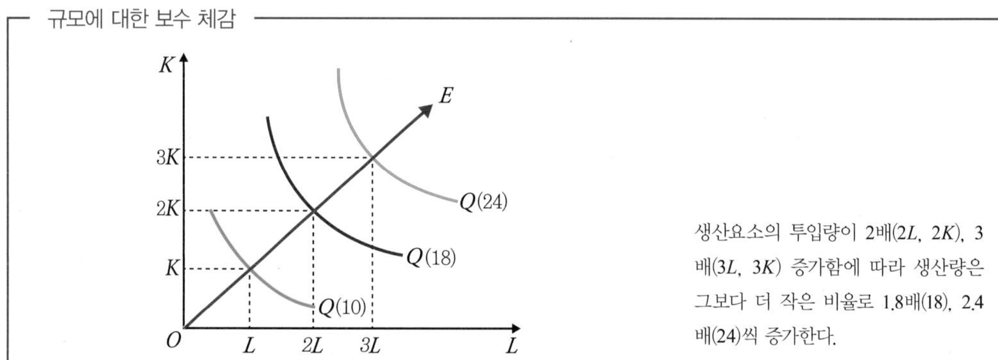

생산요소의 투입량이 2배(2L, 2K), 3배(3L, 3K) 증가함에 따라 생산량은 그보다 더 작은 비율로 1.8배(18), 2.4배(24)씩 증가한다.

확인 TEST

생산함수 $Q=f(L, K)$에 대해 모든 생산요소를 h배 투입하였을 때 $f(hL, hK)<hf(L, K)$의 관계가 성립한다. 이 생산함수에 대한 설명으로 옳은 것은? (단, L은 노동, K는 자본이다) [2018, 국가직 9급]

① 규모에 대한 수익 감소
② 규모에 대한 수익 불변
③ 규모에 대한 수익 증가
④ 한계생산 체감

해설 '$f(hL, hK)<hf(L, K)$' 관계가 성립한다는 것은, 모든 생산요소를 h배 투입하였을 때의 생산량[$f(hL, hK)$]이 기존 생산량의 배[$hf(L, K)$]보다 작다는 것을 의미한다. 이것은 규모에 대한 수익이 감소한다는 것을 의미한다.

정답 ①

3) 수확체감의 법칙과 규모에 대한 보수의 비교

(1) **수확체감의 법칙**: 자본을 고정시킨 상태에서 노동량을 변화시킬 때, 생산량과 투입된 노동량과의 관계에 대한 법칙을 의미하는 단기적 현상

(2) **규모에 대한 보수**: 노동과 자본 모두를 변화시킬 때, 생산량과 투입된 노동량과의 관계에 대한 법칙을 의미하는 장기적 현상

수확체감의 법칙과 규모에 대한 보수

단기 생산함수	하나의 가변요소의 한계생산물	① 수확체감의 법칙 ② 수확체증의 법칙
장기 생산함수	모든 생산요소(규모)가 동일한 비율로 증가한 경우의 생산량 변동	③ 규모에 대한 보수 감소 ④ 규모에 대한 보수 불변 ⑤ 규모에 대한 보수 증가

※ ①과 ③, ④, ⑤가 양립할 수 있고, ②와 ⑤가 양립할 수 있다.

확인 TEST

다음 표는 노동과 자본의 다양한 결합으로 얻을 수 있는 생산물의 양을 나타낸다. (예를 들면 노동 1단위와 자본 1단위를 결합하여 생산물 100단위를 얻을 수 있다.) 표에 나타난 생산함수에 대한 설명으로 가장 옳지 않은 것은? [2018 서울시 공개경쟁 7급]

자본량 \ 노동량	1	2	3
1	100	140	150
2	130	200	240
3	150	230	300

① 규모에 대한 수익불변(constant returns to scale)이 성립한다.
② 규모의 경제(economies of scale)가 성립한다.
③ 자본의 한계생산은 체감한다.
④ 노동의 한계생산은 체감한다.

해설
- 주어진 표에 따르면 하나의 생산요소 투입을 고정시킨 상태에서 나머지 생산요소 투입량을 증가시키면, 이에 따른 생산량의 증가분(=한계생산)이 체감하고 있다(③, ④).
- 자본량과 노동량을 동일하게 '1 ⇒ 2 ⇒ 3'으로 증가시키면 생산량도 '100 ⇒ 200 ⇒ 300'으로 동일한 비율로 증가하고 있다. 이에 따라 '규모에 대한 수익 불변'이 성립한다(①).
- 생산량 증가에 따라 평균비용이 지속적으로 하락하는 '규모의 경제'는 자본량과 노동량의 투입비율 보다 생산량의 증가비율이 더 크게 나타나는 '규모에 대한 수익 증가'인 경우에 나타나는 현상이다(②).

정답 ②

2 기술 진보(Technical progress)

1) **의미** : 동일한 산출량을 전보다 더 적은 생산요소를 사용하여 생산하게 하는 기술적 효율의 향상을 말한다.

(1) 단기생산함수가 상방이동하는 경우

(2) 생산가능곡선이 바깥으로 이동하는 경우

(3) 등량곡선이 안쪽으로 이동하는 경우

2) **유형: J. R. Hicks의 분류**

기술 진보의 유형

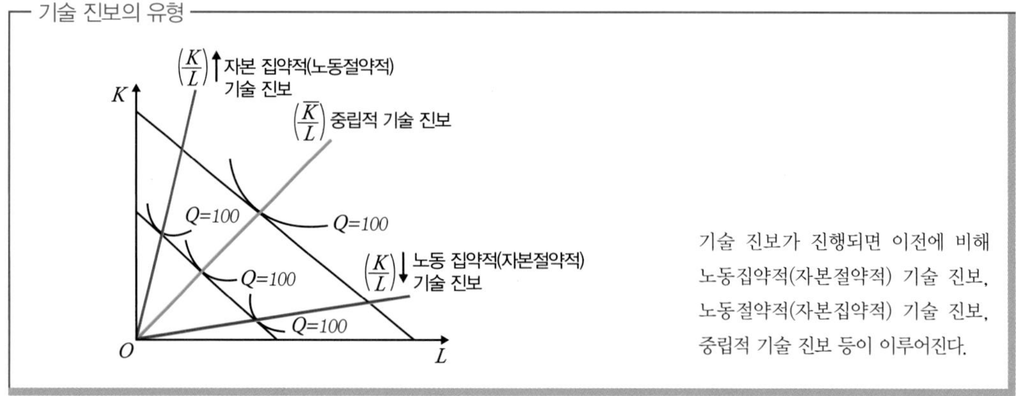

기술 진보가 진행되면 이전에 비해 노동집약적(자본절약적) 기술 진보, 노동절약적(자본집약적) 기술 진보, 중립적 기술 진보 등이 이루어진다.

(1) **중립적 기술 진보**

① 노동과 자본의 투입비율이 동일하게 감소하는 기술 진보

② $\frac{MP_L}{P_L} = \frac{MP_K}{P_K}$가 성립하여 요소집약도 $\left(\frac{K}{L}\right)$는 불변

(2) **자본집약적 기술진보(노동절약적 기술 진보)**

① 노동의 투입비율이 자본의 투입비율보다 더 크게 감소하는 기술 진보

② $\frac{MP_L}{P_L} < \frac{MP_K}{P_K}$가 되어 요소집약도 $\left(\frac{K}{L}\right)$는 증가

(3) **노동 집약적 기술진보(자본절약적 기술 진보)**

① 자본의 투입비율이 노동의 투입비율보다 더 크게 감소하는 기술 진보

② $\frac{MP_L}{P_L} > \frac{MP_K}{P_K}$가 되어 요소집약도 $\left(\frac{K}{L}\right)$는 감소

확인 TEST

어느 경제에서 생산량과 기술 및 요소 투입 간에 $Y=AF(L, K)$의 관계가 성립하며, $F(L, K)$는 노동, 자본에 대하여 규모에 대한 수익불변(CRS)의 특징을 가지고 있다. 이에 대한 설명으로 가장 옳은 것은? (단, Y, A, L, K는 각각 생산량, 기술수준, 노동, 자본을 나타낸다.)

[2019 서울시 공개 경쟁 7급]

① 생산요소인 노동이 2배 증가하면 노동단위 1인당 생산량은 증가한다.
② 생산요소인 노동과 자본이 각각 2배 증가하면 노동단위 1인당 생산량은 증가한다.
③ 생산요소인 노동과 자본이 각각 2배 증가하고 기술수준이 2배로 높아지면 노동단위 1인당 생산량은 2배 증가한다.
④ 생산요소인 자본이 2배 증가하고 기술수준이 2배로 높아지면 노동단위 1인당 생산량은 2배 증가한다.

해설
- 노동과 자본에 대하여 '규모에 대한 수익 불변'이라면, 노동과 자본 투입이 2배가 되면 생산량도 2배가 되어 노동단위 1단위당 생산량 역시 불변이 된다(②). 그러나 동시에 기술수준이 2배로 높아지므로 노동단위 1단위당 생산량은 이에 따라 2배가 된다(③).

① 노동과 자본에 대하여 '규모에 대한 수익 불변'이라면, 노동만 증가하는 경우에는 '수확체감'이 나타나게 되어, 노동이 2배 증가할 때 생산량은 2배보다 작게 증가하게 되어, 노동단위 1인당 생산량이 감소하게 된다.

④ 노동과 자본에 대하여 '규모에 대한 수익 불변'이라면, 자본만 증가하는 경우에는 '수확체감'이 나타나게 되어, 자본이 2배 증가할 때 생산량은 2배보다 작지만 증가는 하게 된다. 또한 기술수준이 2배 증가하면 생산량도 2배 증가한다. 그런데 기존의 노동투입량은 변화가 없으므로 노동단위 1인당 생산량은 2배 이상 증가하게 된다.

정답 ③

제5장 생산비용이론

Theme 30 생산비용의 기초 이론

① 생산비의 의의

1) **개념**: 일정 기간 동안 재화의 생산에 필요한 비용

2) **생산요소와의 관계**: 생산에 투입된 생산요소들을 구입하기 위한 화폐비용 또는 화폐가치를 말한다.

② 생산비의 종류

1) **경제적 비용**

(1) **명시적 비용(explicit cost, 회계적 비용: accounting cost)**: 기업이 생산을 위하여 타인에게 실제로 지불한 비용 ⇒ 임금, 이자, 원자재 비용, 지대 등이 여기에 해당한다.

(2) **암묵적 비용(implicit cost, 잠재적 비용, 귀속비용)**: 기업가 자신의 생산요소에 대한 기회비용 ⇒ 귀속임금, 귀속지대, 귀속이자 등이 여기에 해당한다.

정상이윤(nomal profit)이란?

정상이윤이란 기업가로 하여금 동일한 상품을 계속 생산하게 하는 유인으로서 충분할 정도의 이윤을 말한다. 기업가는 정상이윤이 기대되지 않으면 그 상품을 생산하지 않는다. 따라서 소비자가 그 상품을 계속 소비하려면 정상이윤만큼의 대가는 치러야 한다.

귀속비용이란?

예컨대 어떤 사람이 자신의 토지에 공장을 짓고 원료를 구매하여 상품을 생산하는 데 10억 원이 소요되었다면 명시적 비용은 10억이지만, 경제적 비용은 이보다 더 크게 계산된다. 왜냐하면 자기 토지 공장을 짓는 데 사용하려면 이를 다른 사람에게 임대해서 받을 수 있는 임대료 수입을 포기해야 하기 때문이다. 즉 잠재적 비용인 귀속임대료가 추가적으로 소요되는 것이다. 따라서 생산에 있어 생산자가 부담하는 경제적 비용은 명시적 비용에다가 잠재적 비용을 합해야 하는 것이다.

(3) **경제적 비용(economic cost)**: 명시적 비용에 암묵적 비용을 포함한 것 ⇒ 생산비 이론에서 비용이란 경제적 비용을 의미한다.

경제적 이윤

경제적 이윤 = 총수입 − 경제적 비용
= 총수입 − 명시적 비용(회계적 비용) − 암묵적 비용(귀속비용)
= 회계적 이윤 − 암묵적 비용(귀속비용)

확인 TEST

지난해 ○○ 커피숍의 손익계산서가 다음과 같다고 가정한다. 이에 대해 옳게 추론한 것을 〈보기〉에서 모두 고르면? [2009. 교원임용]

- 총수입 : 10억 원
- 총비용 : 귀속임금 1억 원 임금 3억 원 건물임대료 1억 원
  귀속 건물임대료 5천만 원 이자 1억 원 재료비 1억 원
  귀속 이자 5천만 원 홍보비 1억 5천만 원 정상이윤 5천만 원

〈 보 기 〉

㉠지난해 ○○ 커피숍이 거둔 경제적 이윤은 5천만 원이다.
㉡지난해 ○○ 커피숍이 지출한 회계적 비용은 7억 5천만 원이다.
㉢ 지난해 ○○ 커피숍의 경영에 따른 총기회비용의 크기는 10억 원이다.
㉣ 연 10%의 이자율을 가정했을 경우, 지난해 *OO*커피숍 사장이 차입한 자금의 규모는 10억원이다.
㉤ 각 건물에는 단독 소유주만 존재한다고 가정했을 경우, 지난해 ○○ 커피숍 사장이 운영한 커피숍의 수는 한 개다.

① ㉠, ㉢ ② ㉡, ㉤ ③ ㉠, ㉡, ㉣ ④ ㉡, ㉢, ㉣ ⑤ ㉢, ㉣, ㉤

해설 주어진 조건에 따른 각각의 비용과 이윤을 구하면 다음과 같다.

- 회계적 비용 = 임금 + 건물임대료 + 이자 + 재료비 + 홍보비 = 7억 5천만 원
- 회계적 이윤 = 총수입 − 회계적 비용 = 2억 5천만 원
- 경제적 비용(총기회비용) = 회계적 비용 + 암묵적 비용(+ 정상이윤) = 10억 원
- 경제적 이윤 = 총수입 − 경제적 비용 = 0 원

- 한편 이자가 1억 원이므로 연 10%의 이자율이라면 차입한 자금의 규모는 10억 원이 되며, 타인의 건물을 빌린 대가인 건물임대료와 자신 소유의 건물을 사용한 대가인 귀속 건물임대료가 동시에 존재하므로 커피숍의 수는 최소한 두 개 이상이 됨을 주의한다.

정답 ④

2) 기타 비용의 여러 종류

(1) 요소 비용과 사용자 비용

① 요소 비용(factor cost) : 임금, 지대, 이자, 이윤 등 생산요소의 소유자인 가계에 지불한 비용

② 사용자 비용(user cost) : 원료, 부품과 같은 중간생산물 혹은 기계의 감가상각비용과 같이 다른 기업에게 지불하는 비용

(2) 역사적 비용과 대체비용

① 역사적 비용(historical cost) : 과거에 실제로 지불된 취득원가를 의미

② 대체비용(replacement cost) : 현시점에서 새로이 구입하는 데에 드는 비용

(3) 매몰비용과 거래비용

① 매몰비용(sunk cost) : 어떠한 경제적 선택을 해도 회수가 불가능한 비용을 의미 ⇒ 팔 수 없거나, 다른 용도에 쓰일 수 없는 기계 설비 등에 들인 비용 등이 이에 해당된다.

② 거래 비용(transaction cost) : 구입 대상물에 직접 지불되지 않고, 거래를 위해 부대적으로 들인 비용을 의미 ⇒ 거래 수수료, 운임, 보험료, 세금, 정보 취득 비용 등이 이에 해당한다.

확인 TEST

전직 프로골퍼인 어떤 농부가 있다. 이 농부는 골프 레슨으로 시간당 3만 원을 벌 수 있다. 어느 날 이 농부가 15만 원어치 씨앗을 사서 10시간 파종하였는데 그 결과 30만 원의 수확을 올렸다면, 이 농부의 회계학적 이윤(또는 손실)과 경제적 이윤(또는 손실)은 각각 얼마인가?

[2015, 서울시 7급]

① 회계학적 이윤 30만 원, 경제적 이윤 30만 원
② 회계학적 이윤 15만 원, 경제적 손실 15만 원
③ 회계학적 손실 15만 원, 경제적 손실 15만 원
④ 회계학적 손실 15만 원, 경제적 이윤 15만 원

해설 문제에서 주어진 조건에 따른 농부의 10시간 파종에 따른 기회비용(골프레슨을 했을 경우 벌 수 있었던 귀속임금=암묵적 비용)은 30만 원이고, 명시적 비용(씨앗 구입비용)은 15만 원 그리고 총수입(수확금액)은 30만 원이다.

이에 따라 이윤은 다음과 같이 도출된다.

- 회계적 이윤 = 총수입 − 명시적 비용 = 30 − 15 = 15(만 원)
- 경제적 이윤 = 총수입 − 명시적 비용 − 암묵적 비용 = 회계적 이윤 − 암묵적 비용 = 15 − 30 = −15(만 원)

정답 ②

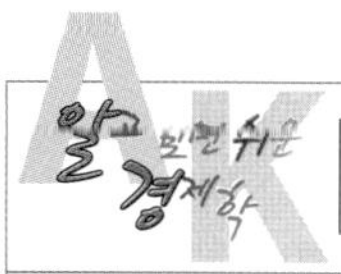

기업은 이윤을 어떻게 이해하는가?

"우리는 시장에서 물건을 살 때 물건을 파는 사람들이 하는 '아휴! 이건 손해를 보면서 파는 거예요'라는 말을 종종 듣는다. 그런데 과연 그럴까? 세상 어떤 상인도 의도적으로 손해를 보려고 하지는 않을 것이다. 그러한 상인들의 말 속에는 어떤 수수께끼가 숨어 있을까?"

기업의 이윤은 일정 기간 동안 생산을 통해 얻은 총수입(가격판매량)에서 총생산비용을 뺀 것으로 측정된다. 그런데 여기서 총생산비용을 어떻게 이해하느냐에 따라 이윤이 의미가 달라진다. 일반적으로 생산비 이론에서 비용이란 명시적 비용과 암묵적 비용이 합쳐진 이른바 '경제적 비용'을 의미한다. 이에 따라 어떤 사람이 자신의 토지에 공장을 짓고 원료를 구매하여 상품을 생산하는 데 10억 원이 소요되었다면 명시적 비용은 10억이지만, 경제적 비용은 이보다 더 크게 계산된다. 왜냐하면 자기 토지를 공장을 짓는 데 사용하려면 이를 다른 사람에게 임대해서 받을 수 있는 임대료 수입을 포기해야 하기 때문이다. 즉 잠재적 비용인 귀속임대료가 추가적으로 소요되는 것이다. 따라서 생산에 있어 생산자가 부담하는 경제적 비용은 명시적 비용에다가 암묵적 비용을 포함시켜야 하는 것이다. 총수입이 이러한 경제적 비용을 넘는 부분을 '초과이윤'이라 부르며, 기업의 궁극적 목적은 초과이윤을 크게 하여 이윤 극대화를 달성하는 것이다.

그런데 기업은 이러한 암묵적 비용 속에 이른바 '정상이윤'을 포함시킨다. 정상이윤이란 기업가로 하여금 동일한 상품을 계속 생산하게 하는 유인으로서 충분할 정도의 이윤을 말한다. 기업가는 정상이윤이 기대되지 않으면 그 상품을 생산하려 들지 않는다. 따라서 소비자가 그 상품을 계속 소비하려면 정상이윤만큼의 대가는 치러야 한다. 따라서 이러한 정상이윤이 암묵적 비용에 이미 반영되어 있다면 총수입과 경제적 비용의 크기가 같아 기업이 비록 초과이윤을 얻지는 못하지만 반드시 생산을 가능하게 하는 정상이윤 얻을 수 있는 것이다. 따라서 손해를 의도하지 않는 상인이 손해를 보면서 판다는 것은 정상이윤은 얻을 수 있지만 더 맘에 드는 초과이윤을 얻지 못한다는 불평 정도로 이해하고 지나가자!

Theme 31 단기비용함수

1 단기비용함수의 의의

1) **개념**: 생산요소 중 일부(주로 자본)의 투입량은 고정이고, 일부 생산요소(주로 노동)의 투입량만이 생산량과 함께 변하는 단기에서 가장 효율적인 방법으로 생산할 때의 생산량(Q)과 비용(C) 간의 관계를 나타낸 함수를 말한다.

2) 기본함수

$C = C(Q)$

여기서 C는 비용, Q는 생산량을 의미한다.
$C = a + bQ + cQ^2 + dQ^3$, 여기서 a는 상수이다

2 유형

1) 총비용곡선(Total Cost : TC)

(1) **개념**: 고정생산요소의 구입에 따른 총고정비용(TFC)과 가변생산요소에 대한 비용인 총가변비용(TVC)을 합한 것을 말한다.

$$TC = TFC + TVC$$

(2) 총고정비용과 총가변비용

① **총고정비용(Total Fixed Cost : TFC)**: 생산수준과 관계없이 발생하는 비용을 말한다.

② **총가변비용(Total Variable Cost : TVC)**: 생산수준에 따라 변화하는 비용을 말한다.

(3) 그래프

총비용

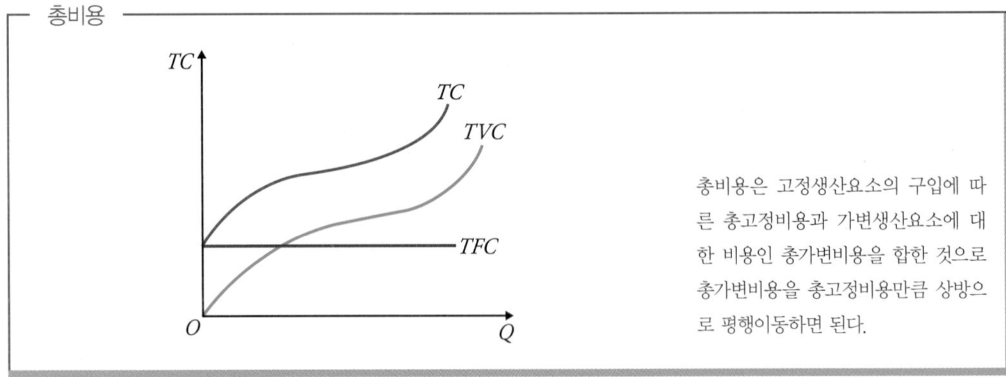

총비용은 고정생산요소의 구입에 따른 총고정비용과 가변생산요소에 대한 비용인 총가변비용을 합한 것으로 총가변비용을 총고정비용만큼 상방으로 평행이동하면 된다.

2) 평균고정비용(Average Fixed Cost : AFC)

(1) 개념

① 생산량 한 단위당의 고정비용을 말하며, 이는 생산량이 증가할수록 지속적으로 감소한다.

② AFC는 TFC곡선 한 점에서 원점으로부터의 직선의 기울기를 의미한다.

$$AFC = \frac{TFC}{Q}$$

(2) 그래프

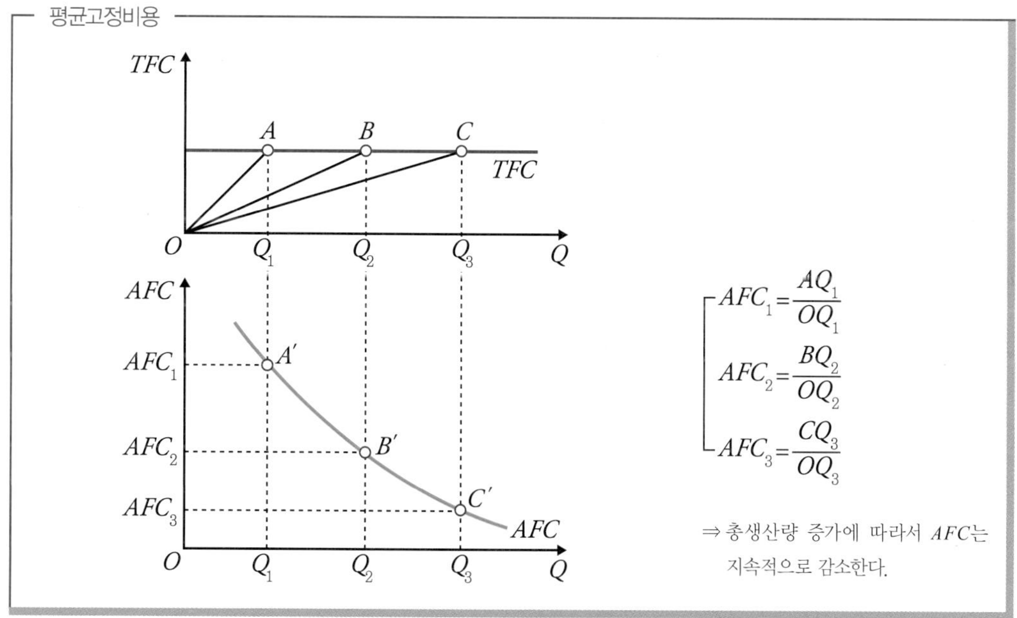

(3) 특징 : AFC는 직각쌍곡선의 형태를 띠며 어떠한 경우에도 양(+)의 값을 갖게 되어 극소점이 존재하지 않게 된다.

3) 평균가변비용(Average Variable Cost : AVC)

(1) 개념

① 생산량 한 단위당의 가변비용을 말하며, 이는 산출량이 증가함에 따라 감소하다가 다시 증가한다.

② AVC는 TVC곡선 한 점에서 원점으로부터의 직선의 기울기를 의미한다.

$$AVC = \frac{TVC}{Q}$$

(2) 그래프

평균가변비용

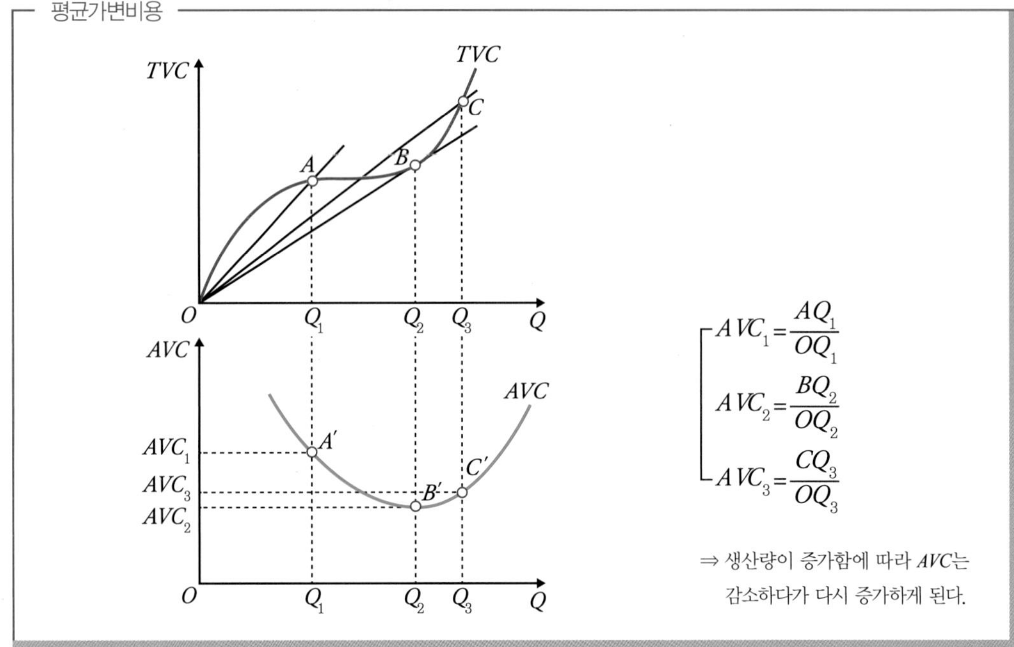

(3) 특징

① U자형의 형태를 띠고 *AVC*의 극소점에서의 *MC*와 일치한다.

② 평균생산성(*AP*)과 역의 관계이다.

③ *AVC*의 극소점 ⇒ *AP*가 극대이며 또한 조업중단점이다.

*AVC*와 *AP*

$$AVC = \frac{TVC}{Q} = \frac{w \cdot L}{Q} = \frac{w}{Q/L} = \frac{w}{AP_L}$$

④ 원점으로부터의 직선이 *TVC* 곡선에 접할 때 *AVC*는 극솟값이 된다.

Q&A

어떤 기업의 총비용(*TC*)함수가 $TC = Q^3 - 4Q^2 + 6Q + 10$으로 표시된다고 하자. 이때 *AVC*가 극소일 때의 생산량은? (단, *Q*는 생산량)

Solution

$AVC = \frac{TVC}{Q} = Q^2 - 4Q + 6$

이때 *AVC*가 극소가 될 때는 $\frac{dAVC}{dQ} = 2Q - 4 = 0$일 때이다.

$\therefore Q = 2$이다.

4) 평균비용(Average Cost : AC)

(1) 개념

① 생산량 한 단위당의 비용으로서 평균고정비용과 평균가변비용의 합으로 이루어진다.

② 생산량이 증가함에 따라 감소하다가 다시 증가한다.

③ AC는 원점에서 TC곡선의 한 점까지의 직선의 기울기를 의미한다.

$$AC = \frac{TC}{Q} = \frac{TFC + TVC}{Q} = AFC + AVC$$

(2) 그래프

평균비용

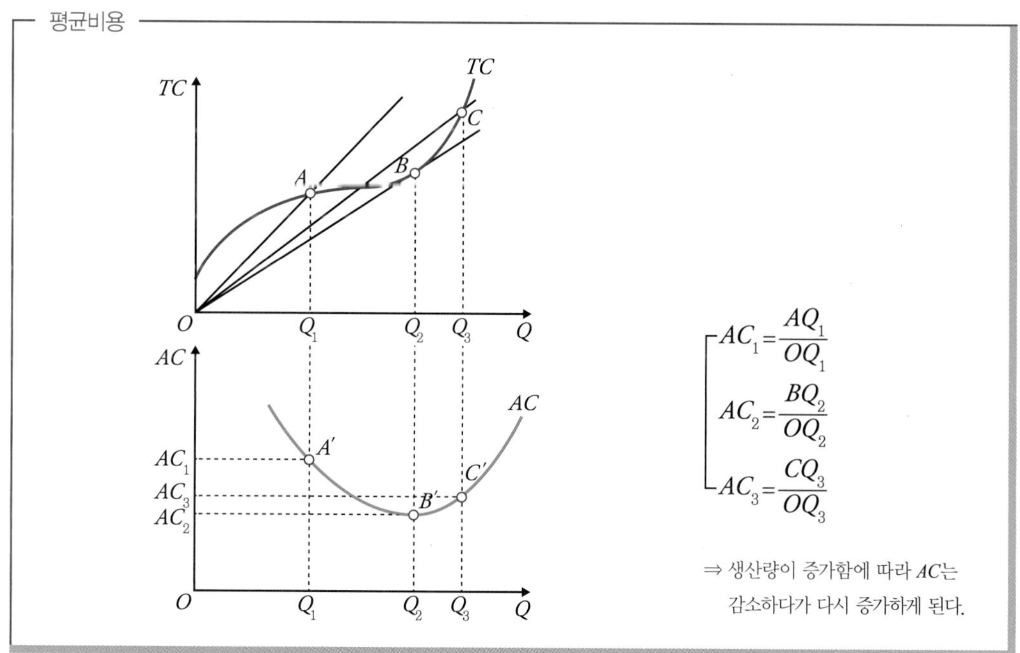

$$AC_1 = \frac{AQ_1}{OQ_1}$$

$$AC_2 = \frac{BQ_2}{OQ_2}$$

$$AC_3 = \frac{CQ_3}{OQ_3}$$

⇒ 생산량이 증가함에 따라 AC는 감소하다가 다시 증가하게 된다.

(3) 특징

① 원점으로부터의 직선의 기울기가 TC곡선과 접할 때 극솟값을 갖으며 U자형의 형태 ⇒ AC의 극소점에서 MC와 만나게 된다.

② 생산량이 증가할수록 AC와 AVC의 간격이 좁아지는데 이는 AFC가 생산량 증가에 따라 지속적으로 감소하기 때문이다.

③ AC의 극소점이 AVC의 극소점보다 우측에 있는데 이는 고정비용이 존재하기 때문이다.

평균비용(AC)곡선이 U자형을 갖는 이유

A. Marshall은 생산량이 증가할 때 능률이 올라가 평균비용이 떨어지는 영역을 내부경제(internal economies)가 작용한 것이라고 했다. 이에 따라 평균비용곡선이 U자형을 갖는 이유로서 다음의 네 가지를 들 수 있다.

1. 노동의 분업 : 생산이 초기 단계에서는 추가적으로 노동자를 고용하게 되면 A. Smith가 말한 노동의 분업이 작용하여 평균비용이 하락한다.
2. 기술적 효과 : 예컨대 자동차의 생산 공정을 대규모로 한다는 것은 기술적 측면에서 막대한 비용이 필요한데, 생산량이 증가하면 단위당 비용은 보다 하락하게 될 것이다.
3. 마케팅 효과 : 마케팅에 필요한 비용은 생산량과 비례적으로 움직이지 않기 때문이다.
4. 관리능력 효과 : 관리능력이 우수한 경영자의 경우 생산량을 적게 하든 많이 하든 동일한 임금을 받고 똑같이 관리를 할 수 있기 때문이다.

Quiz

다음 표에 나타난 기업의 평균비용(ATC)이 극대가 되는 산출량은?

산출량	총비용(TC)	총고정비용(TFC)	평균가변비용(AVC)
A	140	100	40
B	160	100	30
C	175	100	25
D	200	100	25

⇒

Q	TC	TFC	$AVC(TVC/Q)$	$TVC(TC-TFC)$	$AFC(TFC/Q)$	$AC(AVC+AFC)$
1	140	100	40	40	100	140
2	160	100	30	60	50	80
3	175	100	25	75	33.3	58.3
4	200	100	25	100	25	50

총비용(TC) − 총고정비용(TFC) = 총가변비용(TVC)이므로, 위에서부터 총가변비용(TVC)은 40, 60, 75, 100이다. 따라서 평균가변비용(AVC)은 총가변비용(TVC)을 총산출량(Q)으로 나누어준 것이라는 데 착안하면 A = 1, B = 2, C = 3, D = 4이다. 이에 따라 평균고정비용(AFC)은 위에서부터 100, 50, 33.3, 25이다. 따라서 평균비용은 각각 140, 80, 58.3, 50이므로 A의 평균비용이 가장 크다.

확인 TEST

생산함수와 노동과 자본의 가격이 다음과 같이 주어져 있다.

- $Q=\min[\frac{L}{a}, \frac{K}{b}]$, a와 b는 상수
- 노동의 가격$=P_L(=w)$
- 자본의 가격$=P_K(=r)$

이를 전제로 한 평균비용(AC)곡선으로 옳은 것은?

① $AC=aP_L+bP_K$　　② $AC=bP_L+aP_K$

③ $AC=\frac{P_L}{a}+\frac{P_K}{a}$　　④ $AC=\frac{P_L}{b}+\frac{P_K}{a}$

해설 주어진 생산함수는 노동(L)과 자본(K)이 항상 '$a:b$'로 결합되어 투입되는 고정투입비율 생산함수인 Leontief 생산함수이다. 따라서 비용극소화를 위해서는 다음 조건이 충족되어야 한다.

$$Q=\frac{L}{a}=\frac{K}{b} \Rightarrow L=aQ,\ K=bQ$$

이 결과를 총비용(TC) 식에 대입하여 정리하면 다음과 같이 나타낼 수 있다.

$$TC=P_L\times L+P_K\times K=P_L\times aQ+P_K\times bQ=(aP_L+bP_K)\times Q$$

이에 따라 평균비용(AC)은 다음과 같이 도출할 수 있다.

$$AC=\frac{TC}{Q}=aP_L+bP_K$$

앞의 결과는 노동가격인 P_L과 자본가격인 P_K는 주어지는 값이므로, 평균비용(AC) 역시 생산량(Q)과 무관한 상수이고, 이에 따라 평균비용곡선은 수평의 모습을 보인다는 것을 시사해준다.

정답 ①

사례 연구 단기 비용 함수

◈ 다음 조건을 전제로 총비용(TC)곡선과 평균비용(AC)곡선을 도출하면?

- $Q=LK$
- $P_L(=w)=10$
- $P_K(=r)=20$

⇒ 생산자 균형 조건은 다음과 같다.

$$MRTS_{LK}=\frac{P_L(=w)}{P_K(=r)} \Rightarrow \frac{MP_L}{MP_K}\left(=\frac{K}{L}\right)=\frac{10}{20}\left(=\frac{1}{2}\right) \Rightarrow L=2K \text{ 또는 } K=\frac{1}{2}$$

이 결과를 생산함수에 대입하여 정리하면 다음과 같다.

- $Q=2K\times K=2K^2 \Rightarrow K=\sqrt{\frac{Q}{2}}$
- $Q=L\times\frac{1}{2}L=\frac{1}{2}L^2 \Rightarrow L=\sqrt{2Q}$

이 결과를 총비용 식에 대입하여 정리하면 다음과 같이 나타낼 수 있다.

$$TC=P_L\times L+P_K\times K=10\sqrt{2Q}+20\sqrt{\frac{Q}{2}}=\frac{20}{2}\sqrt{2Q}+20\sqrt{\frac{Q}{2}}=20\sqrt{\frac{Q}{2}}+20\sqrt{\frac{Q}{2}}=40\sqrt{\frac{Q}{2}}=\sqrt{800Q}$$

또한 평균비용은 다음과 같이 도출할 수 있다.

$$AC=\frac{TC}{Q}=\frac{\sqrt{800Q}}{Q}=\sqrt{\frac{800}{Q}}$$

5) 한계비용(Marginal Cost : MC)

(1) 개념

① 생산량 한 단위를 추가적으로 생산함에 따른 총비용(or 총가변비용)의 증가분을 말한다.

② TC곡선(or TVC곡선)상 한 점에서의 접선의 기울기를 의미한다.

$$MC=\frac{dTC}{dQ}=\frac{d(TFC+TVC)}{dQ}=\frac{dTVC}{dQ}\left(\because \frac{dTFC}{dQ}=0\right)$$

(2) 그래프

한계비용

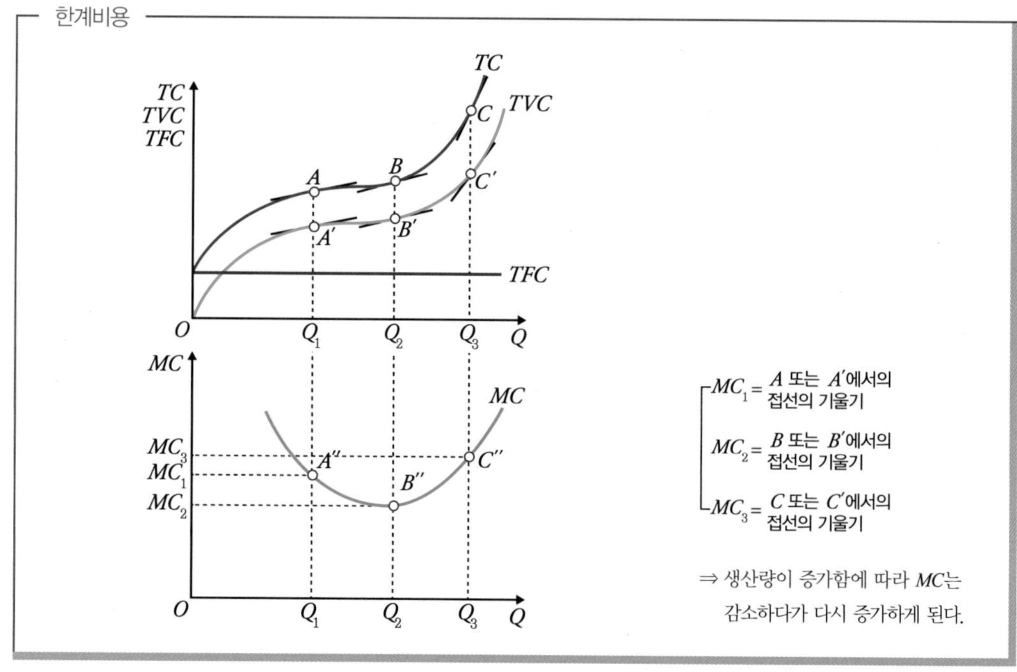

(3) 특징

① MC는 생산량이 증가함에 따라 하락하다가 상승하는 U자형의 형태 ⇒ TC의 변곡점에서 극솟값이 된다.

② MC는 AVC와 AC의 극소점을 통과하여 우상향이다.

수리적으로 본 AC와 MC의 관계

$TC = AC \cdot Q$이므로 이것을 Q로 미분하면 $\frac{dTC}{dQ} = MC = \frac{dAC}{dQ} \cdot Q + AC$가 된다.

이에 따라 $MC - AC = \frac{dAC}{dQ} \times Q$가 성립한다.

AC가 증가, 감소, 최저라는 것은 $\frac{dAC}{dQ}$가 각각 +, −, 0이라는 것이고 Q는 항상 양(+)의 값을 갖게 되므로 위의 식에서 MC와 AC의 관계는 쉽게 도출될 수 있다.

③ MP와는 역의 관계이며, MC가 극소일 때 MP는 극댓값을 갖는다.

MC와 MP의 관계

$$MC = \frac{dTC}{dQ} = \frac{d(TFC+TVC)}{dQ} = \frac{dTVC}{dQ} \left(\because \frac{dTFC}{dQ} = 0\right) = \frac{d(w \cdot L)}{dQ}$$

$$= \frac{w \cdot dL}{dQ} = \frac{w}{dQ/dL} = \frac{w}{MP_L}$$

비용과 생산과의 관계

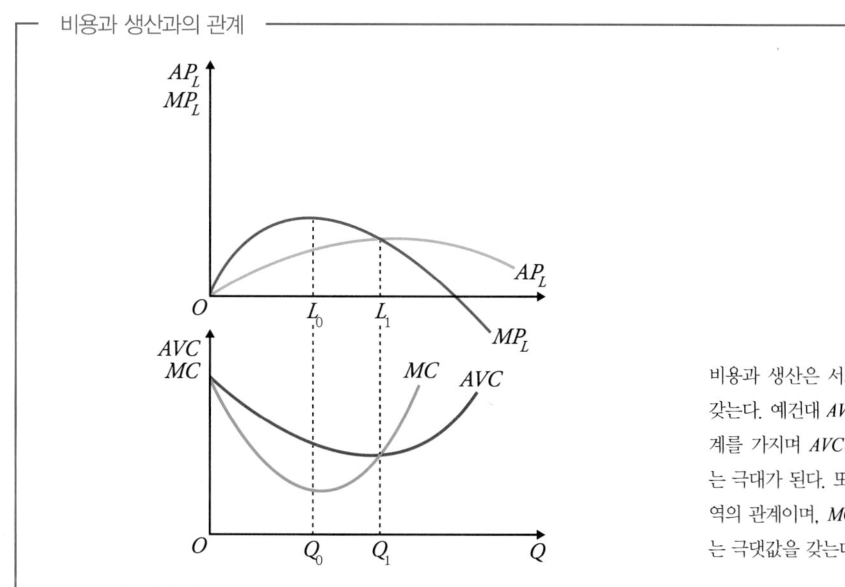

비용과 생산은 서로 대칭적인 관계를 갖는다. 예컨대 AVC와 AP_L은 역의 관계를 가지며 AVC의 극솟값에서 AP_L는 극대가 된다. 또한 MC는 MP_L과는 역의 관계이며, MC가 극소일 때 MP_L는 극댓값을 갖는다.

Q&A

A 기업의 단기비용함수가 $TC = 100 + 3Q^2$이라고 하자. 이 기업의 생산량이 10단위일 때 AFC, AVC, AC, MC를 각각 구하시오.

Solution

1) $AFC = \dfrac{TFC}{Q} = \dfrac{100}{Q} = \dfrac{100}{10} = 10$

2) $AVC = \dfrac{TVC}{Q} = \dfrac{3Q^2}{Q} = \dfrac{300}{10} = 30$

3) $AC = \dfrac{TC}{Q} = \dfrac{TFC}{Q} + \dfrac{TVC}{Q} = AFC + AVC = 10 + 30 = 40$

4) $MC = \dfrac{dTC}{dQ} = 6Q = 60$

총생산비용(TC)의 생산량 탄력성

총생산비용의 생산량 탄력성은 생산량이 1%만큼 변할 때, 총생산비용이 몇 %만큼 변하는가를 보여주는 수치이며, 다음과 같은 수식으로 나타낼 수 있다.

$$E_Q^{TC} = \frac{dTC}{TC} \Big/ \frac{dQ}{Q} \Rightarrow E_Q^{TC} = \frac{dTC}{dQ} \times \frac{Q}{TC} \Rightarrow E_Q^{TC} = MC \times \frac{1}{AC} \Rightarrow E_Q^{TC} = \frac{MC}{AC}$$

- 앞의 식에서 보는 것처럼 총생산비용(TC)의 생산량 탄력성은 한계비용(MC)과 평균비용(AC)으로 구성되어 있다.
- 그런데 생산량이 증가할수록 총생산비용 역시 지속적으로 증가한다. 이것은 한계비용은 항상 양(+)의 값을 갖는다는 것을 의미한다.
- 또한 총생산비용과 생산량(Q)은 항상 양(+)이므로 평균비용 역시 항상 양(+)의 값을 갖게 된다.
- 결국 총생산비용의 생산량 탄력성은 항상 양(+)이 되어야 한다.

확인 TEST

어떤 기업의 고정비용은 50이고, 평균가변비용은 100이다. 〈보기〉에서 이 기업의 단기생산비용에 대한 설명으로 옳은 것을 모두 고른 것은?

[2012, 국회 8급]

〈 보 기 〉

㉠ 총가변비용곡선은 원점을 통과하는 직선이다.
㉡ 평균고정비용곡선은 기울기가 음(-)이다.
㉢ 한계비용곡선은 기울기가 양(+)이다.
㉣ 총비용곡선은 기울기가 양(+)이다.

① ㉠, ㉢
② ㉠, ㉣
③ ㉡, ㉢
④ ㉠, ㉡, ㉢
⑤ ㉠, ㉡, ㉣

해설 주어진 조건에 따라 총비용함수를 구하면 다음과 같다.

$$\text{총비용}(TC) = 50 + 100Q$$

이에 따라 총비용곡선은 절편을 갖으며 우상향하게 되어 그 기울기는 양(+)이 된다. 한편 총가변비용은 총가변비용(TVC) = $100Q$이므로 원점을 지나는 직선의 모습을 보인다. 또한 평균고정비용(AVC)= $\frac{50}{Q}$가 되어 원점에 볼록한 직각쌍곡선의 모습을 보이게 되며 기울기는 음(−)이 된다. 그리고 한계비용(MC)은 $MC = \frac{dTC}{dQ} = 100$ 이 되어 수평의 모습을 보여 그 기울기는 항상 0이 된다.

정답 ⑤

확인 TEST

어떤 기업의 생산함수는 $Q = \frac{1}{2,000}KL^{0.5}$이고 임금은 10, 자본임대료는 20이다. 이 기업이 자본 2,000단위를 사용한다고 가정했을 때, 이 기업의 단기 비용함수는? (단, K는 자본투입량, L은 노동투입량이다.)

[2018, 국회 8급]

① $10Q^2 + 20,000$
② $10Q^2 + 40,000$
③ $20Q^2 + 10,000$
④ $20Q^2 + 20,000$
⑤ $20Q^2 + 40,000$

해설
- '단기'를 전제로 했으므로 자본 투입량은 2,000단위로 고정되어 있다. 따라서 주어진 생산함수는 다음과 같이 나타낼 수 있다.

$$Q = \frac{1}{2,000}KL^{0.5} \Rightarrow Q = \frac{1}{2,000} \times 2,000 \times L^{0.5} \Rightarrow Q = L^{0.5} \Rightarrow L = Q^2$$

- 임금(P_L)은 10, 자본임대료(P_K)는 20으로 주어졌으므로, 이 기업의 단기 총비용함수는 다음과 같이 도출된다.

$$TC = P_L \times L + P_K \times K \Rightarrow TC = 10 \times Q^2 + 20 \times 2,000 \Rightarrow TC = 10 \times Q^2 + 40,000$$

정답 ②

Theme 32 장기비용함수

❶ 장기비용함수의 의의

1) 개념: 모든 생산요소의 투입량을 변화시킬 수 있는, 곧 생산 시설의 규모까지도 변화시킬 수 있는 장기에서 가장 효율적인 방법으로 생산하는 경우의 생산량과 생산비용 사이의 관계를 말한다.

2) 장기비용곡선의 도출

(1) 장기총비용곡선(*LTC*)

① 단기총비용곡선(*STC*)들의 포락선(envelops curve)이다.

② 장기에는 고정생산요소가 없으므로 고정비용이 없다. 따라서 *LTC*는 원점에서 출발하여 우상향하는 곡선으로 나타난다.

(2) 장기평균비용곡선(*LAC*)

① 단기평균비용곡선(*SAC*)들의 포락선이다.

② 단기평균비용곡선의 최저점과는 장기평균비용곡선 최저점인 오직 하나의 점에서만 접하고, 장기평균비용 최저점의 왼쪽에서는 단기평균비용 왼쪽에서 접하며, 장기평균비용 최저점의 오른쪽에서는 단기평균비용 오른쪽에서 접하게 된다.

> *AC*곡선이 'U'자형인 이유
>
> *SAC*가 'U'자형으로 나타나는 이유는 가변비례의 법칙이 성립하기 때문이고, *LAC*가 'U'자형으로 나타나는 이유는 규모에 대한 보수가 체증, 불변, 체감하기 때문이다.

(3) 장기한계비용곡선(*LMC*): 각 생산량에서 장기평균비용곡선(*LAC*)과 접하는 단기평균비용곡선(*SAC*)에 해당하는 한계비용을 연결한 선으로 *SMC*곡선의 포락선이 아님을 주의해야 한다.

❷ 그래프

장기비용함수

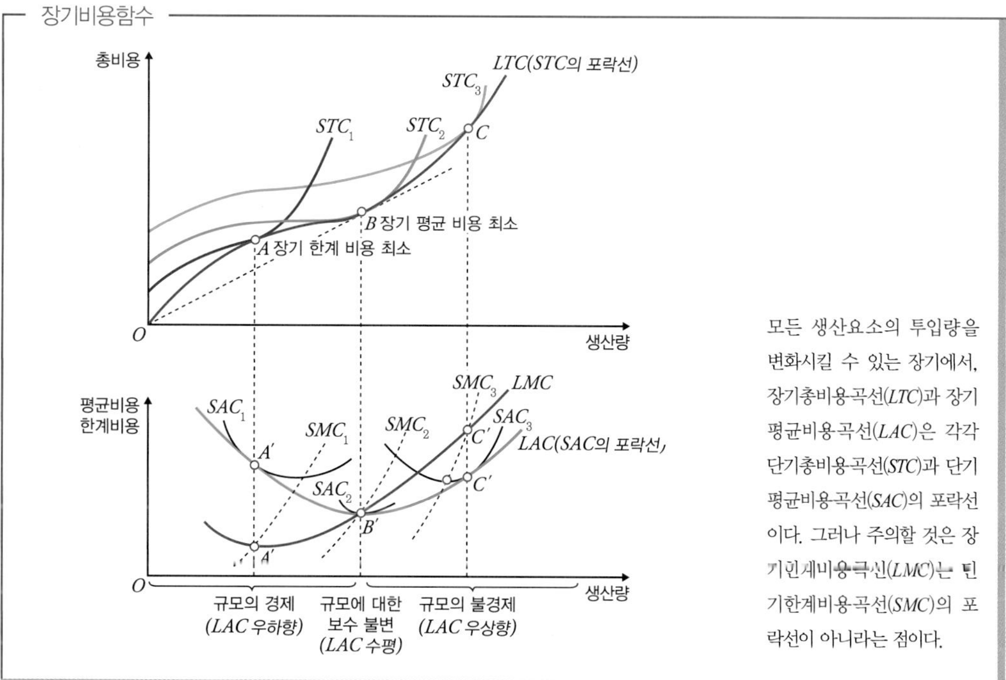

모든 생산요소의 투입량을 변화시킬 수 있는 장기에서, 장기총비용곡선(LTC)과 장기평균비용곡선(LAC)은 각각 단기총비용곡선(STC)과 단기평균비용곡선(SAC)의 포락선이다. 그러나 주의할 것은 장기한계비용곡선(LMC)는 단기한계비용곡선(SMC)의 포락선이 아니라는 점이다.

SAC와 LAC가 접하는 경우

장기평균비용이 하락하는 경우에는 SAC의 최저점보다 왼쪽에서 LAC와 접한다. 즉 어떤 생산설비를 100% 완전가동하지 않는다. 반대로 장기평균비용이 상승하는 경우에는 SAC의 최저점보다 오른쪽에서 LAC와 접한다. 즉 어떤 생산설비를 100% 이상 가동한다.

확인 TEST

단기와 장기의 비용곡선 간 관계를 설명한 것이다. 다음 설명 중 옳지 않은 것은? [2012, 국회 8급]

① 단기총비용곡선은 장기총비용곡선과 한 점에서만 접한다.
② 단기평균비용곡선의 최저점은 장기평균비용곡선의 최저점과 항상 일치하지는 않는다.
③ 단기와 장기의 총비용곡선이 서로 접하는 산출량 크기에서 단기와 장기의 한계비용곡선도 서로 접한다.
④ 단기와 장기의 총비용곡선이 서로 접하면 단기와 장기의 평균비용곡선도 서로 접한다.
⑤ 단기평균비용곡선은 장기평균비용곡선과 한 점에서만 접한다.

해설 장기한계비용곡선은 단기한계비용곡선의 포락선이 아니다. 따라서 두 곡선은 접하지 않고 한 점에서 교차할 뿐이다(③). 장기총비용곡선은 단기총비용곡선 중 가장 낮은 한 점만을 포함한 선이며, 장기평균비용곡선은 단기평균비용곡선 중 가장 낮은 한 점만을 포함한 포락선이다(①, ⑤). 장기평균비용곡선의 최저점에서만 단기총비용곡선의 최저점과 만난다(②). 평균비용곡선은 원점에서 총비용의 한 점까지 그어진 직선의 기울기이므로, 동일한 접점까지 직선의 기울기 역시 같게 된다. 여기서 평균비용이 접한다는 것은 평균비용의 크기, 즉 그 기울기가 같다는 의미이다(④).

정답 ③

3 최적시설규모(최적규모)와 최소효율규모

1) 최적시설규모(optimal scale of plant : 최적규모)

(1) 장기평균비용곡선의 최저점과 접하는 단기평균비용곡선을 가지는 시설규모를 의미한다.

(2) U자형의 장기평균비용곡선인 경우에는 오직 하나의 규모만이 존재하지만, L자와 유사한 장기평균비용곡선이나 수평의 장기평균비용곡선의 경우 최적시설규모가 다수 존재할 수 있다.

포락선과 최적시설규모

포락선에 관한 논의에서 가장 주목할 것은 장기 총(평균)비용곡선이 단기 총(평균)비용곡선보다 높을 수 없다는 사실이다. *LAC*곡선이 어떤 이유에서든 기울기를 갖는다면 각 자본량(*K*) 수준에서 유일하게 결정되는 *SAC*곡선과 *LAC*곡선의 접점(그 이외의 점에서는 모두 *SAC*가 *LAC*보다 큼)은 *LAC*의 기울기와 같으므로 기울기가 0인 *SAC*곡선의 최저점을 지날 수 없다. 오직 *LAC*의 최저점에서 기울기가 0이므로 *LAC*곡선이 *SAC*곡선의 최저점을 지나게 되는 것이다. 이 점에서는 *SAC*곡선의 최저점을 지나면서 장기비용 극소화를 달성시키고 있으므로 문헌에서는 이를 최적시설규모로 명명하고 있다.

2) 최소효율규모(minimum efficient scale)

(1) 규모의 경제가 막 끝나는 생산규모로서 최소의 평균비용으로 생산하는 최소의 시설규모를 말한다.

(2) 최적시설규모가 다수 존재할 때는 그 중 최소의 시설규모만이 최소효율규모이다.

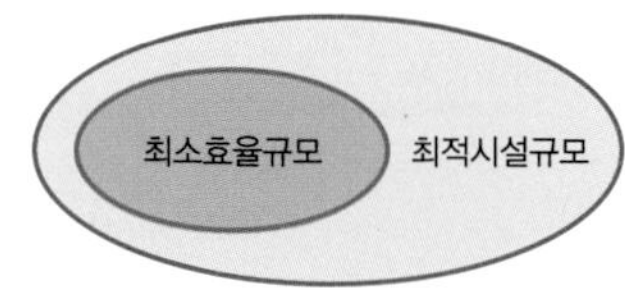

경험적인 *LAC* 곡선

수많은 실증조사를 통한 연구결과는 *LAC* 곡선이 U자형이 아니라 L자형으로 나타나는 것을 보여준다. 이에 따라 최적시설규모는 여러 경우가 존재할 수 있다. 그래프에서 SAC_1, SAC_2, SAC_3 모두가 최적시설규모이다. 그리고 규모의 경제가 막 끝나는 생산량 Q_1을 최소의 평균비용으로 생산하는 시설규모가 최소효율규모가 된다.

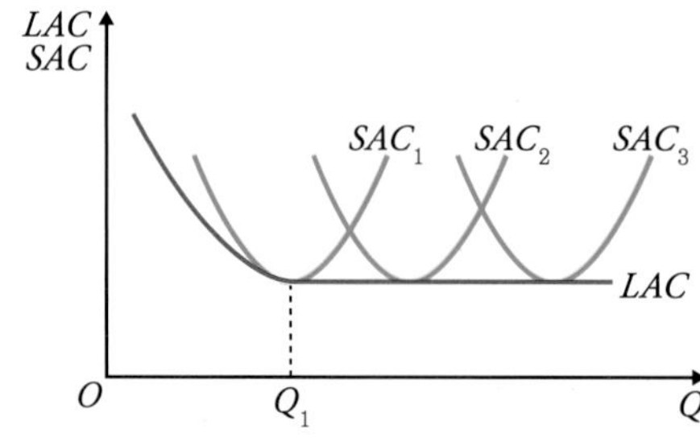

④ 규모의 경제와 범위의 경제

1) 규모의 경제와 규모의 불경제

(1) 규모의 경제(economy of scale)

① **의미**: 기업의 생산설비 규모가 일정수준에 도달할 때까지는 생산규모가 커질수록 장기평균비용이 지속적으로 하락하는 현상을 말한다.

② **발생원인**: 분업에 따른 생산성의 향상, 기술적인 요인, 대량거래에 따른 금전적인 이득 등

(2) 규모의 불경제(diseconomy of scale)

① **의미**: 기업의 생산설비 규모가 일정수준에 도달한 이후 생산규모가 커질수록 장기평균비용이 지속적으로 상승하는 현상을 말한다.

② **발생원인**: 생산조직의 비대화로 인한 관료적 역기능 발생, 경영상의 비효율성 발생 등

확인 TEST

A기업의 장기 총비용곡선은 $TC(Q)=40Q-10Q^2+Q^3$이다. 규모의 경제와 규모의 비경제가 구분되는 생산규모는? [2017, 국가직 7급]

① $Q=5$　② $Q=\frac{20}{3}$　③ $Q=10$　④ $Q=\frac{40}{3}$

- 규모의 경제와 규모의 비경제는 장기평균비용 최저점에서 구분된다.
- 주어진 장기총비용곡선을 통해 장기평균비용(LAC)은 '$LAC(Q)=40-10Q+Q^2$'이 된다.
- 장기평균비용의 최저점은 장기평균비용을 Q로 미분한 값이 0이 될 때이다. 이때의 생산규모는 다음과 같이 구할 수 있다.

$$LAC(Q)=40-10Q+Q^2 \Rightarrow \frac{dLAC}{dQ}=-10+2Q=0 \Rightarrow Q=5$$

 ①

2) 범위의 경제(economy of scope)

(1) **의미**: 한 기업이 여러 상품(X재, Y재)을 동시에 생산하는 경우, 이들 상품을 별도로 생산하는 경우보다 생산비용이 작은 현상을 말한다.

$$C(X+Y)<C(X)+C(Y)$$

(2) **발생원인**

① 결합생산이 가능한 상품의 존재 ⇒ 구두와 핸드백, 냉장고와 에어컨 등

② 생산요소를 공동으로 이용할 수 있는 상품의 존재 ⇒ 소형차와 중형차 등

③ 기업 운영상의 효율성 존재 ⇒ 하나의 경영진으로 모든 상품에 대한 컨트롤이 가능

사례 연구 단기 비용 함수

◈ 다음 표는 여객과 화물운송 서비스를 제공하고 있는 A기업과 K기업의 단위 당 여객운송 서비스와 화물운송 서비스 제공에 따른 비용을 보여 준다.

A기업		여객 운송(명)	
		0	400
화물운송(톤)	0	0	400
	100	500	800

B기업		여객 운송(명)	
		0	50
화물운송(톤)	0	0	45
	15	60	120

두 기업 중 범위의 경제가 존재하는 기업은?

⇒ 범위의 경제란 X재와 Y재를 생산할 때, 다음 조건을 충족할 때 성립한다.

$$TC(X+Y)<TC(X)+TC(Y)$$

- 여객운송을 'X', 화물운송을 'Y'라고 하면, 주어진 A기업과 B기업의 자료를 통해 다음 결과가 도출된다.

- A기업: $TC(X+Y)=800$, $TC(X)+TC(Y)=400+500=900 \Rightarrow TC(X+Y)<TC(X)+TC(Y)$
- B기업: $TC(X+Y)=120$, $TC(X)+TC(Y)=45+60=105 \Rightarrow TC(X+Y)>TC(X)+TC(Y)$

- A기업에서는 범위의 경제가 존재하지만, B기업에서는 범위의 경제가 존재하지 않는다.

확인 TEST

생산비용에 대한 설명으로 옳은 것만을 모두 고른 것은? [2015. 국가직 7급]

㉠ 총비용함수가 $TC = 100 + \sqrt{Q}$인 경우 규모의 경제가 존재한다. (단, Q는 생산량이다)
㉡ 한 기업이 두 재화 X, Y를 생산할 경우의 비용이 $C(X, Y) = 10 + 2X + 3Y - XY$이고, 두 기업이 X, Y를 독립적으로 하나씩 생산할 경우의 비용이 각각 $C(X) = 5 + 2X$, $C(Y) = 5 + 3Y$인 경우 범위의 경제가 존재한다.
㉢ 매몰비용과 관련된 기회비용은 0이다.

① ㉠, ㉡ ② ㉠, ㉢ ③ ㉡, ㉢ ④ ㉠, ㉡, ㉢

해설 규모의 경제란 장기에 생산규모의 증가에 따라 (장기)평균비용이 지속적으로 하락하는 현상을 의미한다. 총비용함수가 $TC = 100 + \sqrt{Q}$인 경우에 (장기)평균비용함수는 $LAC = \frac{\sqrt{Q}}{Q}$가 되어 생산량 Q가 증가함에 따라 (장기)평균비용함수는 지속적으로 감소하게 된다. 이에 따라 규모의 경제가 존재함을 알 수 있다(㉠). 범위의 경제는 $C(X, Y) < C(X) + C(Y)$인 경우에 성립한다. 이에 따라 X와 Y가 각각 양수이므로 $10 + 2X + 3Y - XY < 10 + 2X + 3Y$가 되어 범위의 경제가 성립함을 알 수 있다(㉡). 매몰비용은 어떠한 의사결정을 해도 회수할 수 없는 비용이므로 기회비용=0이 성립한다(㉢).

정답 ④

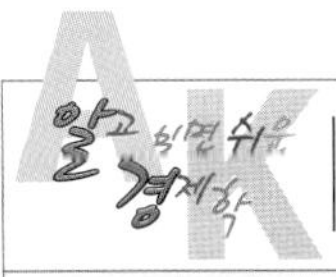

생산 규모의 확대는 항상 좋은 것일까?(규모의 경제와 범위의 경제)

"요즈음 TV 프로그램에서 자주 볼 수 있는 것 중에 하나가 '유명 맛집'을 소개하는 프로그램이다. 맛깔나는 음식의 모습과 내용을 전하는 성우의 과장된 목소리를 듣고 있자면 정말로 한번은 가보고 싶은 욕구가 생긴다. 실제로 허름한 몇 칸밖에 안 되는 작은 공간 한 곳에서 수 십년 간을 오직 하나의 음식만 가지고도 지금의 명성을 얻은 식당의 수가 상당하다. 그리고 그러한 명성에 편승해서 그 주위에는 시간이 지남에 따라 유사한 식당들이 들어서기 시작해서 일대가 전문 식당가로 변모하는 모습을 쉽게 볼 수 있다. 냉면으로 유명한 오장동, 족발로 유명한 장충동 등….

그런데 개중에는 과거의 명성을 발판으로 기존의 좁은 집을 헐어내고 같은 곳에 큰 건물을 지어 대형 식당으로 변모해 영업을 하는 식당들을 쉽게 볼 수 있다. 그런데 왠지 식당 분위는 과거에 비해 '바글바글'하지 않고, 실제 이익도 예전보다 못하다는 식당 사장의 푸념을 들을 수 있다. 왜 그럴까? 간혹 이런 말을 손님들로부터 들을 수 있다. "식당이 커지더니 옛 맛이 나지 않네!" 그래서 손님의 수가 적어져서 수익성이 나빠진 것일까? 물론 그것도 하나의 이유가 될 수 있다. 그렇다면 다른 이유는 없는 것일까?"

일반적으로 적정한 수준까지 생산 규모를 확대하면 평균생산비가 지속적으로 하락하는 이른바 '규모의 경제(economy of scale)'가 나타나서 보다 효율적인 생산이 가능하다. 그 이유는 첫째로 분업에 따른 전문화를 들 수 있다. 생산 규모가 커지면 노동자들은 자신에게 맡겨진 업무에만 집중할 수 있고, 또한 동일한 업무를 반복적으로 수행함으로써 숙련도를 높일 수 있어 생산의 효율성을 높일 수 있게 된다. 둘째로 경영상의 효율성을 들 수 있다. 역량 있는 경영자에게 소수의 노동자보다 다수의 노동자를 보다 효율적으로 관리할 수 있도록 한다. 그리고 마지막으로 금전상의 이득 발생이다. 생산규모가 커지면 이를 위해 필요한 원자재를 대량으로 구입할 수 있고, 이때 대량구매할인(volume discount)을 받을 수 있어 다른 조건과 무관하게 생산비용을 절약할 수 있는 금전상의 이득이 발생하게 되는 것이다.

그러나 이러한 긍정적인 효과는 생산이 적정한 수준에서 이루어질 때만 나타날 수 있다. 만약 생산규모가 적정 수준을 넘게 되면 마지막의 금전상의 이득은 계속 나타나겠지만, 앞의 두 가지 장점이 오히려 단점으로 작용하게 된다. 예를 들어 전문화된 생산 과정에서 하나의 작업라인이 멈추게 되면 모든 생산 과정이 멈추게 된다. 식당에 이를 적용한다면 육수를 내는 작업자의 실수나 결근은 음식 전체의 맛을 떨어뜨리게 하여 식당을 찾는 손님의 수를 줄이게 되는 것이다. 또한 종업원의 수가 과도하게 많아지게 되면 경영자가 모든 종업원을 일일이 관리·지휘할 수 없게 되어 불필요한 인건비 지출만을 가져오게 된다. 식당에서 아무 일이 없이 서 있기만 하는 종업원의 모습을 떠 올리면 쉽게 이해할 수 있다. 이러한 요인으로 발생하는 부정적인 효과가 금전상의 이득을 압도하게 되면 생산 규모의 확대는 오히려 수익성을 떨어뜨리는 결과를 가져오게 되는 것이다. 이를 '규모의 불경제'라고 부른다. 결국 건물을 새로 짓고 식당 규모를 늘렸음에도 불구하고 수익성이 떨어지는 이유는 식당 규모가 적정 수준을 넘어 수입보다 비용이 더 많아졌기 때문이라고도 설명할 수 있다. 따라서 과거의 명성만을 내세워 식당 규모를 확대하려고만 하는 것은 오히려 비합리적인 선택이 될 수 있는 것이다.

위에서 설명된 '규모의 경제'와 유사하지만 다른 개념으로는 '범위의 경제(economy of scope)'가 있다. 범위의 경제는 한 기업이 '여러 종류'의 상품을 동시에 생산할 때 효율적인 생산이 이루어질 수 있다는 의미이다. 이것은 한 기업

이 '한 종류'의 상품을 대량으로 생산할 때 효율적인 생산이 이루어질 수 있다는 규모의 경제와 구분되는 개념이다. 이를 수식으로 나타내면 다음과 같다.

만약 두 가지 종류의 상품(X, Y)을 각각 Q_X, Q_Y만큼 생산할 때, 두 상품을 동시에 생산할 때의 총생산비는 $C(Q_X, Q_Y)$이고, 두 상품을 각각 따로따로 생산할 때의 총생산비는 $C(Q_X, 0) + C(0, Q_Y)$이다.

이때 생산비 조건이 $C(Q_X, Q_Y) < C(Q_X, 0) + C(0, Q_Y)$으로 나타나면 이를 범위의 경제가 존재한다고 한다. 이러한 현상은 동일한 재료를 사용하여 서로 다른 상품을 만들어내는 기업에서 주로 발견할 수 있다. 원재료가 같아 결합생산이 가능한 상품이 존재하는 구두 회사가 구두만이 아니라 가방이나 허리벨트를 함께 생산하고, 노동과 같은 생산요소를 공동으로 이용할 수 있는 상품이 존재하는 자동차 회사가 소형차와 중·대형차를 함께 생산하는 것에서 발견할 수 있다. 물론 한 경영인이 모든 상품에 대한 관리·통제가 가능한 고기집에서 다양한 부위의 고기를 판매하는 것도 그 예에 해당될 수 있다.

MEMO

제6장 수요·공급이론

Theme 33 수요

① 수요(demand)의 의의

1) 개념

(1) **수요량**(quantity demanded)

① 수요곡선상의 한 점으로 소비자가 주어진 조건들 하에서 일정 기간에 구입하고자 하는 최대수량(maximum quantity demanded) ⇒ 사전적(ex ante)인 유량(flow) 개념

② 여기서 "사전적"이란 실제로 발생했다는 것이 아니라 앞으로 그러한 여건이 주어지면 구매하겠다는 계획을 의미한다.

③ 수요량은 막연히 의도된 수량이 아니라 구매력(purchasing power)을 가지고 구입하고자 하는 수량을 의미한다. 여기서 구매력이란 상품을 구입할 수 있는 능력, 즉 상품의 대가를 지불할 수 있는 능력을 말한다.

> 수요가격(demand price)
>
> 수요곡선상의 한 점을 다른 각도에서 이해하면 주어진 수량을 구입하고자 할 때 지불하고자 하는 최대금액이라고도 할 수 있다. 또한 이는 화폐로 표시한 한계효용이기도 하다. 이를 수요가격 또는 지불용의가격(willingness to pay)이라고 한다. 이는 소비자 잉여라는 개념을 이해하는 데 도움을 준다.

(2) **수요**: 일정 기간에 성립할 수 있는 여러 가지 가격수준에 대응하는 수요량의 계열, 즉 가격과 수요량 간의 전반적인 대응관계를 말한다.

(3) **수요의 결정요인**: 어떤 상품의 수요에 영향을 미치는 중요한 것으로는 그 상품의 가격, 다른 관련 상품들의 가격, 소비자들의 소득수준과 소득분배, 소비자들의 기호와 선호, 인구 등을 들 수 있다.

> 수요자의 전제 조건
>
> 1. 수요자는 상품소비에 대한 욕구가 있어야 한다.
> 2. 수요자는 구매력(소득)이 있어야 한다.

2) 수요함수, 수요표 및 수요곡선

(1) **수요함수**(demand function): 어떤 상품의 수요량(Q_X)과 그 수요의 결정요인들 간의 인과관계를 수학적으로 표시한 것이다.

$$Q_X = f(P_X, P_Y, I, T, N, \cdots, etc)$$

단, 여기서 P_X는 X재의 가격, P_Y는 관련재인 Y재의 가격, I는 소비자의 소득, T는 소비자의 기호, N은 인구를 말한다.

(2) **수요표**(demand table) : 어떤 상품의 가격 이외의 다른 모든 요인들이 불변일 때, 그 상품의 각 가격에서의 그 상품에 대한 수요량을 그 상품의 각 가격에 대응시킨 표이다.

(3) **수요곡선**(demand curve) : 가격(P)을 세로축으로 그 상품의 수량(Q)을 가로축으로 하는 좌표상에 그 상품의 가격 이외의 다른 요인들을 모두 불변으로 가정하고, 가격과 수요량 간의 관계의 조합(combination)들을 나타내는 곡선이다.

수요곡선

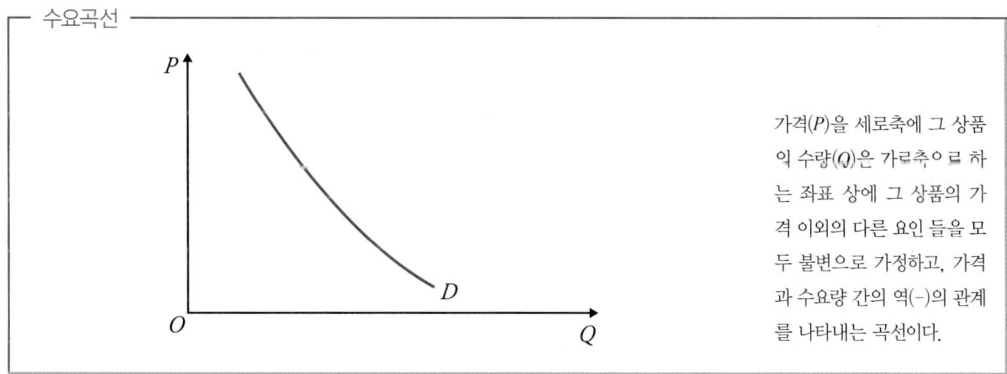

가격(P)을 세로축에 그 상품의 수량(Q)은 가로축으로 하는 좌표 상에 그 상품의 가격 이외의 다른 요인 들을 모두 불변으로 가정하고, 가격과 수요량 간의 역(-)의 관계를 나타내는 곡선이다.

3) 수요법칙(law of demand)

수요법칙의 의미

경제학에서 법칙이라는 표현이 가끔 등장한다. 이때 법칙이라는 것은 물리학 법칙과 같이 '반드시 성립한다'는 절대적 의미가 아니다. 예컨대 기펜재와 같은 상황이 나타날 경우 수요의 법칙은 더 이상 성립하지 않는다. 그럼에도 불구하고 '법칙'이라는 표현을 쓰는 이유는 우리가 일반적으로 고려하는 대상에 한정하겠다는 의미이다. 즉 기펜재와 같이 예외적인 경우는 고려 대상에서 제외한다는 의미로 받아들이면 된다.

(1) 가격이 상승(하락)하면 수요량이 감소(증가)하는 관계를 말한다.

(2) 가격과 수요량 사이의 역의 관계를 말하며 이를 그래프로 그리면 우하향의 모습을 갖게 된다.

수요법칙이 성립하는 직관적인(intuitive) 이유

1. 대체효과 : 어느 한 상품의 가격이 하락하면 다른 상품에 비하여 상대적으로 가격이 싸기 때문에 그 상품에 대한 수요량이 증가한다.
2. 소득효과 : 어느 한 상품의 가격이 하락하면 동일한 지출액으로 전보다 더 많은 수량을 구입할 수 있기 때문에 일반적으로 수요량이 증가한다.

② 개별수요와 시장수요

1) **개별수요(individual demand)**: 개별적인 소비자 한 사람 한 사람의 수요

2) **시장수요(market demand)**

(1) **개별 소비자들의 수요가 상호 독립적인 경우 ⇒ 시장수요는 개별수요의 수평적 합계(horizontal summation)에 의해서 도출한다.**

시장수요곡선의 도출

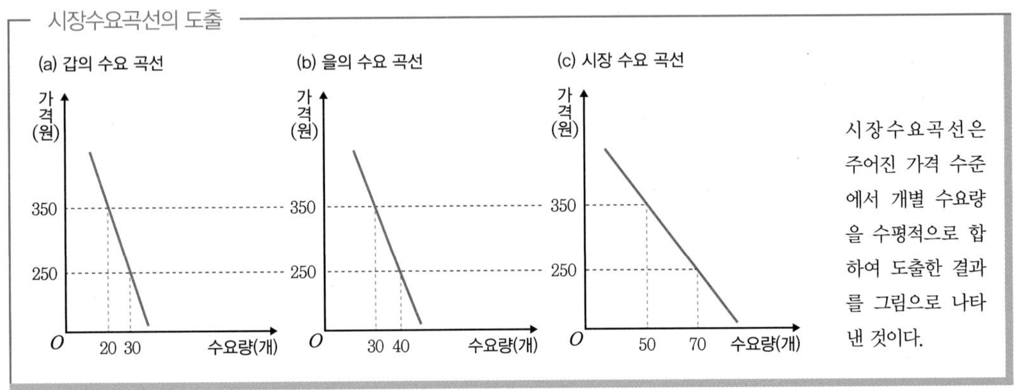

시장수요곡선은 주어진 가격 수준에서 개별 수요량을 수평적으로 합하여 도출한 결과를 그림으로 나타낸 것이다.

Q&A

어떤 재화에 대한 시장수요함수가 $P = 80 - 12Q$ 로 주어진다. 그리고 이 시장의 수요자는 모두 동일한 개별수요함수를 갖는다. 이 경우 시장 내 수요자의 수가 2배로 된다면 새로운 시장수요함수는?

Solution

사적재의 경우 각 소비자는 시장에서 결정된 동일한 가격에 직면하게 된다. 따라서 개별수요곡선의 수평합을 통해 시장수요곡선을 도출할 수 있다. 주의할 것은 수요함수가 $P = 80 - 12Q$ 로 주어져 있으므로 이를 $Q = \frac{80}{12} - \frac{P}{12}$로 정리해야만 수평으로 합할 수 있다. 수요자가 2배이므로 우변에 2를 곱하면 $Q = \frac{80}{6} - \frac{P}{6}$ 이 된다. 이를 정리하면 $P=80-6Q$를 얻을 수 있다.

확인 TEST

다음 그림에 따를 때 휘발유 가격이 리터당 3,000원인 경우 휘발유의 시장 수요량으로 옳은 것은? (단, 이 경제에는 갑과 을이라는 두 명의 소비자만 존재한다.) [2019, 국회 8급]

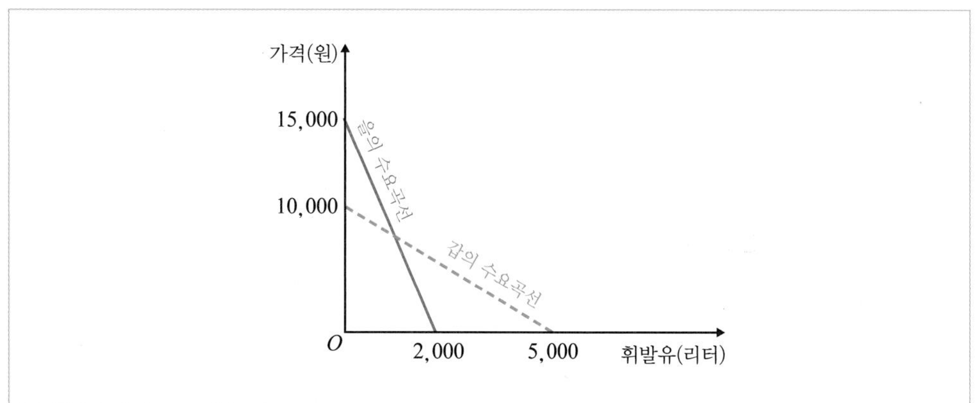

① 5,100 ② 5,200
③ 5,300 ④ 5,400
⑤ 5,500

해설 • 주어진 그림에 따라 갑과 을의 수요곡선을 도출하면 다음과 같다.

- 갑의 수요곡선: $P=10,000-2Q_{갑} \Rightarrow Q_{갑}=5,000-\frac{1}{2}P$
- 을의 수요곡선: $P=15,000-\frac{15}{2}Q_{을} \Rightarrow Q_{을}=2,000-\frac{2}{15}P$

- 휘발유 가격이 리터당 3,000원인 경우 갑의 수요량은 3,500, 을의 수요량은 1,600이다.
- 시장수요량은 주어진 가격 하에서 개별 수요량의 합이다. 따라서 휘발유 가격이 리터당 3,000원이 경우 시장 수요량은 5,100(=3,500+1,600)이 된다.

정답 ①

사례 연구 개별수요함수와 시장수요함수

◈ 청량음료 시장에서 춘우와 경원은 유일한 소비자이다. 다음은 춘우와 경원의 청량음료에 대한 개별 수요곡선이다.

- $P=10-Q_{춘우}$, $P=20-Q_{경원}$

청량음료 시장수요곡선을 도출하면?

분석하기

- 일반적으로 개별수요곡선의 가격절편이 같은 경우에는 개별 수요곡선을 수평으로 합하여 시장수요곡선을 도출한다.
- 문제에서 주어진 춘우와 경원의 개별수요함수의 가격절편은 서로 다른 값을 갖는다. 이러한 경우의 시장수요곡선은 다음과 같은 방법으로 도출한다. 우선 춘우와 경원의 역수요함수를 다음과 같이 정리해 본다.

- $Q_{춘우}=10-P$, $Q_{경원}=20-P$

이에 따르면 춘우는 '$0<P<10$'인 경우에만 청량음료를 구입하고자 하고($Q_{춘우}>0$), 경원은 '$0<P<20$'인 경우에만 청량음료를 구입하고자 한다($Q_{경원}>0$). 따라서 만약 '$10\le P<20$'인 경우에는 경원이 시장의 유일한 소비자가 되어, 경원의 수요곡선이 곧 시장수요곡선이 된다.

- 이제 가격 구간별로 시장수요곡선을 도출하면 다음과 같다.

- $0<P<10$: $Q_{시장}=Q_{춘우}+Q_{경원}=30-2P \Rightarrow P=15-\frac{1}{2}Q_{시장}$
- $10\le P<20$: $Q_{시장}=Q_{경원}=20-P \Rightarrow P=20-Q_{시장}$

- 앞의 내용을 그림으로 정리하면 다음과 같다.

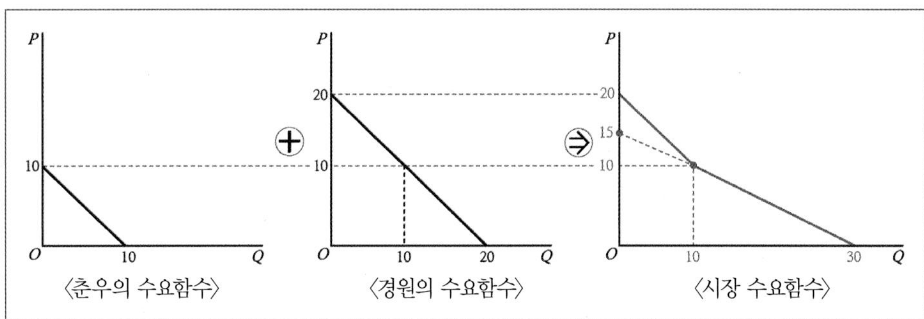

〈춘우의 수요함수〉 〈경원의 수요함수〉 〈시장 수요함수〉

(2) **개별 소비자들의 수요가 상호 의존적인 경우** ⇒ 시장수요는 개별수요를 수평적으로 합해서 도출하면 안 된다.

개념 플러스+ 소비의 외부성

1. 의미

사람들이 느끼는 효용이나 만족이 자기가 소비하는 재화나 서비스뿐만 아니라 자기 주위의 다른 사람들이 소비하는 재화나 서비스에도 영향을 받는다는 것을 말한다.

2. 유형

1) 편승효과(동행효과, bandwagon effect)

다른 수요자가 더 많이 수요하리라고 예측하여 개별 수요자가 수요를 증가시키는 현상을 말하며, 편승효과가 있을 때의 시장수요가 없을 때의 시장수요보다 가격탄력도가 더 크다.

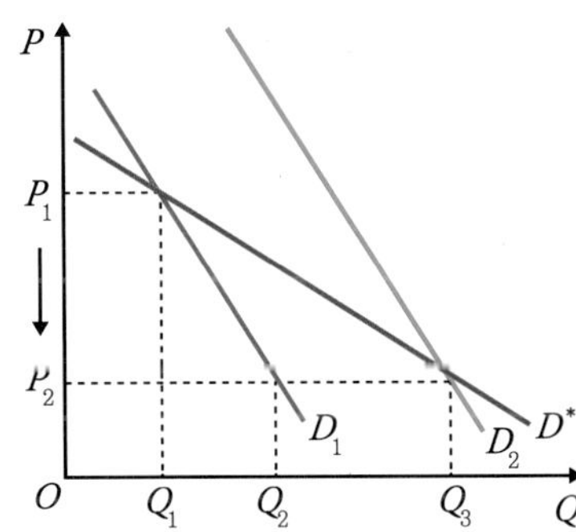

2) 백로효과(역행효과, snob effect)

편승효과와 반대로 다른 수요자가 수요하기 때문에 개별 수요자가 수요를 오히려 감소시키는 현상을 말하며, 백로효과가 있을 때의 시장수요가 없을 때의 시장수요보다 가격탄력도가 더 작다.

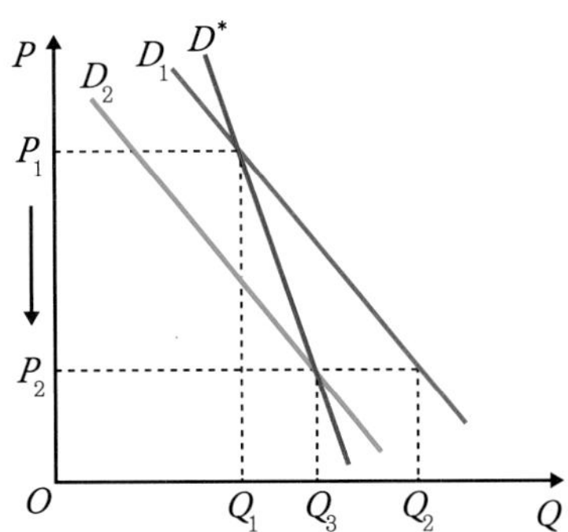

3) 베블렌 효과(Veblen effect)

T. Veblen이 "유한계급론"에서 과시성 소비로 언급한 것으로 고가이기 때문에 소비하려는 과시성 소비 현상을 말하며 Veblen 효과가 있을 때는 가격이 높은 재화일수록, 개별수요와 시장수요가 크다.

4) 의존효과(dependence effect)

J. K. Galbraith는 경제주체의 상호의존관계는 비단 소비자 사이뿐만 아니라 소비자나 생산자 사이에서도 존재한다고 보고 있다. 예컨대 소비자의 신제품에 대한 욕망을 판매자가 정책적으로 광고 등을 통한 매스컴의 수단으로 환기시키는 것이 소비 행동에 크게 영향을 미친다고 보고 이러한 현상을 의존효과라고 하였다.

위대한 경제학자 : Thorstein Bunde Veblen

1. 배경

T. B. Veblen은 진보적인 성향을 가진 경제학자이다. 그러나 Veblen은 좌우를 가리지 않고 자주 인용하는 경제학자이기도 하다. 특히 사치품이나 과시적 소비를 말할 때는 빠지지 않는 인물이다. 그는 A. Smith나 J. M Keynes처럼 독창적인 세계관을 가진 학자였다.

Veblen은 학문의 첫 출발을 경제학자보다는 철학자로 출발했다. Veblen은 예일대학교 철학과를 27세에 졸업한다. 그는 불온한 사상 때문에 취직이 안 되자 아버지의 농장에서 일을 거들게 된다. 34세가 되던 해 그에게 기회가 찾아온다. 그는 코넬대학 연구과정에 등록하여 철학박사에게 경제학자로 변신하여 초기 제도학파의 대표적인 경제학자로 거듭나게 된다.

그는 42세에 자본주의의 추한 속성을 간파한 〈유한 계급론(有閑階級論)〉을 출간한다. 그는 이 책에서 유한계급은 착취의 본능이 성행할 때 발생하는 현상이라고 정의한다. "상층계급의 두드러진 소비는 사회적 지위를 과시하기 위해 자각 없이 이뤄진다"며 자본주의 타락상을 줄기차게 공격했다.

그는 말년에는 제자들이 모은 돈으로 생활비를 충당했을 만큼 궁핍했다. 자본주의 착취를 비판했던 Veblen은 자본주의의 본고장인 미국에서 고독한 말년을 보내다 72세에 눈을 감았다.

2. Veblen 효과

'Veblen 효과'란 재화의 가격이 상승했음에도 불구하고 오히려 수요량이 증가하는 현상으로 허영심에 의해 수요가 발생하는 효과이다. Veblen이 자신의 저서 ≪유한계급론(The Theory of Leisure Class)≫에서 황금만능주의 사회에서 재산의 많고 적음이 성공을 가늠하는 척도가 되는 현실을 비판하면서 부유한 사람들이 자신의 성공을 과시하기 위해 사치를 일삼고 가난한 사람들 또한 그들대로 이를 모방하려는 현상을 설명하기 위해 사용한 용어이다.

Veblen의 이러한 주장을 이해하기 위해서는 그 주장의 배경과 근거를 좀 더 상세하게 살펴볼 필요가 있다. 사람들은 타인의 사회적 지위를 그가 소유한 재산을 기준으로 판단한다. 이 때 사람들이 소유하고 있는 재산과 명성은 어떠한 과정을 통하여 이루어졌느냐가 중요하다. Veblen이 살았던 당시에는 땀과 노동으로 재산을 축적한 사람은 선망의 대상이 아니었다. 오히려 한 방울의 땀조차 흘리지 않고 자신의 노력 없이 수동적으로 재산을 얻은 사람이 선망과 존경의 대상이었다. 유한계급은 향락적 생활을 영위하고 일반 사람들에게 그들의 우월한 사회적 신분을 상기시킬 수 있는 과시용 행사(무도회, 음악회 등)를 즐겼다.

유한계급에 도달할 수는 없으나 어느 정도 부를 축적한 상인이나 자본가 계층은 상위 사회 엘리트 계급의 행태를 최대한 모방하기 시작했다. 이들은 시간이 나면 사치품(또는 이를 모방한 유사품)의 구매, 타인의 접근이 어려운 별장 장만, 유한계급층의 과시적 소비행태 답습 등을 통하여 상류층의 존재를 나타내는 상징적 행위에 맛을 들이기 시작했다. 쓸모없고 비싼 상품을 소유하면 할수록, 아무런 의미도 없는 오락행위에 익숙해질수록, 더욱 더 고귀한 사람이 되는 것이다. Veblen이 보기에 '사람들의 경제생활의 주된 목적이 이웃 사람들과 비슷하게 사는(keeping up with the Jones)것을 넘어서 록펠러(John Davison Rockefeller)와 같은 대부호나 주루족의 추장과 같이 살기 위해 노력하는 것'으로 보였다.

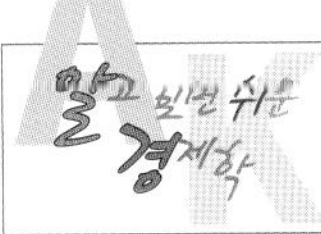

타인의 소비와 나의 소비의 관계는?

"최근 온라인 업계가 명품 판매에 열을 올리고 있다. 6월 명품 아울렛인 신세계 첼시가 들어선 뒤 앞을 다투어 명품 수입에 열을 올리고 있다. 신세계 몰도 지난달 24일 프라다, 구찌, 발렌시아가 등 17개 브랜드 명품관을 열었다.' '명품 소비량의 증가율이 두 자리!!' 어떤 일간 신문에 난 기사 내용이다. 이러한 명품 열풍 현상 속에 담겨진 경제학의 수수께끼는 무엇일까?"

인간은 흔히 '사회적 동물'으로 불린다. 즉 끊임없이 한 사회의 구성원으로서 다른 구성원들과의 상호작용을 통해 삶을 영위해 나간다. 속담에도 '친구따라 강남간다'라는 말이 있는 것처럼, 이러한 삶의 방식은 소비 행위에도 영향을 주게 된다. 즉 개인의 소비는 타인의 소비 패턴에 의해 영향을 받게 되는 것이다. 이것을 설명해 주는 경제학적 개념이 라이벤쉬타인(H. Leibenstein)교수가 제시한 편승효과로도 불리는 밴드웨건 효과(bandwagon effect)이다. 밴드왜건 효과는 미국의 서부 개척 시대 때, 캘리포니아에서 금광이 발견되었다는 소식을 밴드웨건에 악대를 세우고 음악을 연주하며 알리자, 이것을 들은 많은 사람들이 여기에 이끌려 '서부로 서부로' 몰려간 것에서 착안해 만든 개념이다.

이러한 편승효과가 나타나면 특정 상품을 소비하는 사람이 많아질수록 그 상품에 대한 수요가 더욱 늘어나게 된다. 유행에 민감한 소비자들에 주로 나타날 수 있는 소비행태이다. 이러한 편승효과는 이른바 '짝퉁'을 등장시키는 요인으로도 작용한다. 소위 명품은 가격이 매우 높아 소비자가 웬만해서는 쉽게 구입할 수 없다. 그런데 편승효과가 나타나면 소비자는 그러한 명품을 구입하고자 하는 욕구가 커지게 된다. 이러한 소비자의 심리를 이용하여 가격은 훨씬 싸지만 명품과 거의 구별되지 않는 '짝퉁'을 만들어 파는 사람들이 생겨나게 된다. 이렇게 되면 소비자는 '꿩 대신 닭'이라는 심정으로 짝퉁을 구입하게 되는 것이다. 이것으로 짝퉁시장이 쉽게 사라지지 않는 현실을 어느 정도 설명할 수 있게 된다.

그러면 개성이 아주 강한 사람들의 소비행태에서는 어떤 특징을 찾아낼 수 있을까? 개성이 강한 사람에게 '난 달라'족이라는 별명을 붙이면 어떨까? '난 달라'족은 다른 사람들과 뚜렷이 구별되는 배타적인 상품을 차별적으로 소비하는 것을 추구한다. 즉 다른 사람들의 소비를 따라가는 편승효과와 반대되는 소비를 한다는 것이다. 이를 라이벤쉬타인(H. Leibenstein) 교수는 스놉 효과(snob effect)라고 부른다. snob을 그대로 직역하면 '속물'이라는 뜻이지만, 개성을 강조한다고 해서 속물이라고 부를 수는 없으므로 흔히 이를 '백로 효과'라고 부른다. 까마귀만 모여 사는 곳에 백로 한 마리가 나타나면 그 색깔은 더욱 하얗게 보여 무리 중에서 아주 돋보이게 될 것이다. 끊임없이 새로운 명품을 찾는 노력을 하는 것은 이런 백로가 되고자 하는 시도인 것이다. '거위의 꿈'이 아닌 '백로의 꿈'을 꾸는 소비자가 되고 싶은 것이다.

이러한 개성의 강조라는 목적에서 더 나아가 오직 자신들의 우월한 사회적 신분을 다른 사람들에게 상기시키기 위한 과시소비 행태도 주위에서 흔히 볼 수 있는 모습이다. 만약 이른바 '졸부'들의 소비를 보며 '개 발에 금 편자'라는 속담이 떠오른다면 그때는 모르긴 몰라도 그러한 과시소비 행태를 볼 때일 것이다. 이러한 소비를 하는 사람에게는 웬만한 가격의 상품은 눈에 들어오지도 않을 것이다. 오히려 가격표에 '0'을 하나 더 붙여 팔아야만 그들의 허영심을 자극하여 많이 팔 수 있을 것이다. 베블렌(T. Veblen)이 그의 저서인 『유한계급(leisure class)론』에서 처음으로 언급했다고 해서 이를 베블렌 효과(Veblen effect)라고 부른다. 이것은 얼핏 스놉 효과와 비슷하지만 스놉 효과는 타인의 소비량에 영향을 받는 데 비해, 베블렌 효과는 상품의 가격에 의해 영향을 받는다는 측면에서 양자가 구분된다.

3 수요량의 변화와 수요의 변화

1) 수요량의 변화(change along the demand curve)

(1) 어떤 상품에 대한 수요의 결정요인 중에서 그 상품의 가격이외의 다른 모든 요인은 불변이고 그 상품의 가격만이 변할 때 나타나는 것을 말한다.

(2) 수요량의 변화는 어느 한 수요곡선상에서의 점과 점 사이의 이동으로 나타난다.

(3) 그래프에서 점 $A \Rightarrow B \Rightarrow C \Rightarrow \cdots$ 등으로 이동하는 것이 이에 해당한다.

수요량과 수요의 변화

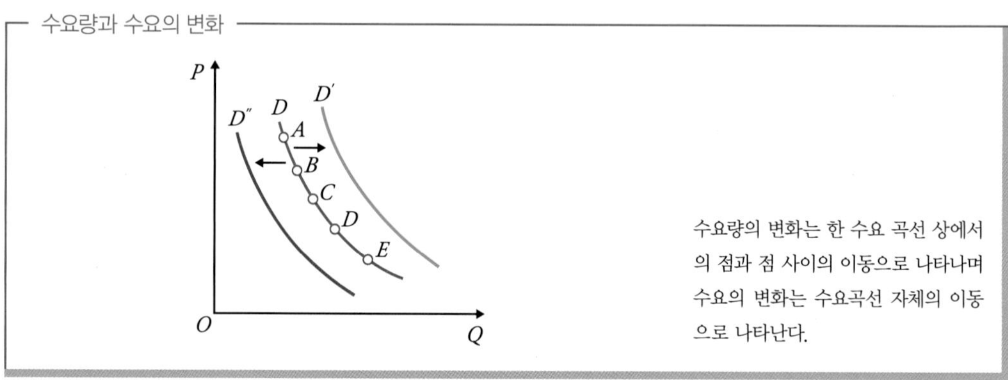
P
D″
D
D′
A
B
C
D
E
O
Q
수요량의 변화는 한 수요 곡선 상에서
의 점과 점 사이의 이동으로 나타나며
수요의 변화는 수요곡선 자체의 이동
으로 나타난다.

2) 수요의 변화(shift of the demand curve)

(1) 어떤 상품의 수요 결정 요인 중에서 그 상품가격 이외의 다른 요인들 가운데 하나 이상의 요인이 변하면 모든 가격수준에서 그 상품의 수요량이 변하게 되는 것을 말한다.

(2) 수요의 변화는 수요곡선 자체가 이동하는 것으로서 그래프에서 D에서 D'로의 변화를 수요의 증가, D에서 D''로의 변화를 수요의 감소라고 한다.

(3) 수요 변화의 요인

① **소비자의 소득**: 재화가 정상재(normal goods)인 경우에는 소득이 증가(감소)하면 수요는 증가(감소)하게 되고, 열등재(inferior goods)인 경우에는 소득이 증가(감소)하면 오히려 수요는 감소(증가)한다. ⇒ 소득이 증가하는 것이 반드시 수요를 증가시키는 것이 아니라는 점에 주의

- 정상재의 경우: 소득 ↑(↓) → 수요 ↑(↓)
- 열등재의 경우: 소득 ↑(↓) → 수요 ↓(↑)

② **관련 상품의 가격**: 별개로 소비하는 경우에도 효용의 차이가 크지 않은 대체재(substitute goods)와 함께 소비하는 경우에 효용이 더 커지는 보완재(complementary goods) 상호 간에도 가격변화는 수요에 영향을 미친다. 그러나 두 재화가 독립재(independent goods)인 경우에는 한 상품의 가격변화는 독립재 수요에 영향을 미치지 않는다.

- 대체재의 경우: X재의 가격 ↑(↓) → X재 수요량 ↓(↑) → 대체재인 Y재의 수요 ↑(↓)
- 보완재의 경우: X재의 가격 ↑(↓) → X재 수요량 ↓(↑) → 보완재인 Z재의 수요 ↓(↑)
- 독립재의 경우: X재의 가격 ↑(↓) → 독립재인 W재의 수요 불변

보완재(complementary goods)란 어떤 재화를 말하는가?

힉스(J. R. Hicks)의 『Value and Capital(1939)』에 의하면 '*X*재를 일정량으로 고정시켜 놓고 *Y*재를 체증결합하여 가면서 *X*, *Y*를 소비하여 볼 때 *Y*재의 한계효용이 단독으로 소비할 때보다도 체증하는 한도까지의 *X*재에 대한 *Y*재'를 말한다. 그렇기 때문에 어느 카페에 가든지 커피는 반 잔 겨우 넘게 따라주고 설탕은 그릇째로 맡기는 것이다. 다른 말로 표현하면 '*X*, *Y*를 결합소비해서 얻는 이른바 종합효용의 크기가 *X*, *Y*를 따로따로 소비하면서 느끼는 이른바 그 개별 효용의 합계보다도 큰 재화'를 의미한다.

③ **소비자의 선호**: 일반적으로 소비자의 선호가 커지면 수요는 증가하고, 작아지면 감소한다.

④ **소비자의 예상**: 장래의 가격 상승이 예상되면 금기의 수요는 증가하게 되고, 가격 하락이 예상되면 금기 수요는 감소한다.

가수요

실수요에 대응되는 개념으로서 물가가 계속 오르거나 물자가 부족해질 것으로 예측되는 경우 지금 당장 필요가 없으면서도 일어나는 예상수요를 말한다.

⑤ **인구**: 인구가 증가하면 수요는 증가하고 인구가 감소하면 수요도 감소한다.

커피 전문점에서는 설탕을 왜 제한 없이 주는 것일까?

"카페베네 또는 스타벅스와 같은 커피 전문점에 가보면 우리가 의식하지는 못하지만 이상한 점을 발견할 수 있다. 커피는 잔에 담아 제한된 양만 주면서 설탕은 아깝지 않은지 손님이 마음대로 갖다 먹을 수 있도록 매장 한 쪽에 비치해 놓는다는 점이다. 왜 그럴까? 전문점 사장님의 인심이 후해서일까?"

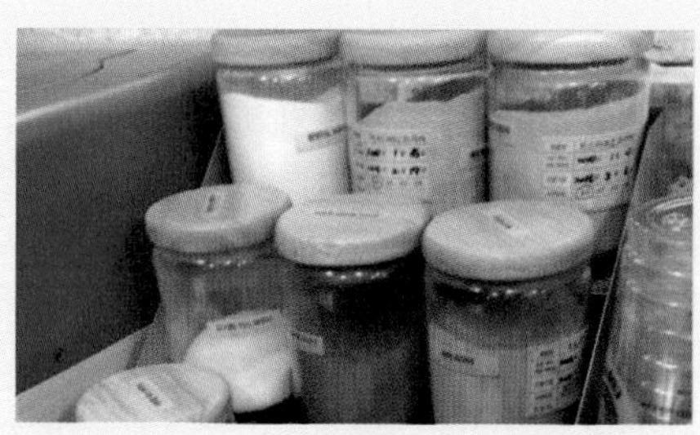

소비자가 상품을 소비할 때 두 재화 이상을 함께 소비하는 경우가 종종 있다. 이런 모습은 따로따로 소비할 수 없는 경우는 물론 따로따로 소비하는 것보다는 함께 소비하는 경우 큰 만족을 얻을 수 있을 때 쉽게 나타난다. 이때 우리는 재화들 사이에 '보완재' 관계가 성립한다고 한다. 스마트폰을 처음 사서 잘못 만지면 액정 화면에 선명하게 찍혀 기분을 상하게 하는 지문을 방지하는 필름을 붙이면, 이젠 안심하고 화면을 만질 수 있다. 술을 아주 좋아하는 사람도 술만 마시지는 않고 '참이슬'을 마실 때는 삼겹살을 곁들이고, 시원한 'Hite' 생맥주를 마실 때는 22치킨을 곁들이고, '우국생' 막걸리를 마실 때는 동래파전을 곁들인다. 휘발유 없이는 자동차가 갈 수 없고, 소프트웨어의 지원이 없는 컴퓨터는 고철에 불과하다. 당연히 '커피' 하면 자연스럽게 설탕이 딸려온다.

힉스(J. R. Hicks)는 그의 저서 『Value and Capital(1939)』에서 보완재를 다음과 같이 설명한다. "보완재란 *X*재를 일정량으로 고정시켜 놓고 *Y*재를 점점 그 양을 늘리면서 결합하여 *X*, *Y*를 함께 소비할 때, *Y*재의 한계효용이 *Y*재를 단독으로 소비할 때보다 체증하는 한도까지의 *X*재에 대한 *Y*재를 말한다." 이러한 정의에 따르면 커피와 설탕의 보완관계는 무한하게 존재하는 것이 아니다. 만약 일정한 양의 원두커피에 설탕을 지나치게 많이 넣으면 그건 커피가 아니라 설탕물이 될 것이다. 카페베네에 커피를 마시러 가지 설탕물을 마시러 가는 것은 아니지 않은가! 커피 전문점에서 설탕을 마음대로 손님에게 맡기는 것은 이러한 내용을 미리 알고 하는 자신감의 표현인 것이다. 갑자기 '소맥'을 즐기는 주당(酒黨)들이 떠오른다. 그들은 혹시 소주와 맥주를 보완재로 생각하는 것이 아닌지…

Theme 34 공급

❶ 공급(supply)의 의의

1) 개념

(1) **공급량**(quantity supplied)

① 생산자가 주어진 조건들 하에서 일정 기간에 판매하고자 하는 최대수량(maximum quantity supplied) ⇒ 사전적(ex ante)인 유량(flow) 개념

② 여기서 "사전적"이란 실제로 발생했다는 것이 아니라 앞으로 그러한 여건이 주어지면 판매하겠다는 계획을 의미한다.

> 공급가격(supply price)
>
> 공급곡선상의 한 점을 다른 각도에서 이해하면, 주어진 수량을 판매하고자 할 때 받고자 하는 최소한의 금액이라고도 할 수 있다. 이를 공급가격이라고 한다. 이는 생산자 잉여라는 개념을 이해하는 데 도움을 준다.

(2) **공급**: 일정 기간에 성립할 수 있는 여러 가지 가격수준에 대응하는 공급량의 계열, 즉 가격과 공급량 간의 전반적인 대응관계를 말한다.

(3) **공급의 결정요인**: 어떤 상품의 공급에 영향을 주는 중요한 요인들로는 그 상품의 가격, 다른 관련 상품들의 가격, 생산요소들의 가격, 기술수준, 기업의 목표 등을 들 수 있다.

2) 공급함수, 공급표 및 공급곡선

(1) **공급함수**(supply function): 어떤 상품에 영향을 주는 여러 가지 요인들과 그 상품의 공급량 간의 인과관계를 수학적으로 표현한 것

$$Q_X = f(P_X, P_Y, P_F, T, G, \ldots, etc)$$

단, 여기서 P_X는 X재의 가격, P_Y는 관련재인 Y재의 가격, P_F는 생산요소의 가격, T는 기술수준, G는 기업의 목표를 말한다.

(2) **공급표**(supply table): 어떤 상품의 가격 이외의 다른 모든 요인들이 불변일 때, 그 상품의 각 가격에서의 그 상품에 대한 공급량을 그 상품의 각 가격에 대응시킨 표

(3) **공급곡선**(supply curve): 가격(P)을 세로축으로 그 상품의 수량(Q)을 가로축으로 하는 좌표상에 그 상품의 가격 이외의 다른 결정요인들을 모두 불변으로 가정하고 가격과 공급량 간의 관계를 나타낸 곡선

공급곡선

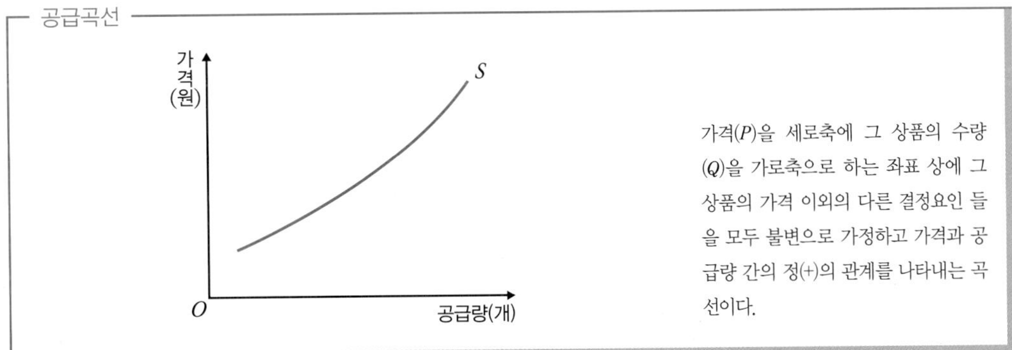

가격(*P*)을 세로축에 그 상품의 수량(*Q*)을 가로축으로 하는 좌표 상에 그 상품의 가격 이외의 다른 결정요인 들을 모두 불변으로 가정하고 가격과 공급량 간의 정(+)의 관계를 나타내는 곡선이다.

3) 공급의 법칙(law of supply)

(1) 한 상품의 가격이 상승(하락)하면 공급량이 증가(감소)하는 관계를 말한다.

(2) 가격과 공급량 사이의 양의 관계를 '공급의 법칙'이라고 하고 이를 그래프로 나타내면 우상향의 모습을 갖게 된다.

2 개별공급과 시장공급

1) 개별공급(individual supply) : 개별적인 생산자 한 사람 한 사람의 공급

2) 시장공급(market supply) : 다수의 생산자가 존재하는 경우의 시장공급곡선은 개별공급곡선을 수평적으로 합해서 도출한다.

시장공급곡선의 도출

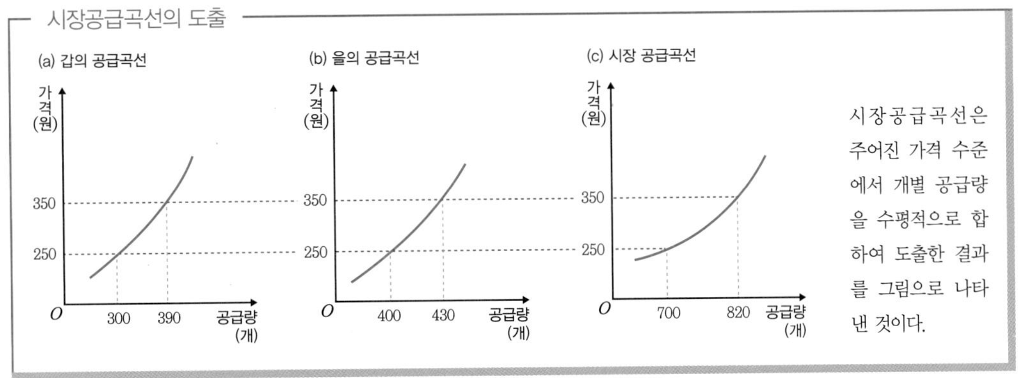

시장공급곡선은 주어진 가격 수준에서 개별 공급량을 수평적으로 합하여 도출한 결과를 그림으로 나타낸 것이다.

3 공급량과 공급의 변화

1) 공급량의 변화(change along the supply curve)

(1) 어떤 상품에 대한 공급의 결정요인들 중에서 그 상품의 가격 이외의 다른 모든 요인은 불변이고 그 상품의 가격만이 변할 때 나타나는 것을 말한다.

(2) 공급량의 변화는 어느 한 공급곡선상에서의 점과 점 사이의 이동으로 나타난다.

(3) 그래프에서 점 $A \Rightarrow B \Rightarrow C \Rightarrow \cdots$ 등으로 이동하는 것이 이에 해당한다.

공급량의 변화와 공급의 변화

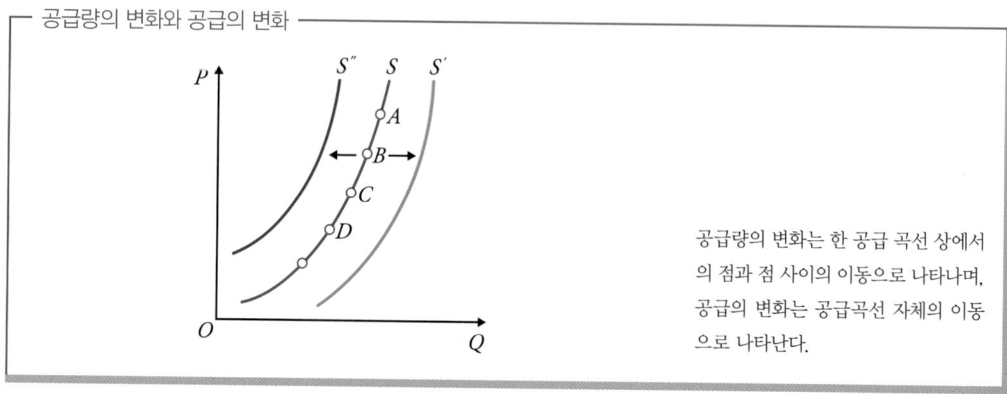

공급량의 변화는 한 공급 곡선 상에서의 점과 점 사이의 이동으로 나타나며, 공급의 변화는 공급곡선 자체의 이동으로 나타난다.

2) 공급의 변화(shift of the supply curve)

(1) 어떤 상품의 공급 결정 요인 중에서 그 상품의 가격 이외의 다른 요인들 중에서 하나 이상의 요인이 변하면 모든 가격수준에서 그 상품의 공급량이 변하게 되는 것을 말한다.

(2) 공급의 변화는 공급곡선 자체가 이동하는 것으로서 위 그래프 S에서 S'로의 변화를 공급의 증가, S에서 S''로의 변화를 공급의 감소라고 한다.

(3) **공급 변화의 요인**

① **관련 상품의 가격**: 생산 측면에서 대체재와 보완재 관계에 있는 재화 상호간에도 가격변화는 공급의 변화에 영향을 미친다.

- 대체재의 경우: X재의 가격 ↑(↓) → X재의 공급량 ↑(↓) → 대체재인 Y재의 공급 ↓(↑)
- 보완재의 경우: X재의 가격 ↑(↓) → X재의 공급량 ↑(↓) → 보완재인 Z재의 공급 ↑(↓)
- 독립재의 경우: X재의 가격 ↑(↓) → 독립재인 W재의 공급 불변

② **생산요소가격**: 생산요소가격이 상승하면 생산비가 상승하여 공급이 감소하고, 생산요소가격이 하락하면 생산비가 하락하여 공급이 증가한다.

③ **생산기술**: 생산기술이 향상되면 공급이 증가하고, 퇴보되면 공급이 감소한다.

④ **공급자의 예상**: 장래의 가격이 상승할 것이라 예상하면 금기의 공급을 감소시키고, 하락할 것이라 예상하면 금기의 공급을 증가시킨다.

⑤ **공급자의 수**: 공급자의 수가 증가하면 공급은 증가하고, 공급자의 수가 감소하면 공급은 감소한다.

Theme 35 시장의 균형과 가격

❶ 시장균형과 가격의 의의

1) 시장의 균형

(1) **시장균형**: 수요와 공급이 일치할 때 이루어진다.

(2) **시장균형가격**(market equilibrium price)

① 시장 수요량과 시장 공급량이 일치하는 가격수준을 의미한다.

② 가격이 신축적이고 시장에 관한 정보가 완전하게 수요자와 공급자에게 알려지는 경쟁시장에서의 가격은, 수요와 공급을 일치시키는 균형가격으로 결정된다. ⇒ 경쟁시장에서 시장가격은 균형가격과 일치하며 거래량과 수요량과 공급량도 모두 일치한다.

시장의 균형

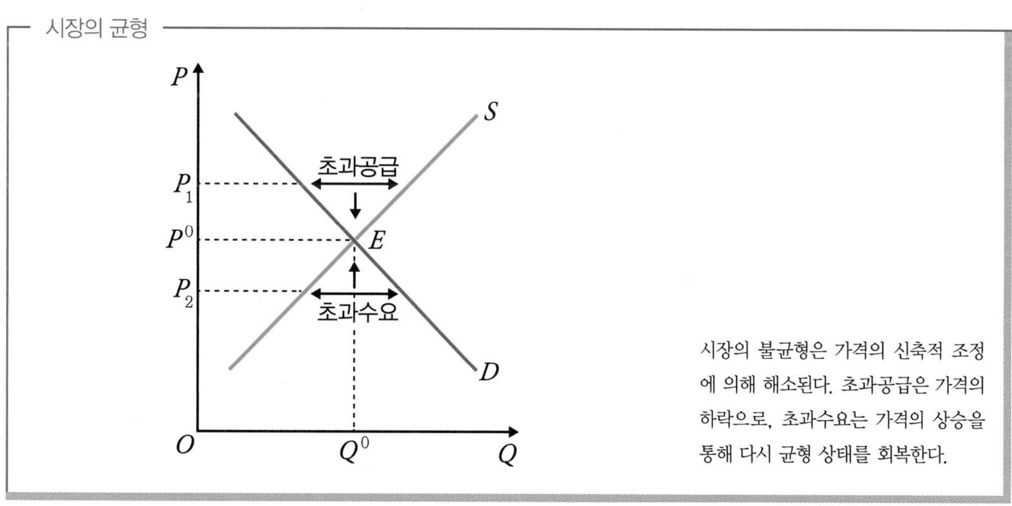

시장의 불균형은 가격의 신축적 조정에 의해 해소된다. 초과공급은 가격의 하락으로, 초과수요는 가격의 상승을 통해 다시 균형 상태를 회복한다.

시장균형의 부존재의 경우

(1) 수요와 공급이라는 상반된 힘에 의해 결정되는 시장 균형이 존재한다는 것을 당연한 것으로 받아들일 수 있으나, 경우에 따라서는 균형이 존재하지 않을 수도 있다.

(2) 시장 균형의 부존재의 예

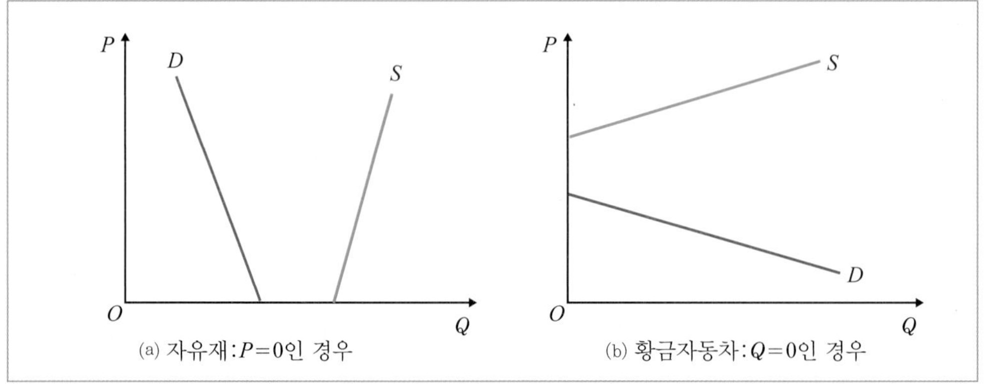

(a) 자유재 : $P=0$인 경우 (b) 황금자동차 : $Q=0$인 경우

재화가 사람의 욕망을 충분히 만족시킬 정도로 충분하면 $P=0$이 되고, 어떠한 재화를 생산해 내기 위해 지출해야 하는 비용이 그 재화를 소비할 때 나오는 만족감에 비해 훨씬 큰 경우는 $Q=0$이 된다.

확인 TEST

사적재인 X재에 대한 개인의 수요함수가 $Q_D= 12 - 2P$로 동일한 수요자가 100명이 있다. 그리고 X재의 공급자는 10명이 있는데 이들 각 공급자의 공급함수는 $Q_S = 20P$이다. X재 시장에서의 균형가격과 균형거래량은 각각 얼마인가?

① $P = 3$, $Q = 600$
② $P = 3$, $Q = 700$
③ $P = 4$, $Q = 600$
④ $P = 4$, $Q = 700$

해설 사적재의 시장수요함수와 공급함수는 개별수요함수와 개별공급함수를 각각 수평적으로 합해서 도출한다. 이에 따라 시장수요함수는 $Q_D = 1,200 - 200P$, 시장공급함수는 $Q_S= 200P$가 된다. 두 식을 연립해서 풀면 P=3, Q=600을 구할 수 있다.

정답 ①

2) 가격의 기능

(1) **경제활동 지표(indicator) 기능** : 가격은 생산활동과 소비활동의 지표 ⇒ 생산 및 소비 활동을 하는데 신호 기능을 하거나 유인을 마련한다.

(2) **상품 배분(allocation) 기능** : 가격은 생산된 상품을 자율적으로 배급하는 기능을 담당 ⇒ 인위적인 간섭이 없이도 생산된 상품을 소비자에게 배분 가능해진다.

(3) 앞의 두 가지 기능을 합하여 가격의 매개변수적 기능(parametric function of price)이라고 한다.

3) 가격의 유형

(1) **절대가격**(absolute price) : 상품과 화폐의 교환비율을 말한다.

(2) **상대가격**(relative price) : 서로 다른 두 상품 사이에 교환되는 비율로서 두 상품의 절대가격 비율로 측정한다.

(3) **시장가격**(market price) : 자본주의 경제에서 상품이 시장에서 판매되는 가격
⇒ 일반적으로 가격이란 시장가격을 말한다.

> **자연가격(natural price)**
>
> 시장가격은 수요와 공급에 따라 끊임없이 변동하지만 자유경쟁이 완전히 이루어지면 더 이상 변동하지 않는 하나의 정지점에 귀착한다. 이 정지점에서 성립하는 가격을 자연가격이라 한다. 그런데 시장가격은 자연가격을 중심으로 변동하며 자연가격과 일치하려는 경향이 있다. 따라서 시장가격은 단기균형가격, 자연가격은 장기균형가격이라고도 할 수 있다.

(4) **계산가격**(accounting price)

① 사회주의 경제에서 생산과 소비의 경제계획을 위하여 생산물과 생산요소에 정해두는 가격을 말한다.

② 사회주의 경제에서는 가격기구가 존재하지 않으므로 계산가격을 계산하여 자원을 배분한다.

(5) **잠재가격**(shadow price)

① 어떤 재화의 기회비용을 정확하게 반영하고 있을 때의 가격으로 경제정책 수립 시 중요한 지표 ⇒ 이때 재화의 기회비용이란 그 재화를 생산함으로써 포기하여야 하는 다른 재화의 생산량이다.

② 완전경쟁시장에서는 시장가격이 잠재가격과 일치하여 효율적이지만, 독과점이나 외부효과 및 정보의 비대칭성 등이 존재하는 불완전경쟁시장에서는 시장가격이 잠재가격과 다르기 때문에 비효율적이다.

> **A. Marshall의 시장 균형의 예시**
>
> "물론 사실인즉 조금도 팔지 못하고 시장을 떠나는 것보다 36실링을 받아들이고 싶은 사람들 중에는 자기들이 이 가격을 받아들일 용의가 있다는 것을 곧장 보이지는 않을 것이다. 또한 사는 사람들도 이 가격으로 사고 싶어도 그러한 눈치를 보이려고 하지 않을 것이다. 공급자와 수요자 사이에서 그 어느 편이 버티느냐에 따라 가격은 이리 뛰고 저리 뛸 수도 있다. 그러나 양자의 힘이 그다지 한편으로 기울어지지 않는 한, 즉 한편이 지극히 단순하거나 또는 상대방의 힘을 운 나쁘게 잘못 내다보지 않는 한, 그 가격이 36실링에서 크게 벗어나는 일은 없다고 보아야 할 것이다. 36실링에 상당히 가까워진다는 것은 거의 확실하다."

Marshall이 제시한 어느 시골의 곡물시장

가격	공급자의 판매 희망수량	수요자의 구입 희망수량
35실링	600단위	900단위
36실링	700단위	700단위
37실링	1,000단위	600단위

희소가격과 과잉가격

1. 희소가격 : 골동품이나 예술작품과 관련된 것으로 가격은 수요곡선의 높이에서 결정된다.

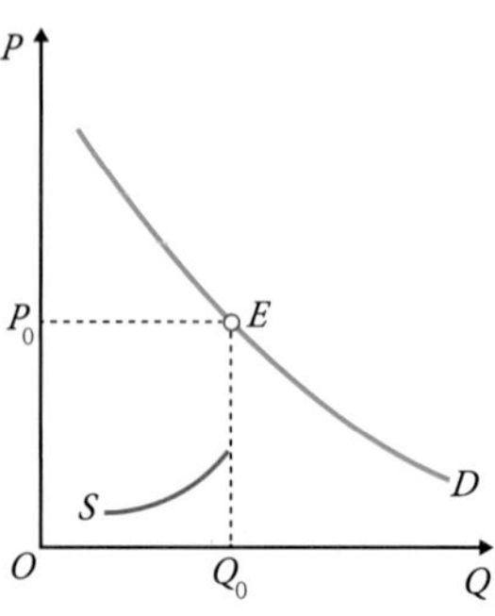

2. 과잉가격 : 생선이나 야채와 같이 장기간 저장에 문제가 있어 제한시간 내에 전부 판매해야 하는 재화와 관련된 것으로 공급과잉이 존재할 때 가격은 수요곡선의 높이에서 결정된다.

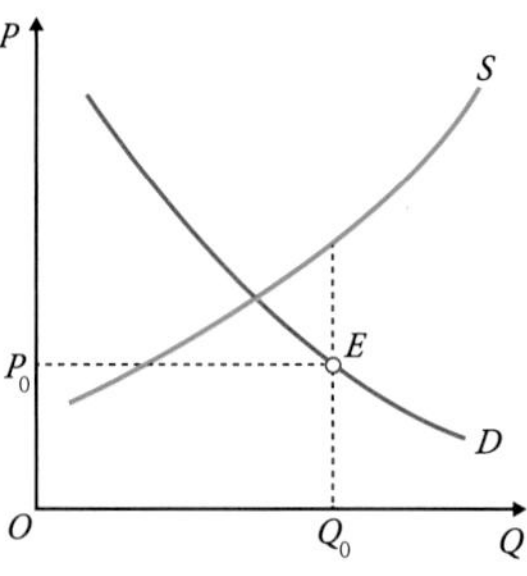

2 시장균형의 변동

1) 수요의 변화와 균형의 변동

수요의 변화와 균형의 변동

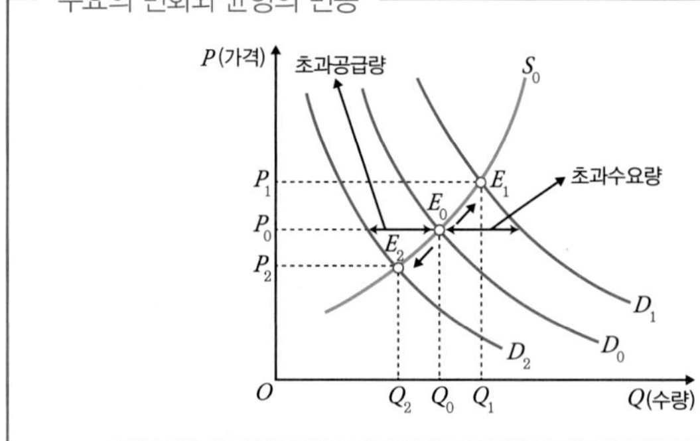

		균형가격	균형거래량
공급일정	수요↑	↑	↑
	수요↓	↓	↓

공급이 일정할 때, 수요가 증가하면 균형가격은 상승하고 균형거래량은 증가한다. 그리고 수요가 감소하면 균형가격은 하락하고 균형거래량은 감소한다.

(1) 공급이 일정할 때 수요가 증가하면 균형가격은 상승하고 균형거래량은 증가

(2) 공급이 일정할 때 수요가 감소하면 균형가격은 하락하고 균형거래량은 감소

사례 연구 **수요 변화와 시장 균형**

볼펜의 시장 수요함수와 시장 공급함수가 다음과 같다.

- $Q_D = -0.5P + 200$
- $Q_S = P - 100$

이를 전제로 표를 통해 시장 균형가격과 균형거래량을 구하면 다음과 같다.

P	100	150	200	250	300	350
Q_D	150	125	100	75	50	25
Q_S	0	50	100	150	200	250

이에 따라 시장 균형가격은 'P=200', 균형거래량은 'Q=100'이 된다.

볼펜에 대한 수요가 증가하여 시장 수요함수가 '$Q_D = -0.5P + 350$'이 되었다고 가정하자. 이 경우를 전제로 표를 통해 시장 균형가격과 균형거래량을 구하면 다음과 같다.

P	100	150	200	250	300	350
Q_D	300	275	250	225	200	175
Q_S	0	50	100	150	200	250

이에 따라 시장 균형가격은 'P=300', 시장 균형거래량은 'Q=200'이 된다. 이를 통해 공급이 일정할 때, 수요가 증가하면 시장 균형가격은 상승하고, 균형거래량은 증가한다는 것을 알 수 있다.

이를 그림으로 나타내면 다음과 같다.

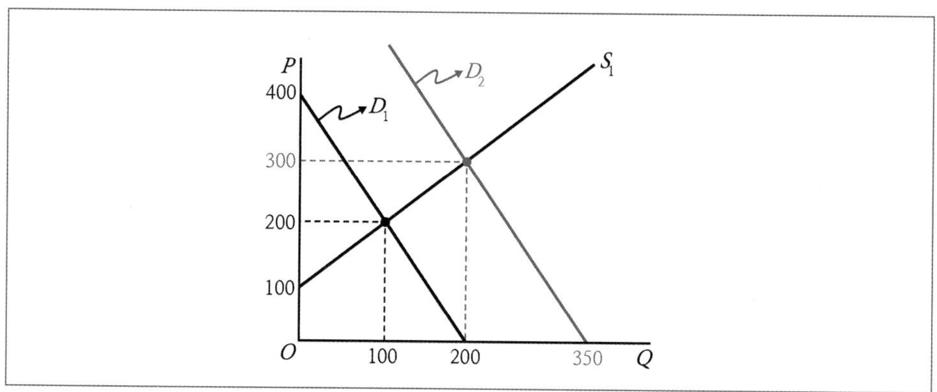

2) 공급의 변화와 균형의 변동

공급의 변화와 균형의 변동

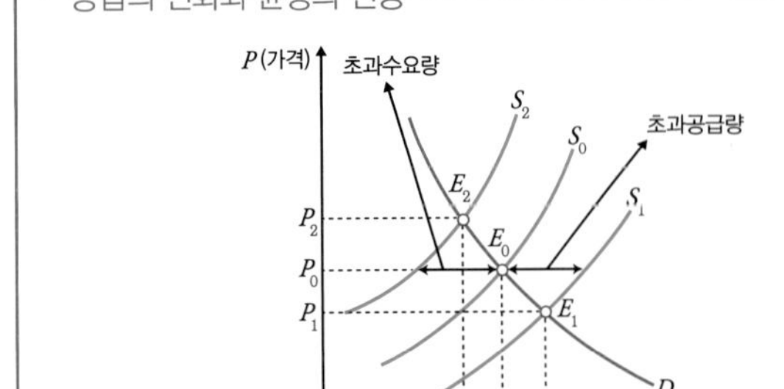

		균형가격	균형거래량
수요일정	공급↑	↓	↑
	공급↓	↑	↓

수요가 일정할 때, 공급이 증가하면 균형가격은 하락하고 균형거래량은 증가한다. 그리고 공급이 감소하면 균형가격은 상승하고 균형거래량은 감소한다.

(1) 수요가 일정할 때 공급이 증가하면 균형가격은 하락하고 균형거래량은 증가

(2) 수요가 일정할 때 공급이 감소하면 균형가격은 상승하고 균형거래량은 감소

3) 수요와 공급이 동시에 변화하는 경우

(1) 수요와 공급이 동시에 변화하는 경우, 균형가격과 균형거래량이 어떻게 변할 것인지는 그 변화 방향이 분명한 변수도 있고 그렇지 못한 변수도 있다.

(2) 정리

수요	공급		
	증가	불변	감소
증가	P(?), Q(↑)	P(↑), Q(↑)	P(↑), Q(?)
불변	P(↓), Q(↑)	P(불변), Q(불변)	P(↑), Q(↓)
감소	P(↓), Q(?)	P(↓), Q(↓)	P(?), Q(↓)

확인 TEST

사적재화 X재의 개별수요함수가 $P=7-q$인 소비자가 10명이 있고, 개별공급함수가 $P=2+q$인 공급자가 15명 있다. X재 생산의 기술진보 이후 모든 공급자의 단위당 생산비가 1만큼 하락하는 경우, 새로운 시장균형가격 및 시장균형거래량은? (단, P는 가격, q는 수량이다.)

[2017, 감정평가사]

① 3.4, 36
② 3.8, 38
③ 4.0, 40
④ 4.5, 42
⑤ 5.0, 45

해설

- 사적재의 시장수요함수는 개별수요함수를 수평으로 도출한다. 이때 개별수요함수가 동일한 경우에는 다음과 같은 방법으로 시장수요함수를 도출한다.

> - 개별수요함수: $P=a-bq \Rightarrow P=7-q$
> - 전체수요함수: $P=a-b\times\frac{1}{n}q \Rightarrow P=7-\frac{1}{10}Q$ …… ⓐ
> - 여기서 a와 b는 상수이며, n은 수요자의 수이다.

- 시장공급함수 역시 개별공급함수를 수평으로 합하여 도출한다. 이때 개별공급함수가 동일한 경우에는 다음과 같은 방법으로 시장공급함수를 도출한다.

> - 개별공급함수: $P=c+dq \Rightarrow P=2+q$
> - 전체공급함수: $P=c+d\times\frac{1}{n}q \Rightarrow P=2+\frac{1}{15}Q$
> - 여기서 c와 d는 상수이며, n은 공급자의 수이다.

- 그런데 문제에서는 X재 생산의 기술진보 이후 모든 공급자의 단위당 생산비가 1만큼 하락한다고 한다. 이와 같이 개별 공급자의 단위당 생산비가 1만큼 하락하게 되면, 모든 생산단위에서 공급가격이 '1'만큼 하락한 것과 동일한 효과를 가져 온다. 이에 따라 개별공급함수는 '1'만큼 아래쪽으로 평행이동하게 된다. 이 경우 개별공급함수와 시장공급함수는 다음과 같이 도출된다.

> - 개별공급함수: $P=2+q \Rightarrow P+1=2+q$($\because$ 한계비용이 1만큼 하락) $\Rightarrow P=1+q$
> - 전체공급함수: $P=c+d\times\frac{1}{n}q \Rightarrow P=1+\frac{1}{15}Q$ …… ⓑ
> - 여기서 c와 d는 상수이며, n은 공급자의 수이다.

- 앞에서 도출된 ⓐ식과 ⓑ식을 연립해서 풀면 새로운 시장균형가격은 '$P=3.4$'이 되고, 시장균형거래량은 '$Q=36$'이 된다.

정답 ①

심화 TEST

다음 글을 읽고 아래 물음에 답하시오. [2004. 교원임용]

경쟁시장에서 가격은 수요와 공급에 의해서 결정된다. 이렇게 결정된 경쟁시장 가격은 자원배분의 효율성을 달성하기 위한 신호기 역할을 한다. 따라서 ㉠ 수요공급이 법칙이나 가격결정 원리에 대한 올바른 이해는 시장경제 원리의 이해를 위해서 필수적이다. 수요곡신이나 공급곡신은 이면에 소비자들의 효용 극대화와 기업의 이윤 극대화 원리를 담고 있다.

㉠과 관련하여 모순처럼 보이는 두 진술, ⓐ '가격이 상승할 때 수요량은 감소한다'와 ⓑ '수요가 감소할 때 가격이 하락한다'가 모순이 아닌 이유를 쓰시오.

분석하기

- ⓐ '가격이 상승할 때 수요량은 감소한다'는 가격과 수요량이 역(−)의 관계를 갖는 '수요의 법칙'에 관한 진술로 다른 모든 조건이 일정할 때 해당재화의 가격만이 변화할 때 수요곡선을 따라 이동하는 '수요량의 변화(감소)'에 해당한다.
- ⓑ '수요가 감소할 때 가격이 하락한다'는 공급이 일정할 때 수요곡선 자체가 이동하는 '수요의 변화(감소)'의 결과에 관한 진술이다. 따라서 양자 사이에는 모순관계가 존재하지 않는다.

Theme 36 시장균형의 안정

① 시장의 균형(market equilibrium)

1) A. Marshall의 시장균형

(1) 상품의 가격은 수요와 공급이라는 상반된 힘에 의해 결정된다.

(2) 소비자의 주관적인 효용을 나타내는 수요곡선과 생산비용의 궤적인 공급곡선이 만나는 점에서 시장균형이 성립한다.

(3) A. Marshall은 한계효용이론에서 도출한 수요곡선과 고전학파의 전통적인 노동가치설에서 도출된 공급곡선을 통합한 체계를 제시하였다.

2) 시장균형의 존재성(existence)

(1) 수요와 공급이라는 상반된 힘에 의해 결정되는 시장균형이 존재한다는 것을 당연한 것으로 받아들일 수 있으나, 경우에 따라서는 균형이 존재하지 않을 수도 있다.

(2) **시장균형의 부존재의 예**

시장균형의 부존재

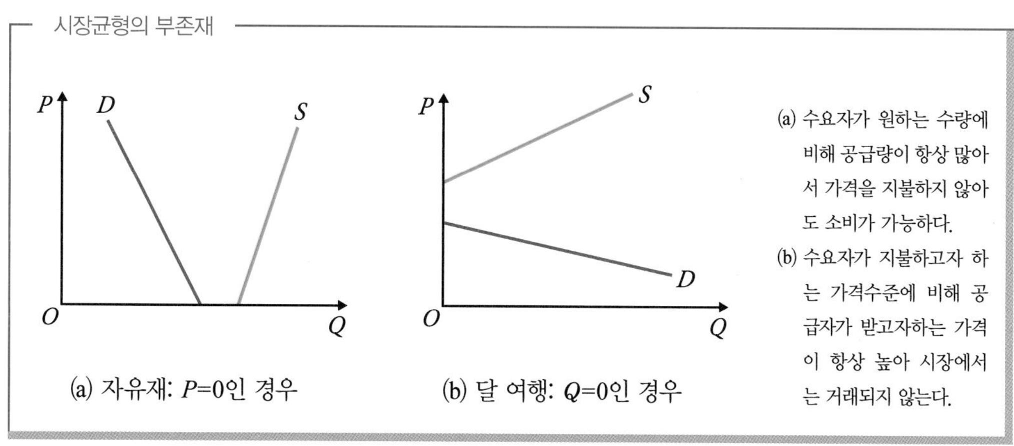

P
D
S
O
Q
P
S
D
O
Q
(a) 수요자가 원하는 수량에 비해 공급량이 항상 많아서 가격을 지불하지 않아도 소비가 가능하다.
(b) 수요자가 지불하고자 하는 가격수준에 비해 공급자가 받고자하는 가격이 항상 높아 시장에서는 거래되지 않는다.

(a) 자유재: P=0인 경우 (b) 달 여행: Q=0인 경우

재화가 사람의 욕망을 충분히 만족시킬 정도로 충분하면 P=0이 되고, 어떠한 재화를 생산해내기 위해 지출해야 하는 비용이 그 재화를 소비할 때 얻는 만족감에 비해 훨씬 큰 경우는 Q=0이 된다.

시장에서는 항상 균형이 존재하는가?

"옛날 옛적에 우리 조상님들은 수도요금을 부담하지 않아도 맑고 깨끗한 물을 마음대로 소비할 수 있었다. 지금은? '제주 심다수', '풀무원 샘물', '진로 석수' 등 한 번 씩은 마셔 보았던 생수 이름이다. '현대판 봉이 김선달'이라 할 수 있겠다. 또한 현대 자동차에서는 '제네시스'라는 멋진 자동차는 만들면서 '황금으로 만든 자동차'는 만들지 않고, 금강제화에서는 '리갈'이라는 멋진 구두는 만들면서 '유리구두'는 만들지 않고, 하나투어에서 '5박 6일 동안의 환상적인 몰디브 여행' 상품은 판매하면서도 '상상을 현실로! 달나라 여행' 상품은 판매하지 않는다. 왜 그럴까?"

서로 모순된 생각을 갖고 있는 수요자(구매자)와 판매자(공급자) 사이에 특정한 상품의 거래가 이루어지는 추상적인 장소가 시장이다. 얼핏 모순된 생각을 가졌는데 어떻게 거래가 가능할까 하는 의문이 들 것이다. 여기서 '모순'의 의미는 수요·공급 법칙에 따라 같은 상품을 보고도 수요자는 가급적 싸게 사려고 하고, 공급자는 가급적 비싸게 팔려는 한다는 의미이며, 이 같은 생각이 담겨 있는 것이 일반적으로 우하향하는 수요곡선과 우상향하는 공급곡선이다. 대개 방향이 서로 반대이기 때문에 두 곡선은 한 점에서 만나게 되며, 그곳에서 시장균형이 달성된다.

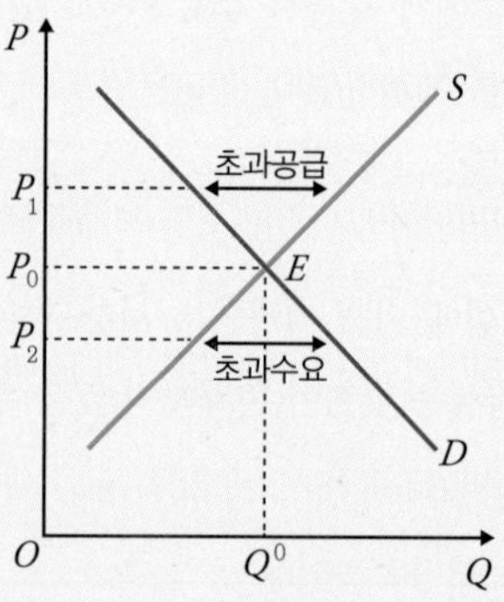

그림의 E점은 수요자의 의사이기도 하고 공급자의 의사이기도 하기 때문에 양자 모두를 만족시킬 수 있다. 즉 수요자는 원하는 가격에 원하는 수량을 살 수 있고, 공급자 역시 원하는 가격에 원하는 수량을 팔 수 있어 더 이상 해결해야 할 문제가 존재하지 않는다. 결국 시장 전체에서 상품의 과·부족이 존재하지 않는 효율적인 자원 배분이 달성되는 것이다.

그런데 이러한 시장 균형 달성에 필요한 수요·공급 법칙을 만족함에도 불구하고 균형에 도달하지 못하는 경우가 존재한다. 다음 그림이 여기에 해당한다.

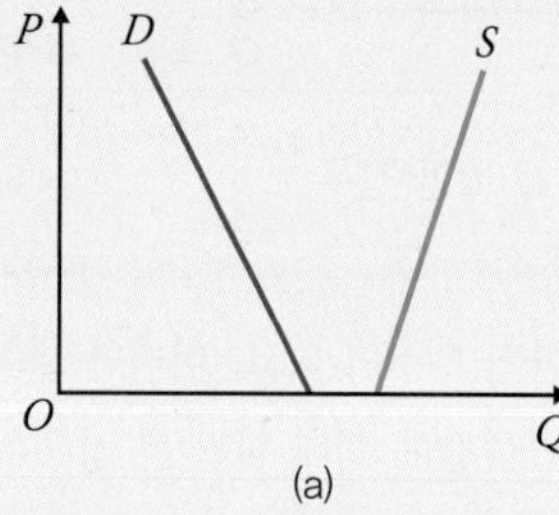

(a)

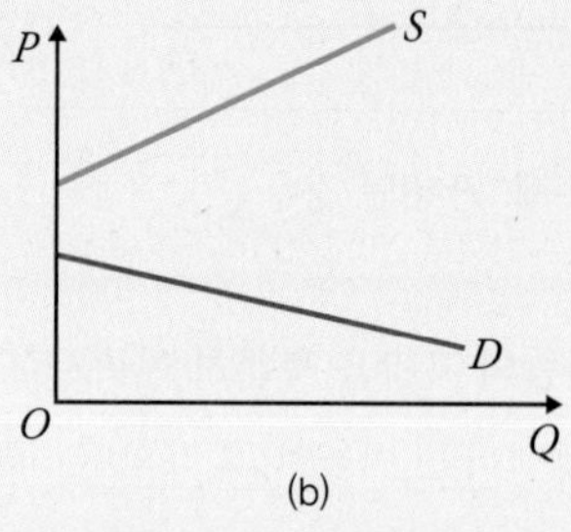

(b)

그림 (a)에서는 균형점이 가격이 음(−)의 값일 때 존재하게 된다. 그런데 가격이 음(−)의 값이 될 수 있는가? 가격이 음(−)이라는 것은 공급자가 상품도 주면서 돈도 지불한다는 것인데, 정상인이 사는 세상에서는 있을 수 없는 일이다. 가격은 결코 음(−)이 될 수 없다. 따라서 이 경우 가격은 '0'이 된다. 이러한 경우는 언제든지 수요량 이상을 공급할 수 있을 때 나타나며, 이런 특징을 갖는 상품을 '자유재'라 부른다. 자유재는 수요자의 입장에서 아무런 대가를 지불하지 않아도 얼마든지 원하는 수량만큼 소비할 수 있는 재화이다. 과거 우리 조상님들이 그 맑고 깨끗한 물을 마음대로 소비할 수 있었던 시대를 설명할 수 있는 개념인 것이다.

그런데 요즘은 물조차도 돈을 지불해야 먹을 수 있는 이른바 '경제재'로 그 성격이 바뀌었다. 그 이유는 과거와는 달리 산업화에 따른 환경오염으로 깨끗한 물에 대한 공급이 감소하여, 즉 공급곡선이 왼쪽으로 이동하여 이제는 가격이 양(+)이 되는 수준에서 균형이 달성되기 때문이다. 우리가 주위에서 현대판 '봉이 김선달'을 쉽게 볼 수 있는 이유이다.

그림 (b)에서는 균형점이 수량이 음(-)의 값일 때 존재하게 된다. 그런데 수량이 음(-)의 값이 될 수 있는가? 창고에 재고량이 얼마나 남아 있는가를 조사했을 때, 텅텅 비었다고는 할 수 있어도 "'-100개'가 남아 있다"라고는 하지 않는다. 따라서 이 경우 수량은 '0'이 된다. 즉 이러한 상품이 거래되는 시장이 존재하지 않는다는 것이다.

그 이유는 다음과 같다.

수요곡선의 높이는 주어진 수량을 구입하고자 할 때 지불하고자 하는 최대금액인 수요가격(demand price) 또는 지불용의가격(willingness to pay)이고, 공급곡선의 높이는 주어진 수량을 판매하고자 할 때 받고자 하는 최소한의 금액인 공급가격(supply price)이다. 그런데 이 경우는 공급곡선이 수요곡선보다 항상 위에 존재한다. 이는 공급자가 최소한 받고자 하는 금액이 수요자가 지불하고자 하는 최대한의 금액보다 항상 높다는 것이다. 공급자는 최소 10만 원을 받고자 하는데, 수요자는 5만 원만 지불하겠다고 하면 거래가 될 리 만무하다. 결국 이러한 상품이 거래되는 시장은 아직은 존재하지 않는다. '달나라 여행', '유리구두', '황금자동차' 시장 등이 여기에 해당하는 것이다.

다만 '아직'이라는 표현에 유의하자. 그 이유는 만약 지금부터 125년 후에 지금은 상상할 수 없는 우주 항공 기술이 개발되어 획기적인 생산비 절감이 이루어져서 공급곡선이 오른쪽으로 이동하면, 수량이 양(+)이 되는 수준에서 균형이 달성될 수도 있기 때문이다. 우리의 '손자의 손자 시대'에는 신혼여행을 달의 '고요의 바다'로 가는 시대가 올 수도 있는 것이다.

3) 시장균형의 유일성(uniqueness)

(1) 균형이 존재한다고 하더라도 유일하리라는 보장은 없고, 여러 개의 균형이 존재할 수도 있다.

(2) 여러 개의 균형이 존재하는 예

시장의 균형의 유일성 여부

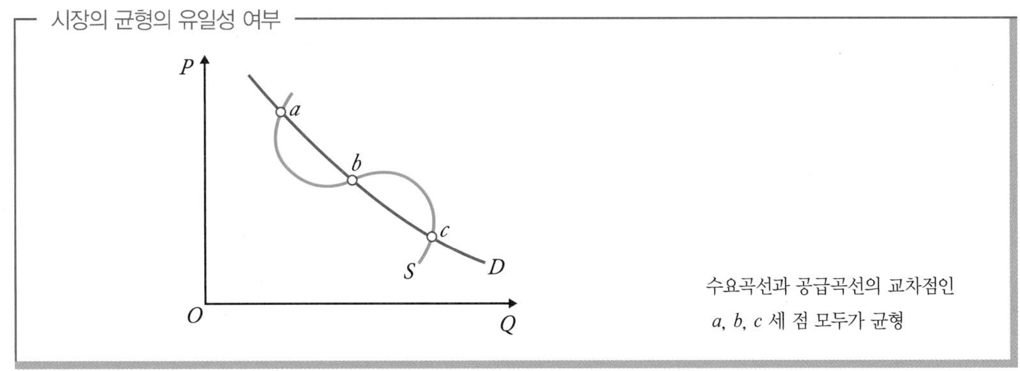
P
a
b
c
S
D
O
Q
수요곡선과 공급곡선의 교차점인
a, b, c 세 점 모두가 균형

② 시장균형의 안정성(stability)

1) 의의

(1) 어떤 교란 요인으로 인해 균형에서 이탈되었을 때, 다시 원래의 균형으로 돌아오려는 경향을 말한다.

(2) 원래의 균형으로 돌아오려는 경향이 있을 때 그 균형은 안정적(ⓐ)이며, 돌아오려는 경향이 없고 오히려 계속 멀어지려 한다면 불안정적(ⓑ)인 것이다.

시장의 균형의 안정성

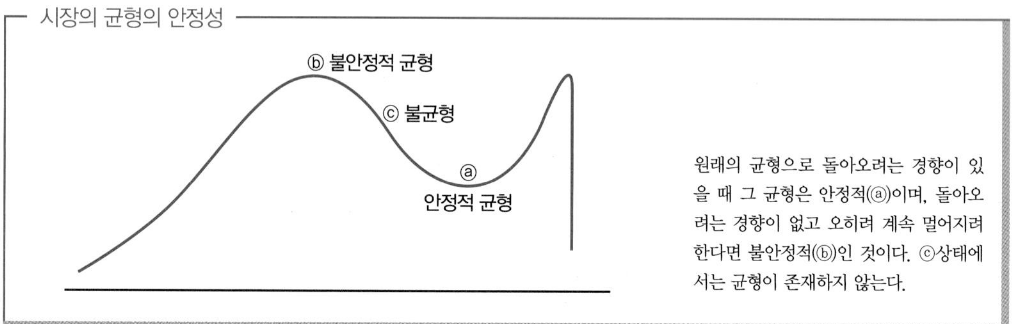

원래의 균형으로 돌아오려는 경향이 있을 때 그 균형은 안정적(ⓐ)이며, 돌아오려는 경향이 없고 오히려 계속 멀어지려 한다면 불안정적(ⓑ)인 것이다. ⓒ상태에서는 균형이 존재하지 않는다.

시장균형의 안정성

지금 잔잔한 연못에 '돌'을 던졌다고 하자. 돌이 떨어진 곳을 중심으로 파문이 생겨 점점 번져가지만 곧이어 원래의 잔잔한 모습(시장균형)으로 되돌아가는 것과 같이, 시장경제학은 자유경쟁(완전경쟁)만 보장된다면 시장균형이 존재(원래 잔잔한 모습)하고 또한 시장균형의 안정성(되돌아가는 것)을 보장하게 된다고 믿고 있다.

2) 정적 안정성(static stability)

(1) Walras적 안정성

① 경제가 불균형의 상태에 있을 때 "가격"이 변화하여 초과공급이나 초과수요를 해소시켜 나가는 과정을 의미한다. ⇒ Walras적 조정 과정

② 균형가격(p^*)보다 높은 가격에서 초과공급(ES)이 존재하고, 균형가격(p^*)보다 낮은 가격에서 초과 수요(ED)가 존재할 때, 안정적 균형을 이룰 수 있다.

③ Walras적 안정 조건의 기하학적 표현

Walras적 안정조건의 기하학적 표현

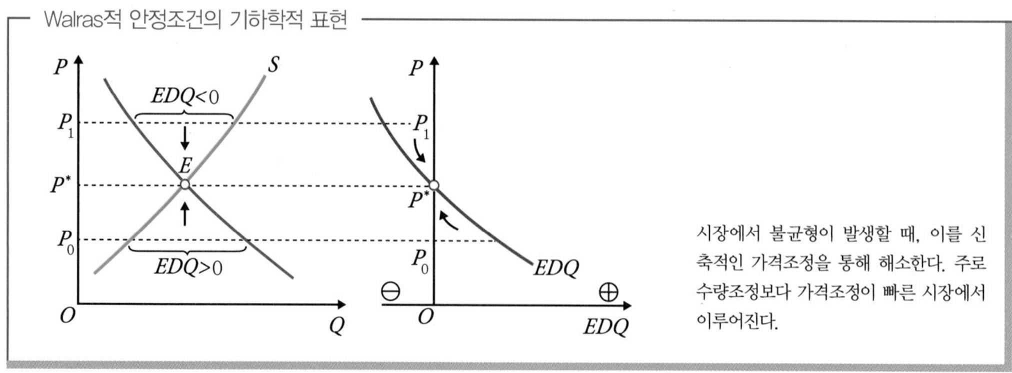

시장에서 불균형이 발생할 때, 이를 신축적인 가격조정을 통해 해소한다. 주로 수량조정보다 가격조정이 빠른 시장에서 이루어진다.

(2) Marshall적 안정성

① **초과수요가격**: 수요자가 지불하고자 하는 최고 가격을 수요가격(demand price)이라 하고, 공급자가 받고자 하는 최저가격을 공급가격(supply price)이라 할 때, 수요가격과 공급가격의 차(excess demand price)를 말한다.

② 시장에 불균형이 존재할 때 "공급량"의 조정에 따라 불균형을 해소시켜가는 과정(Marshallian adjustment process)을 의미한다. ⇒ Marshall적 조정 과정

③ **Marshall적 안정성**: 정(正)의 초과수요가격에서 공급량이 증가하고, 부(負)의 초과수요가격에서 공급량이 감소하게 될 때, 안정적 균형을 이룰 수 있다.

④ Marshall적 안정 조건의 기하학적 표현

Marshall적 안정조건의 기하학적 표현

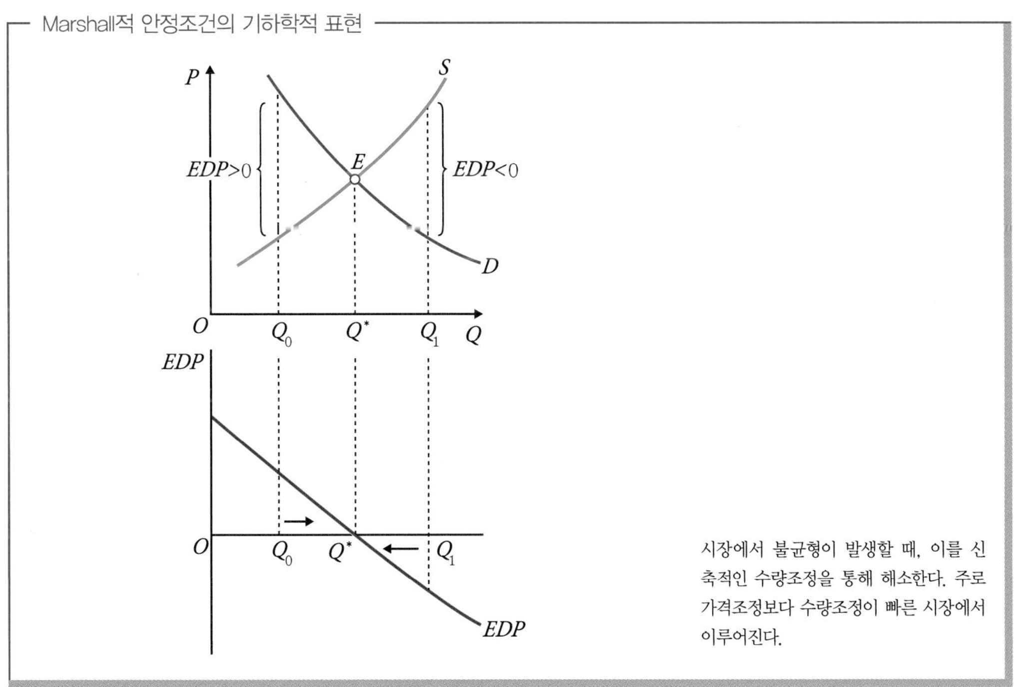

시장에서 불균형이 발생할 때, 이를 신축적인 수량조정을 통해 해소한다. 주로 가격조정보다 수량조정이 빠른 시장에서 이루어진다.

(3) 양자의 비교

① **Walras적 조정 과정**: 초과수요에 대한 가격의 반응에 비하여 가격에 대한 공급량의 반응이 느린 경우에 이루어짐 ⇒ 주로 수량 조정보다는 가격 조정이 빠른 농산물 시장에서 나타난다.

② **Marshall적 조정 과정**: 수요량, 공급량 등 수량의 가격에 대한 조정 속도는 매우 빠른 데 비해, 가격의 수량에 대한 조정 속도는 그렇지 못한 경우에 이루어짐 ⇒ 주로 가격 조정보다는 수량 조정이 빠른 공산품 시장에서 나타난다.

Q&A

X재 시장에서 수요곡선의 기울기가 공급곡선의 기울기보다 가파른 상태에서 교차하고 있다. 균형의 안정성에 관한 설명으로 가장 타당한 것은? (단, 수요곡선과 공급곡선은 모두 우하향하는 직선이다.)

① Walras의 안정 조건이나 Marshall의 안정 조건에 의해 모두 안정적이다.
② Walras의 안성 소건에 따르면 안성적이지만 Marshall의 안정 조건에 따르면 불안정적이다.
③ Walras의 안정 조건에 따르면 불안정적이지만 Marshall의 안정 조건에 따르면 안정적이다.
④ Walras의 안정 조건이나 Marshall의 안정 조건에 의해 모두 불안정적이다.

Solution

Walras의 안정 조건에 따르면 균형가격보다 높은 수준에서 초과수요로 인한 가격 상승으로 가격은 균형가격보다 더 상승하여 불안정적이지만, Marshall의 안정 조건에 따르면 균형 수량보다 적은 수준에서 초과수요량으로 인한 생산량의 증가로 점차 균형점으로 접근하여 안정적이다.

답 ③

3) 동적 안정성(dynamic stability : 거미집 이론)

(1) 의의

① 시장균형의 안정 조건을 규명하기 위하여 에치켈(M. Eziekel)이 제시한 이론으로 가격이 수요량과 공급량에 미치는 영향의 시차(time–lag)를 고려함으로써 가격이 어떻게 균형에 접근하는가를 설명하려고 한다.

② 통상의 정학에서의 시장가격 결정이론에서 수요와 공급이 가격 변화에 따라 즉각적으로 변동하는 것과는 달리, 수요는 즉각적으로 가격에 적응하나 공급은 한 기간 늦게 적응할 때의 가격 결정을 설명하는 것이 거미집 이론(cobweb theorem)이다.

(2) 가정

① **수요자**: 가격에 대한 수요량의 반응 속도가 무한히 커서, 금기의 수요량을 결정할 때 해당 기간(금기)의 가격에 의존한다.

$$D_t=D(P_t)$$

(단, D_t: 금기의 수요량, P_t: 금기의 가격)

② **생산자**: 금기의 생산량을 결정할 때는 전기의 시장가격에 의존한다. 따라서 가격과 공급량 사이에는 1기의 시차를 갖는다. 또한 금기에 공급된 수량은 모두 판매한다는 가정을 한다. 대부분의 농산물이나 축산물을 공급하는 경우에 해당한다.

$$S_t=S(P_{t-1})$$

(단, S_t: 금기의 공급량, P_{t-1}: 전기의 가격)

③ 예컨대 시장가격이 현재 P_1이면 그 다음 기간에 공급은 P_1에 맞추어 Q_1이 되고, 공급이 Q_1이 됨에 따라 시장가격은 P_2가 되고, 그 다음 기간에 공급은 P_2에 적응하여 Q_3가 된다는 것이다.

(3) 장기에 걸친 균형점의 이동(거미집 과정)

① **수렴형(안정성)**: 공급곡선의 기울기가 수요곡선의 기울기보다 큰 경우 ⇒ 시장가격과 시장거래량이 시간이 흐를수록 균형가격과 균형거래량으로 수렴한다.

안정적 수렴형

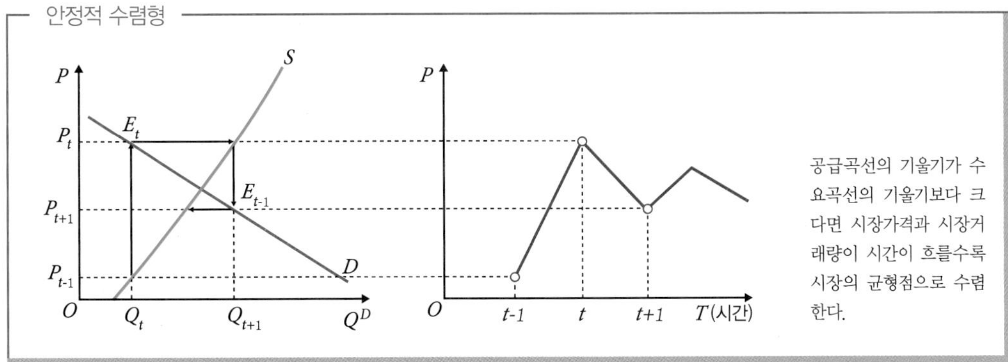

안정성 조건: 수요의 가격탄력도 > 공급의 가격탄력도

② **발산형(불안정성)**: 공급곡선의 기울기가 수요곡선의 기울기보다 작은 경우 ⇒ 시장가격과 거래량이 시간이 흐를수록 균형점으로부터 발산한다.

불안정적 발산형

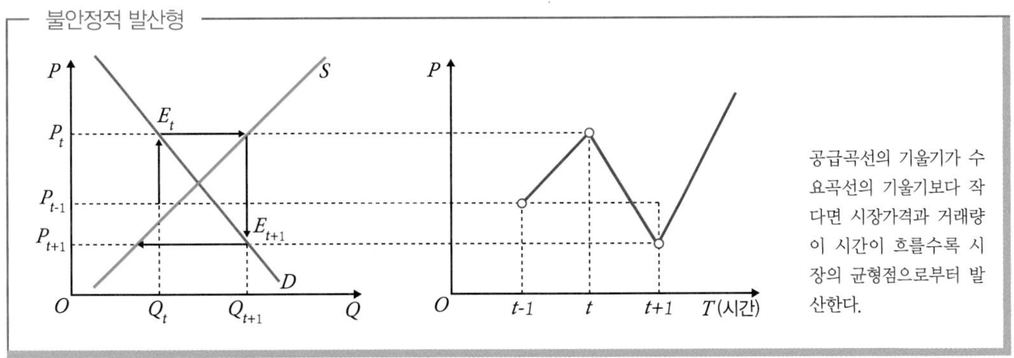

불안정성 조건: 수요의 가격탄력도 < 공급의 가격탄력도

③ **순환형**:수요·공급의 두 곡선의 기울기가 같은 경우 ⇒ 시장가격과 거래량이 동일한 궤적을 그리며 반복한다.

순환형

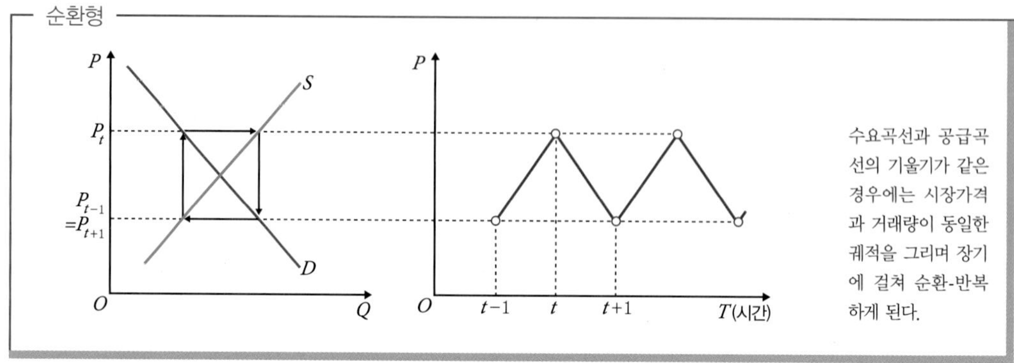
P
S
P_t
P_{t-1}
$=P_{t+1}$
D
O
Q
P
O
$t-1$
t
$t+1$
T(시간)
수요곡선과 공급곡선의 기울기가 같은 경우에는 시장가격과 거래량이 동일한 궤적을 그리며 장기에 걸쳐 순환-반복하게 된다.

순환 조건:수요의 가격탄력도 = 공급의 가격탄력도

corn-hog cycle

에치켈의 거미집이론은 농산물 가격과 생산 기간의 순환변동을 설명하는 이론으로부터 발전하였는데, 특히 옥수수(corn)와 돼지(hog)의 가격순환으로 비유되어 corn-hog cycle이라 불리어졌다. 이에 따르면 농민들은 옥수수 경작과 돼지 사육을 선택적으로 하는 바, 작년에 옥수수가격이 상승했다면 농민들이 옥수수 경작에 몰리게 되어, 돼지 공급이 줄어들어 금년에는 반대로 돼지 가격이 상승하게 된다.

MEMO

Theme 37 수요의 가격탄력성

① 수요의 가격탄력성(price elasticity of demand)의 의의

1) 개념 : 한 재화의 가격 변화에 따른 수요량 변화의 정도를 나타내는 척도이다.

2) 측정방법

(1) 수요량의 변화비율을 가격의 변화비율로 나눈 값의 절대치로 측정된다.

(2) 가격과 수요량은 역의 관계에 있으므로 절대치를 취하지 않으면 음(−)의 값이 된다.

가격탄력성(E)의 크기	용어	예
$E = 0$	완전 비탄력적	극히 일부의 의약품, 수요곡선이 수직선의 형태
$0 < E < 1$	비탄력적	상대적 필수재
$E = 1$	단위 탄력적	수요곡선이 직각쌍곡선의 형태
$E > 1$	탄력적	상대적 사치재
$E = \infty$	완전 탄력적	수요곡선이 수평선의 형태

3) 가격탄력성의 결정요인

(1) **대체재의 존재 여부** : 재화의 범위를 좁게 정의할수록 대체재를 찾는 것이 쉬워진다.

① 대체재의 수가 많을수록 수요의 가격탄력성은 커지고, 적을수록 탄력성은 작아진다.

② 독점기업일수록 그 기업의 상품에 대한 수요의 가격탄력성이 작고, 경쟁기업일수록 그 기업의 상품에 대한 수요의 가격탄력성이 큰 이유도 바로 이러한 이유 때문이다.

(2) **재화의 가격수준**

① 재화의 가격이 고가일수록 탄력적이고 저가일수록 비탄력적이다.

② 같은 이유로 재화에 대한 지출이 소득에서 차지하는 비율이 클수록 탄력적이고, 작을수록 비탄력적이다.

(3) **재화의 성질** : 재화가 사치품일수록 상대적으로 탄력적이고, 필수품일수록 상대적으로 비탄력적이다.

(4) **기간** : 가격 변화에 적응하기 위한 기간이 장기일수록 탄력적이고 단기일수록 비탄력적이다.

단기탄력성과 장기탄력성

가격이 변하면 수요량도 변할 것은 분명한데 수요량 변화의 관찰기간을 어떻게 정하느냐에 따라 수요량 변화의 정도에는 많은 차이가 있을 수 있다. 예컨대 석유 값이 상승하면 석유에 대한 수요량은 감소할 것인데 그 효과는 단기와 장기에 따라 차이가 나타난다.

석유 값이 인상되면 당장은 석유를 사용하는 시설이나 장비들을 그대로 둔 채 석유 사용을 줄여 나갈 수밖에 없을 것이다. 그러나 시간이 흐르면 석유를 많이 사용하는 시설이나 장비를 석유 이외의 에너지원을 사용하는 시설이나 장비로 교체해 나가면서 석유 사용을 줄여 나갈 것이다. 그러므로 석유가격 상승이 석유 수요량에 미치는 영향은 단기에서 보다 장기에 있어서 더 클 것이다. 즉, 가격탄력성은 단기에서보다 장기에 있어서 더 클 것이다. 이것을 르 샤틀리어 원리(Le Chatelier principle)라고 한다.

2 수요의 가격탄력성의 유형

1) 호탄력성(arc elasticity)

(1) 의미: 수요곡선상의 일정구간(AB)에서의 수요의 가격탄력성을 말한다.

수요의 호탄력성

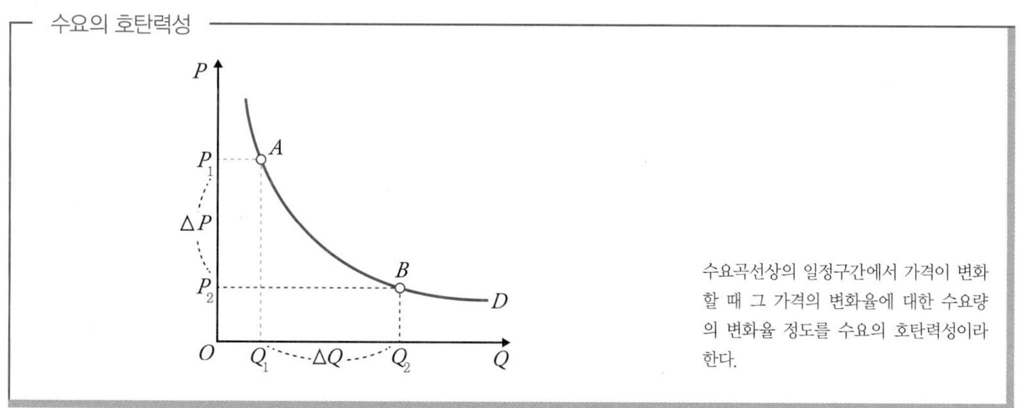

수요곡선상의 일정구간에서 가격이 변화할 때 그 가격의 변화율에 대한 수요량의 변화율 정도를 수요의 호탄력성이라 한다.

$$\text{공식}: E_P = \left|\frac{\text{수요량의 변화율}}{\text{가격의 변화율}}\right| = \left|\frac{\frac{\Delta Q}{Q}}{\frac{\Delta P}{P}}\right| = \left|\frac{\Delta Q}{\Delta P}\cdot\frac{P}{Q}\right|$$

(2) 수정

① 호탄력성을 계산함에 있어서 변화 전의 가격과 수량을 기준으로 하느냐, 아니면 변화 후의 가격과 수량을 기준으로 하느냐에 따라 탄력성의 값이 달라진다.

② 이것을 피하기 위하여 다음과 같은 변화 전의 가격 및 수량과 변화 후의 가격 및 수량의 평균값을 기준으로 하여 탄력성을 구하는 것이 합리적이다.

$$\text{수정된 식: } E_P = \left| \frac{\dfrac{\Delta Q}{(Q_1+Q_2)/2}}{\dfrac{\Delta P}{(P_1+P_2)/2}} \right| = \left| \frac{\dfrac{\Delta Q}{(Q_1+Q_2)}}{\dfrac{\Delta P}{(P_1+P_2)}} \right|$$

확인 TEST

아래 표의 x, y, z, w는 각각 재화 X, Y, Z, W의 수요곡선상의 점이다. 자료에 따르면 각 점에서 가격이 10원 상승할 때, 각 재화의 수요량은 모두 10단위 감소했다고 한다. 각 점에서의 가격탄력성을 E_x, E_y, E_z, E_w 라고 할 때 대소 관계를 바르게 나타낸 것은?

[2011, 국회 8급]

	x	y	z	w
가격(원)	1,000	1,000	500	500
수량(개)	500	1,000	500	1,000

① $E_x > E_y = E_z > E_w$　② $E_y > E_x = E_w > E_z$　③ $E_x > E_y > E_z > E_w$
④ $E_w > E_y > E_z > E_x$　⑤ $E_w > E_y = E_z > E_x$

해설 주어진 문제는 가격의 변화에 따른 호탄력성을 구하는 문제이다. 호탄력성을 구하는 식은 다음과 같다.

$$E_P = -\frac{\text{수요량의 변화율}}{\text{가격의 변화율}} = -\frac{\dfrac{\Delta Q}{Q}}{\dfrac{\Delta P}{P}}$$

$$E_x = -\frac{\dfrac{-10}{500}}{\dfrac{10}{1,000}} = 2,\ E_y = -\frac{\dfrac{-10}{1,000}}{\dfrac{10}{1,000}} = 1,\ E_z = -\frac{\dfrac{-10}{500}}{\dfrac{10}{500}} = 1,\ E_w = -\frac{\dfrac{-10}{1,000}}{\dfrac{10}{500}} = \frac{1}{2}$$

정답 ①

사례 연구 폐색가격

◈ 맥덕로(麥德勞) 햄버거는 현재 가격이 4,000원이고 판매량은 30개이다. 그런데 가격을 5,000원으로 올릴 경우, 수요의 가격탄력성은 'E_P=0.8'이라고 한다. 이를 전제로 한 햄버거의 수요함수에서 폐색가격은? 단, 수요함수는 직선으로 알려져 있다.

⇒ 폐색가격이란 'Q=0'일 때의 가격이다. 결국 가격 절편에서의 가격을 의미한다.

- 수요의 가격탄력성 공식을 이용하여 햄버거 가격이 5,000원인 경우 판매량을 구하면 다음과 같다. 단 여기서 수요의 가격탄력성은 호탄력성이다.

$$E_P = \frac{\Delta Q}{\Delta P} \times \frac{Q}{P} = \frac{\Delta Q}{1,000} \times \frac{4,000}{30} = 0.8 \Rightarrow \Delta Q = 0.8\frac{30}{4} = 6$$

따라서 '$\frac{\Delta Q}{\Delta P}=\frac{6}{1,000}=\frac{3}{500}$'임을 알 수 있다. 그런데 '$\frac{\Delta Q}{\Delta P}$'은 수요함수 기울기의 역수이다. 이를 전제로 햄버거 수요함수는 다음과 같이 나타낼 수 있다.

$$P=A-\frac{500}{3}\times Q_D$$

• 한편 가격이 4,000원일 때 판매량이 30개이므로 다음 식이 성립한다.

$$4,000=A-\frac{500}{3}\times 30 \Rightarrow A=9,000$$

이에 따라 수요함수는 다음과 같다.

• $P=9,000-\frac{500}{3}\times Q_D$
• $Q_D=54-\frac{3}{500}\times P$

결국 '$Q_D=0$'인 수준의 폐색가격은 '$P=9,000$(원)'이 된다.

2) 점탄력성(point elasticity)

(1) 의미

① 수요곡선상의 한 점에서의 수요의 가격탄력성을 말한다.

② 이는 호탄력성의 극한값이며 호탄력성과 달리 분명하게 주어진다.

수요함수를 $Q=f(P)$라고 할 때 공식: $E_P=-\frac{dQ}{dP}\cdot\frac{P}{Q}$

수요함수 $P=10-Q$에서 $Q=4$, $Q=5$, $Q=6$일때 $e=$?

$Q=10-P$ 이므로 $Q=4$ 일 때 $e=\left|\frac{dQ}{dP}\cdot\frac{P}{Q}\right|=\left|-1\cdot\frac{6}{4}\right|=1.5$

$Q=5$ 일 때 $e=\left|\frac{dQ}{dP}\cdot\frac{P}{Q}\right|=\left|-1\cdot\frac{5}{5}\right|=1$

$Q=6$ 일 때 $e=\left|\frac{dQ}{dP}\cdot\frac{P}{Q}\right|=\left|-1\cdot\frac{4}{6}\right|=\frac{2}{3}$

$Q=AP^{-\alpha}$인 경우 점탄력성 구하는 방법

1. $\frac{dQ}{dP}$를 구한다. 핵심은 $\frac{dQ}{dP}$를 미분법으로 구하는 데 있다.
   $\frac{dQ}{dP}=-\alpha AP^{-\alpha-1}$
2. $\frac{P}{Q}$를 곱한다.
3. $E_P=-\frac{dQ}{dP}\cdot\frac{P}{Q}=-\left(-\alpha AP^{-\alpha-1}\frac{P}{Q}\right)=-\left(-\alpha\frac{AP^{-\alpha}}{Q}\right)=-\left(-\alpha\frac{Q}{Q}\right)=\alpha$

(2) 기하학적 검증

수요의 점탄력성

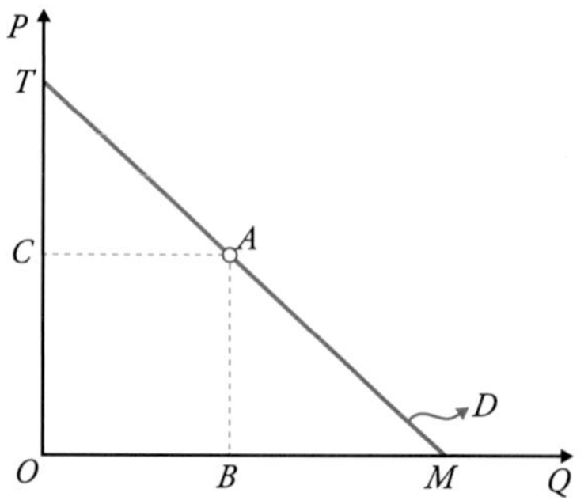

수요곡선상의 한 점에서의 탄력성을 의미하며 이것은 호탄력성의 극한값의 의미를 갖는다.

① A점에서의 기울기: $\dfrac{dP}{dQ} = \dfrac{AB}{BM}$

② A점의 $Q : OB$

③ A점의 $P : OC = AB$

④ A점의 탄력성: $E_P = \dfrac{dQ}{dP} \times \dfrac{P}{Q} = \dfrac{BM}{AB} \times \dfrac{AB}{OB} = \dfrac{BM}{OB} = \dfrac{AM}{TA} = \dfrac{CO}{TC}$

(3) 점탄력성의 크기

① 수요곡선상의 위치에 따라 그래프에 나타난 것처럼 다르게 측정된다.

수요'곡선'의 의의

수요곡선이 직선이면 원칙적으로 수요'직선'이라고 불러야 할 것이다. 그러나 경제학에서는 모든 직선을 곡선과 별도로 구분하지 않고 곡선이라 부른다. 왜냐하면 직선은 결국 곡선의 특수한 형태의 하나이기 때문이다.

수요의 점탄력성의 크기

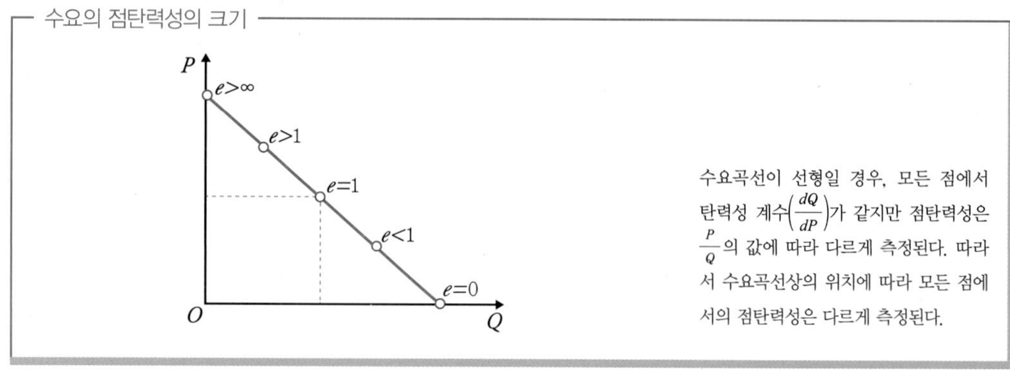

수요곡선이 선형일 경우, 모든 점에서 탄력성 계수$\left(\dfrac{dQ}{dP}\right)$가 같지만 점탄력성은 $\dfrac{P}{Q}$의 값에 따라 다르게 측정된다. 따라서 수요곡선상의 위치에 따라 모든 점에서의 점탄력성은 다르게 측정된다.

② 그 이유는 수요곡선이 선형일 경우 어느 점에서나 탄력성 계수 $\left(\dfrac{dQ}{dP}\right)$는 동일하지만 $\dfrac{P}{Q}$의 값은 그 위치에 따라 다르기 때문이다.

③ 결국 동일한 수요곡선상에서의 점탄력성의 값은 $\dfrac{P}{Q}$의 값에 따라 결정되는 것이다.

개념 플러스⁺ 점탄력성의 응용

1. 어떤 상품에 대한 두 사람(A, B)의 수요함수가 각각 다음과 같다고 하자.

$P_A = 100 - Q_A$, $P_B = 100 - 2Q_B$

이때 $P = 60$이라면, 수요의 가격탄력도는 각각 얼마인가?

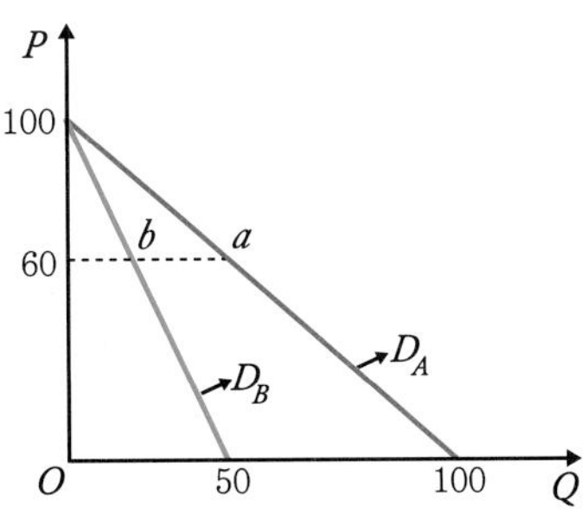

서로 다른 점이지만 a, b점에서 수요의 가격탄력도는 모두 60/40=1.5이다. 즉 수요곡선이 세로축과 동일한 점에서 출발하는 경우에는 수요곡선의 기울기에 관계없이 동일한 가격에서 수요의 가격탄력도는 모두 같다.

2. 어떤 상품에 대한 두 사람(A, B)의 수요함수가 각각 다음과 같다고 하자.

$P_A = 80 - Q_A$, $P_B = 100 - 2Q_B$

이때 $P = 60$이라면 수요의 가격탄력도는 각각 얼마인가?

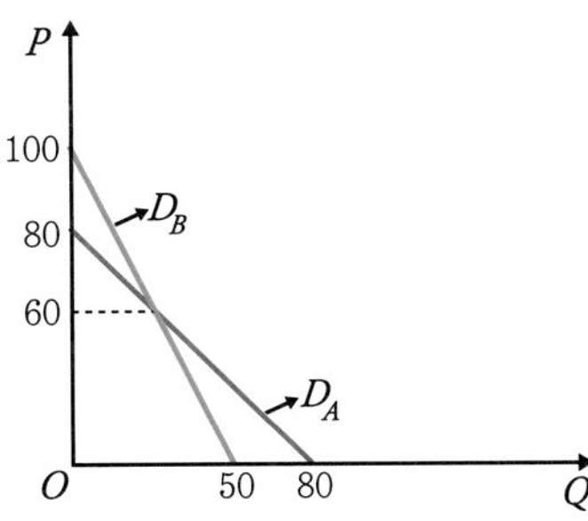

같은 a점이지만 수요곡선에 따라 탄력도는 다르게 측정된다. E_A=20/60=3이 되고, E_B=20/30=1.5가 된다. 즉 세로축의 절편점이 서로 다른 경우에는 수요곡선이 완만할수록 수요의 가격탄력도가 크고, 수요곡선이 가파를수록 수요의 가격탄력도가 작다.

확인 TEST

어떤 재화의 시장수요를 $P = 12 - bQ$ 로 나타낼 수 있다고 하자. 여기서, Q와 P는 각각 수요량과 가격이고 b는 양(+)의 상수이다. 다음 중 수요의 가격탄력도에 대한 옳은 설명을 모두 고른 것은?

[2005, CPA]

㉠ 가격이 9원에서 8원으로 하락할 때와 3원에서 2원으로 하락할 때의 수요량 변화분은 같다. 따라서 가격 9원에서의 탄력도와 3원에서의 탄력도는 같다.
㉡ 9원에서의 탄력도는 3이다.
㉢ 3원에서의 탄력도는 3이다.
㉣ b의 값을 알아야만 탄력도를 숫자로 구할 수 있다.

① ㉠ ② ㉡ ③ ㉢ ④ ㉠, ㉡, ㉢ ⑤ ㉣

해설 문제에서 주어진 수요곡선은 $Q = \frac{12}{b} - \frac{P}{b} = \frac{12-P}{b}$ 과 같이 바꿀 수 있다.

한편 수요의 가격탄력성 공식은 $E = -\frac{dQ}{dP} \times \frac{P}{Q}$ 이다.

앞의 두 식을 이용하여 가격탄력성을 구해보면 수요의 가격탄력성은 $E = -\frac{dQ}{dP} \times \frac{P}{Q} = \frac{P}{12-P}$ 이다.

이를 이용하여 풀면 ㉡ 가격이 9일 때 수요의 가격 탄력성은 $\frac{P}{12-P} = \frac{9}{12-9} = 3$이 된다. ㉢ 가격이 3이면 수요의 가격탄력성은 $\frac{P}{12-P} = \frac{3}{12-3} = \frac{1}{3}$ 이 된다. 따라서 ㉠은 틀린 예이고, b값을 알지 못해도 수요의 가격탄력성을 숫자로 구할 수 있다.

한편 주어진 문제에서 가격탄력성의 크기는 그림을 통해서 보다 쉽게 구할 수 있다. 가격이 9원일 때, 즉 a점에서의 가격탄력도는 $\frac{3}{9} = 3$이 되고, 가격이 3원일 때, 즉 b점에서의 가격탄력도는 $\frac{3}{9} = \frac{1}{3}$이 된다.

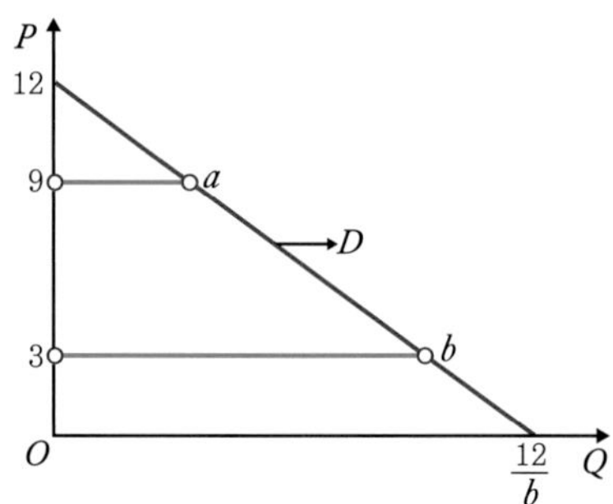

정답 ②

(4) **여러 가지의 점 탄력성:** 다음 세 경우는 모든 점 (Q)에서 탄력성이 일정

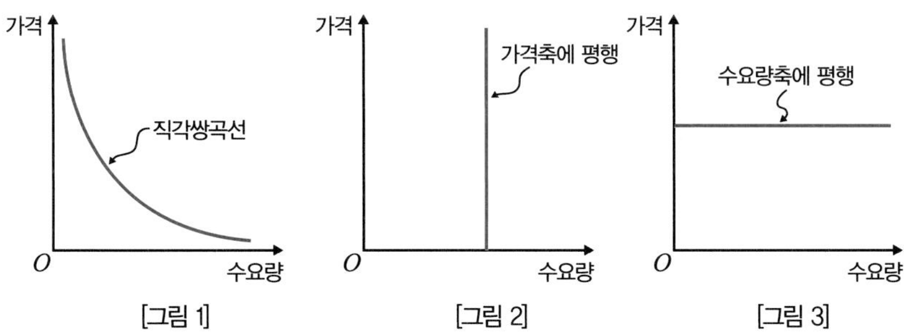

[그림 1] [그림 2] [그림 3]

① [그림 1]처럼 수요곡선이 $Q = A/P$인 직각쌍곡선의 형태이면 수요의 점탄력성은 항상 "1"

> $Q = A/P$에서 점탄력성은?
>
> $Q = A/P$가 $Q = AP^{-1}$이므로
>
> $$E_P = -\frac{dQ}{dP} \times \frac{P}{Q} = -(-AP^{-2}) \cdot \frac{P}{Q} = \frac{AP^{-1}}{Q} = \frac{Q}{Q} = 1$$

② [그림 2]처럼 수요곡선이 수직선이면 수요의 점탄력성은 항상 "0"

③ [그림 3]처럼 수요곡선이 수평선이면 수요의 점탄력성은 항상 "∞"

확인 TEST

수요곡선의 식이 $Qd = \dfrac{21}{P}$ 일 때, 이 재화의 수요의 가격탄력성은?

[2015, 서울시 7급]

① 0
② 0.42
③ 1
④ 1.5

해설 주어진 수요함수는 분수함수로 원점에 볼록한 직각쌍곡선의 모습을 보인다. 이에 따라 모든 점에서 수요의 가격탄력성은 '1'인 단위탄력적이 된다.

정답 ③

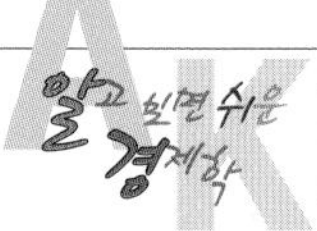

부르는 게 값!

“한 유명 경매장에서 전 세계에 단 두 장밖에 없는 우표가 경매되었다. 당연히 그 희귀성과 희소성으로 인해 매우 높은 가격에 한 유태인 A에게 낙찰되었다. 그런데 낙찰된 우표가 A에게 전달되자마자 놀라운 일이 발생했다. A는 우표를 건네받자마자 많은 사람들이 보는 앞에 찢어버리고 만 것이다. 지혜로운 것으로 따지면 세상에서 손꼽히는 유태인인 그는 왜 그런 바보 같은 짓을 했을까? 그는 정말 바보였던 것일까?” 다른 조건이 일정하다면 시장에서 가격은 상품의 수요와 공급에 의해서 결정된다. 만약 공급곡선이 우상향일 때, 수요가 증가하면 가격은 상승하게 된다. 다만 가격 상승에 따라 공급량도 증가하게 되어 가격 상승의 크기는 상대적으로 작게 나타나게 된다. 그런데 만약 공급곡선이 수직, 즉 공급이 가격에 대하여 완전비탄력적이라면 어떻게 될까? 이러한 경우에는 아무리 수요가 증가한다고 하더라도 공급량은 현재의 존재량 수준에서 일정하기 때문에 수요가 증가할 때마다 증가한 수요곡선의 높이만큼씩 가격은 크게 증가하게 된다.

앞의 이야기에서 유태인 A는 아마도 이러한 가격 결정 원리를 알고 있었나보다. 만약 A가 이제는 한 장밖에 남지 않은 우표의 소유자라면 상황은? 비싼 값을 지불하고 구입한 우표를 스스로 찢어버림으로써 이제 A는 이전에는 두 장 중의 한 장을 소유한 사람이었지만, 이제는 명실상부하게 세상에 한 장밖에 없는 우표를 소유한 사람이 되는 것이다. 이를 그림으로 표시하면 앞의 그래프 형태가 되는 것이다. 이제 한 장 남은 우표는 수요가 증가할 때마다 그야말로 ‘부르는 게 값’이 된다. 언젠가는 찢은 우표 구입 비용보다 훨씬 높은 이익을 얻고서 남은 우표를 팔 수 있을 것이다. 이것을 통해 일반적으로 고려청자나 조선백자와 같은 골동품의 가격이 왜 그리도 비싼지를 설명할 수 있다.

❸ 수요의 가격탄력성의 경제적 의의

1) 의미

(1) 수요의 가격탄력성의 크기에 따라 어떤 상품의 가격변동이 거래액에 미치는 효과가 다르다.

(2) 이때 그 거래액은 기업의 입장에서는 그 상품의 총판매수입이 되며, 가계의 입장에서 보면 그 상품에 대한 총지출액이 된다.

2) 가격탄력성과 총지출액

(1) 총지출액은 $TE = Q \cdot P(Q)$이므로 이를 미분하여 총지출액의 변화, 즉 한계지출액과 탄력성과의 관계를 도출

$$ME = dTE/dQ = P + Q \cdot \frac{dP}{dQ} = P\left(1 - \frac{1}{e}\right)$$

(단, 여기에서 TE는 Total Expenditure, ME는 Marginal Expenditure임.)

(2) 상품의 가격변동이 기업의 매출액에 미치는 영향

탄력성	한계지출액	가격 하락의 경우	가격 상승의 경우
탄력적($e > 1$)	$ME = P\left(1 - \frac{1}{e}\right) > 0$	지출액의 증가	지출액의 감소
단위탄력적 ($e = 1$)	$ME = 0$	지출액의 불변 (최고수준)	지출액의 불변 (최고수준)
비탄력적 ($e < 1$)	$ME = P\left(1 - \frac{1}{e}\right) < 0$	지출액의 감소	지출액의 증가

(3) **도해적 설명**: 수요곡선이 직선인 경우에는 탄력성을 도형을 이용하여 구할 수 있으며, 탄력성과 지출액 관계도 간단히 파악할 수 있다.

수요의 가격탄력성과 총지출액

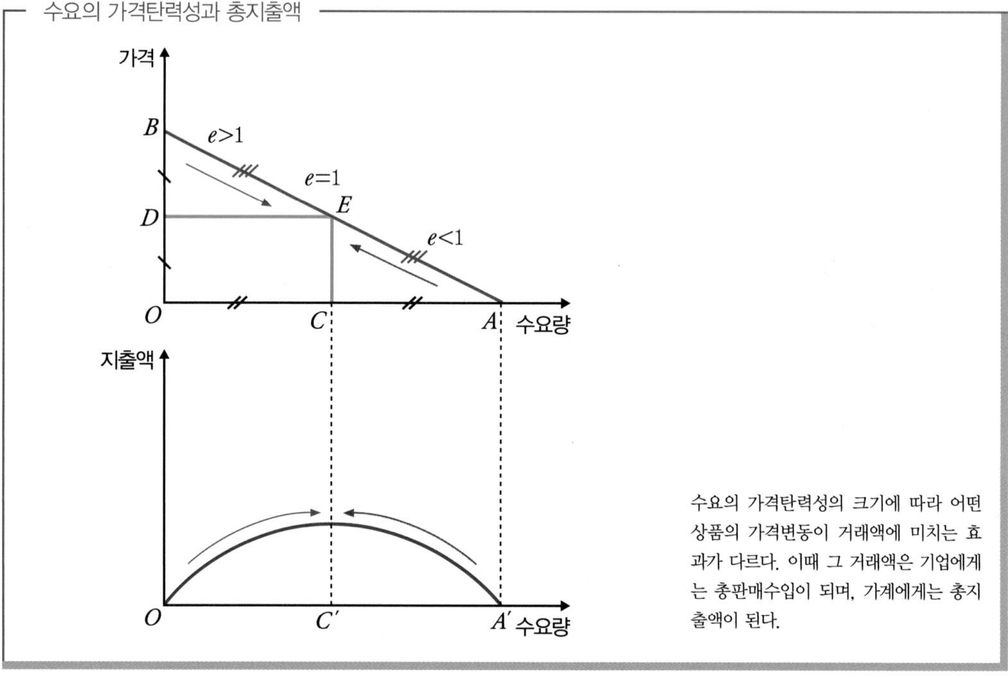
가격
B
e>1
e=1
E
D
e<1
O
C
A
수요량
지출액
O
C′
A′
수요량
수요의 가격탄력성의 크기에 따라 어떤 상품의 가격변동이 거래액에 미치는 효과가 다르다. 이때 그 거래액은 기업에게는 총판매수입이 되며, 가계에게는 총지출액이 된다.

Q&A

김 부장은 출퇴근 시 자가용을 이용한다. 그의 휘발유 소비금액은 월 평균 30만 원이다. 중동 정세의 불안으로 휘발유 가격이 리터당 1,300원에서 1,400원으로 인상되었는데 그의 휘발유 소비금액은 계속 월 평균 30만 원이라고 한다. 김 부장의 휘발유 수요의 가격탄력성은 얼마인가?

Solution

김 부장의 경우 휘발유 가격의 변화에도 불구하고 총소비액은 동일하다. 이는 가격 변화에 따른 지출액의 변화를 구입량의 변화로 상쇄함을 의미하며 가격의 변화율과 산출량의 변화율이 동일한 단위탄력적임을 의미한다. 즉, 수요의 가격탄력성이 E_P=1일 때 수요량의 변화율은 가격의 변화율과 동일하며 가격 변화와 관계없이 재화에 대한 총지출액은 일정하게 된다.

확인 TEST

어느 재화의 가격이 1천 원에서 1% 상승하면 판매수입은 0.2% 증가하지만, 5천 원에서 가격이 1% 상승하면 판매수입은 0.1% 감소한다. 이 재화에 대한 설명으로 옳은 것은? (단, 수요곡선은 수요의 법칙이 적용된다.)

[2018, 국가직 7급]

① 가격이 1천 원에서 1% 상승 시, 가격에 대한 수요의 탄력성은 탄력적이다.
② 가격이 5천 원에서 1% 상승 시, 가격에 대한 수요의 탄력성은 비탄력적이다.
③ 가격이 1천 원에서 1% 상승 시, 수요량은 0.2% 감소한다.
④ 가격이 5천 원에서 1% 상승 시, 수요량은 1.1% 감소한다.

해설

- 어느 재화의 가격이 1천 원에서 1% 상승할 때 판매수입이 0.2% 증가한다는 것은 이 가격에서의 수요의 가격탄력성이 비탄력적이라는 의미이다(①).
- 5천 원에서 가격이 1% 상승할 때 판매수입이 0.1% 감소한다는 것은 이 가격에서의 수요의 가격 탄력성이 탄력적이라는 의미이다(②).
- 판매수입(*TR*)과 가격 그리고 수요량의 변화율과의 관계를 다음 근사식으로 나타낼 수 있다.

$$TR = P \times Q \Rightarrow \frac{\Delta TR}{TR} \fallingdotseq \frac{\Delta P}{P} + \frac{\Delta Q}{Q}$$

⇒ 판매수입변화율(%) = 가격변화율(%) + 수요량변화율(%)

- 앞의 식을 전제로 각각의 주어진 가격에서 1% 상승하는 경우 수요량의 변화율은 다음과 같이 도출된다.

- 1천 원: 판매수입변화율(%) = 가격변화율(%) + 수요량변화율(%) ⇒ 0.2% = 1% − 0.8%(③)
- 5천 원: 판매수입변화율(%) = 가격변화율(%) + 수요량변화율(%) ⇒ −0.1% = 1% − 1.1%(④)

- 가격이 1천 원에서 1% 상승 시, 수요량은 0.8% 감소한다(③).
- 가격이 5천 원에서 1% 상승 시, 수요량은 1.1% 감소한다(④).

정답 ④

심화 TEST

다음 (가)-(다)를 읽고 물음에 답하시오.

[2010, 교원임용]

〈가〉

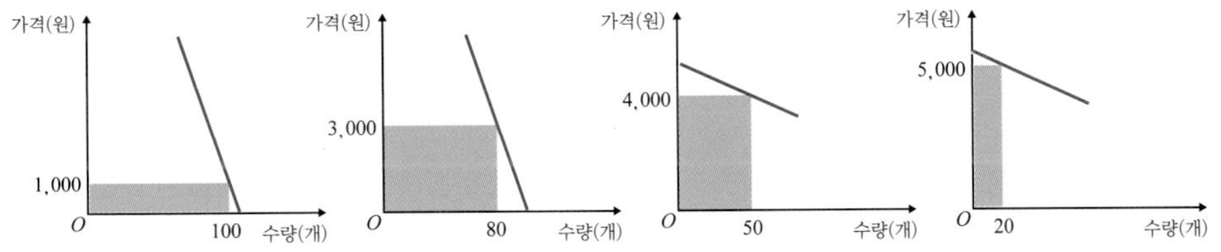

가격(원) 1,000 O 100 수량(개)
가격(원) 3,000 O 80 수량(개)
가격(원) 4,000 O 50 수량(개)
가격(원) 5,000 O 20 수량(개)

(a) 수요가 비탄력적인 경우 (b) 수요가 탄력적인 경우

〈나〉

(사례1) 전반적인 경기 침체에 따라 백화점을 찾는 발길이 많이 줄었다. A백화점도 예외가 아니다. 이번에 A백화점은 지난번에 출시한 자체 상표 상품의 매출액을 증가시키기 위해 해당 상품의 가격을 인하했다.

(사례2) B시 교통 당국은 2~3년마다 지하철 요금을 인상하기로 했다. 요금을 올리면 총수입이 늘어나 지하철 회사의 적자를 면할 수 있다는 것이다.

(사례3) C국은 D국과의 무역에서 막대한 경상 수지 적자를 기록했다. 많은 사람들은 이를 D국의 화폐가 저평가된 탓으로 돌렸다. 즉, C국 화폐의 평가절상으로 인해 C국 상품의 수출 가격은 인상되고 상대국 상품의 수입 가격은 인하되어 C국의 경쟁력이 약화되었다는 것이다. 이에 대한 처방으로 C국은 D국에 대해 D국 화폐의 평가절상을 요구하였다.

〈다〉

2008년에 들어 원유가 상승과 서브프라임 모기지 사태 등으로 미국 경제는 더욱 어려워졌다. 경기가 좋지 못해 세금이 예상보다 적게 걷히자 미국의 각 주(州)들은 지출을 줄이고 세금 인상 조치를 취하였다. 특히 매사추세츠 주(州)는 주민들의 건강 증진과 세수 증대를 목적으로 담배세를 1갑당 1달러씩 올려 담배 가격을 인상하였다. 한편, 일본에서도 일부 의원들이 건강 증진과 세수 증대를 위해 담배세 인상의 필요성을 제기했다. 당시 일본의 담배 가격은 1갑당 300엔이었지만 일부 의원들은 이를 3배 이상 높은 1,000엔까지 올리자고 주장했다.

1. (가)의 자료에서 도출 가능한 일반화를 제시하시오. 이를 토대로 (나)의 세 가지 조치에 의해 관련 문제가 해결되기 위한 전제 조건을 사례별로 제시하시오.

2. (다)에서 제시된 정책의 효과를 (가)에서 도출한 일반화를 토대로 종합적으로 분석하고, 이러한 정책을 실시하기에 앞서 고려할 점을 서술하시오.

분석하기

1.

- 일반화: 가격 상승에 따른 총수입의 변화는 수요의 가격탄력성의 크기에 영향을 받는다.
- 전제조건

  (사례1) 백화점 자체 상표 상품에 대한 수요의 가격탄력성이 탄력적이어야 한다.

  (사례2) 지하철 요금에 대한 탄력성이 비탄력적이어야 한다.

  (사례3) 양 국의 수입수요 탄력성의 합이 1보다 커야 한다(Marshall-Learner 조건).

2.

- 일반화를 토대로 한 분석 : 담배에 대한 수요의 가격탄력성이 완전 비탄력적이지 않는 한 담배세 부과를 통해 담배 소비를 줄이는 목적은 달성할 수 있다. 그러나 세수 증진이라는 목적은 담배에 대한 수요의 가격탄력성의 크기가 구체적으로 특정되지 않는 한 그 효과를 예측할 수 없다. 만약 담배에 대한 수요의 가격탄력성이 매우 탄력적이라면 담배세 인상 비율에 비해 담배 소비량 감소 비율이 더 크게 나타날 수 있어 담배세 인상은 오히려 세수 감소를 가져올 수 있기 때문이다.
- 정책 실시에 앞서 고려해야 할 점 : 담배에 대한 수요의 가격탄력성이 탄력적인지 비탄력적인지에 대한 조사가 선행되어야 한다.

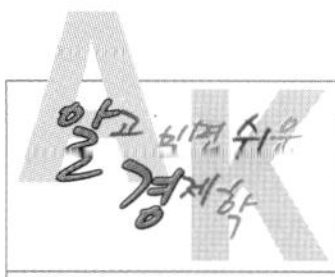

가격 변화에 대한 소비자의 반응은?

"민족의 명절인 추석이나 설이 되면 유명 백화점들은 경쟁적으로 '바겐세일'을 한다. 그런데 이렇게 평소보다 더 싸게 판매하는 이유는 무엇일까? 혹시 백화점 광고에서 빠지지 않는 '그동안의 고객 성원에 대해서 감사드립니다!'라는 문구처럼 소비자에 대한 '통큰' 서비스일까? 아니면 뭔가 믿는 구석이 있는 것일까?"

한 재화의 가격 변화율에 대한 수요량 변화율을 수요의 가격탄력성(price elasticity of demand)이라고 하는데, 그 값이 1보다 클 때는 '탄력적', 1일 때는 '단위탄력적', 1보다 작을 때는 '비탄력적', 0일 때는 '완전비탄력적'이라고 한다.

$$\text{수요의 가격탄력성}(E_P) = \frac{\text{수요량 변화율}}{\text{가격 변화율}}$$

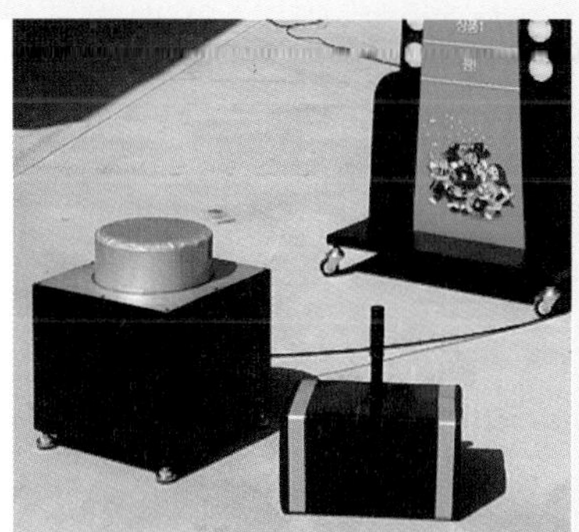

이러한 가격탄력성은 유원지에서 볼 수 있는 망치 놀이기구의 원리로 설명할 수 있다. 놀이기구를 망치로 내려치면 그 힘에 의해 아래에 놓여 있던 공이 위로 튀어올랐다가 내려온다. 그런데 망치로 내려치는 힘이 동일하더라도 놀이기구에 장착된 스프링의 탄성 정도에 따라 공이 올라간 높이가 다를 수 있고, 동일한 스프링이라고 하더라도 내려치는 힘에 따라 공이 올라간 높이가 다를 수 있다. 만약 내려치는 힘을 가격의 변화에 비유하고, 스프링의 탄성 정도를 상품의 종류, 그리고 공이 올라가는 높이를 수요량의 변화 정도로 비유하면 수요의 가격탄력성이 설명될 수 있는 것이다. 만약 내려치는 힘과 관계없이 공이 항상 일정한 높이까지만 올라갔다가 내려온다면 이는 '완전비탄력적'인 현상인 것이다. 예컨대 주유소에서 '가득이요!'를 외치는 소비자는 가격의 변화율과 관계없이 항상 일정한 수량을 주유하고자 하므로 수요량 변화율이 '0'이기 때문에 '완전비탄력적'이고, '5만 원 어치요!'를 외치는 소비자는 가격 변화율만큼 주유량이 변하므로 '단위탄력적'이 된다.

이러한 수요의 가격탄력성은 대체재의 수가 많을수록 커지는데, 그 이유는 대체재가 많으면 상품의 가격이 상승할 때 소비자들이 다른 대체재 중 어느 하나로 그 구매를 쉽게 옮겨 갈 수 있기 때문이다. 독점기업일수록 그 기업의 상품에 대한 수요의 가격탄력성이 작고, 경쟁기업일수록 그 기업의 상품에 대한 수요의 가격탄력성이 큰 이유도 바로 이러한 이유 때문이다. 이것은 독점기업이 생산하는 상품이 상대적으로 고가인 이유를 어느 정도 설명해 준다. 또한 재화에 대한 지출이 소득에서 차지하는 비율이 클수록 탄력적이고, 작을수록 비탄력적이며, 재화가 사치품일수록 탄력적이고, 필수품일수록 비탄력적이다.

또한 가격이 변하면 수요량도 변할 것은 분명한데, 수요량 변화의 관찰 기간을 어떻게 정하느냐에 따라 수요량 변화의 정도에는 많은 차이가 있을 수 있다. 예컨대 석유 값이 상승하면 석유에 대한 수요량은 감소할 것인데 그 효과는 단기와 장기에 따라 차이가 나타난다.

석유 값이 인상되면 당장은 석유를 사용하는 시설이나 장비들을 그대로 둔 채 석유 사용을 줄여 나갈 수밖에 없을 것이다. 그러나 시간이 흐르면 석유를 많이 사용하는 시설이나 장비를 석유 이외의 에너지원을 사용하는 시설이나 장비로 교체해 나가면서 석유 사용을 줄여 나갈 것이다. 그러므로 석유가격 상승이 석유 수요량에 미치는 영향은 단기에서보다 장기에 있어서 더 클 것이다. 즉, 가격탄력성은 단기에서보다 장기에서 더 클 것이다. 이것을 '르 샤틀리어 원리(Le Chatelier principle)'라고 한다.

탄력성	가격 하락의 경우	가격 상승의 경우
탄력적 ($e > 1$)	총수입 증가	총수입 감소
단위탄력적 ($e = 1$)	총수입 불변	총수입 불변
비탄력적 ($e < 1$)	총수입 감소	총수입 증가

여기서 '탄력적'인 경우를 주목해 보자. 가격이 하락했음에도 불구하고 총수입이 증가하고 있다. 이는 가격이 하락했음에도 불구하고 그 하락률보다 판매 증가율이 더 크기 때문이다. 일반적으로 명절 때는 그야말로 '때가 때이니 만큼' 가격을 조금만 내려도 백화점은 북새통이 되기 마련이다. 백화점은 그것을 간파하고 있는 것이다. 그런데 모든 상품에 대해 이처럼 가격 할인 행사를 할까? 천만의 말씀! 과일이나 조기 같은 제수용품이나 선물세트는 오히려 평소 가격보다 높게 판매하는 것이 일반적이다. 왜? 가격이 비싸도 '때가 때이니 만큼' 살 수밖에 없기 때문에, 즉 '비탄력적'이기 때문이다. 표에서 볼 수 있는 것처럼 이러한 경우는 가격을 올리는 것이 대박의 지름길인 것이다. 이렇게 보면 명절 때 백화점 광고에서 흔히 보이는 예쁜 CF 모델의 '그동안 고객 성원에 감사드리며, 고향에 안녕히 다녀오세요!'라는 인사 문구의 진정성이 조금은 떨어질 듯하다.

자! 그럼 생활 속에서 쉽게 찾아볼 수 있는 이러한 수요의 가격탄력성이 반영된 의사결정을 몇 가지 살펴보자.

Q : 우리나라 대학들이 등록금을 내리지 않고 오히려 자꾸 올리기만 하는 이유는?
A : 등록금을 내리지 않아도 대학은 가야 하는 우리의 현실 때문이다.

Q : 동숭동 대학로 극장에서 연극 관람료를 내리지 않는 이유는?
A : 연극을 즐기는 사람들은 주로 '마니아'들이기 때문에 관람료에는 신경을 쓰지 않는다.

Q : 성수기에 콘도미니엄의 사용료가 비수기보다 높은 이유는?
A : 휴가를 보내기 위해서는 이용할 수밖에 없기 때문이다.

Q : 졸업식장 앞에서 팔리는 꽃값이 비정상적으로 비싼 이유는?
A : 이제 곧 졸업식이 시작되어 값이 싼 꽃을 사기위해 양재 도매시장까지 갔다 올 시간적 여유가 없기 때문이다.

결국 가격 변화에 대해서 별로 민감하게 반응하지 않는, 즉 비탄력적인 소비자 머리에는 예쁜 '바가지'를 씌워주고, 아주 예민하게 반응하는 즉 탄력적이 소비자에게는 '통 큰 세일'을 하는 것이 수입을 극대화하는 지름길인 것이다.

Theme 38 수요의 소득탄력성과 교차탄력성

1 수요의 소득탄력성(income elasticity of demand)

1) 의의

(1) 소득의 변화에 대한 수요 변화의 정도를 측정하는 척도이다.

(2) 수요량의 변화율을 소득의 변화율로 나눈 값으로 측정한다.

$$\text{수요의 소득탄력성 } (E_I) = \frac{dQ}{dI} \times \frac{I}{Q} \quad (\text{단, } I: \text{소득})$$

2) 소득탄력성에 따른 재화의 분류

정상재	$E_I > 0$	소득이 증가하면 재화의 수요가 증가함	$0 < E_I < 1$ 필수재
			$E_I > 1$ 사치재
열등재	$E_I < 0$	소득이 증가하면 재화의 수요가 감소함	
중립재	$E_I = 0$	소득이 증가하여도 수요가 불변함	

확인 TEST

어떤 사람이 소득 수준에 상관없이 소득의 절반을 식료품 구입에 사용한다. 〈보기〉 중 옳은 것을 모두 고르면?

[2019, 서울시 공개 경쟁 7급]

〈 보 기 〉

ㄱ. 식료품의 소득 탄력성의 절댓값은 1보다 작다.
ㄴ. 식료품의 소득 탄력성의 절댓값은 1이다.
ㄷ. 식료품의 가격 탄력성의 절댓값은 1보다 크다.
ㄹ. 식료품의 가격 탄력성의 절댓값은 1이다.

① ㄱ, ㄷ　② ㄱ, ㄹ　③ ㄴ, ㄷ　④ ㄴ, ㄹ

해설
- 소득 수준에 상관없이 소득의 절반을 지출하는 경우를 식으로 나타내면 다음과 같다.

$$P \times Q = \frac{1}{2} \times I \Rightarrow Q = \frac{1}{2} \times I \times P^{-1} (\text{여기서 } P\text{는 가격, } Q\text{는 수량, } I\text{는 소득이다.})$$

- 수요함수가 지수함수 형태로 주어지는 경우 특정 변수(소득, 가격 등)의 지수가 곧 그 변수의 탄력성이다.
- 식료품에 대한 소득탄력성과 가격탄력성의 절대치는 모두 '1'이 된다.

정답 ④

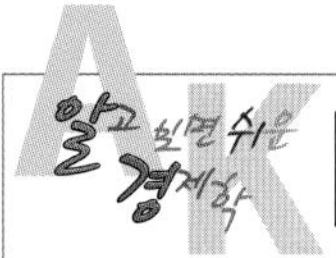

정상재와 열등재란?

"한때 가난에 찌들었던 때 '검정 고무신'을 신던 사람은 '흰 고무신'을 신고 싶다는 소박한 꿈을 꾸었었다. 그러다가 막상 생활의 여유가 생겨 흰 고무신을 신게 되면 '운동화'를 신고 싶다는 꿈으로 바뀌곤 했다. 그러고 보면 똑같은 상품이라고 해도 소득이 변화할 때마다 소비자가 바라보는 시각이 달라지나 보다. 이것은 무슨 의미일까?"

1인당 국민소득이 80달러를 겨우 넘을 정도로 경제적으로 빈곤했던 1960년대 초 우리나라에서는 '보릿고개'로 대표되는 가난한 시절이 있었다. 이러한 보릿고개처럼 가난의 상징으로 자주 얘기되는 것이 어떤 방송국의 애니메이션 제목으로 쓰인 '검정 고무신'이다. 그 당시에 표면 코팅 기술이 없어서인지 맨발로 한 번 신고 집에 돌아와 신발을 벗으면 마치 검은 양말을 신은 것처럼 까만 기름때가 발에 선명하게 남아 있곤 했다. 그때마다 '흰 고무신 좀 신어 봤으면!' 하는 바람이 무럭무럭 일어났다. 그런데 막상 '흰 고무신'을 신다 보면 자주 찢어지다 보니 튼튼한 운동화를 신고 싶어 하게 되었다. 이러한 생각의 변화는 살림살이가 나아지는 순서에 따라 생긴 현상이었다.

이러한 변화는 식생활에서도 볼 수 있다. 소득 수준이 매우 낮은 가정에서는 이른바 '꽁보리밥'이 주식이 되어 '고깃국에 쌀밥'을 먹어보는 것이 소원이었던 시절이 있었다. 그런데 소득수준이 250배나 높아진 요즈음에는 이른바 '웰빙' 열풍을 타고 쌀 소비량이 오히려 과거보다 감소하고 보리밥을 찾는 사람들이 더욱 늘어나는 기현상이 벌어지고 있다. 무슨 일일까?

소득이 증가함에 따라 수요가 증가하는 재화를 정상재라고 하며, 오히려 소득 증가가 수요의 감소를 가져오는 재화를 열등재라고 한다. 이러한 정보를 알려주는 개념이 수요의 소득탄력성(income elasticity of demand)이다. 이러한 소득 탄력성은 다음과 같이 측정된다.

$$\text{수요의 소득탄력성}(E_I) = \frac{\text{수요량 변화율}}{\text{소득 변화율}}$$

여기서 측정된 값으로 재화는 다음과 같이 분류된다.

정상재	$E_I > 0$	소득이 증가하면 재화의 수요가 증가함
열등재	$E_I < 0$	소득이 증가하면 재화의 수요가 감소함
중립재	$E_I = 0$	소득이 증가하여도 수요가 불변함

위 표에서 탄력성의 값이 양(+), 음(−)이라는 것은 분모와 분자에 있는 변수의 변화 방향이 같은가(+), 다른가(−)를 나타낸다. 이에 따르면 일단 검정 고무신과 보리밥은 열등재, 흰 고무신과 쌀밥은 정상재로 분류될 수 있다. 그런데 소득 증가로 생활 수준이 나아짐에 따라 이제는 오히려 흰 고무신과 쌀밥이 열등재의 모습을 보이고, 운동화와 보리밥이 정상재의 모습을 보이고 있다. 이는 열등재와 정상재의 구분에는 절대적인 기준이 없다는 것을 의미한다. 즉 같은 상품임에도 불구하고 상황에 따라 열등재가 될 수도 있고 정상재가 될 수도 있다는 것이다.

그런데 반드시 이러한 논리로만 설명할 수 없는 경우도 있다. 예를 들어 1960년대 초만 하더라도 '무자식이 상팔자'라는 속담에도 불구하고 가구당 자녀 수가 4·5명이 일반적이었는데, 최근에는 가구당 평균 자녀 수가 2명도 채 안 되는 현상이다. 즉 자녀에 대한 수요는 소득 증가에 따라 오히려 감소하고 있는 것이다. 그렇다면 자녀는 열등재인가? 정답은 '아니다'이다. 어떤 부모가 자녀를 열등재로 생각하겠는가?

경제 이론에서 어떤 개념을 설명할 때는 다른 모든 조건이 일정한 상태에서 어떤 한 변수가 변화한 결과만을 가지고 설명한다. 따라서 열등재 여부에 대한 설명 역시 다른 모든 조건이 일정한 상태에서 오직 '소득'의 변화만을 가지고 이루어지는 것이다. 그런데 실제 1960년대 이후에는 이러한 소득만이 아니라 여러 가지 사회적인 요인의 급격한 변화가 나타났다. 그중에 가장 대표적인 변화의 하나는 여성의 높은 경제활동 참여도이다. 이에 따라 경제 활동에 참여하고 있는 여성은 자녀 보육과 직장 생활 병행의 어려움으로 인해 점차 출산을 기피하게 되었다. 그 결과 자녀 수가 감소한 것이다. 따라서 이러한 요인을 도외시한 상태에서 단순하게 소득 수준의 증가로 자녀 수가 감소했다는 이유로 자녀를 열등재로 이해해서는 안 되는 것이다. 무엇보다 자녀는 '상품'이 아니다.

❷ 수요의 교차탄력성(cross elasticity of demand)

1) 의의

(1) 한 상품의 수요가 다른 관련 상품의 가격변화에 반응하는 정도를 측정하는 척도이다.

(2) 이는 해당상품의 수요량 변화율을 그것에 영향을 미친 다른 상품의 가격 변화율로 나눈 값으로 측정한다.

$$\text{수요의 교차탄력성 } (E_{XY}) = \frac{X\text{재 수요의 변화율}}{Y\text{재 가격의 변화율}} = \frac{\Delta Q_X}{\Delta P_Y} \times \frac{P_Y}{Q_X}$$

2) 교차탄력성에 따른 재화의 분류

대체재	$E_{XY} > 0$	Y재 가격이 상승하면 X재 수요가 증가 : 콜라와 사이다
보완재	$E_{XY} < 0$	Y재 가격이 상승하면 X재 수요가 감소 : 맥주와 안주
독립재	$E_{XY} = 0$	Y재 가격이 상승하여도 X재 수요가 불변 : 소주와 컴퓨터

일반적으로 교차탄력성의 성질의 부호가 양(+)이면 두 재화는 대체재, 성질의 부호가 음(−)이면 두 재화는 보완재이다. 그런데 이러한 판단은 한 재화의 가격 변화가 매우 큰 경우에는 무너지게 된다. 만약 콜라의 가격이 50%만큼 하락하게 되면, 소비자의 실질소득의 증가가 사이다의 소비 증가도 가져올 수 있는 것이다. 그 결과 교차탄력성의 성질의 부호는 음(−)이 될 수 있다. 이에 따라 두 재화는 보완재가 되어, 두 재화를 대체재로 분류해 왔던 전통적인 관점은 무너지게 되는 것이다.

확인 TEST

주요 공공교통수단인 시내버스와 지하철의 요금은 지방정부의 통제를 받는다. 지하철 회사가 지하철 수요의 탄력성을 조사해 본 결과, 지하철 수요의 가격탄력성은 1.2, 지하철 수요의 소득탄력성은 0.2, 지하철 수요의 시내버스 요금에 대한 교차탄력성은 0.4인 것으로 나타났다. 앞으로 지하철 이용자의 소득이 10% 상승할 것으로 예상하여, 지하철 회사는 지방정부에 지하철 요금을 5% 인상해 줄 것을 건의하였다. 그런데, 이 건의에는 시내버스의 요금 인상도 포함되어 있었다. 즉 지하철 수요가 요금 인상 전과 동일한 수준으로 유지되도록 시내버스 요금의 인상을 함께 건의한 것이다. 이때 지하철 요금인상과 함께 건의한 시내버스 요금의 인상 폭은 얼마인가?

[2013, 국회 8급]

① 3% ② 5% ③ 8% ④ 10% ⑤ 15%

해설 지하철 수요의 소득탄력성이 0.2이므로 지하철 이용자의 소득이 10% 상승함에 따라 지하철의 수요는 2%만큼 증가하게 된다. 또한 지하철 수요의 가격탄력성이 1.2이므로 지하철 요금이 5% 상승하면 지하철 수요는 6%만큼 감소한다. 그 결과 지하철 전체 수요는 4%만큼 감소하게 된다. 결국 지하철 수요가 요금 인상 전과 동일한 수준으로 유지되기 위해서는, 지하철 수요를 4%만큼 증가시킬 수 있는 지하철과 대체 관계에 있는 시내버스 요금 인상이 필요하다. 따라서 이를 위해서는 지하철 수요의 시내버스 요금에 대한 교차탄력성이 0.4이므로 시내버스 요금은 10% 인상이 필요하다.

정답 ④

확인 TEST

탄력성에 대한 설명으로 가장 옳지 않은 것은? [2019, 서울시 7급]

① 공급곡선이 원점을 지나는 직선일 때, 공급의 가격탄력성은 1이다.
② X재와 Y재 간 수요의 교차탄력성이 1보다 작을 때, 두 재화는 보완재이다.
③ 수요의 가격탄력성은 재화를 정의하는 범위와 탄력성 측정 기간에 영향을 받는다.
④ 기펜재(Giffen goods)에 대한 수요의 소득탄력성은 영(0)보다 작다.

해설 • 교차탄력성(E_{XY})과 두 재화와의 관계를 표로 정리하면 다음과 같다.

	$E_{XY}<0$	$E_{XY}=0$	$E_{XY}>0$
X재와 Y재의 관계	보완재	독립재	대체재

따라서 두 재화가 보완재인 경우는 수요의 교차탄력성이 0보다 작은 경우이다.

① 공급곡선이 원점을 지나는 직선인 경우에는 '공급곡선의 기울기와 관계없이' 모든 점에서 공급의 가격탄력성은 1이다.
③ 수요의 가격탄력성은 재화의 범위를 좁게 정의할수록, 탄력성 측정 기간을 길게 할수록 상대적으로 탄력적이 된다.
④ 열등재에 대한 수요의 소득탄력성은 영(0)보다 작다. 그런데 기펜재(Giffen goods)는 열등재의 특수한 경우이다. 따라서 기펜재 역시 수요의 소득탄력성은 영(0)보다 작아야 한다.

정답 ②

Theme 39 공급의 가격탄력성

❶ 공급의 가격탄력성(price elasticity of supply)의 의의

1) 개념

(1) 한 상품의 가격이 변화하면 그 상품의 공급량이 변화하는데, 그 변화의 정도를 측정하는 척도이다.

(2) 공급량의 변화율을 가격의 변화율로 나눈 값으로 측정한다.

(3) 공급의 경우에는 수요의 경우와 달리 가격탄력성 이외의 탄력성은 경제학에서 사용되지 않는다.

가격탄력성(E)의 크기	용어	예
$E = 0$	완전비탄력적	골동품과 단기에 토지, 공급곡선이 수직선의 형태
$0 < E < 1$	비탄력적	농산물, 공급곡선이 수량축을 통과하는 직선
$E = 1$	단위탄력적	공급곡선이 기울기와 관계없이 원점을 통과하는 직선
$E > 1$	탄력적	공산품, 공급곡선이 가격축을 통과하는 직선
$E = \infty$	완전탄력적	공급곡선이 수평선의 형태

2) 가격탄력성의 결정요인

(1) 유휴자본 및 노동이 존재하여 임금 및 지대, 자본가격의 큰 상승이 없이 추가적 생산이 가능한 경우일수록 공급의 가격탄력성은 커지게 된다.

(2) 산업에의 진입과 탈퇴가 자유로운 경우, 즉 고정자본의 규모가 작거나 진입의 장애가 없는 경우일수록 공급의 탄력성이 커지게 된다.

② 공급의 가격탄력성의 유형

1) 호탄력성(arc elasticity)

(1) **의미**: 공급곡선상의 일정구간(AB)에서의 공급의 가격탄력성을 말한다.

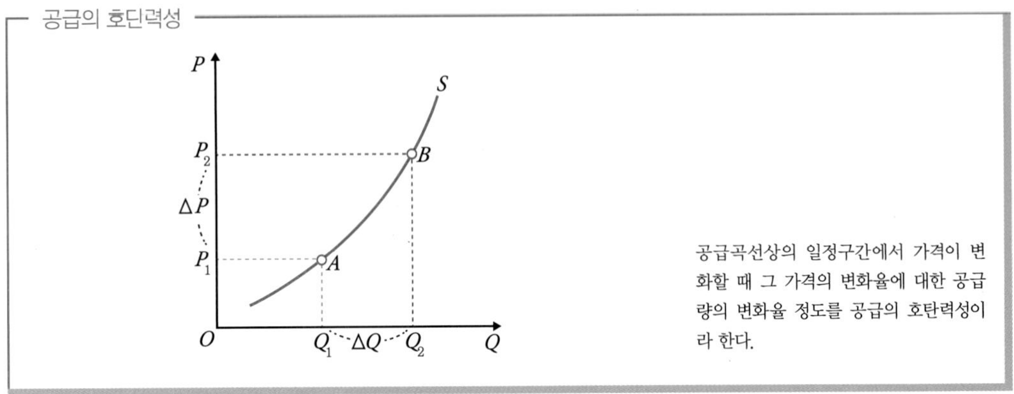
공급의 호단력성
P
S
P_2
B
ΔP
P_1
A
O
Q_1
ΔQ
Q_2
Q
공급곡선상의 일정구간에서 가격이 변화할 때 그 가격의 변화율에 대한 공급량의 변화율 정도를 공급의 호탄력성이라 한다.

$$\text{공식: } E_S = \frac{\text{공급량의 변화율}}{\text{가격의 변화율}} = \frac{\frac{\Delta Q}{Q}}{\frac{\Delta P}{P}} = \frac{\Delta Q}{\Delta P} \times \frac{P}{Q}$$

(2) **수정**

① 호탄력성을 계산함에 있어서 변화 전의 가격과 수량을 기준으로 하느냐, 아니면 변화 후의 가격과 수량을 기준으로 하느냐에 따라 탄력성의 값이 달라진다.

② 이것을 피하기 위하여 다음과 같은 변화 전의 가격 및 수량과 변화 후의 가격 및 수량의 평균값을 기준으로 하여 탄력성을 구하는 것이 합리적이다.

$$\text{수정된 식}: E_S = \frac{\frac{\Delta Q}{(Q_1 + Q_2)/2}}{\frac{\Delta P}{(P_1 + P_2)/2}} = \frac{\frac{\Delta Q}{(Q_1 + Q_2)}}{\frac{\Delta P}{(P_1 + P_2)}}$$

2) 점탄력성(point elasticity)

(1) **의미**

① 공급곡선상의 한 점에서의 공급의 가격탄력성을 말한다.

② 이는 호탄력성의 극한값이며 호탄력성과 달리 분명하게 주어진다.

$$\text{수요함수를 } Q = f(P)\text{라고 할 때 공식: } E_S = \frac{dQ}{dP} \times \frac{P}{Q}$$

(2) 기하학적 검증

공급의 점탄력성

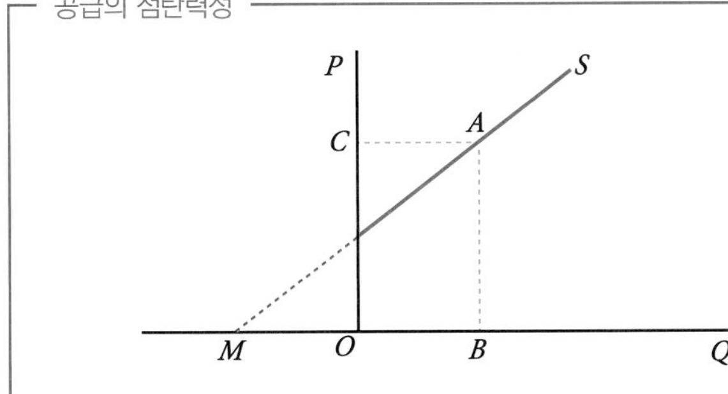

공급곡선상의 한 점에서의 탄력성을 의미하며 이것은 호탄력성의 극한값의 의미를 갖는다.

① A점의 기울기: $\dfrac{dP}{dQ}=\dfrac{AB}{MB}$

② A점의 Q: OB

③ A점의 P: $OC=AB$

④ A점의 탄력성: $ES=\dfrac{dQ}{dP}\times\dfrac{P}{Q}=\dfrac{MB}{AB}\times\dfrac{AB}{OB}=\dfrac{MB}{OB}$

(3) 직선인 공급곡선의 탄력성

공급탄력성	공급곡선의 형태	그림	탄력성의 계산
$\varepsilon=1$	원점을 지난다	[그림 1]	$\varepsilon=\dfrac{OA}{OB}\times\dfrac{OB}{OA}=1$
$\varepsilon>1$	가격축과 만난다	[그림 2]	$\varepsilon=\dfrac{AC}{OB}\times\dfrac{OB}{OA}>1$
$\varepsilon<1$	수량축과 만난다	[그림 3]	$\varepsilon=\dfrac{AC}{OB}\times\dfrac{OB}{OA}=\dfrac{AC}{OA}<1$
$\varepsilon=0$	수직이다	[그림 4]	
$\varepsilon=\infty$	수평이다	[그림 5]	

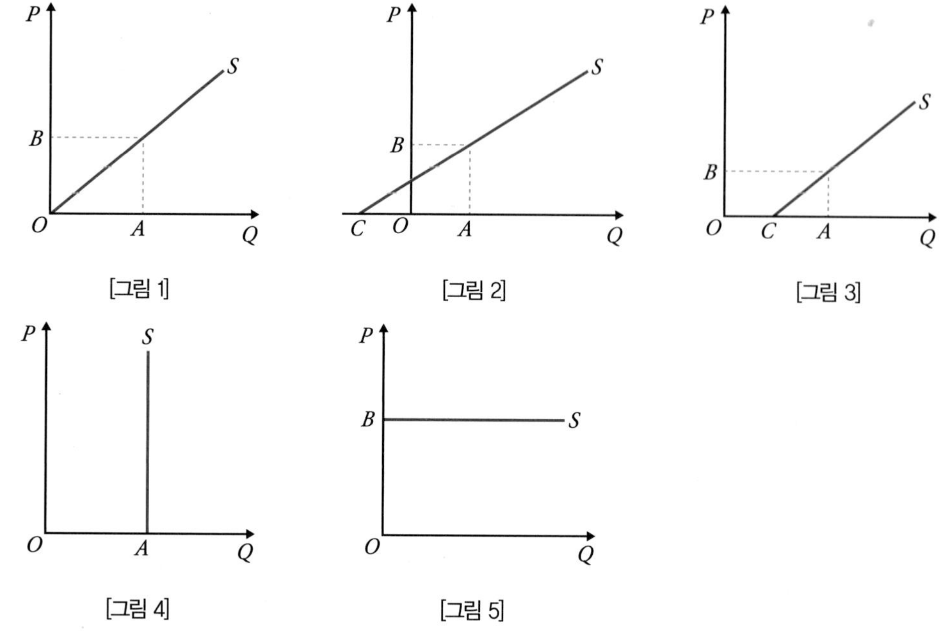

[그림 1] [그림 2] [그림 3]

[그림 4] [그림 5]

공급의 가격탄력도의 크기 순서

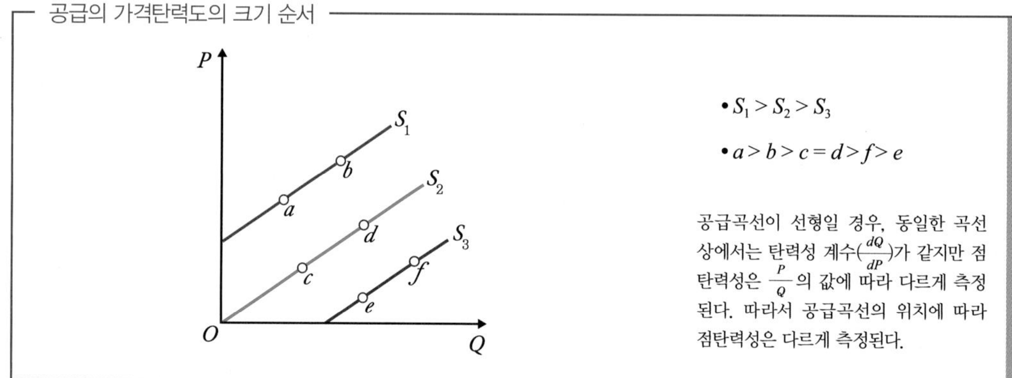

• $S_1 > S_2 > S_3$

• $a > b > c = d > f > e$

공급곡선이 선형일 경우, 동일한 곡선 상에서는 탄력성 계수$(\frac{dQ}{dP})$가 같지만 점탄력성은 $\frac{P}{Q}$의 값에 따라 다르게 측정된다. 따라서 공급곡선의 위치에 따라 점탄력성은 다르게 측정된다.

확인 TEST

단기에 공급의 가격탄력성이 완전탄력적인 경우에 해당하는 것으로 가장 적절한 것은?

① 한계비용이 체증하는 경우
② 한계비용이 체감하는 경우
③ 한계비용이 불변인 경우
④ 고정비용이 존재하지 않는 경우

해설 단기에 공급의 가격탄력성이 완적탄력적이라는 것은 공급곡선이 수평이라는 의미이다. 한계비용이 불변인 경우 기업은 현재의 가격수준에서 계속해서 상품을 공급할 수 있고, 이 경우 기업의 공급곡선은 수평의 모습을 보인다.

정답 ③

확인 TEST

직선으로 표시되는 공급곡선 S_1, S_2, S_3, S_4, S_5상의 점 A, B, C, D, E, F, G, H에 대한 가격탄력성의 크기를 순서대로 바르게 나타낸 것은? (단, 각 점에서의 가격탄력성은 소문자로 나타낸다)

[2010, CPA]

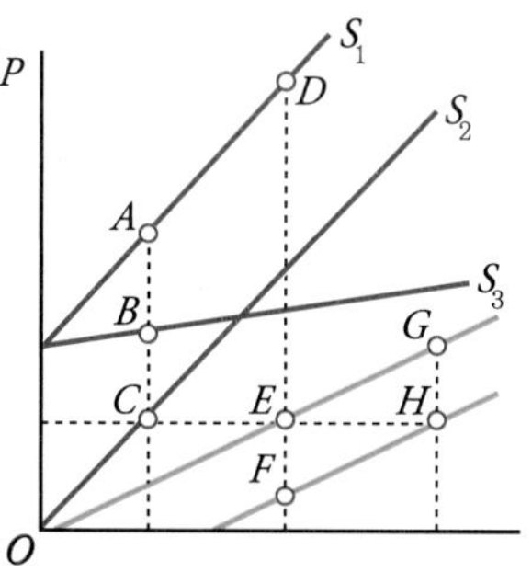

① $h < f < e = g < c < b < a < d$
② $f < h < g = e = c < b < a < d$
③ $d < a < b < c < e = g < h < f$
④ $f < h < g = e = c < d < a < b$
⑤ $h < g < f < e = c < a < d < b$

해설 직선인 공급곡선이 원점을 통과하면 그 기울기와 관계없이 공급의 가격탄력성은 항상 '1'이 된다($c = e = g$). 또한 수량축을 통과하면 그 기울기와 관계없이 공급의 가격탄력성은 항상 1보다 작다. 이때 동일한 공급곡선상의 점에서는 원점으로부터 그은 직선의 기울기가 큰 점에서 공급의 가격탄력성이 큰 값을 가진다($f < h$). 한편 직선인 공급곡선이 가격축을 통과하면 그 기울기와 관계없이 공급의 가격탄력성은 항상 1보다 크다. 이때 동일한 공급곡선상의 점에서는 원점으로부터 그은 직선의 기울기가 큰 점에서 공급의 가격탄력성이 큰 값을 가지고($d < a$), 동일한 가격축을 통과하지만 기울기가 다를 경우에는 동일한 수량 수준의 가격이 낮은 점에서 공급의 가격탄력성은 커진다($a < b$).

정답 ④

확인 TEST

어느 경제의 수요와 공급 함수가 다음과 같다고 가정한다. 이에 대한 분석으로 옳은 것을 〈보기〉에서 고른 것은?

[2010. 교원임용]

- 이 경제에서는 수요자가 2명, 공급자가 2명이 존재한다. 단, 수요자와 공급자는 가격순응자(price taker)로 행동한다.
- 개별 수요함수는 $P=100-2Q^D$로 동일하고, 개별 공급함수는 $P=20+2Q^S$로 동일하다.(여기서 P는 가격, Q^D는 수요량, Q^S는 공급량을 나타낸다.)

〈 보 기 〉

㉠ 시장의 균형가격과 균형거래량은 각각 60, 20이다.
㉡ 시장의 균형가격과 균형거래량은 각각 60, 40이다.
㉢ 시장의 균형가격과 균형거래량은 각각 120, 20이다.
㉣ 시장균형점에서의 수요의 가격탄력성이 탄력적이다.
㉤ 시장균형점에서의 수요의 가격탄력성이 비탄력적이다.

① ㉠, ㉣ ② ㉠, ㉤ ③ ㉡, ㉣ ④ ㉡, ㉤ ⑤ ㉢, ㉣

해설 개별 수요함수가 동일하고 수요자가 2명이므로 경제 전체의 수요함수는 개별수요함수와 절편은 같고, 기울기는 $\frac{1}{2}$배가 된다. 따라서 다음과 같이 도출된다.

$$P=100-2Q^D(\text{개별 수요함수}) \Rightarrow P=100-2\times\frac{1}{2}\times Q^D \Rightarrow P=100-Q^D(\text{경제 전체 수요함수})$$

- 개별 공급함수가 동일하고 공급자가 2명이므로 경제 전체의 공급함수는 개별공급함수와 절편은 같고, 기울기는 $\frac{1}{2}$배가 된다. 따라서 다음과 같이 도출된다.

$$P=20+2Q^S(\text{개별 공급함수}) \Rightarrow P=20+2\times\frac{1}{2}\times Q^S \Rightarrow P=20+Q^S(\text{경제 전체 공급함수})$$

- 앞에서 도출된 경제 전체의 수요함수와 공급함수를 연립해서 풀면 시장 균형가격은 '$P=60$', 시장 균형거래량은 '$Q=40$'이 된다.
- 시장 균형점에서 수요의 가격탄력성은 다음과 같이 도출된다.

$$E_P=-\frac{dQ}{dP}\times\frac{Q}{P}=-(-1)\times\frac{60}{40}=1.5$$

따라서 시장균형에서의 수요의 가격탄력성은 탄력적임을 알 수 있다.

정답 ③

Theme 40

소비자 잉여와 생산자 잉여

❶ 소비자 잉여(consumer surplus)의 의의

1) 개념

(1) 소비자 잉여란 소비자가 그 재화가 없이 지내느니 차라리 기꺼이 지불할 용의가 있는 가격이 실제로 그가 지불한 가격을 초과하는 부분을 말한다.

(2) 상품 각 단위에 대한 수요가격과 시장가격과의 차액을 전 거래량에 걸쳐 합계한 것을 말한다.

2) 도해적 설명: 소비자 잉여($P_0 P_E E$) = 수요가격의 총계($OP_0 EQ_E$) − 실제 지불 금액($OP_E EQ_E$)

소비자잉여와 생산자잉여

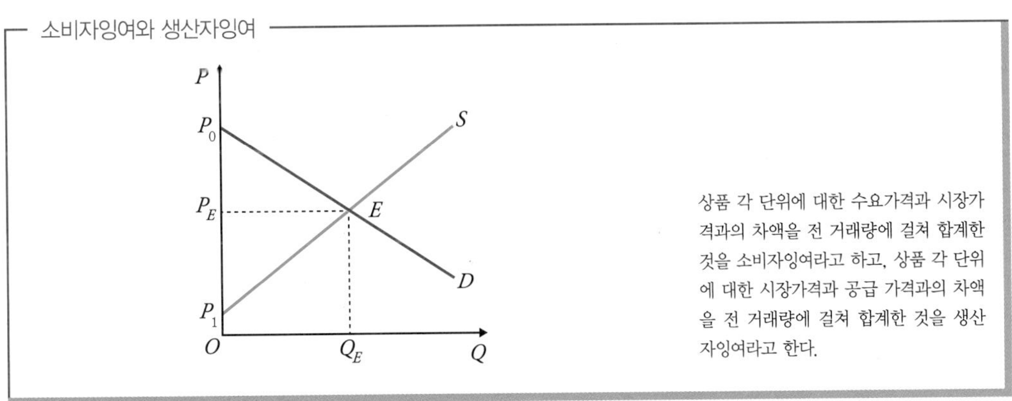

상품 각 단위에 대한 수요가격과 시장가격과의 차액을 전 거래량에 걸쳐 합계한 것을 소비자잉여라고 하고, 상품 각 단위에 대한 시장가격과 공급 가격과의 차액을 전 거래량에 걸쳐 합계한 것을 생산자잉여라고 한다.

확인 TEST

다음 표는 수정과와 떡 두 가지 재화만을 소비하는 어떤 소비자의 한계효용을 나타낸 것이다. 이 소비자가 14,000원의 소득으로 효용극대화를 달성하였을 때, 소비자 잉여의 크기로 옳은 것은? (단, 수정과의 가격은 개당 1,000원이고 떡의 가격은 개당 3,000원이다.) [2019, 국회 8급]

수량		1	2	3	4	5	6
한계효용	수정과	10,000	8,000	6,000	4,000	2,000	1,000
	떡	18,000	12,000	6,000	3,000	1,000	600

① 24,000 ② 32,000 ③ 38,000 ④ 46,000 ⑤ 52,000

해설 • 주어진 표를 수정과와 떡의 1,000원당 한계효용으로 나타내면 다음과 같다.

수량		1	2	3	4	5	6
한계효용	수정과	10,000	8,000	6,000	4,000	2,000	1,000
	떡	6,000	4,000	2,000	1,000	333.3	200

- 이에 따라 가격이 1,000원인 수정과를 5단위(⇒지출액 5,000원), 가격이 3,000원인 떡을 3단위(⇒ 지출액 9,000원) 소비하게 되면 소득 14,000원을 지출하게 되고, 이때 두 상품의 1,000원당 한계효용이 동일하게 되어 한계효용균등의 법칙을 충족하게 된다.
- 한편 수정과를 5단위 소비할 때 총효용은 '30,000'이고, 떡을 3단위 소비할 때 총효용은 '36,000'이 된다. 따라서 두 재화를 소비할 때 총효용은 '66,000'이 된다.
- 결국 소비자 잉여는 '52,000(=66,000−14,000)'이 된다.

정답 ⑤

② 생산자 잉여(producer surplus)의 의의

1) 개념: 상품 각 단위에 대한 시장가격과 공급가격과의 차액을 전 거래량에 걸쳐 합계한 것을 말한다.

2) 도해적 설명: 생산자 잉여($P_1P_E E$) = 실제 수입($OP_E EQ_E$) − 공급가격의 총액($OP_1 EQ_E$)

소비자잉여와 생산자잉여

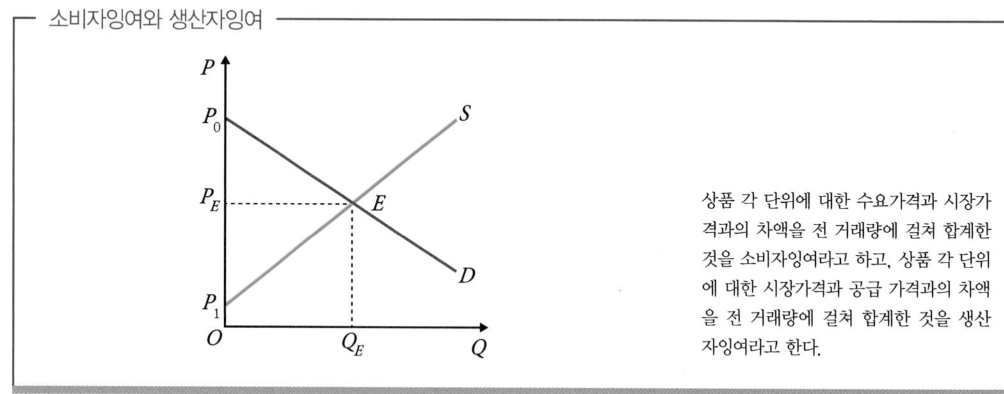

상품 각 단위에 대한 수요가격과 시장가격과의 차액을 전 거래량에 걸쳐 합계한 것을 소비자잉여라고 하고, 상품 각 단위에 대한 시장가격과 공급 가격과의 차액을 전 거래량에 걸쳐 합계한 것을 생산자잉여라고 한다.

생산자 잉여와 이윤

개별공급곡선 하단의 면적인 OP_1EQ_E는 개별 기업의 한계비용을 모두 더한 것이다. 이 면적의 의미는 한계비용곡선이 단기곡선인지 아니면 장기곡선인지에 따라 달라진다. 단기에서 총비용은 가변비용과 고정비용으로 구성되는데, 한계비용은 총비용의 증가분인 동시에 가변비용의 증가분이 된다. 고정비용은 한계비용에 영향을 미치지 않기 때문에 한계비용을 모두 더하면 가변비용이 된다. 따라서 단기에서 생산자 잉여는 총수입에서 가변비용을 제외한 크기가 되며, 다시 고정비용을 제외하면 이윤과 같게 된다. 장기에서는 고정비용이 없기 때문에 한계비용을 모두 더하면 총비용이 된다. 따라서 장기에서는 생산자 잉여가 곧 이윤의 크기가 된다.

3) 사회적 총 잉여: 소비자 잉여 + 생산자 잉여

= (전체 소비자가 평가하는 총가치 − 전체 소비자의 실제 지불액)

+ (전체 생산자의 실제 수입액 − 상품생산의 기회비용)

= 전체 소비자가 평가하는 총가치 − 상품생산의 기회비용

= 수요가격의 합 − 공급가격의 합 = P_1P_0E

확인 TEST

어떤 재화의 시장 수요곡선은 $P=300-2Q$이고, 시장 공급곡선은 $P=150+Q$일 때의 시장균형에 대한 설명으로 옳은 것은? (단, Q는 수량, P는 가격을 나타낸다.)

[2010, CPA]

① 사회적 잉여는 3,750이다.
② 균형가격은 50이다.
③ 균형거래량은 30이다.
④ 생산자 잉여는 2,500이다.

해설 주어진 두 식을 연립해서 풀면 $300-2Q=150+Q$에서 $Q=50$, $P=200$을 구할 수 있다.
이 결과를 그림으로 나타내면 다음과 같다.

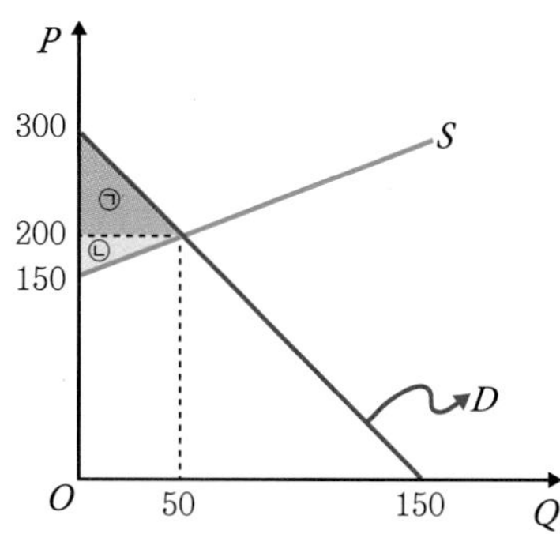

여기서 소비자 잉여(㉠)는 $100 \times 50 \times \frac{1}{2} = 2,500$, 생산자 잉여(㉡)는 $50 \times 50 \times \frac{1}{2} = 1,250$이 되어 사회적 총잉여는 3,750이 된다.

정답 ①

상품을 소비할 때 얻게 되는 이익은?

"다인과 다슬이는 졸업식 때 신을 구두를 사기 위해 함께 은광제화점에 갔다. 그런데 두 사람 모두 마음에 드는 구두가 한 켤레가 10만 원이었다. 다인은 그 구두가 너무 마음에 들어 한 켤레를 구입했고, 다슬이는 마음에는 들지만 너무 비싸다고 생각해서 사지 않았다. 다음날 우연히 은광제화점을 지나가던 다슬이는 어제 그 구두가 할인을 해서 한 켤레에 8만 원에 판매되고 있자 기쁜 마음으로 두 켤레나 구입하였다. 두 사람 중에서 누가 더 많은 이익을 얻었을까?"

소비자가 일정한 수량을 구입할 때 기꺼이 지불하고자 하는 최대금액(수요가격)이 실제로 시장에서 지불한 금액보다 클 때 그 초과분을 소비자 잉여(consumer surplus)라고 한다. 즉 상품 각 단위에 대한 수요가격과 시장가격과의 차액을 전 거래량에 걸쳐 합계한 것을 말한다. 이를 그림으로 설명하면 다음과 같다.

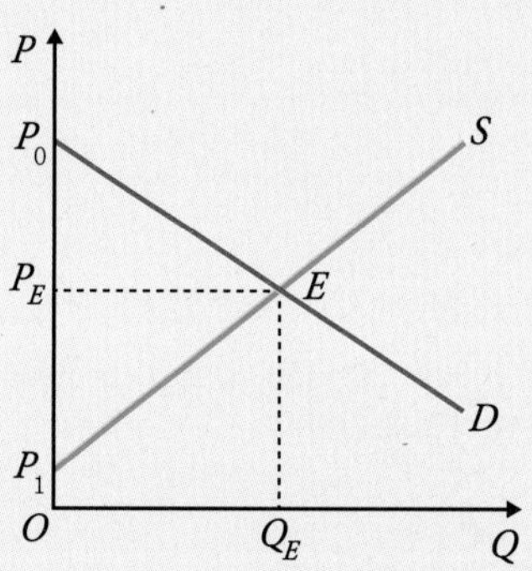

소비자 잉여(P_0P_EE) = 수요가격의 총계(OP_0EQ_E) − 실제 지불 금액(OP_EEQ_E)

다시 앞의 문제로 되돌아가보자. 얼핏 보면 구두 구입으로 더 많은 이익을 본 사람은 구두를 더 싸게 산 다슬이일 것 같다. 그러나 주어진 자료만 가지고서는 이를 알 수 없다. 왜냐하면 다인이 구두를 구입할 때 구두가 너무 마음에 들어서 기꺼이 15만 원까지 지불할 생각을 했었다면 그때 다인의 소비자 잉여는 5만 원이다. 그런데 다슬이가 한 켤레에 10만 원이었을 때 구입하지 않았다는 것은 수요가격이 10만 원보다 낮다는 것이다. 결국 8만 원에 두 켤레를 구입하였을 때 얻을 수 있는 소비자 잉여는 한 켤레 당 2만 원을 넘지 못하게 된다. 따라서 두 켤레를 구입했을 때 다슬이가 얻을 수 있는 잉여의 총합은 아무리 많아도 4만 원을 넘지 못하므로 다인의 잉여보다 작게 된다.
따라서 다인의 수요가격에 대한 정보가 없다면 누구의 잉여가 더 큰지 알 수 없게 되는 것이다.

사례 연구 가격 하락과 소비자 잉여

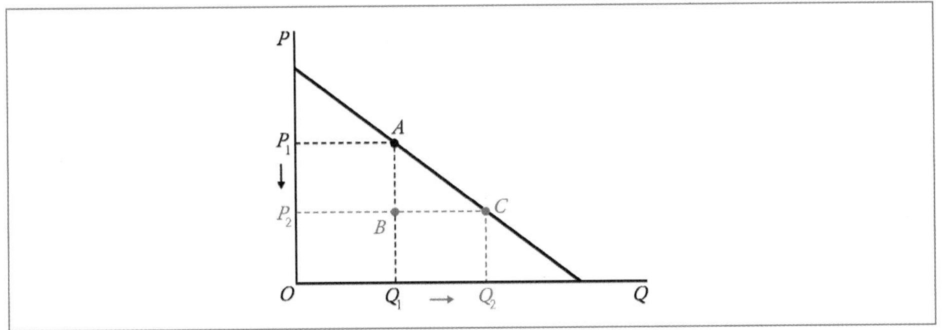

그림에서 가격이 P_1에서 P_2로 하락할 때, 다음과 같은 두 가지 측면에서 소비자 잉여의 변화가 나타난다.

첫째, 이전에 비해 낮은 가격을 지불할 수 있게 됨으로써 증가하는 소비자 잉여이다. 그림에서 Q_1까지의 소비량은 이전에는 P_1의 가격을 지불하고 소비했던 수량이다. 그러나 지금은 이보다 낮은 P_2의 가격만으로도 소비가 가능해졌다. 이에 따라 가격 하락 전에 비해 사각형 P_1ABP_2만큼의 소비자 잉여가 증가하게 되었다.

둘째, 가격이 P_1에서 P_2로 하락함으로써 이전에 비해 소비량이 Q_1에서 Q_2로 증가하였고, 이에 따라 삼각형 ABC만큼의 소비자 잉여가 추가적으로 증가하게 되었다.

개념 플러스⁺ J. R. Hicks의 소비자 잉여

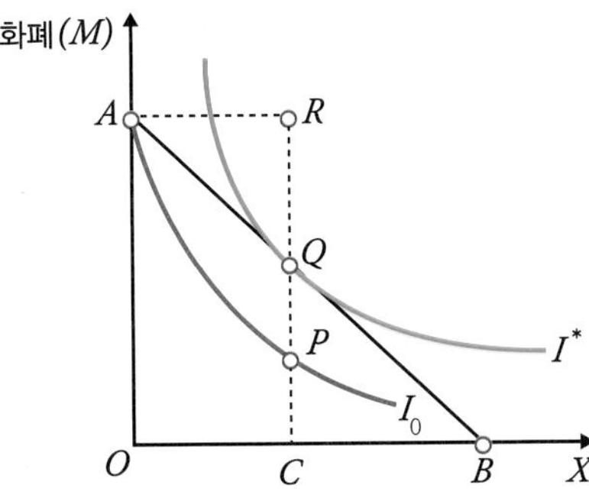

1. 위 그래프에서 Q점은 소비자 균형점이다. 이때 Q점을 통과하는 수직선을 그려서 C점과 R점을 결정하자. 이 경우 소비자는 Q점에서 X재를 OC, 종축은 재화 대신 화폐를 CQ만큼 보유하고 있다. 즉 X재를 OC만큼 소비하는 대신에 화폐를 RQ만큼 상실하게 된다.
2. 지금 A점을 통과하는 무차별곡선(I_0)을 그려 CR선을 통과하는 점을 P점이라고 하면, P점은 같은 무차별곡선(I_0)에 있으므로 A점과 같은 효용을 소비자에게 줄 것이다. 즉 화폐를 OA만큼 가지는 경우와 X재를 OC, 화폐를 CP만큼 갖는 경우는 이 소비자에게는 무차별하다는 것이다.
3. 그런데 화폐를 CP만큼 가진다는 것은 애초에 A점에 있어서의 상태와 비교하면 화폐를 PR만큼 상실하게 된다는 것을 의미하므로 PR은 X재의 OC를 수요하기 위해서 이 소비자가 기꺼이 지불할 수 있는 화폐액을 표시한다.
4. 그러나 소비자의 균형은 Q점에서 이루어져 있기 때문에 이 소비자는 X재의 OC를 구입하는 데 화폐를 QR만큼 지불하면 된다.
5. 따라서 PQ는 화폐를 지불하고 X재를 구입하는 교환과정에서 이 소비자에게 귀속되는 이익이며, 이것을 Hicks는 소비자 잉여라고 했다.

확인 TEST

철수의 연간 영화관람에 대한 수요함수는 $Q = 30 - \frac{P}{400}$ 이고 비회원의 1회 관람가격은 8,000원이지만 연회비를 내는 회원의 1회 관람가격은 4,000원으로 할인된다. 철수가 회원이 되려고 할 때 지불할 용의가 있는 최대 연회비는? (단, Q는 연간 영화관람 횟수, P는 1회 관람가격이다.)

[2008, 국가직 7급]

① 70,000원
② 60,000원
③ 50,000원
④ 40,000원

해설 문제에서 주어진 내용을 그림으로 그리면 다음과 같다.

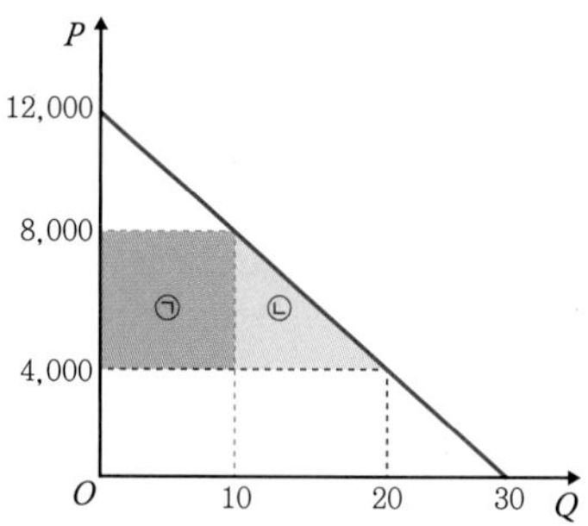

위 그림에서는 회원이 되는 경우 철수가 새롭게 얻을 수 있는 소비자 잉여(㉠+㉡)의 크기가 나타나 있다. 비회원의 1회 관람가격이 8,000원일 때 연간 이용횟수는 10회이지만, 회원의 1회 관람가격이 4,000원일 때 연간 이용횟수는 20회로 증가한다. 이에 따라 동일한 이용횟수에서 관람가격 하락으로 인해 얻을 수 있는 새로운 소비자 잉여는 ㉠이고, 하락한 관람가격 아래에서 증가한 이용횟수로 인해 얻을 수 있는 새로운 소비자 잉여는 ㉡이다. 결국 철수가 회원이 되었을 때 새롭게 얻을 수 있는 소비자 잉여(㉠+㉡)만큼 최대 연회비를 지불할 용의를 갖게 된다. 이를 계산하면 $\frac{10 + 20}{2} \times 4,000 = 60,000$(원)이 된다.

정답 ②

심화 TEST

다음 X재 시장에서 시장 전체의 소비자 잉여는 얼마인지 쓰시오. [2014. 교원임용]

- 시장 수요 : 소비자 1인의 수요는 $q^d=8-P$이다. 시장에는 수요가 동일한 300명의 소비자가 존재한다. 시장 수요는 각 개별 소비자 수요의 합이다.
- 시장 공급 : 생산자 1인의 공급은 $q^s=P$이다. 시장에는 공급이 동일한 100명의 생산자가 존재한다. 시장 공급은 각 개별 생산자 공급이 합이다.

(여기서, q^d는 소비자 1인의 수요, q^s는 생산자 1인의 공급, P는 시장 가격을 나타내며 수량의 단위는 개, 가격의 단위는 달러이다.)

분석하기

- 개별 수요함수가 동일하므로 시장 전체의 수요함수는 개별수요함수를 소비자의 수만큼 수평으로 합하여 도출할 수 있다. 따라서 다음과 같이 도출된다.

$$q^d=8-P(\text{개별 수요함수}) \Rightarrow Q^D=2,400-300P(\text{시장 전체 수요함수})$$

- 개별 공급함수가 동일하므로 시장 전체의 공급함수는 개별공급함수를 생산자의 수만큼 수평으로 합하여 도출할 수 있다. 따라서 다음과 같이 도출된다.

$$q^s=P(\text{개별 공급함수}) \Rightarrow Q^S=100P(\text{경제 전체 공급함수})$$

- 앞에서 도출된 경제 전체의 수요함수와 공급함수를 연립해서 풀면 시장 균형가격은 '$P=6$(달러)', 시장 균형거래량은 '$Q=600$'이 된다.
- 앞의 결과를 그림으로 나타내면 색칠한 부분인 시장 전체의 소비자 잉여를 구할 수 있다.

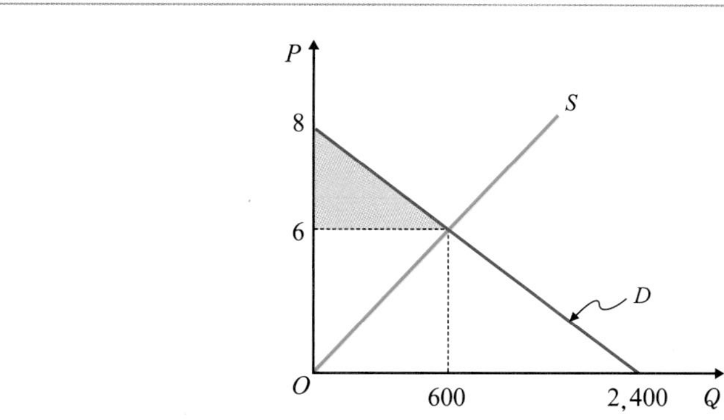

- 소비자 잉여 : $2\times600\times\frac{1}{2}=600$(달러)

Theme 41 조세 부과의 경제적 효과

❶ 조세의 귀착(tax incidence)의 의의

1) **개념**: 어떤 재화에 대해서 종량세가 부과되었을 때 생산자에 의해 이루어지는 조세 부담을 소비자에게 이전시키려는 경제 행위, 즉 조세의 전가로 인하여 그 조세를 결국 생산자와 소비자가 어떠한 비율로 나누어 부담하게 되느냐를 말한다.

조세부과에 따른 함수의 변화

- **공급자에 대한 조세 부과에 따른 공급함수의 변화**

1. 공급자에게 종량세를(specific duty) 부과하는 경우
   1) 종량세는 수량이나 중량을 기준으로 부과 ⇒ 공급함수가 $P=a+bQ$라고 할 때 종량세가 공급자에게 T 만큼 부과되면 공급함수는 다음과 같이 변화하게 된다.

   (과세 이전) $P=a+bQ \Rightarrow$ (과세 이후) $(P-T)=a+bQ \Rightarrow P=(a+T)+bQ$

   2) 이에 따라 공급곡선은 상방으로 평행이동을 하게 된다.

2. 공급자에게 종가세(ad valorem duty)를 부과하는 경우
   1) 종가세는 가격당 일정비율(t)을 부과하는 세금으로 가격이 오를수록 조세액이 커진다.
   2) 공급함수가 $P=Q$일 때 가격단위당 t%씩 종가세가 부과되면 공급함수는 다음과 같이 변화하게 된다.

   (과세 이전) $P=Q \Rightarrow$ (과세 이후) $P=(1+t)Q$

   3) 이에 따라 공급곡선은 가격절편을 중심으로 회전이동을 하게 된다.

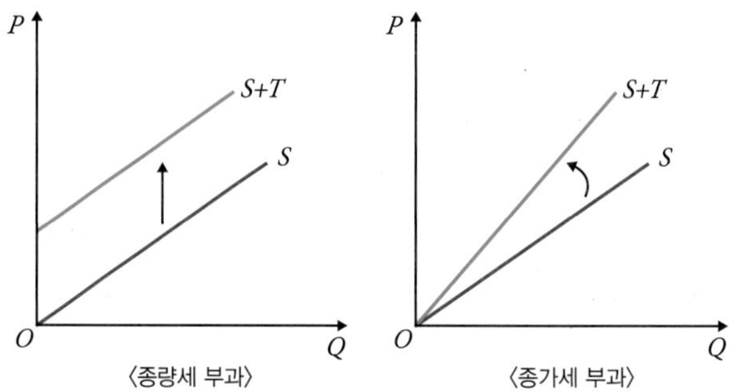

- **소비자에 대한 종량세(specific duty) 부과에 따른 수요함수의 변화**

   1) 종량세는 수량이나 중량을 기준으로 부과 ⇒ 수요함수가 $P=a-bQ$라고 할 때 종량세가 소비자에게 T 만큼 부과되면 수요함수는 다음과 같이 변화하게 된다.

   (과세 이전) $P=a-bQ \Rightarrow$ (과세 이후) $(P+T)=a-bQ \Rightarrow P=(a-T)-bQ$

   2) 이에 따라 수요곡선은 하방으로 평행이동을 하게 된다.

2) 도해적 설명

(1) 생산자(공급자)에 대한 조세(물품세, 종량세) 부과 효과

생산자에게 종량세 부과

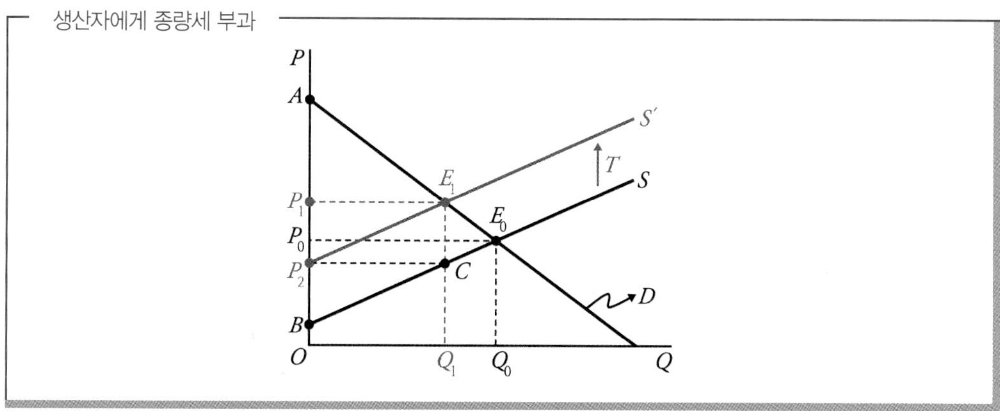

① 그래프에서 단위당 P_1P_2의 물품세가 생산자에게 부과되면 공급곡선은 S에서 S'으로 단위당 부과된 조세(T)만큼 수직으로 상방 이동하여 균형점은 E_0에서 E_1으로 이동하게 된다. 이에 따라 가격은 P_0에서 P_1으로 상승하고 거래량은 Q_0에서 Q_1으로 감소하게 된다.

② 우선 소비자의 입장에서 보면 시장균형 가격이 이전에 비해 P_0P_1만큼 가격이 상승하게 되어, 지불해야 할 단위당 가격이 과세 전의 P_0에서 과세 후에는 P_1으로 상승하게 된다. 이에 따라 소비자 잉여는 $\triangle P_0E_0A$에서 $\triangle P_1E_1A$가 되어 사다리꼴 $P_1E_1E_0P_0$만큼 감소하게 된다.

③ 한편 생산자의 입장에서 보면 과세 후의 시장가격 P_1에서 조세인 $P_1P_2(=T=E_1C)$만큼을 제외한 P_2만큼만 최종 받을 수 있게 되어 과세 전에 비해 P_0P_2만큼 단위당 수입이 감소하고, 생산자 잉여는 $\triangle P_0E_0B$에서 $\triangle P_1E_1P_2$로 변화하게 된다. 그런데 P_1E_1과 P_2C의 길이가 같고, P_1P_2와 P_2B의 길이가 같으므로 $\triangle P_1E_1P_2$와 $\triangle P_2CB$의 면적 또한 같다. 결국 생산자 잉여는 $\triangle P_0E_0B$에서 $\triangle P_2CB$로 감소한 것과 동일해지므로 결국 생산자 잉여는 사다리꼴 $P_0E_0CP_2$만큼 감소하게 된다.

④ 이에 따라 부과된 조세 크기인 P_1P_2 중에서 단위당 P_0P_1만큼은 소비자에게, P_0P_2만큼은 생산자에게 최종적인 조세의 귀착이 이루어진다.

⑤ 또한 정부의 재정수입도 $\square P_1E_1CP_2$만큼 발생하지만 그 크기는 소비자 잉여와 생산자 잉여의 감소분의 합인 ⬠$P_1E_1E_0CP_2$에 비해 $\triangle E_1E_0C$만큼 작다. 이 크기가 바로 조세 부과에 따라 발생하게 된 경제적 순손실(deadweigt loss)이 된다.

구분	과세 前	과세 後
소비자 잉여	$\triangle P_0E_0A$	$\triangle P_1E_1A$
생산자 잉여	$\triangle P_0E_0B$	$\triangle P_1E_1P_2 = \triangle P_2CB$
정부 재정 수입	0	$\square P_1E_1CP_2$
사회적 총잉여	$\triangle AE_0B$	$\square AE_1CB$
경제적 순손실	0	$\triangle E_1E_0C$

확인 TEST

어느 상품의 수요와 공급은 다음 표와 같다고 가정한다. 정부가 상품 1단위당 30원의 종량세를 생산자에게 부과할 경우, 이에 대한 설명으로 옳은 것을 〈보기〉에서 고른 것은? [2011. 교원임용]

가격(원)	10	20	30	40	50	60	70
수요량	130	110	90	70	50	30	10
공급량	40	50	60	70	80	90	100

〈 보 기 〉

㉠ 과세 후에 정부의 조세수입은 1,500원이다.
㉡ 과세 후에 소비자가 상품을 구매하는 가격은 50원이다.
㉢ 과세 후에 후생 순손실(deadweight loss)은 600원이 된다.
㉣ 과세 후에 종량세의 생산자 부담은 상품 한 단위당 10원이 된다.

① ㉠, ㉡ ② ㉠, ㉢ ③ ㉡, ㉢ ④ ㉡, ㉣ ⑤ ㉢, ㉣

해설 표를 전제로 정부가 상품 1단위당 30원의 종량세를 생산자에게 부과하는 경우 나타나는 변화를 그림으로 나타내면 다음과 같다.

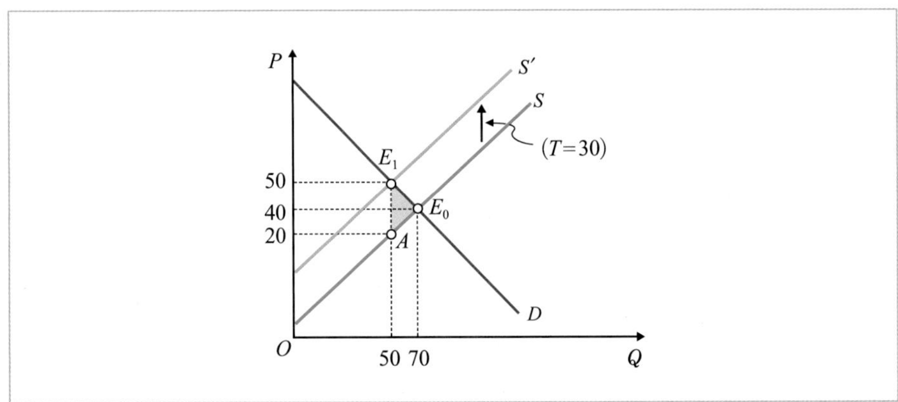

㉠ 과세 후 거래량은 50단위가 된다. 따라서 조세 부과 후 정부의 조세수입은 1,500원(=30원×50)이 된다.
㉡ 과세 후에 소비자가 상품을 구매하는 가격은 새로운 시장가격인 50원이다.
㉢ 과세 후에 후생 순손실(deadweight loss)은 색칠한 삼각형 E_0E_1A가 된다. 이에 따라 그 크기는 300원$\left(=30원\times 20\times \frac{1}{2}\right)$이 된다.
㉣ 과세 후에 시장가격은 50원이다. 생산자는 여기에서 30원의 조세를 납부해야 한다. 따라서 생산자의 상품 1단위 당 실수령액은 조세 부과 전의 40원에 비해 20원이 하락한 20원이 된다. 즉 과세후에 종량세의 생산자 부담은 상품 한 단위당 20원이 된다.

정답 ①

(2) 소비자(수요자)에 대한 조세(물품세, 종량세) 부과 효과

소비자에게 종량세 부과

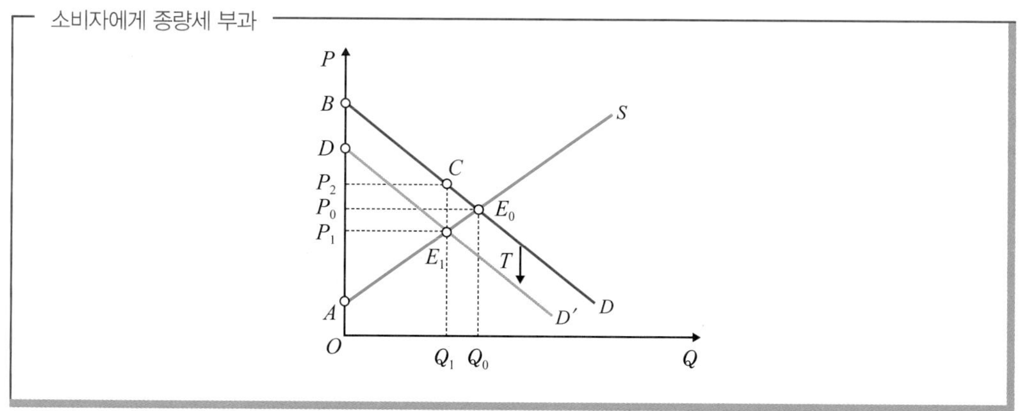

① 그래프에서 단위당 P_1P_2의 물품세가 소비자에게 부과되면 수요곡선은 D에서 D'으로 단위당 부과된 조세(T)만큼 수직으로 하방 이동하여 균형점은 E_0에서 E_1으로 이동하게 된다. 이에 따라 가격은 P_0에서 P_1으로 하락하고 거래량은 Q_0에서 Q_1으로 감소하게 된다.

② 우선 생산자의 입장에서 시장균형 가격이 이전에 비해 P_0P_1만큼 하락하게 되어, 받을 수 있는 단위당 가격이 과세 전의 P_0에서 과세 후에는 P_1으로 하락하게 된다. 이에 따라 생산자 잉여는 $\triangle P_0E_0A$에서 $\triangle P_1E_1A$가 되어 사다리꼴 $P_1E_1E_0P_0$만큼 감소하게 된다.

③ 한편 소비자의 입장에서 보면 과세 후의 시장가격 P_1에서 조세인 $P_1P_2(=T=E_1C)$만큼을 추가한 P_2만큼을 지불하게 되어 과세 전에 비해 P_0P_2만큼 단위당 지불부담이 증가하고, 소비자 잉여는 $\triangle P_0E_0B$에서 $\triangle P_1CP_2$로 변화하게 된다. 그런데 P_1E_1과 P_2C의 길이가 같고, P_1D와 P_2B의 길이가 같으므로 $\triangle P_1E_1D$와 $\triangle P_2CB$의 면적 또한 같다. 결국 소비자 잉여는 $\triangle P_0E_0B$에서 $\triangle P_2CB$로 감소한 것과 동일해지므로 결국 소비자 잉여는 사다리꼴 $P_0E_0CP_2$만큼 감소하게 된다.

④ 이에 따라 부과된 조세 크기인 P_1P_2 중에서 단위당 P_0P_1만큼은 생산자에게, P_0P_2만큼은 소비자에게 최종적인 조세의 귀착이 이루어진다.

⑤ 또한 정부의 재정수입도 $\square P_1E_1CP_2$만큼 발생하지만 그 크기는 소비자 잉여와 생산자 잉여의 감소분의 합인 ⬠$P_1E_1E_0CP_2$에 비해 $\triangle E_1E_0C$만큼 작다. 이 크기가 바로 조세 부과에 따라 발생하게 된 경제적 순손실(deadweigt loss)이 된다.

구분	과세 前	과세 後
소비자 잉여	$\triangle P_0E_0B$	$\triangle P_1E_1D=\triangle P_2CB$
생산자 잉여	$\triangle P_0E_0A$	$\triangle P_1E_1A$
정부 재정 수입	0	$\square P_1E_1CP_2$
사회적 총잉여	$\triangle AE_0B$	$\square AE_1CB$
경제적 순손실	0	$\triangle E_1E_0C$

(3) 조세부과와 자원배분

결국 동일한 크기의 물품세는 생산자에게 부과되든 소비자에게 부과되든 사회적 잉여에 미치는 동일하다. 다만 조세 부과 후의 시장균형 가격은 전자의 경우에는 상승하고, 후자의 경우에는 하락하게 되는 차이만 발생한다.

확인 TEST

타이어에 대한 수요(Q_D)와 공급(Q_S) 함수가 각각 Q_D=700−P와 Q_S=200+4P로 주어져 있다. 정부가 소비자에게 타이어 1개당 10원의 세금을 부과한다면, 공급자가 받는 가격(P_S)과 소비자가 지불하는 가격(P_D)은? (단, P는 가격을 나타낸다.)

[2011, 국가직 7급]

	P_S	P_D
①	98원	108원
②	100원	110원
③	108원	98원
④	110원	100원

해설 주어진 수요함수와 공급함수를 연립하여 풀면 시장에서는 균형가격(P^*)=100, 균형거래량(Q^*)=600이 된다. 그런데 정부가 소비자에게 타이어 1개당 10원의 세금을 부과하면 새로운 수요함수는 Q_D=690−P이 되어 새로운 시장 균형점에서는 균형가격(P_1)=98, 균형거래량(Q_1)=592가 된다. 이를 그림으로 나타내면 다음과 같다.

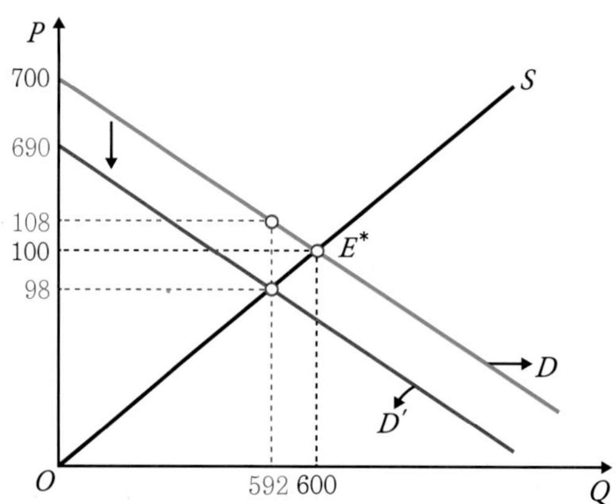

앞의 그림에서 새로운 시장균형점에서의 균형가격 P_1 (=98)이 공급자가 받는 가격(P_S)이 되며, 여기에 소비자에게 부과된 조세인 10원을 더한 가격인 108(원)이 소비자가 지불하는 가격(P_D)이 된다.

정답 ①

전가(귀착)의 종류

① **전전**(forward shifting): 전전이란 조세의 최종 부담이 세원(예: 상품)을 구매한 자(예: 상품소비자)에게 낙착되는 현상 ⇒ 물품세를 비롯한 대부분의 소비세는 상품가격의 상승을 통해 상품구매자에게 전부 또는 일부의 전전현상을 일으킴

② **후전**(backward shifting): 후전이란 조세의 부과로 상품 생산에 사용된 생산요소 소득액이 삭감되는 경우 ⇒ 예를 들어 제조업자에게 부과된 조세 부담을 노동자의 임금인하를 통하여 노동자에게 전가하려고 하는 것은 후전의 대표적인 경우 ⇒ 역전

③ **갱전**: 전전 또는 후전된 조세가 다시 전가되는 경우

④ **소전**: 조세부담이 아무에게도 귀착되지 아니하고 소멸되는 경우 ⇒ 과세의 결과 경영능률을 높이거나 혹은 근로도를 강화하여 경영를 합리화함으로써 누구나 사실상 조세 부담을 질 필요가 없게 되는 경우

⑤ **조세의 상각 = 조세의 자본화**(tax capitalization) **= 조세환원**: 조세의 부담이 현재의 재산보유자에게 집중되는 것으로서 장래에 과하여질 조세가 현재에 부담되어지는 경우 ⇒ 예를 들어 토지세가 인상되면 형식적으로는 그 인상분만큼이 매년 납부되지만, 실질적으로는 토지세 인상 발표와 동시에 지가가 하락하여 현재의 토지 소유자가 그 부담을 모두 지게 되는 것이 바로 이에 해당

2 조세 부과에 따른 경제적 순손실(조세의 초과부담)

1) 의미

(1) 조세가 부과되면 납세자가 부담하는 금액은 언젠가 납세자에게 (공공재로 공급되어) 편익(benefit)으로 되돌아온다. 그러나 납세자들이 실제로 짊어지는 조세 부담의 크기는 금액으로 나타나는 부담보다 크다. 이를 조세의 초과부담(excess burden)이라 한다.

조세의 초과부담 = 납세자가 지는 부담의 합 − 납세액

(2) 조세부과가 가격 상승에 따른 가격체계의 혼란으로 민간부문의 자원배분을 왜곡시킴으로써 발생하는 후생의 순손실, 즉 사회적 총잉여의 감소분으로 이해할 수도 있다.

2) 도해적 설명

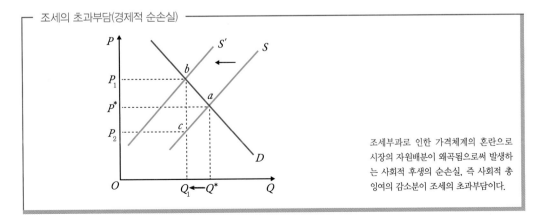

조세의 초과부담(경제적 순손실)

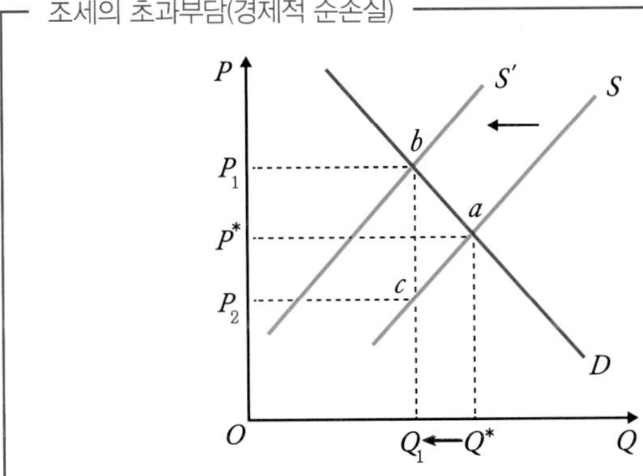

조세부과로 인한 가격체계의 혼란으로 시장의 자원배분이 왜곡됨으로써 발생하는 사회적 후생의 순손실, 즉 사회적 총잉여의 감소분이 조세의 초과부담이다.

그래프에서 단위당 bc의 물품세가 부과되어 공급곡선이 S에서 S'로 이동하면 균형점은 b가 된다. 이때 사회적 총잉여의 감소분에 해당하는 Δabc가 바로 경제적 순손실이 된다.

deadweight loss(경제적 순손실)의 의미

예컨대 자동차를 만드는 데 있어 별 기능이 없는 부품의 무게가 무거우면 불필요한 연료소모를 초래하는데, 이렇게 불필요한 무게를 'deadweight'라고 부른다. 당연히 이러한 불필요한 무게를 없애는 것이 효율성을 높이는 것이다.

3) 경제적 순손실의 규모

(1) **(a)인 경우**: 조세부과에 따른 경제적 순손실은 수요와 공급의 가격탄력성이 클수록 크게 나타난다 ($\Delta ab'c' > \Delta abc$).

(2) **(b)인 경우**: 조세부과에 따른 경제적 순손실은 세율이 높아질수록 비례 이상으로 증가한다 ($\Delta ab'c' > \Delta abc$).

경제적 순손실의 규모

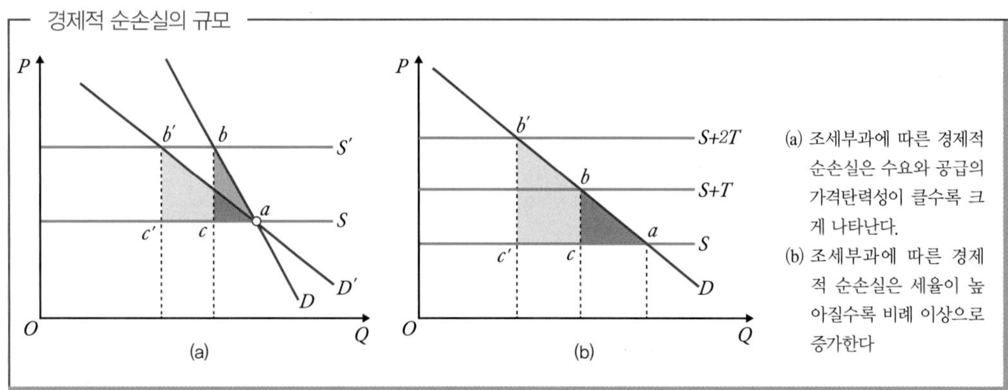

(a) 조세부과에 따른 경제적 순손실은 수요와 공급의 가격탄력성이 클수록 크게 나타난다.
(b) 조세부과에 따른 경제적 순손실은 세율이 높아질수록 비례 이상으로 증가한다

사례 연구 조세부과에 따른 경제적 순손실의 측정

◈ 수요함수와 공급함수가 다음과 같이 주어져 있다고 가정하자.

- $Q_D = a - bP$
- $Q_S = c + dP$

이제 정부가 T원만큼의 물품세를 부과하면 경제적 순손실(DL)이 발생하고, 그 크기는 다음과 같이 도출된다.

$$DL_T = \frac{1}{2}\left(\frac{b\times d\times T^2}{b+d}\right)$$

만약 정부가 2배의 물품세를 부과하면 경제적 순손실의 크기는 다음과 같다.

$$DL_{2T} = \frac{1}{2}\left[\frac{b\times d\times (2T)^2}{b+d}\right] = 4\times\frac{1}{2}\left(\frac{b\times d\times T^2}{b+d}\right) = 4DL_T$$

결국 2배 만큼의 조세 증가는 4배 만큼의 경제적 순손실의 증가를 초래하게 된다.

확인 TEST

독점기업이 당면하고 있는 시장수요곡선은 $P=12-\frac{1}{2}Q$이고, 한계비용은 항상 2로 일정하다. 이 시장에 정부가 개당 2의 종량세(quantity tax)를 부과할 때 추가적으로 발생하는 자중손실(deadweight loss)은?

[2018, 서울시 공개경쟁 7급]

① 11
② 12
③ 14
④ 15

해설

- 주어진 시장수요곡선이 선형함수이므로 독점기업의 한계수입곡선은 수요곡선과 절편은 같고 기울기 2배인 '$MR=12-Q$'가 된다.
- 정부가 개당 2의 종량세를 부과하면 독점기업의 한계비용은 4로 상승한다.
- 이윤극대화 조건($MR=MC$)을 만족하는 수준에서 종량세 부과에 따른 변화를 그림으로 나타내면 다음과 같다.

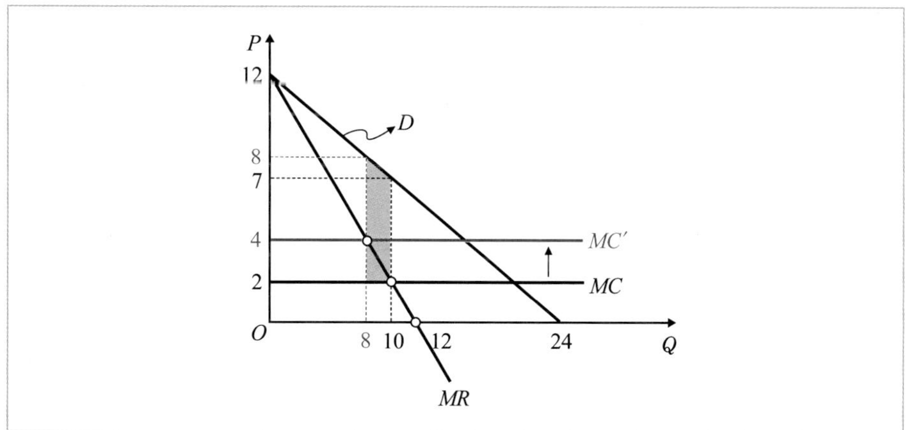

- 그림에서 자중손실(Deadweight loss)의 크기는 색칠한 사다리꼴에 해당하며, 그 크기는 다음과 같다.

$$\text{자중손실: } (5+6)\times 2\times \frac{1}{2}=11$$

정답 ①

확인 TEST

수요와 공급곡선이 다음과 같이 주어져 있다.

- $Q_D = 400 - 2P$
- $Q_S = 100 + 3P$

단위당 T만큼의 조세를 소비자에게 부과하는 경우, 사회적 후생손실이 135라면 단위당 조세의 크기는 얼마인가? [2017, 국회 8급]

① 6
② 9
③ 10
④ 15
⑤ 30

- 수요함수가 '$Q_D = a - bP$', 공급함수가 '$Q_S = c + dP$' 형태일 때, 생산자 또는 소비자에게 조세를 T만큼 부과한 경우 사회적(경제적) 순손실(Deadweight loss)은 다음과 공식을 이용해서 구할 수 있다.

$$DL = \frac{1}{2}\left(\frac{b \times d \times T^2}{b+d}\right)$$

- 문제에서 주어진 수요함수와 공급함수에서 '$b=2$', '$d=3$', 사회적 후생손실(DL)이 135이므로 앞의 공식에 대입하여 정리하면 다음과 같은 결과를 얻게 된다.

$$135 = \frac{1}{2}\left(\frac{2 \times 3 \times T^2}{2+3}\right) \Rightarrow T^2 = 225 \Rightarrow T = 15$$

- 앞에서 주어진 공식은 조세가 아닌 보조금을 지급하는 경우에도 동일하게 활용할 수 있다. 공식에서 조세 대신 보조금을 대입하면 보조금을 지급하는 경우에 발생하는 사회적 순손실을 구할 수 있다.

정답 ④

3 탄력성과 조세의 귀착

1) 수요의 가격탄력성과 조세의 귀착

(1) 수요가 비탄력적인 경우 ⇒ 생산자보다 소비자가 더 많이 부담

(2) 수요가 탄력적인 경우 ⇒ 소비자보다 생산자가 더 많이 부담

(3) 수요가 완전탄력적인 경우 ⇒ 생산자가 전부 부담(전가 불능)

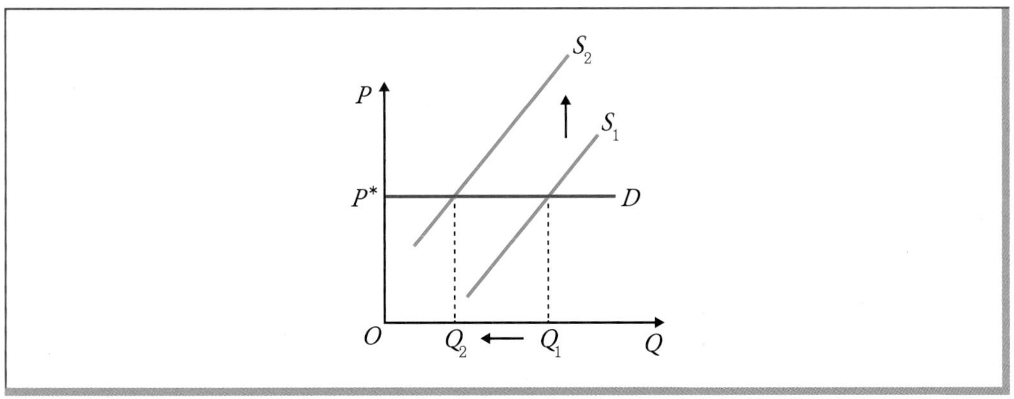

(4) 수요가 완전비탄력적인 경우 ⇒ 소비자가 전부 부담 (완전 전가)

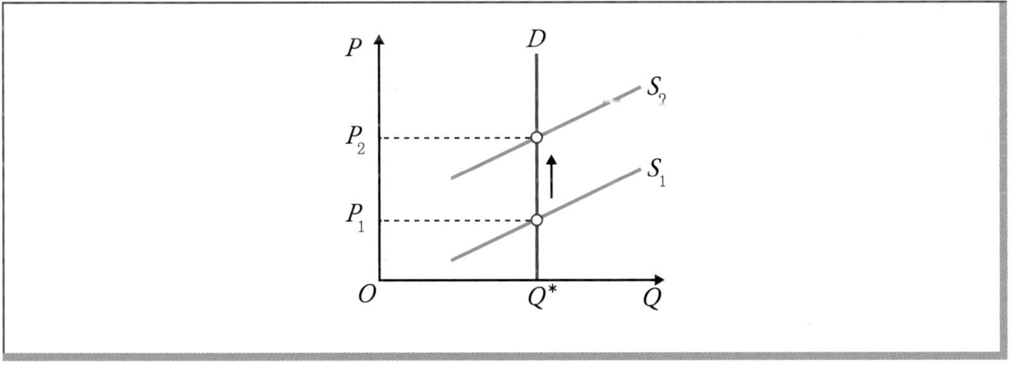

2) 공급의 탄력성과 조세 부담의 귀착

(1) 공급이 탄력적인 경우 ⇒ 소비자가 많이 부담

(2) 공급이 비탄력적인 경우 ⇒ 생산자가 많이 부담

(3) 공급이 완전탄력적인 경우 ⇒ 소비자가 모두 부담(완전 전가)

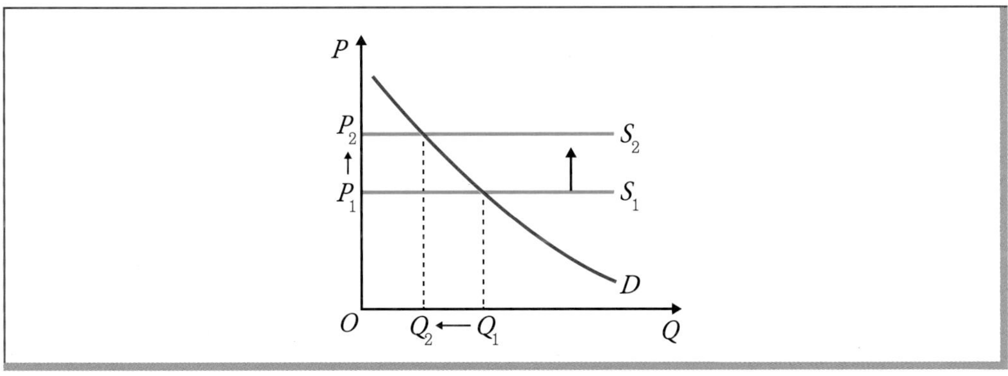

(4) 공급이 완전비탄력적인 경우 ⇒ 생산자가 모두 부담(전가 불능)

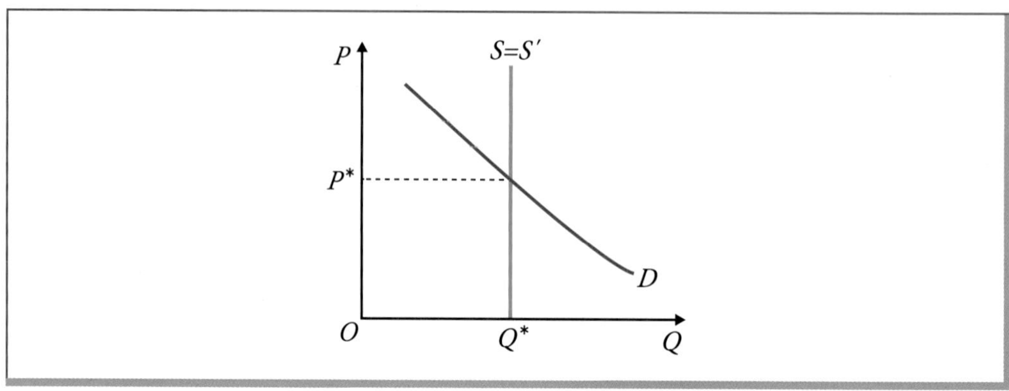

조세 부담의 상대적 크기

(공급자 부담/수요자 부담) = (수요의 가격 탄력도/공급의 가격 탄력도)

사례 연구 **조세부과와 조세 부담의 크기**

현재 경쟁시장에서 100원에 거래되고 있는 X재에 대해 정부가 공급자에게 X재 1단위 당 30원의 조세를 부과하였다. 이에 따라 X재 시장가격은 110원으로 상승하였다. 수요의 가격탄력성이 '1'이라고 할 때, 공급의 가격탄력성을 구하면? 단, 수요곡선과 공급곡선은 모두 직선이다.

분석하기

정부가 공급자에게 1단위 당 30원만큼의 조세를 부과함에 따라 시장가격이 100원에서 110원으로 상승하였다는 것은 수요자의 조세부담 크기가 10원이라는 의미이고, 이것은 곧 공급자의 조세부담의 크기는 20원이라는 의미이기도 하다.

조세부과에 따른 수요자와 공급자의 조세부담은 다음 식과 같다.

$$\frac{\text{수요자 부담의 크기}}{\text{공급자 부담의 크기}} = \frac{\text{공급의 가격 탄력성}}{\text{수요의 가격 탄력성}} \Rightarrow \frac{10}{20} = \frac{\text{공급의 가격 탄력성}}{1}$$

$$\Rightarrow \text{공급의 가격 탄력성} = 0.5$$

확인 TEST

현재 경쟁시장에서 X재의 가격은 100원에 거래되고 있다. 정부는 공급자에게 X재 1단위 당 30원의 조세를 부과하고자 한다. 조세부과 후의 시장가격은? 단, 수요곡선은 우하향하고 공급곡선은 우상향하는 직선이다. 또한 수요의 가격탄력성은 0.5, 공급의 가격탄력성은 1로 알려져 있다.

① 5원만큼 상승한다. ② 10원만큼 상승한다.
③ 20원만큼 상승한다. ④ 30원만큼 상승한다.

해설 조세부과에 따른 수요자와 공급자의 조세부담은 다음 식과 같다.

$$\frac{\text{수요자 부담의 크기}}{\text{공급자 부담의 크기}} = \frac{\text{공급의 가격 탄력성}}{\text{수요의 가격 탄력성}} \Rightarrow \frac{\text{수요자 부담의 크기}}{\text{공급자 부담의 크기}} = \frac{1}{0.5} = 2$$

이 결과는 조세부과에 따른 부담의 크기는 수요자가 공급자에 비해 2배가 된다는 의미이다. 예컨대 공급자 부담의 크기를 a라고 한다면 수요자 부담의 크기는 $2a$만큼이라는 의미이다. 따라서 다음 식이 성립한다.

'부과된 조세=수요자가 부담하는 조세+공급자가 부담하는 조세' $\Rightarrow 30 = 2a + a \Rightarrow a = 10$

결국 수요자는 20원, 공급자는 10원만큼의 조세를 부담하게 된다. 여기서 수요자는 상품을 구입할 때 시장가격을 지불하게 되므로, 수요자가 부담하는 조세가 20원이라는 것은 결국 시장가격이 100원에서 120원으로 상승한다는 의미이기도 하다.

정답 ③

확인 TEST

X, Y 두 종류의 재화가 있다. X재 수요의 가격탄력성은 0.7이고, Y재 가격이 1% 상승할 때 Y재 수요량은 1.4% 감소한다고 한다. 램지 원칙에 따라 과세하는 경우 Y재 세율이 10%일 때, X재의 최적 세율은? [2019 지방직 7급]

① 0.5% ② 5% ③ 7% ④ 20%

해설
- 램지(F. A. Ramsey)의 원칙은 과세로 인한 사회의 총체적 초과부담을 극소화하기 위해 제시된다. 그 내용은 상대적으로 비탄력적인 재화에 높은 세율을 부과하고, 상대적으로 탄력적인 재화에 낮은 세율을 부과해야 한다는 것이다. 이것을 역비례성의 원칙 또는 역탄력성의 원칙(inverse elasticity rule)이라고도 부른다.
- 램지(F. A. Ramsey)의 원칙을 수식으로 표현하면 다음과 같다.

- 한계초과부담(MEB): $\frac{\text{초과부담의 증가분}}{\text{한계조세수입}} = \frac{\Delta A}{2A}$
- 각 상품의 한계초과부담이 일치하는 수준: $\frac{\Delta X}{X} = \frac{\Delta Y}{Y}$
- $\frac{t_X}{t_Y} = \frac{\varepsilon_Y}{\varepsilon_X}$

여기서 A는 해당상품의 수량, t_X는 X재에 부과된 세율, t_Y는 Y재에 부과된 세율, ε_X는 X재 수요의 가격탄력성, ε_Y는 Y재 수요의 가격탄력성을 의미한다.

- 문제에서 Y재 가격이 1% 상승할 때 Y재 수요량은 1.4% 감소한다는 것은 Y재 수요의 가격탄력성이 1.4라는 것을 의미한다.
- 문제에서 주어진 조건을 앞에서 제시한 램지 원칙이 반영된 수식에 대입하여 풀면 다음과 같이 X재의 최적 세율(t_X)을 도출할 수 있다.

$$\frac{t_X}{t_Y}=\frac{\varepsilon_Y}{\varepsilon_X}\Rightarrow\frac{t_X}{0.1}=\frac{1.4}{0.7}\Rightarrow t_X=2\times0.1=20\%$$

정답 ④

조세 부과에 따른 부담과 자중손실(deadweight loss)

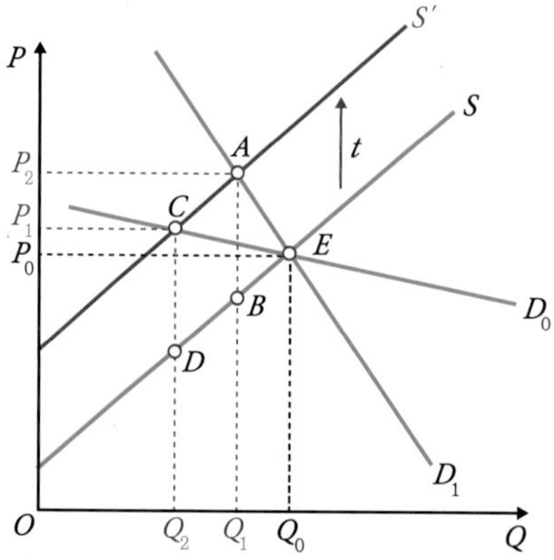

동일한 크기의 세금(t)이 부과되어도 탄력성이 큰 경우(D_0)의 소비자 부담 부분은 P_0P_1이고, 탄력성이 작은 경우(D_1)의 소비자 부담 부분은 P_0P_2가 되어, 탄력성이 클수록 소비자가 부담하는 세금의 부담은 작아지게 된다. 또한 수요의 가격탄력성이 작은 경우에는 ΔABE만큼 자중적 손실이 발생하고, 가격탄력성이 큰 경우에는 ΔCDE만큼 자중적 손실이 발생하게 된다. 양자의 크기를 비교해보면 △의 밑변의 길이는 세금의 크기와 같으므로 양자 모두는 같다($AB=CD$). 그러나 그 높이는 탄력성이 큰 경우(Q_2Q_0)가 탄력성이 작은 경우(Q_1Q_0)보다 크다. 따라서 수요가 가격에 대해 탄력적일수록 세금 부과에 따른 자중적 손실은 더 커지게 된다.

확인 TEST

담배에 대한 수요곡선과 공급곡선이 모두 직선이고, 담배 소비세가 없었을 때의 균형 거래량은 월 1,000갑이라고 하자. 담배 1갑당 500원의 담배 소비세가 부과됨에 따라 소비자가 실제로 부담해야 하는 담배 가격은 2,500원에서 2,900원으로 올랐고, 생산자가 받는 실제 담배 가격은 2,500원에서 2,400원으로 하락하였다. 정부가 담배 소비세 부과를 통해 얻는 세수가 40만 원이라고 할 때 다음 설명 중 옳은 것은?

[2010, 국회 8급]

① 담배 소비세 부과 후 균형 거래량은 월 900갑이다.
② 담배 소비세로 인한 소비자 잉여의 감소는 32만 원이다.
③ 담배 수요의 가격탄력성은 공급의 가격탄력성보다 크다.
④ 담배 소비세로 인한 후생손실(deadweight loss)은 5만 원이다.
⑤ 위의 설명은 모두 틀리다.

해설 담배 1갑당 500원의 소비세가 부과되면 공급곡선은 부과된 조세 500원만큼 아래로 평행이동을 한다. 주어진 내용을 그림으로 나타내면 다음과 같다.

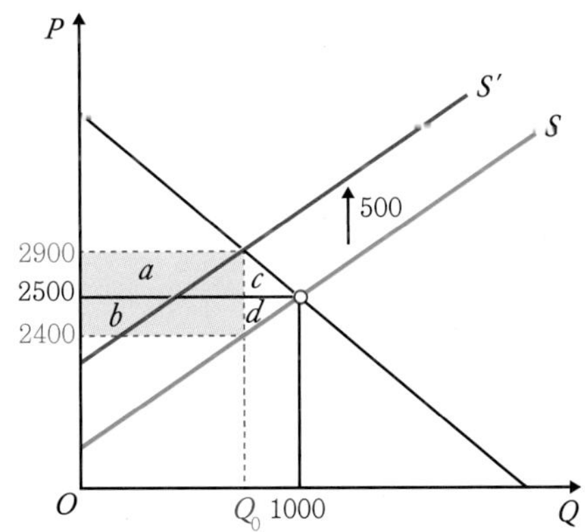

① 정부가 담배 소비세 부과를 통해 얻는 세수는 $a+b$이다. 즉 $500 \times Q_0 = 400{,}000$(원)이 성립한다. 이에 따라 $Q_0 = 800$(갑)이 된다.

② 담배 소비세로 인한 소비자 잉여의 감소분은 $a+c$이다. 즉 $\frac{(800+1{,}000)}{2} \times 400 = 360{,}000$(원)이 된다.

③ 정부가 부과한 담배 소비세 중에서 소비자가 부담하는 크기는 400(원)이고, 생산자가 부담하는 크기는 100(원)이다. 조세 부담의 크기는 가격탄력성이 작을수록 커진다. 따라서 담배 수요의 가격탄력성은 공급의 가격탄력성보다 작다.

④ 담배 소비세로 인한 후생손실(deadweight loss)은 $c+d$이다. 즉 $500 \times 200 \times \frac{1}{2} = 50{,}000$(원)이 된다.

정답 ④

4 보조금 지급에 따른 잉여의 변화

1) 생산자(공급자)에 대한 (생산)보조금 지급 효과

공급자에 대한 보조금 지급에 따른 공급함수의 변화

보조금 지급 ⇒ 공급함수가 $P=a+bQ$라고 할 때 보조금이 공급자에게 W만큼 지급되면 공급함수는 다음과 같이 변화하게 된다.

(보조금 지급 이전) $P=a+bQ$ ⇒ (보조금 지급 이후) $(P+W)=a+bQ$ ⇒ $P=(a-W)+bQ$

이에 따라 공급곡선은 하방으로 평행이동을 하게 된다.

생산자에게 보조금 지급

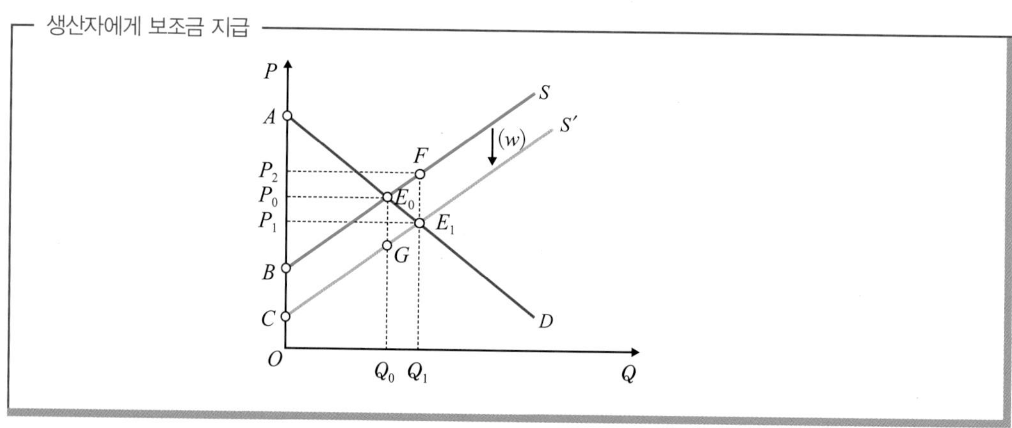

(1) 그래프에서 단위당 P_1P_2의 보조금이 생산자에게 지급되면 공급곡선은 S에서 S'으로 단위당 지급된 보조금(W)만큼 수직으로 하방 이동하여 균형점은 E_0에서 E_1으로 이동하게 된다. 이에 따라 가격은 P_0에서 P_1으로 하락하고 거래량은 Q_0에서 Q_1으로 증가하게 된다.

(2) 우선 소비자의 입장에서 보면 시장균형 가격이 이전에 비해 P_0P_1만큼 가격이 하락하게 되어, 지불해야 할 단위 당 가격이 보조금 지급 전의 P_0에서 보조금 지급 후에는 P_1으로 하락하게 된다. 이에 따라 소비자 잉여는 $\triangle P_0E_0A$에서 $\triangle P_1E_1A$가 되어 사다리꼴 $P_1E_1E_0P_0$만큼 증가하게 된다.

(3) 한편 생산자의 입장에서 보면 보조금 지급 후의 생산자 잉여는 $\triangle P_0E_0B$에서 $\triangle P_1E_1C$로 변화하게 된다. 그런데 P_1E_1과 P_2F의 길이가 같고, P_1C와 P_2B의 길이가 같으므로 $\triangle P_1E_1C$와 $\triangle P_2FB$의 면적 또한 같다. 결국 생산자 잉여는 $\triangle P_0E_0B$에서 $\triangle P_2FB$로 증가한 것과 동일해지므로 결국 생산자 잉여는 사다리꼴 $P_2P_0E_0F$만큼 증가하게 된다.

(4) 이에 따라 지급된 보조금 크기인 P_1P_2 중에서 단위당 P_0P_1만큼은 소비자에게, P_0P_2만큼은 생산자에게 혜택이 돌아가게 된다.

(5) 다만 정부에게는 보조금 지급으로 인해 소비자 잉여와 생산자 잉여의 증가분의 합인 ⬠$P_1E_1E_0FP_2$에 비해 $\triangle E_1E_0F$만큼 더 많은 □$P_1E_1FP_2$만큼의 재정손실이 발생하게 된다. 이때 $\triangle E_1E_0F$만큼 크기가 바로 보조금 지급에 따라 발생하게 된 경제적 순손실(deadweigt loss)이 된다.

구분	보조금 지급 前	보조금 지급 後
소비자 잉여	$\triangle P_0E_0A$	$\triangle P_1E_1A$
생산자 잉여	$\triangle P_0E_0B$	$\triangle P_1E_1C = \triangle P_2FB$
정부 재정 손실	0	$\square P_1E_1FP_2$
사회적 총잉여	$\triangle AE_0B$	$\square AE_0GC$
경제적 순손실	0	$\triangle E_0FE_1 = \triangle E_0E_1G$

2) 소비자(수요자)에 대한 (소비)보조금 지급 효과

소비자에 대한 보조금 지급에 따른 수요함수의 변화

보조금 지급 ⇒ 수요함수가 $P=a-bQ$라고 할 때 보조금이 소비자에게 W만큼 지급되면 수요함수는 다음과 같이 변화하게 된다.

(보조금 지급 이전) $P=a-bQ$ ⇒ (보조금 지급 이후) $(P-W)=a-bQ \Rightarrow P=(a+W)+bQ$

이에 따라 수요곡선은 상방으로 평행이동을 하게 된다.

소비자에게 보조금 지급

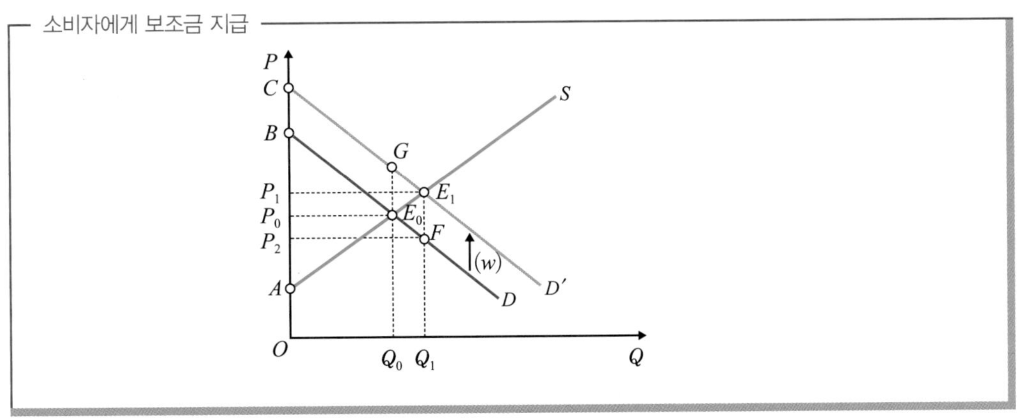

(1) 그래프에서 단위당 P_1P_2의 보조금(W)이 소비자에게 지급되면 수요곡선은 D에서 D'으로 단위당 지급된 보조금(W)만큼 수직으로 상방 이동하여 균형점은 E_0에서 E_1으로 이동하게 된다. 이에 따라 가격은 P_0에서 P_1으로 상승하고 거래량은 Q_0에서 Q_1으로 증가하게 된다.

(2) 우선 생산자의 입장에서 보면 시장균형 가격이 이전에 비해 P_0P_1만큼 가격이 상승하게 되어, 받을 수 있는 단위당 가격이 보조금 지급 전의 P_0에서 보조금 지급 후에는 P_1으로 상승하게 된다. 이에 따라 생산자 잉여는 $\triangle P_0E_0A$에서 $\triangle P_1E_1A$가 되어 사다리꼴 $P_1E_1E_0P_0$만큼 증가하게 된다.

(3) 한편 소비자의 입장에서 보면 보조금 지급 후의 소비자 잉여는 $\triangle P_0E_0B$에서 $\triangle P_1E_1C$로 변화하게 된다. 그런데 P_1E_1과 P_2F의 길이가 같고, P_1C와 P_2B의 길이가 같으므로 $\triangle P_1E_1C$와 $\triangle P_2FB$의 면적 또한 같다. 결국 소비자 잉여는 $\triangle P_0E_0B$에서 $\triangle P_2FB$로 증가한 것과 동일해지므로 소비자 잉여는 사다리꼴 $P_0E_0FP_2$만큼 증가하게 된다.

(4) 이에 따라 지급된 보조금 크기인 P_1P_2 중에서 단위당 P_0P_2만큼은 소비자에게, P_0P_1만큼은 생산자에게 혜택이 돌아가게 된다.

(5) 다만 정부에게는 보조금 지급으로 인해 소비자 잉여와 생산자 잉여의 증가분의 합인 ⬠$P_1E_1E_0FP_2$에 비해 $\triangle E_1E_0F$만큼 더 많은 □$P_1E_1FP_2$만큼의 재정손실이 발생하게 된다. 이때 $\triangle E_1E_0F$만큼 크기가 바로 보조금 지급에 따라 발생하게 된 경제적 순손실(deadweigt loss)이 된다.

구분	보조금 지급 前	보조금 지급 後
소비자 잉여	$\triangle P_0E_0B$	$\triangle P_1E_1C=\triangle P_2FB$
생산자 잉여	$\triangle P_0E_0A$	$\triangle P_1E_1A$
정부 재정 손실	0	□$P_1E_1FP_2$
사회적 총잉여	$\triangle AE_0B$	□AE_0GC
경제적 순손실	0	$\triangle E_1E_0F=\triangle E_1E_0G$

3) 보조금 지급과 자원배분

결국 동일한 크기의 보조금은 생산자에게 지급되든 소비자에게 지급되든 사회적 잉여에 미치는 동일하다. 다만 보조금 지급 후의 시장균형 가격은 전자의 경우에는 하락하고, 후자의 경우에는 상승하게 되는 차이만 발생한다.

사례 연구 **보조금 지급에 따른 경제적 순손실의 측정**

◈ 수요함수와 공급함수가 다음과 같이 주어져 있다고 가정하자.

- $Q_D=a-bP$
- $Q_S=c+dP$

이제 정부가 W원만큼의 보조금을 지급하면 경제적 순손실(DL)이 발생하고, 그 크기는 다음과 같이 도출된다.

$$DL_T=\frac{1}{2}\left(\frac{b\times d\times W^2}{b+d}\right)$$

만약 정부가 2배의 보조금을 지급하면 경제적 순손실의 크기는 다음과 같다.

$$DL_{2T}=\frac{1}{2}\left[\frac{b\times d\times(2W)^2}{b+d}\right]=4\times\frac{1}{2}\left(\frac{b\times d\times W^2}{b+d}\right)=4DL_W$$

결국 2배 만큼의 보조금 지급은 4배 만큼의 경제적 순손실의 증가를 초래하게 된다.

확인 TEST

다음 조건을 만족하는 두 시장에서 A시장의 보조금(W)을 없애고, B시장의 보조금을 제품 단위 당 $2W$ 수준으로 올릴 경우 새로운 균형에서 옳은 것은? [2014, 국가직 9급]

- A시장과 B시장에서는 동일한 제품이 거래되고 있다.
- A시장과 B시장의 수요곡선은 서로 동일하며 공급곡선도 서로 동일하다.
- A시장과 B시장의 수요곡선은 우하향하고 공급곡선은 우상향한다.
- 두 시장에서 거래되는 제품에 대해 단위당 W의 보조금을 소비자에게 동일하게 지급하고 있다.

① 두 시장에 지급되는 보조금의 합은 이전과 동일하다.
② 두 시장에 지급되는 보조금의 합은 이전보다 작아진다.
③ 두 시장의 자중손실(deadweight loss)의 합은 이전보다 커진다.
④ 두 시장의 자중손실(deadweight loss)의 합은 이전과 동일하다.

해설 현재 두 시장에서는 동일한 조건에서 동일한 크기의 단위당 W만큼의 보조금을 소비자에게 지급하고 있으므로, 두 시장에서 발생하는 자중손실(deadweight loss)의 크기도 동일하다. 그런데 A시장에서는 제품 단위당 보조금을 없애고, B시장에서는 제품 단위 당 보조금을 $2W$ 수준으로 올린다면 A시장에서 감소한 단위당 보조금의 크기와 B시장에서 증가한 단위 당 보조금의 크기가 서로 상쇄되므로 두 시장에 지급되는 '단위당 보조금의 합'은 동일해진다. 그러나 보조금 전체의 크기는 오히려 증가하게 된다. 이를 그림으로 설명하면 다음과 같다.

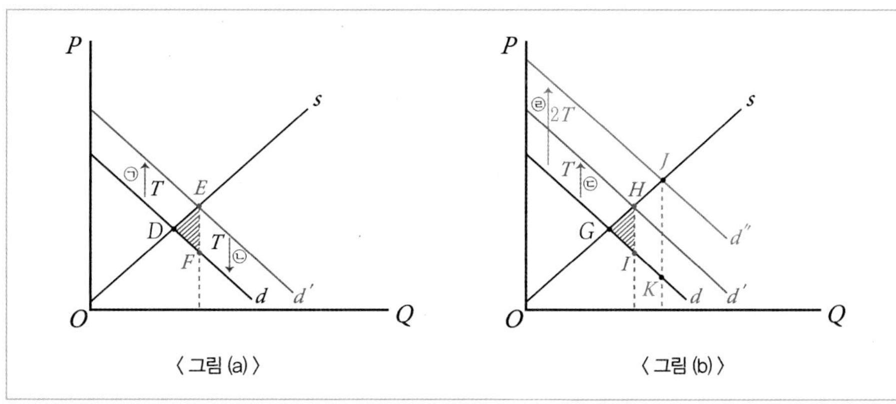

〈 그림 (a) 〉 〈 그림 (b) 〉

그림 (a)는 A시장에서 지급하고 있던 단위당 보조금을 없앴을 때의 상황이다. 단위당 보조금을 없애면 삼각형 DEF만큼 자중손실(deadweight loss)이 감소한다. 그림 (b)는 B시장에서 지급하고 있던 단위당 보조금을 두 배만큼 지급하는 경우의 자중손실의 크기이다. 애초에 W만큼의 단위당 보조금을 지급하는 경우의 자중손실의 크기는 삼각형 GHI이었는데, 이것은 A시장의 자중손실이었던 삼각형 DEF의 크기와 동일하다. 그런데 단위당 보조금을 두 배인 $2W$만큼 지급하는 경우의 자중손실은 삼각형 GJK로 커진다. 이 크기는 단위당 보조금의 크기가 2배만 된 것이 아니라 거래량도 이전에 비해 증가했기 때문에 자중손실의 크기는 기존의 자중손실이었던 삼각형 GHI에 비해 2배보다 더 커지게 된다. 이에 따라 거래량의 증가로 정부의 보조금의 크기는 이전에 비해 증가하게 되고, 자중손실 역시 이전에 비해 커지게 된다.

정답 ③

확인 TEST

시장 수요함수가 $Q_D=50-0.5P$이고, 시장 공급함수는 $Q_S=2P$인 재화시장이 있다. 정부가 소비촉진을 위해 소비자에게 단위당 10의 구매보조금을 지급하기로 했다. 이 보조금 정책으로 인해 예상되는 시장의 자중손실(deadweight loss)은 얼마인가? [2011, CPA]

① 0
② 4
③ 20
④ 220
⑤ 440

해설 주어진 수요함수와 공급함수를 연립해서 풀면 $Q=40$, $P=20$을 구할 수 있다. 그런데 소비자에게 구매보조금을 지급하면 수요함수가 지급된 보조금만큼 상방으로 평행이동하게 되므로 시장 수요함수는 $Q_D=50-0.5P(P-10)=55-0.5P$ 가 된다. 이 수요함수와 기존의 공급함수를 연립해서 풀면 $Q=44$, $P=22$를 구할 수 있다. 이를 그림으로 나타내면 다음과 같다.

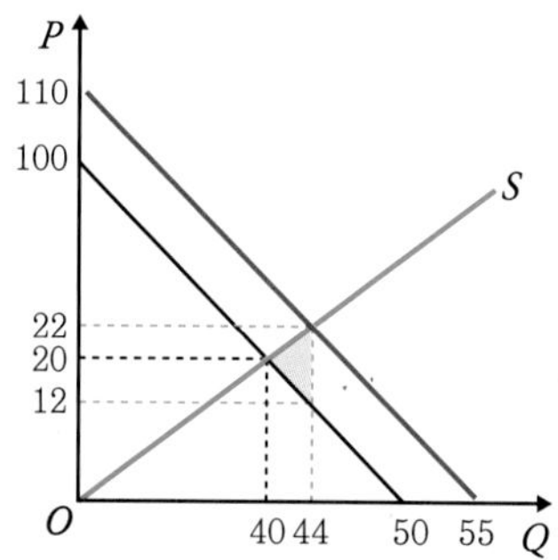

위 그림의 빗금 친 부분의 넓이$\left(=10\times4\times\frac{1}{2}=20\right)$이 자중손실의 크기이다.

정답 ③

Theme 42 가격통제

❶ 최고가격제

1) **최고가격제(maximum price)의 의의**: 전시나 천재지변과 같이 생필품 등이 절대적으로 부족한 경우, 정부가 물가를 안정시키고 소비자를 보호할 목적으로 가격에 상한을 설정하여 그 이상의 가격으로 거래하는 것을 금지하는 제도를 말한다.

2) **도해적 설명**

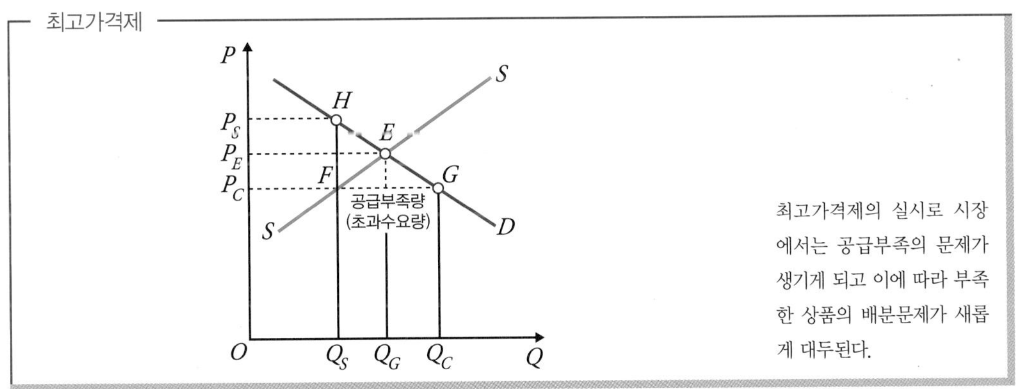

(1) 최고가격을 시장균형가격(P_E)보다 낮은 P_C에 설정하게 되면 FG만큼의 공급 부족, 즉 초과수요가 발생하게 된다.

(2) 초과수요의 존재는 암시장(black market)의 발생을 가져오고 새로운 공급곡선은 SFH로 이동하게 되어 암시장에서는 P_S까지 가격이 상승하게 된다. 따라서 최고가격제도를 통하여 소비자 보호라는 본래의 목적을 달성하기 위해서는 우선 암시장 발생을 철저히 차단해야 하는 것이다.

(3) **부족한 물자의 배분방식**

① **선착순 방식(first come-first served)**: 암시장 발생은 물론이고 기회비용의 문제가 발생한다. 왜냐하면 선착순을 하기 위해서는 다른 일을 포기해야 하기 때문이다.

② **배급 제도(coupon system)**: 모든 사람에게 동일한 수량을 할당하는 방식으로 소비자 기호의 반영이 잘 되지 않는 문제를 발생시킨다.

③ 추첨(lotteries) 방식이나 뇌물(bribery)을 통해서도 부족한 물자를 인위적으로 배분할 수 있다.

(4) 결국 소비자 보호를 위해 최고가격제를 실시하지만 그것이 반드시 소비자의 후생을 증진시킨다고는 단정할 수 없다.

사례 연구 **최고가격 정책과 잉여**

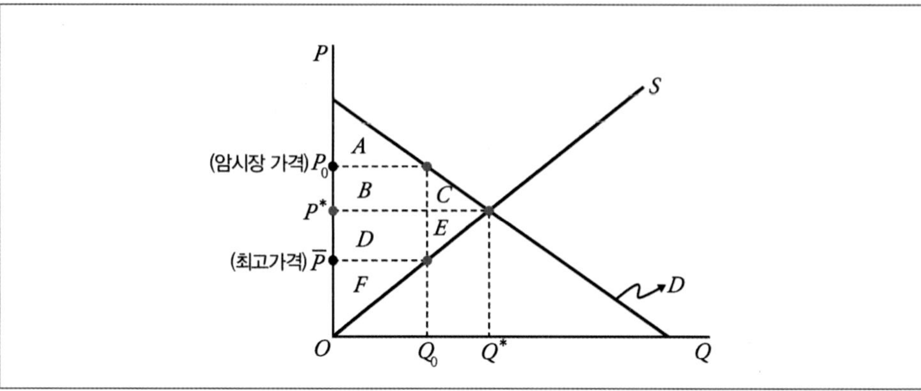

1. 가격규제 전 소비자(수요자)잉여 : $A+B+C$
2. 가격규제 전 생산자(공급자)잉여 : $D+E+F$
3. 가격규제 전 사회적 총잉여 : $A+B+C+D+E+F$
4. 최고가격 실시 후 소비자(수요자) 잉여의 최대치(⇔ 암시장 완전 차단) : $A+B+D$
5. 최고가격 실시 후 소비자(수요자) 잉여의 최소치(⇔ 암시장 존재) : A
6. 최고가격 실시 후 생산자(공급자) 잉여의 최대치(⇔ 암시장 존재) : $B+D+F$
7. 최고가격 실시 후 생산자(공급자) 잉여의 최소치(⇔ 암시장 완전 차단) : F
8. 최고가격 실시 후 경제적 순손실(⇔ 암시장 존재와 무관) : $C+E$

확인 TEST

어떤 상품시장의 수요함수는 $Q^D = 1,000 - 2P$, 공급함수는 $Q^S = -200 + 2P$이다. 이 상품시장에 대한 설명으로 옳은 것만을 〈보기〉에서 모두 고르면? [2019, 국회 8급]

〈 보 기 〉

㉠ 현재 상품시장의 생산자 잉여는 40,000이다.
㉡최고가격이 150으로 설정되는 경우, 초과수요량은 500이 된다.
㉢ 최고가격이 150으로 설정되는 경우, 암시장 가격은 450이 된다.
㉣ 최고가격이 150으로 설정되는 경우, 사회적 후생손실은 40,000이 된다.

① ㉠, ㉡
② ㉠, ㉢
③ ㉡, ㉢
④ ㉠, ㉡, ㉢
⑤ ㉡, ㉢, ㉣

해설 • 주어진 조건들을 반영하여 그림으로 나타내면 다음과 같다.

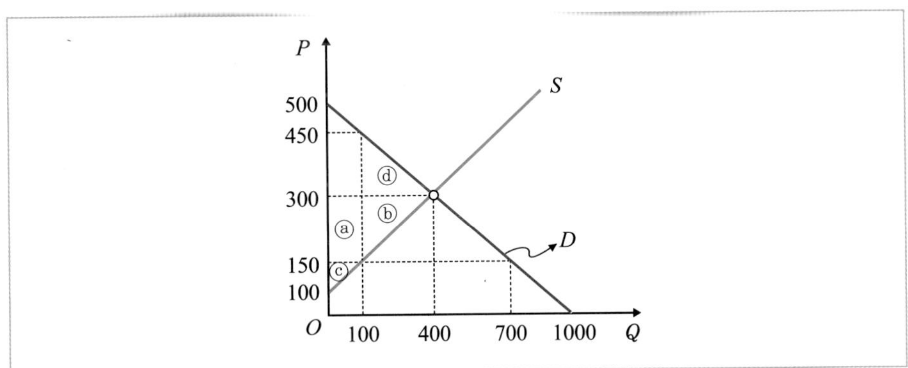

㉠ 현재 상품시장의 생산자 잉여는 'ⓐ+ⓑ+ⓒ' 부분이다. 그 넓이는 다음과 같다.

$$\text{생산자 잉여: } 400 \times 200 \times \frac{1}{2} = 40,000$$

㉡ 최고가격이 150으로 설정되는 경우, 수요량은 700이 되고 공급량은 100이 된다. 이에 따라 초과수요량은 600(=700−100)이 된다.

㉢ 최고가격이 150으로 설정되는 경우, 현실적 공급량은 100이 된다. 이 경우 공급량 100 수준에서 소비자가 지불하고자 하는 최대금액인 수요가격은 450이고, 이 수준까지 암시장에서는 거래가 될 수 있다.

㉣ 최고가격이 150으로 설정되는 경우, 사회적 후생손실은 'ⓑ+ⓓ' 부분이다. 그 넓이는 다음과 같다.

$$\text{사회적 후생 손실: } 300 \times 300 \times \frac{1}{2} = 45,000$$

정답 ②

심화 TEST

다음 글에서 괄호 안의 ㉠에 들어갈 숫자와 ㉡에 들어갈 단어를 순서대로 쓰시오. [2018. 교원임용]

> A재에 대한 시장 수요곡선은 $Q_d=100-P$이고, 공급곡선은 $Q_s=-20+P$이다. 시장 균형가격과 균형거래량에서의 소비자 잉여와 생산자 잉여의 합인 총잉여는 (㉠)이다. 정부가 A재에 대한 상한가격을 50으로 결정하여 가격상한제를 실시할 경우, 가격규제 하에서의 총잉여는 가격규제가 없을 때와 비교하여 (㉡)한다. (단, Q와 P는 각각 수량과 가격을 나타낸다.)

분석하기

주어진 조건들을 그림으로 나타내면 다음과 같다.

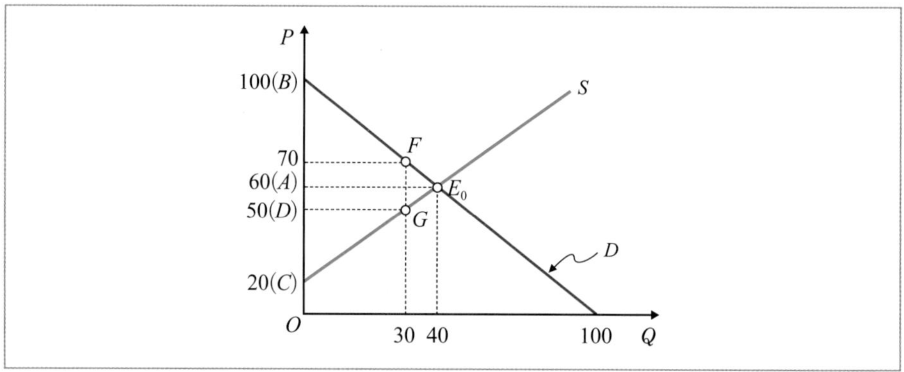

- 그림에서 가격상한제 실시 전 시장 균형 수준에서 소비자 잉여(삼각형 AE_0B)와 생산자 잉여(삼각형 AE_0C)의 크기와 사회적 총잉여(삼각형 BE_0C)의 크기는 각각 다음과 같다.

소비자 잉여	$40\times40\times\frac{1}{2}=800$	⇒ 사회적 총잉여=소비자 잉여+생산자 잉여=1,600(㉠)
생산자 잉여	$40\times40\times\frac{1}{2}=800$	

- 그림에서 정부가 상한가격을 50으로 결정하여 가격상한제를 실시할 경우, 소비자 잉여(사다리꼴 $DGFB$)와 생산자 잉여(삼각형 DGC)의 크기와 사회적 총잉여(사각형 $BFGC$)의 크기는 각각 다음과 같다.

소비자 잉여	$(50+20)\times\frac{1}{2}\times30=1,050$	⇒ 사회적 총잉여=소비자 잉여+생산자 잉여=1,500
생산자 잉여	$30\times30\times\frac{1}{2}=450$	

- 따라서 가격규제하에서의 총잉여는 가격규제가 없을 때와 비교하여 100만큼 감소(㉡)한다.

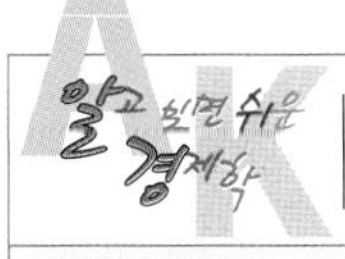

가격 상한제와 암시장

"4세기 초, 로마 제국은 전쟁 준비와 토목 공사를 수행하기 위해서 많은 주화를 발행하였다. 그로 인해 물가가 매우 빠른 속도로 치솟았다. 그런데 디오클레티아누스 황제는 물가 상승의 원인이 상인들의 탐욕 때문이라고 판단하였다. 물가 문제가 걷잡을 수 없는 심각한 상황으로 치닫게 되자 디오클레티아누스 황제는 모든 상품의 가격을 동결하고, 이를 어기는 자에 대해서는 사형선고를 내리라는 칙령을 내렸다. 과연 이러한 칙령의 효과는 어디까지일까?"

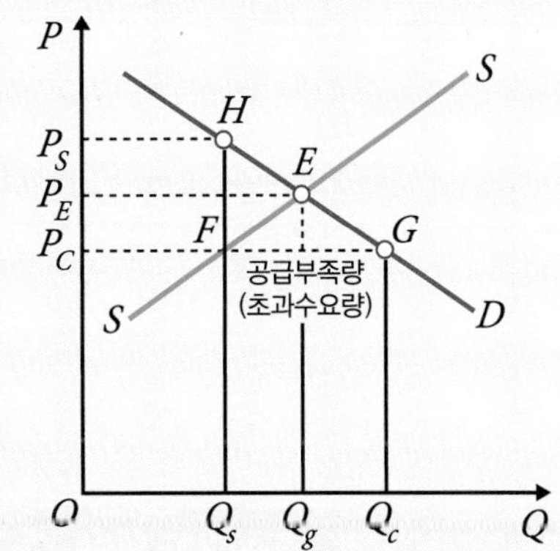

전시(戰時)나 천재지변과 같이 생필품 등이 절대적으로 부족한 경우, 정부는 물가를 안정시키고 소비자를 보호할 목적으로 가격에 상한을 설정하여 그 이상의 가격으로 거래하는 것을 금지하는 제도를 실시하게 된다. 이를 가격 상한제 또는 최고가격제(maximum price)라고 한다. 이를 그림으로 설명하면 다음과 같다.

최고가격을 시장균형가격(P_E)보다 낮은 P_C에 설정하게 되면 시장에서에서의 수요량이 Q_C인데 반해 공급량은 Q_S에 불과하여 FG만큼의 공급부족(초과수요)이 발생하게 된다. 그런데 Q_S를 구입하기 위해 기꺼이 P_S만큼을 지불하고자 하는 소비자들이 존재하여 가격통제 이전보다 적은 양이 높은 가격으로 거래되는 암시장(black market)이 발생할 수 있다. 따라서 최고가격제도를 통하여 소비자 보호라는 본래의 목적을 달성하기 위해서는 암시장 발생을 차단하는 일이 최우선으로 전제가 되어야 하므로 디오클레티아누스 황제는 이를 위해 사형선고라는 수단을 사용한 것이다.

이러한 암시장이 우리나라에서 가장 오랜 기간 존속한 것이 미국 달러화의 이른바 '암달러 시장'이다. 1980년대 말까지의 '명동 달러시장'과 '남대문 달러시장'은 대표적인 암달러 시장이었다. 명동이나 남대문 시장을 걷다 보면 어떤 아주머니가 다가와 은근한 어투로 '요 있어요?', '이불 있어요?'라고 묻곤 했다. 무슨 말인고 하니 당시 우리가 가장 필요했던 미국 달러화와 일본 엔화의 크기를 비교해보면 달러가 작고 엔화가 커서, 이를 비유한 은어가 '요'와 '이불'이었던 것이다. 당시에 이러한 암달러 시장이 생겨났던 주된 이유는 고정환율제도 아래에서 대부분의 개발도상국가에서 볼 수 있었던 만성적인 무역수지 적자로 인해 부족해진 외화를 정부가 철저하게 통제했기 때문이었다.

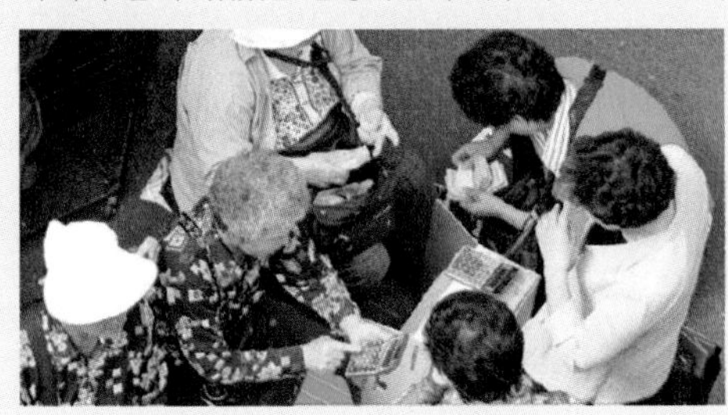

한편으로는 암시장이 오히려 시장을 효율적으로 기능할 수 있도록 한다는 주장도 있다. 예컨대 이른바 지하철 '2호선 더비'라고 불리는 두산 베어스와 LG 트윈스의 프로야구 코리안 시리즈 최종 7차전의 표를 사기 위해 잠실 야구장 앞에서 밤을 새야 하는데, 암표의 프리미엄이 10만 원이라면 같은 시간 동안 더 많은 돈을 벌 수 있는 사람에게는 암표 구입이 더 합리적이고 효율적일 수 있다는 것이다. 왜냐하면 시간도 귀중한 희소 자원이고, 암표상도 높은 수입을 얻을 수 있기 때문이다. 그러나 이러한 암표의 거래는 정상적으로 표를 구입하여 입장하려는 사람들의 관람 기회를 박탈하고, 암표상들의 수입에는 조세 부과가 이루어지지 않는다는 측면을 간과한 일방적인 주장인 것이다.

❷ 최저가격제

1) 최저가격제(minimum price)의 의의

(1) 어떤 상품이나 생산요소에 대한 공급자 간의 과도한 경쟁을 막기 위해서 그 가격의 하한선을 정하여 그 이하의 가격으로는 거래를 금지하는 것을 말한다.

(2) 최저임금제와 농산물 가격지지 제도가 여기에 속하는 대표적인 예이다.

2) 최저임금제의 경우 : 도해적 설명

(1) 최저임금을 균형임금(P_E) 수준보다 높은 수준에 설정하면 노동시장에서는 FG만큼의 초과공급이 발생하고 이는 곧 비자발적 실업의 발생을 의미한다.

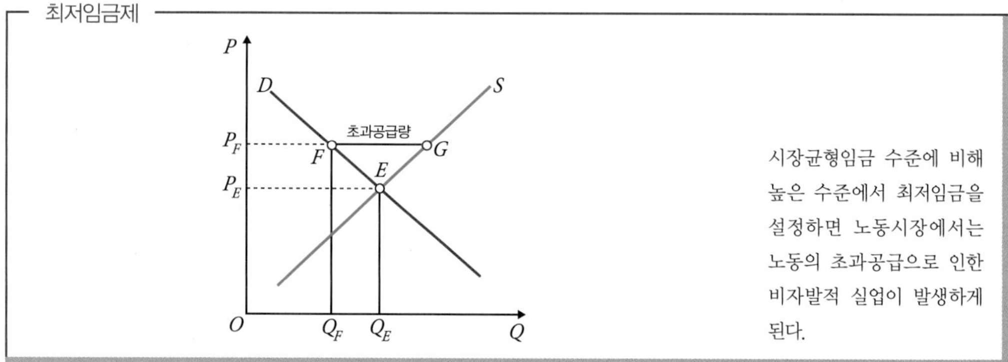
최저임금제
P
D
S
초과공급량
P_F
F
G
E
P_E
O
Q_F
Q_E
Q
시장균형임금 수준에 비해 높은 수준에서 최저임금을 설정하면 노동시장에서는 노동의 초과공급으로 인한 비자발적 실업이 발생하게 된다.

(2) 이에 따라 전체 노동 소득은 최저임금제 실시 이전의 OP_EEQ_E(a)에서 최저임금제 실시 이후의 OP_FFQ_F(b)로 변하게 되는데, 이때 a, b 중 어느 것이 더 큰지 단정할 수 없다.

(3) 노동 수요가 탄력적인(비탄력적인) 경우, 전체 노동 소득은 감소(증가)하게 되는데 어떤 경우에도 기존 노동자의 임금소득은 상승하게 된다. 그러나 신규 노동자의 취업 기회는 상대적으로 어려워진다.

(4) 결국 최저임금제가 노동자 전체에게 이익을 준다고는 할 수 없는 것이다.

3) 농산물 가격지지 제도의 경우 : 도해적 설명

(1) 최저가격(P_F)을 균형가격(P_E) 수준보다 높은 수준에 설정하면 농산물시장에서는 FG만큼의 초과공급이 발생하고 이는 곧 잉여 농산물의 발생을 의미한다.

농산물 가격지지제도

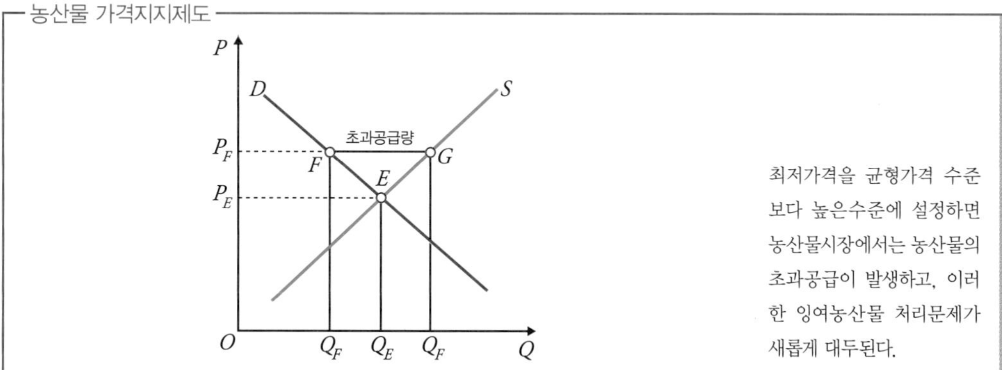

최저가격을 균형가격 수준보다 높은수준에 설정하면 농산물시장에서는 농산물의 초과공급이 발생하고, 이러한 잉여농산물 처리문제가 새롭게 대두된다.

(2) 이에 따라 전체 농가소득은 최저가격제 실시 이전의 OP_EEQ_E(a)에서 최저가격제 실시 이후의 OP_FFQ_F(b)로 변하게 되는데, 이때 a, b 중 어느 것이 더 큰지 단정할 수 없다.

(3) $P_E P_F$ 구간에서 수요곡선이 탄력적(비탄력적)일수록 농가총수입은 감소(증가)하게 된다.

(4) **잉여농산물(FG)의 해소방안** : FG를 농산물 비축기금으로 정부가 매입하여 빈곤층에게 FG만큼의 식량권을 무상 배부하거나 농가로 하여금 재배면적을 축소하게끔 권장하고, 덜 생산되는 농산물의 가치만큼 보상해 줌으로써 공급 감소를 통해 불균형을 해소시킬 수 있다.

사례 연구 **최저가격 정책과 잉여**

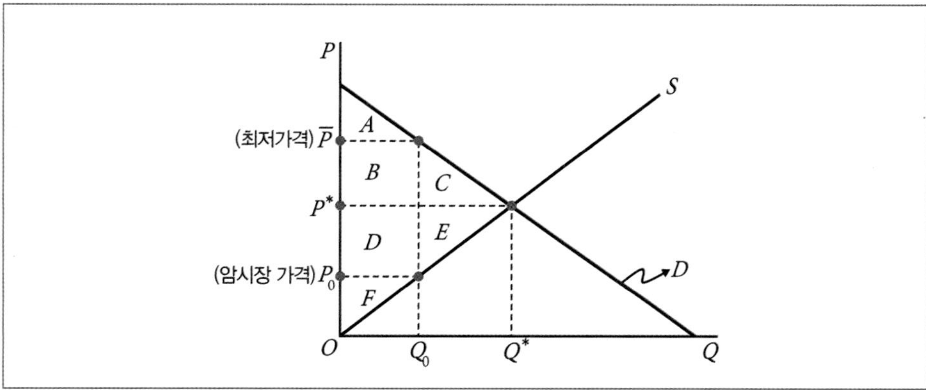

1. 가격규제 전 소비자(수요자)잉여 : $A+B+C$
2. 가격규제 전 생산자(공급자)잉여 : $D+E+F$
3. 가격규제 전 사회적 총잉여 : $A+B+C+D+E+F$
4. 최저가격 실시 후 소비자(수요자) 잉여의 최대치(⇔ 암시장 존재) : $A+B+D$
5. 최저가격 실시 후 소비자(수요자) 잉여의 최소치(⇔ 암시장 완전 차단) : A
6. 최저가격 실시 후 생산자(공급자) 잉여의 최대치(⇔ 암시장 완전 차단) : $B+D+F$
7. 최저가격 실시 후 생산자(공급자) 잉여의 최소치(⇔ 암시장 존재) : F
8. 최저가격 실시 후 경제적 순손실(⇔암시장 존재와 무관) : $C+E$

확인 TEST

노동시장의 수요와 공급에 대한 조사 결과가 다음 표와 같다고 하자.

시간당 임금(원)	6	7	8
수요량(개)	40	30	20
공급량(개)	20	30	40

시간당 최저임금을 8원으로 할 경우 발생하는 비자발적 실업의 규모는 ㉠이고, 이때 실업을 완전히 없애기 위한 보조금으로 소요되는 필요 예산이 ㉡이다. ㉠과 ㉡을 순서대로 바르게 나열한 것은? [2019, 서울시 공개 경쟁 7급]

① 10, 20
② 10, 40
③ 20, 40
④ 20, 80

해설 • 주어진 표와 조건에 필요한 내용을 그림으로 나타내면 다음과 같다.

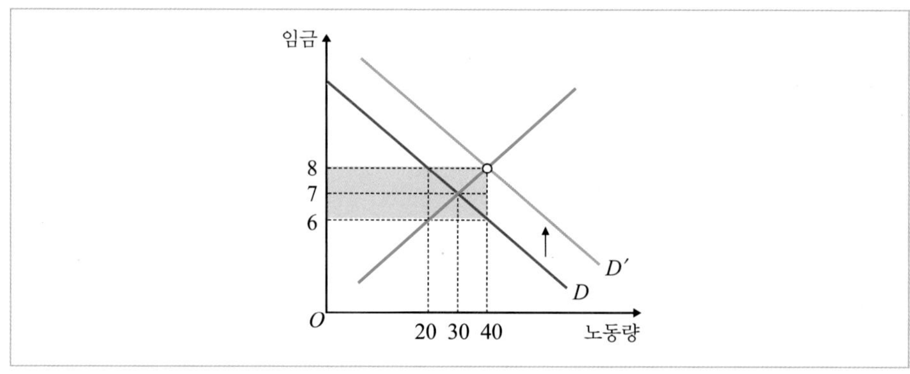

- 시간당 최저임금을 8원으로 설정하는 경우, 노동시장에서는 20만큼의 초과공급(=비자적 실업)이 발생하게 된다(㉠).
- 노동수요자(=기업)에게 노동 1단위당 보조금을 지급하면 노동수요곡선은 상방으로 보조금의 크기만큼 상방으로 평행이동하게 된다. 따라서 비자발적 실업을 완전히 없애기 위해서는 위 그림과 같은 노동 1단위당 '2'만큼의 보조금 지급이 필요하다.
- 이에 따라 실업을 완전히 없애기 위해 필요한 보조금의 크기는 색칠한 크기에 해당하는 '80'이 된다(㉡).

정답 ④

확인 TEST

완전경쟁시장에서 거래되는 어느 재화의 수요곡선과 공급곡선이 다음과 같다. 정부가 균형가격을 시장가격으로 설정하고 시장거래량을 2로 제한할 때, 소비자잉여와 생산자잉여의 합은? (단, 는 수요량, Q_D는 공급량, Q_S는 가격이다.) [2019, 국가직 7급]

- 수요곡선: $Q_D = 10 - 2P$
- 공급곡선: $Q_S = -2 + 2P$

① 2
② 4
③ 6
④ 8

해설 • 주어진 조건을 그림으로 나타내면 다음과 같다.

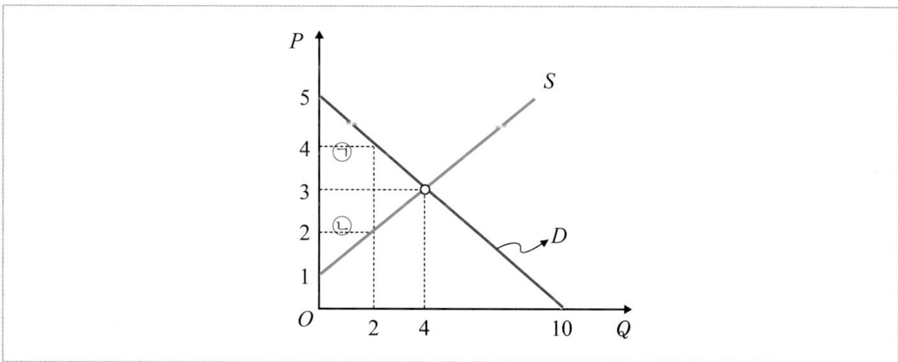

- 정부의 제한정책으로 시장에서는 3의 가격으로 수량 2만큼이 거래된다. 이에 따라 ㉠만큼의 소비자잉여, ㉡만큼의 생산자잉여가 발생한다.
- 소비자잉여(㉠): $\frac{(2+1)}{2} \times 2 = 3$
- 생산자잉여(㉡): $\frac{(2+1)}{2} \times 2 = 3$
- 소비자잉여(㉠)+생산자잉여(㉡): $3+3=6$

 ③

Theme 43 기업의 균형

1 이윤과 수입

1) 총이윤(Profit)

(1) 총수입에서 총비용을 뺀 금액이다.

(2) $\pi = TR - TC$

2) 총수입(Total Revenue : TR)

(1) 생산물의 가격(P)에 판매량 혹은 생산량(Q)을 곱한 금액이다.

(2) $TR = P \times Q$

3) 평균수입(Average Revenue : AR)

(1) 총수입을 생산량으로 나눈 값 ⇒ 가격 수준과 항상 일치한다.

(2) $AR = \dfrac{TR}{Q} = \dfrac{P \times Q}{Q} = P$

4) 한계수입(Marginal Revenue : MR)

(1) 생산량을 한 단위 더 증가시킴에 따라 증가하는 수입이다.

(2) $MR = \dfrac{\Delta TR}{\Delta Q}$

(3) MR은 완전경쟁시장에서는 $MR=P$이지만, 독점시장에서는 $MR < P$ ($\because TR=P(Q) \times Q$)가 된다.

$P=10-Q$일때 TR과 MR은?(단, 불완전경쟁시장에서)

$TR = P \times Q = (10-Q) \times Q = 10Q - Q^2$

$MR = \dfrac{dTR}{dQ} = \dfrac{d(10Q-Q^2)}{dQ} = 10 - 2Q$

Amoroso–Robinson 공식

$$MR = \frac{dTR}{dQ} = \frac{d(P \times Q)}{dQ} = P + \frac{dP}{dQ} \times Q = P(1 + \frac{dP}{dQ} \times \frac{Q}{P}) = P(1 - \frac{1}{e}) = AR(1 - \frac{1}{e})$$

단, e는 수요의 가격탄력도: $-\left(\frac{dQ}{Q} / \frac{dP}{P}\right)$

완전경쟁기업	불완전경쟁기업
$MR = P\left(1 - \frac{1}{e}\right) = AR\left(1 - \frac{1}{e}\right)$	$MR = P\left(1 - \frac{1}{e}\right) = AR\left(1 - \frac{1}{e}\right)$
$e=\infty$	$e<\infty$
$\therefore MR=P=AR$	$\therefore MR<P=AR$

2 기업의 균형 조건

1) 기업의 균형(equilibrium of firm)의 의미: 주어진 조건 하에서 기업의 이윤이 극대화된 상태를 말한다.

2) 기업의 균형 조건(=기업의 이윤 극대화 조건)

(1) **제1차 조건(필요조건)**

① 이윤(π)=총수입(TR)−총비용(TC)이므로, 이윤이 극대화되기 위해서는 한계이윤=0이 되어야 한다.

② 이에 따라 한계수입(MR)−한계비용(MC)=0, 즉 '한계수입=한계비용'이 성립하여야 한다.

(2) **제2차 조건(충분조건)**

① 1차 조건만으로는 이윤극소화 조건도 성립될 수 있으므로 이윤극대화를 위해서는 또 다른 조건이 필요하게 된다.

② 이윤극대화를 위한 제2차 조건은 한계이윤이 0으로 되는 생산수준(=한계수입과 한계비용이 일치하는 생산수준)보다 적은 생산수준에서는 한계이윤이 정(+)의 값을 갖는 반면, 그를 능가하는 생산수준에서는 한계이윤이 부(−)의 값을 가져야 한다. 즉 MR의 증가분보다 MC의 증가분이 커야 한다.

(3) **도해적 설명**: 아래의 2가지 경우에서 A, B 모두 1차 조건을 충족하지만, A는 2차 조건을 충족시키지 못하므로 B만이 이윤극대화를 실현시키는 생산량이 되는 것이다.

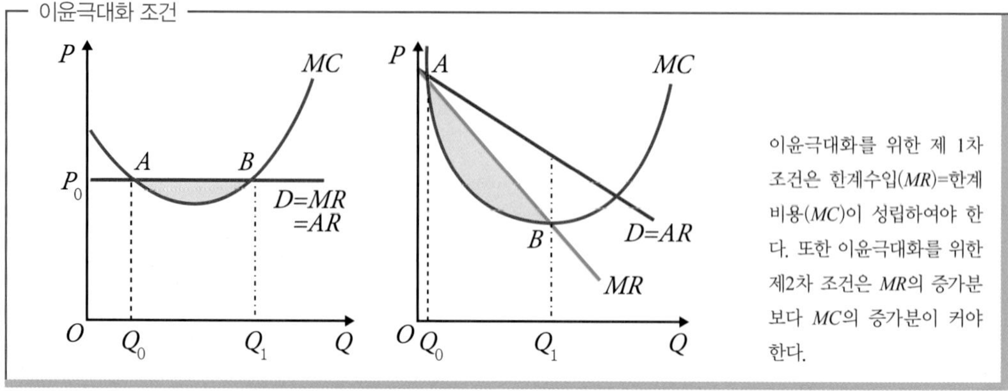
이윤극대화 조건
P
MC
A
B
P0
D=MR
=AR
O
Q0
Q1
Q
P
A
MC
B
D=AR
MR
O
Q0
Q1
Q
이윤극대화를 위한 제 1차 조건은 한계수입(MR)=한계비용(MC)이 성립하여야 한다. 또한 이윤극대화를 위한 제2차 조건은 MR의 증가분보다 MC의 증가분이 커야 한다.

확인 TEST

기업의 이윤극대화에 대한 설명으로 옳은 것만을 모두 고른 것은?

[2013, 지방직 7급]

ㄱ. 한계수입(*MR*)이 한계비용(*MC*)과 같을 때 이윤극대화의 1차 조건이 달성된다.
ㄴ. 한계비용(*MC*)곡선이 한계수입(*MR*)곡선을 아래에서 위로 교차하는 영역에서 이윤극대화의 2차 조건이 달성된다.
ㄷ. 평균비용(*AC*) 곡선과 평균수입(*AR*)곡선이 교차할 때의 생산수준에서 이윤극대화가 달성된다.

① ㄱ, ㄴ　② ㄱ, ㄷ
③ ㄴ, ㄷ　④ ㄱ, ㄴ, ㄷ

해설 시장구조와 관계없이 이윤극대화 조건은 $MR=MC$이다. 이때 $TR>TC$이어야 한다. 평균비용(AC)곡선과 평균수입(AR)곡선이 교차할 때의 생산수준에서는 총비용($AC\times Q$)과 총수입($AR\times Q$)이 일치하여 총이윤은 '0'이 된다.

정답 ①

3 이윤극대화 가설의 대체가설

1) 장기이윤극대화가설

(1) **의미**: 기업은 기본적으로 이윤극대화를 추구하지만, 단기적인 이윤에 집착하지 않고 상당히 긴 기간을 설정하여 이 기간 전체에 걸쳐 이윤을 극대화한다는 주장이다.

(2) **평가**: 현실에서 보이는 기업의 불합리한 결정(⇒ 재무구조가 나쁨에도 불구하고 다양한 기부금을 내는 등의 행위)이 장기적으로는 결국 바람직한 결정이라는 이해가 가능하게 해준다.

2) 제약된 이윤극대화 가설

(1) **의미**: 기업은 이윤만을 극대화하려는 것이 아니라 시장점유율의 유지, 기업 이미지의 개선, 기업 통제력의 유지 등과 같이 기업 스스로 정한 일정한 제약 범위 내에서 이윤을 극대화한다는 주장이다.

(2) **평가**: 현실적으로 각 기업은 상황에 따라 각각 서로 다른 제약을 설정한다. 이에 따라 이 모든 제약을 설명할 수 있는 보편적인 이론을 정립하기가 어려워진다.

3) 경영주의(managerialism)

(1) **의미**: 소유와 경영이 분리된 현실에서 경영자에게 기업의 목표 설정에 대한 재량이 허용된다는 가정하에, 경영자의 효용함수의 극대화를 통해 기업의 행동을 분석해보자는 주장이다.

(2) **주장**

① **극대 균형성장 가설**(R. Marris): 경영자는 매출액과 기업의 자본 및 자산이 함께 균형적으로 증대되는 것을 추구한다는 주장이다.

② **수입 극대화 가설**(W. J. Baumol): 경영자는 이윤보다 수입(매출액)의 극대화에 더 관심을 갖는다는 주장이다. 이것은 경영자로서 보수와 위신 그리고 대출의 용이성 등으로 인해 비롯된다는 것이다. 이 가설은 기존의 이윤극대화 가설의 분석을 크게 수정하지 않으면서도 보다 현실적인 모형을 정립할 수 있다는 데 의의가 있다.

③ **행태주의**(Behaviorism): 기업은 현실적인 불확실성, 정확한 정보의 결여, 경영자의 시간과 능력에서의 제한된 합리성 등의 여건 하에서는 무엇을 극대화하는 데 목표를 두지 않고, 적절한 선에서 만족하는데 그 목표가 있다는 주장이다.

Theme 44 완전경쟁시장의 의의

❶ 완전경쟁시장(perfectly competitive market)의 의미

(1) 다수의 거래자

① '다수'라는 것은 시장에서 이미 결정된 가격을 누구도 자기 마음대로 변화시킬 수 없을 정도로 많다는 의미이다.

② 개별거래자가 시장에서 차지하는 비중은 '0'과 다름없는 정도로 미약하므로 개별거래자가 아무리 생산·소비량을 변화시키더라도 시장가격에는 아무런 영향을 미치지 못한다.

(2) 동질적 상품(homogeneous product)

① 동일한 품질은 물론이고 판매조건도 동질이라는 의미이다. ⇒ 모든 기업들의 생산물은 완전대체재 ⇒ 개별기업이 직면하는 수요곡선의 가격탄력성은 무한대

② 수요자가 어느 한 특정 공급자에 대해 지리적, 인적 선호조차도 갖고 있지 않다. 즉 단골손님이 없다.

(3) 가격 수용자(price-taker): 각 개별기업은 자신의 생산량을 조절하여 시장가격에 영향을 주지 못하고 주어진 시장가격을 받아들이며(가격수용자: price taker) 단지 시장가격에 맞추어 자기의 생산량을 조절할 뿐이다(수량조정자: quantity adjusters). ⇒ 일물일가의 법칙이 성립

(4) 완전경쟁(perfect competition)

① 시장점유율(market share)이 매우 작은 개별기업이 주어진 시장가격 수준 하에서 자신이 원하는 산출량을 얼마든지 판매할 수 있다고 생각한다.

② 각 개별기업은 원자적으로 행동하며, 개별 기업 간의 경쟁관계(rivalry)는 존재하지 않는다.

(5) 진퇴의 자유(free mobility)

① 상품이나 생산요소가 자유로이 이동할 수 있다.

② 기업의 시장에 대한 자유로운 진입(entry)과 퇴거(exit)가 허용된다는 의미이며, 또한 생산요소 역시 가장 높은 대가를 지불하는 기업이나 산업으로 이동할 수 있다는 것을 의미한다.

(6) 완전한 시장정보(perfect information)

① 시장 참여자 모두는 시장에 대하여 완전한 시장정보를 갖는다. 만약 초과수요나 초과공급이 발생하면 모든 경제주체는 이에 대하여 매우 빠르고도 정확하게 반응한다.

② "미래에 관한 불확실성이 없다"는 가정 하에 새로운 정보 취득에 별도의 비용이 들지 않는다는 것을 의미한다.

시장의 의미

시장이란 사는 사람들과 파는 사람들이 서로 의사를 교환하여 어떻게 상품이 교환되어야 하는가를 결정하는 조직을 말한다. 따라서 시장이 꼭 사고 파는 사람들이 모이는 장소만을 의미하는 것은 아니다.

개념 플러스⁺ 유효경쟁과 완전경합

1. 유효경쟁(effective competition)

1) 의의

(1) **주요 학자**: J. B. Clark

(2) **개념**: 완전경쟁시장의 조건을 갖추고 있지 않더라도 장기적으로 기업 간에 실질적인 경쟁이 일어나 시장가격이 한계비용으로부터 크게 괴리되지 않아 자원배분의 효율성을 달성할 수 있는 과점시장에서의 대기업 간 경쟁을 말한다.

(3) **완전경쟁과의 비교**: 현실 경제, 특히 제조업 시장에서는 완전경쟁시장에서의 완전경쟁보다 과점시장에서의 가격 및 품질에서의 유효경쟁이 더 일반적이다.

2) 유효경쟁의 조건(W. G. Shepherd)

(1) 상위 4대 기업 집중률이 40% 이하이어야 한다.

(2) 각 기업의 유동적인 시장점유율이 존재하여야 한다.

(3) 낮은 이윤율과 진입장벽이 있어야 한다.

(4) 기업 사이에 담합이 존재하지 않아야 한다.

2. 경합시장(contestable market)

1) 의의

(1) **주요 학자**: W. Baumol, R. Willig

(2) **개념**: 현재 과점시장 또는 독점시장이 성립되어 소수의 기업만 존재한다고 하더라도 진입과 퇴출이 자유로워서 완전경쟁과 거의 비슷한 자원배분을 이루는 시장을 말한다.

2) 경합시장의 효과

(1) **자원배분의 효율성 달성**: $P=MC$가 성립한다.

(2) **초과이윤 부재**: 정상이윤만 존재한다.

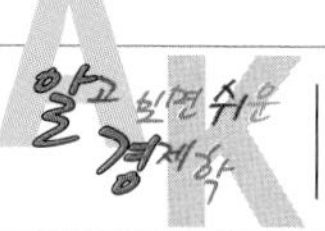

완전경쟁시장은 존재하는가?

"일반적으로 완전경쟁시장은 자원의 최적 배분이 이루어지는 가장 효율적인 시장으로 소개된다. 또한 대부분의 경제학 교과서는 물론 실제 강의 현장에서도 이러한 완전경쟁시장에 대한 강의를 하면서 그 예로 쌀과 같은 농산물 시장을 제시한다. 그렇다면 농산물 시장은 완전경쟁시장이 갖추어야 할 모든 조건을 충족하고 있는가?"

완전경쟁시장이 성립하기 위해서는 다음과 같은 조건을 충족해야 한다.

첫째, 시장 참여자 모두는 시장에 대하여 완전한 시장정보(perfect information)를 갖는다. 즉 정보취득비용이 '0'이다. 만약 시장에서 변화가 발생하면 모든 경제주체는 이에 대하여 매우 빠르고도 정확하게 반응한다.

둘째, 시장에서 이미 결정된 가격을 누구도 자기 마음대로 변화시킬 수 없을 정도로 많은 다수의 거래자가 경쟁한다. 이에 따라 개별 거래자가 시장에서 차지하는 비중은 '0'과 다름없는 정도로 미약하므로 개별 거래자의 생산 및 소비의 변화는 시장가격에 아무런 영향을 미치지 못한다. 개별 거래자들은 오히려 주어진 시장가격을 그대로 받아들이며(가격수용자: price taker) 단지 시장가격에 맞추어 자기의 생산량을 조절(수량조정자: quantity adjusters)할 뿐이다. 그 결과 완전경쟁시장에서는 일물일가(一物一價)의 법칙이 성립한다.

셋째, 품질은 물론이고 판매 조건도 동질적인 상품(homogeneous product)이 거래된다. 이에 따라 수요자가 어느 한 특정 공급자에 대해 어떤 지리적, 인적 선호조차도 갖고 있지 않다. 즉 단골손님이 존재하지 않는다.

마지막으로 상품이나 생산요소가 자유로이 이동할 수 있어 거래자들은 진퇴의 자유(free mobility)가 허용된다.

그렇다면 전술한 농산물 시장은 위의 모든 조건을 충족하고 있는가? 두 번째와 마지막 조건은 농산물 시장에서도 쉽게 충족된다. 아무리 농사를 많이 짓는다고 하더라도 전체 농산물 시장에 비하면 그야말로 '조족지혈(鳥足之血)'에 불과하여 시장가격에 영향을 주지는 못한다. 또한 우리나라는 헌법상 '거주이전이 자유'와 '직업선택의 자유' 등을 보장하고 있으므로 자유롭게 농사를 지을 수도 있고, 포기할 수도 있다.

그런데 세 번째 조건이 문제이다. 질문을 한 번 해보자. '우리나라에서 가장 맛있는 쌀은?'

아마도 대부분 '경기미!', '이천 쌀!', '여주 쌀!'이라고 외칠 것이다. 여담이지만 세종대왕을 모신 영릉이 이천에 있다 보니 이천 쌀의 로고는 '임금님표', 여주 쌀의 로고는 '대왕님표'가 된 것인가 보다. 여하간 우리는 오랫동안 앞에 열거한 쌀을 '기름이 자르르 흐르는' 맛있는 쌀의 대명사로 삼아 왔다. 그렇다면 '동질적 상품'이라는 조건은 여간해서 충족하기 어려운 조건이 아닌가 한다.

무엇보다 아무리 정보화 사회가 되었다고 하더라도 정보취득비용이 '0'이라는 것은 매우 비현실적인 가정이다. 현실적으로 단기에는 직·간접적인 비용을 부담해야 변화된 정보를 인식할 수 있고, 이때가 돼서야 비로소 변화에 대한 반응이 이루어진다.

결국 현실에서 완전경쟁시장이 완벽하게 성립하기는 매우 어려운 것이다.

이러한 문제점을 인식한 경제학자 클라크(J. B. Clark)는 완전경쟁이라는 개념 대신 '유효경쟁(effective competition)'이라는 개념을 제시한다. 그가 제시한 유효경쟁이란 설령 완전경쟁시장의 조건을 갖추고 있지 않더라도 장기적으로 기업 간에 실질적인 경쟁이 일어나 자원배분의 효율성을 달성할 수 있는 대기업 간 경쟁을 말한다. 현실 경제, 특히 제조업 시장에서는 완전경쟁보다는 대기업간의 가격 및 품질에서의 유효경쟁이 더 일반적으로 관찰된다.

한편 경제학자 쉐퍼드(W. G. Shepherd)는 유효경쟁의 조건으로 다음의 네 가지를 제시한다. 첫째, 상위 4대 기업 집중률이 40%이하이어야 하며, 둘째, 각 기업의 유동적인 시장점유율이 존재하여야 하며, 셋째, 낮은 이윤율과 진입장벽이 있어야 하며, 마지막으로 기업 사이에 담합이 존재하지 않아야 한다.

2) 기본 개념

(1) 가정

① 기업은 상품을 공급·판매한 수입이 유일한 수입원이다.

② 기업은 한 종류의 상품만 생산한다.

③ 재고가 없다. 즉 기업의 매 기당 생산량=공급량=판매량의 관계가 성립한다.

(2) 수입의 유형

① **총수입**(Total Revenue : TR)

$$TR = P \times Q$$

완전경쟁기업은 가격수용자이므로 가격(P)이 상수이다. 이에 따라 판매량이 증가하면 할수록 총수입도 비례적으로 증가하게 되어 총수입곡선은 원점에서 시작하는 직선의 형태를 갖게 된다.

② **평균수입**(Average Revenue : AR)

$$AR = \frac{TR}{Q} = \frac{P \times Q}{Q} = P \Rightarrow \text{생산물 1단위당 수입}$$

평균수입은 원점에서 총수입 곡선의 한점으로 그은 직선의 기울기로서 상품 한 단위당 판매수입으로 총수입을 판매량으로 나누어 구할 수 있다. 이에 따라 평균수입은 항상 가격과 같게 되므로 완전경쟁기업의 평균수입곡선은 시장가격 수준에서 수평선의 형태를 갖게 된다.

③ **한계수입**(Marginal Revenue : MR)

$$MR = \frac{\Delta TR}{\Delta Q} = \frac{P \times \Delta Q}{\Delta Q} = P$$

한계수입은 상품 1단위를 추가적으로 판매할 때 총수입의 증가분으로서 총수입곡선의 한 점에서의 접선의 기울기로서 측정할 수 있다. 그런데 완전경쟁기업의 총수입곡선이 직선이므로 모든 점에서의 한계수입은 총수입곡선의 기울기와 일치하는 일정한 값을 갖게 된다. 따라서 완전경쟁기업의 한계수입곡선은 시장가격 수준에서 수평선의 형태를 갖게 된다.

완전경쟁기업의 총수입(TR)과 한계수입(MR)

Q	0	1	2	3	4	5	6	7	8
$P=AR$	2.5	2.5	2.5	2.5	2.5	2.5	2.5	2.5	2.5
$TR=P \times Q$	0	2.5	5.0	7.5	10.0	12.5	15.0	17.5	20.0
MR	–	2.5	2.5	2.5	2.5	2.5	2.5	2.5	2.5

완전경쟁기업과 독점기업의 한계수입(MR)

시장 가격(P)이 일정한 상수($\bar{P}$)로 주어지는 가격수용자인 완전경쟁기업에게 한계수입(MR)은 다음과 같이 도출된다.

$$MR = \frac{\Delta TR}{\Delta Q} = \frac{\Delta(\bar{P} \times Q)}{\Delta Q} = \bar{P} \times \frac{\Delta Q}{\Delta Q} = \bar{P}$$

따라서 한계수입은 항상 시장가격과 일치한다.
그러나 독점기업이 직면하는 시장 가격(P)은 수량(Q)에 따라 달라지는 변수이다. 그 이유는 독점기업이 직면하는 수요곡선이 우하향하는 시장수요곡선 자체이기 때문이다. 이에 따라 독점기업의 한계수입(MR)은 다음과 같이 도출된다.

$$MR = \frac{\Delta TR}{\Delta Q} = \frac{\Delta(P \times Q)}{\Delta Q} = P + Q \times \frac{\Delta P}{\Delta Q}$$

여기서 $\frac{\Delta P}{\Delta Q}$는 수요곡선의 기울기이다. 그런데 독점기업이 직면하는 수요곡선은 시장 수요곡선이고, 우하향하는 기울기를 갖는다. 즉 '$\frac{\Delta P}{\Delta Q} < 0$'이다. 이에 따라 '$Q > 0$'이므로 '$Q \times \frac{\Delta P}{\Delta Q} < 0$' 역시 성립한다. 결국 한계수입($MR$)은 시장가격($P$)에 비해 $Q \times \frac{\Delta P}{\Delta Q}$만큼 낮게 된다.

한계수입과 총수입

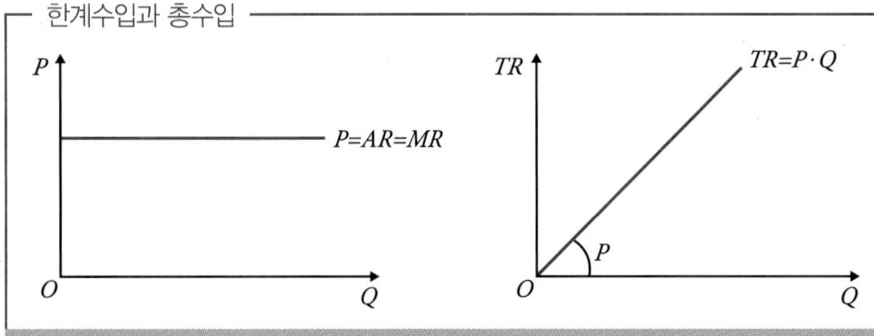

완전경쟁기업의 가격이 일정하기 때문에 총수입곡선이 직선이고, 이에 따라 모든 점에서의 기울기가 일정하기 때문에 완전경쟁기업의 한계수입곡선은 시장가격 수준에서 수평선의 형태를 갖게 된다.

TR곡선의 형태

TR곡선이 우상향의 직선이 되려면 가격이 일정해야 하는데 이는 완전경쟁시장에서만 가능하다. 독점시장에서는 개별 수요곡선이 우하향하므로 TR곡선은 원점에서 출발하여 우상향하다가 극대점에 이르고 그 후로는 우하향한다.

(3) 개별 경쟁기업(competitive firm)의 AR과 MR 그리고 수요곡선

① **개별 경쟁기업의 AR곡선**: 수요자의 입장에서 볼 때, 가격(=AR) 수준에서 기업의 생산물을 몇 단위 구매할 것인가를 나타냄 ⇒ 이는 곧 개별 기업이 직면하는 수요곡선을 의미

② **개별 경쟁기업의 수요곡선**: 개별 기업은 가격 수용자로서 주어진 시장가격에 따라 자기 제품을 얼마든지 팔 수 있으므로 개별 기업이 직면하는 수요곡선은 가격변화에 따라 완전탄력적인 수평선의 수요곡선

개별기업의 수요곡선

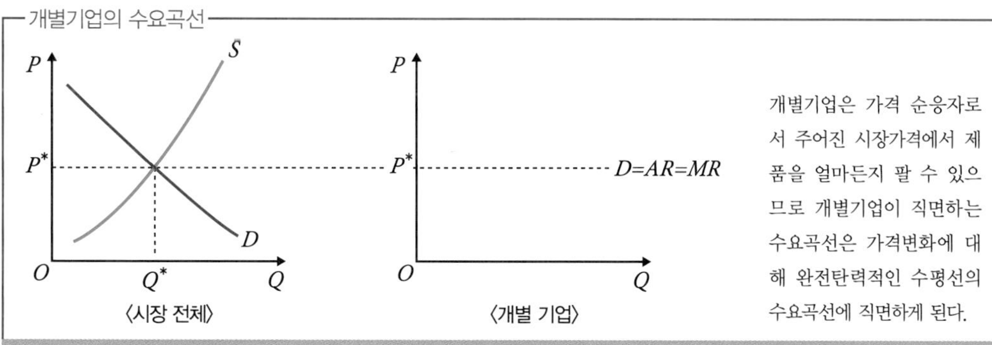

개별기업은 가격 순응자로서 주어진 시장가격에서 제품을 얼마든지 팔 수 있으므로 개별기업이 직면하는 수요곡선은 가격변화에 대해 완전탄력적인 수평선의 수요곡선에 직면하게 된다.

② 경쟁기업의 이윤극대화 생산량 결정

1) **얼마만큼 생산할 것인가?** : 기업의 목적은 이윤을 극대화하는 것이므로 어떻게 생산할 것이냐 하는 것도 중요하지만 얼마만큼 생산할 것이냐 하는 또 하나의 의사결정을 요한다.

2) **이윤극대화 생산량 결정 방법**

(1) **총수입(TR)과 총비용(TC)의 접근 방법** : "이윤(π)$=TR-TC$"를 전제로 하여 TR과 TC의 차이가 극대가 되는 생산량을 찾는다.

(2) **한계수입(MR)과 한계비용(MC)의 접근 방법**

① "$MR=MC$"는 완전경쟁기업이든 불완전경쟁기업이든 모든 기업에 적용되는 일반적인 조건이다. 이에 따라 이 조건을 만족시키는 생산량을 선택하게 된다.

② 만약 "$MR > MC$"라면 생산량이 증가함에 따라 이윤도 증가하겠지만, "$MR<MC$"라면 생산량의 증가는 오히려 손실의 증가를 초래하게 된다.

이윤극대화 생산량 결정

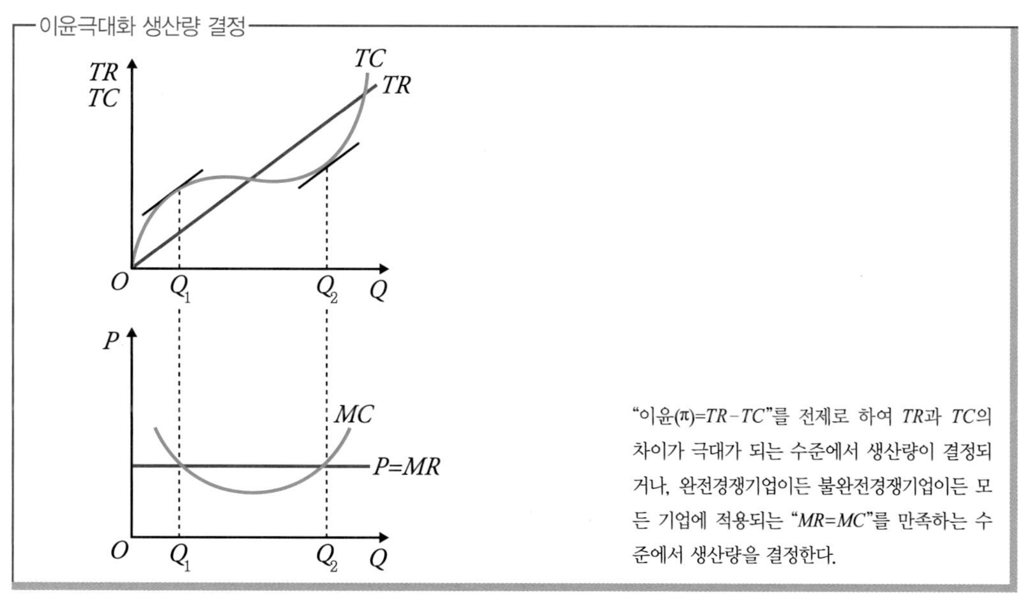

"이윤(π)$=TR-TC$"를 전제로 하여 TR과 TC의 차이가 극대가 되는 수준에서 생산량이 결정되거나, 완전경쟁기업이든 불완전경쟁기업이든 모든 기업에 적용되는 "$MR=MC$"를 만족하는 수준에서 생산량을 결정한다.

Q&A

완전경쟁시장에서 어떤 기업이 직면하는 가격이 10이다.
이 기업의 비용곡선이 $TC = \frac{1}{3}q^3 - \frac{5}{2}q^2 + 16q + 10$일 때(다만, q는 생산량이다.) 이 기업의 이윤극대화 생산량은?

Solution

$MC = \frac{dTC}{dq} = q^2 - 5q + 16$이고, 완전경쟁시장의 균형조건은 $MC=P$이다.

따라서 $q^2 - 5q + 16 = 10$에서 $(q-2)(q-3)=0$이 성립하는 q값은 다음과 같다.

$q=2$, $q=3$

다만, 이윤극대화의 1차 조건에 이어 2차 조건을 적용하면 이윤극대화 산출량은 3임을 알 수 있다.

Theme 45 완전경쟁기업의 단기균형

1 완전경쟁기업의 단기균형

1) 경쟁기업의 수요곡선과 한계수입곡선

(1) 경쟁기업은 주어진 시장가격에서 얼마든지 판매할 수 있으므로 경쟁기업의 수요곡선은 주어진 시장가격에서 수평선 ⇒ 경쟁기업의 수요의 가격탄력도는 무한대

(2) 가격은 곧 평균수입인데 경쟁기업의 경우 가격은 시장가격 수준에서 불변이므로 평균수입은 한계수입과 일치

(3) 결국 경쟁기업의 경우, 수요곡선과 평균수입곡선 및 한계수입곡선은 모두 동일

$$P = AR = MR$$

2) 경쟁기업의 한계비용곡선과 단기균형

(1) **경쟁기업의 한계비용곡선**: 생산시설이 고정되어 있는 단기에서 경쟁기업의 한계비용곡선은 생산 초기에는 오른쪽 아래로 내려가다가 어느 수준의 생산량을 지나면 오른쪽 위로 올라가는 "U"자 모양

(2) **경쟁기업의 단기균형**

① **단기에 초과이윤을 얻는 경우**($P > AC$)

초과이윤이 존재하는 경우

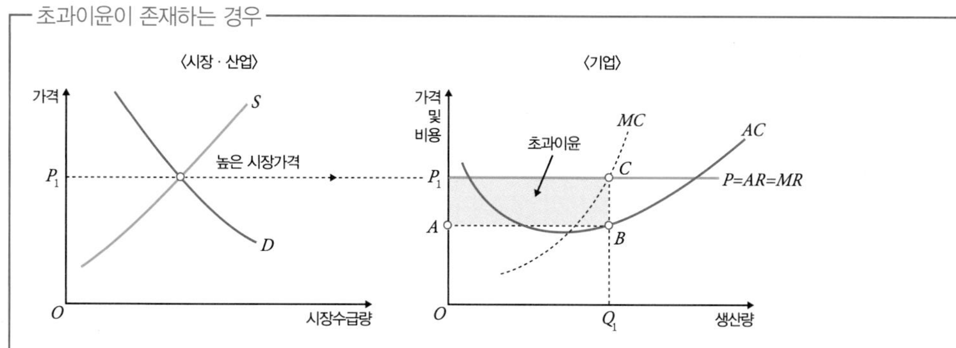

주어진 시장가격 P_1수준에서 총수입($P \times Q$)이 OP_1CQ_1, 총비용($Q \times AC$)이 $OABQ_1$이 되어 Q_1을 생산하면 $ABCP_1$만큼 초과이윤을 얻을 수 있다.

② 단기에 정상이윤만 얻는 경우(P=AC)

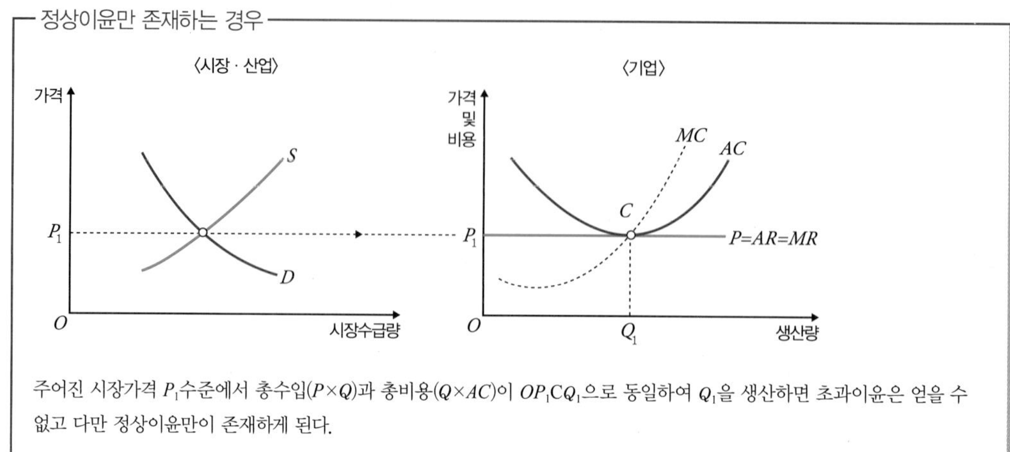

주어진 시장가격 P_1수준에서 총수입($P\times Q$)과 총비용($Q\times AC$)이 OP_1CQ_1으로 동일하여 Q_1을 생산하면 초과이윤은 얻을 수 없고 다만 정상이윤만이 존재하게 된다.

③ 단기에 손실을 보는 경우(P<AC)

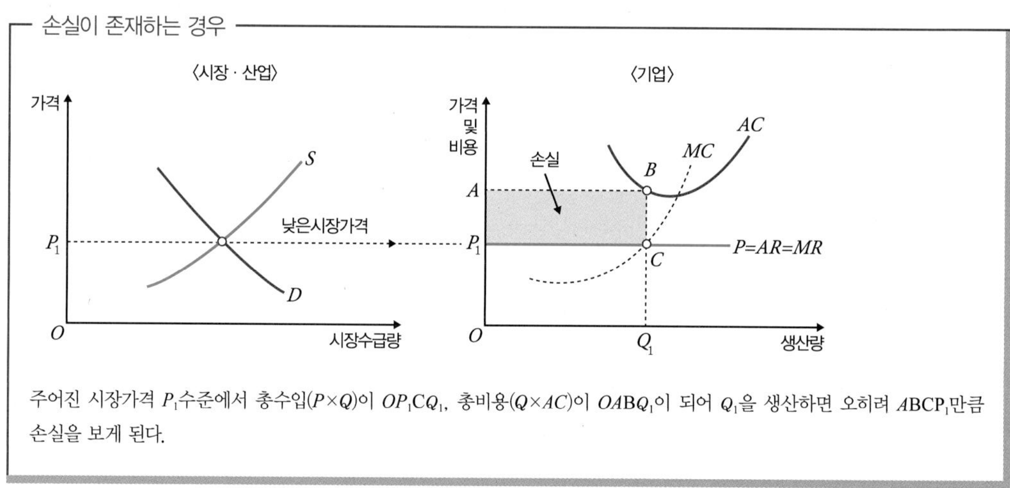

주어진 시장가격 P_1수준에서 총수입($P\times Q$)이 OP_1CQ_1, 총비용($Q\times AC$)이 $OABQ_1$이 되어 Q_1을 생산하면 오히려 $ABCP_1$만큼 손실을 보게 된다.

④ **단기균형 조건:** 경쟁기업의 단기균형 조건은 "$MR=MC$"이다. 단, 균형점에서 한계비용곡선이 한계수입곡선을 아래에서 위로 뚫고 지나가며 만나는 조건(MR 곡선의 기울기 < MC 곡선의 기울기)을 충족해야 한다.

확인 TEST

완전경쟁시장에서 조업하는 동질적인 기업들은 $Q_D=50-P$의 시장수요함수를 가지며, $Q_S=5P-10$인 시장공급함수를 가진다. 개별 기업들의 평균비용곡선은 $AC(Q)=Q+\frac{2}{Q}+2$일 때 이윤극대화를 위한 개별기업의 생산량은? [2018, 서울시 공개경쟁 7급]

① 2
② 3
③ 4
④ 5

해설
- 시장구조와 관계없이 이윤극대화 조건은 $MR=MC$이다.
- 주어진 시장수요함수와 공급함수를 연립하여 풀면 시장균형가격으로 '$P=10$'을 구할 수 있다.
- 완전경쟁기업은 시장균형가격 수준에서 수평한 수요곡선에 직면하기 때문에 이러한 시장균형가격은 곧 개별기업의 한계수입(MR)이 된다.
- 주어진 평균비용곡선을 이용하여 총비용(TC)과 한계비용을 다음과 같이 구할 수 있다.

> - $TC=AC\times Q=\left(Q+\frac{2}{Q}+2\right)\times Q=Q^2+2+2Q$
> - $MC=\frac{dTC}{dQ}=2Q+2$

- 이윤극대화를 위한 생산량은 다음과 같이 결정된다.

$$MR=MC \Rightarrow 10=2Q+2 \Rightarrow Q=4$$

정답 ③

❷ 경쟁기업의 단기공급곡선

1) 손익분기점(break-even point)

(1) AC곡선의 최저점

(2) 이 점 이하로 가격이 떨어지면 총수입($P\times Q$)이 총비용($AC\times Q$)보다 작아져서 이윤이 아닌 손실이 발생한다. ⇒ $P<AC$인 경우 손실 발생

2) 조업(생산)중단점(shut-down point)

(1) AVC 곡선의 최저점

(2) 이 점 이하의 가격에서는 총수입($P\times Q$)이 총가변비용($AVC\times Q$)조차 충당할 수 없어 조업(생산)할 수 없다. ⇒ $P<AVC$인 경우 생산을 할수록 손실 누적

(3) 손익분기점과 조업중단점 사이에는 손실을 보게 되지만, 총가변비용은 물론 총고정비용($AFC\times Q$)의 일부도 충당할 수 있으므로 생산이 가능 ⇒ $AVC<P<AC$인 경우 생산을 통해 손실을 극소화한다.

완전경쟁기업의 단기공급곡선

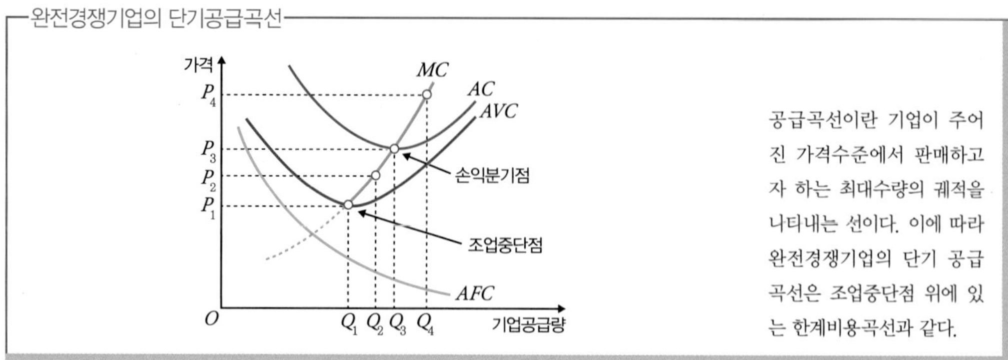

공급곡선이란 기업이 주어진 가격수준에서 판매하고자 하는 최대수량의 궤적을 나타내는 선이다. 이에 따라 완전경쟁기업의 단기 공급곡선은 조업중단점 위에 있는 한계비용곡선과 같다.

*P*와 *AC* 그리고 *AVC*와 생산 가능 여부

$P > AC$	$P < AC$	$AVC < P < AC$	$P < AVC$
이윤 발생	손실 발생	손실 발생, 생산은 가능	손실 누적, 생산 불가

* 기업의 시장가격에 따른 의사결정

시장가격($P=MR$)	의사결정
$P=P_4$	Q_4를 생산할 때 $P > AC$이므로 초과이윤 획득
$P=P_3$	Q_3를 생산할 때 $P=AC$이므로 초과이윤은 사라지지만 정상이윤은 획득
$P=P_2$	Q_2를 생산할 때 $P < AC$이므로 손실이 발생하지만 $P > AVC$이므로 수입의 일부로 고정비용의 일부를 충당할 수 있어 생산하는 것이 유리
$P=P_1$	Q_1을 생산할 때 $P=AVC$이므로 생산하든 생산하지 않든 손실은 모두 동일
$P<P_1$	$P < AVC$이므로 가변비용조차 회수할 수 없으므로 생산 불가능

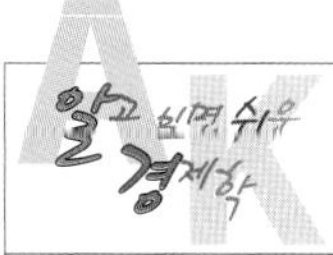

기업은 손해를 보면 반드시 문을 닫아야 하는가?

"저녁 때 집으로 돌아가던 중 가끔 동네의 자그마한 식당을 들여다보면 손님들은 없고 주방 아주머니와 홀 서빙 아주머니가 사이좋게 누워 TV 드라마를 시청하는 모습이 보이곤 한다. 이때 '어차피 경기도 안 좋아 손님도 없는데 그냥 문 닫고 쉬지 왜 힘들게 가게 문을 열고 있을까?' 하는 생각이 문득문득 들곤 한다. 이런 생각은 옳은 것일까?"

기업의 목표는 무엇보다 이윤 추구이다. 이러한 이윤은 총수입에서 총비용을 뺀 값으로 계산된다. 그런데 이윤은 항상 발생하는 것이 아니기 때문에 상당 기간 손해가 발생할 수도 있다. 그렇다면 이 경우에는 영업을 중단해야 하는가?

이에 대한 답을 구하기 위해서는 생산 기간과 매몰비용 및 고정비용에 대한 이해가 필요하다. 앞에서 등장한 식당을 예로 들어 식당 영업을 위해 건물을 임대했다면 그 임대 기간은 단기라 볼 수 있다. 또한 매몰비용은 곧 고정비용을 의미한다. 영업과 관계없이 임대 기간 동안에는 임대료를 지불해야 하고, 또한 이미 지불된 임대료는 회수가 불가능한 비용이므로 고정비용이자 매몰비용이다. 그런데 식당에서 손해가 난다는 것은 영업을 통해 얻은 수입보다 영업을 위해 지불한 비용이 더 크다는 것이다.

여기서 식당의 총비용은 영업과 관계없이 발생하는 고정비용과 영업에 따라 추가적으로 발생하는 가변비용, 두 가지로 구성된다. 이에 따라 식당 문을 닫고 쉰다고 하더라도 임대료와 같은 고정비용은 지불해야 하며 그것이 고스란히 손해로 연결된다. 여기에다 영업활동을 함에 따라 음식을 만들기 위한 식재료비와 같은 추가적인 비용(가변비용)이 발생하게 된다. 그런데 만약 음식을 만들어 그 음식을 만들기 위해 추가적으로 발생한 비용보다 비싸게 팔 수 있다면(비록 그것이 임대료를 포함한 고정비용까지 지불할 수는 없어 손해는 발생하겠지만) 영업을 계속하는 것이 손해를 줄이는 지름길이 되는 것이다. 어차피 이윤을 볼 수 없다면 손해라도 극소화하기 위해 노력을 해야 하는 것이다. 식당 아주머니들이 이러한 경제 원리를 이미 알고 있는 것은 아닌지… 물론 계속해서 손해가 발생하면 임대 기간이 끝날 때 식당 운영은 접겠지만!

확인 TEST

다음 자료에 대한 경제학적 판단으로 옳은 것만을 〈보기〉에서 모두 고르면? [2011. 교원임용]

반도체를 만드는 *A*전자는 반도체 수요의 감소로 인한 가격 폭락으로 적자가 발생하여 재무적으로 부도난 상태에 있다. *A*전자를 최종적으로 파산시킬 것인가, 계속 유영할 것인가를 판단하기 위해 아래 자료가 제시되었다.

- 반도체 장비가격 : 180억 원
- 연간 노동비용 : 200억 원
- 연간 전기료와 반도체 생산의 원료가격 : 200억 원
- 현 시점 반도체의 단위당 국제가격 : 4천 5백 원
- 현 가격에서의 이윤 극대화 생산량 : 1천만 개

(단, *A*전자의 생산비용으로는 반도체 장비가격, 노동비용, 전기료, 원료가격만 있으며, 반도체 장비의 내용연수는 1년이고 연 5천만 개까지 생산할 수 있다. 또한 이 장비는 현재 100억 원에 매각할 수 있다고 가정한다.)

〈 보 기 〉

ㄱ. A전자의 고정비용은 180억 원이다.
ㄴ. 현 시점에서 평균수입이 평균가변비용보다 크다.
ㄷ. 현재로서는 생산을 계속하는 것이 더 합리적이다.
ㄹ. 지금 생산을 중단할 경우 매몰비용은 180억 원이다.

① ㄱ, ㄴ
② ㄷ, ㄹ
③ ㄱ, ㄴ, ㄷ
④ ㄱ, ㄴ, ㄹ
⑤ ㄴ, ㄷ, ㄹ

해설 ㄱ. 고정비용은 생산 여부 또는 생산량과 무관하게 발생하는 비용으로, 기업의 생산 설비와 관련된 비용을 의미한다. 문제에서 주어진 반도체 장비가격과 같은 자본재 비용이 대표적인 고정비용이다.

ㄴ. 기업의 평균수입(AR)은 항상 상품의 가격(P)과 같다. 따라서 현 시점에서 평균수입은 현 시점 반도체의 단위당 국제가격인 4천 5백 원이다. 한편 평균가변비용은 총가변비용(=연간 노동비용+연간 전기료와 반도체 생산의 원료가격)인 400억 원을 현 가격에서의 이윤극대화 생산량인 1천만 개로 나눈 값이다. 따라서 평균가변비용은 4천 원이다. 결국 평균수입이 평균가변비용보다 5백원만큼 크다.

ㄷ. 현재 시점에서 생산을 계속하는 경우에는 130억 원만큼의 손실[=450억 원(총수입)-580억 원(총비용)]이 발생하고, 생산을 중단하는 경우에는 반도체 장비를 매각하고 남은 고정비용 80억 원만큼의 손실이 발생한다. 따라서 현재로서는 생산을 중단하는 것이 손실을 줄일 수 있는 합리적 의사결정이다.

ㄹ. 생산을 중단하고 반도체 장비를 매각한다고 하더라도 80억 원은 회수할 수 없게 된다. 이 크기가 매몰비용이다.

정답 ①

3) 단기공급곡선

(1) 공급곡선이란 기업이 주어진 가격수준에서 판매하고자 하는 최대수량의 궤적을 나타내는 선이다. 이에 따라 경쟁기업의 단기공급곡선은 조업중단점 위에 있는 한계비용곡선과 같다.

(2) *AVC*곡선 위의 *MC*곡선 부분이다.

Quiz

어떤 상품 100단위를 생산하고 있는 완전경쟁기업의 총비용이 100만 원이고 이 중 총고정비용이 40만 원이라고 할 때, 상품의 가격이 6,500원이라면 단기에 이 기업의 선택은?

⇒ 총수입은 6,500×100 = 650,000원이고 총비용은 100만 원이므로 이윤은 −35만 원으로 손실을 보게 된다. 그러나 총고정비용이 40만 원, 총가변비용이 60만 원이므로 이러한 상황에서도 조업을 계속함으로써 총가변비용은 모두 지불하고도 남은 5만 원으로 고정비용의 일부를 충당할 수 있으므로 손실을 극소화할 수 있다. 따라서 이 기업은 단기적으로 손실을 보더라도 생산 활동을 계속한다. 물론 장기적으로도 회복할 수 없다면 생산을 중단할 것이다.

확인 TEST

영희는 매월 아이스크림을 50개 팔고 있다. 영희의 월간 총비용은 50,000원이고, 이 중 고정비용은 10,000원이다. 영희는 단기적으로 이 가게를 운영하지만 장기적으로는 폐업할 계획이다. 아이스크림 1개당 가격의 범위는? (단, 아이스크림 시장은 완전경쟁적이라고 가정한다.)

[2010, 지방직 7급]

① 600원 이상 700원 미만
② 800원 이상 1,000원 미만
③ 1,100원 이상 1,200원 미만
④ 1,300원 이상 1,400원 미만

해설 영희가 장기적으로 가게를 폐업할 계획이라는 것은 현재 아이스크림 가격이 평균비용보다 낮아 손실을 보고 있다는 의미이다. 그러나 이러한 경우에도 단기에서만큼은 아이스크림 가격이 평균가변비용보다 높다면 조업을 계속하는 것이 유리하다. 현재 영희의 월간 총비용이 50,000원이고, 이 중 고정비용이 10,000원이므로 총가변비용은 40,000원이 된다. 따라서 50개를 판매할 때의 평균비용은 1,000원, 평균가변비용은 800원이 된다. 따라서 현재 아이스크림의 가격은 800원 이상이고 1,000원보다 작다.

정답 ②

확인 TEST

완전경쟁기업의 총비용이 TC=$Q^3-6Q^2+12Q+32$과 같을 때 기업이 단기적으로 손실을 감수하면서도 생산을 계속하는 시장가격의 구간은? [2011. 국회 8급]

① 2 - 6
② 2 - 8
③ 3 - 10
④ 3 - 8
⑤ 3 - 12

해설 단기에 손실을 감수하면서도 생산을 계속하는 경우는 평균비용의 극소점에서 존재하는 손익분기점과 평균가변비용의 극소점에서 존재하는 조업중단점 사이이다.

손익분기점 = 평균비용의 극소점

AC=$Q^2-6Q+12+32Q^{-1}$이므로 이를 미분한 값이 '0'인 수준에서의 AC가 극소점이 된다.

$\frac{dAC}{dQ}=2Q-6-32Q^{-2}=0$에서 $Q-3-16Q^{-2}=0$으로 정리하여 양변에 Q^2을 곱하여 정리하면 $Q^3-3Q^2-16=0$을 구할 수 있다. 이 식을 인수분해하면 $(Q-4)(Q^2+Q+4)=0$이 된다. 그런데 $Q^2+Q+4>0$을 만족하므로 $Q=4$가 유일한 해이다. 이것을 AC에 대입하면 16−24+12+8=12라는 극솟값을 구할 수 있다.

조업중단점 = 평균가변비용의 극소점

AVC=$Q^2-6Q+12$이므로 이를 미분한 값이 '0'인 수준에서의 AVC가 극소점이 된다.

$\frac{dAVC}{dQ}=2Q-6=0$에서 $Q=3$을 구할 수 있다. 이것을 AVC에 대입하면 9−18+12=3이라는 극솟값을 구할 수 있다.

정답 ⑤

사례 연구

◈ 완전경쟁기업인 K기업의 단기 공급함수가 다음과 같다.

$Q_D=P-20$

K기업의 한계비용(MC) 곡선을 도출하면?

⇒ 단기에 완전경쟁기업이 생산을 결정하면, 그 기준은 '$P=MC$' 조건이다. 한편 주어진 공급함수는 다음과 같이 정리할 수 있다.

$P=Q+20$

결국 완전경쟁기업에서는 '$P=MC$'가 성립하므로 한계비용(MC) 함수 역시 다음과 같다.

$MC=Q+20$

만약 K기업이 조업중단가격이 'P=30'인 경우, 주어진 공급함수는 다음과 같이 변형해서 나타낼 수 있다.

$$Q_D=(P-30)+10, \text{ 단 } P>30\text{이다.}$$

이 식은 시장가격이 'P<30'인 경우에는 생산을 하지 않는다는 것을 의미하고, 'P>30'이 되어 일단 생산을 시작하게 되면, 최소 생산량이 'Q=10'임을 시사해 준다. 이것은 완전경쟁기업의 시장가격에 따른 실제 생산량이 'Q=1'에서 시작되는 것이 아님을 의미한다.

또한 이 경우의 한계비용 함수는 다음과 같이 나타낼 수 있다.

$$MC=Q+20, \text{ 단 } MC>30\text{이다.}$$

3 완전경쟁시장의 단기시장공급곡선

1) **도출:** 완전경쟁시장의 단기공급곡선은 개별 경쟁기업의 단기 공급곡선을 수평으로 합하여 도출한다.

2) **생산요소 가격 등 다른 모든 여건이 일정하다고 가정하는 경우:** 경쟁기업들의 개별공급곡선인 MC 곡선을 수평으로 합해서 도출한다.

생산요소가격이 불변인 경우

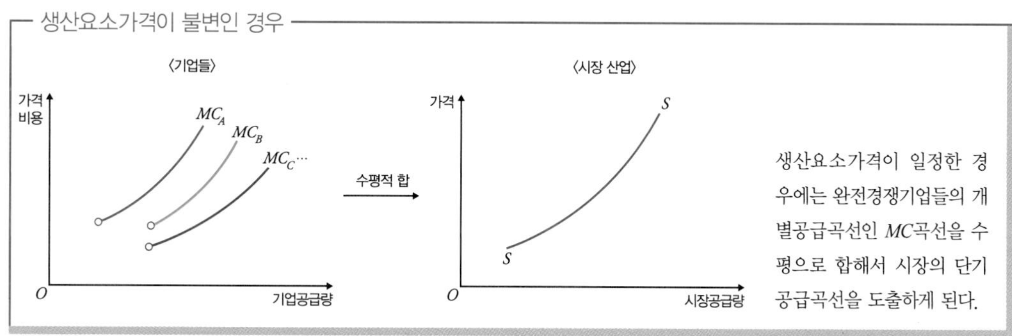

생산요소가격이 일정한 경우에는 완전경쟁기업들의 개별공급곡선인 MC곡선을 수평으로 합해서 시장의 단기 공급곡선을 도출하게 된다.

3) **시장 전체의 생산량 증가로 생산요소가격이 일정하지 않고 상승하게 되는 경우:** 기업의 MC곡선이 위쪽으로 이동하게 되어 시장의 단기공급곡선이 더욱 가파르게 된다.

생산요소가격이 상승하는 경우

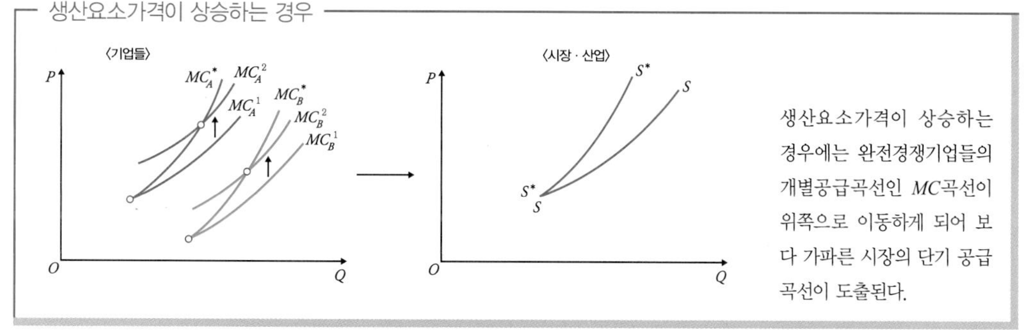

생산요소가격이 상승하는 경우에는 완전경쟁기업들의 개별공급곡선인 MC곡선이 위쪽으로 이동하게 되어 보다 가파른 시장의 단기 공급곡선이 도출된다.

확인 TEST

단기적으로 100개의 기업이 존재하는 완전경쟁시장이 있다. 모든 기업은 동일한 총비용함수 $TC(q)=q^2$을 가진다고 할 때, 시장공급함수(Q)는? (단, p는 가격이고 q는 개별기업의 공급량이며, 생산요소의 가격은 불변이다.)

[2018, 지방직 7급]

① $Q=p/2$
② $Q=p/200$
③ $Q=50p$
④ $Q=100p$

해설
- 시장공급함수는 개별기업의 공급함수를 수평적으로 합하여 도출한다. 그리고 개별기업의 공급함수는 기업의 한계비용(MC)이다.
- 모든 기업이 동일한 총비용함수 '$TC(q)=q^2$'을 가진다고 했으므로 한계비용함수는 '$MC=2q$'가 된다.
- 완전경쟁시장에서는 '$P=MC$'가 성립하여 자원배분이 효율적으로 이루어진다고 평가된다. 따라서 '$MC=2q$'는 '$p=2q$' 또는 '$q=\frac{1}{2}p$'로 나타낼 수 있다.
- '$q=\frac{1}{2}p$'라는 공급함수를 갖는 기업이 100개라고 했으므로, 이를 수평적으로 합하면 '$Q=50p$'라는 시장공급함수가 도출된다.

정답 ③

Theme 46 완전경쟁시장의 장기균형

❶ 완전경쟁기업의 장기균형

1) 단기에 한 대표적 기업이 초과이윤을 얻고 있는 경우

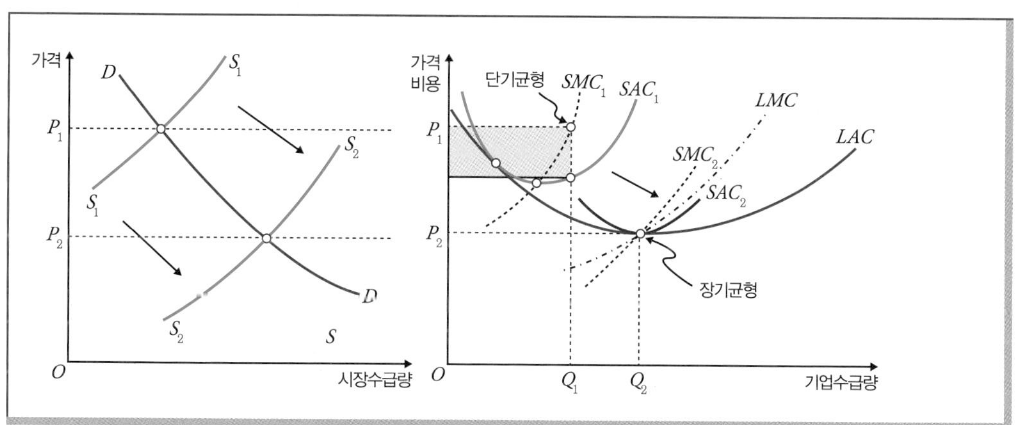

(1) 최초 기업의 단기평균비용이 SAC_1으로 표시되는 자본설비를 보유하고 있으면, 시장가격 P_1에서 Q_1을 공급하여 빗금 친 부분만큼의 초과이윤을 얻을 수 있다. 이에 따라 기존 기업은 설비를 확대하고 신규 기업의 진입이 이루어지게 되면, 시장의 공급곡선은 S_1 에서 S_2까지 오른쪽으로 이동하게 되고 시장균형가격이 P_2 로 하락하게 된다.

(2) 만일 시장의 공급곡선이 S_2 보다 더 오른쪽으로 이동하게 되면 시장균형가격은 P_2보다 낮은 수준에서 결정되어 기업은 손실을 보게 되고 이에 따라 기존 기업은 설비를 축소하거나 퇴거하게 되어 시장공급곡선은 다시 왼쪽으로 이동하게 된다. 그 결과 시장균형가격은 다시 상승하게 된다.

(3) 결국 이러한 과정이 반복되어 장기에는 기업에게 초과이윤이나 손실이 모두 발생하지 않는 LAC 최저점 수준인 가격 P_2수준에서 균형을 이루게 된다.

2) 장기균형

(1) 경쟁기업은 장기에서 모두 평균비용을 최소로 하는 생산시설을 택하게 되므로 장기균형은 장기평균비용곡선의 최저점에 이루어진다.

(2) 이 장기균형에서는 시장가격이 장기평균비용과 같으므로 기업은 평균비용에 대한 초과분인 초과이윤도 없고 손실도 없게 된다. 다만 정상이윤만 얻게 된다.

(3) **장기균형조건:** 경쟁기업의 장기균형에서는 경쟁기업의 장기평균비용(LAC), 장기한계비용(LMC), 단기평균비용(SAC), 단기한계비용(SMC) 및 가격 모두가 일치하게 된다.

$$SAC = LAC = P = AR = MR = SMC = LMC$$

(4) **장기균형의 경제적 의미**

① 모든 기업은 한계기업이다(평균비용이 조금만 올라도 손실이 발생한다).

② 초과이윤이 발생하지 않는다(SAC=LAC=P).

③ 규모의 경제가 발생하지 않는다(LAC의 극소점에서 장기균형을 이룬다).

④ 대표적 기업이 최적시설규모를 가지고 최소비용으로 생산한다(SAC=LAC).

⑤ 대표적 기업의 이윤극대화 조건이 단기와 장기에 모두 충족된다(P=SMC=LMC=MR).

Q&A

어느 완전경쟁시장에서 활동하는 개별 기업의 장기총비용함수는 다음과 같이 동일하다.

$$C=110Q-20Q^2+Q^3$$

기업의 진입과 퇴출이 완전히 자유로운 장기에서, 한 기업의 균형산출량은 얼마가 될 것인가?

Solution

완전경쟁시장의 장기균형점은 장기평균비용 극소점에서 이루어진다.

$$LAC=\frac{TC}{Q}=Q^2-20Q+110$$

$$\frac{dLAC}{dQ}=2Q-20=0$$

Q=10, P=10

확인 TEST

완전경쟁시장에서 장기에 기존 기업의 탈퇴와 신규 기업의 진입이 동시에 이루어지고 있을 때 시장가격의 수준은?

[2008. 국가직 7급]

① 기존 기업의 한계비용보다 낮다.

② 기존 기업의 평균비용보다 낮다.

③ 신규 기업의 한계비용보다 낮다.

④ 신규 기업의 평균비용보다 낮다.

해설 시장가격이 기업의 평균비용보다 높으면 이익이 발생하고, 평균비용보다 낮으면 손실이 발생한다. 진입과 탈퇴가 자유롭게 가능한 장기에 기존 기업이 탈퇴한다는 것은 시장가격이 기존 기업의 평균비용보다 낮다는 의미이고, 신규 기업이 진입한다는 것은 시장가격이 신규 기업의 평균비용보다 높다는 의미이다.

정답 ②

확인 TEST

완전경쟁시장에서 어떤 재화가 거래되고 있다. 이 시장에는 총 100개의 기업이 참여하고 있으며 각 기업의 장기비용함수는 $c(q)=2q^2+10$으로 동일하다. 이 재화의 장기균형가격과 시장 전체의 공급량은? (단, q는 개별기업의 생산량이다.)

[2018, 국회 8급]

	장기균형가격	시장 전체의 공급량
①	$\sqrt{40}$	$25\sqrt{80}$
②	$\sqrt{40}$	$100\sqrt{80}$
③	$\sqrt{80}$	$\sqrt{80}/4$
④	$\sqrt{80}$	$25\sqrt{80}$
⑤	$\sqrt{80}$	$100\sqrt{80}$

해설

- 완전경쟁시장의 장기균형은 시장가격(P)과 장기평균비용(LAC)이 최솟값이 일치하는 수준에서 이루어진다.
- 주어진 장기비용함수를 전제로 장기평균비용을 구하면 다음과 같다.

$$LAC=\frac{c(q)}{q}=\frac{2q^2+10}{q}=2q+\frac{10}{q}=2q+10q^{-1}$$

- LAC의 최솟값은 LAC의 1차 도함수 값을 '0'으로 하는 수준에서 이루어진다. 이를 도출하면 다음과 같다.

$$\frac{dLAC}{dq}=2-10q^{-2}=2-\frac{10}{q^2}=0\Rightarrow q^2=5\Rightarrow q=\sqrt{5}$$

- 이제 도출된 '$q=\sqrt{5}$'를 LAC에 대입하면 다음과 같다. 단, 여기서 도출되는 값이 곧 장기균형가격(P)이기도 하다.

$$LAC=\frac{c(q)}{q}=\frac{2q^2+10}{q}=2q+\frac{10}{q}=2\sqrt{5}+\frac{10}{\sqrt{5}}=2\sqrt{5}+\frac{10\sqrt{5}}{5}=2\sqrt{5}+2\sqrt{5}=4\sqrt{5}=\sqrt{80}$$

- 한편 개별기업의 공급곡선은 개별기업의 한계비용(mc)곡선이다. 주어진 장기비용함수를 통해 한계비용(mc)곡선이 '$mc=4q$'이 됨을 알 수 있다. 그런데 완전경쟁시장에서는 '$P=MC$'가 성립하여 자원배분이 효율적으로 이루어진다고 평가된다. 따라서 '$mc=4q$'는 '$p=4q$' 또는 '$q=\frac{1}{4}p$'로 나타낼 수 있다.
- '$q=\frac{1}{4}p$'라는 공급함수를 갖는 기업이 100개라고 했으므로, 이를 수평적으로 합하면 '$Q=25P$'라는 시장 공급함수가 도출된다.
- 새롭게 도출된 시장 공급함수에 시장가격 '$P=\sqrt{80}$'을 대입해서 정리하면 시장 전체의 생산량 '$Q=25\sqrt{80}$'을 구할 수 있다.

정답 ④

심화 TEST

한 완전경쟁시장에서 생산 활동을 하고 있는 모든 기업의 장기 평균비용곡선은 동일한 U자 형태를 띠고 있고, 그 최저점의 값은 20이다. 현재 이 시장에서 균형가격은 22이며, 생산기술, 생산요소의 가격과 수요곡선은 분석기간 동안에 변화가 없다. 이 시장의 장기 균형 상태에서, 대표적 기업의 한계비용의 크기가 얼마일지에 대해 쓰고, 참여기업의 수는 가격이 22일 때의 상황과 비교하여 '동일'할지 '감소'할지 아니면 '증가'할지를 쓰시오. [2017. 교원임용]

분석하기

- 장기균형 상태에서 대표적 기업의 한계비용 : 20

  완전경쟁시장에서는 균형 상태에서 '$P=MC$'가 성립되어 자원의 효율적 배분이 이루어진다. 또한 완전경쟁시장의 장기균형은 U자 형태인 장기평균비용(LAC) 곡선의 최저점 수준에서 '$P=LAC$'가 성립하며 이루어진다. 따라서 장기균형점에서는 '$P=MA=LAC$'가 성립하게 된다. 주어진 조건에서 장기평균비용 곡선의 최저점이 '20'이라고 하였으므로 대표적 기업의 한계비용 역시 20이 된다.

- 참여 기업의 수 : 증가

  현재의 시장가격(=22)이 장기균형이 성립하는 수준의 가격(=20)에 비해 높은 수준이다. 따라서 장기균형 가격까지 하락하기 위해서는 시장에서 공급이 증가해야 한다. 이것은 새로운 기업의 진입이 이루어진다는 것을 보여 준다. 따라서 시장에 참여하는 기업의 수는 증가하게 된다.

2 완전경쟁산업의 장기공급곡선

주의

산업의 장기공급곡선 역시 개별 기업의 공급곡선의 수평적 합계로 얻어진다. 단 단기와 달리 장기에서는 주의해야 할 점이 있다. 산업의 경우 장기에서는 기업의 진입 및 퇴출까지를 고려해야 한다는 점이다. 주어진 가격에서 손실을 보고 있는 기업은 당연히 산업에서 빠져나갈 것이다. 반대로 어느 기업이 초과이윤을 보고 있다고 하자. 완전한 정보가정에 의해 이 사실이 알려지게 되면 산업 밖에서 다른 기업이 새로 진입할 것이다. 장기적으로 완전경쟁산업 내에는 정상이윤만을 얻는 기업들만 남게 될 것이다. 산업의 장기공급곡선은 모든 가격에 대해 정상이윤만을 얻는 기업들의 공급량을 수평으로 합계하여 얻어진다. 즉 기업의 수가 가변적이므로 산업의 장기공급곡선은 개별 기업의 장기공급곡선을 수평으로 합하여 구할 수 없고 산업전체의 장기균형점을 연결하여 도출하게 된다.

1) 비용체증산업(increasing-cost industry)

(1) **장기시장공급곡선의 형태**: 생산량 증가에 따라서 장기에 생산요소가격이 상승하는 경우에는 우상향하는 장기공급곡선

(2) **도출**: 시장수요가 증가하였다고 가정하는 경우

① 시장의 단기수요곡선은 오른쪽으로 이동하여 이에 따라 시장균형가격이 상승하게 되어 단기에 초과이윤이 발생하게 된다.

② 이에 따라 기존 기업의 시설 확장 또는 새로운 기업의 진입이 이루어져 생산량이 증가하게 되고 이는 생산요소의 수요 증가를 초래하고 그 결과 생산요소가격이 상승하여 비용곡선이 위쪽으로 이동함에 따라 새로운 장기균형(E_2)점에 도달하게 된다.

③ 결국 기존의 균형점(E_1)과 새로운 균형점(E_2)을 연결하면 우상향의 장기시장공급곡선을 얻게 된다.

수요증가 ⇒ 시장가격상승 ⇒ 초과이윤발생 ⇒ 신규기업진입 ⇒ 공급증가 ⇒ 생산요소수요증가 ⇒ 생산요소가격상승 ⇒ 비용곡선상방이동 ⇒ 새로운 균형점 우상향

비용체증산업에서의 장기공급곡선

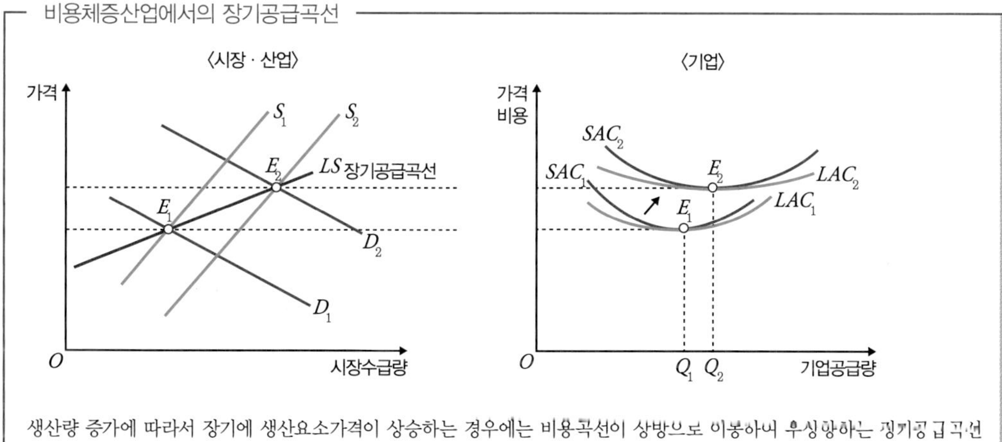

생산량 증가에 따라서 장기에 생산요소가격이 상승하는 경우에는 비용곡선이 상방으로 이동하여 우상향하는 장기공급곡선이 도출된다.

2) 비용불변산업(constant-cost industry)

생산량 증가에도 불구하고 장기에 생산요소가격이 일정한 경우에는 수평의 장기공급곡선이 도출된다.

수요증가 ⇒ 시장가격상승 ⇒ 초과이윤발생 ⇒ 신규기업진입 ⇒ 공급증가 ⇒ 생산요소수요증가 ⇒ 생산요소가격불변 ⇒ 비용곡선고정 ⇒ 새로운 균형점 수평이동

비용불변산업에서의 장기공급곡선

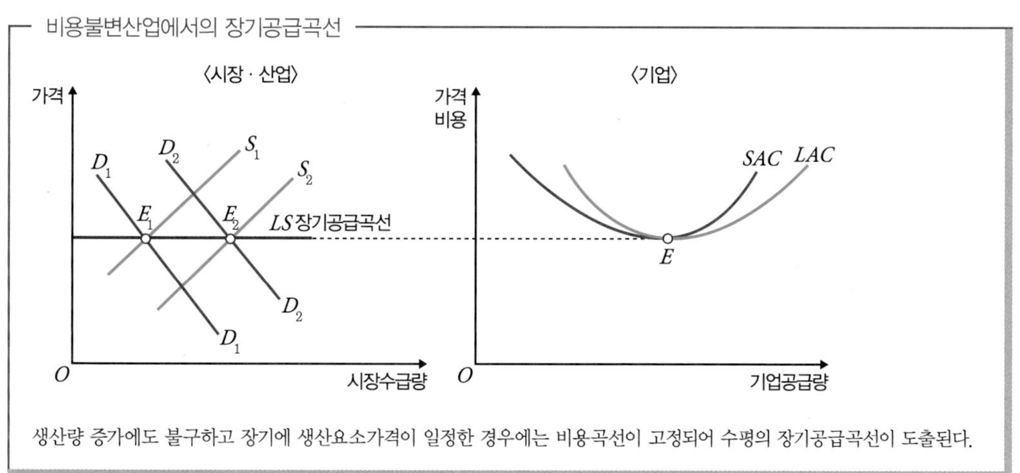

생산량 증가에도 불구하고 장기에 생산요소가격이 일정한 경우에는 비용곡선이 고정되어 수평의 장기공급곡선이 도출된다.

3) 비용체감산업(decreasing-cost industry)

생산량 증가에 따라 오히려 장기에 생산요소가격이 하락하는 경우에는 우하향하는 장기공급곡선이 도출된다.

수요증가 ⇒ 시장가격상승 ⇒ 초과이윤발생 ⇒ 신규기업진입 ⇒ 공급증가 ⇒ 생산요소 수요증가 ⇒ 생산요소가격하락 ⇒ 비용곡선하방이동 ⇒ 새로운 균형점 우하향

비용체감산업에서의 장기공급곡선

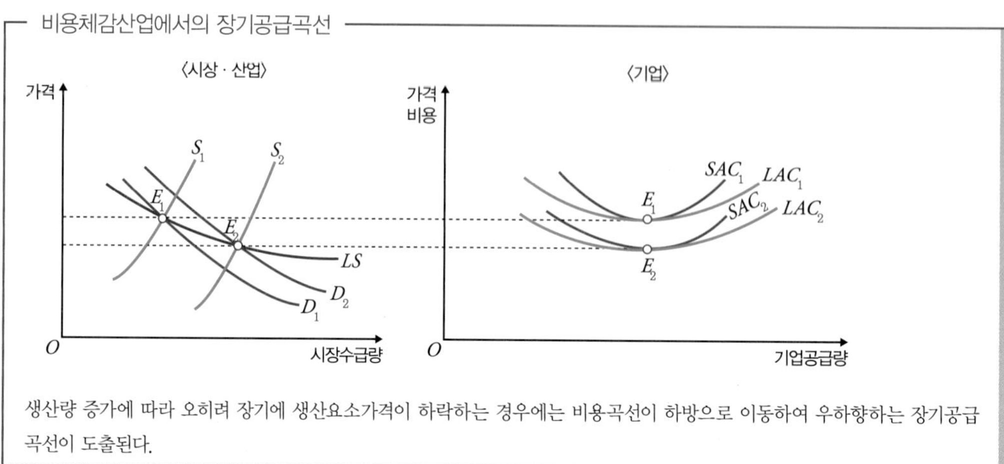

생산량 증가에 따라 오히려 장기에 생산요소가격이 하락하는 경우에는 비용곡선이 하방으로 이동하여 우하향하는 장기공급곡선이 도출된다.

정리

1. 요소가격 상승(비용체증산업) ⇒ 장기공급곡선은 우상향
2. 요소가격 불변(비용불변산업) ⇒ 장기공급곡선은 수평선
3. 요소가격 하락(비용체감산업) ⇒ 장기공급곡선은 우하향

3 완전경쟁시장의 평가

1) 일반적 효과

(1) **자원의 효율적(최적) 배분**: 한계비용 가격 설정에 의해서 가격이 한계비용과 일치하는 수준(P=MC)에서 결정된다. 이에 따라 사회적 후생(소비자 잉여+생산자 잉여)이 극대화된다.

(2) **최적생산규모에서 생산**: 장기적으로 최소의 평균비용으로 생산이 이루어진다.

(3) 장기적으로 기업은 정상이윤만 획득하게 된다.

2) 완전경쟁시장의 한계

(1) 완전한 시장정보에 따라 기술 진보에 대한 유인이 축소된다.

(2) 동질적 상품만이 거래되어 독점적 경쟁시장에 비해 소비자의 다양한 기호를 충족시키지 못한다.

(3) 소득 분배의 불공평이라는 사회적 문제를 야기한다.

(4) 완전경쟁시장의 전제 조건을 모두 충족하는 시장은 현실에서는 존재하지 않는다.

Theme 47 독점시장의 의의

❶ 독점시장(monopoly market)의 의미

1) 특징

(1) 단일기업

① 독점시장은 한 재화나 서비스의 공급이 단일 기업에 의하여 이루어지는 시장조직 형태이다.

② 독점기업이 직면하는 수요곡선은 바로 그 시장(산업)의 수요곡선과 일치한다. 따라서 독점기업이 직면하는 개별 수요곡선은 우하향한다.

③ 독점기업의 공급량은 곧 독점시장(산업)의 총공급량이다.

독점의 의의

독점(monopoly)이라는 어원은 원래 그리스어이 monos polein으로부터 왔는데, monos란 하나(single)를 의미하며 polein은 파는 것(to sell)을 의미하기 때문에 독점이란 시장에서 판매하는 기업이 하나인 경우를 의미한다. 특히 단일기업이 생산하며 가까운 대체재가 없고, 타 기업이 독점이윤을 차지하기 위해 진입하는 데 큰 장애가 있는 산업이 순수 독점(pure monopoly)이다.

(2) 가격결정자(price setter)

① 독점기업은 강한 시장지배력(market power)을 가진 가격결정자이다. 이에 따라 가격차별(price discrimination)이 가능해진다.

② 독점기업은 공급량을 조절함으로써 생산물의 가격을 조정한다.

(3) 진입장벽(barriers to entry)의 존재 : 독점시장은 아주 밀접한 대체재를 생산하는 경쟁상대기업(river fis)으로부터 도전받지 않는 시장 ⇒ 높은 진입장벽(barriers to entry)이 존재한다.

진입장벽의 형성 요인(S. J. Bain)

ⓐ 잠재적 진입기업에 대한 기존기업의 제품차별화에 의한 우위성
ⓑ 잠재적 진입기업에 대한 기존기업의 생산 비용에서의 절대적 우위성
ⓒ 잠재적 진입기업에 대한 기존기업의 규모의 경제로 인한 우위성

(4) 상대적 분류 : 상품시장의 범위를 어떻게 잡느냐에 따라 독점 또는 과점으로 분류 ⇒ 상품의 의미를 좁게 정의할수록 독점의 성립이 가능하다.

2) 독점의 생성원인(=진입장벽)

(1) 규모의 경제가 존재

① 규모의 경제가 존재하는 산업에서는 제도적, 인위적 조작이 없더라도 시장가격기구에 의해서 상대적으로 생산비가 높은 중소기업이 생산비가 낮은 대기업에 대항하지 못하므로 독점시장이 자연적으로 형성된다.

규모의 경제와 자연독점

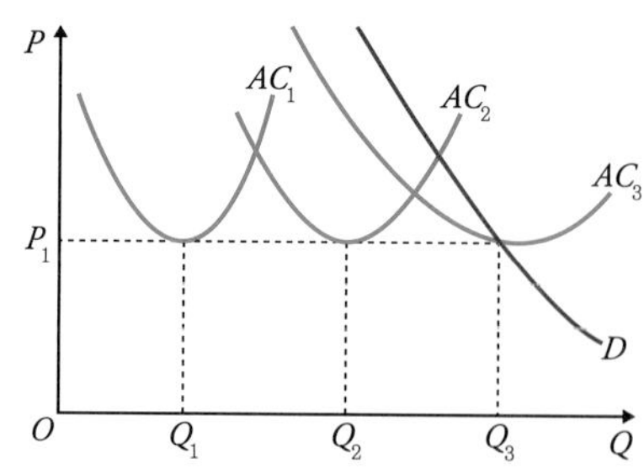

AC_1, AC_2, AC_3는 세 가지 서로 다른 생산기술을 대표하는 장기평균비용곡선들이고 D는 시장수요곡선이다. 규모의 경제가 막 끝나는 생산량을 최소의 평균비용으로 생산하는 시설규모를 최소효율규모라고 한다. 만약 어떤 산업의 생산기술이 AC_1으로 대표된다면 이 경우의 최소효율규모 생산량 Q_1이 시장수요 Q_3보다 너무 보잘것없기 때문에 이 산업은 경쟁체제가 될 것이다. 반면에 AC_3의 경우와 같이 최소효율규모 생산량이 시장수요량만큼 크다면 생산규모를 가진 가장 먼저 Q_3까지 확장하는 기업이 독점화할 것이다. AC_2의 경우에는 최소효율규모 생산량이 시장수요량에 비해 어중간하게 크기 때문에 과점화될 가능성이 있다.

② 이와 같은 규모의 경제에 의한 독점을 자연독점(natural monopoly)이라고 한다. 전력, 상수도 등이 그 예이다.

③ 특히 전력과 같은 공익사업은 국가가 독점 경영하는 경우이기도 한데 이러한 경우를 국가독점(state monopoly)이라고 한다.

(2) 상품 원재료에 대한 독점적 소유로 인한 상품시장의 독점형성도 가능하다.

(3) 법률이나 정책을 통한 인위적, 제도적인 진입장벽이 존재하는 경우에도 독점이 형성 특허권이나 저작권과 같이 법률에 의한 독점의 보호도 있으며 정부는 정책적으로 특정 기업을 독점기업으로 지원하기도 한다.

(4) 한 기업이 경쟁상대기업을 모두 매수·합병(M&A : merger & acquisition)하거나, 획기적인 기 술혁신(innovation)으로 시장을 석권하거나, 불공정거래행위(예 : 약탈적 가격설정, 부당염매행위)로 경쟁상대기업들을 모두 시장에서 몰아낼 수 있는 경우에도 독점의 성립이 가능하다.

약탈적 가격 설정(predatory pricing)

시장지배력이 강한 기업의 경우 독점력을 강화하기 위한 수단으로 종종 약탈적 가격정책을 사용하는 경우가 있다. 약탈적 가격이란 손실을 발생시킬 정도의 지나치게 낮은 가격으로 가격전쟁을 통해 경쟁기업, 혹은 잠재적 경쟁기업을 시장에서 몰아내거나 사전적으로 진입을 차단하기 위해 사용한다.

3) 독점도(Degree of monopoly)

(1) A. Lerner의 독점도

$$dom=\frac{P-MC}{P}=\frac{P-MR}{P}\ (\because \text{균형점에서는 } MR=MC)$$

① 완전경쟁인 경우 균형점에서 $P=MR=MC$이므로 Lerner의 독점도는 0이고, 불완전경쟁인 경우

균형점에서 $P>MR=MC$가 성립하므로 독점도는 0과 1사이의 값을 갖게 된다.

② 만약 비용이 전혀 들지 않는 독점기업의 경우($MR=MC=0$)의 독점도는 1이 된다.

(2) Hicks의 독점도

$$dom=\frac{1}{e} \text{ (단, } e\text{는 수요의 가격탄력도이다.)}$$

① 완전경쟁인 경우 $e=\infty$이므로 Hicks의 독점도는 0이고, 불완전경쟁인 경우에는 $e\neq\infty$이므로 0보다 크게 된다.

② 수요의 가격탄력도가 작을수록(=수요곡선이 가파를수록) Hicks의 독점도는 크게 된다.

Lerner의 독점도를 이용한 Hicks의 독점도 도출

Lerner 의 독점도에 $MR=P\left(1-\frac{1}{e}\right)$이라는 Amoroso-Robinson 공식을 대입하면

$dom=\frac{P-P\left(1-\frac{1}{e}\right)}{P}$ 을 구할 수 있다. 분모, 분자의 공통인수인 P를 약분하면 $dom=\frac{1}{e}$을 구할 수 있다.

사례 연구 독점 균형에서의 수요의 가격탄력성

◈ 독점기업인 K 기업이 직면하는 시장수요곡선과 총비용함수가 다음과 같다.

- 수요곡선 : $Q=100-P$
- 총비용함수 : $C(Q)=20Q+10$

독점기업 K가 이윤극대화를 달성할 때의 수요의 가격탄력성은?

⇒ 시장수요곡선, 한계수입, 한계비용은 각각 다음과 같다.

- $Q=100-P \Rightarrow P=100-Q$
- $MR=100-2Q$
- $MC=20$

이윤극대화 조건인 '$MR=MC$'에 따라 '$Q=40$', '$P=60$'이 된다.
한편, 독점도와 관련하여 다음 식이 성립한다.

$$\frac{P-MC}{P}=\frac{1}{E_P}, \text{ 여기서 } E_P\text{는 수요의 가격탄력성이다.}$$

따라서 다음과 같은 결과가 도출된다.

$$\frac{P-MC}{P}=\frac{60-20}{60}=\frac{40}{60}=\frac{2}{3}=\frac{1}{E_P} \Rightarrow E_P=\frac{3}{2}=1.5$$

따라서 독점기업 K가 이윤극대화를 달성할 때의 수요의 가격탄력성은 '$E_P=1.5$'가 된다.

사례 연구 독점균형에서의 한계비용

◈ 독점기업인 K 기업이 직면하는 시장수요곡선이 다음과 같다.

$$수요곡선 : P=100Q^{-\frac{1}{2}}$$

시장가격이 '$P=100$'인 수준에서 이윤극대화가 달성된다고 할 때,
한계비용(MC)의 크기는?

⇒ 주어진 시장수요곡선을 통상의 수요곡선으로 변형시키면 다음과 같다.

$$P=100Q^{-\frac{1}{2}} \Rightarrow \text{양 변을 제곱하면 } P^2=10{,}000Q^{-1}=\frac{10{,}000}{Q} \Rightarrow Q=\frac{10{,}000}{P^2} \Rightarrow Q=10{,}000P^{-2}$$

이러한 수요함수는 수요의 가격탄력성이 '2'라는 것을 보여 준다.
한편, 독점도와 관련하여 다음 식이 성립한다.

$$\frac{P-MC}{P}=\frac{1}{E_P}, \text{ 여기서 } E_P\text{는 수요의 가격탄력성이다.}$$

따라서 다음과 같은 결과가 도출된다.

$$\frac{100-MC}{100}\left(=\frac{P-MC}{P}\right)=\frac{1}{2}\left(=\frac{1}{E_P}\right) \Rightarrow MC=50$$

따라서 시장가격이 '$P=100$'인 수준에서 독점기업 K가 이윤극대화를 달성할 때의 한계비용은 '$MC=50$'이 된다.

⑶ 상위 k기업 집중률

$$dom=\sum_{i=1}^{k} Si$$

① 상위 k개 기업의 시장점유율의 합의 크기를 가지고 측정된다. 이때 상위 k기업 집중률이 높을수록 시장의 불완전경쟁의 정도가 높음을 나타낸다.

② 측정이 간단하고 소수 대기업의 시장지배력을 직접적으로 표시해 주므로 시장구조 분류 기준으로 널리 사용되고 있으나, 기업의 수 k의 선정에 객관적 기준이 없다는 것과 상위 k개 기업 안에서는 각 기업들을 똑같은 비중으로 취급하여 상위 k개 기업 간 규모의 불균등도를 나타낼 수 없는 단점이 있다.

③ 우리나라에서는 상위 3개 기업의 시장집중률(CR_3)이 75% 이상인 경우 해당 품목의 사업자를 시장지배적 사업자로 추정하고 있다.

⑷ Hirschman-Herfindahl 지수

$$\text{dom}=\sum_{i=1}^{k} Si^2$$

① 상위 k개 기업의 시장점유율의 제곱의 합으로 측정된다.

② 모든 기업의 점유율을 구체적으로 포함하므로 어느 정도 기업 간 불균등도를 나타낸다고 하겠지만, 두 시장을 비교할 때 각각의 기업체 수가 다르다면 불균등도의 차이는 나타낼 수 없고, 모든 기업의 시장점유율을 알아야 하기 때문에 계산이 복잡하다는 문제점이 있다.

③ 이 지수의 범위는 $0 \le H\text{–}H \le 10{,}000$이다. 우리나라에서는 $H-H$지수가 1,800 이상인 산업을 고(高) 집중산업으로 분류하고 있다.

(5) 로스차일드(Rothschild) 지수

$$R = \frac{\text{기업이 직면하는 수요곡선의 기울기}}{\text{시장 전체의 수요곡선의 기울기}}$$

① **순수 독점인 경우**: 기업이 직면하는 수요곡선이 곧 시장 전체의 수요곡선이므로, 양 자의 기울기가 일치하여 로스차일드 지수는 '1'이 된다.

② **완전경쟁인 경우**: 기업이 직면하는 수요곡선의 기울기가 0이므로 로스차일드 지수 역시 '0'이 된다.

③ 결국 기업이 직면하는 수요곡선의 기울기가 완만할수록 로스차일드 지수는 작아질 것이다.

(6) 찜머만(Zimmerman)의 독점화 성향 지수

$$Z = \frac{\text{수요의 가격탄력성}}{\text{공급의 가격탄력성}}$$

확인 TEST

독점시장에 관한 사항 중 옳지 않은 것은?

[2001, 감평사]

① 가격탄력성이 클수록 독점도는 커진다.
② 시장 진입이 제한된 시장일수록 독점력이 높아지는 경향이 있다.
③ 독점시장 균형에서 가격과 한계수입의 차가 클수록 독점도는 커진다.
④ 완전경쟁시장에서는 가격과 한계비용이 같으므로 독점도는 영(0)이다.
⑤ 독점도를 나타내는 지표로는 Lerner독점도 지수, Hicks독점도 지수 등이 있다.

해설 Lerner 독점도 지수는 $\dfrac{P-MR}{P} = \dfrac{P-MC}{P}$에 의해 측정되고, Hicks 독점도 지수는 $\dfrac{1}{E_P}$ (여기서 EP는 수요의 가격탄력도)에 의해 측정된다. Hicks의 독점도에 따르면 독점도는 수요의 가격탄력도와 역(−)의 관계에 있으므로 가격탄력성이 클수록 독점도는 작아진다. 이에 따라 시장 진입이 제한된 시장일수록 수요의 가격탄력성은 작아지고, 가격(P)과 한계수입(MR)의 차가 커지므로 독점도는 커지게 된다. 그리고 Lerner의 독점도에 따르면 가격(P)과 한계수입(MR)의 차가 클수록 독점도는 커진다. 한편 완전경쟁시장에서는 $P=MC$가 성립하므로 Lerner의 독점도에 따르면 그 크기는 0이 된다.

정답 ①

❷ 독점기업의 수요곡선과 한계수입곡선

1) 독점기업의 수요곡선

(1) 독점시장에는 기업이 하나밖에 없으므로, 독점기업이 직면하는 수요곡선은 바로 그 시장(산업)의 수요곡선과 일치한다.

(2) 기업의 평균수입(AR)은 판매가격이므로 기업의 평균수입곡선은 시장의 형태와 상관없이 항상 기업의 수요곡선 ⇒ 독점기업의 평균수입곡선은 독점시장이 직면하는 수요곡선이며 이는 수요곡선과 같이 우하향한다.

독점기업에 공급곡선이 존재하지 않는 이유

독점기업은 가격수용자가 아니므로 시장가격을 주어진 것으로 간주하지 않고 시장수요곡선을 주어진 것으로 간주하기 때문에 단기나 장기에 있어서 극대이윤을 보장하는 균형가격과 산출량을 동시에 결정한다. 따라서 시장가격의 변화에 따른 균형산출량의 관계를 나타내는 공급곡선의 개념을 적용시킬 수 없으므로 독점기업의 경우 공급곡선이 존재하지 않는다고 간주할 수 있다. 이는 독점뿐만 아니라 앞으로 논의하게 될 대부분의 불완전경쟁기업에서도 마찬가지이다.

2) 독점기업의 한계수입곡선

(1) 독점기업의 한계수입곡선은 다음 그래프의 MR곡선과 같이 평균수입곡선보다 아래에 위치하며 평균수입곡선을 수평으로 절반으로 줄인 것이다.

(2) 독점기업에서는 추가공급에 따르는 가격차가 항상 존재하므로 모든 생산량에서 독점기업의 한계수입(MR)은 평균수입(AR)보다 작고 생산물의 가격은 평균수입과 같다($P=AR>MR$).

도해적 증명

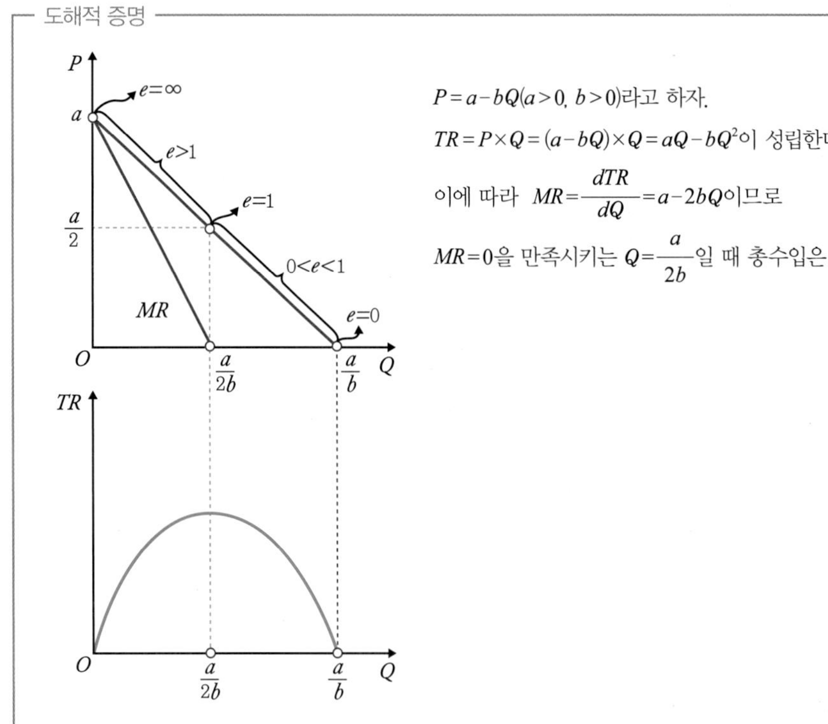

$P=a-bQ(a>0,\ b>0)$라고 하자.

$TR=P\times Q=(a-bQ)\times Q=aQ-bQ^2$이 성립한다.

이에 따라 $MR=\dfrac{dTR}{dQ}=a-2bQ$이므로

$MR=0$을 만족시키는 $Q=\dfrac{a}{2b}$일 때 총수입은 극대가 된다.

확인 TEST

어떤 독점기업은 1,000개의 재화를 개당 5만 원에 판매하고 있다. 이 기업이 추가로 더 많은 재화를 시장에서 판매하게 된다면 이때의 한계수입(marginal revenue)은 5만 원보다 작다. 그 이유로 가장 옳은 것은?

[2018, 서울시 정기공채 7급]

① 추가로 판매하게 되면 한계비용이 증가하기 때문이다.
② 추가로 판매하기 위해서는 가격을 내려야하기 때문이다.
③ 추가로 판매하게 되면 평균비용이 증가하기 때문이다.
④ 추가로 판매하게 되면 한계비용이 감소하기 때문이다.

해설
- 독점기업이 직면하는 수요곡선은 곧 시장수요곡선이다. 즉 독점기업은 우하향하는 수요곡선에 직면한다.
- 이것은 독점기업이 추가적으로 판매하기 위해서는 이전에 비해 가격을 낮춰야 한다는 것을 의미한다. 이때 낮춰진 가격은 이전수량을 구입하고자 했던 모든 수요자에게 적용된다.
- 이에 따라 한계수입곡선은 반드시 수요곡선 아래에 위치하게 된다. 이것은 한계수입은 항상 시장가격보다 작다는 것을 의미하는 것이다.

정답 ②

(3) MR과 $AR(=P)$ 간에는 다음의 관계(Amoroso-Robinson 공식)가 성립한다.

$$MR = P\left(1 - \frac{1}{e}\right)$$ 단, e는 수요의 가격탄력도이다.

위 식은 e가 양수이므로 $MR < P$이며 e가 클수록 P와 MR 간의 괴리가 작아진다. 즉 수요의 가격탄력성이 클수록 독점기업은 한계수입을 조금만 내리고도 판매량을 많이 늘릴 수 있으므로 독점기업에게 유리하다.

확인 TEST

독점기업인 자동차 회사 A가 자동차 가격을 1% 올렸더니 수요량이 4% 감소하였다. 자동차의 가격이 2,000만 원이라면 자동차 회사 A의 한계수입은?

[2013, 국가직 7급]

① 1,000만 원 ② 1,500만 원 ③ 2,000만 원 ④ 2,500만 원

해설 Amorozo-Robinson 공식에 따르면 다음과 같은 관계가 성립한다.

$$MR = P\left(1 - \frac{1}{E_P}\right)$$

단, 여기서 MR은 한계수입, P는 가격, EP는 수요의 가격탄력성이다.

한편 문제에서 자동차 가격을 1% 올렸더니 수요량이 4% 감소했다는 것은 수요의 가격탄력성이 4라는 의미이다.

따라서 $MR = 2{,}000\left(1 - \frac{1}{4}\right) = 2{,}000 \times \frac{3}{4} = 1{,}500$(만 원)

정답 ②

Theme 48 독점기업의 균형

❶ 독점기업의 균형의 특징

1) 독점시장에서도 기업의 균형은 한계수입곡선과 한계비용곡선에 의하여 결정된다.

2) 한계비용곡선은 경쟁기업이든 독점기업이든 모두 동일하고 기업의 성질에 따라 다른 것은 한계수입곡선이다.

3) 경쟁기업의 한계수입곡선은 시장가격을 나타내는 수평선인 데 반하여 독점기업의 한계수입곡선은 우하향한다.

❷ 독점시장의 단기균형

쿠르노 점

완전경쟁시장에서는 수요곡선과 공급곡선의 교차점을 균형점이라고 한다. 그러나 독점시장에서는 공급곡선이 존재하지 않으므로 그 교차점을 구할 수 없다. 이에 따라 독점시장에 있어서 단기균형점은 독점기업이 이윤극대화 수량과 독점가격을 결정하는 수요곡선상의 한 점을 말한다. 이 점을 처음 이를 발견한 사람의 이름을 따서 쿠르노(A. Cournot) 점이라 한다.

1) 단기에 정상이윤 이외의 독점이윤을 얻는 경우 ($P>AC$)

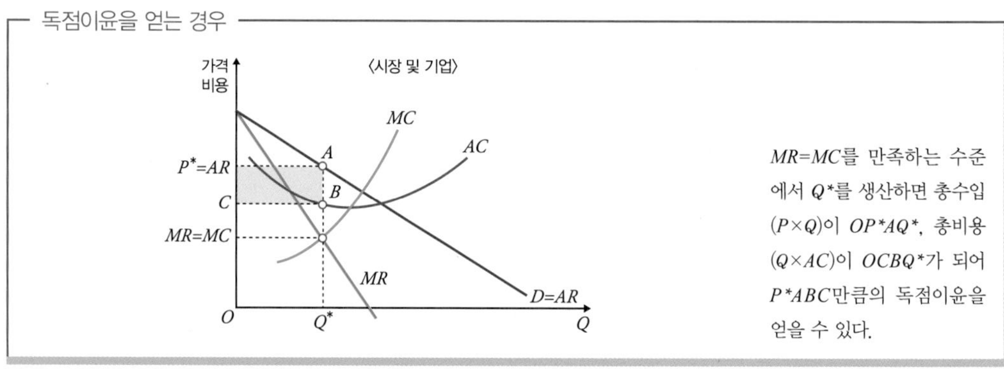
독점이윤을 얻는 경우
가격
비용
〈시장 및 기업〉
MC
AC
A
B
P*=AR
C
MR=MC
MR
D=AR
O
Q*
Q
MR=MC를 만족하는 수준에서 Q*를 생산하면 총수입(P×Q)이 OP*AQ*, 총비용(Q×AC)이 OCBQ*가 되어 P*ABC만큼의 독점이윤을 얻을 수 있다.

(1) 한계수입(MR)이 한계비용(MC)과 같으며, 한계비용곡선이 한계수입곡선을 밑에서 위로 지나는 생산량에서 이윤이 극대화된다. 그래프에서 생산량 Q^*가 이윤극대화의 생산량이며 이때 가격은 P^*가 된다.

(2) 이러한 이윤극대화를 가져오는 균형점은 '$MR \geq 0$'인 부분, 즉 '수요의 가격탄력도≥ 1'인 부분에 위치하게 된다. 이와 같은 독점기업의 균형점을 쿠르노(Cournot)점이라고 한다.

(3) 그래프에서 보는 바와 같이 균형점에서의 가격은 독점기업의 한계비용보다 크다. 즉 $P>MC$이다. 이것이 독점가격의 특징이다.

(4) 또한 독점가격은 그래프에서와 같이 평균비용보다 크다. 즉 $P>AC$이다. 이러한 독점가격의 평균비용의 초과분을 독점이윤이라고 한다.

2) 단기에 정상이윤만 얻는 경우($P=AC$)

정상이윤만 얻는 경우

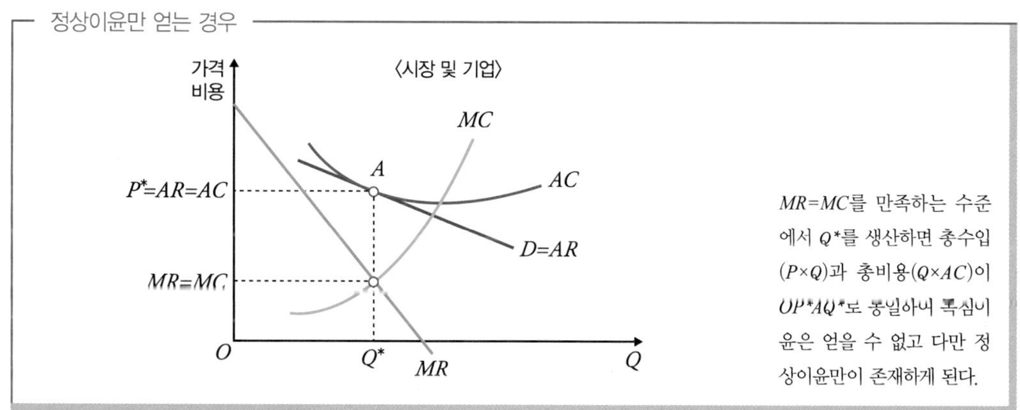
가격
비용
〈시장 및 기업〉
MC
A
AC
P*=AR=AC
D=AR
MR=MC
O
Q*
MR
Q
MR=MC를 만족하는 수준에서 Q*를 생산하면 총수입(P×Q)과 총비용(Q×AC)이 OP*AQ*로 동일하여 독점이윤은 얻을 수 없고 다만 정상이윤만이 존재하게 된다.

이 경우의 균형점에서는 $P=AC$가 성립하여 초과이윤은 존재하지 않고 다만 정상이윤만 얻게 된다. 이는 후술하게 될 독점적 경쟁시장의 장기 균형과 동일한 형태를 띠게 된다.

3) 단기에 손실을 보는 경우($P<AC$)

손실이 존재하는 경우

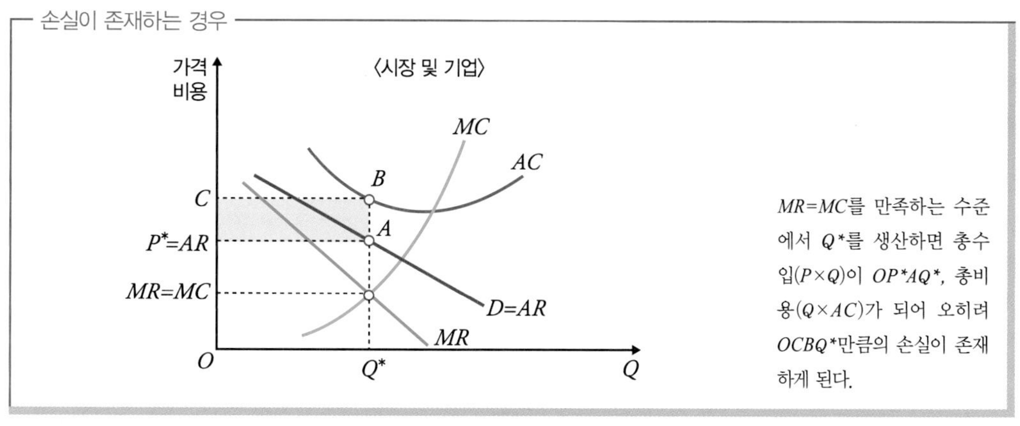
가격
비용
〈시장 및 기업〉
MC
AC
B
C
A
P*=AR
MR=MC
D=AR
MR
O
Q*
Q
MR=MC를 만족하는 수준에서 Q*를 생산하면 총수입(P×Q)이 OP*AQ*, 총비용(Q×AC)가 되어 오히려 OCBQ*만큼의 손실이 존재하게 된다.

이 경우의 균형점에서는 $P<AC$가 성립하여 정상이윤 조차도 얻지 못하게 된다. 즉 단기에 독점기업도 손실을 볼 수 있는 것이다.

독점기업의 목표와 그에 따른 균형점

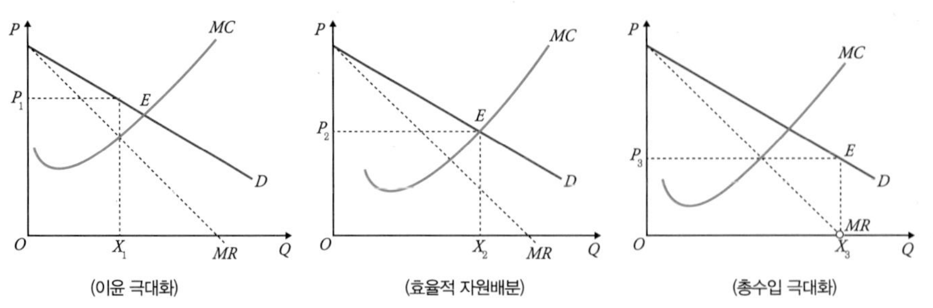

∴ 이윤극대화 균형량 (X_1)<효율적 자원배분 균형량 (X_2)<총수입극대화 균형량 (X_e) 이고, 균형가격은 반대로 $P_1 > P_2 > P_3$

독점기업의 생산구간에서의 수요의 가격탄력성

시장구조와 관계없이 이윤극대화(손실극소화) 조건은 '한계수입(MR)=한계비용(MC)'이다. 그런데 여기서 MC는 생산량이 증가함에 따라 항상 양(+)의 값을 갖는다. 따라서 MR 역시 항상 양(+)의 값을 갖게 된다. 한편 Amorozo-Robinson 공식은 다음과 같다.

$$MR=P\left(1-\frac{1}{E_P}\right)$$, 여기서 P는 시장가격, E_P는 수요의 가격탄력성이다.

앞의 공식에서 '$P>0$'이므로, '$MR>0$'이 되기 위해서는 괄호 안의 값 역시 항상 양(+)의 값이 되어야 한다. 이를 위해서는 '$E_P>1$'이 되어야 한다. 결국 독점기업의 생산구간에서의 수요의 가격탄력성은 항상 '탄력적'임을 알 수 있다. 한편 '$MR=0$'이 되는 '$E_P=1$'일 때, 총수입(TR)은 극대가 된다.

확인 TEST

그림은 독점기업의 단기균형을 나타낸다. 이에 대한 설명으로 옳은 것은? (단, MR은 한계수입곡선, D는 수요곡선, MC는 한계비용곡선, AC는 평균비용곡선이다.) [2019. 지방직 7급]

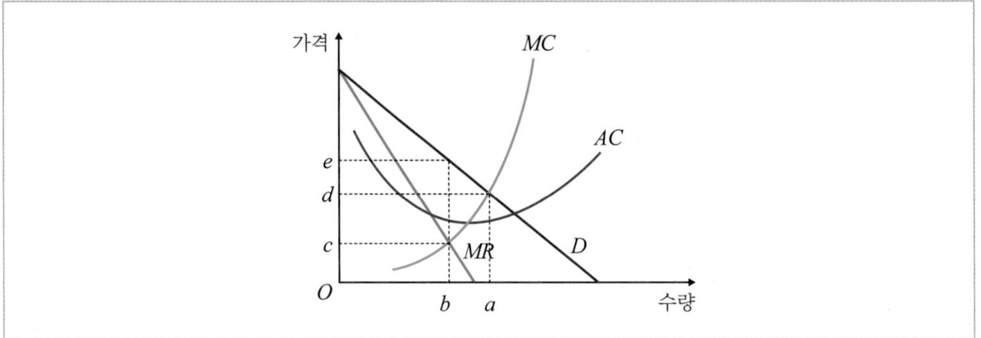

① 단기균형에서 이 기업의 생산량은 a이다.
② 단기균형에서 이 기업의 이윤은 $b\times(e-c)$이다.
③ d는 균형가격을 나타낸다.
④ 균형생산량 수준에서 평균비용이 한계비용보다 크다.

해설 • 독점기업의 단기균형은 '$MR=MC$' 수준에서 이루어진다. 따라서 균형가격은 'e'가 되고, 균형생산량은 'b'가 된다. 또한 이 수준에서 '$AC>MC$'가 성립하게 된다.

① 단기균형에서 이 기업의 생산량은 b이다.

② 단기균형에서 이 기업의 이윤은 다음과 같이 도출된다.

$$\text{총이윤}(\pi)=\text{총수입}(TR=P\times Q)-\text{총비용}(TC=AC\times Q)=Q(P-AC)$$

따라서 '$b\times(e-b$ 수준에서의 AC의 크기)'이다.

③ 단기균형에서 균형가격은 e이다.

정답 ④

확인 TEST

다음은 어느 회사가 생산하는 DVD 상품의 시장 특성이다. 이 시장에 대한 분석으로 적절하지 않은 것은?

[2012, 교원임용]

- 시장에 다른 경쟁 기업은 없다.
- 수요함수는 $P=200-0.1Q$이다.(P : 가격, Q : 거래량)
- 생산비용 전부가 초기 생산 단계에 한 번만 투입된다.
- 생산량이 1천 장일 때 평균생산비용은 80원이다.

① 1천 장을 판매할 때 최대 이윤을 얻을 수 있다.

② 이윤극대화 상태에서 기업의 총이윤은 2만 원이다.

③ 순 사회편익이 가장 극대화되는 생산량은 1천 장이다.

④ DVD 1장 가격이 150원일 때 500장의 수요가 예상된다.

⑤ 평균생산비용은 생산량 확대에 따라 지속적으로 감소한다.

해설 ① 이윤극대화 조건은 '$MR=MC$'이다. 주어진 수요함수를 통하여 한계수입(MR)함수는 '$MR=200-0.2Q$'이고, 생산비용 전부가 초기 생산 단계에 한 번만 투입되므로 고정비용만 존재하고 가변비용은 존재하지 않는다. 따라서 추가적인 생산에 따른 한계비용(MC)은 '0'임을 알 수 있다. 따라서 이윤극대화 생산량은 '$200-0.2Q=0$'을 만족하는 1천 장임을 알 수 있다.

② 이윤 극대화 생산량인 '$Q=1,000$'을 수요함수에 대입하면, 시장균형 가격인 '$P=100$'을 구할 수 있다. 이에 따라 이윤극대화 생산량 수준에서 총이윤을 구하면 다음과 같다.

• 총이윤(π)=총수입(TR: $P\times Q$)−총비용(TC: $AC\times Q$)
$\Rightarrow \pi=100\times1,000-80\times1,000=100,000-80,000=20,000$(원)

상태에서 기업의 총이윤은 2만 원이다.

③ 순 사회편익이 가장 극대화되는 수준은 '$P=MC$'를 충족할 때이다. 따라서 '$200-0.1Q=0$'을 만족하는 '$Q=2,000$'이 순 사회편익이 극대화될 때의 생산량이다.

④ DVD 1장 가격인 150원을 수요함수에 대입하면 '$Q=500$'이 도출된다.

⑤ 가변비용이 존재하지 않으므로 평균생산비용은 곧 평균고정비용과 같다. 그런데 평균고정비용은 생산량이 증가함에 따라서 지속적으로 감소한다. 따라서 생산량 확대에 따라 평균생산비용은 역시 지속적으로 감소하게 된다.

정답 ③

③ 독점시장의 장기균형

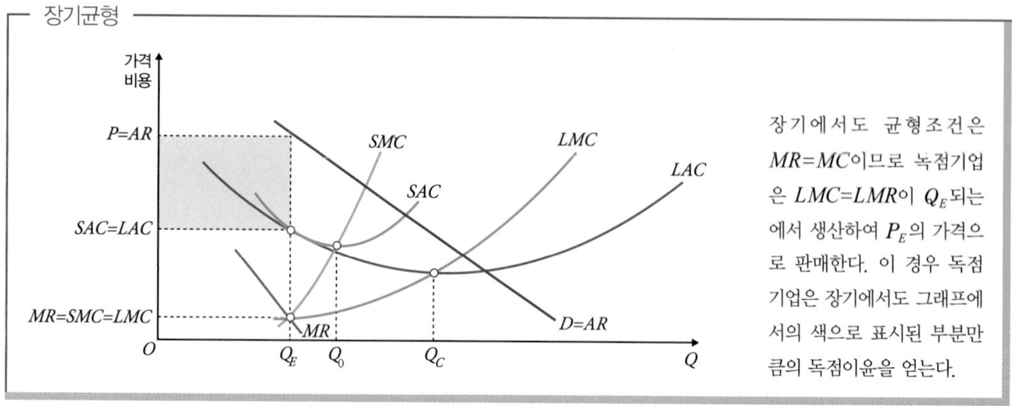
장기균형
가격
비용
P=AR
SAC=LAC
MR=SMC=LMC
O
SMC
SAC
LMC
LAC
D=AR
MR
Q_E
Q_0
Q_C
Q
장기에서도 균형조건은 MR=MC이므로 독점기업은 LMC=LMR이 Q_E되는 에서 생산하여 P_E의 가격으로 판매한다. 이 경우 독점기업은 장기에서도 그래프에서의 색으로 표시된 부분만큼의 독점이윤을 얻는다.

1) 도해적 설명

(1) 독점기업의 경우에도 장기평균비용곡선(*LAC*)은 그래프의 *LAC*곡선과 같이 단기평균비용곡선들의 밑으로부터의 포락선이다.

(2) 장기한계비용곡선(*LMC*)은 그래프의 *LMC*곡선과 같이 각 생산량에서 *LAC*에 접하는 단기평균비용곡선의 단기 한계비용을 연결한 궤적이다.

(3) 독점기업의 수요곡선은 장기에서도 그래프의 *D*곡선과 같이 우하향하며 그래프의 *MR*곡선과 같이 장기의 한계수입곡선은 수요곡선(=평균수입곡선)의 밑에 수요곡선보다 더 큰 기울기를 갖고 위치한다.

(4) 장기에서도 균형조건은 *MR*=*MC*이므로 독점기업은 *LMC*=*LMR*이 되는 Q_E에서 생산하여 P_E의 가격으로 판매한다. 이때 평균비용은 가격 P_E 보다 낮은 수준이므로 독점기업은 장기에서도 그래프에서의 색칠한 부분만큼의 독점이윤을 얻는다.

(5) 생산량 Q_E 는 장기평균비용이 최저가 되는 생산량 Q_C(완전경쟁시장인 경우의 생산량 수준)보다 적으므로 독점기업은 장기에서도 과잉생산설비를 갖게 된다. 주의할 것은 이때의 과잉설비의 크기는 Q_EQ_C가 아니라 Q_EQ_0이 된다.

2) 장기균형의 특징

$$P=AR \geq SAC=LAC > MR=SMC=LMC$$

(1) 이윤극대화 조건은 *MR*=*MC*이며 장기에서도 $P>AC$이 되어 독점이윤을 얻게 된다.

(2) 일반적으로 *LAC*곡선의 최저점, 즉 최적시설규모(Q_C)에서 생산하지 않음으로써 과잉설비(유휴설비: Q_EQ_0)가 존재하게 된다.

4 독점시장 형성에 대한 평가

1) 일반적 효과

(1) 시장 규모의 협소화는 독점이 필연적이고 이에 따라 경제 개발 초기 단계에서는 오히려 독점의 생성이 새로운 산업 분야의 개발을 용이하게 해 줄 수 있다.

(2) 대규모의 독점기업은 자체 내의 연구 개발에 따른 기술 혁신을 통해 산업 전체의 발전에 기여할 수 있다.

(3) 소규모의 다수 기업의 존재보다 하나의 독점기업이 존재함으로써 사회적 비용을 절감시키고 낮은 가격의 재화를 공급을 가능하게 한다.

2) 한계

(1) $P>MC$: 완전경쟁시장에 비해 가격은 높고 산출량은 적어 사회적 후생이 완전경쟁시장보다 작게 되어 사회적 순손실(Dead Weight Loss)이 발생 ⇒ 생산의 최적규모에서 생산하지 않으므로 사회적 비용과 사적 비용이 일치하지 않음으로써 파레토 비효율적으로 자원을 배분한다.

독점으로 인한 자중손실(deadweight loss)

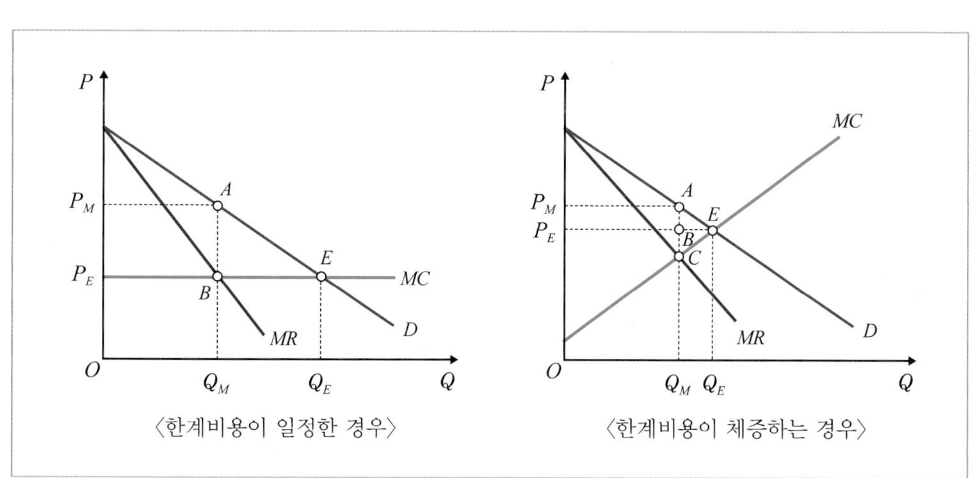

〈한계비용이 일정한 경우〉 〈한계비용이 체증하는 경우〉

1) 한계비용이 일정한 경우

(1) 완전경쟁시장이라면 P_E 가격수준에서 Q_E만큼 생산이 이루어진다.

(2) 독점시장이라면 P_M 가격수준에서 Q_M만큼 생산이 이루어진다.

(3) 결국 완전경쟁시장에서 독점시장으로 전환되면 소비자잉여는 사다리꼴 P_MAEP_E만큼 감소하게 된다. 이때 감소한 소비자잉여 중 사각형 P_MABP_E는 생산자잉여로 전용된다. 이에 따라 소비자와 생산자 사이에 형평성 악화 문제가 발생한다. 또한 감소한 소비자잉여 중 삼각형 AEB만큼의 자중손실이 발생하여 효율성이 악화된다.

2) 한계비용이 체증하는 경우

(1) 완전경쟁시장이라면 P_E 가격수준에서 Q_M만큼 생산이 이루어진다.
(2) 독점시장이라면 P_M 가격수준에서 Q_M만큼 생산이 이루어진다.
(3) 결국 완전경쟁시장에서 독점시장으로 전환되면 소비자잉여는 사다리꼴 P_MAEP_E만큼 감소하고, 생산자잉여는 완전경쟁시장인 경우 존재하는 삼각형 BEC만큼 감소하게 된다. 이때 감소한 소비자잉여 중 사각형 P_MABP_E는 생산자잉여로 전용된다. 이에 따라 소비자와 생산자 사이에 형평성 악화 문제가 발생한다. 또한 감소한 소비자잉여 중 삼각형 AEB와 감소한 생산자잉여인 삼각형 BEC의 합인 삼각형 AEC(Harberger's triangle)만큼의 자중손실이 발생하여 효율성이 악화된다.

(2) 경쟁 상대가 없으므로 기술 개발이나 연구 개발 등을 소홀히 하는 이른바 X–비효율이 존재할 수 있고, 사후 서비스 등의 소홀로 소비자의 권리를 침해할 수 있다.

X–비효율(X–inefficiency)

Leibenstein이 명명한 것으로 임금인상, 특별수당, 승진 등의 유인이 너무 작거나 경쟁 압력이 적어서 노동자나 경영자들이 최대한의 노력을 하지 않기 때문에 최소비용(또는 X-효율)이 실현되지 않는 것으로서, 그 크기는 기업의 실제 평균생산비와 기술적으로 실현가능한 최소의 평균생산비의 차이로 측정한다.

확인 TEST

X–비효율성과 관련이 없는 것은? [2001, 입시]

① H. Leibenstein이 제시한 개념이다.
② 노동자뿐만 아니라 경영자 측에서도 발생할 수 있다.
③ 책임소재의 명확성이 결여될 때 X–비효율성이 감소한다.
④ 인센티브 제도가 잘 정립될수록 X–비효율성은 감소한다.
⑤ 도덕적 해이가 가능한 상황일수록 X–비효율성이 증대한다.

해설 H. Leibenstein이 제기한 X–비효율성이란 조직의 관료제적 특성으로 인해 발생할 수 있는 방만한 경영 등을 원인으로 초래되는 비효율성을 총칭하는 개념으로 특히 독점시장에서 가장 뚜렷하게 나타난다. 이러한 X–비효율성은 노동자는 물론이고 경영자 측에서도 발생하며, 도덕적 해이를 방지할 수 있는 인센티브 제도 또는 책임소재를 명확히 밝힐 수 있는 제도 등이 정립될수록 그 정도를 감소시킬 수 있다. 한편 독점시장은 완전경쟁시장에 비해 우월한 기술력을 바탕으로 R&D에 유리하고 이를 통해 국가 경쟁력의 원천이 되기도 한다. 이처럼 독점시장은 비효율성과 효율성이 불가피하게 공존할 수도 있다. 이러한 독점의 비효율성과 효율성 간의 공존을 윌리암슨의 상충(Williamson's trade-off)이라고 부른다.

정답 ③

Theme 49 가격차별

❶ 가격차별(price discrimination)의 의의

1) 개념

(1) 시장지배력이 강한, 특히 독점기업이 수요의 가격탄력성이 다른 시장에서 동일한 상품을 상이한 가격으로 판매하는 것 ⇒ 완전경쟁시장의 일물일가(一物一價)의 법칙에 대응하는 개념이다.

(2) 가격차별을 하는 과정에서 소비자 잉여의 일부, 또는 전부가 독점기업으로 전용되어 독점기업의 이윤이 증대한다.

2) 장·단점

장점	생산량 증대로 고용과 국민소득 향상, 소득재분배, 시장 확대
단점	• 소비자 차별 대우 ⇒ 소비자의 불쾌감 초래 • 소비자 잉여 축소 ⇒ 독점기업 수익으로 전환 • 해외시장에 덤핑 경우 ⇒ 국내수요자 소득으로 해외수요자에 자선결과

가격차별은 나쁜 것인가?

수수께끼 하나가 있다. 모범택시와 일반택시의 차이는 무엇인가? 정답은 '외면이다'. 승객은 모범택시를 외면하고 일반택시는 승객을 외면하는 차이라는 우스갯소리가 있다.

프랑스 파리에 첫발을 내디디면 택시 때문에 두 번 놀란다고 한다. 한 번은 거창한 벤츠 택시가 공항에 즐비하다는 것이고, 또 한 번은 택시요금 체계가 참으로 희한하다는 점이다. 시간에 따른 요금차별은 물론이고 일정 구간을 넘나들 때마다 택시 요금판 밑의 요율표가 A, B, C로 달라진다. 가방의 개수에 따라 추가요금이 요구되기도 한다.

상상해보자. 어느 추운 겨울날, 잠실에서 두 아이를 데리고 게다가 여행용가방 두개를 들고 공항으로 가는 택시를 타려고 한다고 생각해보자. 아마도 상당한 시간 동안 우리는 그냥 지나치는 택시 꽁무니를 지켜봐야 할 것이다. 파리의 택시요금 체계와 다르다는 그 하나만의 이유 때문에 ……

❷ 가격차별의 종류(A. Pigou)

1) 1차 가격차별(first-degree price discrimination : 완전 가격차별) : 소비자 효용 기준

(1) **의미** : 독점기업이 판매하는 모든 상품의 가격을 수요곡선에 맞추어 모두 상이하게 책정

⇒ 각 재화에 내해서 소비자가 지불하고자 하는 최대 가격(효용)만큼을 판매가격으로 결정하는 것을 말한다.

(2) **예** : 예술품 등을 경매 방식으로 판매하는 경우가 이에 해당한다.

(3) **도해적 설명**

1차 가격차별

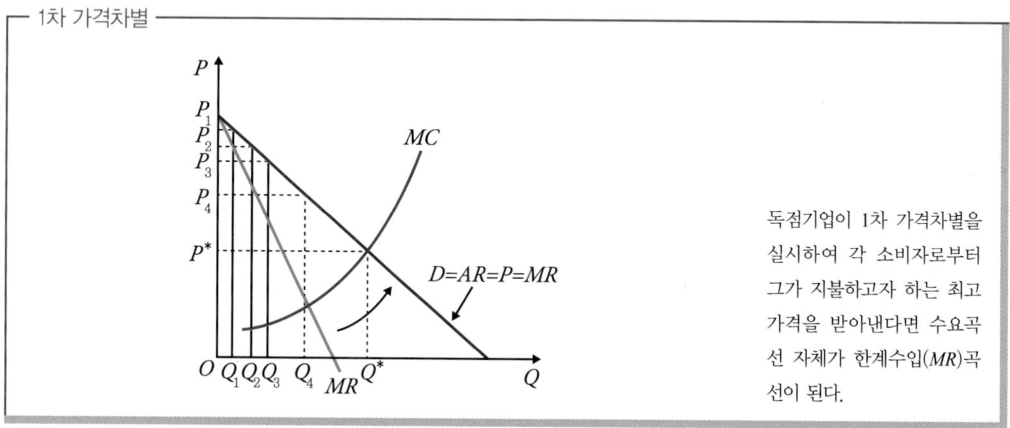

독점기업이 1차 가격차별을 실시하여 각 소비자로부터 그가 지불하고자 하는 최고 가격을 받아낸다면 수요곡선 자체가 한계수입(*MR*)곡선이 된다.

① 독점기업이 1차 가격차별을 실시하여 각 소비자로부터 그가 지불하고자 하는 최고가격을 받아 낸다면 수요곡선 자체가 한계수입(*MR*)곡선이 된다.

② 한계수입(MR)곡선과 독점기업이 직면하게 되는 수요곡선이 일치하게 되면 산출량이 증가(Q_4 ⇒ Q^*)하여 완전경쟁시장과 같게 되므로 자원배분이 효율적으로 이루어지게 된다.

③ 소비자 잉여가 전부 생산자 잉여로 전가되어 사라지게 된다. 이에 따라 자원배분은 효율적으로 이루어지지만 소득분배가 매우 불평등하게 이루어지게 된다.

1차 가격차별에 의해 정부보조 없이도 생산이 가능한 경우

총비용이 총수입보다 커서 생산이 불가능한 경우, 1차 가격차별이 가능하면 총수입이 총비용보다 커져서 정부의 보조 없이도 생산이 가능할 수 있다. 그림에서 1차 가격차별을 하면서 Q^*까지 생산한다고 가정하자. 만약 기업의 총수입은 $OadQ^*$가 되고 총비용은 OP_0cQ^*가 되어, 이때 $\Delta aP_0b > \Delta bcd$가 성립하면 이윤이 발생하므로 정부의 보조 없이도 Q^*의 생산이 가능해진다.

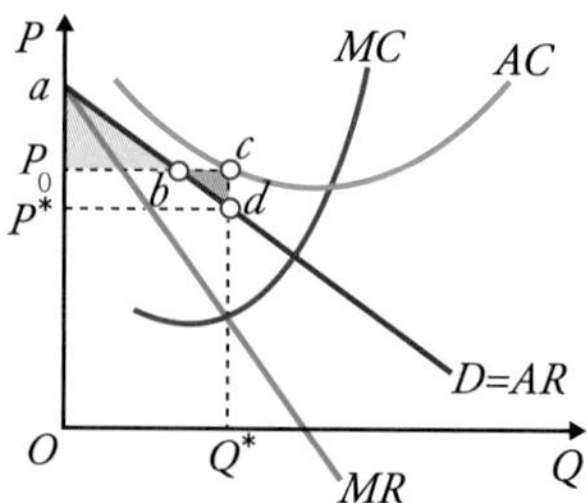

2) 2차 가격차별(second-degree price discrimination) : 판매량 기준

(1) **의미** : 소비자를 수요량이 서로 다른 2개 이상의 집단으로 분리하여 집단별로 각각 상이한 가격을 설정하여 판매하는 경우를 말한다.

(2) **예** : 가정용 전기요금과 산업용 전기요금, 대형 할인점에서 다량으로 구입하는 경우에 저렴한 가격으로 판매하는 경우가 이에 해당한다.

(3) **도해적 설명** : 소비자 잉여의 일부가 생산자 잉여로 전용된다.

2차 가격차별

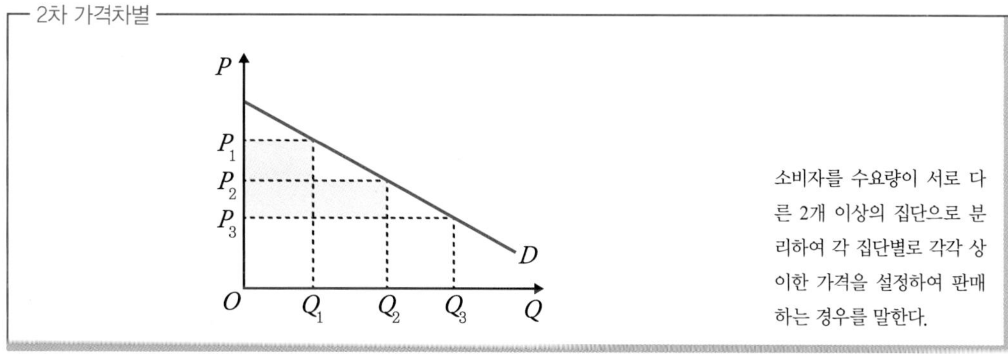

소비자를 수요량이 서로 다른 2개 이상의 집단으로 분리하여 각 집단별로 각각 상이한 가격을 설정하여 판매하는 경우를 말한다.

3) 3차 가격차별(third-degree price discrimination) : 수요의 가격탄력도 기준

(1) **의의** : 전체 시장을 수요의 가격탄력성이 상이한 시장으로 분리하여 상이한 가격을 설정하여 판매하는 경우 ⇒ 일반적으로 가격차별이라 하면 3차 가격차별을 의미한다.

(2) **가격차별의 성립조건**

① 시장이 두 개 이상으로 분리될 수 있고, 각 시장에서의 수요의 가격탄력성이 각기 달라야 한다.

시장 분할 방법

기업들이 시장을 분할하기 위해 수요자를 어떻게 구분할까?

첫 번째 방법은 소비자들의 특성을 관찰하여 분류하는 것이다. 예컨대 학생이라는 특성에 주목한다거나, 나이에 따라 수요자를 구분한다.

두 번째 방법은 소비자들이 자신의 특성을 드러내도록 유인책을 써서 분류하는 것이다. 예컨대 낮은 가격에 물건을 사기 위해 얼마나 노력하는가 여부로 결정한다는 것이다. 대표적인 예가 할인쿠폰의 사용이다. 할인쿠폰을 오려서 이용할 정도로 가격에 민감한 소비자에게는 싸게 판다는 것이다.

또 다른 예는 항공사들이 부대조건 없는 비행기 표는 비싸게 팔고 미리 날짜를 확실하게 고정시키는 경우에는 비행기 표를 싸게 파는 관행을 들 수 있다. 시간이 없는 바쁜 사업가라면 부대조건 없는 비행기 표를 선호할 것이고, 시간 여유가 있는 사람, 즉 레저용으로 비행기를 이용한다면 고정된 날짜가 표시된 비행기 표를 싸게 사는 것을 더 좋아할 것이다.

② 가격차별에 따른 이익이 시장분리로 인한 비용보다 커야 한다.

③ 각 시장 간 상품의 이동(arbitrage)이 불가능해야 한다.

④ 일반적으로 수요의 가격탄력성이 작은 곳에서는 높은 가격으로, 큰 곳에서는 낮은 가격으로 판매해야 한다.

⑤ 판매자가 시장지배력을 가지고 있어야 한다.

(3) **예**: 내수시장과 수출시장에서의 가격차별, 극장에서의 조조할인제도, 자정 이후에 할증되는 택시 요금 등이 이에 속한다.

(4) **도해적 설명**

3차 가격차별

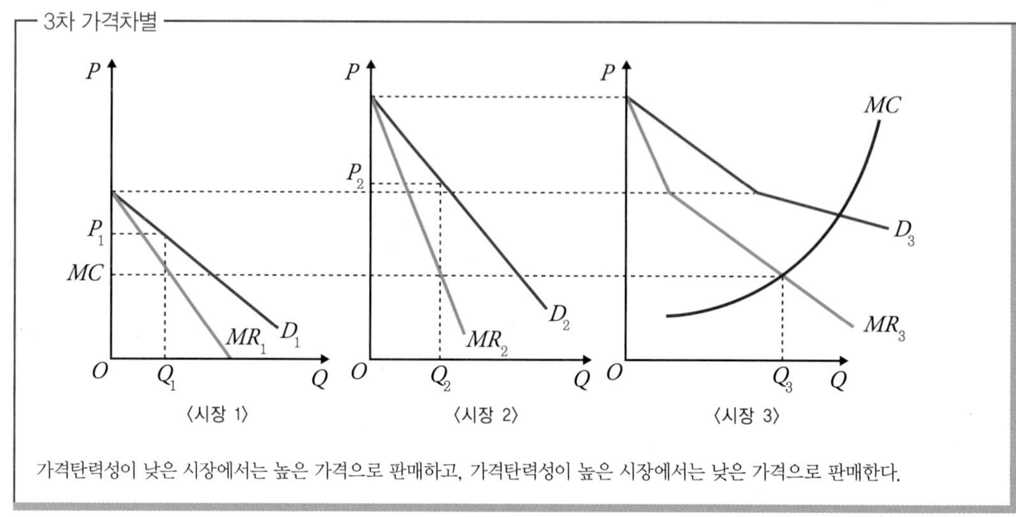

가격탄력성이 낮은 시장에서는 높은 가격으로 판매하고, 가격탄력성이 높은 시장에서는 낮은 가격으로 판매한다.

① 어떠한 독점기업이 시장 1과 시장 2에 동일한 상품을 공급하는데 이 두 시장은 서로 완전히 분리되어 있고 시장 1과 시장 2의 수요곡선(=평균수입곡선)과 한계수입곡선이 그래프의 D_1, MR_1 및 D_2, MR_2의 곡선들과 같이 주어져 있다.

② 이 경우 독점기업이 전체 시장에서 직면하게 되는 수요곡선은 D_1곡선과 D_2곡선을 수평으로 합한 D_3곡선이 되며, 전체 시장의 한계수입곡선은 MR_1곡선과 MR_2곡선을 수평으로 합한 MR_3 곡선이 된다.

③ 만약 이 독점기업의 한계비용곡선이 그래프의 MC곡선과 같다면 이 독점기업은 MC곡선과 MR_3곡선이 교차하는 생산량인 Q_3만큼 생산하여 시장 1에서는 가격을 P_1으로 Q_1만큼 팔고, 시장 2에서는 가격을 P_2로 Q_2만큼 판매함으로써 이윤을 극대화할 수 있다.

④ 결국 가격탄력성이 낮은 시장에서는 높은 가격으로 판매하고, 가격탄력성이 높은 시장에서는 낮은 가격으로 판매하는 전략을 선택하게 된다.

확인 TEST

어떤 독점기업이 시장을 A와 B로 나누어 이윤극대화를 위한 가격차별정책을 시행하고자 한다. A시장의 수요함수는 $Q_A = -2P_A + 60$이고, B시장의 수요함수는 $Q_B = -4P_B + 80$이라고 한다(Q_A, Q_B는 각 시장에서 상품의 총수요량, P_A, P_B는 상품의 가격임). 이 기업의 한계비용이 생산량과 관계없이 2원으로 고정되어 있을 때, A시장과 B시장에 적용될 상품가격은?

[2019, 서울시 공개 경쟁 7급]

	A시장	B시장
①	14	10
②	16	11
③	14	11
④	16	10

해설
- 시장구조와 관계없이 이윤극대화 조건은 $MR=MC$이다. 따라서 두 시장에서의 이윤극대화 수준에서는 모두 '$MR_A=MR_B=MC(=2)$'가 성립한다.
- 주어진 수요함수를 전제로 각 시장의 한계수입과 균형 생산량은 다음과 같이 도출된다.

> - $Q_A=-2P_A+60 \Rightarrow P_A=30-\frac{1}{2}Q_A \Rightarrow MR_A=30-Q_A \Rightarrow 2=30-Q_A \Rightarrow Q_A=28$
> - $Q_B=-4P_B+80 \Rightarrow P_B=20-\frac{1}{4}Q_B \Rightarrow MR_A=20-\frac{1}{2}Q_B \Rightarrow 2=20-\frac{1}{2}Q_B \Rightarrow Q_B=36$

- 앞의 결과들을 A시장과 B시장의 수요함수에 각각 대입하면 '$P_A=16$, $P_B=11$'이 도출된다.

정답 ②

확인 TEST

수요의 특성이 다른 두 개의 분리된 시장 A와 B에서 이윤극대화를 추구하는 독점기업이 있다고 가정하자. 이 독점기업의 한계비용은 5이고, 시장 A와 시장 B에서 수요의 가격탄력성이 각각 1.5 및 1.2일 때, 시장 A와 시장 B에서의 독점가격은?

[2013, 지방직 7급]

	시장 A 독점가격	시장 B 독점가격
①	15	20
②	20	10
③	20	15
④	15	30

해설 가격차별을 통한 이윤극대화 조건은 $MR_A = MR_B = MC$이며, $Amorozo-Robinson$ 공식에 의해 $MR=P\left(1-\frac{1}{E_P}\right)$이 성립한다. 따라서 $P_A\left(1-\frac{1}{E_A}\right)=P_B\left(1-\frac{1}{E_B}\right)=MC$에 의해, $P_A=5\times3=15$, $P_B=5\times6=30$이 된다.

정답 ④

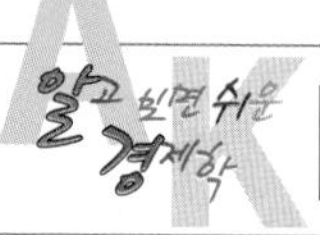

동일한 상품을 상이한 가격으로 판매하는 이유는?

"우리는 지금 광고의 홍수 시대에 살고 있다. 아침에 조간신문을 보면 신문 사이에 엄청난 광고지가 끼여 있다. 그 중에는 광고지에 인쇄된 쿠폰을 오려 오면 할인 혜택을 준다는 패스트푸드 업체의 광고지를 쉽게 볼 수 있다. 이것은 같은 상품임에도 불구하고 상이한 가격으로 판매한다는 것인데 왜일까?"

시장지배력이 강한 기업이 수입을 극대화하기 위해 동일한 상품을 상이한 가격으로 판매하는 것을 가격차별(price discrimination)이라고 한다. 예컨대 현대가 소나타 승용차를 미국 시장에 수출할 때 국내의 판매가격보다 싸게 가격을 설정하는 경우가 이에 해당한다. 또한 극장에서 조조할인제도를 시행하는 것과 자정 이후 할증되는 택시요금도 마찬가지이다. 이러한 가격차별을 하는 과정에서 소비자 잉여의 일부, 또는 전부가 기업으로 전용되어 기업의 이윤이 커진다. 이러한 가격차별의 가장 일반적인 모습은 전체 시장을 수요의 가격탄력성이 상이한 시장으로 분리하여 상이한 가격을 설정하여 판매하는 경우이다.

자! 이제 가격차별이 성립하기 위한 조건들을 알아보자.

첫째, 수요의 가격탄력성이 서로 다른 두 개 이상의 시장으로 분리할 수 있어야 하며, 각 시장에서의 수요의 가격탄력성이 각기 달라야 한다. 이때 가격차별에 따른 이익이 시장분리로 인한 비용보다 커야 한다.

둘째, 수요의 가격탄력성이 작은 곳에서는 높은 가격으로, 큰 곳에서는 낮은 가격으로 판매해야 하며, 이 경우 각 시장 간 상품의 이동(arbitrage)이 불가능해야 한다.

이러한 조건이 충족되는 해외 자동차 시장과 국내 자동차 시장에서 국내보다 소비자의 선택 폭이 넓어 가격 변화에 대해 상대적으로 탄력적으로 반응하는 해외 시장에서 싸게 판매하는 이유를 이제는 이해할 수 있을 것이다.

결국 가격차별의 이면에는 가격탄력성이라는 개념이 숨어 있는 것이다. 이제 앞에서 제기된 문제에 대한 답을 찾아보자. 소비자는 쿠폰을 통해 그 재화에 대한 자신의 가격탄력성을 드러낸다. 가위로 쿠폰을 오리면 되는 아주 작은 노력(비용)만 들이면 할인혜택을 받을 수 있음에도 불구하고 이를 이용하지 않고 그냥 제값을 다 주고 구매하려는 사람은 가격탄력성이 작은 사람이다. 이러한 유형의 '비탄력적인' 소비자는 재화의 가격이 상승해도 재화의 수요량을 가격 변화율보다 적게 줄이므로 판매자의 수입은 증가하게 된다. 반면에 쿠폰을 이용하여 할인혜택을 받고자 하는 소비자는 조금이라도 상품을 싸게 구매하고 싶은 '절실한', 즉 가격탄력성이 큰 사람이다. 이러한 유형의 '탄력적인' 소비자는 재화의 가격이 조금만 낮아져도 그 재화의 수요량을 가격 인하율보다 훨씬 크게 증가시키므로 판매자의 수입은 역시 증가하게 된다. 할인 쿠폰의 비밀은 바로 여기에 숨어 있다.

그러면 기업들이 시장을 분할하기 위해 수요자를 어떻게 구분할까?

첫째 방법은 소비자들로부터 관찰된 특성에 따라 분류하는 것이다. 예컨대 학생 또는 나이라는 특성을 통해 구분하여 학생에게는 싸게, 성인에게는 비싸게 판매하는 것이다.

둘째 방법은 소비자들 스스로 자신의 특성을 드러내도록 유인책을 사용하여 분류하는 것이다. 예컨대 낮은 가격에 물건을 사기 위해 얼마나 노력하는가 여부를 기준으로, 할인쿠폰을 오려서 상품을 구입할 정도로 가격에 민감한 소비자에게는 싸게 판다는 것이다.

다만 가격차별과 유사해 보이지만 가격차별이 아닌 경우를 주의해야 한다.

첫째, 비행기를 이용할 때 좌석별로 이용 요금이 다른 것은 가격차별이라 할 수 없다. 비행기 좌석은 first class, business class, economy class로 구분되는데, first class와 business class의 요금은 economy class의 요금에 비해 각각 4배, 1.5배 정도가 된다고 한다. 그러나 같은 비행기를 이용한다고 해서 이것을 동질의 상품을 상이한 가격으로 판매하는 가격차별이라고 이해해서는 안 된다. 왜냐하면 이러한 3가지 좌석은 좌석의 넓이, 제공되는 기내식 등이 서로 다르기 때문에 상이한 상품으로 이해해야 한다.

둘째, 같은 S-Oil 주유소임에도 도심의 휘발유 가격이 변두리의 휘발유 가격보다 비싼 것도 가격차별에 해당되지 않는다. 이것은 변두리보다 훨씬 비싼 도심의 땅값이 휘발유 가격에 반영된 결과이기 때문이다.

이부 가격(two-part tariff) 설정

1. 개념: 이부 가격이란 소비자가 재화를 구입할 권리에 대하여 1차로 가격(first tariff)을 부과(소비자 잉여 크기와 동일)하고, 재화 구입 시에 구입량에 따라 다시 가격(second tariff)을 부과(한계비용 크기와 동일)하는 가격 체제를 의미한다.
2. 사례
   ① 회원권을 판매하고 시설 이용 시에 이용료를 부과하는 경우:골프장, 콘도, 헬스클럽 등
   ② 입장료를 징수하고 시설 이용 시에 이용료를 부과하는 경우:놀이공원
   ③ 기본요금을 징수하고 사용량에 비례하여 요금을 부과하는 경우:전화, 전기, 수도 등
3. 평가: 이부 가격제를 실시하면 단일 가격을 설정할 때보다 독점 기업의 이윤이 증가하는 것이 일반적이다.

확인 TEST

A국가의 한 마을에서 B기업이 독점적으로 운영하고 있는 골프장에 대하여 주민 10명으로 구성된 마을의 월별 수요함수는 $P=21-Q$이다. B기업의 입장에서 골프 라운드 1회당 발생하는 비용이 1달러라고 할 때, B기업은 이부가격제 전략 하에서 개별 이용객들에게 연회비와 골프 라운드 1회당 이용료를 책정하려고 한다. B기업 입장에서 이윤을 극대화시키는 1인당 연회비는? (단, 마을 주민 10명의 골프에 대한 선호도는 동일하고, P와 Q는 각각 골프장 1회 이용료 및 월별 골프 횟수를 나타낸다. 골프장 설립 비용은 국비 지원을 받아 B기업 입장에서의 골프장 설립에 대한 고정비용은 없다고 가정한다.) [2000, 국가직 7급]

① 120달러 ② 240달러
③ 360달러 ④ 400달러

해설
- 마을 주민 1인당 연회비는 우선 마을 주민 전체의 '연' 회비를 구한 다음, 이것을 주민의 수로 나누면 구할 수 있다.
- 문제에서 주어진 '월별' 수요함수와 비용 조건을 그림으로 나타내면 다음과 같다.

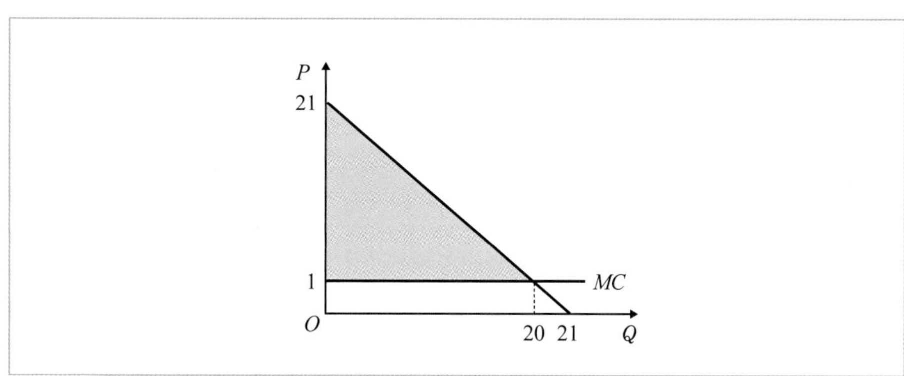

- 이부가격제에서는 소비자 잉여만큼을 '월' 회비로, 한계비용만큼을 이용료(가격)로 설정한다. 이에 따라 '$P=MC$' 수준에서 균형이 이루어진다.
- 마을 주민 10명 전체의 '월' 회비는 색칠한 부분인 소비자 잉여의 크기와 같다.

- 주민 전체 '월' 회비: $20\times20\times\frac{1}{2}=200$(달러)

• 마을 주민 전체의 '연' 회비와 1인당 '연' 회비는 다음과 같이 도출된다.

• 마을 주민 전체의 '연' 회비 : '월' 회비 × 12 = 200 × 12 = 2,400(달러)

• 마을 주민 1인당 '연' 회비 : $\frac{\text{마을 주민 전체의 '연' 회비}}{\text{주민 수}} = \frac{2,400}{10} = 240$(달러)

정답 ②

확인 TEST

의류 판매업자인 A씨는 아래와 같은 최대지불용의금액을 갖고 있는 두 명의 고객에게 수영복, 수영모자, 샌들을 판매한다. 판매 전략으로 묶어 팔기(Bundling)를 하는 경우, 수영복과 묶어 팔 때가 따로 팔 때보다 이득이 더 생기는 품목과 해당 상품을 수영복과 묶어 팔 때 얻을 수 있는 최대 수입은? [2017, 국회 8급]

구분	최대지불용의금액		
	수영복	수영모자	샌들
고객(ㄱ)	400	250	150
고객(ㄴ)	600	300	100

① 수영모자, 1,300
② 수영모자, 1,400
③ 샌들, 1,000
④ 샌들, 1,100
⑤ 샌들, 1,200

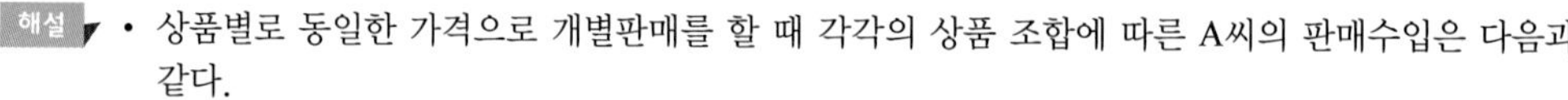
해설 • 상품별로 동일한 가격으로 개별판매를 할 때 각각의 상품 조합에 따른 A씨의 판매수입은 다음과 같다.

수영복 판매가격	수영모자 판매가격	샌들 판매가격	수영복+수영모자 A씨 판매수입	수영복+샌들 A씨 판매수입
400	250	100	650×2=1,300	500×2=1,000

• 동일한 가격으로 수영복과 다른 상품 간의 묶음 상품을 판매할 때 A씨의 판매수입은 다음과 같다.

수영복+수영모자 판매가격	수영복+샌들 판매가격	수영복+수영모자 A씨 판매수입	수영복+샌들 A씨 판매수입
650	550	650×2=1,300	550×2=1,100

• 표에 따르면 '수영복과 수영모자'는 개별판매를 하든, 묶어 팔기를 하든 A씨의 판매수입은 1,300으로 동일하다.
• 반면에 '수영복과 샌들'은 개별판매를 하는 것에 비해 묶어 팔기를 하는 경우에 100만큼의 판매수입이 증가한 1,100만큼의 판매수입을 얻을 수 있다.

정답 ④

가격을 통한 독점규제

최고가격을 P^*수준에 설정하면 한계수입곡선이 P^*abMR이 되어 P^*의 가격수준에서 Q^*을 생산하게 된다. 이에 따라 자원배분의 효율성 증가(생산 증가)와 소득재분배 효과가 나타난다.

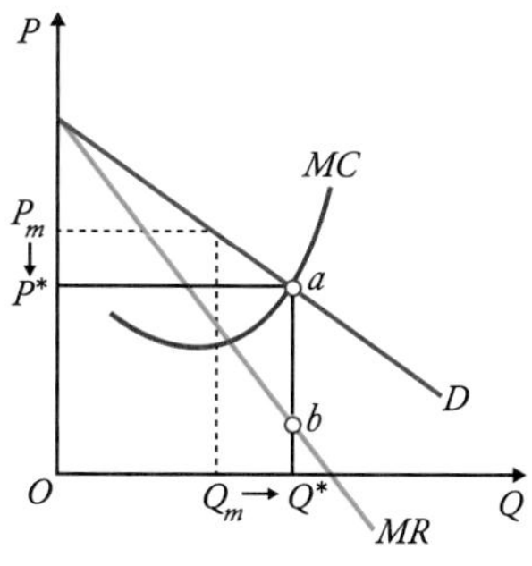

조세부과를 통한 독점에 대한 규제

- 독전기업에게 총액세(lump sum tax: T_0)를 부과하는 경우(총액세는 매출액과 이윤의 크기와 무관하게 부과되는 세금)

  $\pi = TR(Q) - TC(Q) - T_0$

  이윤극대화를 위해서는 $\frac{d\pi}{dQ} = MR - MC - 0 = 0 \Rightarrow MR = MC$조건을 충족해야 한다.

  결국 기존의 이윤극대화 조건과 동일하므로 가격과 생산량에는 아무런 변화가 없다.

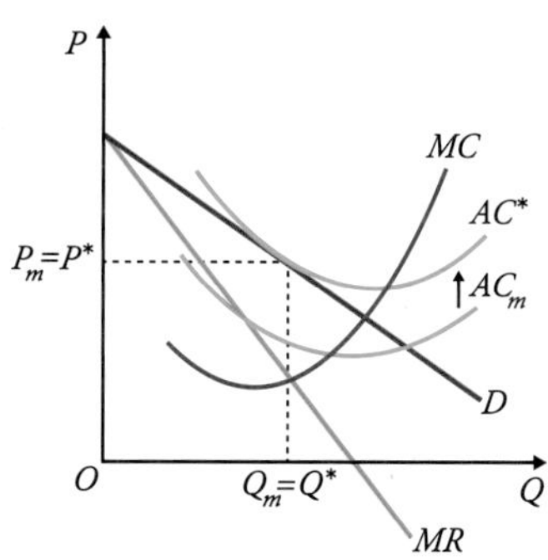

- 독점기업에게 일정비율(t%)의 이윤세를 부과하는 경우

  $\pi = TR(Q) - TC(Q)$

  따라서 새로운 이윤(π')은 $\pi' = TR(Q) - TC(Q) - t[TR(Q) - TC(Q)]$가 된다.

  이윤극대화를 위해서는

  $\frac{d\pi}{dQ} = MR - MC - t(MR - MC) = (1 - t)(MR - MC) = 0$ 조건을 충족해야 하는데

  $t \neq 1$이므로 $MR = MC$ 조건을 충족해야 한다.

결국 기존의 이윤극대화 조건과 동일하므로 가격과 생산량에는 아무런 변화가 없다.

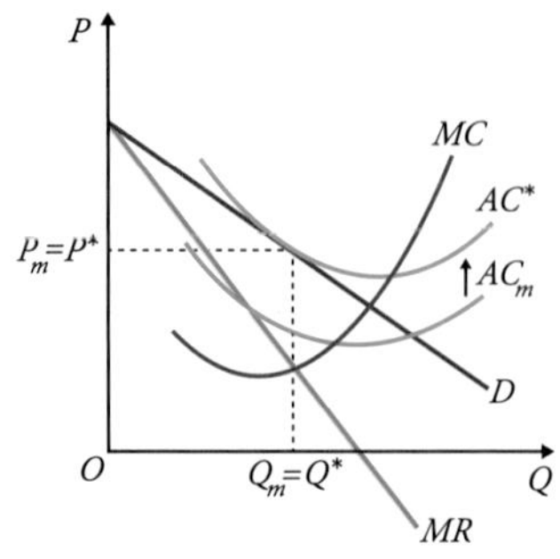

- 독점기업에게 판매세(sales tax: 종량세)를 부과하는 경우

  $\pi = TR(Q) - TC(Q) - \alpha Q$

  이윤극대화를 위해서는

  $\frac{d\pi}{dQ} = MR - MC - \alpha = 0 \Rightarrow MR = MC + \alpha$조건을 충족해야 한다.

  이를 위해 기존의 MC곡선은 상방으로 이동하게 된다.

  결국 가격은 상승하고 생산량은 감소하게 된다.

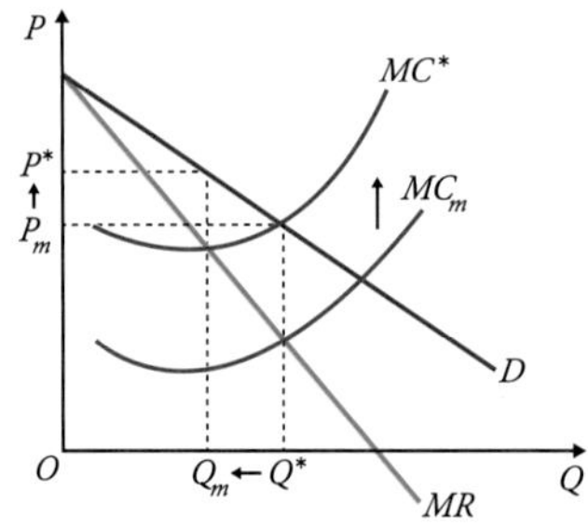

Q&A

독점기업의 생산량에 대한 수요는 14,400을 가격의 제곱으로 나눈 것이며, 독점기업이 MC(한계비용)=6인 상태에서 생산을 하고 있다. 정부가 독점기업에 한 단위당 12원의 조세를 부과한다면 가격은 얼마만큼 상승하는가?

Solution

수요함수가 $Q = \frac{14400}{P^2}$ 이므로 $P = \frac{120}{\sqrt{Q}} = 120 \times Q^{-\frac{1}{2}}$

$TR = P \times Q = 120 \times Q^{\frac{1}{2}}$

$MR = \frac{dTR}{dQ} = 60 \times Q^{-\frac{1}{2}} = \frac{60}{\sqrt{Q}}$

조세를 부과하기 전에 MC=6이므로 MR=MC를 만족하는 값이 Q=100, P=12이고

조세를 12만큼 부과하면 $MCT = MC + 12 = 18$이므로

MR=MC에서$Q = \frac{100}{9}$, $P_T = 36$가 된다.

따라서, 가격의 상승폭은 PT–P=36–12=24이다.

• 독점기업에게 매출액에 대해 일정 비율(t%)의 조세를 부과하는 경우

$\pi = TR(Q) - TC(Q) - tTR(Q)$

이윤극대화를 위해서는

$\frac{d\pi}{dQ} = MR - MC - tMR = 0 \Rightarrow (1-t)MR = MC$ 조건을 충족해야 한다.

이를 위해 기존의 MR곡선은 아래쪽으로 이동하게 된다. 결국 가격은 상승하고 생산량을 감소하게 된다.

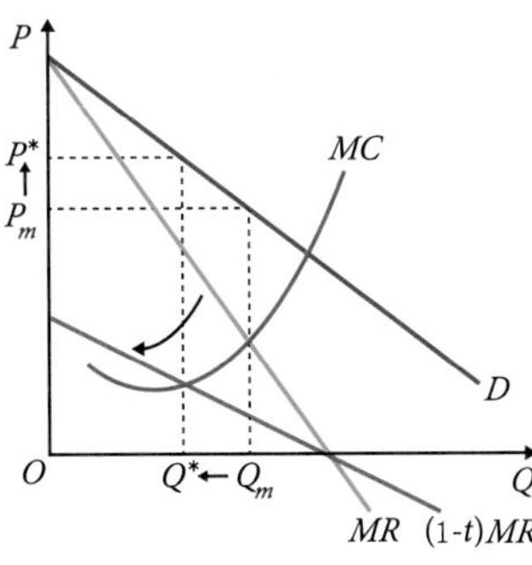

확인 TEST

정부가 독점기업에 세금을 부과하여 독점이윤을 환수하려고 할 때 나타날 수 있는 현상에 대한 다음 설명 중 옳은 것은?

[2012, 국회 8급]

① 독점이윤에 대해 30%의 세금을 부과하면 생산량이 줄고 가격이 올라간다.
② 생산량 1단위당 100원씩 세금을 부과하면 생산량과 가격은 변하지 않는다.
③ 독점기업의 매출액에 10%의 세금을 부과하면 생산량과 가격은 변하지 않는다.
④ 독점이윤에 10%의 세금을 부과하면 독점기업은 세금 부담을 모두 소비자에게 떠넘긴다.
⑤ 독점기업에 정해진 일정 금액을 세금(lump sum tax)으로 부과해도 생산량과 가격은 변하지 않는다.

해설 독점기업에 부과된 정해진 일정 금액의 세금은 고정비용의 성격을 가지고 있으므로 한계비용에 영향을 미치지 못한다. 따라서 이윤극대화 조건 $MR=MC$가 변하지 않으므로 기존의 생산량과 가격도 변하지 않는다.

① 독점이윤에 부과된 조세는 생산과 판매가 모두 이루어지고 난 후에 부과되는 조세이므로 이미 이루어진 생산조건에는 영향을 미칠 수 없다. 따라서 생산량과 가격은 조세 부과 이전과 동일하다.
② 생산량 1단위당 100원씩 세금을 부과하면 한계비용곡선이 상방으로 평행이동하여 이윤극대화 수준에서 생산량은 감소하고 가격은 상승하게 된다.
③ 독점기업의 매출액에 10%의 세금을 부과하면 한계수입(MR)이 작아져서 생산량은 감소하고 가격은 상승한다.
④ 독점이윤에 부과된 조세는 생산과 판매가 모두 이루어지고 난 후에 부과되는 조세이므로 이미 이루어진 생산조건에는 영향을 미칠 수 없다. 따라서 독점기업은 이러한 조세를 소비자에게 떠넘길 수 없다.

정답 ⑤

심화 TEST

교사와 학생의 대화에서 괄호 안의 ㉠, ㉡에 들어갈 내용을 순서대로 서술하시오.

[2016. 교원임용]

교 사 : 정액세나 종량세 같은 세금이 기업에 부과되면 가격과 생산량에 영향을 미칩니다.
학 생 : 선생님, 종량세가 무엇인가요?
교 사 : 종량세는 판매하는 상품의 한 단위당 일정액을 부과하는 세금이지요.
학 생 : 정액세나 종량세가 부과되면 비용은 어떻게 되나요?
교 사 : 구체적으로 어떤 비용을 말하는 거지요
학 생 : 먼저 정액세가 부과되면 생산에서 한계비용(MC)과 평균비용(AC)이 각각 어떻게 되나요?
교 사 : (㉠).
학 생 : 그럼 종량세가 부과되면 생산에서 한계비용(MC)과 평균비용(AC)이 각각 어떻게 되나요?
교 사 : (㉡).
학 생 : 선생님, 감사합니다.

분석하기

- ㉠ : 한계비용(MC)은 불변이고, 평균비용은 증가한다.
  ∵ 정액세는 고정비용에 해당하므로 한계비용에는 영향을 미치지 못하지만, 평균비용에는 영향을 준다. 이에 따라 MC곡선은 불변이고, AC곡선은 상방으로 이동하게 된다.
- ㉡ : 한계비용(MC)과 평균비용(AC) 모두 증가한다.
  ∵ 종량세는 생산량 한 단위 당 부과되는 조세로 가변비용에 해당한다. 따라서 종량세 부과로 한계비용과 평균비용은 모두 증가하게 되며, MC곡선과 AC곡선 모두 상방으로 이동하게 된다.

개념 플러스⁺ 자연독점규제의 딜레마

1. 독점규제의 딜레마의 개념

1) 독점은 $P>MC$라는 폐단이 있는데 $P=MC$가 되게끔 독점가격에 대해 정부가 규제하면 해당 독점기업이 손실을 보게 된다는 문제점이 생기는 현상을 말한다.
2) 이러한 딜레마 문제는 자연독점, 즉 규모의 경제 때문에 생긴 독점의 경우에 발생한다.

2. 규모의 경제와 가격 규제

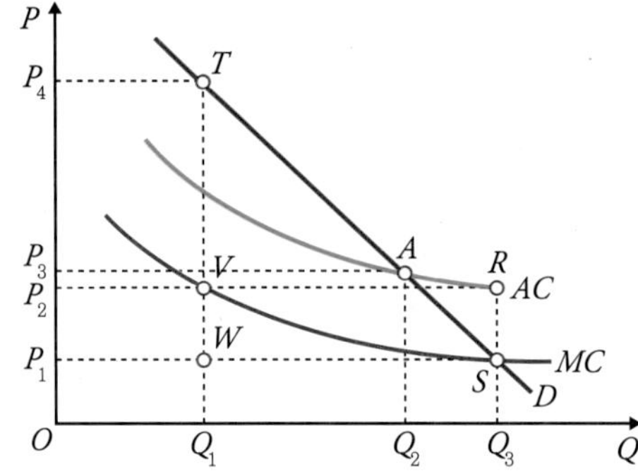

1) 규모의 경제가 존재하면 그림에서처럼 평균비용(AC)곡선이 우하향하고, 한계비용(MC)곡선이 그 아래쪽에 위치한다.
2) **한계비용-가격 설정** : $P=MC$가 되게 하기 위해 가격을 P_1으로 규제하게 되면 생산량은 Q_3가 되고 이에 따라 $P=MC<AC$가 되어 자연독점기업은 P_1SRP_2만큼 손실을 보게 된다. 이에 따라 생산이 계속 이루어지게끔 하기 위해서는 그 손실을 보전해주는 보조금 지급 등의 정책수단을 고려해야 한다. 물론 $P=MC$가 되어 자원배분의 효율성은 달성될 수 있다.
3) **평균비용-가격 설정** : 수요곡선과 AC곡선의 교차점(A) 수준에서 가격(P_3)을 설정하는 것이다. 이에 따라 $P=AC$가 되어 자연독점기업은 손실이 발생하지 않게 되어 별도의 보조금 지급 등의 정책수단을 고려할 필요가 없어진다. 그러나 $P>MC$가 되어 자원배분이 비효율적으로 이루어지게 된다.

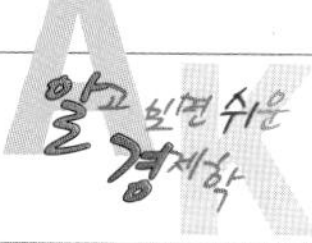

규모의 경제와 독점

"전기, 가스, 유선전화 등 공공서비스의 경우 특정 기업에 의해 독점적인 공급이 이루어지고 있다. 이와 같이 독점 공급이 허용되는 이유는 무엇보다 그 상품의 '공공성'이라는 특성에 있다. 전기와 같은 공익사업은 국가가 독점 경영할 수 대표적인 경우이기도 한데 이러한 경우를 특히 국가독점(state monopoly)이라고 한다. 그런데 그 이유 말고도 다른 경제적 이유는 없을까?"

생산규모가 확대됨에 따라 평균생산비용(AC)이 지속적으로 하락하는 현상을 '규모의 경제'라고 한다. 이러한 규모의 경제가 두드러지게 나타나는 산업이 전기, 가스, 유선전화 사업이다.

이들 산업은 공통적으로 시장 진입 초기에는 서비스를 생산하기 위해 필요한 설비를 구축하는 데 높은 고정비용이 소요되지만, 일단 설비를 구축하고 나서는 서비스를 공급함에 따라 낮은 한계비용이 발생한다. 이것이 규모의 경제가 발생하는 이유이다. 이렇게 규모의 경제가 존재하는 산업에서는 제도적·인위적 조작이 없더라도, 시장가격기구에 의해서 가격이 P=AC 조건에서 결정된다면 상대적으로 평균비용이 높은 중소기업이 평균비용이 낮은 대규모 생산 기업에 대항하지 못하므로 자연스럽게 독점시장이 형성되는 것이다. 이와 같은 규모의 경제에 의한 독점을 자연독점(natural monopoly)이라고 한다.

확인 TEST

자연독점에 대한 설명으로 가장 옳지 않은 것은? [2019. 서울시 7급]

① 규모의 경제가 있을 때 발생할 수 있다.
② 평균비용이 한계비용보다 크다.
③ 생산량 증가에 따라 한계비용이 반드시 하락한다.
④ 가격을 한계비용과 같게 설정하면 손실이 발생할 수 있다.

해설

- 자연독점은 생산량 증가(생산규모 확대)에 따라 평균비용이 지속적으로 하락하는 규모의 경제가 존재하는 산업에 발생한다(①).
- 일반적으로 'U자형'의 한계비용은 생산량 증가(생산규모 확대)에 따라 하락하다가 상승하면서 'U자형'의 평균비용의 최저점을 지나는 모습을 보인다. 이에 따라 규모의 경제가 발생하는 구간에서 평균비용은 반드시 한계비용보다 큰 값을 갖게 된다(②).
- 규모의 경제가 존재하는 구간에서 한계비용은 하락하다가 상승하면서 평균비용의 최저점을 지나게 된다. 따라서 생산량 증가에 따라 상승하는 구간도 존재하게 된다(③).
- 규모의 경제가 존재하는 구간에서 가격을 한계비용과 같게 설정하게 되면, 평균비용과 다음과 같은 관계가 성립한다.

$$P=MC<AC$$

여기서 P는 가격, MC는 한계비용, AC는 평균비용이다.

이에 따라 '$P<AC$'가 성립하게 되어 자연독점기업은 손실을 보게 된다(④).

 ③

Theme 50 독점적 경쟁시장의 의의

❶ 독점적 경쟁(monopolistic competition)의 의미

1) 의미 : 완전경쟁과 독점 사이의 시장 형태로서 재화의 공급자는 다수이나 제품의 다양성에 의해 어느 정도 독점력이 존재하는 시장 형태를 말한다.

2) 특징

(1) 재화의 공급자는 규모가 비슷한 다수의 기업이 존재하나 상품의 성격이 다소 다르기 때문에 상품 차별화(product differentiation)가 존재하여 어느 정도의 독점력이 존재한다.

(2) 기업의 진입과 퇴거는 자유롭게 허용된다.

(3) 기업 간의 경쟁은 상품의 가격보다는 주로 품질, 광고, 판매 조건 등의 비가격 경쟁(non-price competition)으로 이루어진다.

(4) 독점적 경쟁기업의 수요곡선(=평균수입곡선)과 한계수입곡선은 독점기업의 경우와 같이 모두 우하향이다.

❷ 독점적 경쟁시장에 대한 평가

1) **긍정적 측면:** 다양한 소비자들의 기호가 상품차별화를 통해 어느 정도 충족된다.

> 호텔링의 역설(Hotelling's paradox)
>
> 경쟁이 치열할수록 상품 차별의 정도가 오히려 작아진다는 내용이다. 즉 각 기업은 소비자의 취향의 정중앙에 위치한 특성을 갖는 제품을 경쟁자와 유사하게 생산하는 것이 최적이라는 것이다. 이러한 결과는 차별화된 취향을 갖는 소비자들의 입장에서는 불만이 될 수밖에 없다. 호텔링(H. Hotelling)은 이와 같이 경쟁이 다양한 품질의 제품을 생산하도록 하여 사회 전체의 후생을 극대화시키는 것이 아니라 유사한 품질의 제품을 생산하도록 하는 현상을 최초로 분석하였으며 이에 따라 경쟁이 후생극대화를 도출하지 못하는 역설을 '호텔링의 역설(Hotelling's paradox)'로 부르고 있다.

2) 부정적 측면

(1) 독점에서와 같이 과잉설비가 존재하며 완전경쟁에 비해 생산량은 적고 시장가격은 높은 수준에서 균형이 이루어진다.

(2) 균형수준에서 $P > MC$가 되어 자원배분이 비효율적으로 이루어진다.

(3) 기술혁신에 대한 재원으로서 초과이윤이 단기에 그침으로써 기술혁신에 관한 유인 면에 한계가 있다.

(4) 비가격경쟁으로 판매비용부담이 크고, 부담의 상당 부분이 소비자에게 전가될 수 있다.

Theme 51 독점적 경쟁기업의 균형

❶ 독점적 경쟁기업의 단기균형

1) 도해적 설명(단기에 정상이윤 이외의 초과이윤을 얻는 경우)

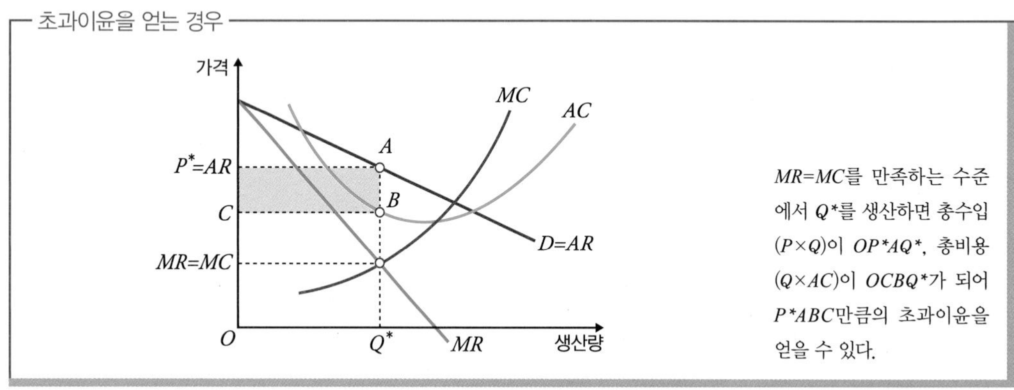
초과이윤을 얻는 경우
가격
MC
AC
A
P*=AR
C
B
MR=MC
D=AR
O
Q*
MR
생산량
MR=MC를 만족하는 수준에서 Q*를 생산하면 총수입(P×Q)이 OP*AQ*, 총비용(Q×AC)이 OCBQ*가 되어 P*ABC만큼의 초과이윤을 얻을 수 있다.

(1) 독점적 경쟁기업의 이윤을 극대화시키는 생산량은 *MR*곡선과 *MC*곡선이 일치할 때의 생산량, 그래프에서 Q^*와 P^* 가 된다.

(2) 이 경우에 독점적 경쟁기업은 가격이 평균비용을 초과하는 색칠한 부분만큼의 초과이윤을 얻게 된다.

> 주의
>
> 독점적 경쟁기업도 독점기업과 같이 이윤이 극대화되도록 공급을 조절하여 시장가격을 변화시키므로 독점적 경쟁기업도 가격설정자이며 독점적 경쟁기업의 단기공급곡선은 존재하지 않는다. 엄밀히 말하면 독점적 경쟁기업의 단기공급곡선은 균형생산량 수준에서 수직선이라고 할 수 있다.

(3) 균형점은 $MR > 0$인 부분, 즉 수요의 가격탄력도 > 1인 부분에 위치하게 된다.

2) 단기균형 조건

(1) 한계비용과 한계수입이 일치해야 한다.

(2) 한계비용곡선이 한계수입곡선을 밑에서 위로 뚫고 지나가야 한다.

2 독점적 경쟁기업의 장기균형

1) 도해적 설명

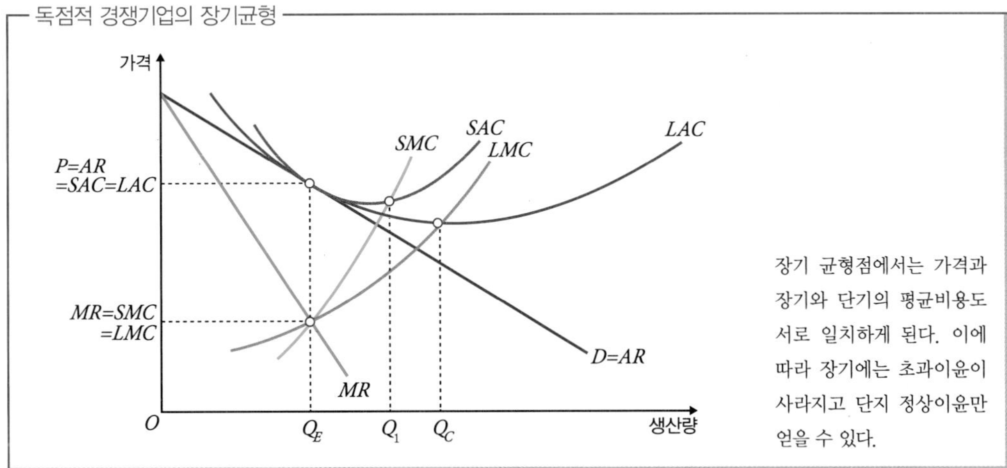
독점적 경쟁기업의 장기균형
가격
P=AR
=SAC=LAC
MR=SMC
=LMC
SMC
SAC
LMC
LAC
D=AR
MR
O
Q_E
Q_1
Q_C
생산량
장기 균형점에서는 가격과 장기와 단기의 평균비용도 서로 일치하게 된다. 이에 따라 장기에는 초과이윤이 사라지고 단지 정상이윤만 얻을 수 있다.

(1) 독점적 경쟁시장에서는 독점시장과 달리 기업의 진입과 퇴거가 자유롭게 이루어진다.

(2) 개별 기업이 초과이윤을 얻는 경우라면 장기에는 새로운 기업의 진입이 이루어지게 되고, 이에 따라 개별 기업이 직면하는 수요곡선은 점차 왼쪽으로 이동하게 되어 장기평균비용곡선과 접하게 된다.

초과이윤존재(단기) ⇒ 신규기업의 진입 ⇒ 기존기업의 수요곡선 좌측이동 ⇒ 정상이윤(장기)

(3) 개별 기업이 손실을 보고 있는 경우라면 장기에는 기존 기업의 퇴거가 이루어지게 되고, 이에 따라 개별 기업이 직면하는 수요곡선은 점차 오른쪽으로 이동하게 되어 장기평균비용곡선과 접하게 된다.

손실발생(단기) ⇒ 기존기업의 퇴거 ⇒ 기존기업의 수요곡선 우측이동 ⇒ 정상이윤(장기)

(4) 결국 장기균형점에서는 장기와 단기의 한계비용과 한계수입이 일치할 뿐만 아니라 가격과 장기와 단기의 평균수입도 서로 일치하게 된다.

(5) 이에 따라 장기에는 초과이윤이 사라지고 단지 정상이윤만 얻을 수 있다.

2) 장기균형 조건(Kahn의 정리)

$$P=AR=SAC=LAC>MR=SMC=LMC$$

(1) 기업의 공통의 이윤극대화 조건으로 $MR=MC$가 성립한다.

(2) $P=AC$가 되어 장기에는 단지 정상이윤만 얻게 된다.

(3) $P>MC$가 되어 생산이 비효율적으로 이루어진다.

3) 장기균형점의 특징

(1) 최적시설규모인 LAC의 최저점 수준인 Q_C 이하의 시설규모에 해당하는 SAC의 최저점 수준인 Q_1 설비를 갖추게 된다.

(2) 그래프에서 장기균형생산량 Q_E는 평균생산비용이 최저인 Q_1보다 적다. 이는 독점적 경쟁시장에서도 독점기업처럼 과잉생산설비(Q_EQ_1)가 존재함을 나타낸다.

독점적 경쟁시장과 다른 시장의 비교

1. 완전경쟁시장과 비교

1) 공통점
(1) $P=AC$가 성립하여 초과이윤이 존재하지 않는다.
(2) $MR=MC$에서 이윤극대화를 위한 생산량이 결정된다.
(3) 비용 조건은 동일하다.

2) 차이점(독점적 경쟁만의 특징)
(1) 개별 기업이 직면하는 수요곡선이 우하향하여 $P>MR=MC$가 성립한다.
(2) 최적규모 이하에서 생산이 이루어지게 되어 생산시설의 낭비가 발생한다.
(3) 완전경쟁시장보다 가격은 높고 산출량이 적은 시장의 실패가 나타난다.
(4) 상품차별화를 통해 소비자의 다양한 기호를 충족시켜준다.

2. 독점시장과 비교

1) 공통점: $P>MC$, $MR=MC$가 성립한다.
2) 차이점(독점적 경쟁만의 특징): $P=AC$가 되어 초과이윤이 존재하지 않는다.

확인 TEST

〈보기〉에서 독점적 경쟁에 관한 설명으로 옳은 것을 모두 고르면?

[2011, 국회 8급]

〈 보 기 〉

㉠ 독점적 경쟁기업은 장기에는 정상이윤만 얻는다.
㉡ 시장 진입과 퇴거가 자유롭다.
㉢ 수요곡선이 한계비용곡선에 접할 때 장기균형점에 도달한다.
㉣ 각 기업이 생산하는 재화의 이질성이 높을수록 초과설비규모가 커진다.
㉤ 상품에 대한 수요는 순수 독점기업일 때보다는 덜 탄력적이고 완전경쟁기업일 때보다는 더 탄력적이다.
㉥ 독점적 경쟁기업이 생산하는 재화는 서로 대체성이 높으므로 각 기업이 생산하는 재화 간의 교차탄력성은 0보다 크다.

① ㉡, ㉣
② ㉠, ㉢, ㉤, ㉥
③ ㉠, ㉡, ㉢, ㉣, ㉤
④ ㉠, ㉡, ㉣, ㉥
⑤ ㉠, ㉡, ㉢, ㉣, ㉥

해설 ㉢ 녹점적 경쟁기업의 상기균형은 수요곡선과 장기평균비용곡선이 접할 때 달성된다. ㉤ 상품에 대한 수요는 순수 독점기업일 때보다는 더 탄력적이고 완전경쟁기업일 때보다는 덜 탄력적이다. 이에 따라 독점적 경쟁기업이 직면하는 수요곡선의 기울기는 독점기업보다는 완만하고, 완전경쟁기업보다는 가파르다. 한편 기업이 생산하는 재화의 이질성이 높을수록 시장지배력이 강화되고 이에 따라 그 정도에 따라 독점기업처럼 행동할 수 있어 이로 인한 초과설비규모는 커진다. 또한 독점기업 간에는 어느 정도 대체가 가능한 상품을 생산 및 판매하고 있어 교차탄력성은 0보다 커지게 된다.

정답 ④

확인 TEST

시장형태에 따른 특징을 설명한 것으로 옳은 것만을 〈보기〉에서 모두 고르면? [2019, 국회 8급]

〈 보 기 〉

㉠ 완전경쟁시장에서 각 개별 공급자가 직면하는 수요곡선은 서로 다르다.
㉡ 완전경쟁시장에서 새로운 기업이 진입할 경우 생산요소의 비용이 상승하면 장기시장공급곡선은 우상향으로 나타난다.
㉢ 시장수요곡선이 우하향의 직선인 경우 독점기업은 수요의 가격탄력성이 비탄력적인 구간에서 생산한다.
㉣ 독점적 경쟁기업이 직면하는 수요곡선이 탄력적일수록 이윤이 커질 가능성이 높다. 따라서 독점적 경쟁기업은 비가격전략을 사용하여 제품을 차별화한다.
㉤ 자연독점의 경우 큰 고정비용으로 평균비용이 높기 때문에 정부가 한계비용가격설정을 하면 공급이 이루어지지 않을 수 있다.

① ㉠, ㉡ ② ㉡, ㉣
③ ㉡, ㉤ ④ ㉠, ㉢, ㉤
⑤ ㉡, ㉣, ㉤

해설 • 〈보기〉에서 옳지 않은 내용을 살펴보면 다음과 같다.
㉠ 완전경쟁시장에서 각 개별 공급자가 직면하는 수요곡선은 시장가격 수준에서 수평의 모습의 동일하다.
㉢ 독점기업의 이윤극대화 조건은 '$MR=MC>0$'이다. 한편 Amoroso-Robinson 공식은 다음과 같다.

$$MR=P\left(1-\frac{1}{E_P}\right) \Rightarrow MR>0 \Rightarrow E_P>1$$

MR은 한계수입, P는 시장가격, E_P는 수요의 가격탄력성이다.

이에 따라 시장수요곡선이 우하향의 직선인 경우 독점기업은 수요의 가격탄력성이 탄력적인 구간에서 생산한다.
㉣ 독점적 경쟁기업이 직면하는 수요곡선이 비탄력적일수록 이윤이 커질 가능성이 높다. 이를 위해 독점적 경쟁기업은 비가격전략을 사용하여 제품을 차별화하게 된다.

정답 ③

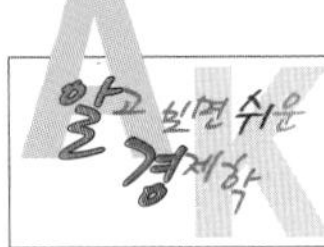

호텔링의 역설(Hotelling's paradox)

"우리는 종종 같은 업종에 종사하는 상점이 한곳에 몰려 있는 경우를 보게 된다. 용산전자상가, 테크노마트 등은 그 대표적인 예이다. 그곳의 각 상점들 간에는 경쟁이 매우 치열함에도 불구하고 오히려 상품차별화의 정도가 별로 크지 않다. 왜 그럴까?"

과점 또는 독점적 경쟁시장에 참여하는 개별 기업은 가격경쟁뿐만 아니라 상품의 디자인, A/S 등 각종 판매조건의 제시 등의 상품차별화를 통해 시장을 확대하고자 노력한다. 예컨대 주유소나 편의점 등은 이른바 '목' 좋은 곳에 위치하는 것이 중요하다고 하는데, 이는 소비자와의 거리를 좁혀 소비자의 이동 비용을 절약시켜 주기 위함인 것이다. 이러한 노력의 결과 동종의 업종에 종사하는 상점들이 용산이나 구의동에 몰려있는 것을 설명해준다.

이와 같은 현상을 2차원 평면에서 설명해 보자. 이제 편의상 소비자 15명이 아래의 그림처럼 왼쪽에서 오른쪽으로 동일한 간격의 한 점마다 한 사람씩 분포되어 있다고 가정하자. 소비자들은 같은 조건이면 가까운 곳에 위치한 상점을 찾는다고 한다. 만약 상점이 2개(A와 B)일 때 각각의 상점들은 어디에 위치하는 것이 최선일까?

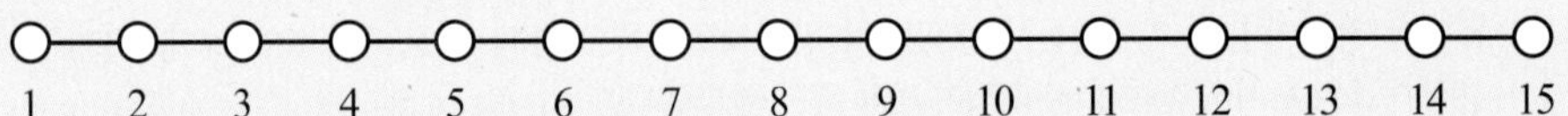

우선 A는 4번 점에 B는 12번 점에 위치한다고 가정하자. 8번 점 이전의 소비자 7명은 A를, 8번 점 이후의 소비자 7명은 B에서 상품을 구매하려 할 것이다. 그런데 만약 B가 12번 점에 위치하고 있다는 것을 A가 알고 있다면, A는 11번 점에 위치하려 할 것이다. 마찬가지로 A가 4번 점에 위치하고 있다는 것을 B가 알고 있다면, B는 5번 점에 위치하려 할 것이다.

계속해서 만약 B가 5번 점에 위치하려 한다는 것을 A가 알고 있다면, A는 6번 점에 위치하려 할 것이고, 마찬가지로 A가 11번 점에 위치하려 한다는 것을 B가 알고 있다면, B는 10번 점에 위치하려 할 것이다.

한번 더 B가 10번 점에 위치하려 한다는 것을 A가 알고 있다면, A는 9번 점에 위치하려 할 것이고, 마찬가지로 A가 6번 점에 위치하려 한다는 것을 B가 알고 있다면, B는 7번 점에 위치하려 할 것이다.

최종적으로 만약 B가 7번 점에 위치하려 한다는 것을 A가 알고 있다면, A는 8번 점에 위치하려 할 것이고, 마찬가지로 A가 9번 점에 위치하려 한다는 것을 B가 알고 있다면, B는 8번 점에 위치하려 할 것이다.

결국 8번 점에 몰려 있는 것이 A와 B 모두에게 최적 입지 조건이 되는 것이다.

다만 소비자의 입장에서는 A와 B가 최초 4번 점과 12번 점에 위치하는 것보다 8번 점에 위치하는 것이 전체적으로 더 많은 이동비용이 발생하게 된다. 왜냐하면 전자인 경우에는 A와 B로부터 가장 먼 소비자(8번 점 소비자)가 4만큼만 떨어져 있으나, 후자인 경우에는 가장 먼 소비자(1번 점 소비자와 15번 점 소비자)는 7만큼이나 떨어져 있게 되기 때문이다.

이러한 결과는 다양한 기호를 갖는 소비자의 취향과는 관계없이, 오히려 소비자들 취향의 중간 정도의 유사한 상품을 생산하여 판매하는 것이 최적이라는 것을 시사해 준다. 이것은 과점이나 독점적 경쟁 시장이 상품 차별화를 통해 소비자들의 다양한 기호를 충족시킨다는 일반적인 특성과 반대되는 결과인 것이다. 이를 호텔링의 역설(Hotelling's paradox)이라고 한다.

Theme 52 과점시장의 의의

❶ 과점(oligopoly)의 의미

1) **의미** : 동질 혹은 이질적인 상품의 공급이 소수의 몇몇 기업(a few sellers)에 의해 이루어지는 상태, 특히 공급자가 둘인 과점을 복점(duopoly)이라 한다.

> 순수과점과 차별과점
>
> 1. 순수과점 : 과점기업들이 생산하는 상품이 동질적인 경우 ⇒ 휘발유, 설탕 등
> 2. 차별과점 : 과점기업들이 생산하는 상품이 이질적인 경우 ⇒ 자동차, 전자제품 등

2) **특징**

(1) **상호의존성(interdependence)** : 기업 간의 상호의존관계가 강하여 한 기업의 가격이나 생산량 변경은 다른 기업에 큰 영향을 미친다. 이에 따라 과점기업들은 의사결정을 할 때 상대기업의 반응을 고려해야 하는 전략적 상황에 놓이게 된다. ⇒ 게임이론

(2) **가격의 경직성** : 가격이 경직적이고, 특히 광고와 같은 비가격 경쟁이 심하게 이루어진다.

(3) **비경쟁행위** : 과점기업들은 경우에 따라서는 담합 등을 통해 경쟁을 제한하는 의사결정을 하기도 한다.

(4) **진입장벽의 존재** : 진입장벽이 높기 때문에 기업의 수를 소수로 유지할 수 있다.

> 전략적 진입장벽
>
> 1. 새로운 기업이 산업에 진입하면 기존기업보다 불리한 비용구조로 생산을 시작하기 마련인데, 이때 기존기업들이 가격을 충분히 낮추면 새로운 기업은 이 가격수준에서 손실을 보게 된다.
> 2. 적극적이고 공격적인 광고활동으로 기존 기업들의 브랜드 파워를 제고한다.
> 3. 기존 기업들이 수많은 차별화된 상품을 만들어 소비자의 다양한 기호를 충분히 충족시킨다.

(5) **담합(collusion)** : 한 기업의 행동은 다른 기업의 반응 여부에 따라 다르게 나타나 담합과 이탈이 빈번하게 이루어진다.

② 과점에 대한 평가

1) 긍정적 측면

(1) **상품차별화**:독점적 경쟁과 유사한 이질적 상품의 과점인 경우에 소비자들의 다양한 기호 충족이 가능하다.

(2) **기술혁신**:비가격 경쟁으로 인한 장기적 초과이윤으로 기술 개발을 위한 재원 마련이 용이하다.

(3) **대항세력 형성**:대기업의 대중 조작에 대항하여 소비자 단체·노조 등이 대등한 세력으로 등장(K. Galbraith)한다.

대항력의 의미

순수경쟁 또는 완전경쟁이 사라짐에 따라 새로이 등장한 개별 기업들의 시장지배력에 대해서 어떤 제약이 가해지지 않으면, 경제성장의 과실이 완전히 대기업 경영자나 소유주에게 돌아가고 말 것이나 경쟁의 역할을 대신하게 될 새로운 제약이 소비자 단체 또는 노동자 단체로부터 생겨나서 과점적 시장지배자들을 견제하게 된다.

Galbraith는 이러한 제약을 대항력이라고 불렀다. 경제력의 집중화(독과점화) 경향과 발맞추어 강력한 판매자 집단이 나타났고, 또 구매자 집단도 나타났다. 이러한 집단들이 대항력을 형성하여 기존 시장지배력을 견제하게 된 것이다.

2) 부정적 측면

(1) **자원 배분의 비효율성**:생산량이 평균비용곡선의 최하점 좌측에서 결정되어 가격이 한계비용보다 높게 형성($P>MC$)된다.

(2) **자원의 낭비**:광고와 같은 지나친 비가격 경쟁으로 인해 발생한다.

확인 TEST

과점시장에 관한 설명 중 옳은 것은?

[2002, CPA]

① 과점시장에는 무수히 많은 기업들이 자신의 이윤극대화를 위해 경쟁하고 있으며 이들 각각은 가격수용자이다.
② 신규기업의 진입은 진입장벽이 전혀 없기 때문에 매우 용이하다.
③ 과점시장에 속한 기업들은 동질의 상품만 생산한다.
④ 과점시장에서 기업들의 담합은 그들이 생산하는 상품들의 가격을 하락시키므로 정부는 이를 유도해야 한다.
⑤ 과점시장에서 각 기업이 책정하는 가격은 서로 다를 수 있다.

해설 ① 무수히 많은 기업들이 자신의 이윤극대화를 위해 경쟁하고 있으며 이들 각각이 가격수용자인 시장은 완전경쟁시장이다. 과점시장은 소수 기업의 이윤극대화를 위해 경쟁하는 시장이며, 어느 정도의 시장지배력을 기초로 가격이 결정되는 시장이다.
② 신규 기업의 진입은 기존 기업의 높은 진입장벽으로 인해 상당히 어렵다.
③ 과점시장에 속한 기업들은 동질 상품(설탕, 휘발유 등)은 물론 이질 상품(자동차, 이동통신 등)도 생산하여 경쟁한다.
④ 과점시장에서 이루어지는 기업 간의 담합은 주로 가격을 상승시키기 위한 목적으로 이루어진다.

정답 ⑤

Theme 53 다양한 과점이론

❶ 복점 모형 일반론

공통 전제 조건을 가정

- 시장수요함수: $P=a-bQ_M=a-b(Q_A+Q_B)$, 여기서 $a>0$, $b>0$, P는 시장가격, Q_M은 시장 전체 생산량, Q_A은 기업 A의 생산량, Q_B는 기업 B의 생산량
- 각 기업의 생산비: $MC_A=MC_B=0$, $TC_A=TC_B=0$

1) 쿠르노 모형(Cournot Model)

(1) 가정

① 각 기업은 자신이 예측한 경쟁기업의 생산량을 외생변수로 간주하고, 이를 전제로 자신의 이윤극대화를 위한 생산량을 결정한다는 예측적 변화(conjectural variation)를 가진다.

② 부연하면 모든 조건이 동일한 두 기업(기업 와 기업)이 존재하며 이들은 상대방 기업이 현재의 산출량을 변화시키지 않고 그대로 유지할 것이라는 추측 하에 이윤극대화의 가격과 산출량을 결정한다고 전제한다는 것이다.

③ 이때 기업 의 산출량의 추측된 변화는 "0" ⇒ 두 기업 모두 추종자(follower)이다.

(2) 각 기업의 이윤함수 도출

- $\pi_A=TR_A-TC_A=P\times Q_A-O=[a-b(Q_A+Q_B)]\times Q_A=aQ_A-bQ_A^2-bQ_AQ_B$
- $\pi_B=TR_B-TC_B=P\times Q_B-O=[a-b(Q_A+Q_B)]\times Q_B=aQ_B-bQ_AQ_B-bQ_B^2$

(3) 반응곡선 도출

- $\dfrac{d\pi_A}{dQ_A}=a-2bQ_A-bQ_B=0 \Rightarrow Q_A=\dfrac{a-bQ_B}{2b}$ …… ⓐ
- $\dfrac{d\pi_B}{dQ_B}=a-bQ_A-2bQ_B=0 \Rightarrow Q_B=\dfrac{a-bQ_A}{2b}$ …… ⓑ

(4) 균형점 도출

앞의 ⓐ식과 ⓑ식을 연립해서 풀면 다음 결과를 도출할 수 있다.

- $Q_A=\dfrac{a}{3b}$
- $Q_B=\dfrac{a}{3b}$
- $Q_M=Q_A+Q_B=\dfrac{2a}{3b}$
- $P=\dfrac{a}{3}$

이러한 결과를 그림으로 나타내면 다음과 같다.

쿠르노 균형

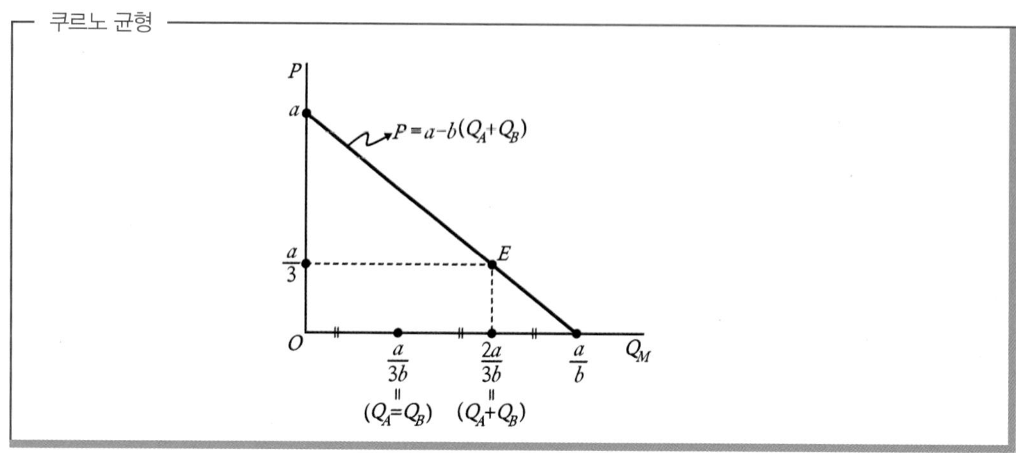

⑸ 다른 시장 균형과의 비교

만약 각 기업의 '생산비 조건이 모두 동일하다고 가정'하면 다음과 같은 식이 성립한다.

- 각 기업의 생산량 $= \frac{n}{n+1} \times$ 완전경쟁시장 생산량

여기서 n은 시장에 참여하는 기업의 수

이에 따라 기업의 수가 많아지면 질수록 완전경쟁 모형과 가까워지고, 기업의 수가 단 하나가 되면 독점모형과 일치하게 된다.

확인 TEST

꾸르노(Cournot) 복점기업 1과 2의 수요함수가 $P=10-(Q_1+Q_2)$이고 생산비용은 0일 때, 다음 설명 중 옳지 않은 것은? (단, P는 시장가격, Q_1는 기업 1의 산출량, Q_2는 기업 2의 산출량이다.) [2018. 국회 8급]

① 기업 1의 한계수입곡선은 $MR_1=10-2Q_1-Q_2$이다.
② 기업 1의 반응함수는 $Q_1=5-\frac{1}{2}Q_2$이다.
③ 기업 1의 꾸르노 균형산출량은 $Q_1=\frac{10}{3}$이다.
④ 산업 전체의 산출량은 $Q=\frac{20}{3}$이다.
⑤ 꾸르노 균형산출량에서 균형가격은 $P=\frac{20}{3}$이다.

해설
- 주어진 조건에 따른 한계수입(MR)과 한계비용(MC)은 다음과 같다.

  - 기업 1: $MR_1=10-2Q_1-Q_2$, $MC_1=0$
  - 기업 2: $MR_2=10-Q_1-2Q_2$, $MC_2=0$

- $MR=MC$가 이윤극대화 조건이므로 두 기업의 반응곡선(함수)은 다음과 같이 도출된다.

  - 기업 1: $MR_1=MC_1 \Rightarrow 10-2Q_1-Q_2=0$ …… ⓐ
  - 기업 2: $MR_2=MC_2 \Rightarrow 10-Q_1-2Q_2=0$ …… ⓑ

- ⓐ식과 ⓑ식을 연립해서 풀면 '$Q_1=Q_2=\frac{10}{3}$'이 되고, 총생산량(Q_1+Q_2)은 '$\frac{20}{3}$'이 된다. 또한 이 결과를 시장 수요함수에 대입하면 '$P=\frac{10}{3}$'을 구할 수 있다.
- 기업의 비용조건이 동일하다면, 꾸르노 균형에서의 총생산량은 다음과 같이 도출할 수도 있다.
- 주어진 시장수요함수는 다음과 같이 나타낼 수 있다.

$$P=10-Q(\because\ Q=Q_A+Q_B)$$

- 완전경쟁시장에서는 $P=MC$가 충족되므로 $10-Q=0$에서 $Q=10$을 구할 수 있다.
- 복점시장에서 꾸르노-내쉬 균형이 달성되는 경우, 각 기업은 완전경쟁시장의 균형생산량 수준(=10)의 1/3씩 생산하므로 각각 '$\frac{10}{3}$'만큼 생산하여 총생산량은 '$\frac{20}{3}$'만큼 생산된다.

정답 ⑤

2) 베르뜨랑 모형(Bertrand Model) : 순수과점을 가정

(1) **가정** : 각 기업은 자신이 예측한 경쟁기업의 가격을 외생변수로 간주하고, 이를 전제로 자신의 이윤극대화를 위한 가격을 결정한다는 예측적 변화(conjectural variation)를 가진다.

(2) **전개**

① 각 기업들은 시장에서 가장 낮은 가격을 제시한 기업이 시장을 100% 지배한다고 생각한다. 이에 따라 가격이 한계비용보다 낮아지지 않는 한, 경쟁기업의 선택한 가격보다 낮게 결정하려고 한다.

② 결국 시장가격은 한계비용과 일치하는 수준($P=MC$)에서 균형이 이루어진다. 이 결과는 완전경쟁 균형과 동일해진다는 것을 보여준다.

③ 균형수준에서 시장 수요량은 '$\frac{a}{b}$'가 되고, 이러한 시장 수요량을 두 기업이 똑같이 나눈다면 각 기업의 생산량은 각각 '$\frac{a}{2b}$'가 된다.

④ 이러한 결과를 그림으로 나타내면 다음과 같다.

베르뜨랑 균형

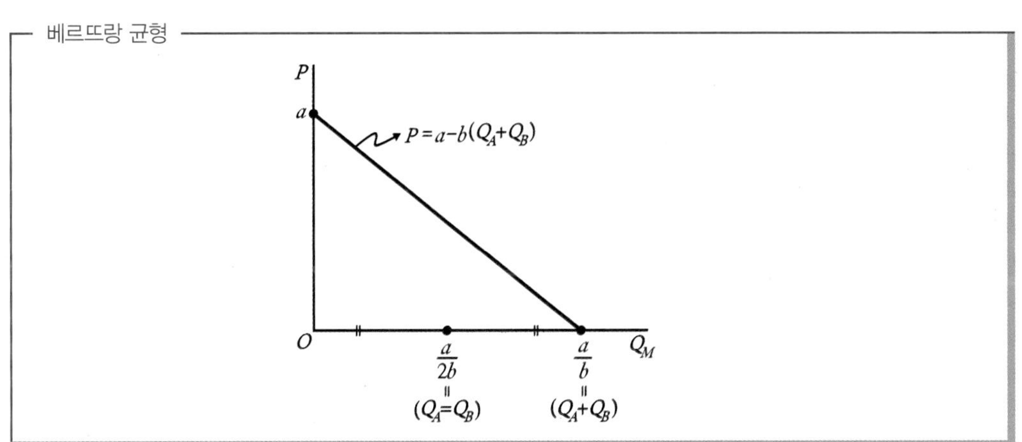

(3) 균형의 의의

균형 수준에서 "이 성립하므로 어느 기업도 초과이윤을 얻지 못한다.

쿠르노 모형과 베르뜨랑 모형의 비교

- 쿠르노 과점모형:각 기업들은 자신의 경쟁기업이 선택한 '생산량'을 전제로 자신의 이윤극대화 산출량을 결정한다.
- 베르뜨랑 과점모형:각 기업들은 자신의 경쟁기업이 선택한 '가격'을 전제로 자신의 이윤극대화 가격을 결정한다. 이때 각 기업들은 시장에서 가장 낮은 가격을 제시한 기업이 시장을 100% 지배한다고 생각한다. 이에 따라 가격이 한계비용보다 낮아지지 않는 한, 경쟁기업의 선택한 가격보다 낮게 결정하려고 한다. 결국 시장가격은 한계비용과 일치하는 수준에서 균형이 이루어진다. 이 결과는 완전경쟁 균형과 동일해진다는 것을 보여준다.

사례 연구 | 베르뜨랑 균형

◈ 다음 조건하에서 베르트랑 균형 생산량을 구하면?

- $Q_A=120-4P_A+3P_B$
- $Q_B=120-4P_B+3P_A$
- $MC_A=MC_B=20$

⇒ A의 반응곡선은 다음과 같은 과정을 통해 도출된다.

- $Q_A=120-4P_A+3P_B \Rightarrow P_A=30+\frac{3}{4}P_B-\frac{1}{4}Q_A$
- $MR_A=30+\frac{3}{4}P_B-\frac{1}{2}Q_A$
- $MR_A=MC_A \Rightarrow 30+\frac{3}{4}P_B-\frac{1}{2}Q_A=20 \Rightarrow Q_A=20+\frac{3}{2}P_B$
- $P_A=30+\frac{3}{4}P_B-\frac{1}{4}Q_A \Rightarrow P_A=30+\frac{3}{4}P_B-5-\frac{3}{8}P_B \Rightarrow P_A=25+\frac{3}{8}P_B$

B의 반응곡선 또한 동일한 과정을 통해 다음과 같이 도출된다.

- $P_B=25+\frac{3}{8}P_A$

베르뜨랑 균형에서 '$P_A=P_B$'에서 달성되므로 '$P_A=25+\frac{3}{8}P_A$' 또는 '$P_B=25+\frac{3}{8}P_B$'이 성립한다. 이를 풀면 '$P_A=P_B=40$'이라는 결과가 도출된다. 이 결과를 각각의 수요함수에 대입하면 A와 B의 생산량은 '$Q_A=Q_B=80$'이 된다.

3) 챔벌린 모형(Chamberlin Model)

(1) 가정

① 각 기업들은 어떤 방법이든 자신들의 이윤을 극대화시키려고 한다고 전제한다.

② 이러한 방법에는 담합(collusion)을 통하여 일단 두 기업의 이윤을 합한 '결합이윤(joint profit)'을 극대화 시킨 후, 이것을 양분하는 것도 포함된다.

- 시장수요함수: $P=a-bQ_M=a-b(Q_A+Q_B)$, 여기서 $a>0$, $b>0$, P는 시장가격, Q_M은 시장 전체 생산량, Q_A은 기업 A의 생산량, Q_B는 기업 B의 생산량
- 각 기업의 생산비: $MC_A=MC_B=0$, $TC_A=TC_B=0$

(2) 이윤극대화 도출

두 기업의 담합을 통한 행동은 독점기업의 이윤추구 행동과 동일하다. 이에 따라 주어진 시장함수를 전제로 하는 산업 전체의 이윤극대화 생산량은 다음과 같이 도출된다.

$$\pi_M=TR_M-TC_M=P\times Q_M-0=(a-bQ_M)\times Q_M-0=aQ_M-bQ_M^2$$

이에 따라 산업 전체의 이윤이 극대화는 다음 조건이 충족되어야 한다.

$$\frac{d\pi_M}{dQ_M}=a-2bQ_M=0 \Rightarrow Q_M=\frac{a}{2b} \Rightarrow Q_A=\frac{a}{4b},\ Q_B=\frac{a}{4b}$$

이렇게 도출된 시장수요량(Q_M)을 시장수요함수에 대입하여 정리하면, 시장균형가격은 '$P=\frac{a}{2}$'가 된다. 이러한 결과를 그림으로 나타내면 다음과 같다.

챔벌린 균형

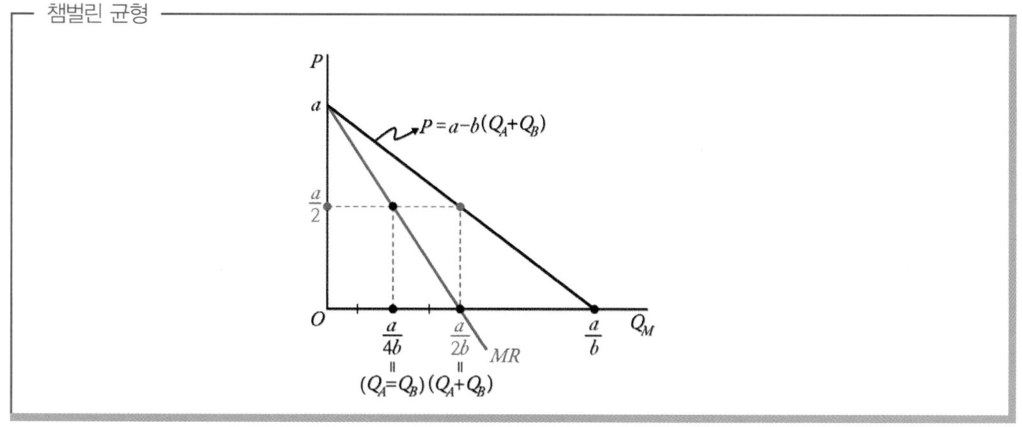

(3) 전개

① 앞의 결과는 두 기업이 담합을 통해 자신들에게 할당된 생산량인 '$\frac{a}{4b}$'를 유지하는 경우에만 달성된다.

② 그러나 만약 어느 한 기업이 자신만의 이윤을 증가시키기 위해 자신의 생산량을 '$\frac{a}{4b}$'보다 증가시키면 결합이윤을 극대화시키는 산업 전체 생산량인 '$\frac{a}{2b}$'를 더 이상 유지할 수 없게 되어, 결국 담합은 깨질 수밖에 없다.

확인 TEST

X재의 생산자는 A와 B, 두 기업밖에 없다고 하자. X재의 시장수요함수는 $Q=32-0.5P$이고, 한계비용은 24로 일정하다. A와 B가 공모해서 독점기업처럼 이윤극대화를 하고 생산량을 똑같이 나누기로 한다면, 기업 A가 얻는 이윤은? (단, 고정비용은 0이다.) [2017, 서울시 7급]

① 20 ② 64 ③ 88 ④ 100

해설

- 복점기업 간 담합과 관련된 '챔벌린(Chamberlin) 모형'에 관한 문제이다. 복점기업 간 담합이 이루어지면 두 기업은 마치 독점기업처럼 행동하게 되어, '$MR=MC$'에서 생산량을 결정하게 된다.
- 시장수요함수가 선형함수이면 한계수입곡선은 시장 수요곡선과 절편은 같고 기울기는 2배가 된다. 주어진 시장 수요함수를 전제로 한계수입(MR)곡선을 도출하면 다음과 같다.

$$Q_M=32-0.5P \Rightarrow P=64-2Q_M \Rightarrow MR=64-4Q_M$$

- 이윤극대화 조건 '$MR=MC$'에 따라 시장생산량(Q_M)과 시장가격(P)은 다음과 같이 도출된다.

- $MR=MC \Rightarrow 64-4Q_M=24 \Rightarrow Q_M=10 \Rightarrow Q_A=5,\ Q_B=5$
- $P=64-2Q_M=64-2\times10=44$

- 앞의 결과들을 전제로 A기업의 이윤은 다음과 같이 도출된다.

- $\Pi_A=TR_A-TC_A=P\times Q_A-AC(=MC)\times Q_A=44\times5-24\times5=220-120=100$

- 참고로 고정비용이 '0'이므로, 한계비용이 곧 평균비용이라는 것을 기억해 둔다.

정답 ④

사례 연구 쿠르노 균형과 내쉬 균형

기업 A와 기업 B가 경쟁하고 있는 복점시장의 수요함수와 각 기업의 한계비용이 다음과 같이 주어져 있다.

- $P=150-Q_M=150-(Q_A+Q_B)$, 여기서 P는 시장가격, Q_M은 시장 전체 수요량, Q_A는 기업 A의 생산량, Q_B는 기업 B의 생산량.
- $MC_A=MC_B=30$, 단 고정비용은 존재하지 않는다.

1. 쿠르노 균형 생산량과 이때 각 기업의 이윤을 구하면?

⇒ 각 기업의 이윤함수는 다음과 같이 도출된다.

- $\pi_A=TR_A-TC_A=P\times Q_A-MC_A\times Q_A=(150-Q_A-Q_B)\times Q_A-30Q_A=150Q_A-Q_A^2-Q_AQ_B-30Q_A$
- $\pi_B=TR_B-TC_B=P\times Q_B-MC_B\times Q_B=(150-Q_A-Q_B)\times Q_B-30Q_B=150Q_B-Q_AQ_B-Q_B^2-30Q_B$

이에 따라 반응곡선은 다음과 같이 도출된다.

- $\dfrac{d\pi_A}{dQ_A}=120-2Q_A-Q_B=0 \Rightarrow Q_A=\dfrac{a-bQ_B}{2b}$ …… ⓐ
- $\dfrac{d\pi_B}{dQ_B}=120-Q_A-2Q_B=0 \Rightarrow Q_B=\dfrac{a-bQ_A}{2b}$ …… ⓑ

앞의 ⓐ식과 ⓑ식을 연립해서 풀면 다음 결과를 도출할 수 있다.

- $Q_A=40,\ Q_B=40,\ Q_M=Q_A+Q_B=80$
- $P=70$

이제 두 기업의 이윤을 구하면 다음과 같다.

- $\pi_A=TR_A-TC_A=P\times Q_A-MC_A\times Q_A=70\times 40-30\times 40=2,800-1,200=1,600$
- $\pi_B=TR_B-TC_B=P\times Q_B-MC_B\times Q_B=70\times 40-30\times 40=2,800-1,200=1,600$

2. 만약 기업 A가 독점기업인 경우의 생산량과 이윤을 구하면?

⇒ 기업 A가 독점기업이면 시장 수요곡선 자체가 기업 A가 직면하는 수요곡선이 된다. 이에 따라 다음 과정을 통해 이윤극대화를 달성하게 된다.

- $P=150-Q_M=150-Q_A$
- $MR_A=150-2Q_A$
- $MC_A=30$
- $MR_A=MC_A \Rightarrow 150-2Q_A=30 \Rightarrow Q_A=60$
- $P=90$
- $\pi_A=TR_A-TC_A=P\times Q_A-MC_A\times Q_A=90\times 62-30\times 60=5,400-1,800=3,600$

3. 두 기업이 쿠르노 경쟁을 할 수도 있고, 담합을 통해 시장을 독점적으로 지배할 수도 있다. 이때 담합의 내용은 시장 생산량을 두 기업이 절반씩 나누어 생산하는 것이다. 만약 두 기업이 쿠르노 경쟁과 담합이라는 전략만을 사용할 수 있다고 가정할 때의 내쉬균형을 구하면?

⇒ 쿠르노 경쟁을 하게 되면, 두 기업은 각각 '$Q=40$'만큼 생산하게 되고, 이때 두 기업의 이윤은 각각 '1,600'이 된다. 한편 담합을 하게 되면 두 기업은 시장 생산량 '$Q_M=60$'을 절반씩 나눈 '$Q_A=30$', '$Q_B=30$'만큼을 생산하게 되고, 이때 두 기업의 이윤은 각각 '1,800'이 된다. 만약에 한 기업은 담합을 유지하기 위하여 '$Q=30$'만큼 생산하고, 다른 기업은 담합을 위반하고 쿠르노 경쟁을 하여 '$Q=40$'만큼을 생산하게 되면, 시장가격은 '$P=80$'이 된다. 이에 따라 두 기업의 이윤은 다음과 같이 도출된다.

- $\pi_{담합유지}=TR-TC=P\times Q-MC\times Q=80\times 30-30\times 30=2,400-900=1,500$
- $\pi_{담합위반}=TR-TC=P\times Q-MC\times Q=80\times 40-30\times 40=3,200-1,200=2,000$

이와 같은 내용을 전제로 보수행렬을 구하면 다음과 같다.
단 괄호 안의 수치는 (기업 A의 이윤, 기업 B의 이윤)이다.

구분		기업 B	
		$Q=30$	$Q=40$
기업 A	$Q=30$	(1,800, 1,800)	(1,500, 2,000)
	$Q=40$	(2,000, 1,500)	(1,600, 1,600)

표를 분석하면, '$Q_A=30,\ Q_B=30$' 조합은 내쉬균형이 아니다. 왜냐하면 상대방이 '$Q=30$' 전략을 유지할 때, 자신의 생산량을 '$Q=40$'으로 변경하면 이윤이 증가하므로(1,800 → 2,000), '$Q=30$' 전략을 유지할 필요가 없기 때문이다. 반면에 '$Q_A=40,\ Q_B=40$' 조합은 내쉬균형이다. 왜냐하면 상대방이 '$Q=40$' 전략을 유지할 때, 자신의 생산량을 '$Q=30$'으로 변경하면 이윤이 감소하므로(1,600 → 1,500), '$Q=40$' 전략을 계속 고수하고자 하기 때문이다.

4) 슈타켈버그 모형(Stackelberg Model)

(1) **가정**: 기업 A(선도기업: leader)가 생산량을 결정하면, 기업 B(추종기업: follower)는 선도기업의 생산량을 기초로 하여 자신의 생산량을 결정한다고 전제한다.

(2) **추종기업인 기업 B의 반응곡선 도출**

- $\pi_B = TR_B - TC_B = P \times Q_B - O = [a - b(Q_A + Q_B)] \times Q_B = aQ_B - bQ_AQ_B - bQ_B^2$

  $\Rightarrow \dfrac{d\pi_B}{dQ_B} = a - bQ_A - 2bQ_B = 0 \Rightarrow Q_B = \dfrac{a - bQ_A}{2b}$

(3) **선도기업인 기업 A의 이윤극대화 생산량 도출**

- $\pi_A = TR_A - TC_A = P \times Q_A - O = [a - b(Q_A + Q_B)] \times Q_A = aQ_A - bQ_A^2 - bQ_AQ_B$

이 식에 앞에서 도출한 추종기업인 기업 B의 반응곡선을 대입하여 정리하면 다음과 같은 선도기업인 기업 A의 이윤극대화 생산량이 도출된다.

- $\pi_A = aQ_A - bQ_A^2 - bQ_A\left(\dfrac{a - bQ_A}{2b}\right) = aQ_A - bQ_A^2 - \dfrac{aQ_A}{2} + \dfrac{bQ_A^2}{2}$
- $\dfrac{d\pi_A}{dQ_A} = a - 2bQ_A - \dfrac{a}{2} + bQ_A = \dfrac{a}{2} - bQ_A = 0 \Rightarrow Q_A = \dfrac{a}{2b}$

(4) **추종기업인 기업 B의 이윤극대화 생산량 도출**

앞의 결과를 추종기업인 기업 B의 반응곡선에 대입하여 정리하면, 기업 B의 이윤극대화 생산량이 도출된다.

- $Q_B = \dfrac{a - bQ_A}{2b} = \dfrac{a - b \times \dfrac{a}{2b}}{2b} = \dfrac{a - \dfrac{a}{2}}{2b} = \dfrac{\dfrac{a}{2}}{2b} = \dfrac{a}{4b}$

(5) **시장균형가격 도출**

산업 전체의 생산량(Q_M)은 두 기업의 이윤극대화 생산량을 합한 크기이다.

- $Q_M = Q_A + Q_B = \dfrac{a}{2b} + \dfrac{a}{4b} = \dfrac{3a}{4b}$

이 결과를 시장수요함수에 대입하여 정리하면 다음과 같은 시장균형가격이 도출된다.

- $P = a - bQ_M = a - b \times \dfrac{3a}{4b} = a - \dfrac{3a}{4} = \dfrac{a}{4}$

(6) **균형의 의의**

① 산업 전체의 생산량은 '$\dfrac{3a}{4b}$', 시장균형가격은 '$\dfrac{a}{4}$', 선도기업인 기업 A의 생산량은 '$\dfrac{a}{2b}$', 추종 기업인 기업 B의 생산량은 '$\dfrac{a}{4b}$'가 된다. 결국 추종기업인 기업 B의 생산량은 선도기업인 기업 A의 생산량에 비해 $\dfrac{1}{2}$수준이 됨을 알 수 있다.

② 이러한 결과를 그림으로 나타내면 다음과 같다.

슈타켈버그 균형

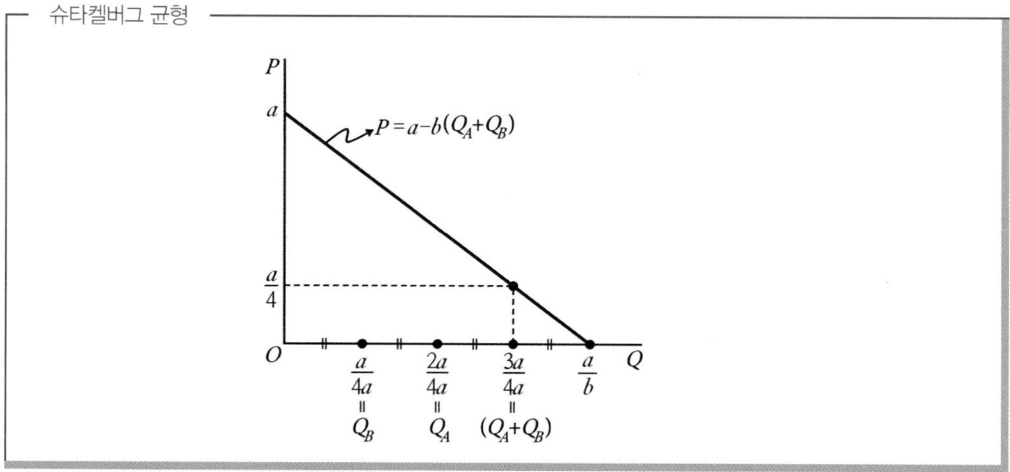

앞의 결과는 다음 도출방법과 동일한 결과를 가져 온다.

ⓐ 선도기업인 기업 A는 시장수요곡선을 전제로 독점기업처럼 행동하면서 이윤극대화 생산량을 결정한다. 이때 기업 A가 인식하는 시장수요함수는 '$P=a-bQ_A$'이다.
ⓑ 추종기업인 기업 B는 선도기업인 기업 A의 생산량(Q_A)을 시장수요곡선에서 차감한 후, 역시 독점기업처럼 행동하면서 이윤극대화 생산량을 결정한다. 이때 기업 B가 인식하는 시장수요함수는 '$P=(a-bQ_A)-bQ_B$'이다.

확인 TEST

다음 글을 따를 때 슈타켈버그(Stackelberg) 경쟁의 결과로 옳은 것은? [2019, 국회 8급]

- 시장에는 A와 B 두 기업만 존재한다.
- 시장수요곡선: $Q=30-P$ (단, $Q=Q_A+Q_B$이고, Q_A, Q_B는 각각 A기업과 B기업의 생산량을 의미한다.)
- 한계비용: $MC_A=MC_B=0$
- B기업은 A기업의 반응곡선을 알고, A기업은 B기업의 반응곡선을 모른다.

	Q_A	Q_B
①	6	12
②	6.5	13
③	7	14
④	7.5	15
⑤	8	16

해설 • B기업은 A기업의 반응곡선을 알고, A기업은 B기업의 반응곡선을 모른다는 조건에서 B기업을 선도기업, A기업을 추종기업으로 추론할 수 있다.

- 슈타켈버그(Stackelberg) 경쟁은 선도기업이 먼저 독점기업처럼 행동하고, 이에 따라 결정된 생산량을 제외한 나머지를 전제로 추종기업이 이윤극대화를 위한 생산량을 결정한다.
- B기업(선도기업)의 이윤극대화를 위한 생산량은 다음과 같이 도출된다.

> - $Q=30-P \Rightarrow P=30-Q \Rightarrow P=30-Q_A-Q_B \Rightarrow P=30-Q_B$
> (∵ B기업이 선도기업이므로 A기업을 배제한 상태에서 독점기업처럼 행동한다.)
> - $P=30-Q_B \Rightarrow MR_B=30-2Q_B$
> - $MR_B=MC_B \Rightarrow 30-2Q_B=0 \Rightarrow Q_B=15$

- A기업(추종기업)의 이윤극대화를 위한 생산량은 다음과 같이 도출된다.

> - $Q=30-P \Rightarrow P=30-Q \Rightarrow P=30-Q_A-Q_B \Rightarrow P=15-Q_A$
> (∵ A기업이 추종기업이므로 B기업의 생산량이 제외된 수요함수를 자신의 수요함수로 인식한다.)
> - $P=15-Q_A \Rightarrow MR_A=15-2Q_A$
> - $MR_A=MC_A \Rightarrow 15-2Q_A=0 \Rightarrow Q_A=7.5$

 ④

5) 각 과점모형의 비교(단, $P=a-b(Q_A+Q_B)$, $MC=0$이라고 가정)

구분	Q_A	Q_B	시장 생산량: Q_A+Q_B	P
쿠르노 모형	$\frac{a}{3b}$	$\frac{a}{3b}$	$\frac{2a}{3b}$	$\frac{a}{3}$
베르뜨랑 모형	$\frac{a}{2b}$	$\frac{a}{2b}$	$\frac{a}{b}$	$MC(=0)$
챔벌린 모형	$\frac{a}{4b}$	$\frac{a}{4b}$	$\frac{a}{2b}$	$\frac{a}{2}$
슈타켈버그 모형	$\frac{a}{2b}$(선도기업)	$\frac{a}{4b}$(추종기업)	$\frac{3a}{4b}$	$\frac{a}{4}$

이에 따라 시장균형생산량과 시장균형가격의 크기는 다음과 같은 순서가 된다.

> - 시장균형생산량: 베르뜨랑 모형 > 슈타켈버그 모형 > 쿠르노 모형 > 챔벌린 모형
> - 시장균형가격: 챔벌린 모형 > 쿠르노 모형 > 슈타켈버그 모형 > 베르뜨랑 모형

② 굴절수요곡선이론(theory of kinked demand curve)

1) **의의**: 과점시장의 대표적인 특징인 비용조건의 변화에도 불구하고 기존 가격이 고수되는 과점가격의 경직성을 설명해준다(P. M. Sweezy).

2) **가정**: 비대칭적 예상모형

(1) 한 기업이 가격을 인상하면 다른 기업은 가격을 인상하지 않는다고 예상한다.

(2) 한 기업이 가격을 인하하면 다른 기업은 따라서 가격을 인하한다고 예상한다.

3) **도해적 설명**

굴절수요곡선

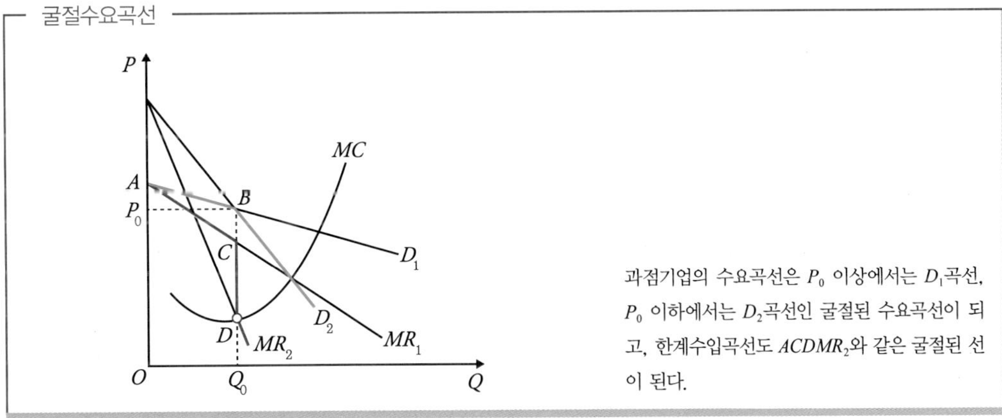

과점기업의 수요곡선은 P_0 이상에서는 D_1곡선, P_0 이하에서는 D_2곡선인 굴절된 수요곡선이 되고, 한계수입곡선도 $ACDMR_2$와 같은 굴절된 선이 된다.

(1) 현재의 시장가격이 P_0라고 하자.

(2) 만약 이 과점기업이 가격을 P_0 이상으로 올린다면 다른 기업들은 대부분 가격을 따라 올리지 않을 것이므로 가격이 P_0 이상인 경우의 수요곡선은 수요의 가격탄력성이 큰 그래프의 D_1곡선이 된다.

가격 인상 ⇒ 경쟁기업은 기존 가격 고수 ⇒ 판매량 급감 ⇒ 탄력적인 수요곡선(D_1) 직면

(3) 반대로 이 기업이 가격을 P_0 이하로 인하한다면 다른 기업도 가격경쟁에서 지지 않으려고 대부분 가격을 따라서 내릴 것이므로 가격이 P_0 이하인 경우의 수요곡선은 수요의 가격탄력성이 작은 그래프의 D_2곡선이 된다.

가격 인하 ⇒ 경쟁기업도 가격 인하 ⇒ 판매량 거의 불변 ⇒ 비탄력적인 수요곡선(D_2) 직면

(4) 따라서 과점기업의 수요곡선은 P_0 이상에서는 D_1곡선, P_0 이하에서는 D_2곡선인 굴절된 수요곡선이 되고, 한계수입곡선도 $ACDMR_2$와 같은 굴절된 선이 된다.

(5) 결국 과점기업의 한계비용곡선이 변동하더라도 MC곡선이 C와 D 사이에서 한계수입곡선과 만나는 한, 이 과점기업의 가격은 P_0에서, 생산량은 Q_0에서 경직적으로 고정되게 된다.

4) 평가

(1) 생산비의 변화가 어느 정도 내에서는 과점기업의 가격 결정에 반영되지 않고, 대신 광고와 같은 비가격경쟁을 주로 하는 이유를 설명할 수 있다.

(2) 굴절되는 점(B점)이 결정되는 과정을 설명할 수 없다.

(3) 현실적으로 과점기업이 가격을 인상하면 다른 과점기업들도 가격을 인상하는 경우를 쉽게 관찰할 수 있다.

George. J. Stigler의 비판

스티글러에 의하면 과점시장에서 가격의 변화가 심하지 않고 생산비 변화에 민감하지 않은 것은 굴절된 수요 때문이 아니라 과점 기업의 목표가 이윤극대화 이외의 다른 데 있기 때문이라고 설명하고 있다. 예를 들면 시장의 질서유지 또는 상대방과의 과열된 경쟁을 피하려는 것 등의 다른 목적이 있기 때문이라는 것이다.

확인 TEST

굴절수요곡선이론의 내용과 부합되지 않는 사항은?

[2001, 입시]

① 스위지(Sweezy)가 제시한 이론이다.
② 과점시장에서 기업들이 가격경쟁을 기피하게 되는 이유를 설명하고 있다.
③ 과점시장에서 과당 광고경쟁이 발생할 수 있는 가능성을 유추할 수 있다.
④ 기업의 이윤극대화 조건인 한계비용=한계수입 조건을 이 이론에서도 이용하고 있다.
⑤ 과점시장에서 기업들이 가격경쟁보다는 품질개선 경쟁을 할 수밖에 없는 이유를 설명하고 있다.

해설 ①, ② 스위지(Sweezy)가 처음 제시한 굴절수요곡선이론은 가격을 올리면 경쟁기업은 기존 가격을 고수하고, 가격을 내리면 경쟁기업도 함께 가격을 내리는 가격에 대한 비대칭적 반응을 전제로 해서 성립하는 이론이다. 그 결과 과점기업들이 가격경쟁을 기피하게 되는 이유를 설명할 수 있다.
③ 그 대신 광고나 품질 경쟁 등과 같은 비가격경쟁이 치열하게 이루어지는 현상 역시 설명할 수 있다.
④ 한계수입=한계비용 조건은 시장구조와 관계없이 성립하는 이윤극대화 조건이다.
⑤ 굴절수요곡선이론이 가격경쟁의 어려움을 설명할 수 있다고 해서 이것으로 인해 이루어지는 비가격경쟁의 내용이 반드시 품질개선 경쟁이란 보장은 없다.

⑤

3 담합과 카르텔

1) 담합

(1) **의미**: 여러 과점기업들이 가격, 생산량 및 판매활동 등에 관하여 명시적으로 또는 묵시적으로 서로 합의하여 행동하는 것

(2) **목적**

① 생산량을 적정량으로 각 참가기업에 배분하고 공동가격을 설정함으로써 참가기업 전체의 총이윤을 증대시킬 수 있다.

② 참가기업 간의 과당경쟁으로 인한 상호 피해를 회피할 수 있다.

③ 새로운 기업의 진입에 공동으로 대처하여 시장의 안정화를 유지할 수 있다.

2) 카르텔(cartel)

(1) **의미**: 동종의 제품을 생산하는 과점기업들이 법률적·경제적 독립성을 유지하면서 특정 상품의 시장지배를 위하여 결성한 기업 연합체 ⇒ 담합의 대표적인 형태

(2) **유형**

① 가격 책정만을 담합하는 가격카르텔

② 생산량 할당까지 이루어지는 완전담합의 카르텔

(3) **도해적 설명(완전담합의 경우)**

완전담합

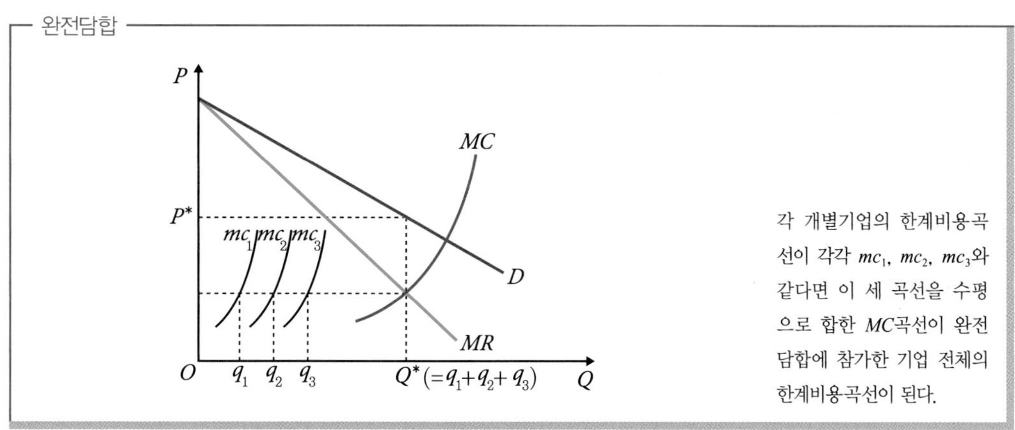

각 개별기업의 한계비용곡선이 각각 mc_1, mc_2, mc_3와 같다면 이 세 곡선을 수평으로 합한 MC곡선이 완전담합에 참가한 기업 전체의 한계비용곡선이 된다.

① 위의 그래프에서 D곡선은 이 시장의 수요곡선을 나타내고 있고 이 수요곡선으로부터 담합기업 전체의 한계수입(MR)곡선을 도출할 수 있다.

② 각 개별 기업의 한계비용곡선이 각각 mc_1, mc_2, mc_3와 같다면 이 세 곡선을 수평으로 합한 MC곡선이 참가기업 전체의 한계비용곡선이 된다.

③ MR곡선과 MC곡선이 만나는 생산량 Q^*만큼 생산하여 P^*의 가격으로 모든 담합기업이 판매하면 전체 이윤이 극대로 된다. 이때 각 개별 기업에는 모두 한계비용이 전체의 한계비용과 같게 되는 생산량 q_1, q_2, q_3를 각각 생산하도록 하면 된다($q_1+q_2+q_3=Q^*$).

④ 결국 이 카르텔에서는 다수의 공장을 갖고 있는 독점기업이 생산량과 가격을 책정하는 것과 같다.

확인 TEST

두 기업 A와 B만이 존재하는 X재 시장에서 기업 A의 비용함수는 $TC_A(Q_A)–20Q_A$이며, 기업 B의 비용함수는 $TC_B(Q_B)=20Q_B$이다. 또한, X재 시장의 시장수요함수는 $P(Q)=80-Q$이다. 두 기업이 카르텔(cartel)을 형성하여 시장수요량을 반씩 나누어 갖기로 했다. 카르텔이 성공적으로 운영되었을 때 기업 A의 최적 생산량과 이윤은 각각 얼마인가? (단, TC_A는 기업 A의 총비용, TC_B는 기업 B의 총비용, Q_A는 기업 A의 X재 생산량, Q_B는 기업 B의 생산량, P는 X재 가격, $Q=Q_A+Q_B$임)

[2015, 국회 8급]

① (15, 450) ② (30, 900) ③ (15, 900)
④ (30, 450) ⑤ (30, 50)

해설 카르텔에 의한 균형 조건은 $MC_A=MC_B=MR$이다. 따라서 $20=80-2Q$에서 이윤극대화를 위한 최적생산량은 $Q=30$, $P=50$이 된다. 두 기업이 시장수요량을 반씩 나누기로 했으므로 기업 A의 최적 생산량은 $Q_A=15$가 되고, 이때의 이윤은 $TR(15\times50)-TC(15\times20)=450$이 된다.

정답 ①

카르텔의 한계

카르텔 참가 기업들은 협정을 위반함으로써 혼자의 이윤을 올릴 수 있으므로 카르텔은 항상 붕괴될 위험을 내포하고 있다. 왜냐하면 다른 모든 카르텔 기업들이 협정가격으로 판매할 때에 어느 한 기업이 협정을 위반하여 협정가격보다 조금만 싸게 팔아도 판매량을 크게 늘려서 이윤을 증가시킬 수 있기 때문이다. 따라서 협정을 위반했을 경우 강력한 제제수단이 실효성이 있을 때 비로소 카르텔의 목적을 달성할 수 있게 된다.

4 과점시장에서의 가격이론

1) 가격선도제(price leadership)

(1) 명시적인 담합이 법에 의하여 금지되어 있을 때, 가격책정에서 행해지는 대표적인 암묵적 담합이 가격선도(price-leader)기업에 의한 가격선도제도이다.

(2) 시장점유율이 가장 높은 또는 효율적인 선도기업의 판매가격에 다른 과점기업들이 암묵적으로 따름으로써 선도기업의 가격변동에 따라 시장가격이 변동하는 것을 말한다.

(3) 지배적 선도기업은 시장수요곡선에서 군소기업들의 공급을 수평으로 제외한 나머지 잔여 수요곡선을 자신의 수요곡선으로 인식한다.

(4) 이윤극대화를 달성할 수 있는 수준에서 가격과 생산량을 선도기업이 먼저 결정하고 군소기업은 이것을 추종하게 된다.

확인 TEST

다음의 경제에서 재화의 가격은 얼마에 설정되는가? [2014, 국회 8급]

> 어느 재화에 대한 시장수요함수가 $P=60-2Q$이다. 이 재화를 생산하는 지배적 기업이 하나 있고 나머지 군소기업들은 지배적 기업이 결정한 가격을 따른다. 지배적 기업을 제외한 군소기업들의 재화의 공급함수는 $P=2Q_F$이고, 지배적 기업의 한계비용함수는 $MC=Q_D$이다.
>
> (Q_D: 지배적 기업의 생산량, Q_F : 나머지 군소기업들의 생산량, P: 가격, MC: 한계비용, Q: 시장산출량 (Q_D+Q_F))

① 10　　② 20　　③ 24　　④ 30　　⑤ 36

해설 주어진 문제는 지배적 기업의 존재를 전제할 때 가격선도 모형으로 접근해야 한다. 지배적 기업은 시장수요함수에서 군소기업들의 공급을 '수평으로' 제외한 나머지를 자신의 수요곡선으로 인식한다. 이것을 도출하기 위해 Q로 정리하면 시장 수요함수는 $Q=30-\frac{1}{2}$, 군소기업들의 공급함수는 $Q_F=\frac{1}{2}P$가 된다. 이에 따라 지배적 기업이 인식하는 시장수요곡선은 $Q_D=Q-Q_F=30-P$가 된다. 이를 다시 P로 정리하면 $P=30-Q_D$가 되고, 지배적 기업의 한계수입곡선은 $MR=30-2Q_D$ 가 된다. 이에 따라 지배적기업의 이윤극대화 조건인 $MR=MC$를 만족하는 식은 $30-2Q_D=Q_D$가 되어 지배적 기업의 생산량은 $Q_D=10$이 된다. 이를 지배적 기업이 인식하는 수요곡선에 대입하면 $P=20$을 도출할 수 있다.

정답 ②

확인 TEST

큰 기업인 A와 다수의 작은 기업으로 구성된 시장이 있다. 작은 기업들의 공급함수를 모두 합하면 $S(p)=200+p$, 시장의 수요 곡선은 $D(p)=400-p$, A의 비용함수는 $c(y)=20y$이다. 이때 A의 잔여수요함수($D_A(p)$)와 균형가격 (p)은? (단, y는 A의 생산량이다.) [2018, 지방직 7급]

	잔여수요함수	균형가격
①	$D_A(p)=400-2p$	$p=50$
②	$D_A(p)=200-2p$	$p=60$
③	$D_A(p)=200-2p$	$p=50$
④	$D_A(p)=400-2p$	$p=60$

해설
- 주어진 문제는 지배적 기업의 존재를 전제하는 가격선도 모형으로 접근해야 한다.
- 가격선도 모형에서 지배적 기업은 시장수요함수에서 군소기업들의 공급을 '수평으로' 제외한 나머지를 자신의 수요곡선으로 인식한다. 지배적 기업의 수요곡선은 다음과 같이 도출된다.

> - 시장수요함수 : $D(p)=400-p$
> - 작은 기업들의 공급함수 : $S(p)=200+p$
> - 지배적 기업의 잔여수요함수 : 시장수요함수($D(p)$)−추종(군소) 기업들의 공급함수($S(p)$)
>
> $=(400-p)-(200+p)=200-2p=D_A(p) \Rightarrow p=100-\frac{1}{2}D_A(p)$
> - 지배적 기업의 한계수입곡선 : $p=100-\frac{1}{2}D_A(p) \Rightarrow MR_A=100-D_A(p)$

- 지배적기업의 이윤극대화 조건인 $MR_A = MC_A$을 충족하는 지배적 기업의 균형생산량($D_A(p) = y$)과 지배적 기업이 인식하는 가격(P_D)은 다음과 같이 도출된다.

> - $MR_A = 100 - D_A(p)$
> - $MC_A = \dfrac{dc(y)}{dy} = 20$
> - $MR_A = MC_A \rightarrow 100 - D_A(p) = 20 \Rightarrow D_A(p) = y = 80,\ p = 60$

 ②

2) 관리가격(administered price)

(1) 대기업들이 지배하는 과점기업에서 대기업들의 공급조절에 의하여 인위적으로 조정되는 가격 ⇒ G. Means, J. Blair 등에 의해 도입된 개념이다.

(2) 굴절수요곡선이론에서의 가격처럼 이 가격도 경직적이며 또한 경쟁시장에서의 가격과는 달리 초과이윤을 포함하고 있으므로 기회비용보다 높다.

3) 비용할증 가격설정 원리(full-cost or mark-up pricing principle)

(1) **의의** : 영국의 기업들의 가격결정 과정을 분석하여 실증적으로 도출한 이론 ⇒ 홀(R. L. Hall)과 힛치(C. T. Hitch)

(2) **내용**

① 현실경제에서는 한계수입곡선과 한계비용곡선을 정확히 계산하기 어려우므로 기업들이 이윤을 제외한 평균비용에 적정하다고 생각되는 이윤부가율(mark-up rate)을 합하여 가격을 결정한다.

$$P = AC\,(1+\pi) \quad (\text{단 } \pi\text{는 이윤부가율})$$

② AC와 π가 일정하므로 P도 일정하다. 즉, 풀-코스트 가격은 경직적이다.

> **풀-코스트 가격이 경직적인 이유**
>
> 1930년대의 생산은 레온티에프 생산함수를 비롯한 1차 동차 생산함수가 중심을 이루었다. 이 경우 LAC는 수평이므로 장기적으로 AC는 일정수준에서 변하지 않는다. 한편 π가 일정한 이유는 과점기업이 가격변화로 인한 수요자의 불만과 다른 경쟁 과점 기업간의 갈등 등을 사전에 방지하기 위해서 가격을 일정 수준에서 유지하고자 했기 때문이다.

(3) 상품의 가격은 시장의 수요와 공급이라는 상호작용으로 결정되는 것이 아니라, 공급(기업) 측에 의해서 일방적으로 결정 ⇒ 가격결정에 있어 기업의 영향력을 고려한 "생산자 주권"의 개념을 이해할 수 있게 해준다.

확인 TEST

비용할증 가격결정 원리에 관한 설명으로 가장 옳지 못한 것은?

① R. C. Hall과 C. J. Hitch가 전개했다.
② 과점기업의 가격결정원리이다.
③ 생산자 주권의 가치론이다.
④ $MR=MC$ 수준에서 가격을 결정한다.

해설 비용할증 가격결정 원리에 따르면 가격은 평균비용(AC)[1+이윤 부가율]에 의해 결정된다.

정답 ④

각 시장의 특징 비교

	독점	독점적 경쟁	과점
단기의 독점이윤($P>AC$)	○	○	○
장기의 독점이윤	○	×	○
자유로운 진입과 퇴거	×	○	×
과잉 생산 시설	○	○	○
가격결정자(우하향의 수요곡선)	○	○	○

Theme 54 게임이론

1 게임이론(game theory)의 의의

1) 의미

(1) **게임의 의미**: 두 명 이상의 사람들이 각각 자신의 이익을 추구하고 있으나, 어느 누구도 그 결과를 마음대로 결정할 수 없는 상황을 말한다.

(2) **게임이론의 목적**: 게임이론은 2개 이상의 과점 기업들이 상호의존 관계 속에서 자신의 이익을 위해 서로 경쟁하는 전략적 상황을 분석한다.

2) 구성요소

(1) **경기자(player)**: 게임에 참가하는 경제주체 ⇒ 가계(개인), 기업 등이 이에 해당한다.

(2) **전략(strategy)**: 경기자들이 자신의 효용(이윤)극대화를 위하여 선택할 수 있는 대안을 말한다.

(3) **보수(payoff)**: 게임의 결과로 각 경기자가 얻게 되는 효용이나 이윤을 말한다.

(4) **행동**: 경기자가 여러 가지 가능한 전략 중에서 특정한 전략을 선택하는 것이다.

① **협조행위**: 경기자들이 공동으로 추구할 전략과 관련하여 서로의 행동을 규제하는 계약에 대해 협상하는 행위이다.

② **비협조행위**: 각 경기자가 자신의 이익만을 추구하는 일반적인 경우의 행위이다.

2 게임의 균형

1) 개념

(1) 외부적인 충격이 가해지지 않는 한 모든 경기자들의 전략이 계속 유지되는 상태를 의미한다.

(2) 모든 경기자들이 각각 선택한 전략에 따라 어떤 결과가 나왔을 때 현재의 결과에 만족하여 더 이상 자신의 전략을 바꿀 유인(incentive)이 없는 상태를 의미한다.

2) 우월전략균형

(1) **의미**: 상대방이 어떤 전략을 선택하는지에 관계없이 항상 자신의 보수가 가장 커지는 전략(지배전략)을 선택하였을 때 도달하게 되는 균형

(2) 분석

기업 A \ 기업 B	B_1	B_2
A_1	(20, 20)*	(40, 10)
A_2	(10, 40)	(30, 30)

(기업 A 이윤, 기업 B 이윤)

① 기업 A는 기업 B가 어떠한 선택을 한다고 하더라도 A_1전략을 선택하는 것이 가장 유리하므로 A_1이 우월전략이 된다.

② 기업 B는 기업 A가 어떠한 선택을 한다고 하더라도 B_1전략을 선택하는 것이 가장 유리하므로 B_1이 우월전략이 된다.

③ 결국 우월전략균형은 (20, 20)에서 이루어진다.

(3) 평가

① 두 기업 모두 우월전략을 갖고 있다면 상대기업의 전략을 고려할 필요가 없으므로 과점기업이 의사결정 시 직면하게 되는 전략적인 상황을 전혀 반영하지 못한다.

② 우월전략균형이 반드시 파레토 최적을 보장하는 것은 아니다. 위의 예에서 두 기업이 각각 A_2와 B_2를 선택하게 되면 더 높은 보수를 얻을 수 있기 때문이다. ⇒ 담합의 가능성 대두

③ 우월전략균형이 반드시 존재하는 것은 아니다.

확인 TEST

두 과점기업 A, B의 전략적 행동에 따라 달라지는 보수행렬이 아래와 같다고 할 때, 첫 번째 숫자는 기업 A의 이윤, 두 번째 숫자는 기업 B의 이윤을 가리킨다. 기업 A와 B의 우월전략은 각각 무엇인가?

[2013, 서울시 7급]

구분		기업 B의 전략적 결정	
		전략 1	전략 2
기업 A의 전략적 결정	전략 1	(300만 원, 600만 원)	(200만 원, 400만 원)
	전략 2	(50만 원, 300만 원)	(250만 원, 0원)

① 기업 A : 전략 1, 기업 B : 전략 1
② 기업 A : 전략 1, 기업 B : 전략 2
③ 기업 A : 전략 2, 기업 B : 전략 1
④ 기업 A : 전략 2, 기업 B : 우월전략이 없다.
⑤ 기업 A : 우월전략이 없다, 기업 B : 전략 1

해설 기업 B가 전략 1을 선택한 경우에는 기업 A에게는 전략 1이 유리한 전략이고, 기업 B가 전략 2를 선택하는 경우에는 기업 A에게는 전략 2가 유리한 전략이 된다. 따라서 기업 A에게는 우월전략이 존재하지 않는다. 한편 기업 A가 전략 1을 선택한 경우에는 기업 B에게는 전략 1이 유리한 전략이고, 기업 A가 전략 2를 선택하는 경우에도 기업 B에게는 전략 1이 유리한 전략이 된다. 따라서 기업 B에게는 전략 1이 우월전략이 된다.

정답 ⑤

3) 내쉬(J. Nash) 균형

(1) 의미

① 상대방의 전략을 주어진 것으로 보고 각 경기자가 자신에게 가장 유리한 전략을 선택하였을 때 도달하는 균형을 말하는데 이때에는 동시에 여러 개의 균형이 존재할 수 있다.

② 게임이론에서 가장 일반적으로 사용하는 균형 개념

(2) 분석

기업 A \ 기업 B	B_1	B_2
A_1	(20, 15)*	(10, 10)
A_2	(10, 10)	(15, 20)*

(기업 A 이윤, 기업 B 이윤)

① **기업 A의 전략**: 기업 B가 전략 B_1을 선택한 것을 주어진 사실로 보면 기업 A가 A_1을 선택하면 이윤이 20이고, A_2를 선택하면 이윤이 10이 되므로 전략 A_1을 선택하는 것이 최선의 전략이다. 만약 기업 B가 전략 B_2를 선택한 것을 주어진 사실로 보면 기업 A가 A_1을 선택하면 이윤이 10이고, A_2를 선택하면 이윤이 15가 되므로 전략 A_2을 선택하는 것이 최선의 전략이다.

② **기업 B의 전략**: 기업 A가 전략 A_1을 선택한 것을 주어진 사실로 보면 기업 B가 B_1을 선택하면 이윤이 15이고, B_2를 선택하면 이윤이 10이 되므로 전략 B_1을 선택하는 것이 최선의 전략이다. 만약 기업 A가 전략 A_2를 선택한 것을 주어진 사실로 보면 기업 B가 B_1을 선택하면 이윤이 10이고, B_2를 선택하면 이윤이 20이 되므로 전략 B_2를 선택하는 것이 최선의 전략이다.

③ **내쉬균형**: $(A_1,\ B_1)$, $(A_2,\ B_2)$의 두 개가 존재한다. 그런데 위의 경우에는 우월전략균형은 존재하지 않는다.

(3) 평가

① 우월전략균형은 내쉬균형의 특수한 형태로서 내쉬균형에 포함된다. 그러나 그 역은 성립하지 않는다.

② 내쉬균형 역시 항상 파레토 최적을 보장하는 것은 아니다.

③ 복점에서의 쿠르노 균형은 내쉬균형이다. 이에 따라 쿠르노 복점이론에서 균형을 쿠르노-내쉬 균형이라고도 한다.

확인 TEST

시장에 갑, 을 두 기업이 존재하며, 기업 갑, 을은 S_1, S_2 전략 중 최선의 의사결정을 하려 한다. 〈보기〉의 표는 두 기업의 게임에 대한 보수를 나타낸 것이다. 이에 대한 설명으로 가장 옳지 않은 것은? (단, 괄호 안의 앞의 숫자는 기업 갑의 보수, 뒤의 숫자는 기업 을의 보수를 나타낸다.) [2019, 서울시 7급]

〈 보 기 〉

		을	
		S_1	S_2
갑	S_1	(10, 10)	(5, 20)
	S_2	(20, 5)	(8, 8)

① 갑, 을 모두에게 각각 우월전략이 존재한다.
② 균형에서 갑의 보수는 8이다.
③ 갑, 을 간 협조가 이루어질 수 있다면 파레토 개선이 가능하다.
④ 위 게임의 균형은 우월전략균형일지는 몰라도 내쉬균형은 아니다.

해설
- 을이 S_1전략을 선택하는 경우 갑에게 유리한 전략은 S_2($\because$ 20>10)이고, 을이 S_2전략을 선택하는 경우에도 갑에게 유리한 전략은 S_2($\because$ 8>5)이다. 따라서 갑의 우월전략은 S_2이다. 한편 갑이 S_1 전략을 선택하는 경우 을에게 유리한 전략은 S_2($\because$ 20>10)이고, 갑이 S_2전략을 선택하는 경우에도 을에게 유리한 전략은 S_2($\because$ 8>5)이다. 따라서 을의 우월전략 역시 S_2이다(①).
- 이에 따라 '(갑의 전략, 을의 전략)=(S_2, S_2)' 조합이 우월전략균형이 된다. 이 경우 갑과 을의 보수는 '(갑의 보수, 을의 보수)=(8, 8)'이 된다(②).
- 이러한 우월전략균형에서 '(갑의 전략, 을의 전략)=(S_1, S_1)' 조합으로 옮겨 갈 수만 있다면 갑과 을 모두는 이전에 비해 2만큼 높은 보수를 얻을 수 있어, 파레토 개선이 가능해진다. 다만 이를 위해서는 두 사람 모두 이러한 이동에 대한 협조가 필요하다(③).
- 우월전략균형이면 반드시 내쉬균형에 해당한다. 다만 그 역(−)의 관계는 성립하지 않는다(④).

을 S_1 선택 ⇒ 갑 S_2 선택 ⇒ 을 S_2 선택 ⇒ 갑 S_2 유지 ⇒ (S_2, S_2) 조합 내쉬균형 성립

정답 ④

확인 TEST

두 명의 경기자 A와 B는 어떤 업무에 대해 '태만'(노력수준=0)을 선택할 수도 있고, '열심'(노력수준=1)을 선택할 수도 있다. 단, '열심'을 선택하는 경우 15원의 노력비용을 감당해야 한다. 다음 표는 사회적 총 노력수준에 따른 각 경기자의 편익을 나타낸 것이다. 두 경기자가 동시에 노력수준을 한 번 선택해야 하는 게임에서 순수전략 내쉬(Nash)균형은? [2015. 국가직 7급]

사회적 총 노력수준(두 경기자의 노력수준의 합)	0	1	2
각 경기자의 편익	1원	11원	20원

① 경기자 A는 '열심'을, 경기자 B는 '태만'을 선택한다.
② 경기자 A는 '태만'을 경기자 B는 '열심'을 선택한다.
③ 두 경기자 모두 '태만'을 선택한다.
④ 두 경기자 모두 '열심'을 선택한다.

해설 주어진 조건들을 이용하여 각 경기자의 '순'편익으로 나타낸 보수행렬을 표로 나타내면 다음과 같다.

보수행렬		B	
		'태만'(노력수준=0)	'열심'(노력수준=1)
A	'태만'(노력수준=0)	(1, 1)	(11, −4)
	'열심'(노력수준=1)	(−4, 11)	(5, 5)

표에서 '순'편익은 각 경기자의 편익에서 노력비용을 뺀 값이다.
만약 경기자 A가 '열심'을 선택한다면, 경기자 B는 '태만'을 선택하는 것이 유리(∵ 5⇒11)하다. 그런데 경기자 B가 '태만'을 선택하면, 경기자 A도 '태만'을 선택하는 것이 유리(∵ −4⇒1)하다. 이때 경기자 A가 '태만'을 선택하면, 경기자 B도 '열심'보다는 '태만'을 선택하는 것이 유리(∵ 1 > −4)하므로 결국 경기자 A와 경기자 B 모두 '태만'을 선택하는 순수전략 내쉬(Nash)균형이 성립하게 된다.

정답 ③

확인 TEST

7명의 사냥꾼이 동시에 사냥에 나섰다. 각 사냥꾼은 사슴을 쫓을 수도 있고, 토끼를 쫓을 수도 있다. 사슴을 쫓을 경우에는 7명의 사냥꾼 중 3명 이상이 동시에 사슴을 쫓을 때에만 사슴 사냥에 성공하여 1마리의 사슴을 포획하게 되고, 사냥꾼들은 사슴을 동일하게 나누어 갖는다. 만약 3명 미만이 동시에 사슴을 쫓으면 사슴을 쫓던 사냥꾼은 아무것도 얻지 못하게 된다. 반면 토끼를 쫓을 때에는 혼자서 쫓더라도 언제나 성공하며 각자 1마리의 토끼를 포획하게 된다. 모든 사냥꾼들은 사슴 1/4마리를 토끼 1마리보다 선호하고, 사슴이 1/4마리보다 적으면 토끼 1마리를 선호한다. 이 게임에서 내쉬균형을 〈보기〉에서 모두 고르면? (단, 사냥터에서 사냥할 수 있는 사슴과 토끼는 각각 1마리, 7마리임) [2013, 국회 8급]

〈 보 기 〉

ㄱ. 모든 사냥꾼이 토끼를 쫓는다.
ㄴ. 모든 사냥꾼이 사슴을 쫓는다.
ㄷ. 3명의 사냥꾼은 사슴을, 4명의 사냥꾼은 토끼를 쫓는다.
ㄹ. 4명의 사냥꾼은 사슴을, 3명의 사냥꾼은 토끼를 쫓는다.

① ㄱ

② ㄱ, ㄷ

③ ㄱ, ㄹ

④ ㄴ, ㄹ

⑤ ㄱ, ㄷ, ㄹ

해설 상대방의 전략이 주어져 있을 때, 독자적으로 전략을 수정하는 경우에 현재보다 이익이 작아진다면 현 상태는 내쉬균형 상태이고, 현재보다 이익이 커진다면 현 상태는 내쉬균형 상태가 아니다. 내쉬균형 상태에서는 상대방이 전략을 바꾸지 않는 한 나의 전략 역시 바꾸지 않는다.

ㄱ. 모든 사냥꾼이 토끼를 쫓을 때 혼자서 이탈해서 사슴을 쫓을 경우에는 사슴을 잡을 수 없다. 따라서 그나마 토끼 1마리조차도 얻을 수 없다. 따라서 전략을 바꿀 필요가 없으므로 현 상태는 내쉬균형이다.

ㄴ. 모든 사냥꾼이 사슴을 쫓는다면 사슴을 1/7만큼 얻을 수 있다. 그런데 혼자서 이탈해서 토끼를 쫓을 경우에는 토끼 1마리를 잡을 수 있다. 그런데 사슴 1/7마리보다 토끼 1마리를 선호하므로 토끼를 쫓는 것이 더 유리하다. 따라서 현 상태는 내쉬균형이 아니다.

ㄷ. 3명의 사냥꾼은 사슴을, 4명의 사냥꾼은 토끼를 쫓는다면 사슴 1/3마리와 토끼 1마리를 각각 얻을 수 있다. 그런데 토끼를 쫓다가 사슴을 쫓게 되면 토끼 1마리 대신 사슴 1/4마리를 얻을 수 있다. 그런데 토끼 1마리보다는 사슴 1/4마리를 선호하므로 사슴을 쫓는 것이 유리하다. 따라서 현 상태는 내쉬균형이 아니다.

ㄹ. 4명의 사냥꾼은 사슴을, 3명의 사냥꾼은 토끼를 쫓는다면 사슴 1/4마리와 토끼 1/3마리를 각각 얻을 수 있다. 그런데 사슴을 쫓다가 토끼를 쫓는다면 사슴 1/4마리 대신 토끼 1마리를 얻을 수 있다. 그런데 토끼 1마리보다 사슴 1/4마리를 선호하므로 계속 사슴을 쫓는 것이 유리하다. 또한 토끼를 쫓다가 사슴을 쫓는다면 토끼 1마리 대신 사슴 1/5마리를 얻을 수 있다. 그런데 사슴 1/5마리보다 토끼 1마리를 선호하므로 계속 토끼를 쫓는 것이 유리하다. 따라서 현재의 전략을 바꿀 필요가 없으므로 현 상태는 내쉬균형이다.

정답 ③

4) 최소극대화 전략(maximin strategy)

(1) 의의

① **의미**: 각 전략을 선택할 때 얻게 되는 각각의 최소 보수 중에서 가장 큰 보수를 얻을 수 있는 전략을 말한다.

② **목적**: 게임의 상대방이 비합리적인 선택을 하는 경우에 발생할 수 있는 의도하지 않은 위험으로부터 벗어나기 위함이다.

③ **최소극대화전략 균형(maximin strategy equilibrium)**: 게임의 모든 경기자가 최소극 대화 전략을 선택하는 경우 도달하게 되는 균형이다.

(2) 사례

기업 A \ 기업 B	B_1	B_2
A_1	(3, 6)	(5, 8)
A_2	(2, 4)	(6, 10)

① 위의 보수표에서는 내쉬균형은 (A_2, B_2)이다. 이러한 내쉬균형은 기업 모두가 합리적으로 행동할 것을 가정한 것이다.

② 그러나 만일 기업 B가 비합리적인 기업이어서 B_1 전략을 선택한다면, 합리적으로 행동하여 A_2 전략을 선택한 기업 A의 보수는 6에서 2로 감소하여 4만큼의 손해를 보게 된다. 반대로 기업 A가 비합리인 기업이어서 A_1 전략을 선택한다면 합리적으로 행동하여 B_2 전략을 선택한 기업 B의 보수는 10에서 8로 2만큼 손해를 보게 된다.

③ 이에 따라 두 기업 A와 B는 이러한 의도하지 않은 손실을 회피하기 위하여, 예상되는 최소의 보수를 비교하여 그 중에서 보수가 가장 큰 전략을 선택하는 최소극대화 전략을 사용할 것이다.

④ 기업 A가 A_1 전략을 선택하는 경우 최소 보수는 3, A_2 전략을 선택하는 경우 최소 보수는 2이므로 기업 A가 최소극대화 전략을 사용한다면 A_1 전략을 선택할 것이다. 반면에 기업 B가 B_1 전략을 선택하는 경우 최소 보수는 4, B_2 전략을 선택하는 경우 최소 보수는 8이므로 기업 B가 최소극대화 전략을 사용한다면 B_2 전략을 선택할 것이다.

⑤ 결국 균형은 (A_1, B_2)이고 각각의 보수는 (5, 8)이 되는 최소극대화전략 균형이 성립하게 된다.

3 혼합전략(mixed-strategy) 내쉬균형

1) 의의

(1) 경기자가 자신의 모든 전략에 대하여 선택될 확률을 부여하고 그 확률에 의해 선택된 전략을 실제로 선택하는 경우, 전략에 부여된 각각의 확률을 혼합전략이라고 한다.

> **순수전략**
>
> 경기자가 자신이 선택 가능한 모든 전략 중에서 하나의 전략만을 선택하고 이를 유지하는 것을 순수전략(pure strategy)이라고 한다.

(2) 이때 전략에 부여하는 각각의 확률은 상대방이 어떠한 전략을 선택한다고 하더라도 상대방의 기대보수를 동일하게 만들어 주는 전략선택 확률이다. 이를 통해 상대방의 선택전략에 의해 자신이 불리해질 수 있는 가능성은 사전에 차단할 수 있게 해 준다.

(3) 어떤 경기자가 특정 전략을 고수하고 이것을 상대방 경기자가 사전에 알게 되면 특정 전략을 고수하는 경기자는 항상 게임에서 불리한 상황에 놓이게 된다. 따라서 이러한 경우에는 특정전략을 선택하여 고수하는 것 보다는, 여러 대안을 무작위(random)로 선택하는 것이 최선의 선택전략이 되는 것이다.

2) 예: 참고로 제시되는 보수행렬에서는 순수전략 내쉬균형은 존재하지 않는다.

(1) 기업 A와 기업 B의 선택 전략에 따른 보수행렬이 다음과 같이 주어져 있다고 가정하자.

기업 A \ 기업 B	B_1	B_2
A_1	(20, 10)	(10, 20)
A_2	(10, 20)	(20, 10)

(2) **기업 A의 혼합전략**

① 기업 A가 p의 확률로 A_1 전략을, $(1-p)$의 확률로 A_2 전략을 채택한다고 가정하자.

② 이에 따라 기업 B가 B_1 전략을 채택할 때의 기업 B의 기대보수는 $p\times10+(1-p)\times20$이 되고, 기업 B가 B_2 전략을 채택할 때의 기업 B의 기대보수는 $p\times20+(1-p)\times10$이 된다. 이 경우에 기업 B의 기대보수가 동일해지는 확률 p는 $p\times10+(1-p)\times20=p\times20+(1-p)\times10$을 만족하는 값이다. 이를 풀면 $p=\frac{1}{2}$을 구할 수 있다.

③ 이에 따라 기업 A가 $\frac{1}{2}$의 확률로 A_1 전략을, $\frac{1}{2}$의 확률로 A_2 전략을 채택하는 한, 기업 B는 B_1 전략과 B_2 전략 중 어떤 전략을 선택한다고 하더라도 기대보수가 동일하므로, 자신의 기존 전략을 바꿀 유인이 존재하지 않는다. 이에 따라 기업 A의 혼합전략은 '(A_1 선택확률, A_2 선택확률)$=\left(\frac{1}{2}, \frac{1}{2}\right)$'이 된다.

④ 만약 '$p>\frac{1}{2}$'이라면 B_1 전략을 채택할 때의 기업 B의 기대보수보다 B_2 전략을 채택할 때의 기업 B의 기대보수가 항상 큰 값을 가지므로, 기업 B는 '$q=0$'으로 대응하는 것이 유리해진다. 반대로 '$p<\frac{1}{2}$'이라면 B_1 전략을 채택할 때의 기업 B의 기대보수가 B_2 전략을 채택할 때의 기업 B의 기대보수보다 항상 큰 값을 가지므로, 기업 B는 '$q=1$'로 대응하는 것이 유리해진다. 이와 같이 기업 A의 혼합전략에 대응하여 기업 B가 선택할 최선의 전략 계획을 기업 B의 반응함수(reaction function)라고 하고 이를 그림으로 나타내면 다음과 같다.

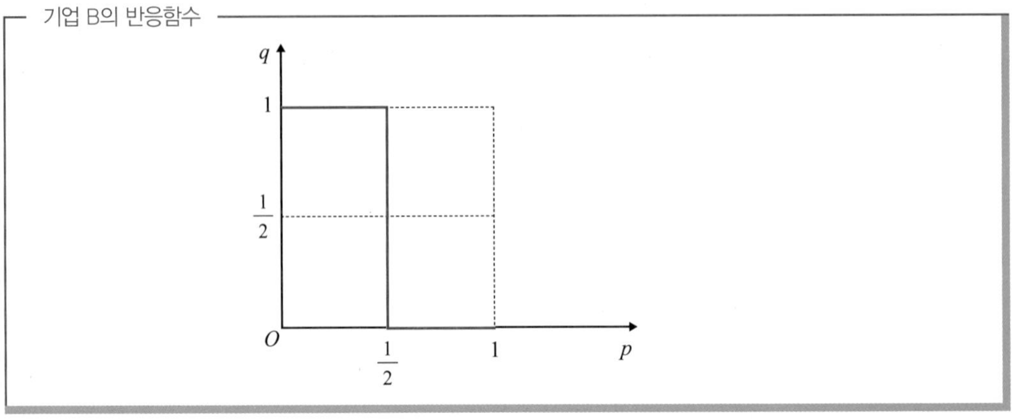

(3) **기업 B의 혼합전략**

① 기업 B가 q의 확률로 B_1 전략을, $(1-q)$의 확률로 B_2 전략을 채택한다고 가정하자.

② 이에 따라 기업 A가 A_1 전략을 채택할 때의 기업 A의 기대보수는 $q \times 20 + (1-q) \times 10$이 되고, 기업 A가 A_2 전략을 채택할 때의 기업 A의 기대보수는 $q \times 10 + (1-q) \times 20$이 된다. 이 경우에 기업 A의 기대보수가 동일해지는 확률 q는 $q \times 20 + (1-q) \times 10 = q \times 10 + (1-q) \times 20$을 만족하는 값이다. 이를 풀면 $q = \frac{1}{2}$을 구할 수 있다.

③ 이에 따라 기업 B가 $\frac{1}{2}$의 확률로 B_1 전략을, $\frac{1}{2}$의 확률로 B_2 전략을 채택하는 한, 기업 A는 A_1 전략과 A_2 전략 중 어떤 전략을 선택한다고 하더라도 기대보수가 동일하므로, 자신의 기존 전략을 바꿀 유인이 존재하지 않는다. 이에 따라 기업 B의 혼합전략은 '(B_1 선택확률, B_2 선택확률)$=\left(\frac{1}{2}, \frac{1}{2}\right)$'이 된다.

④ 만약 '$q > \frac{1}{2}$'이라면 A_1 전략을 채택할 때의 기업 A의 기대보수가 A_2 전략을 채택할 때의 기업 A의 기대보수보다 항상 큰 값을 가지므로, 기업 A는 '$p=1$'으로 대응하는 것이 유리해진다. 반대로 '$q < \frac{1}{2}$'이라면 A_1 전략을 채택할 때의 기업 A의 기대보수보다 A_2 전략을 채택할 때의 기업 A의 기대보수가 항상 큰 값을 가지므로, 기업 A는 '$p=0$'로 대응하는 것이 유리해진다. 이와 같이 기업 B의 혼합전략에 대응하여 기업 A가 선택할 최선의 전략 계획을 기업 A의 반응함수(reaction function)라고 하고 이를 그림으로 나타내면 다음과 같다.

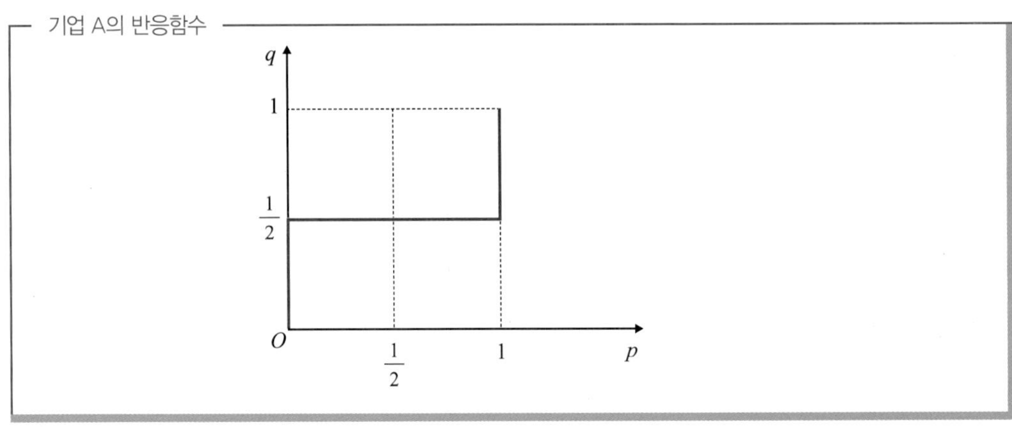

(4) **평가**

① 기업 A가 $\frac{1}{2}$의 확률로 A_1 전략이나 A_2 전략을 채택하고, 기업 B가 $\frac{1}{2}$의 확률로 B_1 전략이나 B_2 전략을 채택하는 한, 두 기업 모두는 현재의 선택한 전략을 바꿀 유인이 없으므로 '[(기업 A의 혼합전략), (기업 B의 혼합전략)]=$\left[\left(\frac{1}{2}, \frac{1}{2}\right), \left(\frac{1}{2}, \frac{1}{2}\right)\right]$'이라는 혼합전략 내쉬균형에 도달하게 된다.

혼합전략 내쉬균형

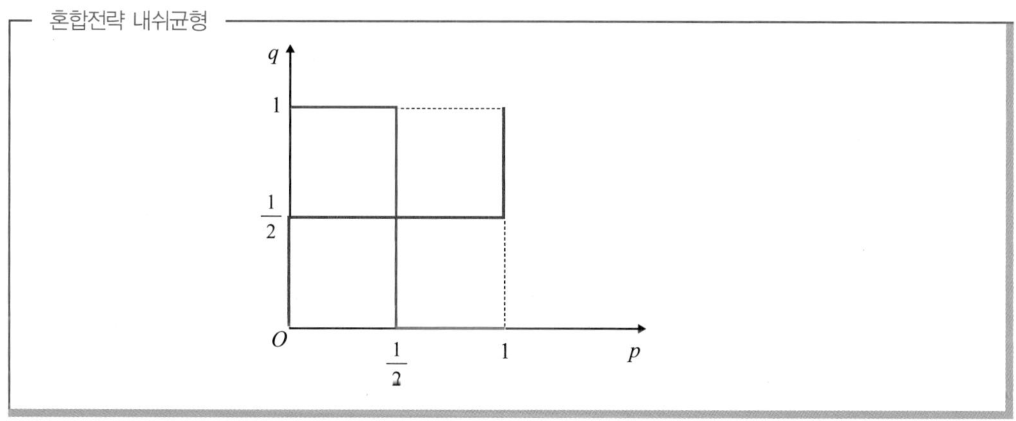

즉, 기업 A와 B의 반응함수가 만나는 수준의 p값과 q값이 나타내는 확률분포의 순서쌍을 혼합전략 내쉬균형이라고 하는 것이다.

② 앞의 혼합전략 내쉬균형을 '균형'이라고 하는 이유는 기업 A나 B가 혼합하는 확률을 더 이상 다른 것으로 바꿀 유인이 존재하지 않기 때문이다. 만약 기업 A가 기존이 혼합전략인 $\left(\frac{1}{2}, \frac{1}{2}\right)$에서 $\left(\frac{2}{3}, \frac{1}{3}\right)$로 바꾼다면, 기업 B는 B_2를 더 자주 선택하는 전략으로 변경하여 게임을 자신에게 더욱 유리하게 만들 수 있다. 결국 어떤 기업도 기존이 혼합전략 균형에서 이탈하려고 하지 않게 된다.

③ 앞에서 제시된 보수행렬에서 보는 바와 같이 순수전략 내쉬균형이 존재하지 않는다고 하더라도, 혼합전략 내쉬균형은 존재할 수 있다. 즉 내쉬균형은 반드시 한 개 이상 존재하게 되는 것이다.

④ 게임이론의 응용-용의자의 딜레마(prisoner's dilemma)

1) **사례**: 두 명의 공범이 용의자로 구속되어 심문을 당하는 경우 자백과 부인에 따른 각각의 형량 행렬표가 다음과 같다.

용의자 A \ 용의자 B	자백	부인
자백	(10, 10)	(1, 15)
부인	(15, 1)	(3, 3)

(A 형량, B 형량)

2) 가정

(1) 두 용의자 사이의 의사소통(협조)은 불가능하다.

(2) 단 한 번의 시행만 이루어진다.

3) 결과

(1) 용의자의 딜레마는 '정보의 불완전성' 때문이 아니고 '개인의 이기심'에 의해 발생하는 현상이다. 즉 개인의 합리성과 집단적 합리성 사이의 차이에서 딜레마의 문제가 발생한다.

(2) 만약 두 사람 사이에 의사소통이 가능해지면 각각 부인전략을 택해 형량을 (3, 3)으로 줄일 수 있으나, 의사소통이 불가능하면 각각의 용의자는 우월전략을 선택함으로써 각각 자백전략을 택하게 된다.

4) 의의

(1) 카르텔의 불안정성을 설명

(2) 과점기업들의 가격인하경쟁, 국가 간 관세장벽을 높이는 경쟁, 국가 간 군비 확장경쟁 등을 설명할 수 있다.

확인 TEST

죄수의 딜레마(Prisoner's dilemma) 모형에 대한 설명으로 옳은 것은?

[2008, 국가직 7급]

① 우월전략이 존재하지 않는다.
② 완전경쟁시장에서의 기업 간 관계를 잘 설명할 수 있다.
③ 죄수의 딜레마 상황이 무한 반복되는 경우 참가자들 간의 협조가 더 어려워진다.
④ 과점기업들이 공동행위를 통한 독점이윤을 누리기 어려운 이유를 잘 설명할 수 있다.

해설 죄수의 딜레마는 과점시장에서 서로 담합(협조)을 하기로 한 당사자들이 막상 의사결정을 할 때는 담합 약속을 지키는 것보다는 위반하는 것이 더 유리하다는 판단 하에 담합 약속을 어김으로써 당사자 간에 사전 담합 내용이 잘 지켜지지 않고 담합이 쉽게 이루어지는 것처럼 쉽게 깨지는 것을 비유적으로 설명한 예이다. 다만 죄수의 딜레마 상황이 무한 반복되는 경우에는 담합 약속을 위반하게 되면 동일한 다음 상황에서는 상대방에게 보복을 당할 수 있다는 두려움 때문에 쉽게 담합 약속을 위반할 수 없어 상대적으로 참가자들 간의 협조가 잘 이루어지게 된다.

정답 ④

심화 TEST

다음은 두 기업이 경쟁하는 시장 상황에 관한 것이다. 〈작성 방법〉에 따라 서술하시오.

[2019. 교원임용]

두 기업 갑과 을이 동시에 '협력' 또는 '배신' 중 하나의 전략을 선택하여 경쟁한다. 만약 두 기업 모두 '협력'하면 각 기업은 4억 원의 이윤을 얻고, 두 기업 모두 '배신'하면 각 기업은 1억 원의 이윤을 얻는다. 만약 한 기업은 '협력'하지만 다음 기업이 '배신'하는 경우 협력한 기업은 0원의 이윤을, 배신한 기업은 5억 원의 이윤을 얻는다. 이 상황을 다음과 같이 나타낼 수 있다.

		을	
		협력	배신
갑	협력	(4, 4)	(0, 5)
	배신	(5, 0)	(1, 1)

- 이 상황에서 우월전략균형(dominant strategy equilibrium)을 찾아 쓰고, 그것이 내쉬균형(Nash equilibrium)인 이유를 서술할 것.
- 이 상황이 가리키는 게임의 명칭을 쓸 것.

분석하기

- 갑의 우월전략 : 배신전략
  ∵ 을이 '협력'하는 경우 협력(=이윤 4)보다 배신(=이윤 5)이 유리한 전략이고, 을이 '배신'하는 경우 협력(=이윤 0)보다 배신(=이윤 1)이 유리한 전략이다. 따라서 갑은 을이 어떠한 전략을 선택해도 '배신'하는 것이 유리하므로, 갑의 우월전략은 '배신'전략이다.
- 을의 우월전략 : 배신전략
  ∵ 갑이 '협력'하는 경우 협력(=이윤 4)보다 배신(=이윤 5)이 유리한 전략이고, 갑이 '배신'하는 경우 협력(=이윤 0)보다 배신(=이윤 1)이 유리한 전략이다. 따라서 을은 갑이 어떠한 전략을 선택해도 '배신'하는 것이 유리하므로, 을의 우월전략은 '배신'전략이다.
- 우월전략균형 : '(갑의 전략, 을의 전략)=(배신, 배신)'에서 이루어지고 이때 두 기업의 이윤은 '(갑의 이윤, 을의 이윤)=(1,1)'이 된다.
- 이유 : 내쉬 균형(Nash equilibrium)은 두 기업 모두가 상대방이 현재의 전략을 고수하는 한, 일방적으로 자신의 전략을 바꾼다 하더라도 기존의 보수보다 더 나아지지 않을 때, 계속해서 자신도 기존의 전략을 유지하는 경우 성립한다. 우월전략균형에서 을이 '배신'전략을 고수하는 한 갑에게는 배신(=이윤 1)보다 협력(=이윤 0)이 더 나은 전략일 수 없으므로 갑은 기존의 '배신'전략을 고수하게 된다. 반대로 갑이 '배신'전략을 고수하는 한 을에게는 배신(=이윤 1) 보다 협력(=이윤 0)이 더 나은 전략일 수 없으므로 을은 기존의 '배신'전략을 고수하게 된다. 따라서 '(갑의 전략, 을의 전략)=(배신, 배신)'은 우월전략균형이면서 내쉬균형이 된다.
- '범죄인의 딜레마(Prisner's Dilemma)' 게임

사례 연구 전개형 게임이론

◈ 중소 바이오 기업인 K기업은 상용화가 가능한 치매치료 신약을 개발하였고, 이를 자신이 직접 생산하여 판매하려는 계획을 갖고 있다. 그런데 이를 알게 된 대형 바이오 기업인 C기업은 K기업의 신약 제조방법을 포함을 일체의 권리를 판매할 것을 K기업에게 제시하고 있다. 현재 K기업은 미국의 연방 식품의약 관리청인 FDA의 승인을 기다리고 있으며, FDA의 승인 여부에 따라 K기업의 이윤 크기가 크게 달리진다. 한편 K기업이 직면하고 선택에 따른 이윤 크기는 다음과 같이 알려져 있다.

구분		K기업의 결정	
FDA의 승인 여부	확률	C기업에 권리판매	K기업이 생산 판매
승인	10%	100억 원	1,000억 원
거절	90%	100억 원	−20억 원

K기업이 기대이윤을 기준으로 의사결정을 한다고 할 때, K기업의 합리적 선택은?

⇒ K기업의 의사결정과 이에 따른 이윤을 게임트리로 나타내면 다음과 같다.

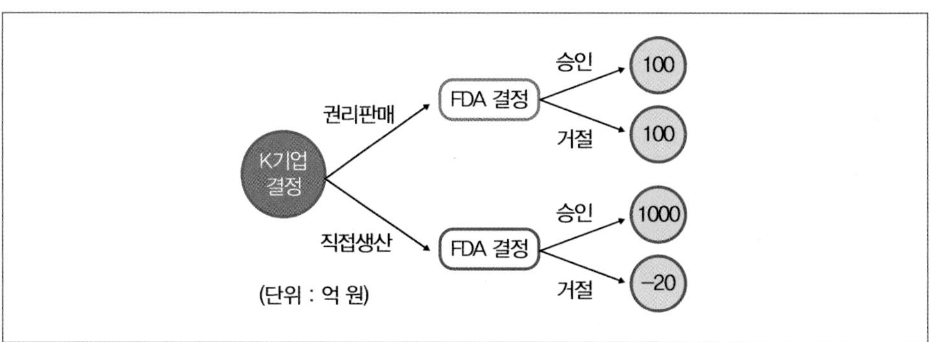

K기업의 의사결정에 따른 기대이윤을 구하면 다음과 같다.

- 권리를 판매: 0.1×100억 원+0.9×100억 원=100억 원
- 자신이 생산: 0.1×1,000억 원+0.9×(−20억 원)=82억 원

K기업이 기대이윤을 기준으로 의사결정을 한다면, 신약에 대한 권리를 C기업에게 판매하는 것이 합리적이다.

MEMO

제9장 생산요소시장과 분배이론

Theme 55 생산요소시장 이론 -I

생산요소시장 분석의 특징

1. 생산물 시장과 생산요소 시장에서는 수요자와 공급자의 역할이 뒤바뀐다.

구분	생산물시장	생산요소시장
수요자	가계(효용극대화를 위한 생산물 수요)	기업(이윤극대화를 위한 노동 수요)
공급자	기업(이윤극대화를 위한 생산물 공급)	가계(효용극대화를 위한 노동 공급)

2. 생산요소에 대한 수요의 크기는 그 요소가 만들어내는 생산물에 대한 수요의 크기에 의존한다. 즉 생산요소에 대한 수요는 파생수요(derived demand)인 것이다.

❶ 기업의 행동원리

기업이 어떤 생산요소를 얼마나 고용할 것인가는 그 생산요소를 추가적으로 고용했을 때에 추가되는 수입(한계수입생산 : MRP)과 추가되는 비용(한계요소비용 : *MFC*)을 고려하여 결정한다.

1) 생산요소의 한계수입생산물과 한계요소비용

(1) 생산요소의 한계수입생산물(marginal revenue product of factor : MRP_f)

① 생산요소를 한 단위 더 투입할 때 기업이 얻는 총수입의 증가분 ⇒ 생산요소의 한계생산물에 생산물의 한계수입을 곱한 값으로 나타낸다.

$$MRP_L=\frac{\Delta TR}{\Delta L}=\frac{\Delta TR}{\Delta Q}\times\frac{\Delta Q}{\Delta L}=MR\times MP_L$$

결국 MRP_L는 노동을 1단위 더 추가적으로 투입할 때 생산량은 얼마나 더 증가하고, 이러한 추가적인 생산의 증가로 총수입은 얼마나 더 증가하는가를 보여준다.

② 한계생산물과 관련된 세 가지 개념

한계생산물 (한계실물생산, marginal [physical] product)	MP, MPP	MP
한계생산물가치(value of marginal product)	VMP	$P \times MP$
한계수입생산물(marginal revenue product)	MRP	$MR \times MP$

③ 생산물시장의 형태와 MRP_f

완전경쟁 생산물시장	불완전경쟁(공급독점 등) 생산물시장
$MR = AR = P$	$MR < AR = P$
$MRP(MR \times MP) = VMP(P \times MP)$	$MRP(MR \times MP) < VMP(P \times MP)$
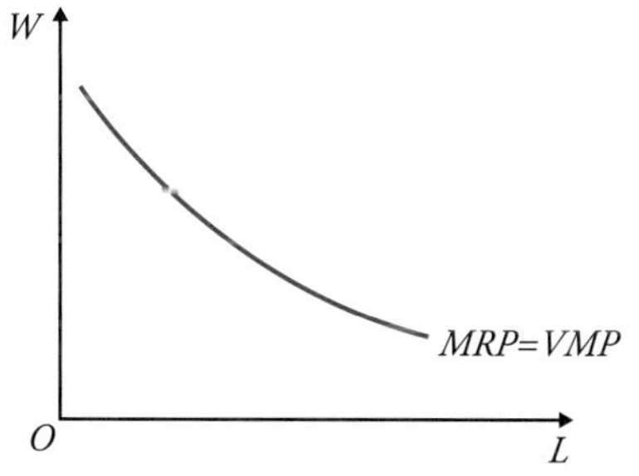 W, O, L, MRP=VMP	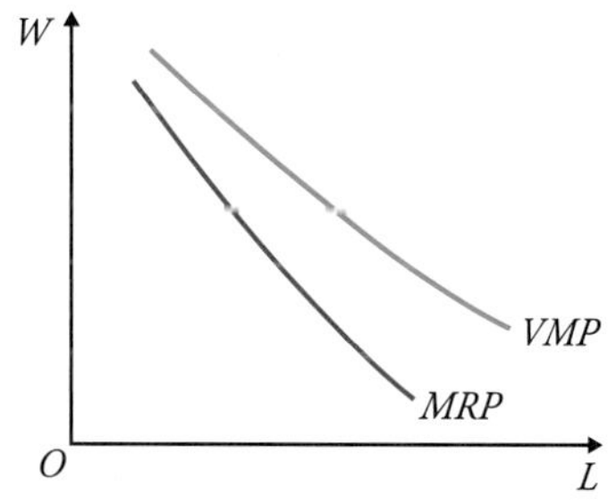 W, O, L, VMP, MRP

(2) 생산요소의 한계요소비용(MFC)과 평균요소비용(AFC)

① 한계요소비용(marginal factor cost : MFC) : 생산요소를 한 단위 더 투입할 때 기업이 부담하는 총비용의 증가분 ⇒ 생산요소의 한계생산물에 한계비용을 곱한 값으로 나타낸다.

$$MFC = \frac{dTC}{dL} = \frac{dQ}{dL} \times \frac{dTC}{dQ} = MP \times MC$$

② 평균요소비용(average factor cost : AFC) : 생산요소 1단위당 평균비용 ⇒ 노동자 1인당 평균임금을 말한다. ⇒ 요소공급곡선

$$AFC = \frac{TFC}{L} = \frac{L \times W}{L} = W$$

③ MFC와 AFC의 관계

$$MFC = \frac{dTC}{dL} = \frac{d(wL)}{dL} = w + L \times \frac{dw}{dL} = AFC + L \times \frac{dw}{dL}$$

이때, $L \times \frac{dw}{dL}$의 값은 완전경쟁 요소시장에서는 0, 불완전경쟁 요소시장에서는 (+)값을 갖는다.

즉 요소시장이 완전경쟁시장이면 $MFC = AFC$가 성립하고, 불완전경쟁시장이면 $MFC > AFC$가 성립한다.

④ 생산요소시장의 형태에 따른 *AFC*와 *MFC*

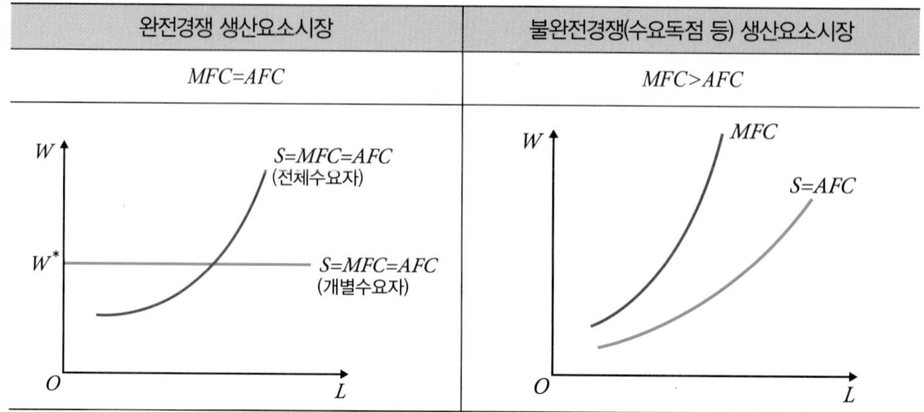

완전경쟁 생산요소시장	불완전경쟁(수요독점 등) 생산요소시장
$MFC=AFC$	$MFC>AFC$

(3) 생산요소시장을 기준으로 한 이윤극대화 조건

$$\text{한계수입생산물}(MRP) = \text{한계요소비용}(MFC)$$

확인 TEST

어떤 생산요소를 구입하는데, 10단위를 구입할 때는 단위당 100원을 지불해야 하고, 11단위를 구입할 때는 단위당 110원을 지불해야 한다. 이때 그 생산요소의 11단위째의 한계요소비용(원)은?

[2004, 행시]

① 10
② 110
③ 210
④ 1,210
⑤ 2,210

해설 한계요소비용(*MFC*)이란 생산요소를 한 단위 추가적으로 구입할 때 총요소비용(*TFC*)의 증가분을 의미한다. 10단위를 구입할 때의 총요소비용은 1,000원(10×100)이고, 11단위를 구입할 때의 총요소비용은 1,210원(11×110)이다.

$TFC_{10}=10\times100=1,000$

$TFC_{11}=11\times110=1,210$

따라서 10단위에서 11단위로 생산요소를 1단위를 추가적으로 구입할 때의 총요소비용의 증가분, 즉 한계요소비용은 210원이 된다.

$MFC_{11}=TFC_{11}-TFC_{10}=210$

정답 ③

2) 개별 기업의 노동수요곡선

(1) 재화시장이 완전경쟁시장인 경우

① 개별 기업의 D_L은 VMP_L에 의해서 결정된다.

$VMP_L=P\times MP_L$, $MRP_L=MR\times MP_L$에서 $P=AR=MR$이므로 $VMP_L=MRP_L=D_L$이 성립

② 수확체감의 법칙에 의해 MP_L은 처음에는 증가하다가 궁극적으로 감소하게 되어 우하향
⇒ VMP_L과 MRP_L이 우하향한다.

③ 경쟁기업의 노동수요곡선은 우하향하는 노동의 한계생산물가치 곡선이다.

④ 도출

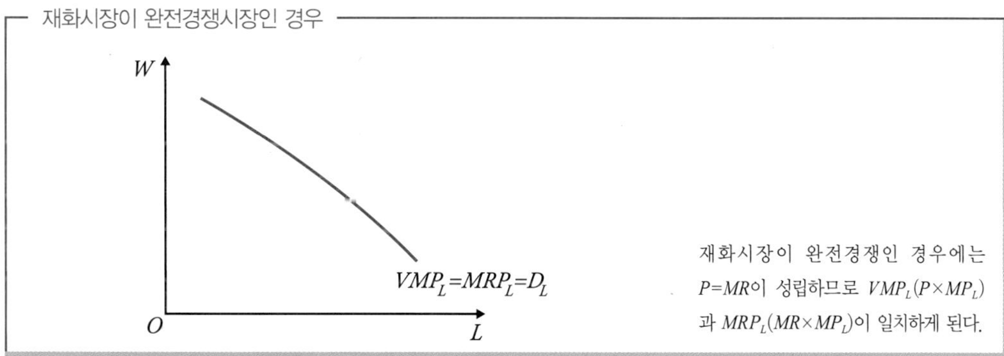
재화시장이 완전경쟁시장인 경우
W
O
L
VMP_L=MRP_L=D_L
재화시장이 완전경쟁인 경우에는
P=MR이 성립하므로 VMP_L(P×MP_L)
과 MRP_L(MR×MP_L)이 일치하게 된다.

확인 TEST

생산물시장과 노동시장이 완전경쟁적인 경우, 한 기업의 노동수요곡선을 의미하는 한계생산가치(Value of Marginal Product) 곡선이 우하향하는 이유는 노동투입을 점점 증가시킴에 따라 다음의 어느 것이 감소하기 때문인가?

[2013, 서울시 7급]

① 한계생산(Marginal Product)
② 한계요소비용(Marginal Factor Cost)
③ 한계비용(Marginal Cost)
④ 평균비용(Average Cost)
⑤ 임금(Wage)

해설 한계생산가치(Value of Marginal Product)는 $P\times MP_L$이다. 생산물시장이 완전경쟁적인 경우 P는 일물일가의 법칙에 따라 상수 값을 갖는다. 그런데 노동투입이 증가할 때 노동의 한계생산(MP_L)은 체감하게 된다. 이에 따라 한계생산가치도 체감하게 되어 우하향하게 된다.

정답 ①

(2) 재화시장이 불완전경쟁시장인 경우

① 개별 기업의 D_L은 MRP_L에 의해 결정된다.

$MP_L \times MR = MRP_L = D_L$에서 $P > MR$이므로 $VMP_L > MRP_L = D_L$가 성립

② 수확체감의 법칙에 의해 MP_L은 처음에는 증가하다가 궁극적으로 감소하게 되어 우하향 ⇒ VMP_L과 MRP_L이 우하향한다. 다만, $P > MR$이므로 $VMP_L > MRP_L$이 성립한다.

③ 도출

재화시장이 불완전경쟁시장인 경우

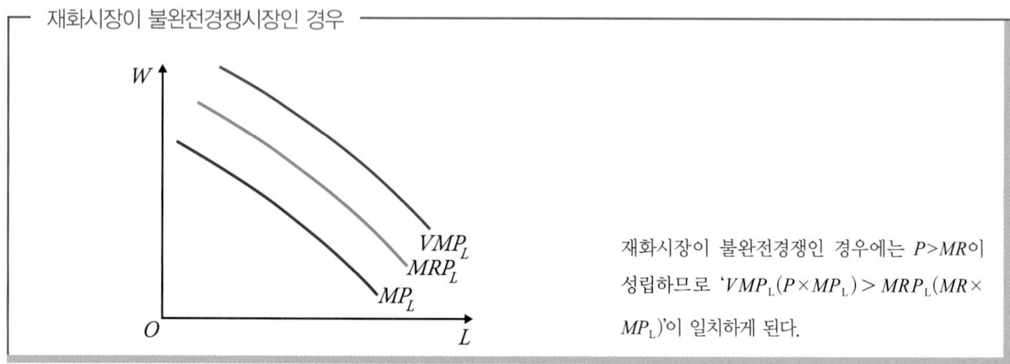

재화시장이 불완전경쟁인 경우에는 $P>MR$이 성립하므로 '$VMP_L(P\times MP_L) > MRP_L(MR\times MP_L)$'이 일치하게 된다.

④ 수리적 예

L	Q	P	MP	$TR(=P\times Q)$	$MR\left(=\frac{\Delta TR}{\Delta Q}\right)$	$MRP_L(=MR\times MP)$	$VMP_L(=P\times MP)$
1	12	13	12	156	13	156	156
2	22	12	10	264	10.8	108	120
3	30	11	8	330	8.25	66	88
4	37	10	7	370	5.71	40	70
5	43	9	6	387	2.83	17	54
6	48	8	5	384	-0.6	-3	40

3) 시장의 노동수요곡선

(1) 요소수요 결정요인

① 요소에 대한 수요는 그 요소를 사용해서 생산되는 생산물의 시장가격(P)이 높을수록 크다. 생산물에 대한 수요가 증가하면 생산물의 시장가격이 높아져 각각의 주어진 요소가격에서 요소수요량이 증가하므로 생산요소 수요를 파생수요라 하는 것이다.

② 요소의 한계생산물(MP)이 증가하면 VMP 곡선이 오른쪽으로 이동하여 요소 수요가 증가한다. 따라서 요소의 생산성을 향상시키는 요인이 발생하면 해당 요소에 대한 수요가 증가하게 된다.

③ 요소에 대한 수요량은 그 요소의 시장가격(P_f)이 낮을수록 크다. 이는 우하향하는 요소수요곡선으로 표시된다.

(2) **노동수요곡선의 도출(P가 불변인 경우)**: 개별 기업의 노동수요곡선을 수평적으로 합해서 도출된다. 이는 완전경쟁 생산물시장에서 개별 경쟁기업의 생산물 공급곡선을 수평으로 합하여 얻는 것과 같은 이치이다.

시장의 노동수요곡선 도출

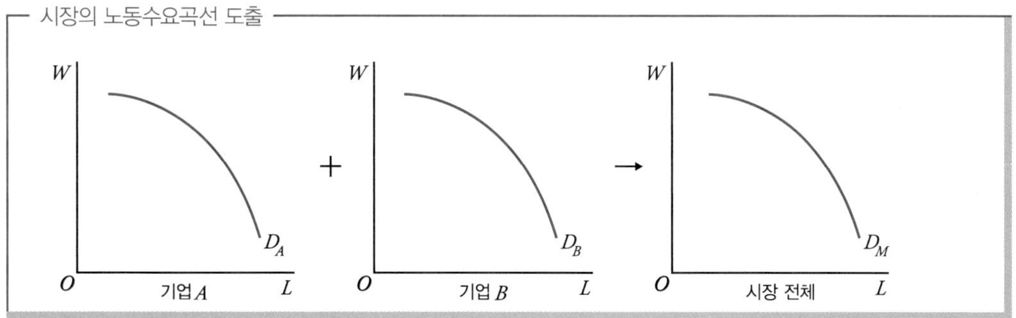

확인 TEST

그림은 X재 시장 및 X재 생산에 특화된 노동시장의 상황을 나타낸 것이다. 이에 대한 분석으로 옳은 것은?

[2014, 서울시 7급]

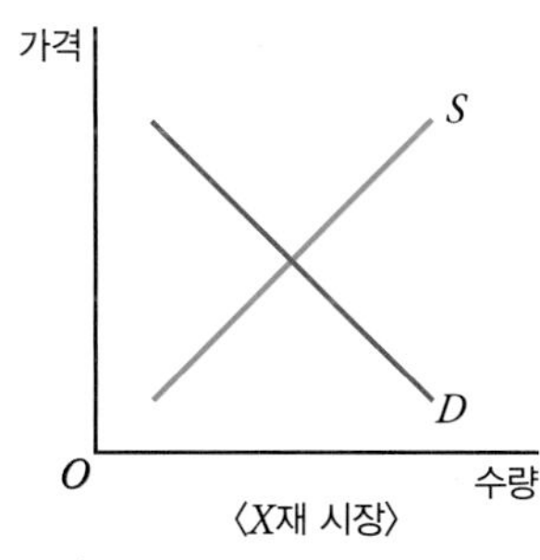

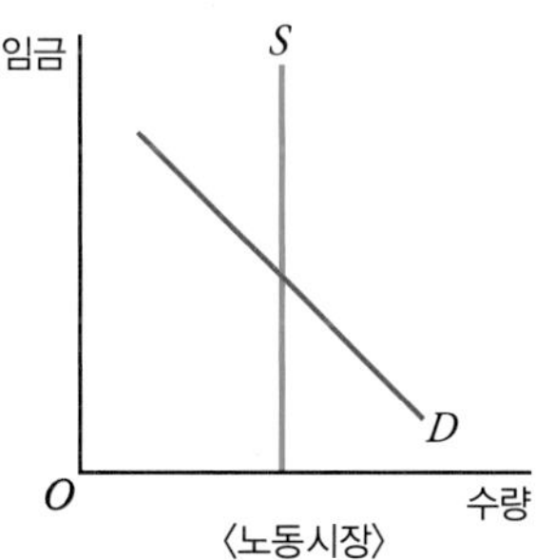

① X재에 대한 수요가 증가하면 고용량이 늘어난다.
② 노동 공급이 증가하면 X재 가격이 상승한다.
③ X재에 대한 수요가 증가하면 임금이 증가한다.
④ X재 수요를 증가시키려면 노동 수요를 증가시켜야 한다.
⑤ 노동 공급이 감소하면 X재 수요곡선이 이동한다.

해설 생산요소인 노동에 대한 수요는 생산물시장으로부터 영향을 받는 '파생수요'이다. X재에 대한 수요가 증가하면, X재를 생산하기 위한 노동에 대한 수요가 증가한다(③). 그런데 노동시장에서 노동공급곡선이 수직이므로 노동수요가 증가한다고 하더라도 고용량은 증가하지 않는다(①). 만약 노동공급이 증가하면 노동시장에서 임금이 하락하여 X재 시장에서 X재 공급이 증가하여 X재 가격은 하락하고(②), 노동공급이 감소하면 노동시장에서 임금이 상승하여 X재 수요가 아닌 공급이 감소하게 되어 공급곡선이 왼쪽으로 이동한다(⑤). 생산요소의 수요가 생산물시장으로부터 영향을 받는 것이지, 생산물의 수요가 생산요소시장으로부터 영향을 받는 것이 아니다(④).

정답 ③

확인 TEST

사람들의 선호체계가 변화하여 막걸리 수요가 증가하고 가격이 상승했다고 하자. 이와 같은 막걸리 가격 상승이 막걸리를 생산하는 인부의 균형고용량과 균형임금에 미치는 효과에 대한 설명으로 가장 옳은 것은? (단, 막걸리를 생산하는 인부의 노동시장은 완전경쟁적이다.) [2019. 서울시 공개경쟁 7급]

① 노동의 한계생신가치는 증가하여 고용량은 증가하고 임금은 증가한다.
② 노동의 한계생산가치는 증가하여 고용량은 감소하고 임금은 증가한다.
③ 노동의 한계생산가치는 감소하여 고용량은 증가하고 임금은 감소한다.
④ 노동의 한계생산가치는 감소하여 고용량은 감소하고 임금은 감소한다.

해설 • 노동의 한계생산가치는 가격과 한계생산물의 곱으로 이루어진다.

$$VMP_L = P \times MP_L$$

- 막걸리 수요 증가에 따른 가격 상승은 기존 노동의 한계생산가치를 증가시키게 되고, 이에 따라 기업은 고용량을 증가시킨다.
- 기업의 고용 증가로 시장 전체에서 인부에 대한 수요가 증가하게 되므로 노동시장에서의 임금은 상승하게 된다.

정답 ①

요소 수요의 가격탄력성

1. **의미** : 요소가격이 변할 때 요소 수요량이 얼마나 민감하게 변하는 정도를 의미한다.

2. **결정 요인**

(1) 해당 요소를 대체할 수 있는 생산요소의 수가 많을수록, 대체 정도가 높을수록 그 요소에 대한 가격탄력성은 커진다.

(2) 해당 요소를 사용하여 생산한 상품의 수요가 탄력적일수록 그 요소에 대한 가격탄력성도 커진다. 예컨대 건축자재 가격의 하락으로 인해 주택 가격이 하락하여 주택에 대한 수요량이 크게 증가하면, 이에 따른 주택 건설을 위한 건축자재에 대한 수요도 탄력적으로 증가하게 되는 것이다.

(3) 해당 요소를 대체하는 다른 생산요소들의 공급탄력성이 높으면 그 요소에 대한 가격탄력성도 커진다. 예컨대 A라는 생산요소 가격이 하락하면 A와 대체관계에 있는 다른 생산요소 B를 A로 대체하려고 할 것이다. 그런데 B의 공급이 탄력적이면 B에 대한 수요가 감소해도 가격의 하락 정도는 작을 것이다. 이에 따라 B를 A로 대체하려는 정도는 더욱 높아져서 A의 가격탄력성은 더욱 커지게 되는 것이다.

(4) 총생산비 중에서 해당요소에 지출된 비중이 높을수록 그 요소에 대한 가격탄력성은 커진다. 총생산비 중에서 차지하는 비중이 높기 때문에 그 요소의 가격이 상승하면 그 요소 투입을 줄이기 위해 더욱 노력하기 때문이다.

(5) 가격 변화에 대응할 수 있는 시간이 길수록 탄력성은 커진다. 예컨대 노동가격이 상승해도 단기에 바로 노동 투입량을 줄이고 자본 사용량을 늘리는 것은 쉽지 않다. 그러나 시간의 흐름에 따라 장기에는 점차적으로 가격이 상승한 노동을 자본으로 대체하는 것이 용이해지는 것이다. 따라서 요소수요는 장기로 갈수록 더 탄력적이 된다.

❷ 노동의 공급곡선

1) 개인의 노동공급곡선(S_L)도출

(1) 개인의 노동공급곡선은 노동자가 추가적으로 노동을 제공하는 데서 느끼는 육체적 고통인 노동의 한계비효용곡선, 즉 여가의 한계효용곡선에 의해서 도출된다.

(2) 노동자는 추가적으로 노동을 제공하는 데서 고통을 느끼기 때문에 노동의 공급은 실질 임금률이 상승할 때 증가한다.

(3) 도해적 설명

개인의 노동공급곡선

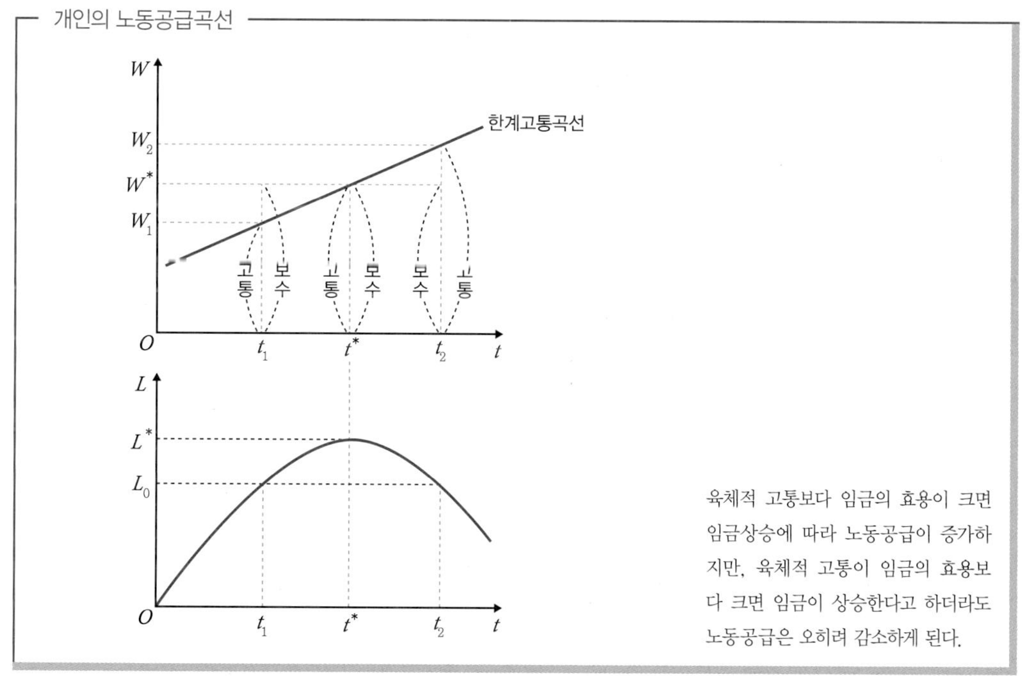

육체적 고통보다 임금의 효용이 크면 임금상승에 따라 노동공급이 증가하지만, 육체적 고통이 임금의 효용보다 크면 임금이 상승한다고 하더라도 노동공급은 오히려 감소하게 된다.

① 노동자가 일하는 데서 오는 육체적 고통은 하루의 노동시간이 늘어남에 따라 점점 증가한다. ⇒ 노동의 한계비효용 체증의 법칙

② 임금은 노동자에게 (+)의 즐거움을 준다. 이러한 임금을 위한 희생, 즉 노동으로 인한 육체적 고통을 (−)효용이라 하면 이것이 노동의 한계비효용이다.

③ 노동시간 t^*를 기준으로 왼쪽에서는 총고통량보다 임금의 효용이 크고, 오른쪽에서는 그 반대의 경우가 성립 ⇒ 노동시간 t^*수준에서 균형이 성립한다.

④ 임금이 상승하면 임금의 효용이 커짐에 따라, 육체적 고통량이 증가해도 노동을 제공 ⇒ 이것을 표시하는 곡선이 노동의 한계비효용 곡선이고 이는 우상향의 형태를 띤다.

2) 개별 기업이 직면하는 노동공급곡선

(1) 요소시장이 완전경쟁인 경우

① 개별기업은 가격 순응자 ⇒ 개별 기업이 직면하는 S_L은 요소시장에서 결정된 임금에서 수평의 모습을 가진다.

② 그래프

요소시장이 완전경쟁시장인 경우

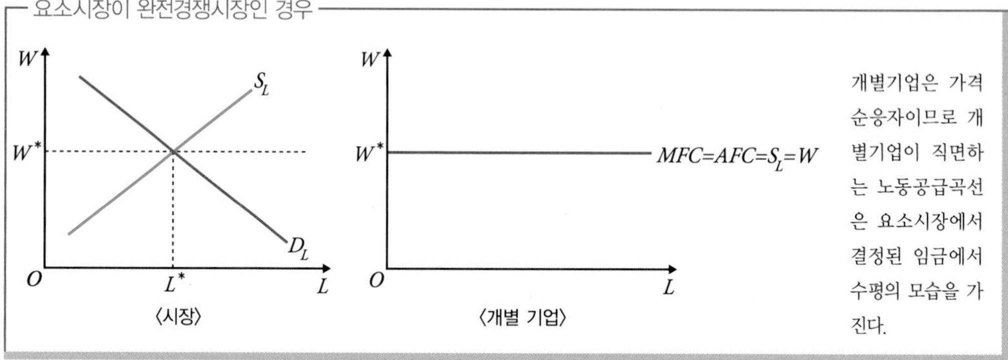

개별기업은 가격 순응자이므로 개별기업이 직면하는 노동공급곡선은 요소시장에서 결정된 임금에서 수평의 모습을 가진다.

위 그래프의 모습은 완전경쟁생산물 시장에서 생산물의 시장가격 수준에서 그린 수평선이 개별기업이 직면하는 생산물 수요곡선이자 평균수입곡선이며 한계수입곡선이었던 것과 대칭을 이룬다.

완전경쟁 요소시장에서 기업이 직면하는 요소공급곡선이 수평인 이유

생산요소시장이 완전경쟁시장이면 개별기업의 요소수요량은 시장 전체의 요소수요량에 비해 비교할 수 없을 만큼 작다. 따라서 요소를 구입할 때 주어진 요소의 시장가격보다 높게 지불할 필요가 없다. 또한 시장가격보다 낮게 지불하면 요소를 전혀 구입할 수 없다. 따라서 한 기업이 직면하는 요소의 공급곡선은 주어진 요소가격수준에서 수평선이 된다.

(2) 요소시장이 불완전경쟁일 때(수요 독점)

① 시장 S_L이 곧 개별 기업의 S_L이 된다.

② 그래프

MFC >AFC인 경우

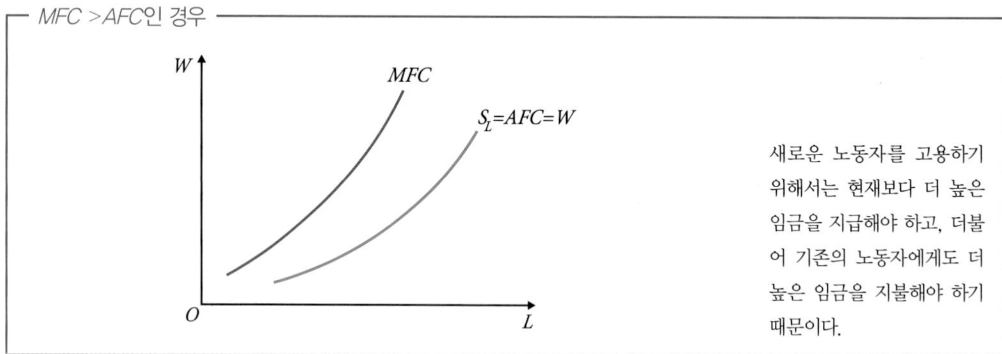

새로운 노동자를 고용하기 위해서는 현재보다 더 높은 임금을 지급해야 하고, 더불어 기존의 노동자에게도 더 높은 임금을 지불해야 하기 때문이다.

MFC>AFC인 이유

새로운 노동자를 고용하기 위해서는 현재보다 더 높은 임금을 지급해야 하고, 더불어 기존의 노동자에게도 더 높은 임금을 지불해야 하기 때문이다.

③ 수리적 예

w	L	TFC	AFC	MFC
10	1	10	10	10
20	2	40	20	30
30	3	90	30	50
40	4	160	40	70
50	5	250	50	90

요소시장이 수요 독점일 때 기업이 직면하는 노동공급곡선

특정한 노동력을 갖고 있는 노동자의 수는 무수히 많지만 이를 수요하는 기업이 하나밖에 존재하지 않는다면 요소시장은 수요독점시장이다. 요소시장이 수요 독점시장이 되면 수요독점기업은 우상향하는 요소공급곡선에 직면한다. 수요 독점기업은 요소가격을 결정할 수 있지만, 현재 수준에 비해 더 많은 요소를 공급받기 위해서는 현재보다 더 높은 임금을 지불해야 하기 때문이다. 이것은 생산물시장에서 가격결정자인 독점기업이 현재 수준에 비해 더 많은 상품을 판매하기 위해서는 상품가격을 현재보다 더 낮추어야 하는 것과 같은 논리이다.

W	L(공급량)	ΔL	$TFC_L(=W\times L)$	ΔTFC_L	$MFC_L=\left(\dfrac{\Delta TFC_L}{\Delta L}\right)$	$AFC_L\left(=\dfrac{TFC_L}{L}=S_L\right)$
100	1	1	100	100	100	100
200	2	1	400	300	300	200
300	3	1	900	500	500	300
400	4	1	1,600	700	700	400
500	5	1	2,500	900	900	500

3) 시장의 노동공급곡선

(1) **도출**: 시장의 노동공급곡선은 개개인의 노동공급곡선의 수평적 합으로 도출된다.

(2) **도해적 설명**

시장의 노동공급곡선

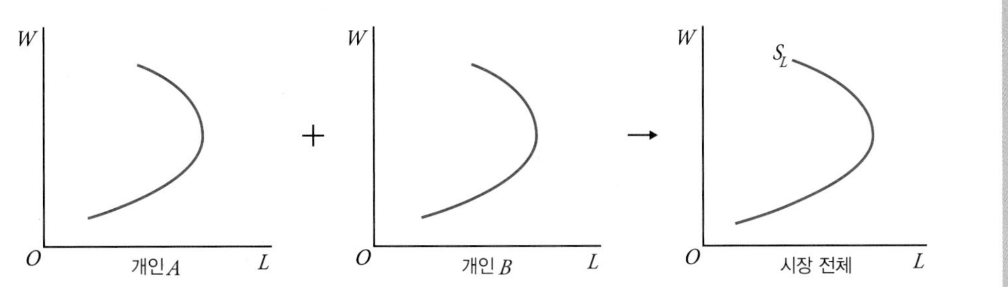

생산물 시장의 경우와 마찬가지로 시장 전체의 노동공급곡선은 개인의 노동공급곡선의 수평적 합으로 도출한다.

❸ 고용량 결정(개별 기업의 고용량 결정)

구분		산출물시장	
		완전경쟁	불완전경쟁(공급 독점)
요소시장	완전경쟁	A	B
	불완전경쟁(수요 독점)	C	D

고용량은 $MRP=MFC$수준에서 결정되며, 이때의 임금수준은 AFC의 높이에 의해 결정된다.

1) A의 경우

(1) 그래프

생산물시장 완전경쟁+요소시장 완전경쟁

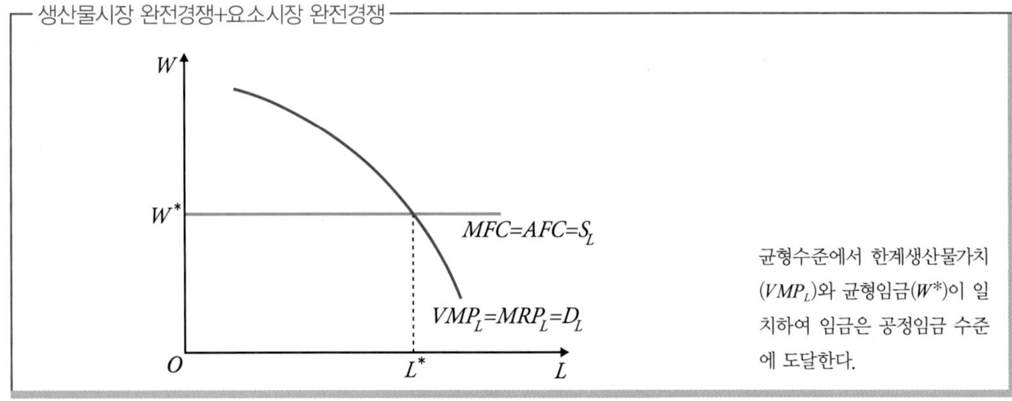

균형수준에서 한계생산물가치(VMP_L)와 균형임금(W^*)이 일치하여 임금은 공정임금 수준에 도달한다.

① 요소에 대한 수요가 증가하면 시장수요곡선이 오른쪽으로 이동하여 요소의 균형가격은 불변이고, 균형고용량이 증가하고 요소가 받는 총소득도 증가한다.

② 반면에 요소에 대한 공급이 증가한다고 하더라도 요소공급곡선이 수평이므로, 요소의 균형가격과 균형고용량 모두 불변이 된다.

(2) 결론: $W = AFC = MFC = MRP_L = VMP_L$

이윤극대화 고용량의 결정(생산물시장과 요소시장이 모두 완전경쟁시장인 경우)

L	Q	$MP_L\left(=\frac{\Delta Q}{\Delta L}\right)$	P	$MRP_L=VMP_L=P\times MP_L$	vs	$MFC_L=W$
0	0	-	10	-		40
1	12	12	10	120	>	40
2	22	10	10	100	>	40
3	30	8	10	80	>	40
4	36	6	10	60	>	40
5	40	4	10	40	=	40
6	42	2	10	20	<	40

VMP_L=120이면 L=1만큼 고용, VMP_L=100이면 L=2만큼 고용, VMP_L=80이면 L=3만큼 고용, VMP_L=60이면 L=4만큼 고용, VMP_L=40이면 L=1만큼 고용한다. 그러나 VMP_L=20이면 VMP_L보다 MFC_L이 더 많게 되어($VMP_L < MFC_L$) 더 이상 노동을 고용하지 않는다. 즉 VMP_L 곡선이 곧 노동수요곡선이 된다. 수확체감의 법칙에 따라 MP_L 이 우하향하고, 이에 따라 VMP_L $(=P\times MP_L)$ 곡선 역시 우하향한다. 결국 VMP_L 곡선이 노동수요곡선이기 때문에 노동수요곡선도 우하향하게 된다. 한편 완전경쟁적인 요소시장에서는 기업은 주어진 임금 수준에서 원하는 만큼 생산요소를 공급받을 수 있기 때문에 시장 임금수준에서 수평인 공급곡선에 직면하게 된다.

확인 TEST

노동만을 이용해 제품을 생산하는 기업이 있다. 생산량을 Q, 노동량을 L이라 할 때, 이 기업의 생산함수는 $Q=\sqrt{L}$이다. 이 기업이 생산하는 제품의 단위당 가격이 20이고 노동자 1인당 임금이 5일 때, 이 기업의 최적 노동 고용량은? (단, 생산물시장과 노동시장은 모두 완전경쟁적이라고 가정한다.) [2019, 서울시 7급]

① 1
② 2
③ 4
④ 8

해설 • 생산물시장과 노동시장이 모두 완전경쟁시장인 경우, 기업의 최적 노동 고용량은 다음과 같이 도출된다.

- 생산물시장이 완전경쟁시장인 경우 : $MRP_L(=MR\times MP_L)=VMP_L(=P\times MP_L)$
- 최적 노동 고용량 결정 조건 : $MRP_L(=MR\times MP_L)=MFC(=w) \Leftrightarrow VMP_L(=P\times MP_L)=MFC(=w)$
- 여기서 MRP_L은 노동의 한계수입생산, MR은 한계수입, MP_L은 노동의 한계생산, VMP_L은 노동의 한계생산물가치, P는 상품의 가격, MFC는 한계요소비용, w은 임금이다.

• 주어진 생산함수를 전제로 노동의 한계생산은 다음과 같다.

$$Q=\sqrt{L}=L^{\frac{1}{2}} \Rightarrow MP_L=\frac{dQ}{dL}=\frac{1}{2}L^{-\frac{1}{2}}=\frac{1}{2}\times\frac{1}{\sqrt{L}}$$

• 앞에서 도출된 조건들을 이용하여 기업의 최적 노동 고용량을 다음과 같이 구할 수 있다.

$$VMP_L(=P\times MP_L)=MFC(=w) \Rightarrow 20\times\frac{1}{2}\times\frac{1}{\sqrt{L}}=5 \Rightarrow \sqrt{L}=2 \Rightarrow L=4$$

정답 ③

2) B의 경우

(1) 그래프

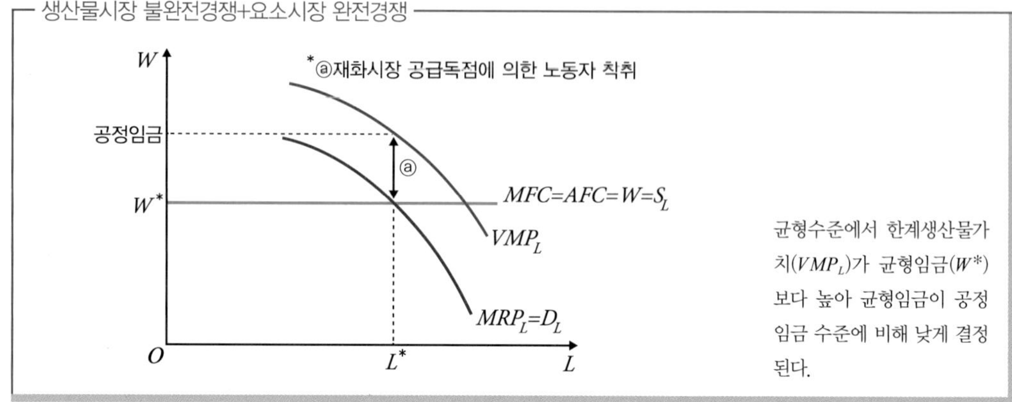

① 생산물시장이 불완전경쟁시장이면 경쟁시장에 비해 생산물 공급량이 적고 따라서 생산요소 수요량이 적다.

② 요소 수요량이 적기 때문에 요소의 한계생산물 가치보다 낮은 보수를 요소에게 주는데 그 차액이 공급 독점적 착취인 것이다.

(2) 결론: $VMP_L > MRP_L = D_L = AFC = MFC = W = S_L$

이윤극대화 고용량의 결정(생산물시장에서는 공급 독점이고, 요소시장은 완전경쟁시장인 경우)

L	Q	MP_L	P	TR	$MR(=\frac{\Delta TR}{\Delta Q})$	$MRP_L(=MR\times MP_L)$	$VMP_L(=P\times MP_L)$	$MFC_L=W$
1	12	12	10	120	10	120	120	42.4
2	22	10	9	198	7.8	78	90	42.4
3	30	8	8	240	5.3	42.4	64	42.4
4	36	6	7	252	2	12	42	42.4
5	40	4	6	240	−3	−12	24	42.4
6	42	2	5	210	−15	−30	10	42.4

기업은 이윤극대화의 목적을 달성하기 위해서 노동의 한계요소비용($MFC_L=W$)과 한계수입생산물(MRP_L)이 같아지는 수준에서 고용량을 결정한다. 이에 따라 만약 임금(W)이 42.4라면 고용량은 $MRP_L=42.4$가 되는 $L=3$이 될 것이다. 따라서 고용량이 3단위 이내에서는 $MRP_L > MFC_L$가 성립하여 그 범위 내에서는 고용량을 증가시킬수록 기업의 이윤은 증가하게 된다. 그러나 고용량 3단위를 넘게 되면 $MRP_L < MFC_L$가 성립하여 고용량을 줄이는 것이 기업에 유리해진다. 만약 임금이 78로 상승하면 $MRP_L=78$ 수준에서 고용량은 $L=2$가 되고, 임금이 12로 하락하면 $MRP_L=12$ 수준에서 고용량은 $L=4$가 된다. 그러므로 MRP_L 곡선상의 모든 점들에서는 주어진 임금 하에서의 노동 고용량(수요량)이 결정되므로 결국 노동수요곡선은 MRP_L 곡선과 완전히 일치하고 우하향하는 모습을 보이게 된다. 그런데 생산물 시장이 공급 독점이므로 $MR < P$가 성립하게 된다. 따라서 $MRP_L(=MR\times MP_L)$이고 $VMP_L(=P\times MP_L)$이므로 $MRP_L < VMP_L$이 성립하므로, MRP_L 곡선은 VMP_L 곡선보다 항상 아래쪽에 위치하게 된다. 물론 수확체감의 법칙에 의해 MP_L 이 체감하므로 $VMP_L(=P\times MP_L)$과 $MRP_L(= MR\times MP_L)$은 모두 우하향한다.

확인 TEST

생산물시장에서의 독점인 어떤 기업이 완전경쟁인 요소시장에서 활동하고 있다면 이 기업에 대한 다음 서술 중 옳은 것은?

[2002, 감평사]

① 한계수입생산물(MRP)보다 높은 요소가격을 지불한다.
② 한계수입생산물(MRP)보다 낮은 요소가격을 지불한다.
③ 한계생산물가치(VMP)보다 높은 요소가격을 지불한다.
④ 한계생산물가치(VMP)보다 낮은 요소가격을 지불한다.
⑤ 한계생산물가치(VMP)와 동일한 요소가격을 지불한다.

해설 생산물 시장이 독점이면 $P>MR$이 성립하여 $VMP>MRP$가 성립한다. 이에 따라 MRP곡선은 VMP곡선 아래에 위치하는 우하향하는 모습을 보인다. 한편 요소시장이 완전경쟁시장이므로 시장균형임금 수준에서 수평인 $AFC=MFC$ 곡선에 직면한다. 이를 그림으로 나타내면 다음과 같다.

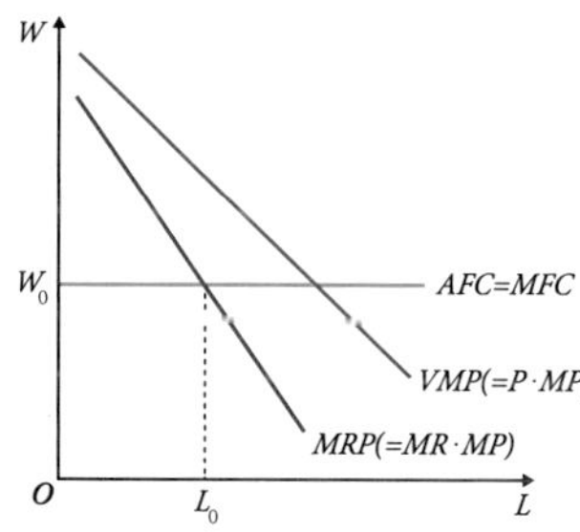

이에 따라 임금은 W_0수준에서 L_0의 노동이 고용된다.
이때 임금은 VMP보다 낮고 MRP와 동일한 수준이다.

정답 ④

3) C의 경우

(1) 그래프

생산물시장 완전경쟁+요소시장 불완전경쟁

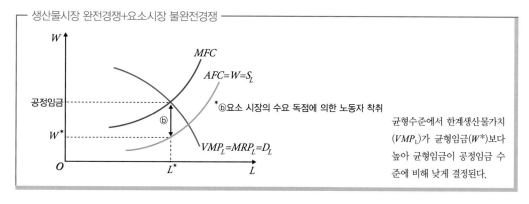

W
MFC
$AFC=W=S_L$
공정임금
*ⓑ요소 시장의 수요 독점에 의한 노동자 착취
ⓑ
W^*
$VMP_L=MRP_L=D_L$
O
L^*
L

균형수준에서 한계생산물가치(VMP_L)가 균형임금(W^*)보다 높아 균형임금이 공정임금 수준에 비해 낮게 결정된다.

① 요소를 독점적으로 수요하는 기업이 생산물 시장에서 가격결정자로 행동한다면 $MRP=MFC$인 L^*까지 요소를 고용한다.

② 요소가격은 $AFC(S_L)$에 의해 W^*로 결정된다.

(2) 결론: $VMP_L=MRP_L=MFC=D_L>AFC=S_L$

확인 TEST

어느 마을의 노동공급이 $L=2w-40$과 같이 주어져 있다. 여기서 w는 임금률, L은 노동량이다. 이 마을의 기업은 A사 하나밖에 없는데, A사의 노동수요는 $L=100-w$이다. 이 마을 사람들은 다른 곳에서는 일자리를 구할 수 없다. 이때 A사는 임금률로 얼마를 책정하겠는가? [2014, 서울시 7급]

① 5
② 10
③ 20
④ 30
⑤ 40

해설 마을의 노동을 기업 A만이 고용할 수 있는 노동시장에서의 수요독점에 해당한다. 이 경우의 이윤극대화 조건은 $MRP_L(=MP\times MP_L)=MFC_L$=이다. 주어진 노동공급곡선과 노동수요곡선을 w로 정리하면 각각 $w=\frac{1}{2}\times L+20$, $w=100-L$이 된다.

여기서 노동수요곡선이 곧 MRP_L이므로 $MRP_L=100-L$이 된다.

또한 노동공급곡선이 곧 $AFC_L=\frac{1}{2}\times L+20$이므로, $TFC_L=AFC_L\times L=\frac{1}{2}\times L^2+20L$이 된다.

따라서 $MFC_L=\frac{dTFC_L}{dL}=L+20$이 된다.

이 결과를 이윤극대화 조건식인 $MRP_L(=MR\times MP_L)$에 대입해 풀면 $L=40$을 구할 수 있고, 이를 노동공급곡선($=AFC_L$)에 대입해 풀면 $w=40$이 도출된다.

참고로 AFC_L가 기울기를 갖는다면 MFC_L은 AFC_L과 절편은 같고 기울기가 2배가 된다는 성질을 이용하면 더 수월하게 풀 수 있다.

정답 ⑤

심화 TEST

다음의 가상 시나리오에서 최저임금제 도입 이전과 이후에 유통업체 B사가 A국에서 고용한 노동량과 지불한 임금총액은 각각 얼마인지를 구하고, 이 분석의 결론을 간략히 쓰시오. [2015년, 교원임용]

유럽연합 내의 작은 농업국인 A국에 대형 다국적기업 유통업체 B사가 A국 국민만을 고용하는 조건으로 대형 마켓을 입점 시켰다고 하자. B사는 경쟁이 치열한 유럽연합 내의 유통시장에서 유리한 입지를 점하기 위하여 유럽연합의 많은 나라들과 국경을 맞대고 있는 A국을 선택하였는데, A국에는 다른 기업은 전혀 없으며, 외부로부터의 추가적인 노동인구 유입도 없다고 가정한다. 그래프의 곡선 (가), (나), (다)는 각각 B사의 한계요소비용곡선, A국의 노동공급곡선, 노동의 한계생산물가치곡선(B사의 노동수요곡선)이다. (가)와 (나)의 식에서도 유출할 수 있듯이 A국의 노동공급곡선은 B사의 입장에서는 평균요소비용곡선과 같다. 요소시장이 완전경쟁적이라면 고용량과 임금은 노동수요곡선과 노동공급곡선이 만나는 L_0, w_0에서 결정되겠지만, B사와 같이 요소시장에서 수요독점적인 기업은 한계생산물가치와 한계요소비용이 같아지는 수준인 L_1, w_1에서 고용량과 임금을 정한다.

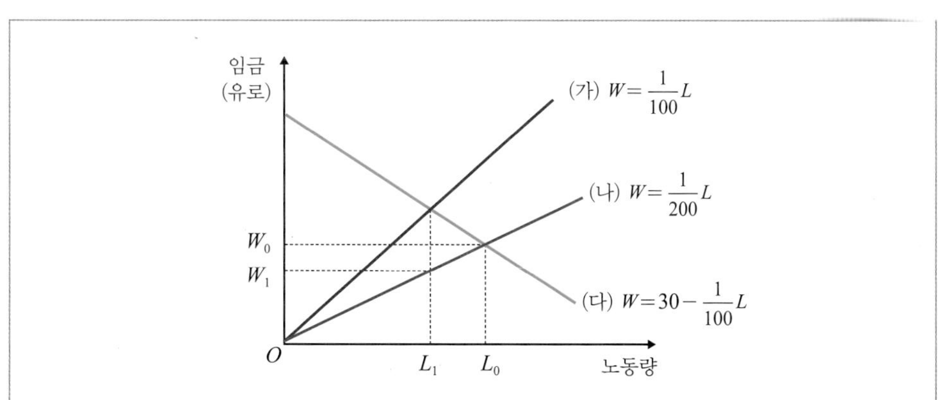

1년 후 다른 모든 조건은 변화가 없는 상황에서 A국 정부는 인근 유럽연합 국가들이 최저임금 수준과 유사한 10유로로 최저임금제를 도입하였다.

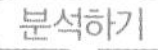

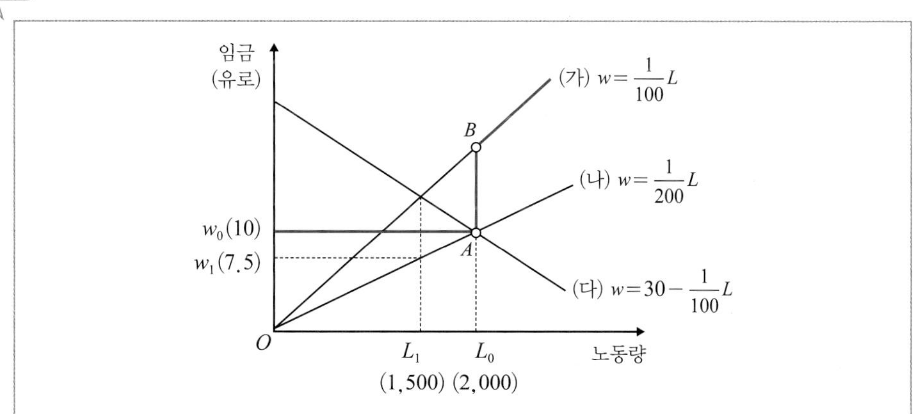

- 주어진 그림에서 한계요소비용(MFC) 곡선은 (가), 평균요소비용(AFC) 곡선이자 노동공급(S) 곡선은 (나), 노동수요($D=MRP$) 곡선은 (다)이다.
- 최저임금제 도입 이전의 균형 노동고용량은 '$MRP=MFC$' 조건을 만족시키는 수준에서 '$L_1=1,500$'이 되며, 이때 시장 균형임금은 '$W_1=7.5$(유로)'가 된다. 이에 따라 지불하게 되는 임금총액은 '11,250(=7.5×1,500)유로'가 된다.
- A국 정부가 '$W_0=10$(유로)' 수준에서 최저임금을 실시하게 되면 새로운 MFC는 'W_0AB(가)'를 연결하는 곡선이 된다. 따라서 새로운 균형은 A점에 이루어지고 균형 노동고용량은 '$L_0=2,000$'이 된다. 이에 따라 지불하게 되는 임금총액은 '20,000(=10×2,000) 유로'가 된다.
- A국 정부가 최저임금제를 도입했음에도 불구하고 노동고용은 이전에 비해 오히려 500단위만큼 증가하였다. 이것은 적정 수준의 최저임금제 도입은 노동고용량의 감소를 초래하지 않음을 보여준다.

4) D의 경우

(1) 그래프

생산물시장 불완전경쟁 + 요소시장 불완전경쟁

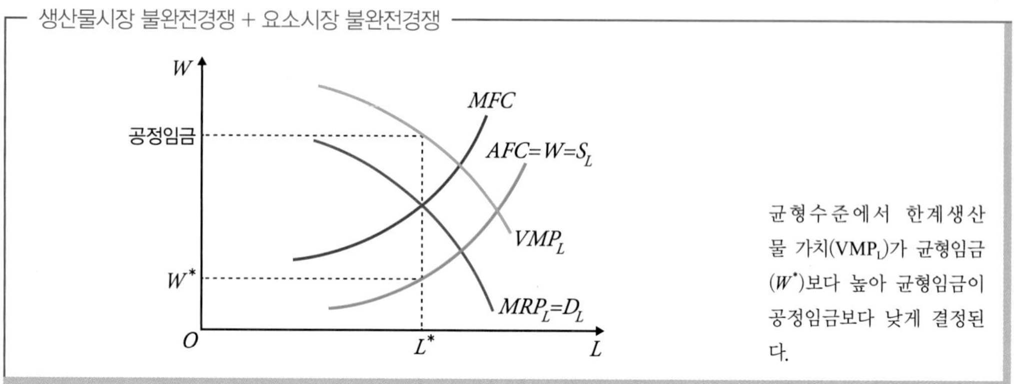

균형수준에서 한계생산물 가치(VMP_L)가 균형임금(W^*)보다 높아 균형임금이 공정임금보다 낮게 결정된다.

① 이윤극대화 조건인 $MRP=MFC$ 조건에 따라 L^*까지 요소를 고용한다.

② 요소가격은 $AFC(S_L)$에 의해 W^*로 결정된다.

(2) 결론 : $VMP_L>MFC=MRP_L=D_L>AFC=W=S_L$

확인 TEST

생산물 시장에서 독점력이 있고 요소시장에서 수요독점력이 있는 기업이 이윤을 극대화하도록 요소를 고용할 때 성립하는 조건은?

[2002, 행시]

① 한계생산물가치=요소가격
② 한계생산물가치=한계요소비용
③ 한계수입생산=요소가격
④ 한계수입생산=한계요소비용
⑤ 가격=한계비용

해설 시장구조와 관계없이 생산요소(노동) 시장에서의 이윤극대화 조건은 한계수입생산 = 한계요소비용인 $MRP_L(=MR\times MP_L)=MFC$이다.

정답 ④

개념 플러스+ 쌍방 독점(bilateral monopoly)

1. 의의

1) 개념 : 시장의 수요자와 공급자가 각각 독점자인 경우를 의미한다.

2) 예

(1) 금광석을 캘 수 있는 광산기업이 하나이고, 이를 제련하는 기업도 각각 하나만 존재하는 경우

(2) 프로야구 선수노조를 통해서만 선수가 공급되고, 한국 야구위원회(KBO)를 통해서만 선수를 스카우트할 수 있는 경우

2. 도해적 분석

쌍방독점에서의 균형

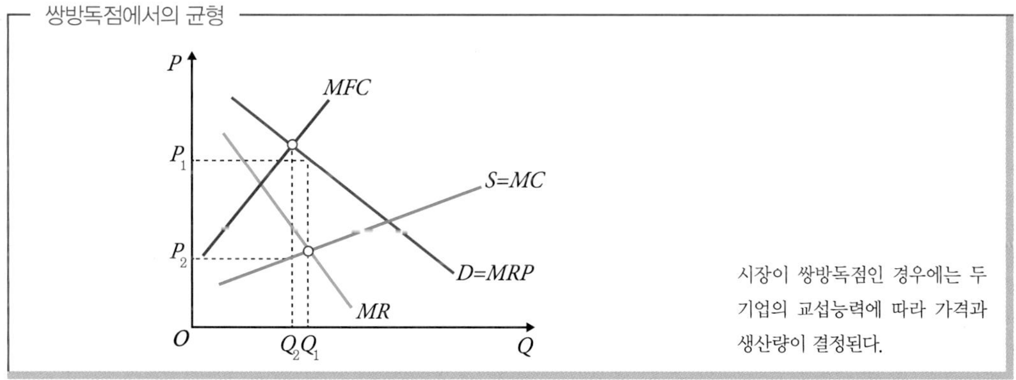

시장이 쌍방독점인 경우에는 두 기업의 교섭능력에 따라 가격과 생산량이 결정된다.

1) 상품(요소)을 독점적으로 공급하는 기업의 입장(광산, 선수노조)

(1) 주어진 수요곡선에 직면하는 독점기업은 이윤극대화를 위해 $MR=MC$ 수준에서 가격과 수량(공급량)을 결정하려고 한다.

(2) 이에 따라 가격은 P_1, 수량(공급량)은 Q_1 수준에서 (공급독점자로서) 이윤을 극대화하려고 한다.

2) 상품(요소)을 독점적으로 수요하는 기업의 입장(제련소, *KBO*)

(1) 주어진 공급곡선에 직면하는 독점기업은 $MRP=MFC$ 수준에서 가격과 수량(수요량)을 결정하려고 한다.

(2) 이에 따라 가격은 P_2, 수량(수요량)은 Q_2수준에서 (수요독점자로서) 이윤을 극대화하려고 한다.

(3) 이때 기업이 직면하는 공급곡선(S)이 한계비용(MC) 곡선이 되는 이유는 다음과 같다. 만약 수요독점 기업이 시장을 완벽하게 지배하고 있다면 상대기업(공급기업)은 주어진 가격을 전제로 이윤극대화를 결정할 수 밖에 없다. 이것은 마치 공급기업이 완전경쟁시장에 참여하는 개별기업의 이윤극대화를 위한 행동과 동일한 경우이다. 즉 주어진 가격이 한계비용과 같아지는 수준($P=MC$)에서 상품(요소)을 공급할 수 밖에 없는 경우와 동일한 결론이다.

3. 결론

1) 만약 두 기업이 자신들에게 유리한 결과를 도출하고자 하면 가격은 P_1과 P_2사이에서, 수량은 Q_1과 Q_2 사이에서 결정된다.

2) 결국 두 기업 중에서 어느 기업이 교섭능력이 뛰어난가에 따라 결과가 다르게 결정될 것이다.

Theme 56 생산요소시장 이론-Ⅱ

1 지대론

1) 지대(rent)의 의의

(1) 의미

① 지대는 생산물 중에서 본원적으로 불멸의 토지의 힘을 사용하는 것에 대하여 지불되는 부분을 말한다(D. Ricardo).

② 토지를 사고팔 때의 가격은 지가(land price)로서 이것은 땅값을 말한다.

(2) 지대 결정 이론

① 수요·공급설 : 토지용역에 대한 수요와 공급에 의해서 지대가 결정된다.

② 절대지대설(K. Marx) : 토지에 대한 사유제 및 소유권 때문에 토지의 생산력과는 무관하게 발생한다.

③ 차액지대설(D. Ricardo) : 우등지와 열등지 사이에 수확의 차가 있기 때문에 발생한다.

2) 차액지대설(theory of differential rent)

(1) 의미

① 토지는 지리적 위치나 지형 등이 서로 다르므로 제각기 특수성을 가지고 있다.

② 지대는 이러한 토지의 특수성에서 발생한다는 것이다.

(2) 지대 발생 조건

① 토지의 크기는 제한되어 있다.

② 토지의 위치가 서로 달라 그 비옥도가 균일하지 않다.

③ 인구가 증가하면 생산이 증가하므로 품질이 낮은 토지가 경작되든가 혹은 종래 사용되고 있는 토지가 보다 집약적으로 경작되어야 한다.

(3) 지대의 발생

① 인구가 비교적 적고 부양하는 데 품질이 우수한 1등지만 경작해서 충분하다고 하면 지대는 존재하지 않는다.

② 인구가 증가하여 열등지(2등지)도 경작해야 한다면 1등지에는 지대가 발생한다.

③ 더욱 인구가 증가하여 3등지(한계지)도 경작해야 한다면 2등지에도 지대가 발생하게 되며, 1등지의 지대는 이전보다 더욱 높아지게 된다.

한계지(marginal land)

경작을 한다고 하더라도 경작을 통한 수입의 크기가 경작을 위한 생산비와 같아서 이익이 발생할 수 없는 토지를 의미한다.

④ 한계지는 가장 열등한 땅이므로 3등지에 있어서는 지대가 발생하지 않는다.

⑤ 한계지의 생산비가 곡물가격이 되고, 한계지에는 지대가 발생하지 않는다. 따라서 곡물가격에는 지대가 포함되지 않고 지대의 변동은 곡가에 영향을 미치지 않는다.

차액지대설과 절대지대설

구분	발생 원인	특징
차액지대설 (D. Ricardo)	① 토지 공급의 제약 ② 토지의 위치와 비옥도의 차이 ③ 수확체감의 법칙 ④ 자본집약도의 차이(생산성의 차이)	① 어떤 토지의 지대는 그 토지의 생산성과 한계지의 생산성과의 차이가 일치한다(위치와 비옥도). ② 한계지에는 지대가 발생하지 않는다.
절대지대설 (K. Marx)	① 자본주의에서 인정된 토지의 사유화 ② 수요가 공급을 초과하는 희소성 지대	① 농산물수입 - 생산비(=경작자 몫) = 농업잉여(지주 몫) = 지대 ② 한계지에도 지대가 발생한다.

3) 경제 지대의 의의

(1) 의미

① **이전수입**: 한 생산요소를 다른 재화의 생산에 전용되지 않고 현재의 용도에 그대로 사용하도록 하기 위해 지급해야 할 최소한의 지급액(=전용수입, transfer earnings, 요소의 기회비용)

이전수입

예컨대 주유소에서 아르바이트를 하는 웅이가 시간당 8,000원을 받는다고 하자. 만약 가까운 편의점에서 시간당 9,000원을 준다면 웅이는 주유소에서 편의점으로 이전(transfer)할 것이므로, 주유소에서 웅이의 이전을 원하지 않는다면 주유소에서도 9,000원을 주어야 한다. 이것이 곧 이전수입(전용수입)이다.

② **경제지대(rent)**: 이전수입을 초과하여 실제로 생산요소에게 지급되는 차액

한 요소의 경제지대(rent)=그 요소가 받는 총 보수 - 이전수입

프로 운동선수나 인기 연예인들의 노동 서비스의 가격은 수요가 증가하면 공급이 이에 따라 증가하지 않기 때문에 역시 경제지대로서의 특징을 갖는다.

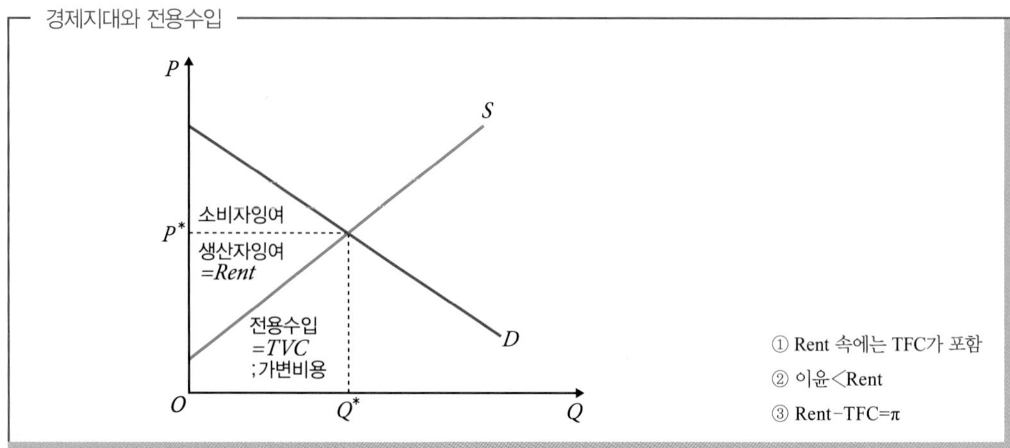

③ 특수한 경우

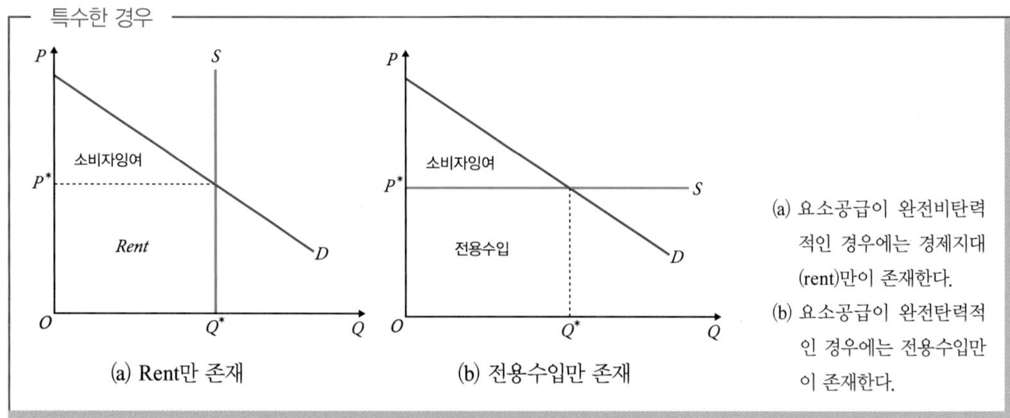

(a) Rent만 존재

(b) 전용수입만 존재

H. George의 단일세 운동

rent만 존재하는 경우 정부가 단위 토지당 조세를 지주에게 부과한다고 하더라도 모든 조세는 지주의 부담이 되고 토지 수급량은 변하지 않게 되어 자원배분의 왜곡이 발생하지 않는다. 이러한 특징에 착안하여 H. George는 토지에만 과세하여 지주들의 불로소득을 정부의 재원으로 삼자는 이른바 '토지 단일세 운동'을 주장하였다.

(2) 정부 규제와 지대(렌트: rent) 추구행위

정부규제와 rent

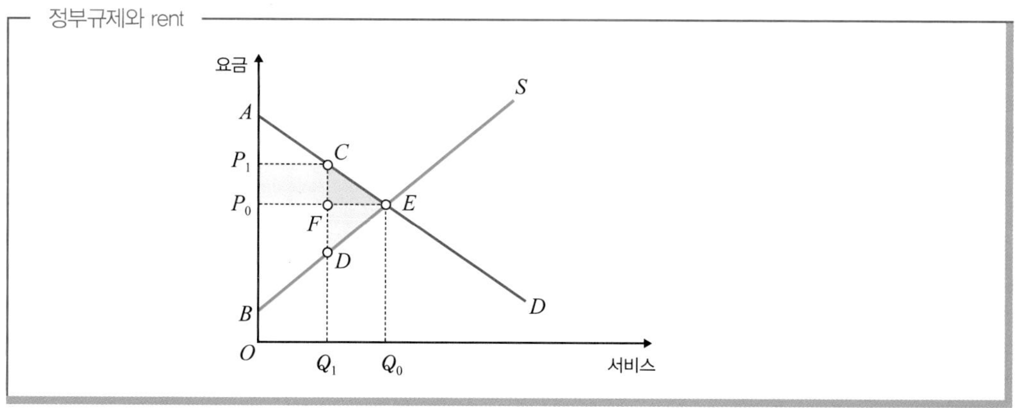

	정부 규제 前	Q_1 수준에서 수량 규제를 하는 경우
가격	P_0	P_1
수량	Q_0	Q_1
소비자 잉여	$\triangle P_0EA$	$\triangle ACP_1$
소비자 잉여 변화분	−	사다리꼴 P_1CEP_0 감소
생산자 잉여	$\triangle P_0EB$	사다리꼴 P_1CDB
생산자 잉여 변화분	−	(사각형 $P_1CFP_0-\triangle FED$) 변화
사회적 총잉여	$\triangle AEB$	사다리꼴 $ACDB$
사회적 순잉여 변화분	−	$\triangle CED$ 감소

만약 정부의 수량 규제로 생산자 잉여 변화분인 (사각형 $P_1CFP_0-\triangle FED$)의 크기가 양(+)의 값을 갖는다면 생산자는 정부의 수량 규제에 적극적으로 지지를 보낼 것이다(지대추구행위).

2) 준 지대(quasi-rent)

(1) **의의**: 단기에 자본설비와 같은 고정생산요소가 일정하게 고정되어 있기 때문에 생기는 해당 고정생산요소의 수입(요소소득, 임대료 등)을 말한다(A. Marshall).

준지대=총수입−총가변비용=총고정비용+초과이윤(또는 손실)

(2) 도해적 설명

준지대

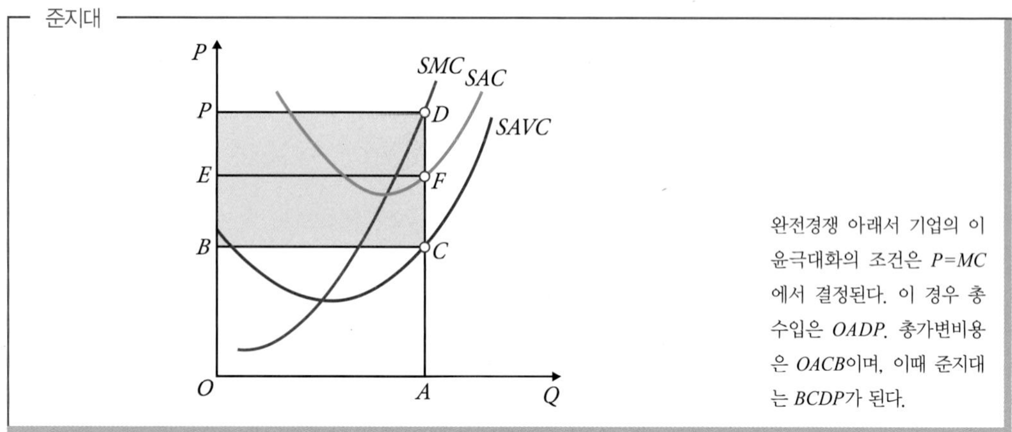

완전경쟁 아래서 기업의 이윤극대화의 조건은 $P=MC$에서 결정된다. 이 경우 총수입은 *OADP*, 총가변비용은 *OACB*이며, 이때 준지대는 *BCDP*가 된다.

① 어떤 한 기업이 가격 *P*에서 *OA*를 생산한다고 하자.

② 완전경쟁 아래서 기업의 이윤극대화의 조건은 $P=MC$에서 결정된다. 이 경우 총수입은 *OADP*, 총가변비용은 *OACB*이며, 이때 준지대는 *BCDP*가 된다. 이때 총수입이 총가변비용보다 작다면 기업은 생산을 중단하므로 준지대는 (–)의 값을 가질 수 없다.

③ 한편 기업의 단기평균가변비용(*SAVC*)과 단기평균비용(*SAC*)의 차이가 단기고정비용이므로 총고정비용은 *BCFE*가 된다. 따라서 *EFDP*는 순이윤 또는 초과이윤이 된다.

Quiz 1

완전경쟁시장에서 재화가격이 300원이고, 어떤 완전경쟁기업이 현재 20단위만큼의 재화를 생산하고 있는데, 이때의 평균가변비용이 250원이라고 한다. 이 기업의 총고정비용이 2,000원이라면 준지대와 손실 또는 초과이윤의 크기는?

⇒ 준지대=총수입($P\times Q$)–총가변비용($AVC\times Q$)=총고정비용($AFC\times Q$)+초과이윤(또는 손실)이다. 총수입은 6,000원(=300×20)이고, 총가변비용은 5,000원(250×20)이므로 준지대는 1,000원이 된다. 이때 총고정비용이 2,000원이므로 준지대–총고정비용=초과이윤(또는 손실)에서 1,000원–2,000원=–1,000원이 되어 이 기업은 1,000원의 손실을 보고 있다.

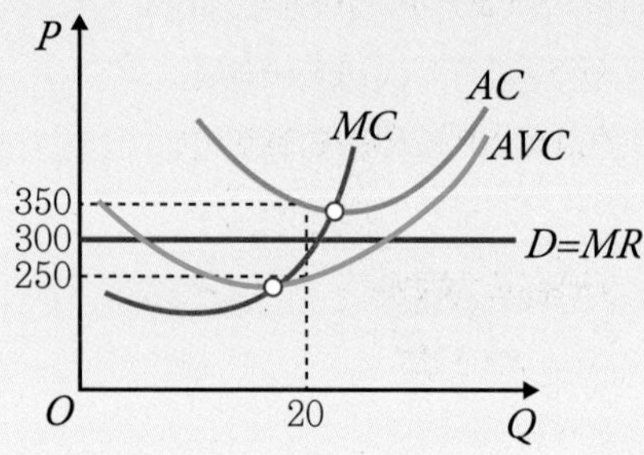

생산물시장에서 단기에 완전경쟁기업은 준지대를 얻을 수 있다. 다음의 조건 하에서 준지대의 크기는 얼마인가?

> 이윤극대화산출량은 100단위이며 이 산출량 수준에서 한계비용은 20, 평균비용은 15, 평균가변비용은 13이다.

⇒ 준지대는 다음과 같이 측정된다.

> 준지대 = 총수입 − 총가변비용 = 총고정비용+초과이윤

완전경쟁기업이 이윤극대화를 달성할 때 조건은 $P=MC$이다. 이에 따라 이 상품의 가격은 20이 되므로 총수입=$P\times Q$=20×100=2,000이 된다. 그리고 총가변비용은 TVC==$AVC\times Q$=13×100=1,300이 된다.

따라서 준지대는 700이 된다.

(3) 준지대의 크기와 독점지대

① 조업중단점 이상에서만 생산하므로 준지대의 크기는 “0”이상이 된다.

② 장기에는 고정생산요소가 존재하지 않으므로 “준지대=0”이 된다.

③ 독점지대: 장기적으로도 소멸되지 않는 지대를 말한다.

구분	경제지대	준지대
시간	단기와 장기에 모두 적용	단기에만 적용
개념	생산요소 공급자에 대한 생산자(공급자)잉여	생산물의 단기생산에서 고정생산요소에 대한 대가
측정	생산요소의 총보수 − 전용수입	총수익 − 총가변비용 (=총고정비용+초과이윤)
토지에 대한 원래의 지대와의 관계	토지는 공급곡선이 수직인 경우로서 전용수입=0이고 모두 경제지대	토지도 단기에 고정생산요소이므로 관련됨
크기를 결정하는 요인	생산요소의 공급탄력도가 클수록 경제지대는 작아짐	생산물의 시장가격이 높을수록, 가변비용이 적을수록 준지대가 커짐

지대추구행위(rent-seeking activity)

1. 경제지대는 생산요소의 공급의 비탄력성 때문에 생기는데, 공급자가 인위적으로 생산요소의 시장에 영향을 미쳐서 경제지대를 더 획득하려는 행위를 말한다.
2. 생산요소뿐 아니라 생산물의 경우에도 그 공급자가 인위적으로 시장에 영향을 미쳐서 경제지대를 획득하려는 행위도 넓은 의미로서의 지대추구행위로서 볼 수 있다.
3. 사례
   (1) 후진국에서의 정경유착에 따른 부정부패
   (2) 수입할당제하에서의 수입면허 획득, 또는 진입제한 하에서의 독과점 생산권한 획득 등을 목표로 하는 로비활동 등

확인 TEST

지대, 경제적 지대 및 준지대를 설명 중 옳지 않은 것은?

[2006, CPA]

① 생산요소가 받는 보수 중에서 경제적 지대가 차지하는 비중은, 수요가 일정할 때, 공급 곡선이 탄력적일수록 작아진다.
② 경제적 지대는 토지뿐 만 아니라 공급량이 제한된 노동, 기계설비 등 모든 종류의 시장에서 나타날 수 있다.
③ 리카도(D. Ricardo)에 따르면, 쌀값이 비싸지면 그 쌀을 생산하는 토지의 지대도 높아진다.
④ 마샬(A. Marshall)의 준지대는 장기에 소멸되어 존재하지 않는다.
⑤ 준지대는 산출량의 크기와는 관계없이 총고정비용보다 크다.

해설 ①, ② 경제적 지대란 생산요소의 총수입에서 이전수입을 제외한 것으로 측정된다. 이때 경제적 지대의 크기는 수요가 일정할 때, 공급곡선의 기울기가 완만할수록, 즉 가격탄력성이 클수록 작아진다.
③ 리카도의 차액지대설에 따르면 쌀값이 비싸지면 한계지에서도 경작에 따른 이익이 얻을 수 있으므로 이에 따른 지대가 발생하고, 이에 따라 기존 토지의 지대가 상승하게 된다.
④, ⑤ 준지대는 단기에 자본설비와 같이 공급이 고정되어 있는 고정생산요소에서 발생하는 것을 의미한다. 따라서 장기에는 고정생산요소가 사라지므로 준지대는 소멸되어 존재할 수 없다. 한편 준지대의 크기는 다음과 같이 측정된다.

준지대 = 총수입 − 총가변비용 = 총고정비용 + 초과이윤(또는 손실)

여기서 총수입이 총가변비용보다 작다면 기업이 생산을 중단하게 될 것이므로 준지대는 음(-)의 값을 가질 수 없다. 그러나 손실이 발생할 경우 그 크기만큼 준지대의 크기는 총고정비용보다 작아질 수 있으므로 ⑤는 잘못된 진술이다.

정답 ⑤

❷ 이자론

1) 자본과 이자의 의의

(1) **자본의 개념**: 생산할 수 있는 수단

① **실물자본**: 건물, 기계, 원료 등의 생산요소를 말한다.

② **화폐자본**: 수입을 목적으로 사용되는 화폐액을 말한다.

(2) 이자의 개념

① **실물 이자**: 화폐가 존재하지 않는다고 할 때 자본은 실물자본의 형태로 차입되며, 이때 지불하는 임차료를 의미 ⇒ 한 말의 쌀을 차입해서 6개월 후에 한 되의 쌀을 합쳐서 주면, 이 한 되의 쌀이 실물 이자가 되는 것이다.

> 렌탈(rental)의 의미
>
> rental은 기계와 같은 자본을 사용하는 대가, 즉 임대료이다. 기업은 생산에 필요한 기계를 구입하든지 빌려서 사용할 수 있는데, 그에 대한 대가가 rental이다. 기업이 기계를 빌려서 사용하던 또는 구입해서 사용하던 일정기간 동안 기계사용에 대한 기회비용은 기계구입비용이 아니라, 기계를 빌려서 사용하는 rental이다. 왜냐하면 그 기계를 자기가 사용하지 않고 다른 사람에게 빌려주었으면 받을 수 있는 금액(rental)이 그 기계를 자기가 사용함으로써 받지 못하는(포기한) 금액이기 때문이다.

② **화폐 이자**: 화폐가 존재하면 자본은 일반적으로 화폐자본의 형태로 임차되며, 이러한 화폐자본에 대해 지불되는 것을 화폐 이자라 한다.

2) 이자율의 특징

(1) 미래의 소비와 현재의 소비와의 교환비율을 말한다.

(2) 차입한 자본에 대한 이자의 크기를 백분율로 나타낸 것으로 이자율은 항상 (+)의 값을 갖는다.

(3) 이자율은 현재와 미래에 대한 시간적 차이를 반영한다.

3) 이자율의 종류(K. Wicksell의 분류)

(1) **시장이자율**: 자금시장의 실제 이자율

(2) **자연 이자율**: 저축과 투자가 일치하여 완전고용 및 물가안정이 이루어지는 이자율

(3) **정상 이자율**: 시장이자율과 자연이자율이 일치되는 수준의 이자율

① 시장이자율>자연이자율 ⇒ 투자<저축 ⇒ 경기침체, 디플레이션

② 시장이자율<자연이자율 ⇒ 투자>저축 ⇒ 경기과열, 인플레이션

(4) **순 이자율**: 위험과 부대비용을 무시한 장기적 이자율

4) 이자율 결정

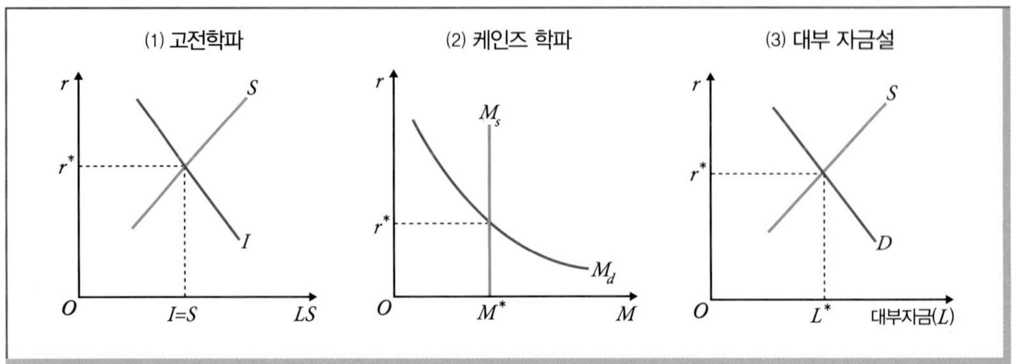

(1) **고전학파**: 생산물 시장에서 투자와 저축이 일치하는 수준에서 이자율이 결정 ⇒ '실물적 이자론'이라고 한다.

(2) **케인즈학파**: 이자는 유동성을 포기하는 대가로 지불되는 것으로 화폐수요와 통화당국에 의해서 외생적으로 결정되는 화폐공급이 일치하는 수준에서 이자율이 결정된다고 한다.

(3) **대부자금설**: 실물적 이자론에 유동성 선호설을 도입하여 대부자금의 수요와 공급에 의해서 이자율이 결정된다.

이윤

1. **의미**: 기업가가 생산활동을 통해 얻은 보수
2. **이윤의 구분**
   1) **정상이윤**: 기업가가 생산을 계속할 수 있도록 하기 위한 최소한의 유인 ⇒ 기업가의 기회비용으로 잠재적 비용에 포함
   2) **초과이윤**: 정상이윤을 넘는 수준의 이윤

Theme 57 계층별 소득 분배 이론

1 10분위 분배율(deciles distribution ratio)

1) 의의 : 가계의 소득계층을 10등분하여 상위 20%의 소득과 하위 40%의 소득을 비교하여 불평등을 측정하는 방법

$$10\text{분위 분배율}(d) = \frac{\text{최하위 40\% 소득계층의 소득(점유율)}}{\text{최상위 20\% 소득계층의 소득(점유율)}}$$

2) 평가

(1) 10분위 분배율의 수치는 $0 \leq d \leq 2$의 값을 가지며, 그 값이 클(작을)수록, 소득분배는 균등(불균등)하다고 한다.

(2) 측정이 간단하여 세계적으로 가장 널리 사용되는 측정방법이다.

(3) 소득 재분배정책의 주요 대상인 최하위 40% 소득계층의 소득분배상태를 상위소득계층과 대비시켜 나타내고 있다.

(4) 사회 구성원 전체의 소득 분배 상태를 나타내지는 못한다.

5분위 분배율

1. 측정 : $d = \frac{\text{최상위 20\% 소득계층의 소득(점유율)}}{\text{최하위 20\% 소득계층의 소득(점유율)}}$
2. 평가 : 5분위 분배율의 수치는 $1 \leq d \leq \infty$의 값을 가지며, 그 값이 작을(클) 수록, 소득 분배는 균등(불균등)하다고 한다.

확인 TEST

다음 표의 A국의 소득 10분위별 소득분포이다. 10분위 분배율을 소수점 둘째자리까지 구하면? [2000, CPA]

소득계층	점유비율(%)	소득계층	점유비율(%)
제1분위	3	제6분위	9
제2분위	5	제7분위	11
제3분위	6	제8분위	12
제4분위	7	제9분위	15
제5분위	8	제10분위	24

① 0.54 ② 0.33 ③ 8.0 ④ 4.88 ⑤ 1.86

해설 10분위 분배율은 다음과 같이 측정된다.

$$10\text{분위 분배율} = \frac{\text{하위 40\%의 누적소득 점유율}}{\text{상위 20\%의 누적소득 점유율}} = \frac{3\%+5\%+6\%+7\%}{15\%+24\%} = \frac{21\%}{39\%} \fallingdotseq 0.54$$

정답 ①

❷ 로렌츠 곡선(Lorenz curve)

1) **의의**: 계층별 소득분포자료에서 인구의 누적비율과 소득의 누적점유율 사이의 대응관계를 그래프로 표시하여 불평등을 측정하는 방법

로렌츠 곡선

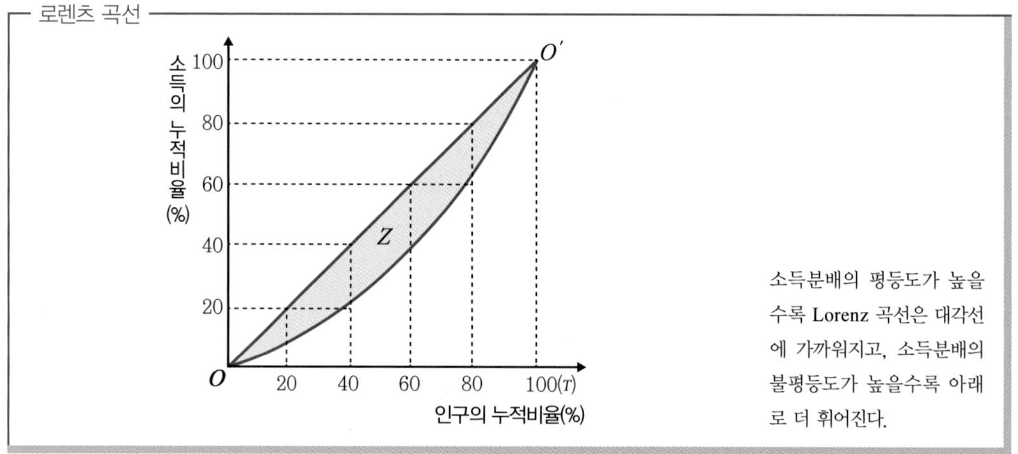

소득분배의 평등도가 높을수록 Lorenz 곡선은 대각선에 가까워지고, 소득분배의 불평등도가 높을수록 아래로 더 휘어진다.

2) 측정

(1) **OO'와 같은 대각선**: 소득의 완전 균등 분배

(2) **OTO'와 같은 직각선**: 소득의 완전 불균등 분배

(3) **현실적인 경우**: 대각선과 직각선 사이의 곡선

(4) 소득분배의 불평등도가 높을수록 Lorenz 곡선은 아래로 더 휘어지게 그려진다.

3) 평가

(1) 소득 분배 상태를 그림으로 나타내므로 단순명료하다.

(2) 만약 두 곡선들이 교차한다면 어느 쪽이 대각선에 더 가까운가의 비교는 의미가 없다.

(3) 로렌츠 곡선이 대각선에 가까워질수록 소득분배가 평등해지나 그 정도는 알 수 없다.

확인 TEST

다음 자료에 대한 설명으로 옳지 않은 것은? [2013, 교원임용]

어떤 나라의 소득분배 상황을 나타내는 로렌츠 곡선을 작성하려 한다. *B*, *C*, *D*, *E* 점은 각각 로렌츠 곡선이 지나갈 수 있는 점들을 표시하고 있으며, *ACF*와 *ADF*는 각각 가능한 로렌츠 곡선을 나타낸다.

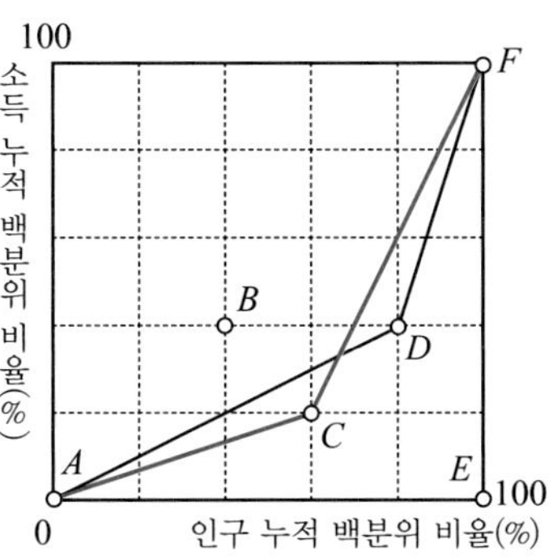

① 로렌츠 곡선이 *B*점을 지난다면 *D*점은 지날 수 없다.
② 로렌츠 곡선이 *B*점을 지난다면 지니계수는 0이다.
③ 로렌츠 곡선이 *E*점을 지난다면 10분위분배율은 0이다.
④ *ACF*의 지니계수와 *ADF*의 지니계수는 같다.
⑤ *ACF*의 10분위분배율은 *ADF*의 10분위분배율보다 크다.

해설 ① 로렌츠 곡선이 *B*점을 지나면서도 *D*점을 지난다는 것은 인구누적 40%에서부터 80%에 해당하는 사람들의 소득점유율이 '0%'라는 의미이다. 그런데 이들은 이전 인구누적비율에 해당하는 사람들보다 소득이 높은 사람들이다. 따라서 이것은 불가능하다.

② 로렌츠 곡선이 *B*점을 지난다면 로렌츠 곡선은 대각선이라는 의미이다. 로렌츠 곡선이 대각선일 때, 지니계수는 0이다.

③ 로렌츠 곡선이 *E*점을 지난다면 로렌츠 곡선은 완전불평등선이라는 의미이다. 완전불평등이라는 것은 모든 소득을 한 사람이 전부 차지하고 있다는 의미이다. 따라서 10분위분배율은 0이다.

④ 대각선과 *ACF*로 이루어지는 삼각형의 넓이와 대각선과 *ADF*로 이루어지는 삼각형의 넓이는 동일하다. 따라서 *ACF*의 지니계수와 *ADF*의 지니계수는 같다.

⑤ *ACF*의 10분위분배율과 *ADF*의 10분위분배율은 각각 다음과 같다.

- $ACF : \dfrac{\text{하위 40\% 소득점유율}}{\text{상위 20\% 소득점유율}} = \dfrac{40/3}{40} = \dfrac{1}{3}$
- $ADF : \dfrac{\text{하위 40\% 소득점유율}}{\text{상위 20\% 소득점유율}} = \dfrac{20}{60} = \dfrac{1}{3}$

따라서 *ACF*의 10분위분배율과 *ADF*의 10분위분배율은 동일하다.

정답 ⑤

③ 지니 집중 계수(Gini coefficient)

1) 의의: Lorenz 곡선의 단점을 보완하기 위해서 Lorenz 곡선이 나타내는 바를 계량화하여 불평등을 측정하는 방법

$$\text{지니계수}(G) = \frac{Z\text{의 면적}}{\Delta OTO'\text{의 면적}}$$

2) 평가

(1) 지니계수의 수치는 $0 \leq G \leq 1$의 값을 가지며, 그 값이 작을(클)수록, 소득분배는 균등(불균등)하다고 평가한다.

(2) 소득분배가 완전균등하면 $G=0$이고,소득분배가 완전 불균등하면 $G=1$이 된다.

(3) 특정소득계층의 소득분포상태는 표시하지 못한다.

(4) 지니계수가 같다고 해서 두 나라의 평등도가 같다고 할 수는 없다.

확인 TEST

A국에서 국민 20%가 전체 소득의 절반을, 그 이외 국민 80%가 나머지 절반을 균등하게 나누어 가지고 있다. A국의 지니계수는? [2019, 국가직 7급]

① 0.2
② 0.3
③ 0.4
④ 0.5

해설 주어진 조건을 충족하는 로렌츠 곡선을 그림으로 나타내면 다음과 같다.

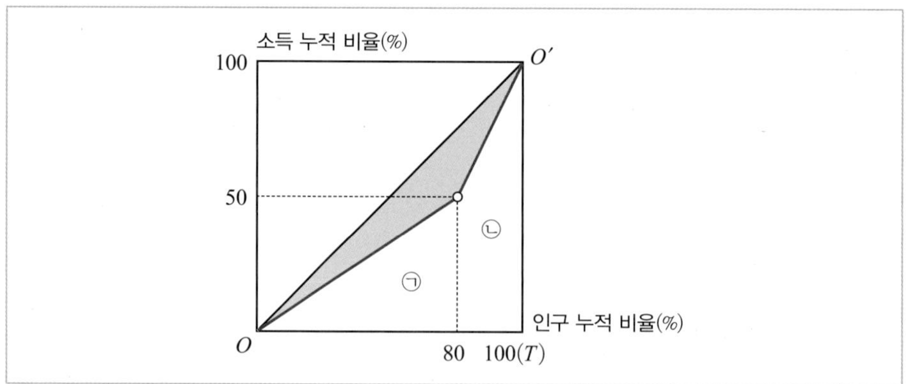

• 지니계수는 삼각형 OTO'의 넓이 중에서 (㉠+㉡) 부분을 제외한 빗금 친 부분이 차지하는 비중을 의미한다.

- 삼각형 OTO'의 넓이: $100 \times 100 \times \dfrac{1}{2} = 5,000$
- ㉠의 넓이: $80 \times 50 \times \dfrac{1}{2} = 2,000$
- ㉡의 넓이: $\dfrac{(50+100)}{2} \times 20 = 1,500$
- 빗금 친 넓이: $5,000 - 2,000 - 1,500 = 1,500$
- 지니계수: $\dfrac{\text{빗금 친 넓이}}{\text{삼각형 } OTO' \text{ 넓이}} = \dfrac{1,500}{5,000} = 0.3$

정답 ②

앳킨슨(Atkinson) 지수

$$\text{앳킨슨 지수(A)} = 1 - \frac{\text{균등분배대등소득}}{\text{사회평균소득}},\ 0 \leq A \leq 1$$

여기서 균등분배대등소득이란 현재의 소득분배 상태와 동일한 사회후생을 얻을 수 있는 완전히 평등한 소득분배 상태에서의 평균소득을 의미하며, 이때 A의 값이 작을수록 소득분배가 평등하다.

확인 TEST

최근 소득 불평등에 대한 사회적 관심이 커지고 있다. 소득불평등 측정과 관련한 다음의 설명 중 가장 옳은 것은? [2018, 서울시 공개경쟁 7급]

① 10분위 분배율의 값이 커질수록 소득 분배가 불평등하다는 것을 의미한다.
② 지니 계수의 값이 클수록 소득 분배는 평등하다는 것을 의미한다.
③ 완전 균등한 소득 분배의 경우 앳킨슨 지수 값은 0이다.
④ 로렌츠 곡선이 대각선에 가까워질수록 소득 분배는 불평등하다.

해설 • 소득 불평등 측정과 관련된 지표를 정리하면 다음과 같다.

지표	평가
10분위 분배율	작을수록(클수록) 불평등(평등)하다. $0 \leq$ 10분위 분배율 ≤ 2
5분위 분배율	클수록(작을수록) 불평등(평등)하다. $1 \leq$ 5분위 분배율 $\leq \infty$
로렌츠 곡선	대각선에서 멀어질수록(가까울수록) 불평등(평등)하다.
지니 계수	클수록(작을수록) 불평등(평등)하다. $0 \leq$ 지니 계수 ≤ 1
엣킨슨 지수	클수록(작을수록) 불평등(평등)하다. $0 \leq$ 엣킨스 지수 ≤ 1

정답 ③

4 쿠즈네츠의 U자 가설

1) 의의

(1) 경제의 발전단계에 따라 소득의 평등관계를 그래프로 표시한 것으로 쿠즈네츠(S. Kuznets)가 실증분석한 결과를 말한다.

(2) 쿠즈네츠 가설을 확실하게 뒷받침해 주는 나라는 미국, 영국, 독일, 일본 등 일부 선진국이다. 나머지 선진국 및 개발도상국에서는 쿠즈네츠 가설을 입증할 만한 확실한 증거가 잘 발견되지 않는다. 따라서 쿠즈네츠 가설은 법칙이 아니고 가설에 머물러 있다.

2) 그래프

경제발전과 소득분배

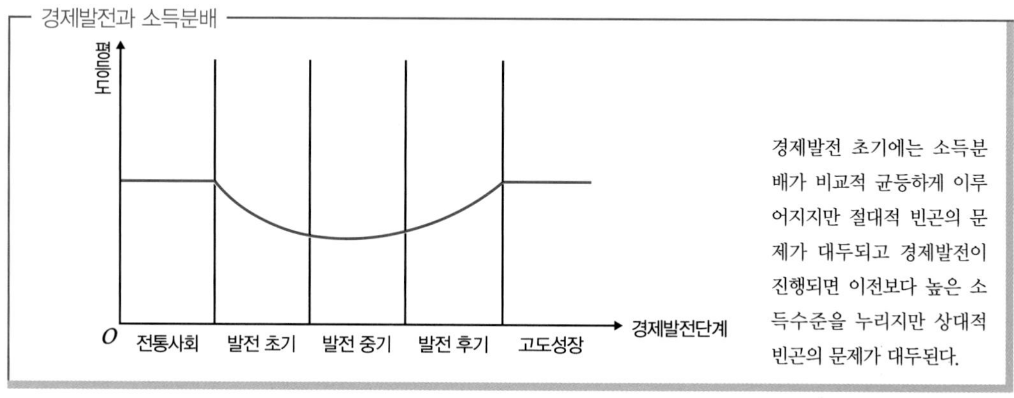

경제발전 초기에는 소득분배가 비교적 균등하게 이루어지지만 절대적 빈곤의 문제가 대두되고 경제발전이 진행되면 이전보다 높은 소득수준을 누리지만 상대적 빈곤의 문제가 대두된다.

(1) 전통사회에서는 소득분배가 비교적 균등하게 이루어지지만 소득 수준이 낮다는 문제, 즉 모두가 가난하다는 절대적 빈곤의 문제가 등장한다.

(2) 경제발전이 진행되면 이전보다 높은 소득수준을 누리지만, 소득분배 불균등이 악화되어 저소득층이 고소득층에 대하여 느끼는 빈곤감은 소득수준이 낮을 때보다도 커지게 되어, 상대적 빈곤의 문제가 대두된다.

기능별 소득분배와 계층별(인적) 소득분배

계층별 소득분배는 상이한 소득계층 간에 소득이 얼마나 (불)균등하게 분배되어 있는가를 보여 준다. 계층별 소득분배는 개인별 소득분배(personal distribution of income)라고도 한다. 계층별 소득분배에서는 기능별 소득분배와는 달리 소득의 원천이나 형태를 따지지 않고 소득의 크기만을 중시한다.

구분	기능별 소득분배	계층별 소득분배
개념	① 생산과정에서 생산요소의 기능에 대한 대가로서의 소득 ② 소득의 형태에 따른 분류 : 임금, 지대, 이자, 이윤	① 개인별, 계층별, 산업별 소득 ② 소득의 크기에 따른 분류
대표적 지표	근로소득분배율, 재산소득분배율	10분위 분배율, Lorenz곡선, Gini계수

제10장 일반균형 분석과 시장의 실패

Theme 58 시장균형 분석

❶ 부분균형 분석과 일반균형 분석

1) 부분균형 분석(partial equilibrium analysis)

(1) 의미

① "다른 모든 것은 일정하다"는 가정하에, 다른 경제 부분들은 무시하고 특정 부문만을 따로 떼어내어 분석하는 방법이다.

② 여기서 "다른 모든 것은 일정하다"는 것은 우리가 관심을 가지는 시장에 다른 시장으로부터 영향이 '들어오는 것(feed-in)'만을 고려하고, 그 시장에서 다른 시장으로 '되돌아나가는 것(feed-back)'은 분석하지 않는다는 것이다.

(2) 장점과 단점

① **장점**: 어떤 개별 부문의 특징적인 현상이 필요한 이상으로 복잡하지 않게 분석할 수 있다.

② **단점**: 다른 부문과의 상호 연관관계를 고려하지 않기 때문에 그릇된 결론에 도달할 가능성이 존재한다.

> A. Marshall의 대표적 기업(代表的 企業)
>
> 대표적 기업이란 끊임없이 흥망성쇠를 되풀이하는 기업 중에서 정상적인 능력을 가지고 경영되는 기업을 말한다. 그리고 이 기업의 생산비가 해당 산업의 정상 생산비를 나타낸다고 보았다. 또 어느 특정 산업이 발달하게 되는 까닭을 대표적 기업의 규모 확대와 기업이 이득을 볼 수 있는 외부경제를 가지고 설명하고, 그 결과 이 산업의 정상 생산비를 나타내는 곡선(장기공급곡선)은 위에서 밑으로 내려간다고 보았다.

2) 일반균형 분석(general equilibrium analysis)

(1) **의미**: 개별 시장의 가격 및 수급량 결정을 따로 떼어내어 보지 않고 타부문과의 상호 의존관계를 감안하여 모든 시장과 연관시켜 보는 방법 ⇒ 일반균형 분석에서는 독립재가 존재하지 않고 모두 관련재이다.

(2) **일반균형의 의미**: 모든 시장이 동시에 균형을 이루고 있는 상태를 말한다.

(3) **기능**: 부분균형 분석에서는 불가능했던 사회적인 복지와 효율성 분석이 가능

(4) **일반균형의 상태**: 4가지 조건이 충족되는 상태

① 모든 소비자가 자기의 예산 제약 하에 효용이 극대화하는 상품묶음을 소비한다.
② 모든 소비자가 원하는 만큼의 생산요소를 공급한다.
③ 모든 기업이 주어진 여건 하에 이윤을 극대화한다.
④ 주어진 가격체계에서 모든 생산물시장과 요소시장이 균형을 이룬다.

개념 플러스+ Walras의 법칙

1. **학자**: 일반균형이론을 처음으로 체계화한 L. Walras
2. **의미**: n개의 시장으로 이루어진 경제에서 $n-1$개의 시장이 균형을 이루면 나머지 하나의 시장도 당연히 균형을 이룬다는 것을 말한다.
3. **증명**
   (1) 모든 거래에서 각 경제주체는 화폐를 포함한 모든 상품에 대해서 자신이 수요하고자 하는 상품과 동일한 가치를 가지는 상품을 공급하려 한다고 할 수 있다.
   (2) 개별 시장에서 수요와 공급이 일치하지 않는다 하더라도, 경제 전체의 관점에서 총수요와 총공급은 항등적으로 일치한다. 즉, 경제 전체의 총초과수요는 항상 "0"이다.

$$(D_1-S_1)+(D_2-S_2)+\cdots+(D_{n-1}-S_{n-1})+(D_n-S_n)=0$$

   (3) 만약, 첫 번째 시장에서부터 $n-1$번째 시장까지가 모두 각각 균형을 이루고 있으면, 위 식에서 (D_n-S_n)도 "0"이 되므로 n번째 시장도 균형을 이루게 되는 것이다.
4. **Say의 법칙과의 비교**
   (1) **Walras의 법칙**: Walras의 법칙은 물물교환경제뿐 아니라 화폐경제에서도 성립하는데 이때는 화폐도 하나의 상품으로 간주하면 된다. 따라서 경제 전체적으로 화폐시장의 초과공급이 있으면, 생산물 시장에서는 초과수요가 있을 수 있다.
   (2) **Say의 법칙**: Say의 법칙은 화폐의 존재를 무시하므로 생산물 시장의 초과공급 자체가 있을 수 없다는 것을 의미한다.

확인 TEST

Walras 법칙에 관한 다음 설명 중 가장 옳지 않은 것은?

[2002, 입시]

① 한 개의 시장에서 수요와 공급이 일치하면 나머지 시장에서 초과수요의 가치의 합은 0이다.
② Walras 법칙이 성립하여도 개별적인 시장에서 수요와 공급이 일치한다는 보장은 없다.
③ 모든 시장에서 초과수요의 가치의 합은 0이다.
④ 개개인들의 예산제약 조건과는 무관하다.
⑤ 일반균형에 관한 법칙이다.

해설 Walras 법칙은 시장 전체의 초과수요의 합은 항상 0이라는 것이다. 따라서 n개의 시장이 있을 때 $(n-1)$개의 시장이 균형이라면 나머지 하나의 시장은 당연히 균형이 성립하게 된다. 주의할 것은 시장 전체의 초과수요의 합이 0이 되어 전체 시장이 균형이 되어도 개별 시장 모두가 균형이 도달해 있다는 것을 의미하는 것은 아니라는 점이다. 이러한 내용은 당연히 개인이 예산제약 범위 내에서 합리적 선택을 한다는 것을 전제한다.

정답 ④

② Pareto 최적과 자원의 최적 배분

1) Pareto 최적 기준

(1) **실현가능성(feasibility)**: 어떤 자원이나 생산물의 배분 상태(나누어져 있는 상태)가 경제 내의 부존량을 초과하지 않을 때 이 배분 상태는 '실현 가능하다'고 하고, 초과할 때는 '실현 불가능하다'고 한다. 다시 말하면 주어진 자원 부존량을 초과하지 않은 상태에서 자원배분이 이루어지는 것을 말한다.

(2) Pareto **우위(superior)**: 어떤 두 배분 상태를 비교할 때 한 배분 상태(A)가 다른 배분 상태(B)보다 모든 구성원의 효용이 클 때 A는 B에 대해 Pareto 우위에 있다고 한다. 당연히 B는 A에 대해 Pareto 열위에 있다고 한다.

(3) Pareto **최적(효율성: optimality)**: 사회의 경제적 후생이 극대가 되는 상태 '사회에 있어서 한 개인의 경제 상태를 악화시키지 않고서는 다른 개인의 경제 상태를 개선시킬 수 없는 상태'이다.

> Pareto 개선(Pareto improving)
>
> 어느 자원배분 상태(A)에서 다른 자원배분 상태(B)로의 이행이 모든 사람들의 처우를 개선한다든가 또는 적어도 다른 어느 사람의 처우를 불리하게 하지 않고 일부의 사람들의 처우를 개선시킬 수 있는 경우를 말한다. 이런 개선이 여지가 없는 상태를 Pareto 최적 상태라 한다.
>
> 또한 이 경우에 A는 B에 대하여 Pareto 열위(inferior), B는 A에 대하여 Pareto 우위(superior)에 있다고 한다.

2) Pareto 최적의 성립조건

(1) 소비 또는 교환의 Pareto 최적(=생산물의 최적배분)이 달성된다.

(2) 생산의 Pareto 최적(=생산요소의 최적배분)이 달성된다.

(3) 소비와 생산의 Pareto 최적(=생산물 구성의 최적)이 달성된다.

3) Pareto 최적의 한계

(1) Pareto 최적은 주어진 소득분배의 상황 아래서 자원배분의 문제만을 평가하기 때문에, 예를 들면 희소한 자원이 모두 어느 특정의 개인에게 배분되고, 기타 개인들에게 전혀 배분되지 않아도 Pareto 최적의 자원배분이 가능하다는 것이다.

(2) 따라서 Pareto 최적의 개념은 자원배분의 효율성만 따지는 것이며, 이른바 소득분배의 공평성 문제는 윤리적 가치판단에 속하는 것으로서 과학적 분석의 대상이 되지 못한다고 보고 있다.

확인 TEST

A, B, C 3인으로 구성된 경제상황에서 가능한 자원배분 상태와 각 상태에서의 3인의 효용이 〈보기〉와 같다. 다음 중 각 자원배분 상태를 비교했을 때 파레토 효율적이지 않은 자원배분 상태를 모두 고르면?

[2016, 국회 8급]

〈 보 기 〉

자원배분 상태	A의 효용	B의 효용	C의 효용
가	3	10	7
나	6	12	6
다	13	10	3
라	5	12	8

① 가
② 나, 다
③ 가, 다, 라
④ 나, 다, 라
⑤ 가, 나, 다, 라

해설
- 만약 '가' 상태에서 '라' 상태로 가면 다른 어떤 사람의 효용을 감소시키지 않아도 모두의 효용을 증가시킬 수 있다. 따라서 '가' 상태는 파레토 효율상태가 아니다.
- 만약 '나' 상태에서 '다' 상태로 가면 비록 A의 효용은 증가하지만 B와 C의 효용은 모두 감소하게 된다. 이에 따라 '나' 상태는 파레토 효율상태에 해당한다.

정답 ①

Theme 59 완전경쟁과 Pareto 최적성

❶ 생산의 Pareto 최적(=생산의 극대화)

1) **정의**: 두 생산요소를 이용하여 두 재화를 생산하는 경우 한 재화의 생산량을 감소시키지 않고서는 다른 재화의 생산량을 증대시킬 수 없는 생산요소의 배분 상태를 말한다.

2) Pareto(파레토) 최적점

(1) X재와 Y재의 상품을 노동(L)와 자본(K)으로 생산한다고 가정한다.

(2) E점에서 생산하고 있다면 E점에서 b점으로 이동함에 따라 X재의 생산량은 불변이지만 Y재의 생산의 생산량은 증대 ⇒ 따라서 E점은 Pareto 최적점이 아니다.

생산의 pareto 최적

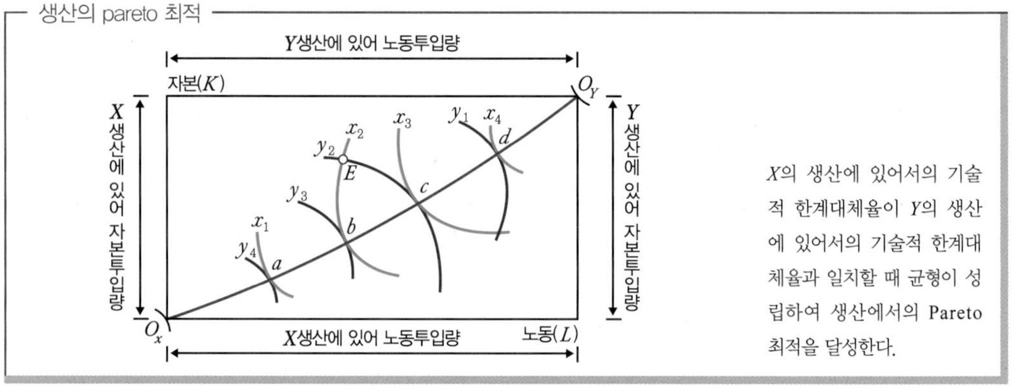

(3) O_XO_Y선상에 b점이나 c점에 달하게 되면 거기서부터 어느 방향으로 움직여도 이제는 어느 재화의 생산량을 감소시키지 않고서 다른 상품의 생산량을 증가시키는 것은 불가능
⇒ 따라서 O_XO_Y선상의 모든 점들은 Pareto 최적의 상태를 의미한다.

(4) O_XO_Y선상의 모든 점들은 Pareto 최적의 상태를 표시하는데, 예컨대 a, b, c, d점에서는 X, Y 두 재화의 등량곡선이 접하게 되므로 기술적 한계대체율이 일치 ⇒ 이에 따라 X재 생산에 있어서 기술적 한계대체율이 Y재 생산에 있어서의 그것과 일치할 때 균형이 성립한다.

$$(MRTS_{LK})_X=(MRTS_{LK})_Y$$

(5) 생산에 있어 Pareto 최적이 성립하는$(MRTS_{LK})_X=(MRTS_{LK})_Y$가 되는 점들을 연결한 선이 생산계약곡선(production contract curve) ⇒ 이를 산출물 공간으로 옮기면 생산가능곡선을 도출할 수 있게 된다.

❷ 생산가능곡선

1) 생산가능곡선의 의의

(1) (a)와 같이 X와 Y의 등생산량곡선을 에지워드 보울리(Edgeworth-Bowley)로 나타내면 가장 효율적인(Pareto efficient) L과 K의 배합은 양 등생산량곡선이 접하는 $XabY$(계약곡선) 위의 점들이 된다.

(2) $L-K$ 평면의 계약곡선을 $X-Y$(산출물) 평면으로 옮겨 놓은 것이 생산가능곡선(b)

생산가능곡선의 도출

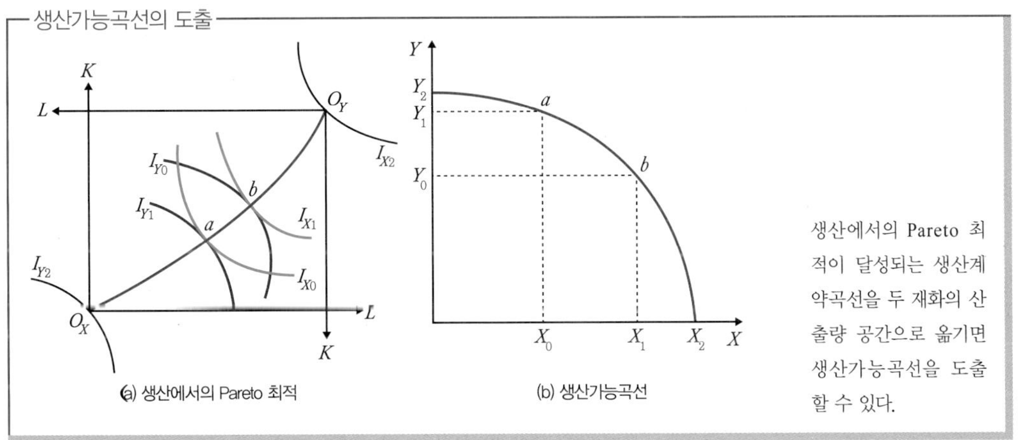

(a) 생산에서의 Pareto 최적 (b) 생산가능곡선

생산에서의 Pareto 최적이 달성되는 생산계약곡선을 두 재화의 산출량 공간으로 옮기면 생산가능곡선을 도출할 수 있다.

확인 TEST

아래 왼쪽 그림은 X재와 Y재의 생산에 대한 에지워드 상자를 나타내고 있다. 그리고 오른쪽 그림은 에지워드 상자 내의 $A-E$점을 재화 평면상의 $F-J$점으로 1:1 대응시킨 것이다. 다음 중 바르게 옮긴 것은? [2012, CPA]

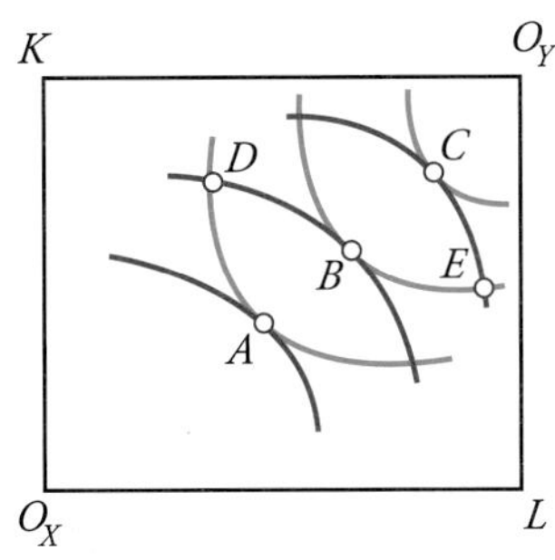

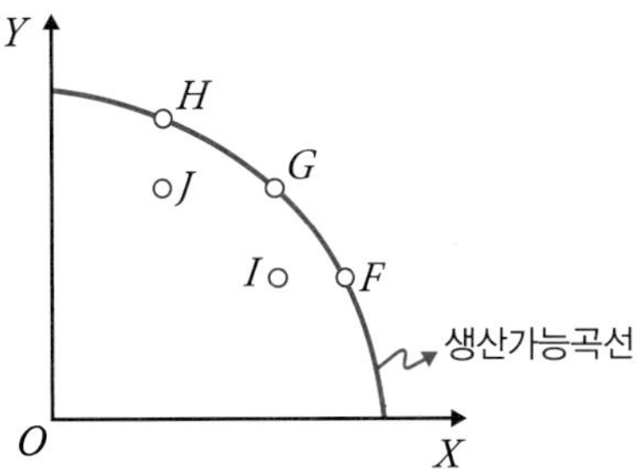

① $A \Rightarrow F$　② $B \Rightarrow G$　③ $C \Rightarrow H$　④ $D \Rightarrow I$　⑤ $E \Rightarrow J$

해설 A, B, C점은 모두 생산계약곡선상에 있는 파레토 효율을 달성하고 있는 점으로 오른쪽의 생산계약곡선상의 한 점과 다음과 같이 대응된다.

$$A \Rightarrow H,\ B \Rightarrow G,\ C \Rightarrow F$$

이처럼 $A \Rightarrow B \Rightarrow C$ 점으로 옮겨 갈수록 X재의 생산량은 증가하고, Y재의 생산량은 감소하게 된다. 한편 D와 E점은 생산계약곡선 밖의 점으로 파레토 비효율 상태에 놓여 있는 점이며, 오른쪽 생산계약곡선 안쪽의 한 점과 다음과 같이 대응된다.

$$D \Rightarrow J, \; E \Rightarrow I$$

왼쪽 그림의 D점은 E점에 비해 X재 생산량이 적은 등량곡선상에 위치하고 있으므로 J점과 대응되는 것이다.

정답 ②

2) 생산가능곡선의 의의

(1) **개념**: 국민 경제가 주어진 생산요소를 최대한 효율적으로 사용하여 생산해 낼 수 있는 X, Y 두 재화의 조합들의 궤적을 말한다.

(2) **도해적 설명**

생산가능곡선

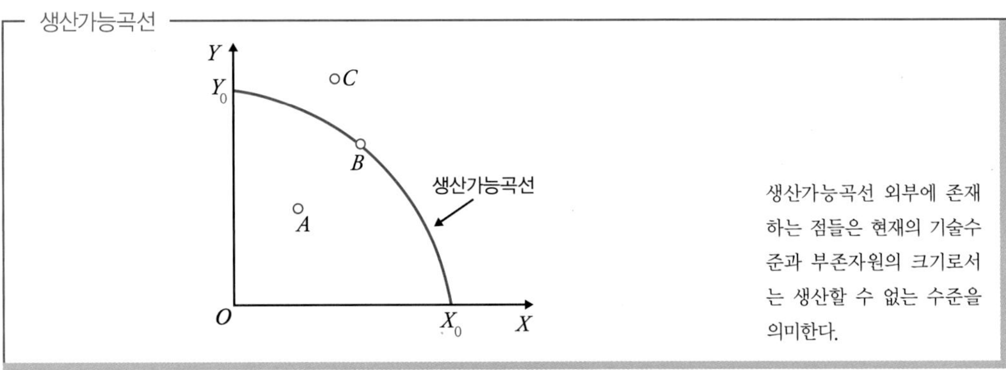

생산가능곡선 외부에 존재하는 점들은 현재의 기술수준과 부존자원의 크기로서는 생산할 수 없는 수준을 의미한다.

A점은 비효율적인 생산에 의한 재화 생산점(또는 모든 생산요소를 사용하지 않고 생산하는 점)이고, C는 주어진 생산요소만을 사용해서는 도달할 수 없는 생산점 ⇒ B점과 같이 X_0Y_0선상의 점들만이 효율적인 생산에 의한 재화의 조합이다.

(3) **생산가능곡선의 특징**

① **원점에 대해 오목**: 일정한 X재의 생산을 증가시키기 위해서는 이보다 많은 Y재의 생산을 희생시켜야 한다는 것을 의미한다. ⇒ 한계변환율(MRT) 체증 또는 기회비용 체증(increasing opportunity cost)

생산가능곡선의 모양

생산가능곡선은 원점에 대해 항상 오목한가? 반드시 그렇지는 않다. 예를 들어 두 기업이 각각 한 종류의 재화를 생산한다고 하자. 만약에 이들 기업의 장기평균비용곡선이 수평하다면, 즉 규모에 대한 수익 불변이라면 한계비용 또한 생산량에 관계없이 일정할 것이다. 이때 이들 기업으로 이루어진 경제의 생산가능곡선은 한계변환율이 모든 점에서 일정하기 때문에 직선으로 주어진다. 그러나 생산가능곡선이 원점에 대해 오목하다고 가정하는 것이 일반적인데 이는 X재 생산이 증가함에 따라 추가적인 생산에 대한 Y재의 생산 포기분이 증가한다는 경험적 사실을 반영한 것이다. 이는 자원의 이질성에서 성립하는 것이다.

② 생산가능곡선상의 점은 생산물의 구성 상태를 의미한다.

③ 생산가능곡선 내의 영역은 생산가능영역이다.

3) 한계변환율(marginal rate of transfoation : MRT)

(1) 생산가능곡선의 기울기

(2) 자원사용량에 변화가 없다는 가정 하에 생산물 상호 간의 대체율, 즉 X재 한 단위를 더 생산하기 위하여 포기해야 하는 Y재의 수량으로 기회비용을 표시한다.

$$\text{한계변환율}=(MRT)=-\frac{\Delta Y}{\Delta X}=\frac{MC_X}{MC_Y}=\frac{P_X}{P_Y}=\text{상대가격 }(Y\text{재로 표시한 }X\text{재의 기회비용})$$

(3) **한계변환율 체증**: X재의 생산비율을 크게 할수록 ($Y_2 \Rightarrow a \Rightarrow b \Rightarrow X_2$), Y재가 희생되는 수량 $[(Y_2-Y_1) \Rightarrow (Y_1-Y_0) \Rightarrow (Y_0-0)]$이 커진다는 것을 의미 ⇒ 생산물 대체에 기술적인 제약이 따르고 생산물 대체가 불완전하기 때문에 발생한다.

확인 TEST

다음 표는 각각 A국과 B국의 생산가능곡선상 점들의 조합을 나타낸 것이다. 이에 대한 설명으로 옳은 것은? (단, 재화는 X재와 Y재만 존재한다.)

[2015, 서울시 7급]

X재	0개	1개	2개
Y재	14개	8개	0개

〈A국 생산가능곡선상의 조합〉

X재	0개	1개	2개
Y재	26개	16개	0개

〈B국 생산가능곡선상의 조합〉

① X재를 1개 생산함에 따라 발생하는 기회비용은 A국이 B국보다 작다.
② A국이 X재를 생산하지 않는다면 A국은 Y재를 최대 10개까지 생산할 수 있다.
③ A와 B국이 동일한 자원을 보유하고 있는 경우라면 A국의 생산기술이 B국보다 우수하다.
④ B국이 X재를 1개씩 추가적으로 생산함에 따라 발생하는 기회비용은 점차 감소한다.

해설 A국에서 X재 1개 ⇒ 2개를 생산함에 따라 발생하는 기회비용$\left(=-\frac{\Delta Y}{\Delta X}\right)$은 6개 ⇒ 8개이고, B국에서 X재 1개 ⇒ 2개를 생산함에 따라 발생하는 기회비용$\left(=-\frac{\Delta Y}{\Delta X}\right)$은 10개 ⇒ 16개가 되어, A국이 B국보다 작게 된다.

② A국이 X재를 생산하지 않는다면 A국은 Y재를 최대 14개까지 생산할 수 있다.
③ A국과 B국의 두 재화 최대생산 가능량을 비교해보면 X재인 경우에는 동일하지만, Y재인 경우에는 B국의 최대생산 가능량이 더 많다. 따라서 만약 A와 B국이 동일한 자원을 보유하고 있는 경우라면 B국의 Y재 생산기술이 A국보다 우수하다고 판단할 수 있다.
④ B국에서 X재 1개 ⇒ 2개를 생산함에 따라 발생하는 기회비용$\left(=-\frac{\Delta Y}{\Delta X}\right)$은 10개 ⇒ 16개가 되어, B국이 X재를 1개씩 추가적으로 생산함에 따라 발생하는 기회비용은 점차 증가하게 된다.

정답 ①

4) 기술적 효율과 경제적 효율

(1) **기술적 효율**

① 주어진 생산요소로부터 이 생산요소의 여러 가지 배합을 통하여 최대한의 산출량을 얻는 방법을 말한다.

② 생산함수상의 모든 점들은 기술적 효율이 있는 점들이다.

(2) **경제적 효율**

① 최소비용에 의한 일정량의 생산 또는 일정 생산비에 의한 최대의 생산량을 얻는 방법을 말한다.

② 생산자 균형점($MRT=-\frac{\Delta Y}{\Delta X}$=상대가격)만이 경제적 효율이 있는 점이다.

(3) **양자의 관계**: 경제적 효율이 있는 점은 모두 기술적 효율이 있는 점이다. 그러나 그 역은 성립하지 않는다.

5) 생산가능곡선의 이동

(1) 한 경제의 생산능력의 변화를 뜻하며, 특히 밖으로의 이동은 경제성장을 의미한다.

(2) **원인**

① **생산요소의 변동**: 인구, 자본, 천연자원의 증가

② **생산요소의 질적 변동**: 생산성 향상, 기술 수준의 향상

생산의 pareto 최적

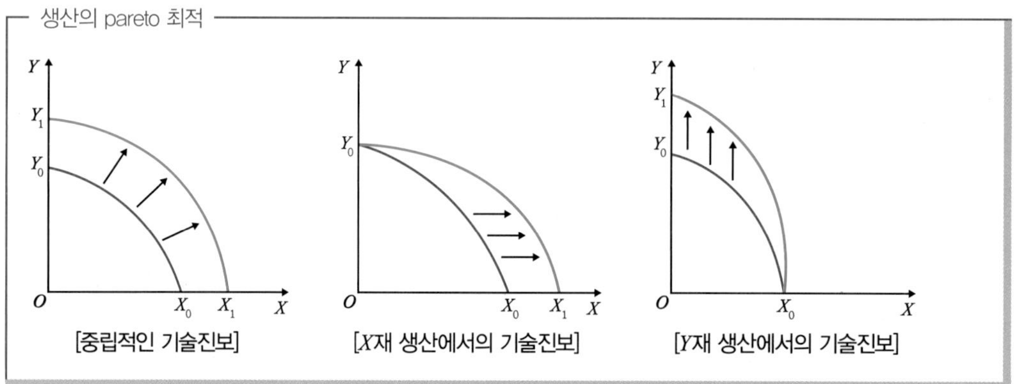

주의

단순한 완전고용의 달성이나 자본재의 완전가동은 생산가능곡선 내부에서 생산가능곡선상으로만 이동할 뿐 생산가능곡선 자체의 이동을 가져오지는 않는다.

확인 TEST

선박과 자동차만 생산하는 A국에서 선박 생산의 기술혁신으로 선박과 자동차로 표현한 생산가능곡선이 이동하였고 경제성장을 달성하였다. 이 경우 나타나는 현상으로 옳지 않은 것은?

[2010, 지방직 7급]

① 선박의 기회비용은 증가한다.
② 자동차의 기회비용은 증가한다.
③ 생산가능곡선상의 교환 비율은 시간에 따라 변할 수 있다.
④ 생산가능곡선상의 교환 비율은 곡선상의 위치에 따라 다를 수 있다.

해설 선박을 가로축, 자동차를 세로축에 놓고 문제에서 주어진 내용을 그림으로 나타내면 다음과 같다. 앞의 그림은 선박 생산만의 기술혁신으로 나타난 변화이므로 자동차 생산가능 최대량은 변화가 없고, 선박 생산 가능 최대량만이 증가하는 모습으로 나타나있다.

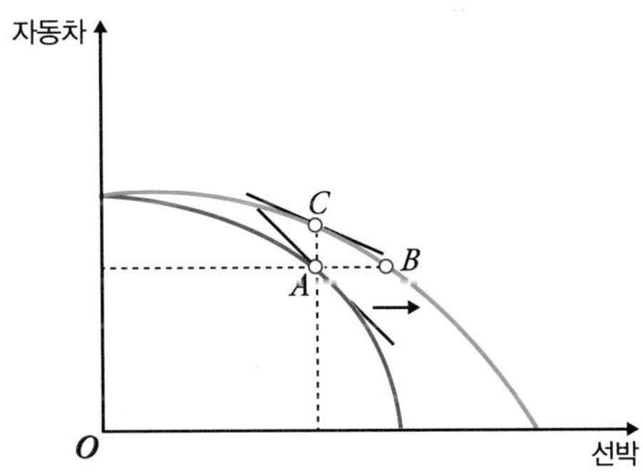

① 선박의 기회비용인 A점에서의 접선의 기울기(한계변환율)보다 기술혁신 후의 B점에서의 접선의 기울기가 더욱 완만해졌으므로 기회비용은 감소한다.
② 축을 회전시켜 자동차의 생산량을 가로축으로 놓고 보면 A점에서 접선의 기울기보다 A점에서 접선의 기울기가 더욱 가팔라졌으므로 기회비용은 증가한다.
③ 시간이 지남에 따라 나타날 수 있는 부존자원의 변화, 기술혁신의 발생 등에 따라 생산가능곡선 자체가 이동할 수 있으므로 생산가능곡선상의 교환비율인 기회비용은 시간에 따라 변할 수 있다.
④ 곡선상의 위치에 따라 접선의 기울기가 서로 다르므로 접선의 기울기로 측정되는 생산가능곡선상의 교환비율은 곡선상의 위치에 따라 다를 수 있다.

정답 ①

③ 소비(또는 교환)의 Pareto 최적(=효용의 극대화)

1) **정의**: 두 사람이 두 재화를 소비하는 경우 어느 개인의 효용을 감소시키지 않고서는 다른 개인의 효용을 증대시킬 수 없는 상태를 말한다.

2) Pareto 최적점

(1) 개인은 A와 B, 재화는 X와 Y만 존재한다고 가정

(2) 두 사람의 소비가 E점에 있다면 E점에서 g점으로 이동함에 따라 A의 효용은 불변이지만 B의 효용은 증대 ⇒ 따라서 E점은 Pareto 최적점이 아니다.

소비의 parato 최적

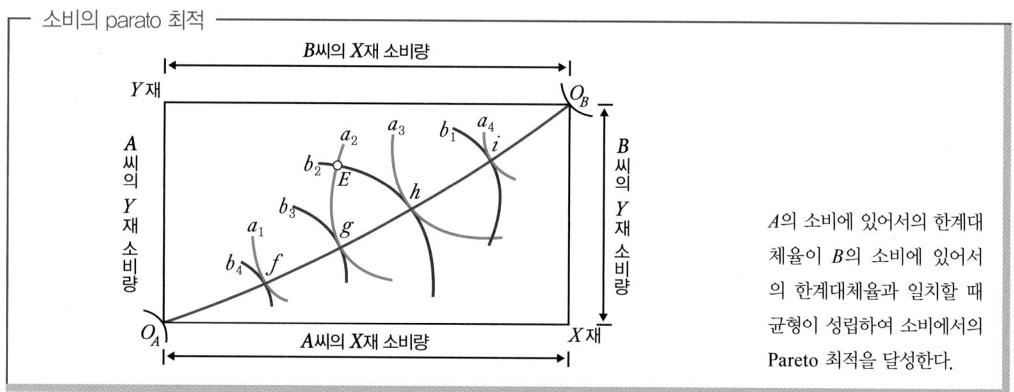

A의 소비에 있어서의 한계대체율이 B의 소비에 있어서의 한계대체율과 일치할 때 균형이 성립하여 소비에서의 Pareto 최적을 달성한다.

(3) O_AO_B선상에 g점이나 h점에 달하게 되면, 거기서부터 어느 방향으로 움직여도 어느 개인의 경제적 후생을 손상시키지 않고서 다른 개인의 후생을 높이는 것이 불가능 ⇒ 따라서 O_AO_B선상의 모든 점들은 Pareto 최적의 상태를 의미한다.

(4) O_AO_B선상의 모든 점들은 *Pareto* 최적의 상태를 표시하는데, 예컨대 f, g, h, i점에서는 A, B 두 사람의 무차별곡선이 접하게 되므로 한계대체율이 일치 ⇒ 이에 따라 A의 소비에 있어서의 한계대체율이 B의 소비에 있어서의 그것과 일치할 때 균형이 성립한다.

$$(MRS_{XY})_A=(MRS_{XY})_B$$

Pareto 최적의 이해

예컨대 $MRS_A=1<2=MRS_B$라고 하자. A의 한계대체율이 1이라는 것은 X재 1단위를 Y재 1단위와 교환해도 무차별하다는 것이고, 이는 곧 X재 1단위를 Y재 1단위와 교환할 용의가 있다는 것이다. 반면 B는 X재 1단위와 Y재 2단위를 교환해도 무차별하여, 그렇게 교환할 용의가 있을 정도로 A보다 X재를 더 높이 평가하는 것이다. 그렇다면 A는 X재를 더 중요하게 생각하는 B에게 X재를 1단위를 주는 대신, 그 대가로 B는 A에게 Y재를 1.5단위 주는 교환이 이루어지면, 두 사람의 만족수준은 어떻게 될까? A는 X재 1단위 Y재 1단위를 교환하는 경우 무차별한데, X재 1단위 대신 Y재 1.5단위를 얻었으니 더 높은 만족을 얻는다. B는 B대로 X재 1단위에 대하여 Y재 2단위를 줄 용의가 있는데 1.5단위만 주어도 되므로 만족수준이 높아지게 된다. 따라서 교환 후에 두 사람의 만족수준이 모두 증가하므로 교환은 파레토 우월한 배분을 달성한다. 이러한 논리는 한계대체율이 차이가 나는 한 계속될 것이고, 한계대체율이 같아져야 비로소 파레토 우월한 교환을 찾을 수 없는 파레토 최적 상태가 되는 것이다.

(5) 소비에 있어 Pareto 최적이 성립하는$(MRS_{XY})_A=(MRS_{XY})_B$가 되는 점들을 연결한 선이 소비계약곡선(consumption contract curve)이고, 이러한 소비계약곡선을 두 재화의 효용공간으로 옮긴 것이 효용가능곡선이다.

효용가능곡선의 도출

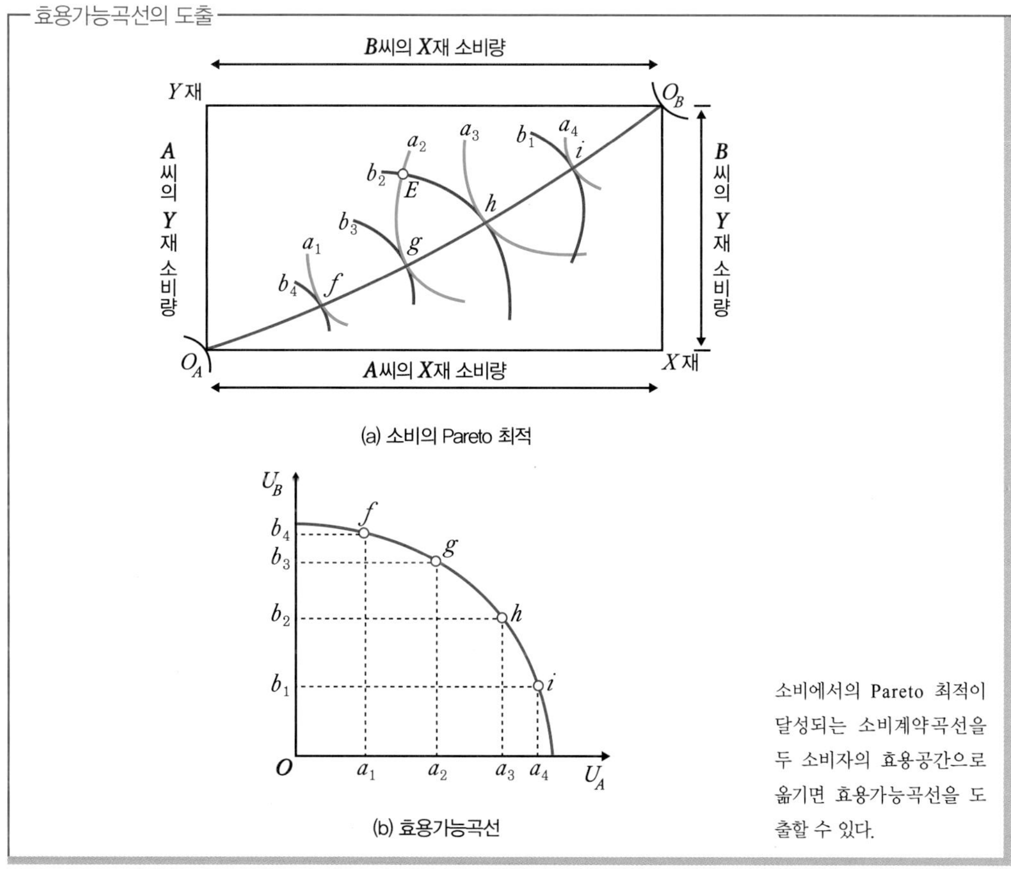

(a) 소비의 Pareto 최적

(b) 효용가능곡선

소비에서의 Pareto 최적이 달성되는 소비계약곡선을 두 소비자의 효용공간으로 옮기면 효용가능곡선을 도출할 수 있다.

확인 TEST

에지워스 박스(Edgeworth Box)를 사용한 일반균형분석에 대한 설명으로 옳지 않은 것만을 〈보기〉에서 모두 고르면? (단, 이 경제에는 A와 B 두 사람, X와 Y 두 재화만 존재하며 재화의 총량은 $\bar{X}$와 $\bar{Y}$로 결정되어 있다.)

[2019, 국회 8급]

〈 보 기 〉

㉠ 재화 X, Y의 가격이 변동할 때 계약곡선은 이동한다.
㉡계약곡선은 분배적 형평성을 실현했음을 의미한다.
㉢ 두 사람의 한계대체율이 서로 같게 되는 모든 점은 파레토 효율점을 의미한다.
㉣ 만약 $X_A+X_B<\overline{X_A}+\overline{X_B}$라면, X재의 가격이 상승하여야 일반균형이 달성된다. (단, X_A와 X_B는 각각 A와 B의 X재 수요량을, $\overline{X_A}$, $\overline{X_B}$는 각각 A와 B의 X재화 초기 소유량을 의미한다.)

① ㉡　② ㉠, ㉢　③ ㉡, ㉣　④ ㉠, ㉡, ㉣　⑤ ㉠, ㉡, ㉢, ㉣

해설 • 소비에서의 파레토 효율은 두 소비자의 한계대체율(MRS_{XY})이 일치하는 점에서 달성된다. 이러한 점들을 연결한 것이 (소비)계약곡선이다.

㉠ 계약곡선은 두 소비자의 무차별곡선이 접하여 한계대체율(MRS_{XY})이 일치하는 점들을 연결한 것이다. 따라서 두 재화의 가격변화와 무관하게 도출된다.

㉡ 계약곡선은 자원의 효율적 배분이 실현되었음을 의미할 뿐, 분배적 형평성까지 보장하는 것은 아니다.

㉣ $X_A+X_B<\overline{X_A}+\overline{X_B}$라는 것은 X재의 초기 소유량에 비해 현재 필요한 수량이 작다는 것을 의미한다. 곧 초과공급(수요부족) 상황을 의미한다. 따라서 이러한 상황이 해소되기 위해서는 가격이 하락하여야 일반균형이 달성될 수 있다.

정답 ④

4 완전경쟁시장과 Pareto 최적

1) 의의

(1) 소비이론에서 본 바와 같이 각 소비자는 $MRS_{XY}=\frac{P_X}{P_Y}$가 성립하는 점에서 소비를 결정하고 완전경쟁시장에서는 모든 소비자에 대해 제품가격이 P_X , P_Y로 동일하므로 다음 식이 성립한다.

$$MRS^A_{XY}=\frac{P_X}{P_Y}=MRS^B_{XY}$$

(2) 생산이론에서 본 바와 같이 각 생산자는 $MRTS_{LK}=\frac{w}{r}$가 성립하는 점에서 생산을 결정하고, 완전경쟁시장에서는 모든 생산자에 대해 요소가격이 w, r로 동일하므로 다음 식이 성립한다.

$$MRTS^X_{LK}=\frac{w}{r}=MRTS^Y_{LK}$$

(3) 생산가능곡선에서 MRT_{XY}는 Y재로 나타낸 X재의 기회비용이므로 $MRT_{XY}=\frac{MC_X}{MC_Y}$이다.

이때 MC_X/MC_Y는 X재 한 단위의 생산을 포기함으로써 추가적으로 생산할 수 있는 Y재의 수량을 나타낸다. 한편 완전경쟁시장에서는 $P_X=MC_X$, $P_Y=MC_Y$이므로 (1)에 의하여 다음 식이 성립한다.

$$MRT_{XY}=MRS^A_{XY}=MRS^B_{XY}$$

확인 TEST

경제 전체의 파레토 효율성을 만족시키는 상황에 관한 설명으로 옳지 않은 것은?

[2008, 국회 8급]

① 각 재화의 가격비와 한계변환율이 일치한다.
② 소비자들의 각 재화의 한계대체율이 일치한다.
③ 각 재화의 한계변환율과 한계대체율이 일치한다.
④ 각 재화 생산요소들의 한계기술대체율이 일치한다.
⑤ 각 재화 생산요소들의 한계기술대체율과 각 재화의 가격비가 일치한다.

해설 시장 경제에서 파레토 최적이 달성되기 위한 조건은 다음과 같다.

i) 소비의 파레토 최적 조건: $MRS^A_{X,Y} = MRS^B_{X,Y} \Rightarrow$ ②

ii) 생산의 파레토 최적 조건: $MRTS^X_{L,K} = MRTS^Y_{L,K} \Rightarrow$ ④

iii) 소비와 생산의 동시 파레토 최적 조건: $MRS_{X,Y} = \dfrac{P_X}{P_Y} = MRT_{X,Y} \Rightarrow$ ①, ③

정답 ⑤

Theme 60 사회 후생함수와 사회 무차별곡선

❶ 의의

1) 사회후생함수(social welfare function)

(1) 사회 구성원들의 후생(효용)과 사회 전체의 후생(효용) 수준과의 관계식을 의미한다.

(2) 일반적인 사회 후생함수는 다음과 같이 나타낼 수 있다.

$$SW = W(U_1,\ U_2,\ \cdots\cdots)$$

여기서 U_i는 구성원 i의 효용이다.

2) 사회 무차별곡선(social indifference curve)

(1) 사회 후생함수로부터 도출된 동일한 수준의 사회 후생을 주는 사회 구성원 효용의 다양한 배합점들의 궤적을 의미한다.

사회 무차별곡선

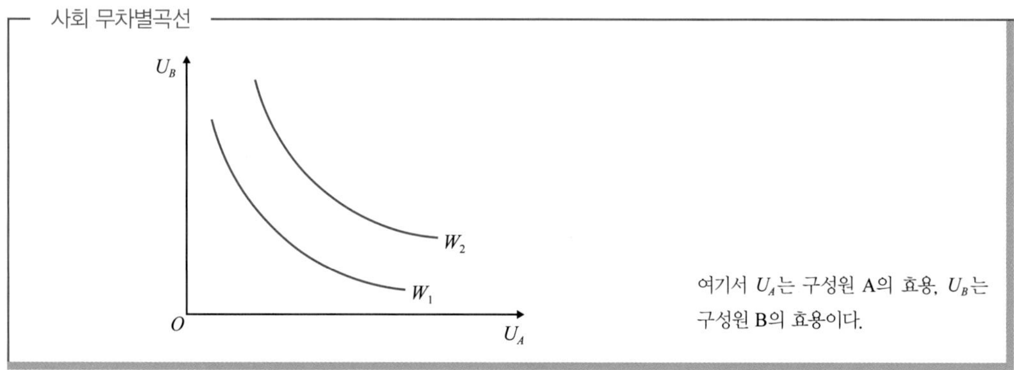

여기서 U_A는 구성원 A의 효용, U_B는 구성원 B의 효용이다.

(2) 각 구성원의 효용 U_A, U_B는 기수적 개념이 아니고 서수적 개념이다.

다양한 사회무차별곡선

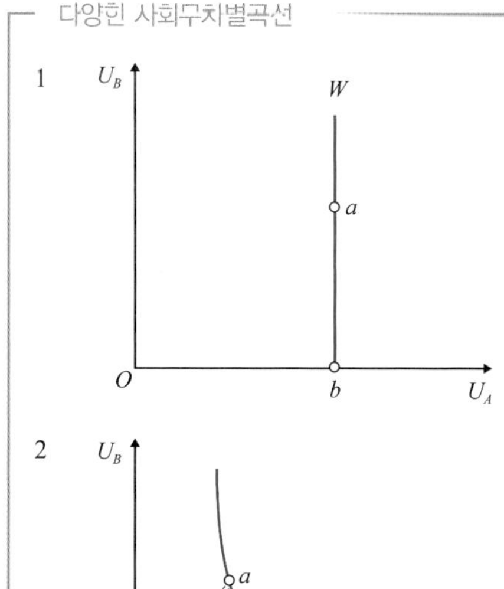

1 그림에서 a와 b의 사회적 후생수준은 같다. 사회무차별곡선이 수직선이면 이것은 B의 효용수준에 상관없이 그 사회의 효용수준은 오직 A의 효용수준에 의해서만 결정되는 것을 뜻한다. 따라서 B는 '노예'와 같은 사회적 대우를 받고 있다고 볼 수 있다.

2 그림에서 a와 b의 사회적 후생수준은 같다. 만약 사회무차별곡선이 가파르게 우하향하면 이것은 B의 효용이 크게 감소하더라도 A의 효용이 조금만 늘어나도 그 사회의 후생수준은 변화가 없다는 것을 뜻한다. 이러한 경우의 B는 소수민족, 차별당하는 외국인 노동자 등으로 해석할 수 있다.

2. 사회 후생함수에서 전제하는 기준

후생경제학(welfare economics)의 의의

한 나라의 현재의 총후생 크기가 W라고 할 때, 보유하고 있는 부존자원량과 기술수준에서 총후생의 크기를 W에서 W^*로 증가시킬 수 있다고 가정하자. 이 경우 후생 경제학의 과제는 (a) 현 상태에서 W^*가 W보다 크다는 것을 증명하고, (b) W를 W^*로 증가시킬 수 있는 대안을 제시하는 것이다.

1) 경제성장의 기준(A. Smith)

국부의 증가를 후생 증가의 기준으로 이해했다. 즉, 경제성장은 고용과 재화 생산을 증가시킴으로써 사회후생을 증가시킨다는 것이다. 필연적으로 이러한 관점은 효율성의 중요성을 강조할 수밖에 없다. 결국 현재의 소득분배를 '윤리적인' 또는 '공정한' 것으로 인정하게 된다. 그러나 효율성은 사회후생을 극대화하기 위한 필요조건은 될 수 있을지언정 충분조건은 아니라는 것을 간과하고 있다.

2) 벤담(J. Bentham)류의 공리주의적(utilitarian) 기준

벤담은 '최대다수의 최대행복(the greatest good for the greatest number)이 얻어질 때 사회후생은 향상된다'고 주장하였다. 이 주장은 총후생은 그 사회의 효용을 합산한 것과 같다는 가정을 내포한다. 그런데 이러한 관점은 (a) 개인 간의 가치가 비교되고 있고, (b) '최대다수'와 '최대행복'이 동시에 존재하지 않을 때에는 적용할 수 없다는 문제점을 내포하고 있다.

⑴ 사례-1

벤담에 따르면 $\Delta W = \Delta U_A + \Delta U_B + \Delta U_C > 0$이면 $\Delta W > 0$이 성립한다. 여기서 W는 사회후생, U_A는 개인 A의 후생, U_B는 개인 B의 후생, U_C는 개인 C의 후생이다. 그런데 이러한 해석은 A와 B의 효용은 증가하고, C의 효용은 감소하였지만 $\Delta U_A + \Delta U_B > |\Delta U_C|$를 만족하는 경우에도 단지 $\Delta W > 0$이 성립한다는 이유로 사회후생이 증가한다고 결론을 내린다는 의미이다. 이러한 결론은 A와 B가 C보다도 더 큰 '가치'를 가지고 있다고 하는 것과 다름없다. 즉 벤담의 기준은 사회구성원이 받아야 하는 가치의 개인 간 비교가 내포되어 있는 문제점을 보이게 된다. 무엇보다 벤담은 스스로가 서로의 행복을 통합하는 것을 마치 20개의 사과와 20개의 배를 더해서 40개의 동질의 그 무엇으로 간주하는 것으로 비유하였다. 그런데 이러한 사고는 "한 개인의 행복(효용)은 결코 다른 사람의 행복(효용)이 될 수 없다"라는 본질적인 측면을 무시하는 것이다. 이러한 문제점을 극복할 수 없다는 자신의 무능함을 탓하며 좌절감에 빠진 벤담은 그의 연구업적 중 일부만을 출간하는데 그치고 만다.

⑵ 사례-2

벤담의 기준은 '최대다수'와 '최대행복'이 동시에 존재하지 않는 상태를 비교하는 데는 적용될 수 없다는 것이다. $U_A = 100$, $U_B = 90$, $U_C = 90$으로 $W_1 = U_A + U_B + U_C = 280$인 경우와 $U_A = 200$, $U_B = 80$, $U_C = 20$으로 $W_2 = U_A + U_B + U_C = 300$인 경우를 비교해 보자. W_1은 비록 총후생이 300보다는 작지만 '최대다수' 조건을, W_2는 총후생이 280보다 크기 때문에 '최대행복' 조건을 각각 만족시킬 뿐, '최대다수의 최대행복' 조건을 모두 만족시키지는 못한다. 즉 벤담의 조건으로는 W_1과 W_2의 후생비교가 불가능하게 된다.

⑶ 한계

벤담의 기준은 모든 구성원의 선호의 '원점(출발점)' 혹은 '0 수준(zero level)'의 선호가 동일하다는 가정에서 출발한다는 것이다. 여기서 선호의 '원점(출발점)' 혹은 '0 수준(zero level)'의 선호는 다음과 같이 설명할 수 있다. 예컨대 개인은 고통을 느끼거나 기분이 나쁜 경우엔 부(負)의 효용을, 쾌락이나 만족감을 느낄 경우엔 정(正)의 효용을 갖게 된다. 그러한 부(負)와 정(正)의 효용 사이의 어디에선가 선호의 '원점(출발점)' 혹은 '0 수준(zero level)'의 선호에 해당하는 상태가 있을 것이다. 그런데 개인의 선호를 반영하는 효용은 주관적(subjective)인 것이기 때문에 선호의 '원점(출발점)' 혹은 '0 수준(zero level)'의 선호 또한 서로 다른 것이다. 따라서 선호의 '원점(출발점)' 혹은 '0 수준(zero level)'의 선호가 동일하다는 것을 일반적으로 인정하기는 어려운 것이다.

확인 TEST

갑과 을이 150만 원을 각각 x와 y로 나누어 가질 때, 갑의 효용함수는 $u(x)=\sqrt{x}$, 을의 효용함수는 $u(y)=2\sqrt{y}$이다. 이때 파레토 효율적인 배분과 공리주의적 배분은? (단, 공리주의적 배분은 갑과 을의 효용의 단순 합을 극대화하는 배분이며 단위는 만 원이다.) [2018, 지방직 7급]

	파레토 효율적인 배분	공리주의적 배분
①	($x+y=150$)을 만족하는 모든 배분이다.	($x=75,\ y=75$)
②	($x=30,\ y=120$)의 배분이 유일하다.	($x=75,\ y=75$)
③	($x=75,\ y=75$)의 배분이 유일하다.	($x=30,\ y=120$)
④	($x+y=150$)을 만족하는 모든 배분이다.	($x=30,\ y=120$)

해설

- 파레토 효율적인 배분은 다른 사람의 효용을 증가시키기 위해서는 반드시 다른 사람의 효용이 감소해야 하는 상태를 의미한다. 그런데 현재 주어진 150만 원을 갑과 을이 나누어 가질 때, 한 사람의 몫이 커지면 다른 사람의 몫은 반드시 작아진다. 따라서 '$x+y=150$'을 만족하는 모든 배분은 파레토 효율적인 배분이 된다.
- 공리주의적 배분은 갑의 효용($u(x)=\sqrt{x}$)과 을의 효용($u(y)=2\sqrt{y}$)의 단순 합을 극대화하는 배분이므로, 사회후생(SW) 함수인 '$SW=(ux)+u(y)=\sqrt{x}+2\sqrt{y}$'를 극대화하는 것이다.
- 주어진 조건에 따른 라그랑지 함수가 다음과 같이 도출된다.

> - $\max \sqrt{x}+2\sqrt{y}$, subject $x+y=150$
> - $L=\sqrt{x}+2\sqrt{y}+\lambda(150-x-y)$

- 앞에서 도출된 라그랑지 함수에 대한 최적화 1계 조건을 구하면 각각 다음과 같다.

> - $\dfrac{dL}{dx}=\dfrac{1}{2}x^{-\frac{1}{2}}-\lambda=\dfrac{1}{2}\dfrac{1}{\sqrt{x}}-\lambda=0 \Rightarrow \lambda=\dfrac{1}{2}\dfrac{1}{\sqrt{x}}$ …… ⓐ
> - $\dfrac{dL}{dy}=y^{-\frac{1}{2}}-\lambda=\dfrac{1}{\sqrt{y}}-\lambda=0 \Rightarrow \lambda=\dfrac{1}{\sqrt{y}}$ …… ⓑ
> - $\dfrac{dL}{d\lambda}=150-x-y=0$ …… ⓒ

- ⓐ식과 ⓑ식에서 "$\dfrac{1}{2}\dfrac{1}{\sqrt{x}}=\dfrac{1}{\sqrt{y}} \Rightarrow y=4x$ …… ⓓ"식을 도출할 수 있다. ⓓ식의 결과를 ⓒ식에 대입하여 정리하면 '$x=30,\ y=120$'의 결과를 얻을 수 있다.

정답 ④

3) 보상의 원칙(compensation principle)에 따른 기준

보상의 원칙의 의의

1. 하나의 자원 배분상태가 다른 배분상태로 변화하는 경우, 이득을 얻게 되는 사람이 있는가 하면 손해를 보게 되는 사람이 있을 수 있다.
2. 사회 전체의 관점에서 이러한 변화가 개선을 의미하는지 또는 악화를 의미하는지를 평가하기 위해서는 개인 간의 효용을 비교하는 것이 반드시 필요해진다. 이러한 문제 의식에서 출발한 것이 바로 '보상의 원칙'이다.

(1) 파레토(Pareto) 기준

① **내용**: A와 B라는 두 사람으로 이루어진 경제에서 새로운 상태로 인해 A와 B 둘 중에서 어떤 사람의 효용도 이전에 비해 더 낮아지지 않으며, 동시에 최소한 한 사람의 효용 수준은 이전에 비해 더 높아져야 한다는 기준이다. 이러한 기준을 만족시키는 경우의 변화를 비로소 개선으로 평가한다.

> **파레토 기준**
>
> ⓐ 새로운 변화로 인해 어떤 사회구성원의 효용도 이전보다 낮아져서는 안 된다.
> ⓑ 최소한 한 사람의 효용은 이전보다 높아져야 한다.

② **그림으로 설명**

Pareto 기준

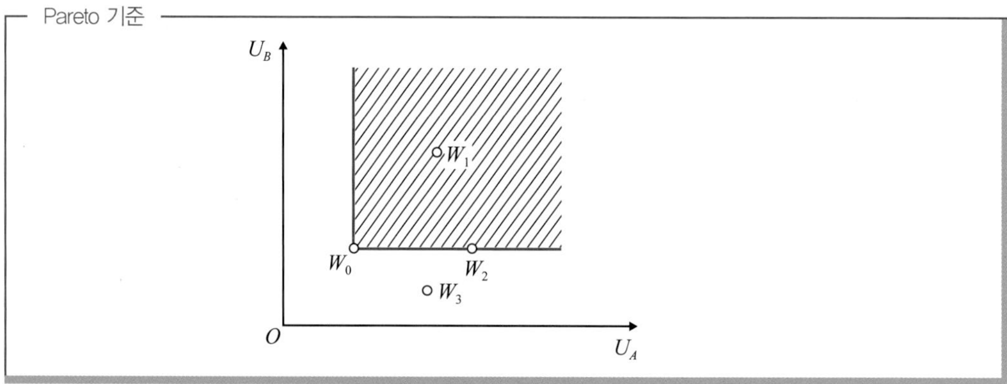

최초의 W_0에서 빗금 친 영역에 속해있는 W_1이나 W_2로의 변화는 개선으로 평가되지만, W_3로의 변화는 개선인지 아닌지 알 수 없다고 평가한다.

> **파레토 기준에 따른 평가**
>
> 1. $W_0 \rightarrow W_1$, W_2 : ⓐ와 ⓑ를 모두 충족하고 있으므로 개선되었다고 평가 받는다.
> 2. $W_0 \rightarrow W_3$: ⓐ를 충족하지 못했으므로 개선되었다고 평가할 수 없게 된다.

③ **한계**: 한 사람의 효용은 매우 낮은 수준에서 변화 없고, 다른 효용은 매우 높은 수준에서 더욱 높아진다면, 파레토 기준에 따르면 개선된 것이지만 과연 그러한 평가가 옳은 것인지에 대한 의문이 제기된다. 즉 설령 파레토 개선이 이루어진다고 하더라도 그 결과가 상대적 불평등 정도를 더욱 심화시킨다면 '개선'이라고 판단하기에 무리가 따른다.

무엇보다도 현실적으로 파레토 기준을 적용하여 '개선'이라고 판단할 수 있는 유형의 변화를 찾는 것은 쉽지 않다. 현실에서는 영합(零合)게임(zero-sum game)이 일반적이기 때문이다.

(2) 칼도 기준(Kaldor-Hicks 기준)

① **내용**: 어떤 변화로 인해 이득을 보게 되는 사람에 의해 평가된 '이득의 가치(α)'가 손해를 보게 되는 사람에 의해 평가된 '손해의 가치(β)'를 비교하여 '$\alpha > \beta$'가 성립하는 경우를 개선되었다고 평가한다. 그 이유는 이득을 보게 된 사람이 손해를 보게 된 사람에게 그 손해에 해당하는 보

상을 해주고도 남는 것이 있다면 사회 전체의 관점에서도 개선되었다고 평가할 수 있기 때문이다.

칼도 기준

ⓐ 파레토 후생 개선이 이루어져야 한다.
ⓑ 암묵적인 소득재분배가 공평해야 한다(보상액=손실액).

② 그림으로 설명

칼도 기준

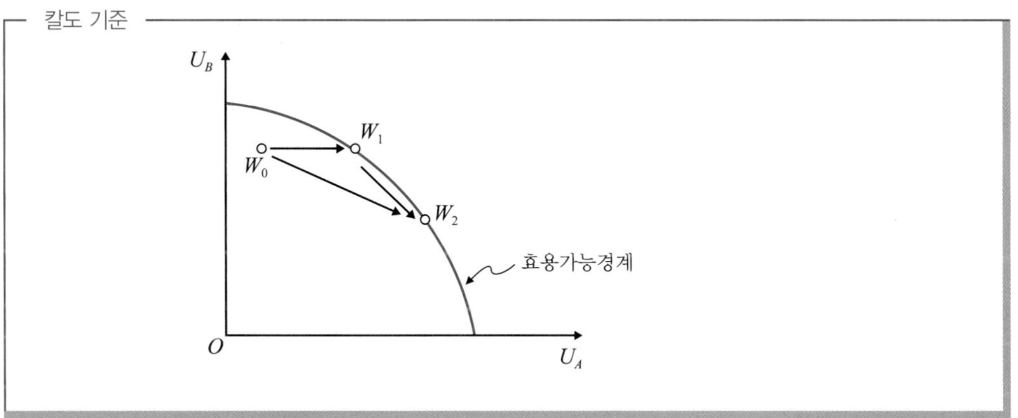

W_0에서 W_2로의 변화가 있는 경우 Kaldor 기준에 의하면 개선이라고 평가된다.

근거

i) W_1과 W_2 모두는 주어진 모든 자원이 가장 효율적으로 배분되고 있는 상태이다. 따라서 W_1에서 W_2로 변화하는 경우 B가 보게 되는 손해와 A가 얻는 이익의 가치는 동일하다고 할 수 있다.
ii) W_0에서 W_2로 변화하는 경우 A가 얻게 되는 이익의 가치는 W_1에서 W_2로 변화하는 경우 A가 얻게 되는 이익의 가치보다 더 큰 값이다.
iii) 변화로 인해 이익을 얻게 되는 A가 손해를 보게 되는 B에게 손해와 동일한 크기를 보상해 주어도 A에게는 잉여가 존재하게 된다.

③ **한계**: 동일한 효용가능경계 상의 변화에 대한 개선 여부 판단을 할 수 없다. 또한 어떠한 변화가 발생한 후 효용가능경계가 변화할 가능성에 대한 판단 기준이 없다.

(3) 스키도브스키 기준

① **내용**: Kaldor 기준은 자원 배분과정에서 효용가능경계(*UPF*)가 이전처럼 그대로 유지된다는 것을 가정한다. 따라서 배분 과정에서 *UPF* 역시 변화한다면 Kaldor 기준을 그대로 적용하는 데에는 무리가 따르게 된다.

② 그림에 의한 비판

스키도브스키 기준

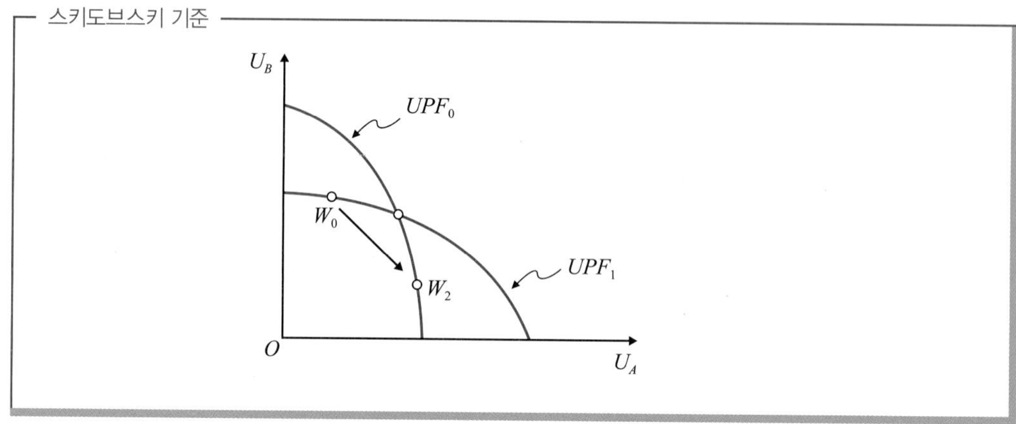

UPF_0가 변화하지 않을 때, Kaldor 기준에 따르는 경우 W_0에서 W_2로의 변화는 분명히 '개선'이다.

그러나 만약 배분과정에서 효용가능경계 자체가 UPF_0에서 UPF_1으로 변화한다고 가정해 보자. 변화된 UPF_1를 기준으로 한다면 W_0에서 W_2로의 변화는 자원 배분이 비효율적으로 이루어지는 상태로 변화된다. 따라서 이를 개선이라고 평가하는 데 무리가 있게 된다.

③ 대안 : 어떤 방향으로의 변화에 대해 Kaldor 기준을 적용하여 그것이 개선이 되어야 한다. 동시에 그것과 반대 방향으로의 변화는 Kaldor 기준에 의해 개선이 아니어야 한다.

앞의 그림에서 UPF_1를 전제로 하는 경우 W_2에서 W_0로의 변화는 Kaldor 기준에 의해 개선이기 때문에 W_0에서 W_2로의 변화는 개선이 될 수 없게 된다.

4) 평등주의적 기준

평등주의에서는 높은 후생수준을 누리는 사람의 후생에는 낮은 가중치를, 낮은 후생수준을 누리는 사람의 후생에는 높은 가중치를 적용해서 사회후생의 크기를 계산해야 한다고 주장한다.

$W = \alpha \times U_A + (1-\alpha) \times U_B$(단, A는 고소득자, B는 저소득자, $\alpha < 0.5$)

단, 여기서 W는 사회후생, U_A는 고소득자인 개인 A의 후생, U_B는 저소득자인 개인 B의 후생이다.

즉, 고소득자의 한계효용은 저소득자의 한계효용보다 낮다고 판단하고 고소득자에게 낮은 가중치, 저소득자에게 높은 가중치를 부여하는 것이다.

이것은 곧 고소득자로부터 저소득자로의 소득 재분배의 필요성을 근거가 되는 가치판단이다.

5) 롤스(J. Rawls)의 기준

(1) 롤스는 개인의 순수한 도덕적 가치관을 보다 중시하는 규범적 규율을 반영하는 다음과 같은 사회후생함수를 제시한다.

$$W\text{–}min[U_A,\ U_B]$$
(단, 여기서 W는 사회후생, U_A는 가난한 개인 A의 후생, U_B는 부자인 개인 B의 후생이다.)

이러한 사회 후생함수는 가장 빈곤한 개인의 효용을 극대화하는 최극빈자우대(最極貧者優待 maximin) 사회 후생함수를 의미한다.

(2) 이에 따라 사회 전체적으로 아주 작은 후생의 증가라고 하더라도 최극빈자를 위해서라면 그 다음 빈자(貧者)의 후생은 물론이고 나머지 모든 계층의 어떠한 후생의 희생이나 불공평한 분배도 감수해야 하는 극단적인 경우까지도 용인하게 된다는 문제점을 보인다.

(3) 또한 과연 불확실성 하에서 합리적 사회 구성원들이 기대효용의 극대화가 아닌 최극빈자우대(最極貧者優待, maximin)라는 원리를 선택할 것인지에 대한 의문에 적절한 답을 주지 못해 논리의 빈약을 노출하게 된다.

Q&A

X재가 총 120단위가 있는 a, b 두 사람으로 구성된 경제가 있다. 개인 a, b의 효용함수는 각각 다음과 같다. 아랫첨자는 개인을 나타낸다.

$$U_a = \sqrt{5X_a} \qquad U_b = \sqrt{X_b}$$

롤즈(J. Rawls)의 사회 후생함수를 사용해서 사회 후생의 극댓값을 구하면 얼마인가?

Solution

롤즈의 사회 후생함수는 다음과 같다.
$SW=\min(U_a,\ U_b) = \min(\sqrt{5X_a},\ \sqrt{X_b})$
이 함수에 따르면 사회 최빈자의 효용(후생)이 증가하지 않는 한 다른 사람들의 후생이 아무리 증가한다고 하더라도 사회 전체의 후생은 증가하지 않게 된다. 따라서 한정된 자원으로 사회 후생의 극대화를 달성하기 위한 조건은 $SW= Ua = Ub$, 즉, $\sqrt{5X_a}=\sqrt{X_b}$ 에서 $5X_a=X_b$가 성립하는 경우이다. 한편 주어진 X재 총량을 고려하면 $X_a+X_b=120$도 충족해야 한다. 앞의 두 식을 연립해서 풀면 $X_a=20$, $X_b=100$을 구할 수 있다.
따라서 $\sqrt{5X_a}=\sqrt{X_b}$에서 $SW=10$을 구할 수 있다.

사회 무차별곡선의 유형

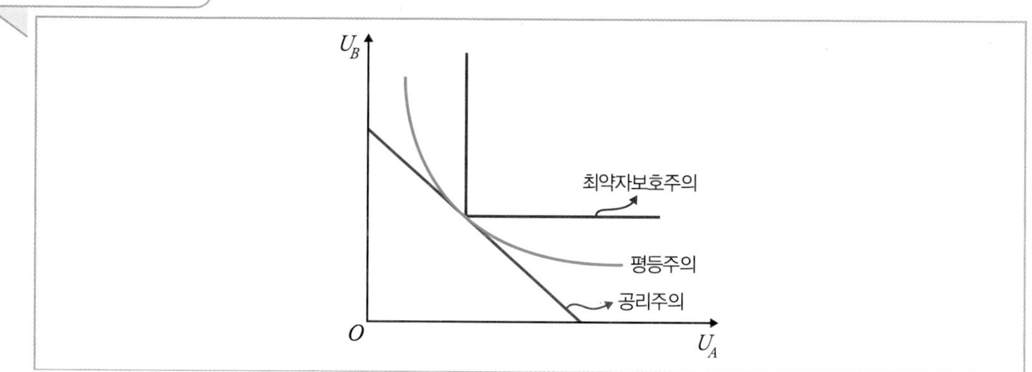

확인 TEST

부자인 A와 가난한 사람인 B만으로 구성된 초미니 국가가 있다고 하자. 사회적 후생함수를 SW라고 하고 개인의 후생수준을 각각 U_A와 U_B라고 할 때 다음 중 가장 옳지 않은 것은? [2001, 감평사]

① 벤담류의 공리주의적 기준에 의하면 $SW=U_A+U_B$로 표시할 수 있다.
② 공리주의적 후생수준은 U_B가 감소되어도 사회적인 후생의 합인 SW가 증가되면 사회적 후생은 개선된 것으로 본다.
③ 평등주의적 기준에 따르면, 소득재분배를 통하여 사회후생을 증가시킬 수 있다고 본다.
④ 롤즈(Rawls)적인 기준에 따르면, U_B수준의 개선 없이도 사회적 후생의 증진이 가능하다.
⑤ 롤즈의 기준에 따르면, $SW=\min(U_A, U_B)$로 표시되며, 이 경우 사회 무차별곡선은 L자형이 될 것이다.

해설 벤담류의 공리주의는 기수적 사회 후생함수를 가정하며 이는 $SW=U_A+U_B$형태로 나타낼 수 있다. 이에 따르면 U_A와 U_B의 상대적 크기와 관계없이 사회 후생의 총량인 SW의 크기만 증가하면 사회적 후생은 개선된 것으로 간주한다(①, ②). 그러나 롤스의 최소극대화원리에 따르면 사회 후생함수는 $SW=\min(U_A, U_B)$의 형태이다. 이러한 형태의 후생함수는 작은 값에 의해 전체의 크기가 결정되게 되며 이를 그림으로 나타내면 L자형으로 나타난다. 따라서 가난한 사람인 B의 후생수준인 U_B의 증가 없이는 사회 후생의 총량인 SW를 증가시킬 수 없다. 따라서 소득재분배를 통한 소득불평등 문제를 해결하지 않으면 사회 후생수준은 증가시킬 수 없다(④, ⑤).

정답 ④

3 애로우(K. Arrow)의 불가능성 정리(不可能性 定理 : impossibility theorem)

1) 가장 바람직한 사회적 선호체계(사회 후생함수)가 갖추어야 할 네 가지 공리(axiom)

(1) 완비성(completeness)과 이행성(transitivity) : 존재할 수 있는 모든 사회적 배분 상태를 비교 및 평가할 수 있어야 하며, A, B, C라는 세 가지 사회적 배분 상태에 대해 A를 B보다 더 선호하고, B를 C보다 더 선호한다면 A를 C보다 더 선호해야 한다는 공리이다.

(2) Pareto 원칙(Pareto principle) : 사회 구성원 전체가 모두 A를 B보다 더 선호하면 사회도 A를 B보다 더 선호해야 한다는 공리이다. 즉 사회적 선호체계는 개별적인 사회 구성원의 선호체계를 존중해야 한다는 것이다.

(3) 비(非)독재성(non-dictatorship) : 한 사람의 사회 구성원의 선호가 사회 전체의 선호를 좌우해서는 안 된다는 공리이다. 사회적 선호체계가 민주적이 되기 위해서 필요한 최소한의 전제 요건인 것이다.

(4) 제3의 선택가능성으로부터의 독립성(independence of irrelevant alternatives) : A와 B의 사회적 배분상태를 비교하는 경우, 이러한 비교와 직접 관련성이 없는 제3의 선택가능성인 C로 인해 A와 B의 선호순위가 영향을 받아서는 안 된다는 공리이다. 다만 이러한 공리에 위배되는 사회적 선택이 반드시 명백하게 비합리적이라고 평가할 수는 없다는 반론도 제기된다.

2) 애로우의 '불가능성 정리' : 애로우는 앞의 네 가지의 공리 중에서 (1), (2), (4)의 공리를 모두 만족시키는 사회적 선호체계는 반드시 (3)의 공리를 위배한다는 것을 증명했는데, 이것이 불가능성 정리의

핵심 내용이다. 결국 애로우의 '불가능성 정리'란 "주어진 경제적 자원을 가장 바람직하게 배분할 수 있는 합리적이면서도 민주적인 사회 후생함수는 실제로 존재할 수 없다"는 것을 말한다.

4 차선의 이론(theory of the second best)

1) 학자: K. Lancaster, R. Lipsey

2) 의미

(1) 효율적인 자원배분을 위해서 n개의 조건을 동시에 충족해야 하는데, 어떤 이유 때문에 그러한 n개의 조건 중에서 하나가 충족될 수 없는 상황이 있을 수 있다. 이러한 경우 충족할 수 없는 한 조건을 제외한 나머지 $(n-1)$개 조건만 모두 만족되는 결과가 반드시 '차선의 결과'가 되는 것은 아니다. 즉 자원배분의 효율성을 달성하기 위해 필요한 조건이 모두 충족되지 못하는 경우, 나머지 충족되는 조건의 수가 늘어난다고 해서 사회 후생이 반드시 더 커진다고 할 수는 없다는 것이다.

(2) 어떠한 경제적 조치를 취하는 경우, 현재 존재하는 비합리적인 모든 조건을 한꺼번에 모두 제거하지 않는 한, 일부 조건만을 제거한 경제적 조치가 오히려 이전보다 상황을 더 악화시킬 수 있다는 것을 시사해 준다.

3) 도해적 설명

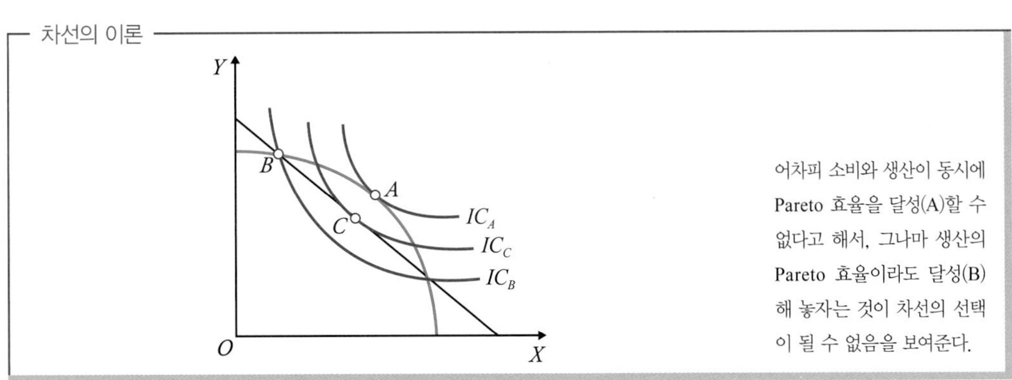
차선의 이론
Y
B
A
C
IC_A
IC_C
IC_B
O
X
어차피 소비와 생산이 동시에 Pareto 효율을 달성(A)할 수 없다고 해서, 그나마 생산의 Pareto 효율이라도 달성(B) 해 놓자는 것이 차선의 선택이 될 수 없음을 보여준다.

(1) 위 그래프의 A, B, C 중에서 생산가능곡선과 사회적 무차별 곡선(IC_A)이 접하는 A가 Pareto 최적이고 B와 C는 Pareto 최적이 아니다.

(2) B의 경우는 C의 경우보다 더 많은 조건을 충족하고 있지만, B는 C보다 더 낫다고 할 수 없다. 이것은 B와 C점을 지나는 무차별곡선의 위치를 비교해보면 알 수 있다.

4) 시사점

경제에 존재하는 비합리성의 부분적 제거를 통한 점진적인 접근법에 의한 경제정책이 예기치 않은 난관에 부딪칠 수 있다. 즉, 어떠한 경제적 조치를 취하는 경우, 현재 존재하는 비합리적인 모든 조건을 한꺼번에 모두 제거하지 않는 한, 일부 조건만을 제거한 경제적 조치가 오히려 이전보다 상황을 더 악화시킬 수 있다는 것을 시사해 준다.

후생경제학의 제1정리(the first theorem of welfare economics)

1. **의미** : 모든 소비자의 선호체계가 강단조성(monotonicity)과 볼록성(convexity)을 갖고 경제 안에 외부성 등이 존재하지 않아 시장 기능이 완전하게 작동하면 일반경쟁균형은 Pareto 효율적이다.
2. **함의** : 일반경쟁균형이 이루어진다면 이 상태에서의 자원배분은 Pareto 효율적이라는 후생경제학의 제1정리는 스미스(A. Smith)가 제시한 '보이지 않는 손(invisible hand)'의 현대적 해석이다. '시장의 힘'은 각 경제주체들이 서로 다른 욕구를 충족하기 위해 행동한 결과 나타날 수도 있는 문제를 조정해주어 시장에서 균형이라는 '질서'를 세우고, 이에 따라 시장에서는 사익과 공익의 조화가 이루어지게 되는 것이다. 따라서 후생경제학의 제1정리는 '시장의 힘'에 대해 보내는 신뢰를 정당화할 수 있는 논거인 것이다.
3. **한계**
   (1) 불완전경쟁이나 외부성 등의 존재로 '시장의 힘'이 '제약'을 받고 있는 현실에서 이러한 정리가 그대로 실현되기는 어려워진다.
   (2) 일반경쟁균형을 통해 실현되는 Pareto 효율적인 배분은 단기계약곡선상에 존재하는 수많은 Pareto 효율적인 배분점들 중에 하나일 뿐이다. 따라서 그러한 특정한 한 점이 반드시 가장 바람직한 일반경쟁균형하의 배분이라고 할 수는 없는 것이다. 이것은 계약곡선상의 배분 상태가 효율성을 달성한 것은 분명하지만 그러한 상태가 공평성(형평성)까지 충족했다고 볼 수 없는 것에서 기인한다. 에지워드 상자(Edgeworth box)의 양 끝 점들이 대표적 예이다.

후생경제학의 제2정리(the Second theorem of welfare economics)

1. **의미** : 주어진 초기 부존자원이 적절하게 분배된 상태에서, 모든 소비자의 선호가 강단조적이면서 볼록성을 충족하면 Pareto 효율적인 배분은 일반경쟁균형이 된다.
2. **함의**
   (1) 교환이 시작되기 전에 각 소비자가 갖고 있는 초기 부존자원을 나타내는 점이 비록 Pareto 효율을 달성하고 있지 못하여 계약곡선상에 존재하지 않는다고 하더라도 일단 현재의 배분점이 두 소비자의 무차별곡선이 접할 때의 공통의 접선의 기울기가 갖는 가격체계에 해당하면, 그러한 점은 그때의 가격체계하에서 시장에서의 균형배분을 실현할 수 있다는 것이다. 왜냐하면 설령 현재의 자원배분 상태가 계약곡선상에 없다고 하더라도 일단 공통의 접선의 기울기가 갖는 가격체계가 주어지면 각 소비자는 계약곡선상의 점을 효용 극대화를 달성할 수 있는 점으로 선택하기 때문이다.
   (2) 현재의 부존자원 배분상태와 가격체계 하에서 정액세 등의 적절한 재분배 수단을 통해 Pareto 효율을 달성하면서도 공평성까지도 개선시킬 수 있다는 것을 보여준다.
3. **한계** : 공평성 개선을 위한 재분배를 하는 경우에도 기존의 가격체계에 수정을 가하는 것은 허용되지 않는다. 즉 저소득층에게 전기요금이나 수도요금을 낮게 설정하는 것은 바람직하지 않다는 것이다. 결국 후생경제학의 제2정리는 공평성 개선을 위한 재분배 수단으로 정액세 수단과 같은 현금의 이전만을 허용하고 나머지는 시장 기능에 맡겨도 바라는 배분 상태를 실현할 수 있다는 것을 강조한다.

확인 TEST

효율적 자원배분 및 후생에 대한 설명으로 옳은 것은?

[2012, 국가직 7급]

① 후생경제학 제1정리는 효율적 자원배분이 독점시장인 경우에도 달성될 수 있음을 보여준다.
② 후생경제학 제2정리는 소비와 생산에 있어 규모의 경제가 있으면 완전경쟁을 통해 효율적 재원배분을 달성할 수 있음을 보여준다.
③ 롤즈(J. Rawls)의 주장에 따르면 사회가 A, B 두 사람으로 구성되고 각각의 효용을, U_A, U_B라 할 때, 사회후생함수는 $SW=\min(U_A,\ U_B)$로 표현된다.
④ 차선의 이론에 따르면 효율적 자원배분을 위해 필요한 조건을 모두 충족하지 못한 경우, 더 많은 조건을 충족하면 할수록 더 효율적인 자원배분이다.

해설 롤즈의 주장에 따르면 사회 후생의 크기는 사회 최빈자의 효용(후생) 크기에 의해 결정된다고 한다. 이에 따라 최빈자의 후생 증진이 없이 다른 사람의 후생이 아무리 크게 증가한다고 하더라도 사회 전체의 후생 크기는 변화가 없게 된다.

① 후생경제학 제1정리는 시장구조가 완전경쟁적이고 시장이 제 기능을 다한다고 한다면 이때 달성되는 균형에서의 자원배분은 파레토 효율을 달성한다는 것이다.
② 후생경제학 제2정리는 초기의 부존자원을 적절히 재분배하면 효율성을 희생시키지 않아도 자원배분의 공평성도 달성되는 파레토 효율을 달성할 수 있다는 것이다.
④ 차선의 이론에 따르면 효율적 자원배분을 위해 필요한 조건을 모두 충족하지 못한 경우, 더 많은 조건을 충족한다고 하더라도 사회적으로 더 바람직한 상태가 된다는 것은 아니다.

정답 ③

Theme 61 외부효과

시장의 실패(market failure)

시장의 실패란 경제활동을 시장에 맡길 경우에 효율적인 자원배분이나 공평한 소득분배를 실현하지 못하는 상황을 말한다. 이것을 초래하는 원인으로는 1) 시장이 독점, 과점, 독점적 경쟁 등으로 완전경쟁이 아닌 상태인 '시장의 불완전성'이고, 2) 외부효과, 공공재, 불확실성과 비대칭적 정보 등으로 인해 사람들이 필요로 하는 상품을 거래할 수 있는 시장이 제대로 갖추어져 있지 않은 상태인 '시장의 불완비성(market incompleteness)'을 들 수 있다.

❶ 외부효과(external effect)의 의의

1) **의미**: 한 경제주체의 행동이 다른 경제주체(bystander)에게 의도하지 않은 혜택이나 손해를 주었음에도 불구하고 이에 대한 대가를 받지도 지불하지도 않는 상태를 말한다.

(1) **외부경제(external economy)**: 타인에게 의도하지 않는 혜택을 주면서 이에 대한 보상을 받지 못하는 경우이다.

(2) **외부 비경제(external diseconomy)**: 타인에게 의도하지 않는 손해를 입히고도 이에 대한 대가를 지불하지 않는 경우이다.

확인 TEST

외부효과(external effect)에 대한 설명으로 가장 옳지 않은 것은? [2018. 서울시 공개경쟁 7급]

① 학교 주변에 고가도로가 건설되어 학교 수업이 방해를 받으면 외부불경제이다.
② 노숙자들에 대한 자원봉사로 노숙자들의 상황이 좋아졌다면 외부경제이다.
③ 노후 경유차로 인하여 미세먼지가 증가하였다면 외부불경제이다.
④ 내가 만든 정원이 다른 사람에게 즐거움을 주면 외부경제이다.

해설
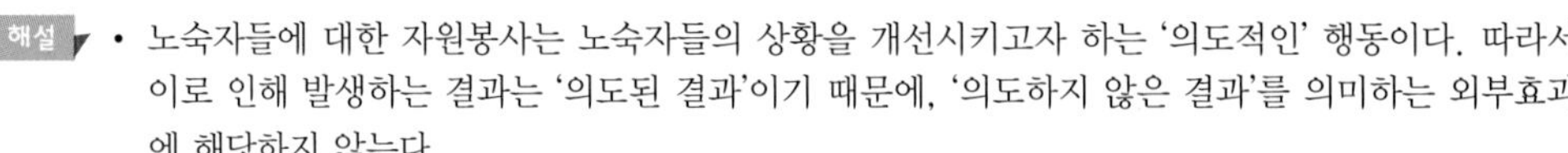
• 노숙자들에 대한 자원봉사는 노숙자들의 상황을 개선시키고자 하는 '의도적인' 행동이다. 따라서 이로 인해 발생하는 결과는 '의도된 결과'이기 때문에, '의도하지 않은 결과'를 의미하는 외부효과에 해당하지 않는다.

정답 ②

한계비용과 한계편익

1. 한계비용
   1) 사적 한계비용(private marginal cost : *PMC*) : 기업이 인식하는 생산활동의 한계비용으로 재화의 생산과정에서 발생하는 외부 한계비용을 고려하지 않은 비용을 말한다.
   2) 외부 한계비용(external marginal cost : *EMC*) : 생산의 외부성으로 발생되는 한계비용으로 외부비경제가 발생하면 (+)이고, 외부경제가 발생하면 (−)이다.
   3) 사회적 한계비용(social marginal cost : *SMC*) : 사회 전체의 관점에서 본 한계비용으로 재화의 생산과정에서 발생하는 외부 한계비용을 고려한 비용을 말한다.

사회적 한계비용(*SMC*)=사적 한계비용(*PMC*)+외부 한계비용(*EMC*)

2. 한계편익
   1) 사적 한계편익(private marginal benefit : *PMB*) : 재화의 소비과정에서 발생하는 외부 한계편익을 고려하지 않은 편익을 말한다.
   2) 외부 한계편익(external marginal benefit : *EMB*) : 소비의 외부성으로 발생되는 한계편익으로 외부 비경제가 발생하면 (−)이고, 외부경제가 발생하면 (+)이다.
   3) 사회적 한계편익(social marginal benefit : *SMB*) : 재화의 소비과정에서 발생하는 외부 한계편익을 고려한 편익을 말한다.

사회적 한계편익(*SMB*)=사적 한계편익(*PMB*)+외부 한계편익(*EMB*)

2) 외부효과의 유형

(1) 생산에서의 외부효과

① **생산의 외부경제** : 생산과정에서 발생하는 외부성으로 인해 사회적 한계비용(*SMC*)은 사적 한계비용(*PMC*)에서 외부에 이득을 준 것만큼 작아진다. 이 경우에는 사회의 적정 수준에 비해 가격은 높고 과소생산의 문제가 생긴다(예: 과수원 vs 양봉업자).

② **생산의 외부 비경제** : 생산과정에서 발생하는 외부성으로 인해 사회적 한계비용(*SMC*)은 사적 한계비용(*PMC*)에서 외부에 해를 끼친만큼 커진다. 이 경우에는 사회의 적정 수준에 비해 가격은 낮고 과잉생산 문제가 생긴다(예: 연탄공장 vs 인근 세탁소).

(2) 소비에서의 외부효과

① **소비의 외부경제** : 소비과정에서 발생하는 외부성으로 인해 사회적 한계편익(*SMB*)은 사적 한계편익(*PMB*)에서 외부에 이득을 준 만큼 커진다. 이 경우에는 사회의 적정 수준에 비해 가격은 낮고 과소소비 문제가 생긴다(예: 도심 사유지에 공원조성).

② **소비의 외부 비경제** : 소비과정에서 발생하는 외부성으로 인해 사회적 한계편익(*SMB*)은 사적 한계편익(*PMB*)에서 외부에 해를 끼친 만큼 작아진다. 이 경우에는 사회의 적정 수준에 비해 가격은 높고 과잉소비 문제가 생긴다(예: 한밤중의 악기 연주로 인한 소음).

3) 외부효과의 도해적 설명

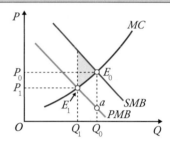

생산의 외부경제(external economy)	소비의 외부경제(external economy)
현실적인 균형점은 E_1이지만, 최적 균형점은 E_0이다. 이에 따라 과소생산(Q_0Q_1)이 이루어져 빗금 친 부분만큼의 사회적 순손실이 발생한다. 이것을 해결하기 위해서는 최적 생산량 수준인 Q_0에서 aE_0만큼의 보조금을 지급하면 된다. 그러면 색칠한 부분만큼의 사회 후생이 증가한다.	현실적인 균형점은 E_1이지만, 최적 균형점은 E_0이다. 이에 따라 과소소비(Q_0Q_1)가 이루어져 빗금 친 부분만큼의 사회적 순손실이 발생한다. 이것을 해결하기 위해서는 최적 소비량 수준인 Q_0에서 aE_0만큼의 보조금을 소비자에게 지불하면 된다. 그러면 색칠한 부분만큼의 사회 후생이 증가한다.

생산의 외부 불경제(external diseconomy)	소비의 외부 불경제(external diseconomy)
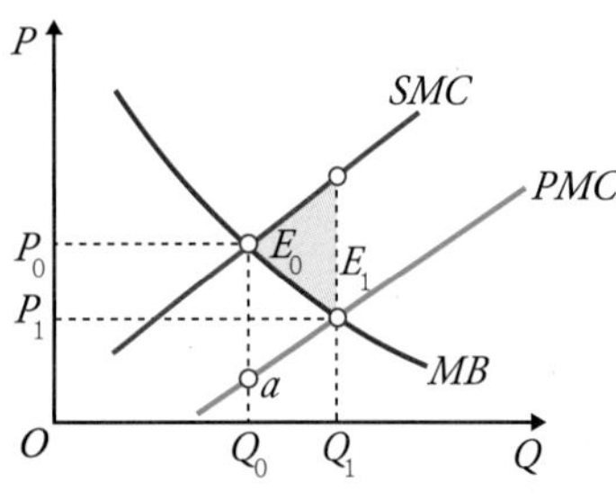	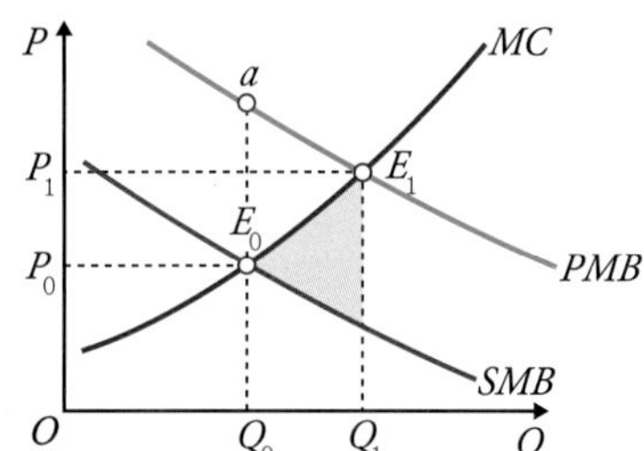
현실적인 균형점은 E_1이지만, 사회적으로 바람직한 균형점은 E_0이다. 이에 따라 과잉생산(Q_0Q_1)이 이루어져 색칠한 부분만큼의 사회적 순손실이 발생한다. 이것을 해결하기 위해서는 최적 생산량 수준인 Q_0에서 aE_0만큼의 조세를 부과하면 된다. 그러면 색칠한 부분만큼의 사회 후생이 증가한다.	현실적인 균형점은 E_1이지만, 사회적으로 바람직한 균형점은 E_0이다. 이에 따라 과잉소비(Q_0Q_1)가 이루어져 색칠한 부분만큼의 사회적 순손실이 발생한다. 이것을 해결하기 위해서는 최적 소비량 수준 Q_0에서 aE_0만큼의 조세를 부과하면 된다. 그러면 색칠한 부분만큼의 사회후생이 증가한다.

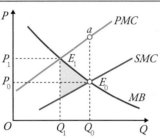

외부효과의 정리

상황			해결방안
생신	외부 경제	$PMC > SMC \Rightarrow$ 과소생산	보조금 지급
	외부 비경제	$PMC < SMC \Rightarrow$ 과잉생산	조세 부과
소비	외부 경제	$PMB < SMB \Rightarrow$ 과소소비	보조금 지급
	외부 비경제	$PMB > SMB \Rightarrow$ 과잉소비	조세 부과

확인 TEST

현재 완전경쟁시장에서 사적 이윤극대화를 추구하고 있는 어떤 기업이 생산하는 재화의 가격은 350이며, 사적 한계비용은 $MC=50+10Q$이다. 한편, 이 재화의 생산과정에서 환경오염이 발생하는데 이로 인해 사회가 입는 피해는 생산량 1단위당 100이라고 한다. 앞으로 이 기업이 사회적 최적 생산량을 생산하기로 한다면 생산량의 변동은? (단, Q는 생산량이다.) [2019, 지방직 7급]

① 10단위 감소시킨다.
② 10단위 증가시킨다.
③ 20단위 감소시킨다.
④ 20단위 증가시킨다.

해설 • 완전경쟁기업의 사적 이윤극대화 조건에 따른 생산량은 다음과 같다.

- $P=PMC$
- $350=50+10Q \Rightarrow 10Q=300 \Rightarrow Q=30$

• 완전경쟁기업이 사회적 최적 생산량을 생산한다는 것은 외부한계비용(EMC)이 반영된 사회적 한계비용(SMC)을 전제로 생산 활동을 한다는 의미이다. 이에 따른 생산량은 다음과 같다.

- $P=SMC(=PMC+EMC)$
- $350=50+10Q+100 \Rightarrow 10Q=200 \Rightarrow Q=20$

• 이에 따라 사적 이윤극대화를 추구하는 완전경쟁기업이 사회적 최적 생산량을 생산하게 되면 생산량은 10단위만큼 감소하게 된다.

정답 ①

2 환경 오염 규제 정책

1) 정부의 직접 규제

(1) **금지**: 깨끗한 환경수준을 유지하기 위하여 환경오염을 일으키는 원인행위를 완전히 금지시켜 오염이 처음부터 일어나지 않도록 하는 방안을 말한다.

① **배출금지(discharge prohibition)**: 소량이라도 인체에 치명적인 영향을 미치는 독극물에 대하여 그 폐기행위를 완전히 금지시키는 것을 말한다.

② **용도지정(zoning)**: 일정구역의 토지를 특정목적 이외의 다른 목적으로 사용하는 것을 금지하는 것을 말한다. '국토이용관리법'

(2) **환경기준(environmental quality standard)**: 환경자원이 인간의 쾌적한 생활을 위하여 갖추어야 할 최소한의 질적 수준을 말한다.

① **처방적 규제(prescriptive regulation)**: 오염행위자에게 특정한 공해방지장치를 설치하거나 특정한 생산요소만을 사용하도록 규제하는 것이다.

② **오염물질 배출허용기준(effluent standard)** : 오염행위자에게 오염물질의 배출량이 일정수준 이하가 되도록 규제하고 이를 지키지 않을 경우에는 벌과금을 내게 하는 것으로서 처방적 규제보다 더 적극적 규제방법이다.

(3) **피구세(Pigouvian tax)** : 외부비경제인 경우 생산이나 소비에 조세를 부과하면 바람직한 자원배분을 가져올 수 있다. 이러한 아이디어를 처음 제공한 사람이 영국의 피구(A. C. Pigou)이기 때문에 '피구세'라고도 한다.

확인 TEST

양식장 A의 한계비용은 $10x+70$만 원이고, 고정비용은 15만 원이다. 양식장 운영 시 발생하는 수질오염으로 인해 인근 주민이 입는 한계피해액은 $5x$만 원이다. 양식장 운영의 한계편익은 x에 관계없이 100만 원으로 일정하다. 정부가 x 1단위당 일정액의 세금을 부과하여 사회적 최적 생산량을 유도할 때 단위당 세금은? (단, x는 양식량이며 소비 측면의 외부효과는 발생하지 않는다.) [2019, 국가직 7급]

① 5만 원
② 10만 원
③ 20만 원
④ 30만 원

해설 • 양식장 A의 한계비용은 사적 한계비용(PMC)이고, 사회적 한계비용(SMC)은 PMC에 한계피해액(EMC)을 더한 값이 된다. 이를 전제로 주어진 내용을 그림으로 나타내면 다음과 같다.

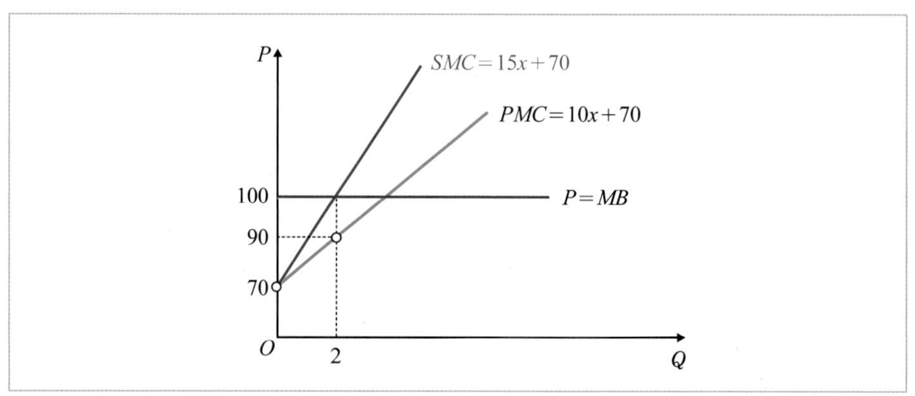

• 사회적 최적 생산량은 '$P=SMC$'가 충족되는 수준에서 결정된다. 이에 따라 사회적 최적 생산량은 $Q=2$가 되며, 이때 사회적 한계비용(SMC)는 100, 사적 한계비용(PMC)은 90이 된다. 따라서 정부가 x 1단위당 일정액의 세금을 부과하여 사회적 최적 생산량을 유도할 때 단위 당 세금은 SMC와 PMC의 차이인 10(만 원)이 된다.
• 사회적 최적 생산량을 결정할 때 필요한 비용은 한계비용이다. 따라서 문제에서 주어진 고정비용 15만 원은 이 문제를 해결하는데 필요 없는 항목임을 유의한다.

정답 ②

확인 TEST

독점기업 A의 수요함수와 평균비용이 다음과 같다. 정부가 A의 생산을 사회적 최적 수준으로 강제하는 대신 A의 손실을 보전해 줄 때, 정부가 A에 지급하는 금액은?(단, Q_D는 수요량,P는 가격, AC는 평균비용, Q는 생산량이다. [2019, 국가직 7급]

- 수요함수: $Q_D=\frac{25}{2}-\frac{1}{4}P$
- 평균비용: $AC=Q+30$

① 50
② 100
③ 150
④ 200

해설 • 주어진 조건을 그림으로 나타내면 다음과 같다.

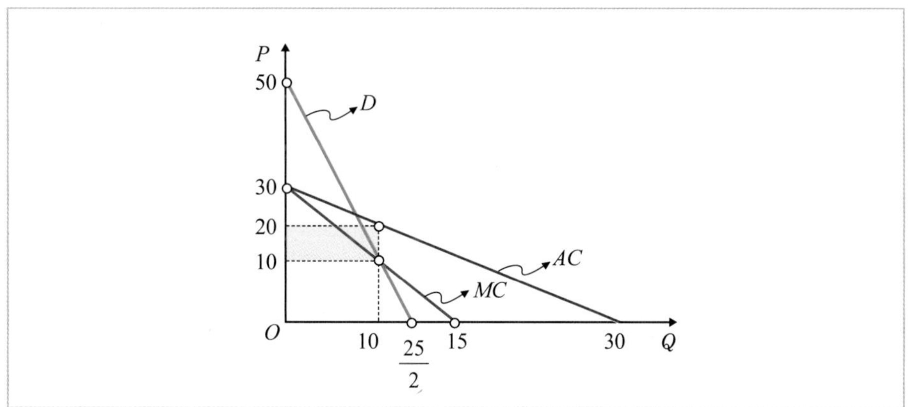

- 수요함수를 가격(P)으로 정리하면 '$P=50-4Q$'가 된다.
- 평균비용이 '$AC=-Q+30$'이므로 한계비용은 '$MC=-2Q+30$'이 된다.
- 그림에서 사회적 최적 수준은 '$P=MC$'를 만족하는 수준에서 달성되고, 이때 생산량(Q)은 10이고, 가격(P)은 10이 된다.
- 만약 정부가 '$P=MC$' 수준에서 가격을 통제하게 되면 $Q=10$ 수준에서 평균비용(AC)는 20이 된다. 이에 따라 '$P(=10)<AC(=20)$'이 성립하게 되어 독점기업 A는 단위당 10만큼의 손실을 보게 된다.
- 이러한 A의 손실을 보전해주기 위해 필요한 금액은 다음과 같이 도출된다.

총 지급금액=단위당 보조금×생산량=$10\times10=100$

정답 ②

2) 시장 유인을 통한 간접 규제

(1) **재산권의 부여(Coase의 정리)**: 환경사용재산권 부여를 통해 오염행위에 대한 책임소재를 분명히 함으로써 당사자 간의 자발적 문제해결을 유도한다(협상: bargain).

코즈(R. Coase)의 정리와 관련된 효율적인 자원배분이 이루어지는 사례연구

◈ 오염자 A는 공해를 발생시켜 피해자 B의 생산에 영향을 주고 있고, 이를 고려한 오염자의 A의 사회적 한계비용(SMC_A)과 사적 한계비용(PMC_A)이 각각 다음과 같다고 하자. 단, 오염자 A가 생산하는 제품의 시장 가격은 100원으로 일정하다고 한다. 상호 협상을 통하여 사회적 최적생산량이 달성할 수 있는 협상 금액 범위를 구하면?

- $SMC_A=100Q$
- $PMC_A=50Q$

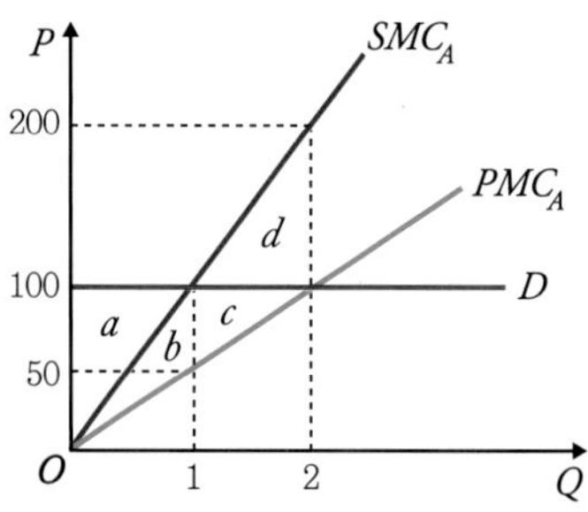

1. 재산권이 A에게 있는 경우
   1) 사회적 최적 생산량이 1인 반면에 오염자 A가 재산권을 행사하는 경우의 시장 생산량은 2가 되어 피해자 B는 사회적 최적 생산량 수준에 비해 $c+d(=75)$만큼 피해를 입게 된다.
   2) 오염자 A가 사회적 최적 생산량을 생산하게 되면 재산권을 행사하여 생산하는 수준에 비해 $c(=25)$만큼의 이익이 감소하게 된다.
   3) 이에 따라 피해자 B는 오염자 A에게 최소한 c만큼의 보상금을 지급해야 한다. 또한 오염자 A가 재산권을 행사할 때 입게 되는 피해인 $c+d$보다는 적은 보상금을 지급하고자 할 것이다.
   4) 결과적으로 협상금액 범위(X)는 $c(=25) < X < c+d(=75)$가 성립하게 된다.

2. 재산권이 B에게 있는 경우
   1) 재산권이 B에게 있으므로 오염자 A는 B에게 피해를 줄 수 없으므로 생산을 할 수 없다. 그런데 오염자 A가 사회적 최적 생산량인 1을 생산할 수 있다면, 오염자 A는 $a+b(=75)$만큼 이익을 얻을 수 있다.
   2) 오염자 A가 사회적 최적 생산량을 생산하게 되면 재산권을 갖고 있는 B에게는 $b(=25)$만큼의 피해가 발생한다.
   3) 이에 따라 오염자 A는 피해자 B에게 최소한 $b(=25)$의 보상금을 지급해야 한다. 또한 사회적 최적 생산량인 1만큼을 생산할 때 얻을 수 있는 이익인 $a+b(=75)$보다는 적은 보상금을 지급하고자 할 것이다.
   4) 결과적으로 협상금액 범위(X)는 $b(=25) < X < a+b(=75)$가 성립하게 된다.

3. 결론
   1) 재산권이 오염자 A에게 있든, 피해자 B에게 있든 사회적 최적 수준의 생산이 가능해지며, 이때의 협상금액 범위도 동일해 진다.
   2) 양 당사자의 협상 능력에 따라 이익의 크기는 서로 달라질 수 있다.

확인 TEST

한 방에 살고 있는 세민과 태경은 실내 흡연 문제로 대립하고 있다. 흡연자인 세민은 담배를 1개피 피움으로써 500원 만큼의 효용을 얻으며 비흡연자인 태경은 세민의 흡연으로 인해 600원 만큼의 비효용을 얻는다. 코즈(Coase)의 정리가 타당하다면 다음 중 나타날 수 없는 현상은?

[2008, 국회직 8급]

① 이 방의 주인이 세민일 때 태경으로부터 세민에게로 자금의 이전이 발생한다.
② 이 방의 주인이 태경일 때 세민은 담배를 피우지 못한다.
③ 이 방의 주인이 세민이더라도 담배를 피우지 않을 것이다.
④ 이 방의 주인이 태경일 때 세민으로부터 태경에게로 자금의 이전이 발생한다.
⑤ 이 방의 주인이 누구든지 상관없이 세민은 담배를 피우지 못한다.

해설 만약 세민이가 방 주인이라면 세민은 실내 흡연권을 갖게 되고, 태경이가 방 주인이라면 세민의 실내 흡연을 막을 권리를 갖게 된다. 이제 세민이가 방 주인이었을 경우 나타날 수 있는 상황을 살펴보자. 이 경우 태경이는 세민에 500원보다 크고 600원보다 작은 금액을 세민에게 지불함으로써 세민의 흡연을 막을 수 있다. 반면에 태경이가 방 주인이었을 경우에는 세민이는 담배를 피울 수 없다. 왜냐하면 세민이 담배를 피우기 위해서는 방 주인인 태경에게 세민 자신이 담배를 피울 경우 태경이 받게 되는 비효용의 크기인 600원보다 큰 금액을 지불해야 하는데 이것은 세민이가 담배를 피울 경우에 자신이 얻을 수 있는 효용(500원)보다 크기 때문이다. 결국 세민이로부터 태경에게로의 자금 이전이 발생할 수 없다.

정답 ④

심화 TEST

다음에서 ㉠의 사례를 수치를 포함하여 제시하고, 금연이 강제되었을 때보다 ㉠을 따를 때의 사회적 이득 증가분을 쓰시오.

[2007, 교원임용]

동수와 민성이는 한 집에 살고 있으며, 동수는 흡연자이고 민성이는 비흡연자이다. 동수가 흡연할 경우의 만족도(편익)를 돈으로 환산하면 하루 500원이고, 민성이가 담배연기로부터 받는 불쾌감(비용)을 돈으로 환산하면 하루 300원이라 하자. 이 경우 민성이가 동수에게 담배를 피우지 못하게 하는 것은 효율적인 자원배분의 상태가 아니다. 동수는 담배를 피우지 못하게 하는 방안보다, 담배를 피울 수 있으면서도 ㉠ 더 나은 상태에 도달할 수 있는 방안을 민성이에게 제안하였다.

- ㉠의 사례 :
- 사회적 이득 증가분 :

분석하기

- ㉠의 사례 : 흡연자인 동수가 하루에 300원보다 크고 500원보다는 작은 보상금을 비흡연자인 민성에게 지급하고, 민성은 이를 받아들인다.
- 사회적 이득 증가분 : 앞의 사례와 같은 보상금(α)을 주고받을 때 동수와 민성이 얻게 되는 편익의 증가분 크기를 통하여 사회적 이득 증가분을 구하면 다음과 같다.

- 동수의 편익 증가분 : $500-\alpha(300<\alpha<500)$
- 민성의 편익 증가분 : $\alpha-300$
- 사회적 이득 증가분 : 동수의 편익 증가분+민성의 편익 증가분
  $=(500-\alpha)+(\alpha-300)=200$(원)

심화 TEST

다음은 부정적 외부성이 발생하는 상황에 관한 자료이다. 〈작성 방법〉에 따라 서술하시오.

[2019. 교원임용]

강 상류에 제철소가 있고 하류에는 어부의 어장이 있다. 제철소의 생산량(S)이 늘어나면 강의 수질이 나빠져 어부의 어획량은 감소한다. 다음 그래프는 생산량(S)에 따른 제철소의 한계 이윤과 어부의 한계 피해액을 나타낸다.

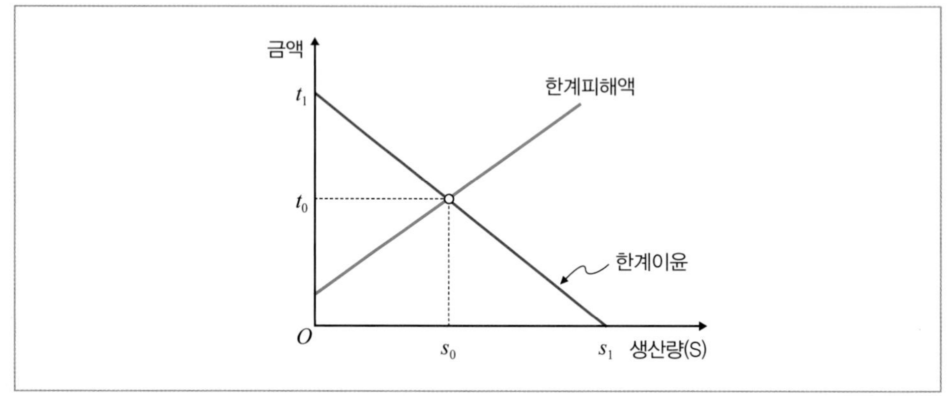

〈작성 방법〉

- 정부의 개입이 없고 강물에 대한 소유권이 설정되어 있지 않다면, 제철소의 생산량은 얼마가 될지 쓸 것.
- 강물에 대한 소유권이 설정되어 있지 않고 정부가 사회적 효율성을 달성하기 위해 제철소에 단위당 일정액의 피구세(Pigouvian tax)를 부과한다면, 그 크기는 얼마인지 쓸 것.
- 강물에 대한 소유권이 제철소에게 있고 어부와 제철소 간 협상의 거래비용이 없다면, 제철소의 생산량은 얼마가 될 것인지 쓰고, 이런 결과를 사회적 효율성의 관점에서 언급한 정리(theorem)의 명칭을 제시할 것.

분석하기

- 정부의 개입이 없고 강물에 대한 소유권이 설정되어 있지 않다면, 제철소는 자신의 이윤을 극대화 하는 수준까지 생산하게 된다. 이윤극대화는 한계이윤이 '0'이 되는 수준에서 결정되므로, 제철소는 S_1만큼을 생산하게 된다.
- 주어진 조건 하에서 사회적 효율성을 극대로 하는 수준의 생산량은 S_0이다. 이 이상을 생산하게 되면 한계 피해액이 한계 이윤을 넘게 되어 사회적 총후생이 감소하기 때문이다. 만약 제철소에 단위당 '$0t_0$만큼의 피구세(Pigouvian tax)를 부과하게 되면, 제철소의 한계 이윤 곡선은 부과된 피구세만큼 아래쪽으로 평행이동하게 된다. 이에 따라 피구세 부과 후의 새로운 한계 이윤이 '0'이 되는 수준의 제철소의 생산량은 S_0가 된다.
- 강물에 대한 소유권이 누구에게 있든지 관계없이 어부와 제철소 간 협상의 거래비용이 없다면, 양자의 자발적인 협상을 통해 사회적 효율성을 달성할 수 있다는 것이 코즈의 정리(Coase's theorem)이다. 이에 따라 제철소의 생산량은 S_0가 될 수 있다.

(2) **합병(merger)**: 외부성을 유발하는 기업과 외부성으로 인하여 피해(이득)을 보는 기업이 합병함으로써 외부성을 내부화하는 방법이다(화학 공장이 주변 호수의 재산권 또는 관리권을 소유하는 경우). 외부효과의 내부화(internalization of externalities)

(3) **오염배출권 제도**: 정부가 최적 오염배출량을 설정하고 각 기업이 오염을 배출할 때는 오염 배출권을 구입하거나 또는 무료로 배분된 오염배출권을 시장에서 자유롭게 거래하는 방법이다(쓰레기 종량제).

I. 경제학 일반론

II. 미시경제학

III. 거시경제학

IV. 국제경제학

확인 TEST

어느 섬나라에는 기업 A, B, C만 존재한다. 아래의 표는 기업 A, B, C의 오염배출량과 오염저감비용을 나타낸 것이다. 정부가 각 기업에 오염배출권 30장씩을 무료로 배부하고, 오염배출권을 가진 한도 내에서만 오염을 배출할 수 있도록 하였다. 〈보기〉에서 옳은 것을 모두 고르면? (단, 오염배출권 1장당 오염을 1톤씩 배출한다)

[2011, 국회 8급]

기업	오염배출량(톤)	오염저감비용(만원/톤)
A	70	20
B	60	25
C	50	10

㉠ 오염배출권의 자유로운 거래가 허용된다면 오염배출권의 가격은 톤당 20만 원으로 결정될 것이다.
㉡ 오염배출권 제도가 실시되었을 때 균형상태에서 기업 A는 30톤의 오염을 배출할 것이다.
㉢ 오염배출권 제도하에서의 사회적인 총비용은 각 기업의 오염배출량을 30톤으로 직접 규제할 때보다 450만 원 절감될 것이다.
㉣ 오염배출권 제도하에서 오염을 줄이는 데 드는 사회적인 총비용은 1,200만 원이다.
㉤ 기업 B는 오염배출권제도보다 각 기업이 오염배출량을 30톤으로 줄이도록 하는 직접 규제를 더 선호할 것이다.

① ㉠, ㉡ ② ㉠, ㉡, ㉢ ③ ㉠, ㉡, ㉤
④ ㉡, ㉢ ⑤ ㉢, ㉣, ㉤

해설

- 현재 각 기업은 오염배출량에 비해 오염배출권이 A기업은 40장, B기업은 30장, C기업은 20장씩 부족하다. 각 기업은 오염배출권 가격이 오염저감비용보다 낮으면 매입하려 하고 높으면 매각하려 할 것이다.
- 오염배출권 가격이 10만 원보다 높고 20만 원보다 낮다면 A기업과 B기업은 부족한 오염배출권을 매입하려 할 것이므로 시장의 수요는 70장(40장+30장)이고, C기업은 매각하려 할 것이므로 시장의 공급은 30장이 되어 시장에서는 초과 수요가 발생하게 된다.
- 오염배출권 가격이 20만 원보다 높고 25만 원보다 낮다면 B기업은 부족한 오염배출권을 매입하려 할 것이므로 시장의 수요는 30장이고, A기업과 C기업은 오염배출권을 매각하려 할 것이므로 시장의 공급은 60장(30장+30장)이 되어 시장에서는 초과공급이 발생하게 된다.
- 오염배출권 가격이 20만 원이 되면 A기업은 매입과 매각의 유인이 존재하지 않는다. 반면에 B기업은 부족한 오염배출권을 매입하여 할 것이므로 시장의 수요는 30장이고, C기업은 오염배출권을 매각하려 할 것이므로 시장의 공급도 30장이 된다. 이에 따라 오염배출권 시장은 균형에 도달하게 된다.

- 한편 오염배출에 대해 직접 규제를 한다는 것은 각 기업의 오염물질 배출량의 허용량을 정하고 이를 초과하는 배출량은 정화시설의 설치 등을 의무화하여 스스로 오염정화비용을 부담시키는 방법이다. 이에 따른 각 기업의 오염저감비용은 다음과 같다.

> - A기업의 오염저감비용=4,020만 원=800만 원
> - B기업의 오염저감비용-3,025만 원=750만 원
> - C기업의 오염저감비용=2,010만 원=200만 원
> - 정부의 직접규제로 인한 총오염저감비용: 800+750+200=1,750(만 원)

- 반면에 오염배출권 제도를 시행하면 *A*기업은 40톤을, *C*기업은 50톤을 스스로 정화해서 배출해야 하므로 이때의 총오염저감비용은 다음과 같다. 단 *B*기업은 매입한 오염배출권으로 모든 오염배출량을 충족하므로 오염저감비용을 지불할 필요가 없다.

> - A기업의 오염저감비용=4020만 원=800만 원
> - B기업의 오염저감비용=0 원
> - C기업의 오염저감비용=5010만 원=500만 원
> - 정부의 직접규제로 인한 총오염저감비용: 800+500=1,300(만 원)

- 결국 오염배출권제도 하에서의 총오염저감비용은 각 기업의 오염배출량을 30톤으로 직접 규제할때보다 450만 원만큼 절감될 것이다. 단, 여기서 B기업의 오염배출권 구입비용인 600만 원은 C기업의 오염배출권 판매수입인 600만 원과 서로 상쇄되므로 사회적인 총비용 계산에서는 제외하였다.
- 한편 B기업은 오염배출권 제도 아래에서는 부족한 30톤에 해당하는 오염배출권을 20만 원에 구입하게 되어 총 600만 원의 비용이 발생하고, 직접규제제도 아래에서는 부족한 30톤을 25만 원의 오염저감비용을 지출하여 정화해야 하므로 총 750만 원의 비용이 발생하게 된다. 따라서 B기업은 직접규제보다 오염배출권 제도를 선호하게 될 것이다.

②

확인 TEST

다음 자료에 대한 분석과 추론으로 타당한 것을 〈보기〉에서 모두 고르면? [2013, 교원임용]

- △△시에는 이윤의 극대화를 추구하는 두 기업 A와 B가 있다. 두 기업은 각각 1톤의 제품을 생산할 때마다 1톤씩의 오염물질을 방출하고 있으나, 그에 따르는 오염의 사회적 비용은 부담하지 않고 있다.
- MP_A와 MP_B 두 직선은 기업 A, B가 각각 생산을 1톤씩 늘려갈 때마다 얻는 한계이익(=한계수입−한계비용)을 보여주고 있다. 따라서 두 기업은 한계이익이 0이 되는 점에서 생산하고 있다.
- △△시 정부는 오염 규제 정책을 도입하기로 결정하였다. 그리고 각 기업에게 동일한 오염세를 부과하는 오염세 정책 및 동일한 양의 오염배출을 허용하고 배출권의 거래를 인정하는 오염배출권 거래 정책을 비교하고 있다.

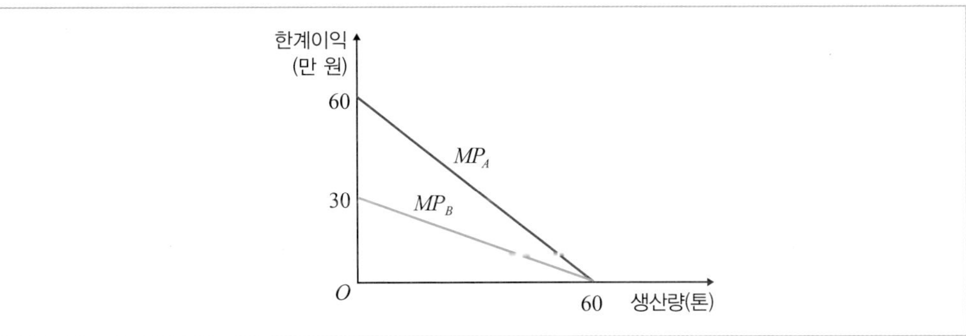

〈 보 기 〉

㉠ 오염세를 1톤 당 20만 원으로 부과한다면, 두 기업의 총 오염배출량은 70톤이 된다.
㉡ 오염세 정책 하에서의 기업 A의 생산량이 기업 B의 생산량보다 더 크다.
㉢ 각 기업에게 오염 배출량을 20톤씩 허용한다면, 오염 1톤 당 배출권의 거래가격은 15만 원부터 형성될 수 있다.
㉣ 오염 배출권의 거래가 이루어진다면 기업 A는 언제나 배출권의 매입자 위치에 서게 될 것이다.

① ㉠, ㉡
② ㉠, ㉢
③ ㉡, ㉢
④ ㉡, ㉣
⑤ ㉢, ㉣

해설

- 주어진 그림에 따른 두 기업의 한계이익(MP) 함수를 구하면 다음과 같다.

> - 기업 A의 한계이익 함수 : $MP_A = 60 - Q$
> - 기업 B의 한계이익 함수 : $MP_B = 30 - \frac{1}{2}Q$

- 오염세를 1톤 당 20만 원으로 부과하는 경우와 오염 배출량을 20톤 씩 허용하는 경우를 그림으로 나타내면 다음과 같다.

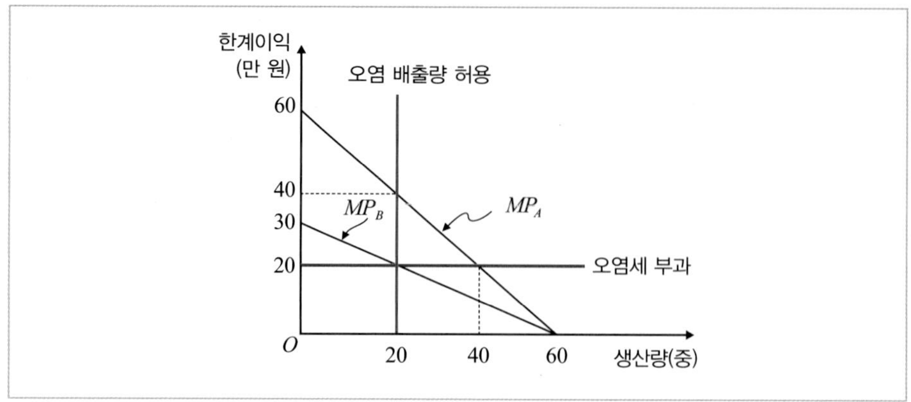

㉠ 오염세를 1톤당 20만 원으로 부과한다면, 기업 A는 40톤을 생산하고 기업 B는 20톤을 생산하여 두 기업의 총생산량은 60톤이 된다. 그런데 두 기업은 각각 1톤의 제품을 생산할 때마다 1톤씩의 오염물질을 방출하고 있으므로 결국 두 기업의 총 오염배출량은 60톤이 된다.

㉡ 오염세 정책 하에서의 기업 A의 생산량은 20톤, 기업 B의 생산량은 40톤이므로 기업 A의 생산량이 기업 B의 생산량보다 더 크다.

㉢ 각 기업에게 오염 배출량을 20톤씩 허용한다면, 오염 1톤당 배출권의 거래가격은 기업 B의 생산량이 20톤인 경우의 한계이익 수준인 20만 원부터 형성된다.

㉣ 동일한 생산량 수준에서 기업 A의 한계이익의 크기가 기업 B의 한계이익의 크기보다 항상 높으므로, 오염 배출권의 거래가 이루어지는 경우 기업 A는 언제나 배출권의 매입자 위치에 서게 될 것이다.

정답 ④

싱가포르의 자동차 소유권 경매제도

싱가포르에서는 자동차를 구입할 수 있는 권한을 매년 경매에 부친다고 한다. 고율의 자동차세금을 부과하고 자동차의 시내진입세를 부과함에도 불구하고 그 혼잡도가 감소되지 않아 드디어 도로 위의 자동차 대수를 제한하기 위해 매년 일정량의 자동차 소유권을 경매를 통해 배분하는 조치를 취하기 시작했다. 만약 매년 폐차되는 자동차 대수만큼만 경매하면, 싱가포르 전체의 자동차 대수는 변동이 없게 된다. 기업의 특성상 자동차를 꼭 소유해야만 하는 택시회사, 버스회사, 트럭회사가 주로 소유권을 구입하는 편이고, 자동차 소유비용이 부담스러운 개인은 대중교통 시설을 이용한다.

3) 오염배출부과금과 오염방지보조금

(1) 오염배출자에게 오염물질의 배출량에 따라 비용을 부담하게 하거나 보조금을 지급하여 오염배출자에게 합리적 행동을 유도한다.

오염배출금 부과와 오염방지보조금 지급효과

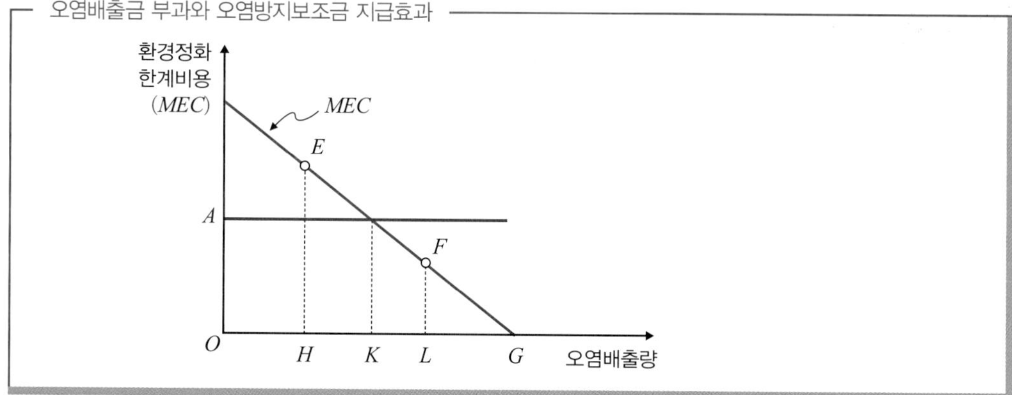

(2) 오염배출부과금 효과

① 정부규제가 없다면 기업은 최대오염배출량인 *OG*만큼의 오염물질을 배출한다.

② 만약 오염배출에 대해 단위당 *OA*만큼의 오염배출부과금을 부과하면 오염배출자는 자신에게 유리한 것을 선택하게 된다.

③ 예컨대 현재 배출량이 *OK*보다 많은 *OL* 수준에서는 단위당 오염배출부과금인 *OA*가 오염처리비용인 *FL*보다 더 크기 때문에 오염배출부과금을 부담하는 것 보다 스스로 오염처리를 하는 것이 유리하다.

④ 반면에 *OK*보다 적은 *OH* 수준에서는 단위당 오염배출부과금인 *OA*가 오염처리비용인 *EH*보다 더 작기 때문에 스스로 오염처리를 하는 것 보다 오염배출부담금인 *OA*를 부담하는 것이 유리하다.

⑤ 기업은 *OK*까지는 오염배출부과금을 부담하면서 오염물질을 배출하게 되고, 그 이상은 스스로 비용을 부담하면서 오염물질을 정화하게 된다. 결국 기업 입장에서 본 적정오염물질 배출량은 *OK*가 된다.

(3) 오염방지보조금 효과

① 정부보조가 없다면 기업은 최대오염배출량인 *OG*만큼의 오염물질을 배출한다.

② 기업이 스스로 오염을 처리할 경우 오염물질 단위당 *OA*만큼 보조금을 지급한다면 오염배출자는 자신에게 유리한 것을 선택하게 된다.

③ 예컨대 현재 배출량이 *OK*보다 많은 *OL* 수준에서는 단위당 오염방지보조금인 *OA*가 오염처리비용인 *FL*보다 더 크기 때문에 기업은 스스로 오염물질을 정화하는 것이 유리하다.

④ 반면에 *OK*보다 적은 *OH* 수준에서는 단위당 오염방지보조금인 *OA*가 오염처리비용인 *EH*보다 더 작기 때문에 스스로 오염물질을 정화하는 것이 불리해진다.

⑤ 기업은 *OK*까지는 오염물질을 배출하게 되고, 그 이상은 스스로 비용을 부담하면서 오염물질을 정화하고 그 대가로 정부의 보조금을 수령하게 된다. 결국 기업 입장에서 본 적정오염물질 배출량은 *OK*가 된다.

Theme 62 공공재

1 공공재(public goods)의 의미

(1) P. Samuelson : 공공재=집합적 소비재

"어떤 재화를 한 개인이 소비할 때 그것이 다른 개인의 소비를 감소시키지 않는 경우의 재화를 공공재라 한다."

(2) R. Musgrave : 공공재=사회재

"동량의 재화가 모든 개인에게 소비되어지는 재화가 공공재이다."

(3) R. Mackean : "공공재란 어떤 재화의 소비자의 수가 추가적으로 증가했을 때에도 추가적인 비용이 소요되지 않는 재화이다."

2 (순수)공공재(public goods)의 성격

(1) 소비에 있어서의 [비경합(경쟁)성](non-rivalry in consumption)

① 소비에 참여하는 사람의 수가 아무리 많아도, 한 사람이 소비할 수 있는 양에는 전혀 변함이 없는 재화와 서비스의 특징을 말한다.

② 집합적(공동)소비가 가능하여 소비자가 증가해도 이를 위한 생산비가 추가로 들지 않기 때문에 "$MC=0$"이 된다.

(2) 소비에 있어서의 [비배제성](non-excludability in consumption)

① 어떤 대가를 치루지 않고 재화와 서비스를 소비하려고 하는 사람의 경우에도 소비에서 배제할 수 없는 재화나 서비스의 특성을 말한다.

② 이에 따라 [무임승차자의 문제](free rider's problem)가 발생한다.

재화의 구분(R. A. Musgrave)

구분	배제성	비배제성
경합성	사적재(사용재, 사유재) (꽉 막힌 유료도로, 자동차, 맥주 등)	준공공재 (꽉 막힌 무료도로, 공유자원, 119 등)
비경합성	준공공재 (한산한 유료도로, 케이블 TV등)	순수공공재 (한산한 무료도로, 국방, 일기예보, 치안 등)

순수공공재와 준공공재

신생아가 태어나면 경찰은 이 아이의 생명을 보호해 주어야 한다. 그러나 신생아가 태어날 때마다 경찰의 예산이 늘어나지는 않는다. 이런 의미에서 국방·치안 등 순수공공재에는 한계비용이 발생하지 않는다. 반면에 신도시가 건설되고 새로운 주민들이 입주하면 통행을 위한 도로가 공급되어야 하는데 이를 위해서는 추가적인 비용이 발생하게 되는 것이다. 이러한 준공공재에서 발생하는 한계비용을 혼잡비용이라고도 한다.

확인 TEST

공공재에 대한 설명으로 옳지 않은 것은?

[2010, 국가직 7급]

① 무임승차자의 문제가 있다.
② 공공재라고 할지라도 민간이 생산·공급할 수 있다.
③ 소비에 있어서 경합성 및 배제성의 원리가 작용한다.
④ 시장에 맡기면 사회적으로 적절한 수준보다 과소 공급될 우려가 있다.

해설 공공재의 대표적 특징은 비경합성과 비배제성이다. 민간에 의해 생산·공급될 수 있는 대표적인 공공재에는 불꽃놀이 등이 있다.

정답 ③

공공재의 특성과 무임승차

1. **비재제성** : 배제를 하기 위해서는 엄청난 비용이 소요된다.
2. **비경합성** : 공공재 생산량=개인의 공공재 소비량(사적재의 총생산량=사적재의 총소비량)
3. 공공재의 효율적 배분은 모든 소비자들이 공공재 공급에 따른 조세부담을 의식하고서도 효용극대화 행위에 의한 진실된 공공재 수요를 시현(示顯)할 경우에만 현실적으로 달성될 수 있다. 그러나 비경합성, 비배제성의 특성을 지닌 공공재에 대한 진실된 선호를 자발적으로 나타낼 수 있는 인센티브가 충분히 존재하지 않는 것이 현실이다. 예컨대 공공재에 대해서 각자가 기꺼이 지불하려고 하는 금액, 다시 말해서 자신이 선호를 시현한 정도에 따라 조세가 부과된다는 사실을 알고 있는 한 소비자들은 의도적으로 자신의 선호 정도를 과소 시현하거나 심지어는 숨겨려는 시도를 할 것이다. 반대로 조세부담이 자신의 진실된 선호 표현과 관계없이 결정된다면 많은 소비자들은 오히려 자신의 선호 정도를 과대 시현함으로서 공공재 공급의 증가를 도모할 것이다. 이에 따라 공공재에 대한 개인의 선호 정도를 왜곡해서 공공재 소비로부터 얻게 되는 혜택에 대응하는 적정한 조세(가격)의 부담을 회피하려는 문제를 무임승차문제(無賃乘車問題)라고 한다.

③ 클럽의 이론(theory of club)

1) 클럽재의 의의

(1) 혼잡가능 공공재(congestible public goods) : 기본적으로는 여러 소비자들이 동시에 사용할 수는 있으나, 지나치게 많은 소비자들이 몰려 동시에 소비하고자 할 경우에는 혼잡이 빚어져 불완전한 비경합성을 특징으로 하는 재화를 의미한다.

(2) 부캐넌(J. Buchanan)은 경합성이 있기는 하지만 불완전하여 소비자들의 수가 증가함에 따라 혼잡이 발생하는 재화를 클럽재(club goods)라 불렀다.

(3) 대표적인 클럽재에는 헬스클럽, 극장, 공원, 도로 등이 속한다.

2) 클럽재의 최적규모와 최적사용자 수의 결정

(1) 클럽재의 적정규모는 사용자들의 수가 변함에 따라 바뀌게 되므로 사용자들의 수에 대응하는 클럽의 적정규모 계산이 필요하다.

(2) 그림에 의한 설명

클럽의 최적수준 결정

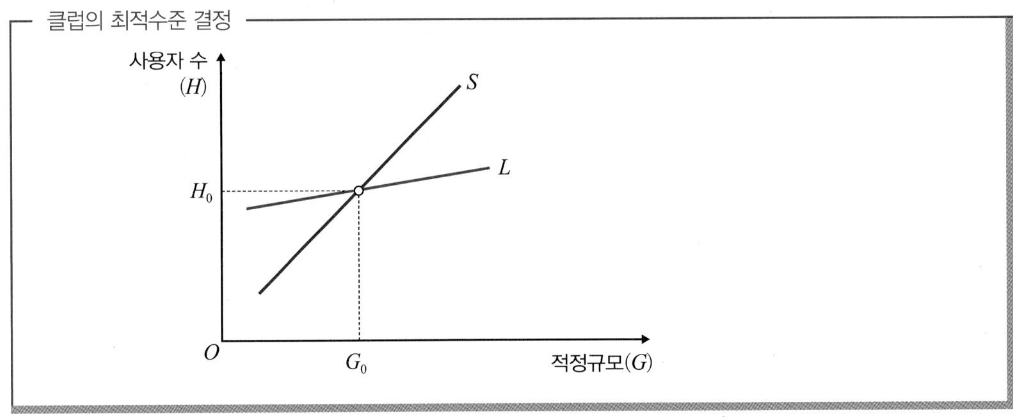

① 곡선 S는 사용자들의 수에 따른 클럽의 적정규모를 나타낸다.

② 곡선 L은 클럽의 규모가 바뀜에 따른 적정 사용자의 수를 나타낸다.

③ 두 곡선 S와 L이 만나는 점에서 클럽의 최적 규모와 최적 사용자 수가 결정된다.

3) 클럽 규모가 주어지는 경우의 적정 사용자 수 결정

(1) 가정

① 사용자 수가 H이고 주어진 규모의 클럽에 대한 생산 비용이 C일 때, 비용은 모든 사용자들이 균등하게 C/H만큼씩 가입비 형식으로 분담한다.

② 사용자들의 수가 적은 초기 단계에서는 사용자들의 수가 증가함에 따라 클럽에 가입함으로써 사용들이 얻는 효용도 증가하게 된다.

③ 일정한 단계를 넘어가게 되면 사용에 따른 혼잡이 유발되어 사용자 수의 증가는 효용의 감소를 가져온다.

(2) 그림에 의한 설명

클럽의 적정 사용자 수 결정

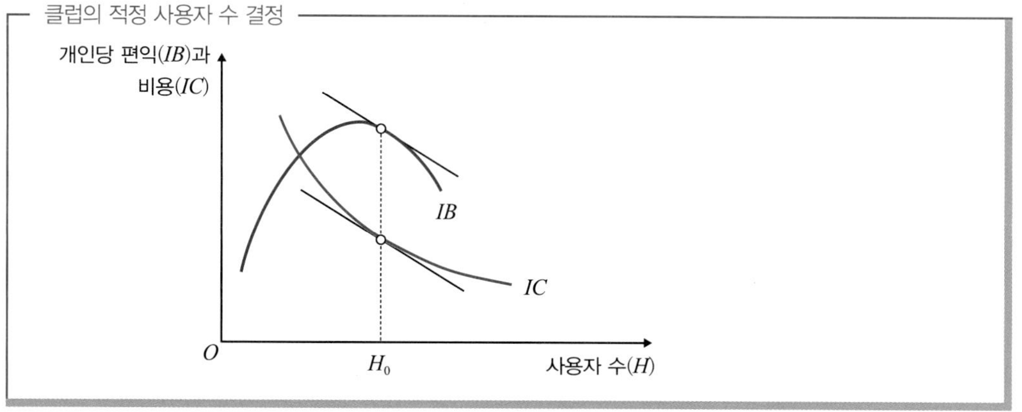

① 그림에서 IB는 개인의 편익곡선이고, IC는 개인당 비용곡선이다.

② 적정 사용자 수는 IB곡선과 IC곡선의 수직거리가 최대인 수준인 H_0에서 결정된다.

확인 TEST

재화는 배제성과 경합성의 정도에 따라 사적 재화, 공유자원, 공공재, 클럽재(club goods)로 분류할 수 있다. 다음 재화에 대한 분류를 바르게 연결한 것은? [2019, 국가직 9급]

> ㉠ 막히는 유료도로
> ㉡ 막히지 않는 유료도로
> ㉢ 막히는 무료도로
> ㉣ 막히지 않는 무료도로

	㉠	㉡	㉢	㉣
①	사적 재화	클럽재	공유자원	공공재
②	사적 재화	공공재	클럽재	공유자원
③	사적 재화	공유자원	클럽재	공공재
④	사적 재화	클럽재	공공재	공유자원

해설 • 주어진 재화의 특성을 살펴보면 다음과 같다.

㉠ 막히는 유료도로: 경합성과 배제성을 특성으로 하는 사적 재화이다.
㉡ 막히지 않는 유료도로: 비경합성과 배제성을 특성으로 하는 재화로 '클럽재'라고도 한다. 이러한 '클럽재'의 대표적인 예가 '통신 서비스'이다.
㉢ 막히는 무료도로: 경합성과 비배제성을 특성으로 하는 공유자원에 해당한다.
㉣ 막히지 않는 무료도로: 비경합성과 비배제성을 특성으로 하는 '순수' 공공재이다.

정답 ①

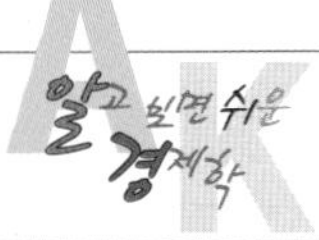

주인이 없다고 공짜는 아니다!

"1950년부터 2010년까지 60년 동안 전 세계의 해양 생물종 중의 29%가 멸종되었다고 한다. 이러한 지금의 추세대로라면 2048년 정도가 되면 생선을 포함한 바닷속 먹거리들이 우리의 밥상에서 거의 사라질 수 있다는 것이다. 이러한 충격적인 결과를 야기한 원인은 무엇인가?"

재화의 특징 중에서 비용을 부담하지 않고 소비하는 것을 막을 수 없는 성질을 비배제성이라고 하고, 남이 먼저 소비한다고 하더라도 나의 소비 기회가 줄어들지 않는 성질을 비경합성이라고 한다. 이 중에서 하나의 특징만을 가지고 있는 재화를 준공공재라고 한다. '공유자원'이란 비배제성과 남이 먼저 소비하면 나의 소비기회가 줄어드는 경합성을 특징으로 하는 준공공재이다.

일반적으로 시장에서 거래되는 모든 재화는 소유권이 정해져 있어 그 재화를 소비하기 위해서는 반드시 그에 상응하는 대가를 지불해야 한다. 그런데 만약 소유권이 정해져 있지 않은 재화라면 어떤 일이 벌어질까? 가장 간단한 답은 '먼저 잡는 사람이 임자!'이다. 이러한 재화의 특징 때문에 자신의 필요한 적정량과 관계없이 먼저 잡기 위한 경쟁을 하다 보면 필연적으로 남획의 문제가 생길 수밖에 없는 것이다. 결국 앞에서 지적한 우리 밥상 위에 생선이 사라지는 문제가 발생하는 것이다.

자! 이제 이러한 문제를 해결하기 위한 방법에 대하여 고민해보자!

울진이나 영덕 앞 바다에서 잡히는 대게를 오랫동안 맛보기 위한 방법을 한번 생각해보자.

우선 소유권을 인정해 주는 방법이다. 대게가 잡히는 어장의 어민들에게 어족 관리권과 독점적 어업권을 인정해 주면 자연스럽게 대게의 남획을 방지할 수 있는 것이다.

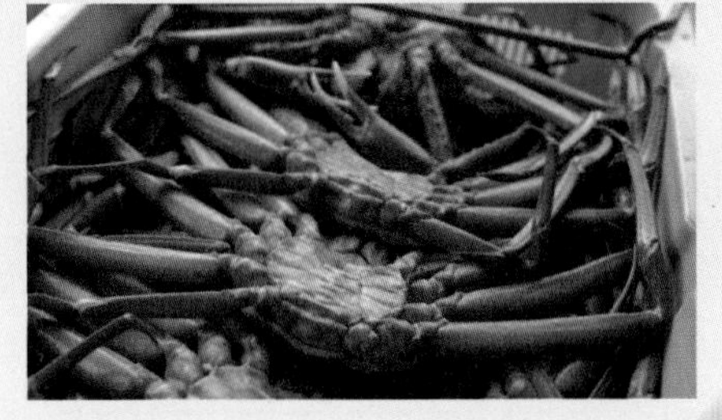

또한 산란기 때는 출어를 금지하는 출어 제한 제도를 도입할 수 있다. 또한 일정한 크기 이상의 대게만 잡을 수 있게 하여 어린 대게를 남획하는 것을 막을 수 있다. 현재 대게 잡이 어선에는 대게의 게딱지 크기를 잴 수 있는 나무로 만든 도구를 비치해 잡아올린 대게의 게딱지가 나무 틀보다 작으면 가차 없이 놓아주게 되어 있다. 그리고 근본적으로 어선당 잡을 수 있는 대게의 양을 제한하여 대게 개체수를 늘이는 노력을 할 수 있다.

문제는 이러한 방법을 쉽게 적용할 수 없는 공해상에서 이루어지는 어업활동이다. 이 경우에는 국제적 협약 등을 통해 해양자원 보호구역 지정이라든가 어업 휴식년제 도입 등을 통해 동일한 목적을 달성할 수 있을 것이다.

③ 사회수요곡선의 도출(공공재의 최적공급): 린달(E. R. Lindahl) 모형

1) 사적재(사유재, 사용재 : private goods)

(1) 상이한 양의 재화를 동일한 가격에 구매한다.

(2) 개별 수요곡선을 수평으로 합하여 사회수요곡선을 도출한다.

2) 공공재

(1) 동일한 양을 공동 소비하므로 주어진 수량에 대해 개인들이 기꺼이 지불할 수 있는 금액이 곧 개인들의 수요가격이다.

(2) 개별 소비자의 수요를 수직적으로 합해서 사회수요곡선을 도출한다.

(3) 소비자들은 동일한 양의 재화를 상이한 가격(조세)으로 소비한다.

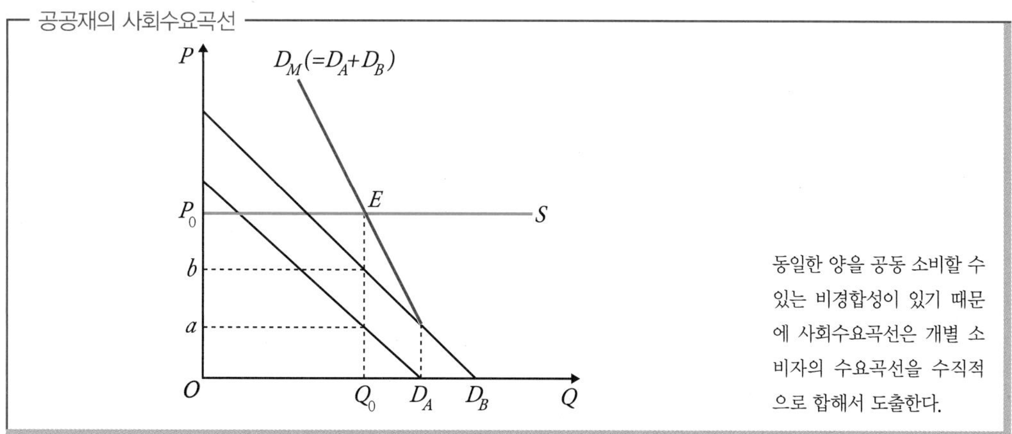
공공재의 사회수요곡선
P
$D_M(=D_A+D_B)$
E
P_0
S
b
a
O
Q_0
D_A
D_B
Q
동일한 양을 공동 소비할 수 있는 비경합성이 있기 때문에 사회수요곡선은 개별 소비자의 수요곡선을 수직적으로 합해서 도출한다.

(4) 개별 수요곡선은 개인이 공공재에 대한 그들의 선호를 자발적으로 표시한다는 가정하에 그려진 것이며, 균형은 공급(S)과 사회적 수요(D_{A+B})가 일치하는 E에서 이루어지고 A와 B는 각각 Q_0의 공공재를 Oa, Ob의 세금을 내고 소비하게 된다.

확인 TEST

K국의 국민은 A와 B 두 사람뿐이며, 특정 공공재에 대한 이들 각각의 수요함수는 $P=10-Q$이다. 해당 공공재의 한계비용은 공급규모와 상관없이 10원으로 일정하다. 해당 공공재의 적정 생산수준은? (단, P는 해당 공공재의 가격, Q는 해당 공공재에 대한 수요량이다)

[2012, 지방직 7급]

① 2단위
② 5단위
③ 10단위
④ 15단위

해설 공공재의 시장수요곡선은 개별 수요곡선을 수직으로 합하여 도출된다. 따라서 , $P_A=10-Q$, $P_B=10-Q$에서 $P=P_A+P_B=20-2Q$가 도출된다. 공공재의 공급은 $P=MC$수준에서 결정되므로 $10=20-2Q$이다. 따라서 $Q=5$가 된다.

정답 ②

확인 TEST

공공재에 대한 3명의 소비자 A, C, S가 있다. 이들의 공공재에 대한 수요함수가 다음과 같이 알려져 있다.

- $P_A = 20 - Q$
- $P_C = 40 - Q$
- $P_S = 60 - Q$

여기서 P는 가격, Q는 수량을 의미한다.

공공재 공급에 따른 한계비용이 90일 때, 공공재의 최적 공급량 수준은?

① 5
② 10
③ 15
④ 20

해설
- 공공재에 대한 시장수요곡선은 개별수요곡선을 수직적으로 합하여 도출한다. 또한 공공재의 최적 공급량은 '$P=MC$ 또는 $MSB=MC$'조건이 충족되는 수준에서 결정된다. 여기서 'P'는 공공재의 시장가격이고, 여기서는 '$P=P_A+P_C+P_S$'를 의미한다. 또한 'MSB'는 사회적 한계편익을 의미하고, 여기서는 개별수요곡선 높이의 누적적 합을 의미한다.
- 이러한 내용들을 그림으로 나타내면 다음과 같다.

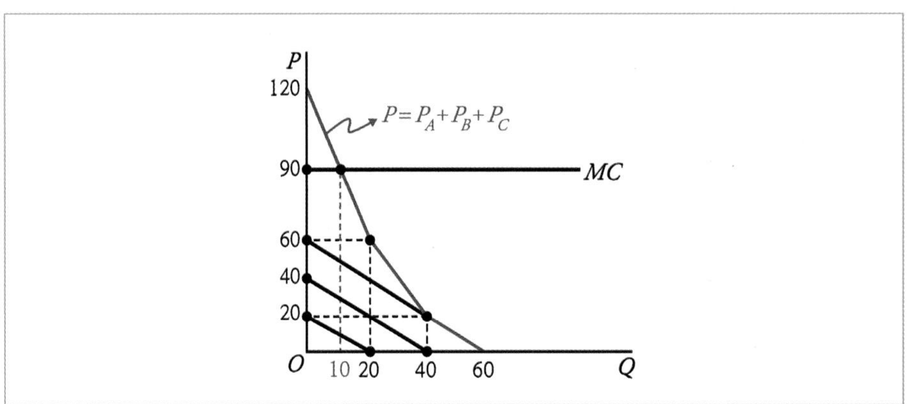

이에 따라 '$P=MC$ 또는 $MSB=MC$'조건이 충족되는 수준에서 공공재 최적 생산량 '$Q=10$'이 도출된다. 만약 공공재 공급자가 무임승차를 이유로 공공재를 공급하지 않으면, 공공재가 부족해지는 시장 실패가 나타나게 되고, 이에 따른 경제적 순손실은 그림의 빗금 친 부분에 해당한다.
- 단, 앞의 그림에서 시장수요곡선이 개별수요곡선의 수량절편 수준에서 굴절되고 있음을 주의한다. 만약에 공공재 공급에 따른 한계비용이 150이면, '$P<MC$'가 되어, 공공재는 공급되지 않으며, 따라서 공공재의 최적 공급량 수준은 "$Q=0$'가 된다.

정답 ②

심화 TEST

다음은 공공재인 소방(消防) 서비스의 생산 · 공급에 관한 내용이다. 주민으로 甲과 乙의 두 사람이 존재하고 이들 둘은 소방 서비스로부터 혜택을 누린다고 가정한다. 甲과 乙의 두 사람의 소방 서비스에 대한 수요곡선은 각각 D_1과 D_2로 나타난다. 사회 전체의 통합된 수요곡선은 그림에서 D_S로 나타난다. 아래 그림에서 효율성에 입각한 최적(optimum) 공공재의 생산량은 얼마이며, 그와 같이 결정되는 이유는 어떤 경제적 논리에 근거한 것인지 쓰시오. [2005. 교원임용]

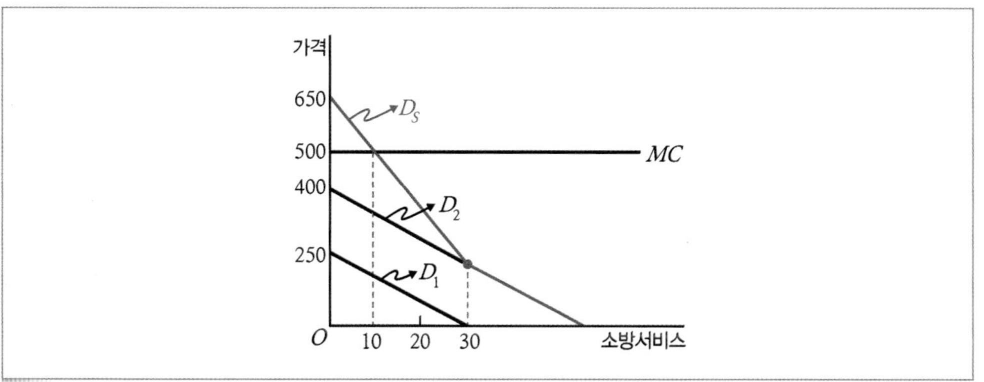

- 생산량:
- 경제적 논리:

분석하기

- 생산량: 10단위
- 경제적 논리: 공공재는 한 사람이 먼저 소비한다고 하더라도 다른 사람의 공공재에 대한 소비기회가 감소하지 않는 비경합성(또는 비경쟁성)이라는 특성을 갖는다. 이에 따라 공공재에 대한 사회 전체의 수요함수는 공공재에 대한 개별 수요함수를 수직으로 합하여 도출한다. 이때 수요함수는 공공재에 대한 한계편익함수와 같다. 이렇게 도출된 사회 전체의 수요함수를 전제로 '$P=MC$'를 만족하는 수준에서 공공재의 최적 생산량이 결정된다. ⇒ 린달(E. R. Lindahl) 모형

(수직적)$\sum MB = MC \Rightarrow MB_{갑} + MB_{을} = MC$

사적재와 공공재의 비교

구분	사적재(사용재)	공공재
시장수요 곡선	모든 사람이 동일한 가격의 사적재를 소비 ⇒ 개별 수요곡선의 수평적 합으로 도출	모든 사람이 동일한 수량의 공공재를 소비 ⇒ 개별 수요곡선의 수직적 합으로 도출
균형조건	$MB^A=MB^B=MC$ 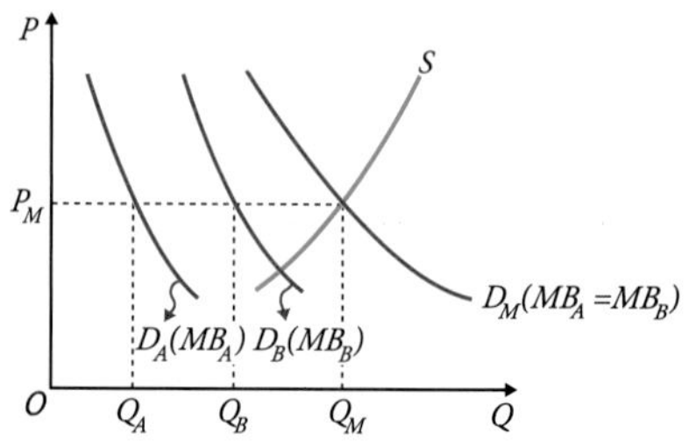 P, S, P_M, $D_A(MB_A)$, $D_B(MB_B)$, $D_M(MB_A=MB_B)$, O, Q_A, Q_B, Q_M, Q • 동일한 가격으로 상이한 수량을 소비 • 선호가 크면 더 많은 양을 소비	$MB^A+MB^B=MC$ ($\Sigma MB=MC$) 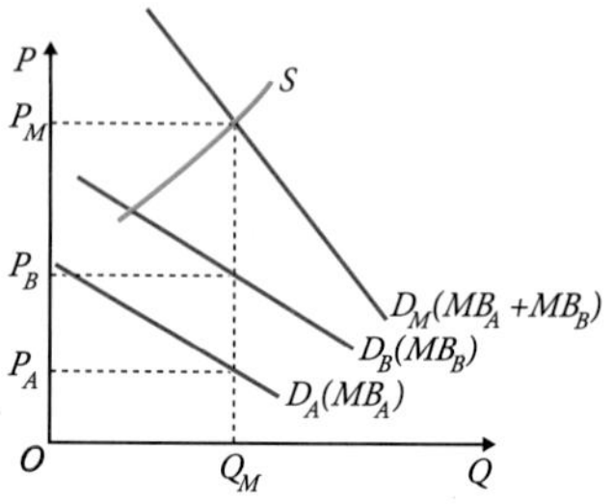 P, S, P_M, P_B, P_A, $D_M(MB_A+MB_B)$, $D_B(MB_B)$, $D_A(MB_A)$, O, Q_M, Q • 상이한 가격으로 동일한 수량을 소비 • 선호가 크면 더 많은 비용을 부담
가격	P_M이 사적재의 단위가격	OPM가 아닌 A에게는 OPA B에게는 OPB의 높이가 단위가격
재화의 최적 배분	$MB^A=MB^B=\cdots=MC$ 또는 $MRS^A=MRS^B=\cdots=MRT$	$MB^A+MB^B+\cdots=MC$ 또는 $MRS^A+MRS^B+\cdots=MRT$

램지(Ramsey)의 공공재 가격 설정

- $\dfrac{(P_X-MC_X)/P_X}{(P_Y-MC_Y)/P_Y}=\dfrac{E_Y}{E_X}$
- X재와 Y재의 수요의 가격탄력성은 0이라고 가정한다.

조세징수를 통한 공공재 공급의 이유

1. 사적재의 경우 가격은 생산자의 수입이 되므로 이를 통해 생산자는 생산에 필요한 재원을 조달할 수 있으나 이론적으로 가격이 0인 공공재의 경우에는 다른 재원 조달 방법이 필요하다.
2. 사적재의 경우 가격기구에 의해 최적생산에 필요한 정보가 제공되나 공공재의 경우 가격이 그 역할을 하지 못하므로 다른 방법, 예컨대 투표를 한다든지 하는 방법을 통해 소비자의 선호가 표현될 수 있는 제도적 장치가 필요하게 된다. 문제는 이러한 장치가 가격기구와 같이 원활하게 정보를 매개하기 어렵다는 것이다.
3. 사적재의 경우 소비자가 자신의 지불 의사액을 낮게 표현하는 경우 그 상품을 구입할 수 없을 수도 있기 때문에 그러한 행위를 할 유인이 없으나 비배제성의 특징을 지닌 공공재의 경우 소비자는 언제든지 자신의 지불의사액을 낮게 표현하려 하는 유인을 갖게 된다.
4. 위와 같은 이유 때문에 자발적인 헌금방식의 재원조달이 현실적으로 어려우므로 공공재의 재원조달은 강제성을 띤 조세를 통한 방법이 가장 일반적으로 이용되고 있다.

④ 사무엘슨(P. A. Samuelson) 모형과 공공재 최적 생산

1) 어떤 한 경제에 A, B 두 명의 소비자가 있고, X재를 공공재, Y재를 사적재라고 할 때 파레토 최적 조건은 다음과 같다.

$$MRS_{XY}^{A} + MRS_{XY}^{B} = MRT_{XY}$$

즉, 모든 소비자의 한계대체율을 더한 크기가 한계변환율의 크기와 일치해야 한다.

2) 성립 이유

(1) 공공재가 갖고 있는 비경합성이라는 특성 때문이다. 이에 따라 사적재 대신에 공공재를 생산하면 A, B 모두가 늘어난 공공재를 소비할 수 있다.

(2) 사회 전체의 한계대체율은 공공재 한 단위와 A와 B가 각각 공공재를 생산-소비하는 대신 포기할 용의가 있는 사적재의 크기를 의미하게 되는 것이다. 이러한 사회적 한계대체율(=개개인의 한계대체율의 합)과 한계변환율이 같을 경우에 공공재의 최적 생산조건이 충족되는 것이다.

3) 최적 조건이 성립하지 않는 경우-1(예 : $MRS_{XY}^{A}(=1) + MRS_{XY}^{B}(=1) > MRT_{XY}(-1)$)

(1) 한계변환율이 1이라는 것은 사적재를 1단위 덜 생산하면 공공재를 1 단위 더 생산할 수 있다는 의미이다.

(2) 만약 소비자 A와 B가 자신들이 소비하는 사적재를 각각 0.5단위만큼 줄인다면, 사회 전체적으로 사적재의 생산은 1단위만큼 감소하는 대신 공공재를 1단위만큼 더 생산할 수 있게 된다.

(3) 이렇게 생산된 공공재는 비경합성이라는 특성으로 인해 한계대체율이 각각 1인 소비자 A와 B로 하여금 모두 사적재를 1단위 더 소비한 것과 동일한 수준의 효용수준에 도달시켜 준다.

(4) 소비자 A와 B가 사적재 소비량을 각각 0.5단위만큼 줄여 공공재를 생산함으로써 사적재 1단위 증가와 동일한 효용을 얻게 되는 것이다. 결국 공공재 생산을 늘릴 경우 모든 소비자의 효용 수준이 높아진다는 의미이므로, 이것은 또한 현재의 공공재 생산수준이 최적 수준에 비해 과소 생산되고 있다는 것을 의미하기도 한다.

4) 최적 조건이 성립하지 않는 경우-2(예 : $MRS_{XY}^{A}(=1) + MRS_{XY}^{B}(=3) < MRT_{XY}(=5)$)

(1) 한계변환율이 5라는 것은 사적재를 5단위만큼 생산을 줄일 때, 공공재를 비로소 1단위만큼 더 생산할 수 있다는 의미이다.

(2) 그런데 만약 소비자 A의 한계대체율은 1, 소비자 B의 한계대체율은 3이므로 이들이 사적재(Y재)를 각각 1과 3만큼 감소시킨다고 하더라도 이를 통해 증가할 수 있는 공공재(X재)는 0.8단위 밖에는 안 된다. 이렇게 생산된 공공재는 비경합성이라는 특성으로 인해 두 소비자 모두 0.8단위만큼의 공공재 소비가 가능해진다. 그러나 이것은 두 소비자가 사적재를 감소시킬 때 동일한 효용 수준을 유지하기 위해 필요한 공공재의 크기인 1단위에 미달한다.

(3) 결국 공공재 생산을 늘릴 경우 모든 소비자의 효용 수준이 낮아진다는 의미이므로, 이것은 또한 현재의 공공재 생산수준이 이미 최적 수준을 넘고 있다는 의미이기도 하다.

확인 TEST

어떤 한 경제에 A, B 두 명의 소비자와 X, Y 두 개의 재화가 존재한다. 이 중 X는 공공재(public goods)이고, Y는 사용재(private goods)이다. 현재의 소비량을 기준으로 A와 B의 한계대체율(marginal rate of substitution:MRS)과 한계전환율(marginal rate of transformation:MRT)이 다음과 같이 측정되었다. 공공재의 공급에 관한 평가로 옳은 것은?

[2015, 국가직 7급]

$$MRS_{XY}^{A} = 1,\ MRS_{XY}^{B} = 3,\ MRT_{XY} = 5$$

① 공공재가 최적 수준보다 적게 공급되고 있다.
② 공공재가 최적 수준으로 공급되고 있다.
③ 공공재가 최적 수준보다 많이 공급되고 있다.
④ 공공재의 최적 수준 공급 여부를 알 수 없다.

해설 소비자 A의 한계대체율은 1, 소비자 B의 한계대체율은 3이므로 이들이 사적재(Y재)를 각각 1과 3만큼 감소시킨다고 하더라도 이를 통해 증가할 수 있는 공공재(X재)는 0.8단위 밖에는 안 된다. 이렇게 생산된 공공재는 비경합성이라는 특성으로 인해 두 소비자 모두 0.8단위만큼의 공공재 소비가 가능해 진다. 그러나 이것은 두 소비자가 사적재를 감소시킬 때 동일한 효용 수준을 유지하기 위해 필요한 공공재의 크기인 1단위에 미달한다. 결국 공공재 생산을 늘릴 경우 모든 소비자의 효용 수준이 낮아진다는 의미이므로, 이것은 또한 현재의 공공재 생산수준이 최적 수준을 이미 넘고 있다는 의미이기도 하다.

정답 ③

5 공공재와 무임승차

1) 의의

(1) 사무엘슨 모형이나 린달 모형은 각 개인이 공공재에 대한 진정한 선호를 표출하고 있다는 다소 비현실적인 가정을 전제한다. 그러나 만약 대부분의 사람들이 무임승차를 시도하면 사람들이 자발적인 합의에 의해 결정한 공공재 수준은 사무엘슨 모형이나 린달 모형에서 도출된 구해진 적정수준에 미치지 못하게 된다.

(2) 무임승차 문제의 배경은 결국 자신들에게 더욱 유리한 결과를 가져 오도록 하기 위한 일종의 게임 상황이라고 볼 수 있다. 사람들이 자신은 공공재를 별로 원하지 않는다고 말하는 것은 비용부담을 회피하기 위한 전략적 행동이라고 말할 수 있기 때문이다.

2) 공공재와 협상 가능성 : 게임이론에 의한 접근

(1) 상황의 설정

① **가정**: 한 마을에서 농사를 짓고 있는 김 씨와 문 씨 두 사람은 홍수방지시설을 만드는데 찬성할 것인지 반대할 것인지를 독립적으로 동시에 결정한다. 만약 한 사람이라도 찬성하면 홍수방지시설은 만들어지며 그 비용은 찬성한 사람이 균등하게 부담한다. 한편 홍수방지시설을 만드

는 데 필요한 총비용은 2,000만 원이고, 홍수방지시설을 갖출 때 얻게 되는 편익은 각각 1,500만 원이다.

② **보수행렬**: 김 씨와 문 씨가 홍수방지시설을 만들 것인가에 대한 전략에 따른 보수 행렬이 다음과 같다. 단 괄호 안의 값은 순서대로 김 씨와 문 씨의 각자 전략 선택에 따른 순편익(편익−비용)이다.

김 씨 \ 문 씨	찬성	반대
찬성	(500, 500)	(-500, 1,500)
반대	(1,500, -500)	(0, 0)

(2) **우월전략균형**

① 김 씨의 우월전략 : 반대전략, 문 씨의 우월전략 : 반대전략

② **우월전략 균형**: 두 사람 모두가 홍수방지시설을 만드는데 반대하게 되므로 홍수방지시설은 만들어지지 않는다. 이에 따라 사회적 순편익은 '0'이 되어 자원이 비효율적으로 배분되는 시장의 실패가 나타나게 된다.

(3) **협상 가능성**: 홍수방지시설을 만들지 않는 우월전략 균형의 결과보다는 홍수방지시설을 만드는 것이 사회적 순편익(=1,000)이 더 크다. 만약 두 사람이 이와 같은 가능성을 인식하고 있다면 협상의 가능성이 존재하게 된다. 이에 따라 이러한 협상을 위한 정부의 역할이 대두된다.

3) 공공재와 협상 가능성 : 린달 모형에 의한 접근

(1) **상황의 설정**

① 공공재에 대한 김 씨와 문 씨의 (가상)수요곡선과 공공재 생산을 위한 한계비용이 각각 다음과 같다.

- $P_{김} = 100 - \frac{1}{2}Q$, $P_{문} = 120 - \frac{1}{2}Q$
- $MC = 50$

② 한계비용곡선은 공공재의 공급곡선이다.

공공재 최적 생산

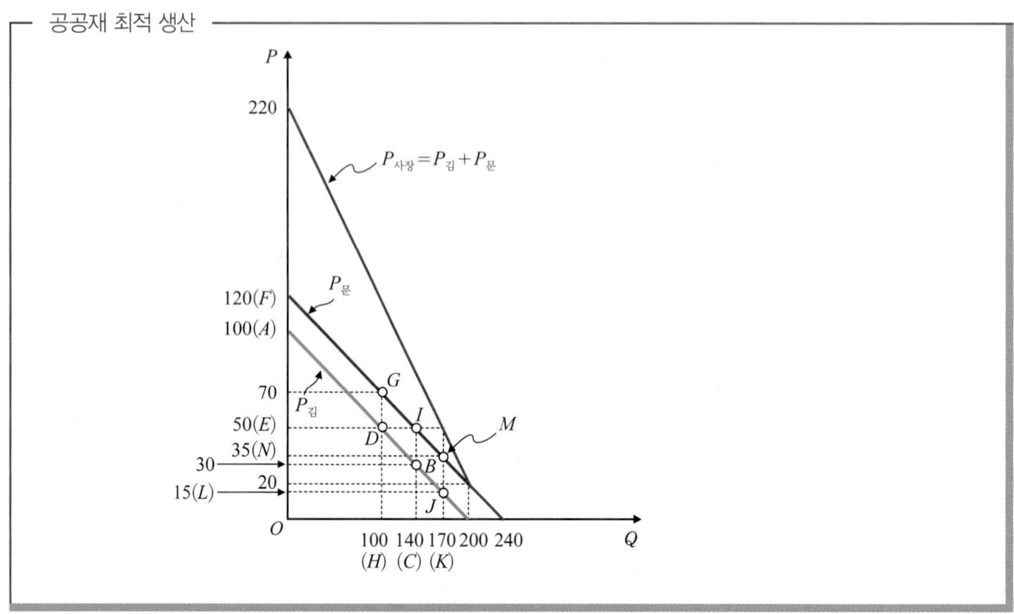

⑵ 두 사람의 선택 가능성

① 김 씨의 선택

ⓐ 문 씨가 혼자 공공재 생산에 따른 비용을 부담하면, 김 씨는 자신의 수요를 표출하지 않고 무임승차를 시도한다. 이 경우 문 씨는 자신의 (가상)수요곡선을 전제로 '$P_{문}=MC$'를 만족하여 자신의 편익을 극대화하는 수준인 140단위를 생산하게 된다. 이에 따라 김 씨는 문 씨에 의해 생산된 140단위의 공공재 소비에 무임승차를 하면서 '사다리꼴 $ABCO$'의 크기에 해당하는 '9,100[$=(100+30)\times\frac{1}{2}\times140$]'만큼의 순편익을 얻을 수 있다.

ⓑ 김 씨가 독자적으로 공공재 생산에 따른 비용을 부담하면서 생산하여 소비할 수도 있다. 이 경우 김 씨는 자신의 (가상)수요곡선을 전제로 '$P_{김}=MC$'를 만족하여 자신의 편익을 극대화하는 수준인 100단위를 생산하여 소비하게 된다. 이에 따라 김 씨는 100단위를 소비하면서 '삼각형 ADE'의 크기에 해당하는 '2,500$\left(=50\times100\times\frac{1}{2}\right)$'만큼의 순편익을 얻을 수 있다.

ⓒ 김 씨는 무임승차를 하려는 선택을 하게 된다(∵ 사다리꼴 $ABCO$>삼각형 ADE).

② 문 씨의 선택

ⓐ 김 씨가 혼자 공공재 생산에 따른 비용을 부담하면, 문 씨는 자신의 수요를 표출하지 않고 무임승차를 시도한다. 이 경우 김 씨는 자신의 (가상)수요곡선을 전제로 '$P_{김}=MC$'를 만족하여 자신의 편익을 극대화하는 수준인 100단위를 생산하게 된다. 이에 따라 문 씨는 김 씨에 의해 생산된 100단위의 공공재 소비에 무임승차를 하면서 '사다리꼴 $FGHO$'의 크기에 해당하는 '9,500[$=(120+70)\times\frac{1}{2}\times100$]'만큼의 순편익을 얻을 수 있다.

ⓑ 문 씨가 독자적으로 공공재 생산에 따른 비용을 부담하면서 생산하여 소비할 수도 있다. 이 경우 문 씨는 자신의 (가상)수요곡선을 전제로 '$P_{문}=MC$'를 만족하여 자신의 편익을 극대화

하는 수준인 140단위를 생산하여 소비하게 된다. 이에 따라 문 씨는 140단위를 소비하면서 '삼각형 FIE'의 크기에 해당하는 '4,900$\left(=70\times140\times\frac{1}{2}\right)$'만큼의 순편익을 얻을 수 있다

ⓒ 문 씨는 무임승차를 하려는 선택을 하게 된다(∵ 사다리꼴 $FGHO$>삼각형 FIE).

③ 결국 두 사람 모두 무임승차를 하려고 할 것이므로 공공재는 생산되지 않는다.

(3) 효율적인 생산이 이루어지는 경우

① 두 사람이 자신의 수요를 정확하게 표출하면 시장 수요곡선은 두 사람의 (가상)수요곡선을 수직으로 합하여 도출된다.

- 시장수요곡선 = $\sum$(= 각 개인의 수요곡선)(= 수직적 합)

  $\Rightarrow P_{시장}=P_{김}+P_{문}=\left(100-\frac{1}{2}Q\right)+\left(120-\frac{1}{2}Q\right)=220-Q$

② 두 사람의 수요를 정확하게 반영한 공공재의 최적 생산량은 '$P=MC$'를 만족하는 170단위가 된다. 이에 따라 공공재 소비를 통해 두 사람이 얻게 되는 순편익(=총편익−총지불가격)은 다음과 같다.

- 김 씨의 순편익 : 사다리꼴 $AJKO$ − 사각형 $LJKO$

  $=[(100+15)\times\frac{1}{2}\times170]-(15\times170)=9,775-2,550=7,225$

- 문 씨의 순편익 : 사다리꼴 $FMKO$ − 사각형 $NMKO$

  $=[(120+35)\times\frac{1}{2}\times170]-(35\times170)=13,175-5,950=7,225$

김 씨 \ 문 씨	찬성	반대
찬성	(7,225, 7,225)	(2,500, 9,500)
반대	(9,100, 4,900)	(0, 0)

⇒ (김 씨 찬성, 문 씨 반대)와 (김 씨 반대, 문 씨 찬성)의 두 가지 Nash 균형이 존재한다.

린달 모형	사무엘슨 모형
• 부분균형분석 모형이다.	• 일반균형분석 모형이다.
• 당사자 사이의 현상을 가정한다.	• 정부개입을 가정한다.

조세와 사용자 가격(user price)

구분	조세	사용자 가격
의미	중앙 정부나 지방정부가 제공하는 공공재에 대하여 그것을 이용하는 국민이나 주민들이 지불하는 대가를 말한다.	공기업 또는 정부가 공급하는 준공공재를 소비·이용하는 소비자에게 요구하는 가격이다.
적용대상	순수공공재(완전한 비배제성 원리)	준공공재(부분적인 비배제성 원리)
징수	강제성	소비자 선택
효율성	덜 효율적	보다 효율적
공평성	보다 공평	덜 공평
적용 사유	① 공공재 공급의 한계비용이 매우 낮거나, 0일 경우 ② 사용자 가격의 행정비가 과다한 경우 ③ 사용자 가격을 부과하는 경우, 사회적 최적 공급수준을 미달하는 경우	① 소비의 분할성 ② 소비의 측정가능성 ③ 조세를 사용할 경우 낭비가 예상되는 경우(수도, 전기 등) ④ 시설이용에 있어서 혼잡과 과밀현상이 예상되는 경우(공원, 도로 등)

6 티부(C. Tiebout) 모형

1) 의의

(1) 어떤 조직에 불만이 있을 때 그 조직을 이탈함으로써 자신의 불만을 표시하는 것을 '발에 의한 투표(voting with the feet)라고 한다.

(2) 티부는 여러 개의 자치단체가 존재하고 사람들이 발에 의한 투표를 하게 되면 최소한 지방공공재의 성격을 갖는 재화와 관련해서는 분권화된 배분체계가 효율적일 수 있다는 것을 보였다.

2) 기본 가정

(1) **다수의 마을 존재**: 상이한 재정프로그램을 제공하는 다수의 자치단체가 존재하여 사람들이 이 중 가장 마음에 드는 거주지를 선택할 수 있다.

(2) **완전 정보**: 사람들이 각 자치단체의 재정프로그램에 대한 완전한 정보를 가지고 있다. 각 자치단체들이 상이한 재정프로그램을 제시하여 경쟁하는 체계가 이루어지기 위해서 필요한 가정이다.

(3) **완전한 이동성**: 사람들이 자치단체 간을 이동할 때의 비용이 무시할 수 있을 만큼 작아야 한다. 만약에 이동에 따른 비용이 과도하거나 직장이 자유로운 이동을 방해하게 된다면 '발의 의한 투표'는 진실한 선호를 반영하지 못하기 때문이다.

(4) **규모에 대한 수익 불변인 생산 기술**: 자치단체의 규모에 따른 공공재 공급에 필요한 비용 상의 이점은 존재하지 않는다. 만약 규모의 경제가 존재하게 되면 자치단체 간 경제체제는 불가능해지고, 소수의 큰 규모의 자치단체만이 존재하게 될 것이다.

(5) **외부성의 부존재**: 각 자치단체가 수행하는 재정프로그램의 혜택은 그 지역 주민들만이 누릴 수 있다.

3) 내용

(1) 지방자치제가 실시되는 경우 각 자치단체가 상이한 재정프로그램 구조를 갖게 되고, 이에 대하여 지역주민들은 자신의 선호에 가장 부합하는 재정프로그램을 갖춘 자치단체로 이주하게 된다.

(2) 비경합성이 완전하지 못한 지방공공재의 경우에 발에 의한 투표가 사적재 시장에서 소비자들이 가장 선호하는 상품을 구입하기 위해 탐색을 하는 것과 동일한 결과를 가져 온다.

(3) 각 마을에서는 비슷한 기호와 소득을 갖고 있는 사람들이 모여 사는 양상을 보인다. 이것은 사람들의 재정프로그램에 대한 선호가 각자의 소득수준과 체계적인 관계를 가진다고 가정하기 때문이다.

Theme 63 정보의 비대칭성

❶ 기초 개념

1) **정보의 의의**: 사람들이 갖기를 원하는 경제적 자원 ⇒ 정보는 경제재이다.

2) **정보의 비대칭성(asymmetric information)**

(1) **의미**: 불완전한 정보 하에서 경제적인 이해관계가 있는 거래당사자들 중 어느 한 쪽이 더 많은 더 정확한 정보를 갖고 있어 당사자들 사이에 정보가 불평등하게 존재하는 상태를 말한다.

> 스티글리츠(J. Stieglitz)의 마비된 손(palsied hand)
>
> 정보의 비대칭성이 존재한다면 비록 경쟁시장이라 하더라도 수요와 공급이 일치하는 시장균형이 성립하지 않을 수도 있으며, 시장균형이 성립하더라도 거래가 위축되어 시장이 제 기능을 발휘하지 못하게 된다. 비대칭적 정보가 시장의 실패를 초래할 수 있는 것이다. 이를 스티글리츠는 '마비된 손'이라고 불렀다.

(2) **유형**

① **감추어진 특성(hidden characteristics)**: 계약이 이루어지기 전에 거래당사자 중에서 일방이 상대방의 특성에 대해서 잘 모르고 있는 상황 ⇒ 정보를 적게 가진 쪽에서 상대방과 불리한 거래를 할 수 있는 역선택의 문제가 발생한다.

② **감추어진 행동(hidden action)**: 계약이 이루어진 후에 거래당사자 중 어느 일방의 행동을 상대방이 관찰할 수 없거나 통제가 불가능한 상황 ⇒ 일방 당사자가 최선을 다하지 않는 도덕적 해이 문제가 발생한다.

❷ 역선택(adverse selection)

1) **의의**: 정보의 비대칭성 하에서 정보를 갖지 못한 입장에서 보면 가장 바람직하지 않은 상대방(정보를 가진 자)과 거래할 가능성이 높아지는 현상을 말한다.

2) **유형**

(1) **중고자동차 시장**: 불량품(lemon)만 거래되고, 우량품(peach)은 제 값을 받기가 어렵게 된다. 즉 불량중고차가 우량중고차를 구축하는 일종의 Gresham의 법칙이 성립한다.

(2) **보험 시장**: 고위험집단은 보험에 가입하고 저위험 집단은 보험에 가입하지 않는 현상이 발생한다.

(3) **금융 시장**: 신용불량자가 대출을 신청하는 경우에 발생한다.

3) **해결방안**: 신호체계

(1) **신호발송(signaling)**: 정보를 가진 측에서 자신의 특성을 제공한다.

① **중고차 시장의 경우**: 품질보증서 첨부, 판매 후 무상수리 서비스 제공

② **취업 시장의 경우**: 자격증 제시

③ **한우 시장의 경우**: 원산지 표시

(2) **선별(screening)**: 정보를 갖지 못한 측에서 특성을 알아내려고 행동한다.

① **보험 시장의 경우**: 건강진단서 요구, 탄력적인 보험료율 제도

② **대부 시장의 경우**: 신용정도에 따른 신용할당

(3) **강제집행**: 정부의 규제에 의해 모든 당사자들을 강제적으로 거래하도록 한다.

⇒ 의료보험에서나 자동차 보험에서의 책임보험을 의무적으로 가입 강제

(4) **평판(reputation)과 표준화(standardization)**: 정보를 가진 쪽에서 스스로 정직하게 정보를 전달한다는 평판을 만들기 위해 노력하거나 표준화된 상품(예 : 프랜차이즈화 된 햄버거 등)을 판매함으로서 역선택을 해소하고자 한다.

(5) **신용할당(credit rationing)**: 은행이 대출이자율을 인상하지 않고 주어진 자금을 신용도가 높은 기업들에게 배분한다.

(6) **효율성 임금(efficiency wage)**: 시장임금보다 높은 수준의 임금을 지급하여 우수한 노동자를 확보한다.

확인 TEST

〈보기〉와 같은 노동시장에서 합리적 기대(rational expectations) 균형이 성립하고 기업이 위험중립적이라고 할 때 의 값은? [2016. 국회 8급]

〈 보 기 〉

- 노동시장에 두 가지 유형 A와 B의 노동자들이 각각 p와 $1-p$의 비율로 존재한다.
- 기업은 유형 A에 대해서는 15의 임금을, 유형 B에 대해서는 5의 임금을 지불할 용의가 있다.
- 기업은 노동자의 유형을 알지 못한 채 모든 노동자를 동일한 임금을 지급하여 고용한다.
- $p=\frac{w}{20}-\frac{1}{10}$(단, w는 임금)

① 0.1　② 0.3　③ 0.5　④ 0.6　⑤1

해설 • 주어진 조건에 따른 기업의 지불용의 임금은 다음과 같다.

$$w=p\times 15+(1-p)\times 5=10p+5$$

• 앞의 결과를 위 식에 대입하여 정리하면 p의 값이 도출된다.

$$p=\frac{w}{20}-\frac{1}{10}=\frac{10p+5}{20}-\frac{1}{10}=\frac{1}{2}p+\frac{5}{20}-\frac{1}{10}\Rightarrow\frac{1}{2}p=\frac{3}{20}\Rightarrow p=\frac{3}{20}\times 2=\frac{3}{10}=0.3$$

정답 ②

'lemon' 시장에서 일어나는 일

"현대인의 서구화된 식생활, 만성적인 스트레스, 암 발견 의료기술의 발달 등으로 과거에 비해 암 발병률이 엄청나게 높아지고 있고, 이에 따라 암보험에 대한 수요도 높아지고 있다. 수요가 높아지면 수익성이 높아지는 것이 일반적인 모습인데, 웬일인지 보험회사들은 오히려 암보험 판매를 축소하거나 심지어 중단하고자 한다. 무슨 곡절이기에…"

전통적인 시장이론에서는 시장에 참여하는 판매자와 구매자 사이에 상품에 대한 정보가 완전히 동등하다고 가정한다. 그런데 현실은 그렇지 않다. 어느 시장이든지 간에 판매자와 구매자 사이에는 정보의 양적·질적인 차이가 존재하기 마련이다. 즉 어느 한쪽이 '더 많은 더 정확한' 정보를 갖고 거래에 나선다. 이를 '정보의 비대칭성'이라 부른다.

이러한 정보의 비대칭성으로 인해 상대적으로 '더 적은 더 부정확한' 정보를 갖고 있는 거래자는 자칫 우량품(peach)이 아닌 불량품(lemon)을 선택할 위험에 놓이게 된다. 이를 '역선택(adverse selection)'이라고 한다. 이러한 역선택 상황은 중고품 시장, 대부 시장, 한우 시장, 노동 시장 등에서 광범위하게 발생하며 보험시장도 그 대표적인 예이다.

자! 이제 앞에서 등장한 암보험 시장에 대해서 알아보자.

보험회사는 보험에 가입하고자 하는 고객에 대한 정보를 정확하게 모르는 상태에서 암보험 가입 여부를 결정한다. 이때 과거보다 훨씬 높은 암 발병률로 인해 야기될 수 있는 손해를 방지하기 위해 보험료 인상을 결정하게 되면, 자신이 암에 걸릴 확률이 높다고 판단하는 고객은 보험료가 비쌈에도 불구하고 보험시장에 계속 남으려고 하는 반면에 자신이 암에 걸릴 확률이 낮다고 판단하는 사람은 보험시장을 떠나게 될 것이다. 보험 가입자만큼 자신의 건강상태, 가족의 병력, 건강관리 등에 관한 정보를 잘 아는 사람은 없기 때문이다. 이에 따라 보험시장에는 상대적으로 암 발병 확률이 높은 고객들만 남는 '역선택적 상황'이 발생하게 되어 'lemon 시장'이 성립하게 되는 것이다. 물론 여기서 lemon은 향이 진한 노란색 과일 lemon을 의미하는 것이 아니라, 불량품을 비유한 것이다.

결국 빈번한 암 발병으로 인해 보험회사는 보험료를 인상했음에도 불구하고 오히려 수익성이 악화되고 급기야는 손해액이 급증하는 상황에 직면할 수 있게 되는 것이다. 이러한 이유로 보험회사에는 암보험 상품의 판매에 대해서 소극적일 수밖에 없게 되는 것이다. 그 결과 정보의 비대칭성으로 인해 암보험 시장 성립이 어렵게 된다. 이는 선의의 보험 가입자의 선택의 자유를 박탈하게 하는 결과를 가져오게 되므로 시장 성립을 위한 대안을 모색해야 하는 것이다.

그렇다면 어떤 조건이 성립될 때 보험회사는 비로소 암보험 상품을 판매할 것인가? 무엇보다 보험회사와 보험가입자 사이에 존재하는 서로 다른 정보를 어떤 방식으로든 공유하도록 하는 것이 중요하다. 이를 위해서는 보험가입자에 의해 정보가 독점되는 것을 막거나 보험가입자가 드러내기 싫어하는 정보를 외부로 드러나게 하여 보험회사도 이를 인식할 수 있도록 하는 방안이 필요하다. 여기에는 보험회사가 보험가입자를 선택할 수 있도록 돕는 '선별(screening)' 기능과 '신호주기(signaling)' 기능이 있다. 이러한 기능을 동시에 수행할 수 있는 것이 보험가입자 스스로 본인의 현재 건강상태가 양호함을 나타내는 건강진단서 제출이다. 보험회사는 진단서를 통해 보험가입 희망자가 '레몬'인가를 파악(선별)할 수 있게 해주고, 보험가입 희망자 스스로 자신의 '숨겨진 특성'을 외부로 드러내(신호주기) 보험계약이 성립될 수 있도록 기능하는 것이다.

3 도덕적 해이

1) **의의**: 정보의 비대칭성 하에서 정보를 가진 쪽이 정보를 갖지 못한 쪽의 불이익을 이용하여 바람직하지 않은 행동으로 나타나게 되는 현상을 말한다.

2) **유형**

(1) **보험시장**: 보험에 가입한 후 사고 발생 방지를 위해 최선을 다하지 않는다. 그 결과 사고발생 확률이 높아진다.

(2) **상품시장**: 소비가 거듭되면서도 상품의 감추어진 특성에 대해서 소비자가 여전히 잘 모르는 것을 이용하여 공급자가 비용을 절감하기 위해서 상품의 품질을 낮춘다.

(3) **노동시장**: 대규모 기업조직에서 노동자 개개인의 작업을 일일이 직접 관찰, 통제하는 것은 불가능하므로 노동자들은 근무를 태만히 할 가능성이 높다.

(4) **금융시장**: 자금을 대출한 후에 보다 위험이 높은 대안에 투자를 할 가능성이 나타난다.

(5) **본인(principal)-대리인(agent)**: 대리인(변호사, 대표이사, 프로 운동선수 등)이 본인(의뢰인, 주주, 구단 등)의 이익을 위해 최선을 다하지 않는다.

대표적 사례

1. 의뢰인과 변호사: 변호사가 수임사건에 대하여 성실 변론을 하지 않는 현상
2. 주주와 전문경영인: 주주의 목표인 이윤극대화를 위해 노력하지 않는 현상
3. 구단과 선수: 다년 계약 후에 훈련에 최선을 다하지 않는 현상

3) **해결방안**

(1) **유인설계(incentive design)**: 본인-대리인의 경우 보너스 지급, 스톡옵션 등의 적절한 유인설계를 통해 본인에게 이익이 되면 대리인에게도 이익이 된다는 것을 보여준다.

(2) **기초공제(deduction) 제도**: 보험의 경우 손실액 중 처음 얼마정도는 가입자가 부담하고 그 이상 추가분만 보험회사가 보상한다.

(3) **공동보험(coinsurance) 제도**: 손실의 일부분만 보험회사가 보상해주고 나머지는 보험가입자가 부담하게 한다. 결국 도덕적 해이가 발생하리라 예상하면 보험회사는 완전보험을 제공하지 않는다.

(4) **효율적 임금(efficient wage)**: 도덕적 해이를 막고 동기부여를 위해 평균적인 수준보다 높은 임금을 지급한다.

역선택과 도덕적 해이 비교

구분	역선택		도덕적 해이
발생원인	정보의 비대칭성		정보의 비대칭성
사전적 특성, 사후적 행동	사전에 상대방의 특성을 인지할 수 없기 때문(감추어진 특성)		사후의 상대방의 행동을 관찰할 수 없기 때문(감추어진 행동)
대응주체	정보를 갖지 못한 거래자	정보를 가진 거래자	정보를 갖지 못한 거래자
대응수단	선별장치	신호발송	유인설계
사례	생명보험시장, 중고자동차시장, 은행의 신용할당		본인-대리인 문제

확인 TEST

다음 (가), (나)는 특정의 경제적 현상을 보여주는 사례이다. 이를 해소할 수 있는 방안을 옳게 나열한 것을 〈보기〉에서 고른 것은? [2011. 교원임용]

(가) 중고차 판매상은 고객보다 차의 성능에 대해 잘 안다.
(나) 근로자는 고용주보다 자기가 일을 얼마나 열심히 하는지 잘 안다.

〈 보 기 〉

㉠ 은행 대출 시 은행은 우량고객들을 선별하여 신용할당을 한다.
㉡ 기업이 임원의 보수를 기본급에다 실적에 따른 성과급을 동시에 지급한다.
㉢ 주식시장에 상장된 기업에게 기업의 정보를 충분히 공시하도록 의무를 부과한다.
㉣ 화재가 발생할 경우 화재보험회사는 손실의 일부를 보험 가입자에게 부담하게 한다.

	(가)	(나)
①	㉠, ㉡	㉢, ㉣
②	㉠, ㉢	㉡, ㉣
③	㉡, ㉢	㉠, ㉣
④	㉡, ㉣	㉠, ㉢

해설
- (가)는 정보의 비대칭성으로 인해 발생하는 상품의 '숨겨진 특성'과 관련된 '역선택'에 관한 진술이다. 이러한 역선택을 해소하기 위해서 금융시장에서는 신용할당(㉠), 주식시장에서는 공시의무(㉢) 제도를 도입한다. 여기서 신용할당이란 금융시장에서 자금에 대한 초과수요가 존재하는 경우, 이를 이자율의 상승을 통해 해결하지 않고 차입자의 신용조건을 고려하여 부족한 자금을 할당하는 것을 말한다.
- (나)는 정보의 비대칭성으로 인해 발생하는 당사자의 '숨겨진 행동'과 관련된 '도덕적 해이'에 관한 진술이다. 이러한 도덕적 해이를 해결하기 위해서 기업의 임원에게 성과급 지급과 같은 유인설계(㉡), 보험시장에서는 공동보험(㉣) 제도를 도입한다.

정답 ②

확인 TEST

경매이론(Auction theory)에 대한 설명으로 옳은 것은? [2018. 지방직 7급]

① 비공개 차가 경매(Second price sealed bid auction)에서는 구매자가 자신이 평가하는 가치보다 낮게 입찰하는 것이 우월전략이다.
② 영국식 경매(English auction)의 입찰전략은 비공개 차가 경매의 입찰전략보다는 비공개 최고가 경매(First price sealed bid auction)의 입찰전략과 더 비슷하다.
③ 네덜란드식 경매(Dutch auction)는 입찰자가 경매를 멈출 때까지 가격을 높이는 공개 호가식 경매(Open outcry auction)이다.
④ 수입등가정리(Revenue equivalence theorem)는 일정한 가정 하에서 영국식 경매, 네덜란드식 경매, 비공개 최고가 경매, 비공개 차가 경매의 판매자 기대수입이 모두 같을 수 있다는 것을 의미한다.

해설 ▾
- 비공개 차가 경매(Second price sealed bid auction)는 가장 높은 금액을 써내 낙찰자가 된 사람이 그 다음으로 높이 써 낸 금액을 지불하면 되는 방식이다. 이에 따라 자신이 써낸 금액이 낙찰을 받느냐 못 받느냐에만 영향을 줄 뿐 지불해야 하는 금액과는 관련이 없다. 따라서 자신의 평가액을 진실하게 제시하는 것이 우월전략이 된다(①). 이러한 방식은 부르는 가격을 계속 올려가다가 더 이상 높은 가격을 부르는 사람이 없으면 그 가격에서 거래가 이루어지는 영국식 경매(English auction)와 유사하다(②).
- 비공개 최고가 경매(First price sealed bid auction)는 각자가 다른 사람 모르게 입찰가격을 써내고, 이 중 가장 높은 가격을 써내는 사람에게 낙찰되는 방식을 말하며, 경매인이 가장 높은 가격을 부르기 시작하여 살 사람이 나서지 않으면 가격을 차츰 내려가는 방식으로 진행되는 네덜란드식 경매(Dutch auction)와 유사하다(③).
- 수입등가정리는 다음과 같은 가정(ⓐ∽ⓓ)이 충족되는 경우, 영국식 경매, 네덜란드식 경매, 비공개 최고가 경매, 비공개 차가 경매의 판매자 기대수입이 모두 같을 수 있다는 것을 의미한다(④).

> ⓐ 경매에 참여하는 사람이 경매 대상 물건의 가치에 대해 갖고 있는 정보는 다른 사람들이 갖고 있는 정보와 독립적이다.
> ⓑ 경매에 참여하는 사람은 모두 위험부담에 대해 중립적인 태도를 갖는다.
> ⓒ 경매에 참여하는 사람은 모두 동질적이다.
> ⓓ 경매에 이긴 사람이 지불하는 금액은 사람들이 부른 금액(Bids)만의 함수이다.

정답 ▾ ④

MEMO